U0730406

国家出版基金项目
NATIONAL PUBLICATION FOUNDATION

# 王世襄集

# 锦灰堆（合编本）壹卷

王世襄自选集

王世襄 著

生活·讀書·新知 三联书店

元錢舜舉作小橫卷，畫名「錦灰堆」（見《石渠寶笈初編》、《吳越所見書畫錄》），所圖乃蟹鈐、蝦尾、鷄翎、蚌殼、筍籜、蓮房等物，皆食餘剥賸，無用當棄者。竊念歷年拙作，瑣屑蕪雜，與之差似，因以《錦灰堆》名吾集。

甲戌五月 暢安王世襄時年八十

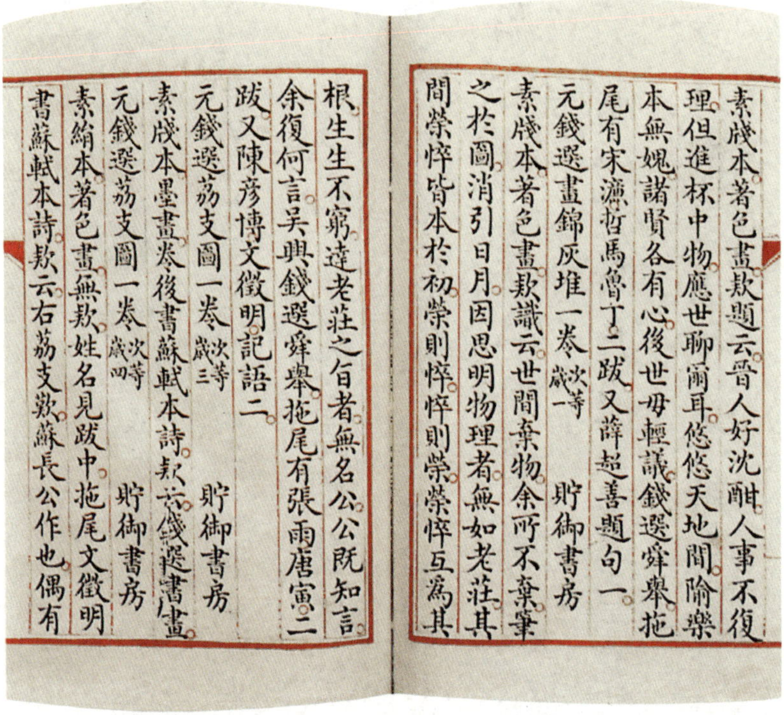

素牋本著色畫款題云晉人好沈酣人事不復
理但進杯中物應世聊爾耳悠悠天地間隃樂
本無媿諸賢各有心後世毋輕議錢選舜舉拖
尾有宋濂哲馬魯丁二跋又薛超善題句一
元錢選畫錦灰堆一卷次等藏一　貯御書房
素牋本著色畫款識云世間棄物余所不棄筆
之於圖消引日月因思明物理者無如老莊其
間榮悴皆本於初榮則悴悴則榮榮悴互爲其
根生生不窮達老莊之旨者無名公公既知言
余復何言吴興錢選舜舉拖尾有張雨唐寅二
跋又陳彥博文徵明記語二
元錢選荔支圖一卷次等藏三　貯御書房
素牋本墨畫卷後書蘇軾本詩款云錢選書畫
元錢選荔支圖一卷次等藏四　貯御書房
素綃本著色畫無款姓名見跋中拖尾文徵明
書蘇軾本詩款云右荔支歎蘇長公作也偶有

《石渠宝笈》书影（著录钱选锦灰堆卷）　乾隆精写本　故宫博物院藏

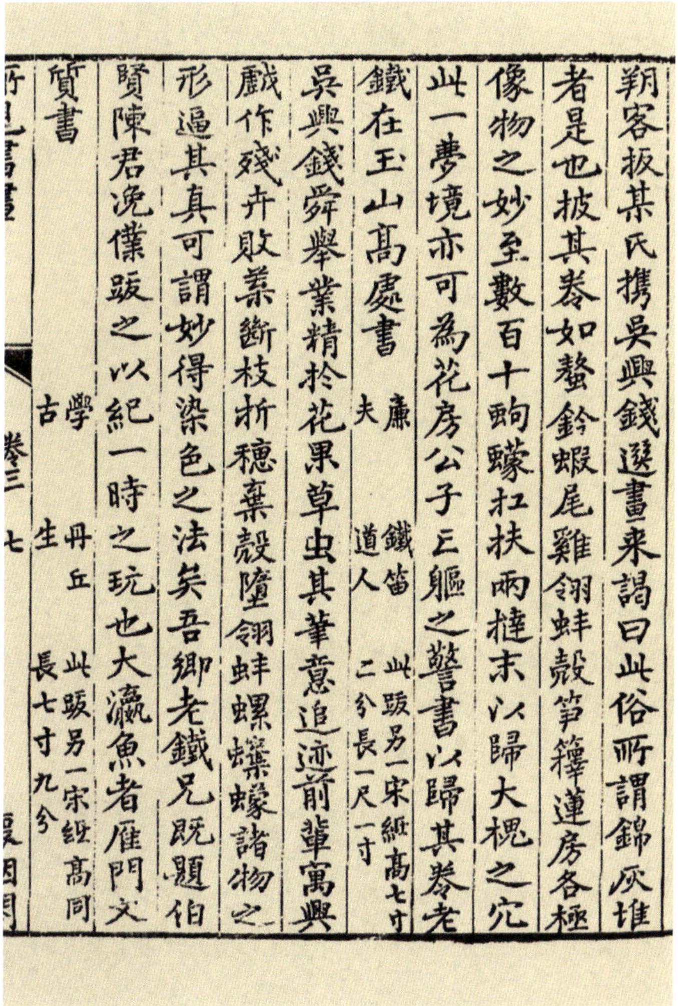

鞹客扳其氏携吴興錢選畫來謁曰此俗所謂錦灰堆者是也披其卷如螯鈐蝦尾雞翎蚌殼笋籜蓮房各極像物之妙至數百十蚼蟓杠扶兩揵末以歸大槐之穴此一夢境亦可為花房公子三軀之警書以歸其卷老鐵在玉山高處書　廉夫　鐵笛道人　此跋另一宋紙高七寸二分長一尺一寸

吴興錢舜舉業精於花果草虫其筆意追迹前輩寓興戲作殘卉敗棄斷枝折穗棄殼墮翎蚌螺蠑螈諸物之形遍其真可謂妙得染色之法矣吾鄉老鐵兄既題伯賢陳君逸僕跋之以紀一時之玩也大瀛魚者雁門文質書　學古　冉丘生　此跋另一宋紙高同長七寸九分

所見書畫　卷三　七

《吴越所见书画录》书影（著录钱选锦灰堆卷）　清怀烟阁写刻本

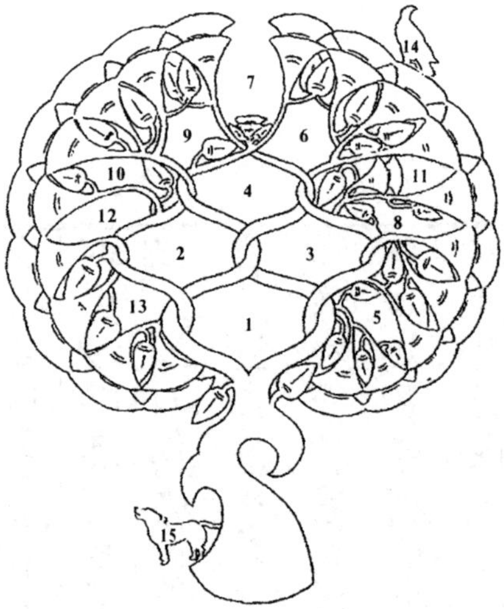


1　世襄用得最多的三件紫檀家具：宋牧仲大画案、牡丹纹南官帽椅、嵌螺钿螭纹脚踏。案上放着的《明式家具珍赏》、《明式家具研究》及其他著作，都是在这个大画案上写出来的。桌上还有一盆他最喜爱的春兰。

2　漆勺、漆樽均为《髹饰录解说》、《中国古代漆器》采用的实例，象征世襄四十余年的髹漆研究。

3　世襄研究竹刻受两位舅父的影响。图中梧竹行吟图臂搁，二舅金东溪先生手刻，是赠给我们的结婚礼物。竹根蛙是一件立体圆雕。世襄在他的竹刻著述中倡议恢复这一个传统技法，因自清中期以来，竹刻家只致力于浅雕和阴刻了。当代竹人承认他为弘扬竹刻艺术所付出的劳动。

4　套模子成长的葫芦器。范匏工艺在解放后濒于灭亡。世襄《谈匏器》、《说葫芦》的问世，救活了我国这一独有的传统工艺，现在已有不少人从事生产了。

5　世襄工火绘葫芦。当年他父亲买到一个大匏，对世襄说：“如烫画得好，就给你了。”他以一夜之力把金代武元直的赤壁图缩摹绘于上。图中所示即此大匏。另外一对红木小圆盒，盒盖镶火绘葫芦，内盛红豆，是世襄 1945 年从重庆归来后赠我的定情之物。

**6** 绘画。30年代世襄曾用五年时间写成《中国画论研究》一稿，因自己不满意而未出版。1948—1949年赴美考察博物馆，对流失海外的名画作过著录，可见他有致力于书画研究的愿望。50年代后，由于政治“运动”，离开了博物馆工作，失去了接触实物的条件，是使他放弃书画研究的原因之一。至今，他仍以未能在这方面有所成就而感到遗憾。

**7** 鎏金铜佛像。世襄十分喜爱小型雕塑。包括藏传及亚洲各地的鎏金铜佛像。可惜过去这是一个罕有人敢问津的禁区，所以缺少可请教的老师和可供学习的材料。改革开放后，情况有很大的改变，但年老体衰，有力不从心之憾。他对佛像艺术始终认为是一门喜爱而又尚未入门的学问。

**8** 蛐蛐罐、过笼、水槽。养蛐蛐是世襄的幼年爱好。1993年出版的《蟋蟀谱集成》，他采用了整理编校古籍的方法，把玩好当学问来做。附在书末的《秋虫六忆》被黄裳先生称为“近来少见的一篇出色散文，值得再读三读而不厌的名篇”。也有人认为这是迄今为止对北京蛐蛐罐讲得最详细的一篇文章。

**9** 这是40年代我们家养的一对鸽子，以当年我的速写稿为蓝本。那只公点子名叫“小点儿大胖子”，它尾巴上带着一把葫芦鸽哨。世襄从小就喜欢养鸽子，直到现在还未能忘情。他常以住宅变成了大杂院儿，不复有养鸽子的条件而深感遗憾。

**10** 这是两件最常见的鸽子哨。世襄写有《北京鸽哨》一书，得到同好者的称许。但也可能有人认为他真是一个好事者，竟为如此渺小的东西写了一本专著。

**11** 小小的鸟食罐。世襄并不喜欢养笼鸟，但欣赏制作精美的鸟具。他搜集了一些有关材料，尚未编写成书。

**12** 冬笋、大白菜，是家中常吃之物。世襄善烹调，并喜与好友共飨，人称美食家。从买到做，他事必躬亲。只是始终在狭小的过道里做饭，没有厨房，也没有一张正式餐桌。

**13** 两头牛，画稿取材《古元藏书票》。世襄在湖北咸宁“五七干校”放过牛。此图象征十年浩劫流逝的年华。不然的话，这棵大树上一定会有更丰硕的果实。

**14** 大鹰。世襄告诉我：“中国的鹰文化真了不起，如肯下工夫，可以写厚厚的一本书。”《大鹰篇》只不过是他个人的一些回忆而已。

**15** 獾狗。养狗养鹰使世襄结识了三教九流、不同阶层的许多朋友。真玩，就得吃苦受累，不料却锻炼了他的身体，至今受益。

大树图

袁荃猷刻纸并文

1996年4月

# 大树图歌

甲戌五月，余年八十，荃猷以剪纸大树图为寿，久思题长歌而未果。近罹目疾，镇日合睫静坐，始吟成腹稿，得一百三十六韵。辞书韵典，不能检阅，工拙遂全非所计矣。

丙子上元畅安王世襄记

髫年不可教，学业荒于嬉。
竹栏巢鹁鸽，调弄无已时。
扶竿跨屋脊，挥舞如举麾。
为爱铃声永，那惜飞奴疲。

详见《北京鸽哨》及《鸽铃赋》。

梧桐飘落叶，秋虫情更痴。

详见《秋虫篇》。

背笠翻瓜蔓，提灯蹑豆篱。
连朝猫扑鼠，为求好斗丝。

袁宏道嘲捉蟋蟀者如馋猫见鼠。蟋蟀脑线又名斗丝，其细而长者多善斗。

子玉澄浆罐，梅峰彩窑池。
三秋勇无敌，我乐不可支。

燕都擅巧术，能使节令移。
瓦盎植虫种，天寒乃蕃滋。

详见《冬虫篇》。

大地冬寂寂，清响出帘帷。
匏笼堪贮畜，促织与螽斯。
象齿铃作扣，玳瑁镂蟠螭。
火绘爇针颖，物象咸可施。

指火画葫芦。

怀之入茶肆，炫彼养虫儿。
一自血气刚，习武师布库。

清代善扑营等级摔跤运动员称“布库”。

推砖效熊蹲，相扑跳虎步。
布库耽狗鹰，我亦爱之酷。
三教与九流，遂皆见如故。

狗者无悬蹄，其说肇自古。

《说文解字》：“犬，狗之有悬蹄者也。”详见《獾狗篇》。

相狗经未刊，口传却有谱。
上选可搏獾，壮硕猛如虎。
客出孟尝门，善相复善捕。
为觅谱中獒，日巡千万户。
一旦搏之来，剪耳入行伍。
完此摘帽仪，易名事新主。
昼扃蓄其锐，夜遛弭其怒。
蹲坐久愈佳，侦守神乃注。
结伴赴郊垌，迹獾来古墓。
冢上洞穴多，深邃不胜数。
猎獾如用兵，狗力慎部署。
中宵返巢穴，狗嗾人亦助。
微熹已奏功，舆獾在归路。

大鹰尚正青，葡萄点白嗉。

详见《大鹰篇》。

紫韝蓝丝绦，铜旋龙回互。
昼夜禁睫交，拂晓俟嫗吐。

“嫗”，见《说文解字》“鸷鸟食已，吐其皮毛如丸”。详见《大鹰篇·驯鹰》。

兼旬野性除，车马已不怖。
伸臂呼即来，一日三五度。
驯成解絷维，荒郊逐狡兔。

行年近而立，放心收维艰。
择题涉文艺，画论始探研。

1939—1943年完成《中国画论研究》，计70万言，未刊。

上起谢六法，下逮董画禅。
诸子明以降，显晦两不捐。
楷法既详述，理论亦试诠。
所恨无卓见，终是饾饤篇。
何以藏吾拙，覆瓿年复年。

辞家赴西蜀，营造结胜缘。

1943—1945年参加中国营造学社。详见《回忆日本投降后平津地区清理文物工作》一文。

著书超喻皓，明仲诚空前。
大木展结构，小木示雕镌。
梓人制器用，矩矱皆相沿。
又读清则例，诸作纪綦全。
我生一何幸？得窥此薮渊。

日寇竖降帜，重任负在肩。
文物遭劫夺，追缴吾志坚。
铜壶骇当世，鼎卣莫能先。

没收德人杨宁史大量青铜器中之战国宴乐渔猎纹壶，唐兰先生等金石家叹为前所未有。

法书与宝绘，宋元皆名贤。

收回宋马和之，元赵孟頫、邓文原等书画卷。

牺尊釉奇古，鹋谱色绚妍。

解斋古铜釉牺耳尊为清宫所无。存素堂紫鸾鹊谱织物为宋缂丝。

锦囊护珠翠，彩箧盛瑶璇。

溥仪张园存物中有巨珠、翠扳指、三代古玉等多件。

辇入故宫阙，重宝累百千。

当年惭夙志，此差赎前愆。

人事不可知，无端系牢狱。

“三反”运动后，移至公安局看守所，审查十个月。

只因缴获多，当道生疑窦。

十月证无辜，无辜仍弃逐。

审查后，证明有功无罪，但被文物局、故宫博物院除名，通知去劳动局登记，自谋出路。奇耻大辱，无过于此！

苍天胡不仁？问天堪一哭！

欲哭泪已无，化泪为苦学。

蠖公授漆经，命笺《髹饰录》。

朱启钤前辈，号蠖公，命著《髹饰录解说》，详见该书《前言》。

两集分乾坤，字句读往复。

为系物与名，古器广求索。

为明艺与工，求师示操作。

师事老漆工多宝臣先生。以下有关漆工艺，详见《髹饰录解说》。

始自捎当灰，迄于洒金箔。

款彩陷丹青，犀皮灿斑驳。

更运剞劂刀，分层剔朱绿。

十载初稿成，公命幸未辱。

器用室所需，床厨椅案桌。

1945年日本投降后，开始搜集明式家具，详见《明式家具研究》。

明式固足珍，我更爱嘉木。

花榈理如云，梓檀质似玉。

香远同幽兰，不时散轻馥。

常踏两轮车，搜求冀有获。

燕都不待言，通衢到巷曲。

时或诣远郊，踽踽绕村落。

求售倘不谐，绘图留记录。

长物积渐多，所居日局促。

环顾却欣然，尚未餍吾欲。

老妻偶或嗔，转言亦不恶。

明式多朴淳，识者早瞩目。

西哲书先成，图文逾百幅。

指德人艾克所著《中国花梨家具图考》。

我辈讵敢辞，匡谬补其缺。

不逮誓不休，昼夜管常搦。

溯洄探本源，沿流辨支属。

南访莅粤苏，西稽渡渭洛。

时谒鲁班师，求教奉酒肉。

终悟两类殊，腰束与不束。

唐宋以后家具可区分为无束腰与有束腰两大类，分别从大木梁架及须弥座发展而来。

依形定主次，分门述雕琢。

列表释名词，制图详枘凿。

如是四十年，书成如梦觉！

外家才艺殊，两舅工刻竹。

小言命编校，敢不忠所托。

四舅父金西厓先生命整理所著《刻竹小言》已收入《竹刻艺术》、《竹刻》等书。

从此癖此君，耽爱情颇笃。

开山尊松邻，三世皆卓卓。

仲谦意率真，宗略青纤薄。

阳文吴鲁珍，圆雕封锡禄。

多能推老桐，精镂数顾珏。

时贤记更详，芳名登简牍。

我拟名吾篇，竹人录再续。

指清金元钰《竹人录》、民国褚德彝《竹人续录》两书。

往迹已粗陈，求知远未足。

美哉金佛容，慈祥降禔福。

详见《雕刻集影》。

仪轨诚浩繁，仅仅知大略。

制地与制时，纷纭待商榷。

天若假我年，研习当自勖。

我年三十一，荃猷廿五余。

结缡五十载，鬓发皆萧疏。

情趣多谐契，书画常自娱。

同砚临禊帖，淡墨学倪迂。

或展折股箑，君画我作书。

或缅濠梁趣，题诗朱砂鱼。

先慈著有《濠梁知乐集》，专论鱼藻。荃猷亦画鱼，襄为题诗。

典叙易古斫，爱此唐桐枯。

松风与梅月，一一入我庐。

合弹平沙曲，鸿雁下寒芦。

笑我指生涩，绰注每龃龉。

老妻多巧思，事事我弗如。

不谙运规矩，家具将无图。

不工描彩绘，髹器谁能摹。

拙著有关家具、漆器、竹刻等书以及文章中插图均出老妻之手。

兴来制剪纸，裁刻费工夫。

物象融俗雅，格调前所无。

我生度八秩，甲戌五月初。

老妻以何寿，鄙彼玉与珠。

浏览古纹饰，取舍几踌躇。

定稿始游刃，团圞树一株。

片纸奚足贵，珍之如头颅。

枝间与叶底，处处见真吾。

为此托歌咏，与树同吸呼。

歌成老妻喜，喜谓道不孤。

婆娑欲起舞，相将至庭除。

老舞不成步，老眼半模糊。

人老情不老，呵呵笑相扶。

王世襄　袁荃猷　合影

王世襄　侯艺兵　摄

袁荃猷七十小像

作者夫妇使用多年的提筐

# 出版说明

2009年11月28日，王世襄先生在北京去世，享年95岁。随着王先生的辞世，他的研究及学问，即将成为真正的绝学。为使这些代表中国传统文化的绝学散发出璀璨的光芒，为后人所继承、发展，生活·读书·新知三联书店特推出《王世襄集》，力图全面、系统地展现王氏绝学。

王世襄，号畅安，汉族，祖籍福建福州，1914年5月25日生于北京。学者、文物鉴赏家。1938年获燕京大学文学院学士学位，1941年获硕士学位。1943年在四川李庄任中国营造学社助理研究员。1945年10月任南京教育部清理战时文物损失委员会平津区助理代表，在北京、天津追还战时被劫夺的文物。1948年5月由故宫博物院指派，接受洛克菲勒基金会奖金，赴美国、加拿大考察博物馆。1949年8月先后在故宫博物院任古物馆科长及陈列部主任。1953年6月在民族音乐研究所任副研究员。1961年在中央工艺美术学院讲授《中国家具风格史》。1962年10月任文物博物馆研究所、文物保护科学技术研究所副研究员。1980年，任文化部文物局古文献研究室研究员。1986年被国家文物局聘为国家文物鉴定委员会委员。2003年12月3日，荷兰王子约翰·佛利苏专程到北京为89岁高龄的王世襄先生颁发“克劳斯亲王奖最高荣誉奖”，其中一个重要的原因就是他对明式家具的研究，奠定了该学科的基础，把明式家具推向了至高无上的地位。

王世襄先生学识渊博，对文物研究与鉴定有精深的造诣。他的研究范围广泛，涉及书画、家具、髹漆、竹刻、民间游艺、音乐等多方面。他的研究见解独到、深刻，研究成果惠及海内外。《王世襄集》收入包括《明式家具研究》、《髹饰录解说》、《中国古代漆器》、《竹刻艺术》、《说葫芦》、《明代鸽经　清宫鸽谱》、《蟋蟀谱集成》、《中国画论研究》、《锦灰堆：王世襄自选集》（合编本）、《自珍集：俪松居长物志》共十部作品，堪称其各方面研究的代表之作，集中展现了王世襄先生的学问与人生。

其中，《蟋蟀谱集成》初版时为影印，保留了古籍的原貌，但于今日读者阅读或有些许不便。此次收入文集，依王先生之断句，加以现代标点，以利于读者阅读。《竹刻艺术》增补了王先生关于竹刻的文章若干，力图全面展现王先生在竹刻领域的成果和心得。“锦灰堆”系列出版以来，广受读者喜爱，已成为王世襄先生绝学的集大成者；因是不同年代所编，内容杂糅，此次收入《王世襄集》，重新按门类编排，辑为四卷，仍以《锦灰堆：王世襄自选集》为名。启功先生曾言，王世襄先生的每部作品，“一页页，一行行，一字字，无一不是中华民族文化的注脚”。其中风雅，细细品究，当得片刻清娱；其中岁月，慢慢琢磨，读者更可有所会心。

《王世襄集》的编辑工作始于王世襄先生辞世之时。工作历经三载，得到了许多喜爱王世襄先生以及王氏绝学人士的支持和帮助，也得到了王世襄家人的大力协助，并获得国家出版基金的资助，在此谨表真诚谢意。期待《王世襄集》的出版，能将这些代表中华文化并被称为“绝学”的学问保存下来，传承下去。

生活·讀書·新知三联书店 编辑部

2013年6月

# 《锦灰堆》王世襄自选集（合编本）
# 总目录

## 一卷



## 二卷



## 三卷



## 四卷

# 壹卷目录

## 工艺



## 则例

# 家具

# 呼吁抢救古代家具

## 一　问题的提出

木器家具是生活中不可缺少的东西。我们试想：一个人每天要在椅子上坐、就着桌子工作、在床上睡觉……至少有四分之三的时间要与家具打交道。设计新家具，除了要求经济耐用之外，注意到实用美观是完全有必要的。

注意新家具，就不能不重视古代家具，因为这是我们祖先的智慧结晶，是我们的文化遗产。

世界各国对他们的古代家具都是非常重视的。走进一所艺术博物馆，家具的陈列要占很大的比重。有历史、艺术价值的家具是被当作重要文物看待的。他们不但重视本国古代家具，同时也重视中国的古代家具。在美国的博物馆里，中国的明式家具往往被放在显著的地位。纽约市57街的古玩商店橱窗中，也陈列中国家具，它对观众的吸引力最大，时常可以听到有人在旁啧啧称赞。一般美国人是买不起这种家具的，有钱的人则以没有一两件中国古代家具为耻。连新设计的家具也受中国明式家具的影响，商人想尽办法，吸取中国的风格，以求得到推销。欧洲的某些国家也同样重视中国家具。收藏家或古玩店的拍卖图录中往往印着中国家具的图片。4月18日《北京日报》报道苏联的一位家具工人写信给毛主席要求寄给他中国的木器图样。在寄去的图片中有红木大床和琴台。这说明苏联工人对中国家具的向往和热爱。

中国古代家具之所以这样受到人们的重视，决不是偶然的。就其中的精品而论，结构的简练，造型的朴质，线条的利落，雕饰的优美，木质的精良，都达到登峰造极的程度（当然古代家具并不是都好的。清代晚期过于繁琐的或带有殖民地色彩的作品，都是要不得的）。我们的祖先在工艺美术方面能有这样高的造诣，是值得我们骄傲的。

中国的古代家具受到世界各国的重视，既如上述，但我们自己是不是也重视它呢？我认为是重视得很不够的。长时期以来，不但没有去保护它、收集它、研究它，而是大量地被卖到外国去或大量地被摧残毁坏。

## 二 近几十年来中国古代家具的遭遇

近二三十年来，中国古代家具的遭遇，可以分为解放前和解放后两个阶段：

在解放前，每年都有大量的明式家具被外国人买去。最著名的是美国人杜乐文兄弟。他们在美国开着中国古代家具店，自己住在北京收买。经他们手搞到外国去的家具，数量当以千件计，他们就靠这个发了财。又如德国人艾克，曾编过一部《中国花梨家具图考》，书中影印了古代家具122件，其中的绝大部分也早已流往海外。在这个时期，中国古代家具与铜器、绘画、雕塑、陶瓷等文物一样，被外国人捆载而去。

解放以后，文物法令中规定古代家具禁止出口，所以被卖到外国去的情况基本上扭转了（但仍有漏洞，据出口商称，黄花梨家具已不得出口，但铁梨木家具准许出口。实际上铁梨木家具也有明代的或更早的制品，故不应当机械地以木质来定能否出口，此点应请海关注意）。但它又遭到了新的厄运，那就是成件的木器被大量地拆散锯开作为材料使用。这些木器多数经凌迟宰割，改制成乐器、秤杆、克郎棋棍、算盘子、刨子、模型等等。我曾不止一次在晓市上看到旧货商买到硬木家具后，不问新旧好坏，先拆散再说，也不止一次从乐器社门前走过，看他们正在锯明代的紫檀木大床或条案。此情此景，使人触目惊心。

古代家具之所以被拆做材料用，一方面固由于硬木材料来源缺乏，但更主要的是由于成件木器既不能出口，国内又无销路，以致卖成品反不如卖材料价钱高而且容易脱手。我曾问旧木材商："拆木器卖材料是否可惜？"他对我说："拆了卖，我不是不心疼，卖成儿（即卖成品之意）卖不上价怎么办？"从他的苦笑中我感觉到他对自己的行动也是内疚良深的。

上述的情形，一直到最近并未好转，而且是全国性的，不止北京一地。举例说吧，去年11月我到安徽的屯溪和歙县便遇到天津和杭州的客人在那里收买硬木器锯成材料运走。在歙县堨田村鲍家我看到明代制的一丈四尺长的独板铁梨大案，制作浑厚，图案疏朗，是一件有价值的文物，据说木材商已经去议过价。为此事我向歙县文化科及安徽省博物馆作了反映，不知他们已否作适当的处理。山西的情形就更严重了。几个月前，北京市木材公司派专人去山西买旧木器，逐批运回来后，崇文门外红桥市场上硬木材料满坑满谷，原来都是拆散了的家具。其中非常精美的清初紫檀雕龙大床也已身断肢分，惨不忍睹。我问当地木材公司的同志，为什么好木器不整着运回来。他说："成件的硬木器山西不让出境，拆散了就可以随便运，没有人过问。反正我们卖材料，没关系。"

我们要知道，中国的古代木器究竟是有限的，不是永远拆不尽、毁不完的。近几十年来已经摧残得够苦的了，长此下去，就要绝了。我们对这种不合理的现象，能熟视无睹，容忍它继续下去吗？

## 三 今后的抢救办法

抢救古代家具的办法首先要请求政府明文规定，通令全国，将有历史、艺术价值的家具列为文物，责成有关部门注意保护并作有选择的收集。凡是旧家具，不问完整或已残，在要拆散当作材料使用之前，必须经过审查鉴定，否则以破坏文物论。其次必须解决古代家具的出路问题，不然只凭行政力量来制止破坏是不够的。古代家具的价格也必须予以合理的调整，至少使它不低于材料的价格。

博物馆的收购，可以解决一大部分古代家具的出路问题。如故宫博物院，据我所知，收藏的木器虽富，但称得起精品的却不多，和它在其他方面的收藏是远不相称的。近几年来，故宫博物院虽已开始收购古代家具，但数量有限，而且主动得不够，至于各省的地方博物馆能注意到家具的收集，那就更少了。美术学院、艺术专科学校、手工艺管理机构也应该搜集古代家具作为业务学习材料。公园也应该搜集古代家具作为业务学习材料。公园也应该拿古代家具作陈设，尤其是有悠久历史的园林名胜。像苏州的拙政园，如果厅堂里摆上明代家具，该多么调和，使游人多么舒服愉快！可是那里的家具使我十分失望。去年我参观了苏州的全部园林，除了留园的一张百衲包镶大案外，都是一些做工繁琐的近代红木器。苏州靠近洞庭山，正是明代家具汇集的地方。多年以来，洞庭山的明代家具遭到出口和拆毁的浩劫，而苏州园林中却没有入藏，这是一个多么尖锐的讽刺。我还建议一些时常招待外宾的机关和中国驻在外国的使馆也收购一些古代家具。它的高度艺术形象，能起良好的国际影响。

对以上所提的办法也许有人会提出反对的意见，会说：目前正在厉行节约，而你却主张收购贵重木器，岂非太不通达时务？对这种说法的人我们必须对他讲：收购古代家具是一项抢救文物的任务，与铺张浪费，买沙发来充门面、摆阔气是不可混为一谈的。何况收购是有选择的，决不是采用将古代家具盲目地包下来的办法。

既然收集家具是有选择的，就牵涉到鉴别好坏，分别取舍的问题。但这是比较容易解决的。只要有人写几篇介绍，作几次讲解，一般人便可掌握这门知识，它到底要比鉴别金石书画简单得多。好在全国各地内行人很多，木工老师傅和有经验的木器商都可以做我们的老师。

古代家具经过保护、收集才能谈得到整理研究。继承遗产及推陈出新又是在整理研究的基础上才能获得的。4月17日《北京日报》刊载了仿制明式家具恢复外销的消息（仿制也须防止偏差。以往外销的木器往往将大件旧木器改小，将琴桌腿截短或炕桌腿加长改成沙发桌。名曰仿制，实际上还是拆毁）。4月间，在北海还举办了中国家具展览。这都是令人兴奋的事。但我相信，如果我们能做好古代家具的保护、收集、整理、研究工作，对外销家具的设计一定能大大提高一步；同时对新家具的设计，也能有无限的启发。到那个时候，我们收到了果实，将会更明确地认识到目前所亟待做的保护收集工作是有头等重要意义的。

抢救古代家具是一项刻不容缓的任务。我们要大声疾呼，使大家都重视这个问题，并与当前的不合理现象作斗争！

原载《文物参考资料》1957年第6期

# 略谈明清家具款识及作伪举例

文物上的款识往往是断定年代、鉴别真伪的重要依据，有时也能帮助我们了解器物的产地、用途、价值和流传等等。不过文物门类众多，有款识的或多或少，颇不一致；以明清家具来说，有款识的并不多见。

下面试对家具的不同款识略作叙述。

明清家具款识有的是制作年款，多出工匠之手。在明代家具中曾见“大明宣德年制”、“大明嘉靖年制”、“大明万历年制”等刻款或写款。清代年款比较常见的是“大清康熙年制”、“大清乾隆年制”等。不过这种年款多数出现在漆木家具上，所以也可以说是有年款的漆器。木制家具而刻年款的却很少见。这里用作插图的“大清康熙丙辰年制”款识拓片（图1）就是从一件黑漆嵌薄螺钿花鸟纹平头案上面拓下来的。

另一种款识不妨称之为购置款，多出定制者或购置人之手，往往是为了记岁月和造价而刻的。实例如铁力大翘头案，面板底面刻“崇祯庚辰仲冬制于康署”十字（图2）。又如一对双顶柜紫檀六件大柜，在一扇门内刻款识两行：“大清乾隆岁在己巳秋月制于广东顺德县署，计工料共费银三百余两，鹤庵冯氏识。”（图3）

翘头案原为琉璃厂论古斋萧姓古董店中物，已经故宫博物院购藏。案长逾丈，面板用独板厚材，为了不致过于笨重，又在底面凿挖圆拱形凹槽，款字就刻在槽内。牙头浮雕象纹，足下有托泥，挡板用厚板锼雕大朵垂云，居中悬挂，

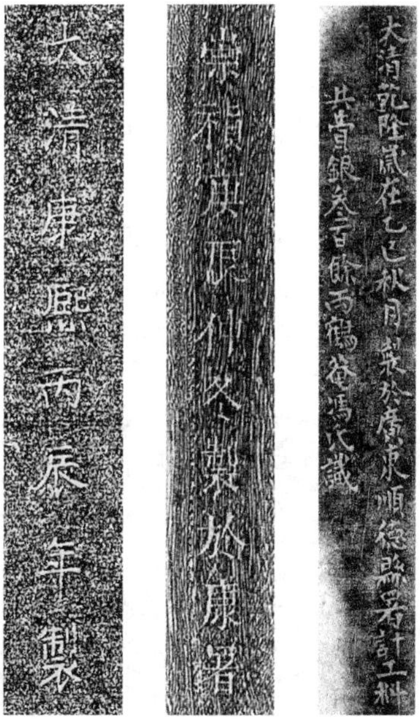


图1　康熙嵌螺钿花鸟纹平头案款识拓本(左)

图2　明铁力翘头案崇祯年款拓本(中)

图3　乾隆紫檀大柜冯氏款识拓本(右)

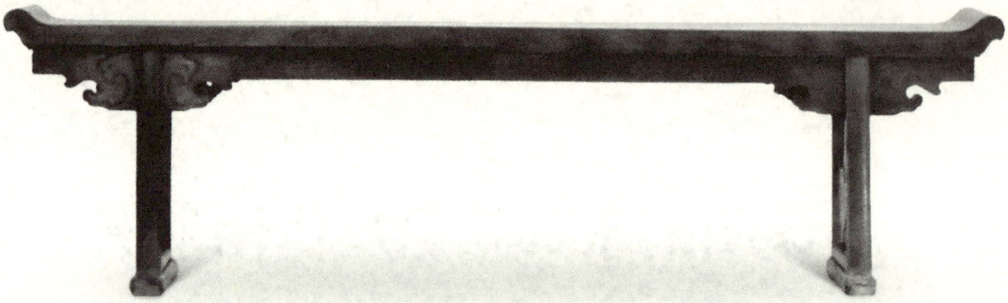

图 4　明崇祯庚辰年制铁力翘头案

两下角用角牙填压，整体凝重古朴（图 4）。这种大条案，明代遗物尚多。此案如无款识而仅从造型来看，很可能认为是明中期时物。紫檀柜连顶柜通高 240 厘米（上高 63 厘米、下高 177 厘米），宽 140 厘米、深 60 厘米，全身光素，只柜门及两侧板面中部起约半厘米的高台，四周去薄，以便装入板槽，即北京匠师所谓“落堂踊鼓”的做法。在明代或更早的家具上它虽已出现，但至清而大盛。今见在乾隆柜子上熟练地使用，和我们的认识是相符的。

翘头案的制作地点在康州，今德庆县，紫檀柜在顺德，说明广东是硬木木材的产地。制地的确定，使人得知该地、该时匠师的手法。一对柜子费银三百余两，如折合当时米价，约相当四百石[1]，可见价值之昂。这些有关古代家具的知识可能我们本来就知其大略，但从这两个款识至少得到进一步的证实。

有的家具曾经名人使用过，但未必有题识。一旦为人所得，便撰写题识刻上去，说明来历，并志忻幸或怀缅。这和收藏家把题跋写到书画上去是一样的。实例如项墨林棐几和宋牧仲大画案。

所谓项墨林棐几是一张约两尺宽、三尺长的桌子，原来只有项氏的三方印章刻在上面，后经嘉兴张廷济购藏，撰写了一篇铭刻了上去。铭曰：“棐几精良，墨林家藏。两缘遗印，为圜为方。何年流转，萧氏逻塘。火烙扶寸，牙缺右旁。

❶ 张文敏咨奏手稿：“银一两易大制钱九百上下，或八百五十上下。米色虽高下不等，市价以八百文为率，谓一石也。”见邓之诚：《骨董琐记全编》卷三，《乾隆金价》条引。

图 5　项墨林棐几张廷济铭文拓本（见《清仪阁所藏古器物文》）

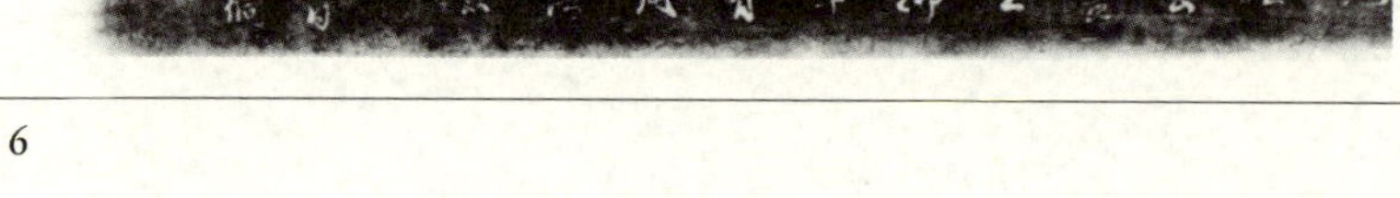

图 6　宋牧仲紫檀画案薄侗题识拓本

图 7.1　流云槎

图 7.2　流云槎赵宧光题字拓本

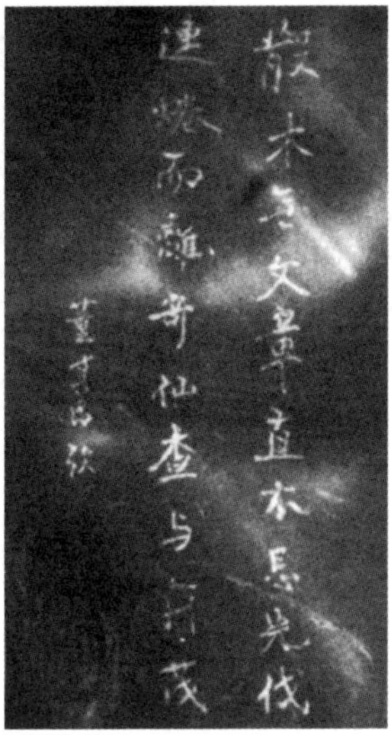

图 7.3　流云槎董其昌铭拓本

图 7.4　流云槎陈继儒铭拓本

断齑切葱，瘢痕数行。乾隆乙卯，载来新篁。葛澂作缘，归余书堂。拂之拭之，作作生芒。屑丹和漆，补治中央。如珊网铁，异采成章。回思天籁，劫灰浩茫。何木之寿，岿然灵光。定有神物，呵禁不祥。宜据斯案，克绰永康。爰铭其足，廷济氏张。书以付契，其兄燕昌。”铭文拓片收入《清仪阁所藏古器物文》(以下简称《古器物文》)第十册（图 5）。

宋牧仲紫檀大画案，光绪末为清宗室溥侗购得，他在案牙上刻题识如下："昔张叔未有项墨林棐几，周公瑕紫檀坐具，制铭赋诗契其上，备载《清仪阁集》中。此画案得之商丘宋氏，盖西陂旧物也。曩哲留遗，精雅完好，与墨林棐几，公瑕坐具，并堪珍重。摩挲拂拭，私幸于吾有夙缘。因题数语，以志景仰。丁未秋日西园嬾侗识。”（图 6）案为插肩式结构，大小约如两张八仙桌拼在一起，云纹牙头，全身光素，只大边及抹头立面有简单的线脚，沿牙腿起灯草线边，足端略施纹饰。由于用材重硕，全案由十一个构件组成，不用胶粘，像积木似的可以架搭或拆卸。据衡亮生先生说，溥侗当年告诉他画案原在宋家祠堂中，购得后自商丘运回北京。宋牧仲名荦，康熙时人，惟他的父亲宋权，族祖宋缥仕明皆官居显要，祠堂中画案当是明代制品。

家具和书画一样，有的上面可以看到鉴赏家的题跋。现藏故宫博物院御花园延晖阁的“流云槎”是一件有名的天然木家具（图 7.1）。它是明弘治间状元而以善音乐闻名的康海故物，原藏扬州康山草堂，因赵宧光题“流云”二字而得名。此后董其昌、陈继儒各有铭，董铭曰："散木无文章，直木忌先伐。连蜷而离奇，仙查与舟筏。董其昌题。”按“查”通“楂”，即“槎”。陈铭："搜土骨，剔松皮。九苞九地，藏将翱将。翔书云乡，瑞星化木告吉祥。眉山史继儒作。”因剥落太甚，释文及标点均难免有误（图 7.2—图 7.4）。

道光间阮元购此槎赠麟庆，载归

图 8 《鸿雪姻缘图记·康山拂槎图》局部（左侧亭内器物为流云槎）

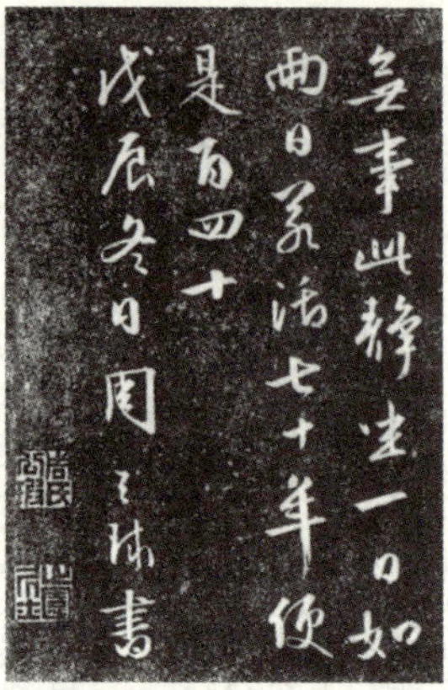


图 9 张廷济原藏周公瑕坐具铭拓本(见《清仪阁所藏古器物文》)

图 10 黄花梨画案万历乙未充庵铭拓本

北京，放在半亩园中。麟庆满族人，以治水闻名。他的画传《鸿雪姻缘图记》有《康山拂槎》一页（图 8），绘记此器。按流云槎原不过是一具可供坐倚的枯树根，惟经名人使用、题识而成了一件历史文物。

古代文人有在自己使用的文具上刻铭文的习尚，家具也不例外。所谓“周公瑕坐具”就是比较有名的一件。公瑕名天球，文徵明弟子，以行草及画兰名。他在一具紫檀椅子的靠背板上刻“无事此静坐，一日如两日。若活七十年，便是百四十。戊辰冬日周天球书”。这四句见宋罗大经《鹤林玉露》的《山静日长》条，而罗乃据苏东坡语录❶概括而成的；苏罗两人虽不是为坐具而作，在古代文人看来，却是一首绝妙的椅铭。此椅亦经张廷济收藏，并将铭文拓本收入《古器物文》中（图 9）。《清仪阁题跋》、《清仪阁杂咏》两书都著录了此椅。

南京博物院藏黄花梨夹头榫小画案，一足上部刻有 1595 年铭篆书题识：“材美而坚，工朴而妍，假尔为冯，逸我百年。万历乙未元月充庵铭。”（图 10）据闻案为苏州老药店雷允上家中物，经后人雷传珍捐赠。充庵或即雷氏先人的号。

扬州市博物馆藏插肩足小画案，案画左侧邻边刻有 1745 年铭及题记三行：“饰本轼车，制规玉几，实式冯之，云蒸霞起。匪朝伊夕，左图右史，时一横琴，偶然酌醴。爰此离明，文之极轨。用诒子孙，曷以钦止。皇清乾隆十年，岁在乙丑夏，汪廷璋铭。”（图 11）也是一件自撰自题的实例。

稍晚还有嘉庆间海宁藏书家陈鳣的椅子四具，分刻铭文四首，承史树青同志抄示如下。其一：“身就其位，面何曾对？勒我斯铭，相君之背。”其二：“抱膝长吟，旷怀古今。可以止而止，可以起而起。”其三：“坐与留同，言乃制为是器。日三摩挲，何如十五女肤！”其四：“或右或左，谁宾谁主？易地然皆，坐云则坐。”它们分刻在四具黄杨木椅上，现在保存在西湖“花港观鱼”。

有款识家具和其他文物一样，也有人作伪，而且是比较容易作伪的。因为

❶ 苏轼论修身：“无事静坐，便觉一日似两日。若能处置此生，常似今日，得至七十，便是百四十岁。”见《东坡志林》卷三，《学津讨原》本。

❷ 张廷济在周公瑕铭文拓本之后手书题记称：“十年前，海盐黄椒升都事乞拓本一纸去，重摹于梨木旧坐具下，添‘古鉴斋’一印。去年冬，余过硖石张犀谷处，见此具已获重值，归于张矣。庚寅年四月廿九日又记。”

❸ R. H. Ellsworth：*Chinese Furniture*，1971，Random House，New York.

家具款识经过镌刻，不像墨迹那样容易看出笔致的妍媸劲弱，更无从分辨墨色的沉浮古新；所附着的质地是木材不是纸绢，木材的新旧也比纸绢难分辨。所以有的家具款识虽为翻刻，和原件竟无大异。不过鉴别有款识家具的真伪还是有规律可寻的。一般说来，家具的使用者和题识者越有名越有人作伪；器物不大，越容易找到旧家具来混充原件的越容易作伪；器物硕大精美，越难找到相似的旧家具来混充原件的越难作伪。例如周公瑕是一位比较有名的书画家，明式椅子并不很难得，所以容易有人作伪。张廷济在《古器物文》的题跋中就讲到有人向他要去一张周公瑕铭文的拓片，摹刻到一具旧梨木椅上，后来出售获得重价[2]。紫檀大柜的定制者冯鹤庵可能是一个不知名的县知事，大柜不会因有他的题名而抬高身价，所以不致有人去作伪。宋牧仲大画案是一件重器，再找一件不容易，故难作伪。

下面谈一个家具款识作伪的例子：

近年美国埃利华斯（R. H. Ellsworth）编写了一本图文并茂的《中国家具》，这是继乔治·寇慈（G. Kates）之后在美出版的又一本专著[3]，说明美国人民对明式家具的热爱和重视。不过书中采用的名称，标明的年代等有不少可商榷之处。例如书中重点介绍了四具有祝允明、文徵明、周天球、董其昌题识[4]的紫檀扶手椅，其中周天球的题识和收入张廷济《古器物文》的周公瑕坐具（以下简称“周椅”）题识相同，不过下边还多了吴云的两段跋（图12、13）。吴云（1811—1883年）字平斋，号退楼，归安人，是晚清有名的金石收藏家和考据家。

吴云两跋原文如下。其一：“周公

图12　美国埃氏所藏四具紫檀扶手椅之一

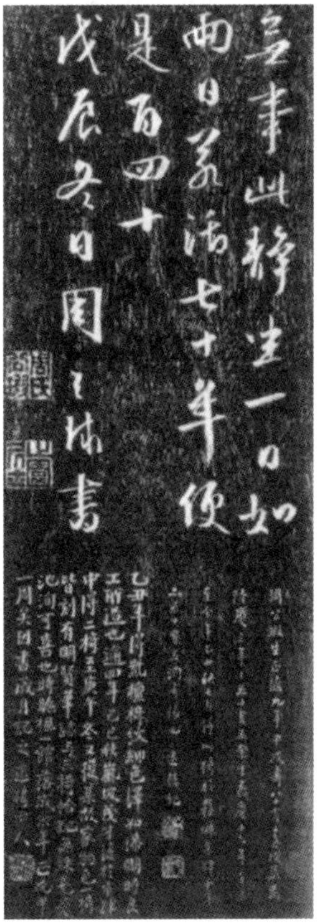

图13　埃氏所藏紫檀椅靠背板上铭文拓本

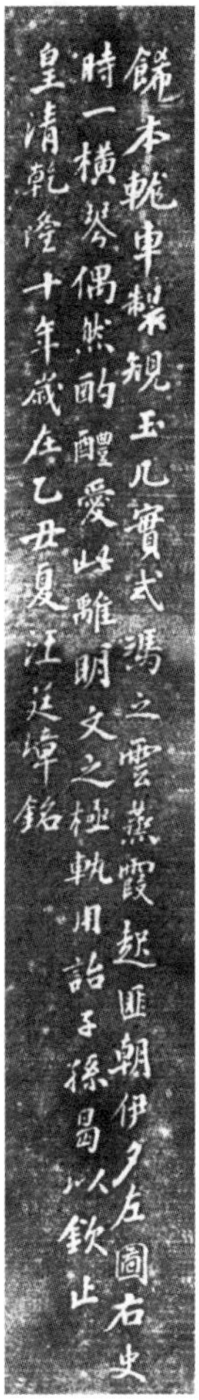

图11　朱漆画案乾隆乙丑汪廷璋铭拓本

[4] 祝允明题识录《兰亭序》一段，不录。文徵明题识为：“门无剥啄，松影参差，禽声上下，煮苦茗啜之，弄笔窗间，随大小作数十字，展所藏法帖笔迹画卷纵观之。”系从罗大经《鹤林玉露》中《山静日长》条中节出。董其昌题识：“公退之暇，披鹤氅衣，带华阳巾，手执周易一卷，焚香默坐，消遣世虑。江山之外，第见风帆沙鸟，烟云竹树而已。”系从《黄冈竹楼记》中节出。

琡生正德九年甲戌，寿八十有二，至戊辰为隆庆三年，年五十有五。余生嘉庆十六年辛未，至今年乙丑秋七月，得此椅于苏城某肆中，年亦五十有五，洵奇缘也。退楼记。”其二：“乙丑年得紫檀椅，纹细色泽如漆，明时良工所造也。逾四年己巳秋，岗坡茂才复于市肆中得二椅，至庚午冬，又从某故家物色一椅，皆刻有明贤笔迹，与三椅恰配，无丝毫差池，洵可喜也。时听枫山馆落成，余年正花甲一周矣。因书岁月记之。退楼老人。”

两跋值得注意的有以下三点：1. 吴云第一跋的前半和张廷济《清仪阁题跋》中的辞句基本相同[1]。尤其是吴也把戊辰说成是隆庆三年，分明是沿张廷济之误才会如此。因为戊辰明明是隆庆二年。这至少可以说明吴跋部分因袭了张跋的辞句。2. 张氏收藏周椅原件只有一具。奇怪的是吴云买到周椅，如果是原件，只可能是张氏旧藏的一具。那么为什么吴云两跋竟无一语道及周椅的来历和收藏周椅的原主张廷济？ 3. 吴云两跋笔迹不似一人所书。第一跋写得比较自然，第二跋则矜持而冗弱。第一跋先写，字数少而小；第二跋后写，字数多反而大。这不符合一般题字的规律。因此对四椅题识的真伪不能不提出以下几个问题。

（一）吴题周椅究竟是不是张氏旧藏的周椅原件？

（二）如果吴题周椅不是张氏旧藏的原件而是翻刻题识的伪作，那么吴是否上当受骗，买进了假古董？还是吴对周椅原件很熟悉，明知自己没有得到，却故弄玄虚，硬造出一具假的来？

（三）祝、文、周、董四家，年纪最大的祝允明比年纪最小的董其昌大95岁[2]，四个人的题识怎么会写刻到成堂配套、形式尺寸一样的四具椅子上来呢？《中国家具》的作者竟认为四具椅子的主人大概是一位寿长的学者，活了八九十岁，和祝、文、周、董都有交谊，因而能得到四家的墨迹分刻四椅。他的说法自然很难令人置信。

对上面提出的问题我们的回答是这样的：

（一）吴题周椅不是张藏周椅原物而是另外一件。因为张廷济在《清仪阁杂咏》中记下了所藏周椅的尺寸：“通高三尺二寸，纵一尺三寸，横一尺五寸八分。”也就是说此椅的宽度不到通高的一半。但吴题周椅据《中国家具》一书标明的尺寸是：高 $40^1/_8$ 英寸，宽 $22^3/_4$ 英寸，深 $18^1/_4$ 英寸，椅盘高 $9^1/_4$ 英寸。也就是说其宽度超过通高的半数两英寸多，和张氏所记不符，故决非一器。

（二）吴题周椅不是张藏周椅，吴云对此是完全清楚的。因为从他的《两罍轩尺牍》我们得知下述情况：吴云比张廷济小43岁，但交往相当密切，吴自称“与未翁为忘年交”。张的长孙敬仲曾受业于吴，故吴和张有“通家之谊”。清仪阁的文玩古物，后来多数归吴所有[3]。因此张廷济所藏的周椅，吴不可能不知道。何况张廷济编写粘贴的《古器物文》十册后来亦为吴所得[4]，其中就有周椅原件的铭文拓本，吴岂能视而不见！证以吴跋也将隆庆二年说成三年，说明吴对张的题跋不仅知道，而且沿袭其误。在吴云的幕僚、清客中有两位镌刻名手——张玉斧和吴衣谷[5]。他们要摹刻周铭是游刃有余的。因此我们认为吴题周椅并不存在上当受骗问题，而只存在居心作伪问题。作伪者最大的可能就是吴云他自己！

[1] 张廷济：《清仪阁题跋·周公瑕紫檀坐具》：“紫檀坐具，字在倚背之板。周公瑕生正德九年甲戌，卒于万历廿三年乙未，年八十有二。此戊辰为隆庆三年，公瑕时年五十有五。”见清刊本页一九五。

[2] 祝允明生于1460年，董其昌生于1555年。

[3] 吴云：《两罍轩尺牍》卷四页七，致魏锡曾函：“弟与未翁为忘年之交，其长孙敬仲明府，曾来受业，有通家之谊，故新篁弆藏，大半归与敝箧。”

[4] 同[3]卷八页十，致潘祖荫函：“云处止藏清仪阁金石拓本十册，皆其自藏之器。内金器二册，自三代鼎彝以至泉刀古镜，半有题识。后附砖文瓦当及唐宋以来残碑断碣，甚至象牙竹木雕刻精工者，亦皆模拓。”

[5] 同[3]卷八页一，致潘祖荫函：“叔未丈在日，凡刻石拓墨之事，悉系吴衣谷裕、张受之辛二人。”又卷九页三十，致陈介祺函：“此二君（指张受之、吴衣谷）弟俱熟识，衣谷馆在弟处多年。”又卷四页十三，致勒方锜函：“玉斧年壮心细，目力极好，镌刻之工，一时无两。”又卷九页五十一，致陈介祺函：“张玉斧相从十余年……”

（三）祝、文、董三家的题识都和坐具无关，是后人从各种书迹中找来，摹刻到椅背上去的。吴云的第二跋和这一次摹刻有密切关系。正是有人要伪造四具成堂有明代名家题识的椅子，所以才编造出吴云的第二个跋来。跋二不及跋一自然，吴云如果作伪应当还要高明些，所以大概是古董肆一流搞的把戏。事情的真相可能是吴云确有四具成堂的椅子，用了其中之一摹刻周铭。后来椅子易主，作伪者就编造了吴云的第二跋并在三具椅子上摹刻祝、文、董三家题识。

由于对四椅的流传经过不详，上述看法难免有臆测之处，未敢过于自信。目前还不能排除的是有可能连吴云的第一跋也是别人假造的。如果是这样的话，那么四具椅上的六个题识没有一个是真的了。

原载《故宫博物院院刊》1979年第3期，
1993年12月修改补充

# 《鲁班经匠家镜》家具条款初释

## 一、问题的提出

《鲁班经》的流传已有五六百年，是我国仅存的一部民间木工营造专著。刘敦桢先生曾对此书的现知最早版本《鲁班营造正式》及其后的几个增编、翻刻本进行了比较研究，并撰文[1]阐述其流传演变，把这部工匠古籍的不同时代面貌，作了科学的勾画。1977年，郭湖生先生编写《中国建筑技术史》，承将第十二章第三节《鲁班营造正式评述》油印稿见示。他对此书几个版本的承袭关系、内容异同和历史价值，作了进一步的分析研究。

此书的明万历间增编本改名为《鲁班经匠家镜》。所谓“匠家镜”，就是说它像工匠家的一面镜子，有“指南”或“手册”的意思。这次新增的主要内容，编入了不少有关家具条款和图式。刘、郭两位对这份家具材料，都给予高度的评价[2]。

如果说关于房屋营造的传世图书有《营造法式》《工程做法》那样文图对照、卷帙繁浩的煌煌巨著的话，关于家具，有文有图的古籍，恐怕只有这薄薄一册的《鲁班经匠家镜》了[3]。它的增编年代在万历间，正是明式家具具有高度成就的时候。当时图式的绘制和雕刊者都有相当高的水平，比较真实地描绘了各种家具的形态。这都是此书值得重视的原因。万历以后的崇祯增编本和清代的若干翻刻本，不仅图式越翻越劣，文字讹误也有增无减，其价值自比万历本远逊了。

万历本《鲁班经匠家镜》是1961年初，经文物事业管理局搜集到的一部残本，其中有关家具部分幸尚完整。尽管这个珍本前此从未发现过，《鲁班经》中的家具材料，早已受到我国学者的重视，就是国外学人在有关的著作中也曾引用[4]。这个珍本被发现至今已有二十多年，现在似乎更应当有人为它作比较详细的探索研究。刘敦桢先生早就提出过：“推求书中所述各种做法术语，进而校订文字图样，加以注释，……是研究我国建筑史应做的工作之一。”[5]他所说的是对《鲁班经》作全面的科学的注释研究，自然也包括家具材料在内。

## 二、《初释》是怎样写成的?

对《鲁班经匠家镜》中的家具条款

❶ ❺ ❻刘敦桢：《鲁班营造正式》，载《文物》1962年第2期，页9—11。

❷ 同❶，刘敦桢先生称：“《鲁班经匠家镜》所绘桌椅诸图，与现存明代遗物几无二致，乃异常宝贵的资料。”郭湖生则称：“插图以万历本最佳，是研究明代家具的重要资料。”见《鲁班营造正式评述》，1977年油印本，页21。

❸ 前代有几种与家具直接或间接有关并附插图的古籍，如《梓人遗制》、《燕几图》、《蝶几图》、《三才图会》、《碎金》等。但它们或因传本只存格子门及木制机械部分，或只讲某种特殊设计的家具，或只是类书、辞书的插图，故从研究家具的角度来看，其重要性无法和《鲁班经匠家镜》相比。

❹ 如德人艾克所著《中国花梨家具图考》。

❼ 五十二条依原书次序抄录如下。未释的十七条，在各条之后的括弧内作简略的说

作探索研究，存在着不少问题，刘先生也已在文中指出："一是文字讹误太多，二是所用术语已有不少改变。"[6]因此，想一举把这些条款全部读通，实属不太可能的事。何况有的家具有文无图，有的文和图又有出入，这就更增添了理解上的困难。因限于水平，现在只能先做一次试探性的初释，以就教于关心古代家具、特别是对古今家具有专业知识的同道，希望能引起他们的兴趣，作进一步的深入研究。

这次《初释》是这样写成的：

（一）采用的版本为文物局藏的《鲁班经匠家镜》明万历间刊本。

（二）此本的家具条款及图式在卷二，自页十三下起，至页三十六下止，共二十五页。除去其中夹杂着纯属封建迷信的《逐月安床设帐吉日》一条和应属殿堂建筑的《诸样垂鱼正式》、《驼峰正格》两条外，共计五十二条[7]。图式大者占半页，小者只占两三行，共十九幅。不过严格说来，五十二条中真正能算家具的，只有三十五条。《初释》即以此三十五条为限。现将它们编为1—35号。

（三）《初释》内容分以下几项：

1. 录文：分条录原文，并试加标点。

2. 校字：错字、脱字、多余字均用不同符号标出〔录文中改正字外加（ ），脱字外加〈 〉，衍文夹在◁▷中间〕。因为此书无法找到更佳版本和它勘校，有时只得就本书中的不同写法，择善而从之，也就是用本书来校本书。有时则凭个人的理解或通过制图校核，作一些更改，其中难免有主观臆测的成分。

3. 释辞：对术语、名词试作解释。

4. 释条：对整条文字试作解释。

5. 附图：根据文字尺寸，参考图式及明式家具实物或其他形象材料，试制草图。

## 三、家具条款初释

### 1. 屏风式

**录文：**

"大者高五尺六寸，带脚在内，阔六尺九寸。琴脚六寸六分大，长二尺。雕日月掩（卷）①象鼻格奖（桨）②腿，工（二）③尺四分高，四寸八分大。四框一寸六分大，厚一寸四分，外起改竹圆，内起棋盘线，平面六分，窄面三分。绦环上下俱六寸四分，要分成单。下勒水花〈牙〉④分作两孔，雕四寸四分。相屋阔窄，余大小长短依此，长仿此。"

**校字：**

①"掩"与"卷"字形相近，故疑为"卷"之误。31条有"转鼻带叶"，转与卷义亦相通。②"奖"据20条改为"桨"，详下。③"工"为"二"之误。屏高五尺余，桨腿高二尺余是合理的。④此处当脱"牙"字，有16、24等条可证。

**释辞：**

琴脚：或称"下脚"，见21条。着地的两根木墩，按即清代《则例》所谓的"榻椹木"，北京匠师所谓的"墩子"。

日月卷象鼻格：桨腿上有圆形和卷转的花纹雕饰。

桨腿：两片成对，上锐下丰，略呈直角三角形，用以从相对的方向抵夹立柱，多用于屏风、衣架等家具上。清代《则例》称之为"壶瓶牙子"，言其两片相合，形似一件壶卢瓶。壶卢瓶即葫芦瓶。北京匠师则称之为"站牙"。本书往往写作"奖腿"，其义费解。20条中作"桨腿"，乃悟因其形似船桨而得名，故从之。

明。1. 屏风式，2. 围屏式，3. 牙轿式，4. 衣笼样式，5. 大床，6. 凉床式，7. 藤床式，8. 禅床式（与寺观殿堂上下土木相连的长木炕，只能算是室内装修），9. 禅椅式，10. 镜架势（式）及镜箱式，11. 雕花面架式，12. 桌，13. 八仙桌，14. 小琴桌式，15. 棋盘方桌式，16. 圆桌式，17. 一字桌式，18. 折桌式，19. 案桌式，20. 搭脚仔凳，21. 风箱样式（烧火鼓风用的风箱），22. 衣架雕花式，23. 素衣架式，24. 面架式，25. 鼓架式（架木腔蒙皮鼓的架子），26. 铜鼓架式（又名乳锣的铜鼓架），27. 花架式（放在室外院子中的花盆架），28. 凉伞架式（仪仗、执事一类器物的架子），29. 校椅式，30. 板凳式，31. 琴凳式，32. 杌子式，33. 大方扛箱样式，34. 衣橱样式，35. 食格样式，36. 衣折式（折叠衣服用的一柄木制宝剑），37. 衣箱式，38. 烛台式，39. 圆炉式（圆炉的座子），40. 香炉式（香炉的座子），41. 方炉式（方炉的座子），42. 香炉样式（香炉的座子），43. 学士灯挂（一种挂灯），44. 香几式，45. 招牌式（店铺的招牌），46. 洗浴坐板式（坐着洗澡用的一块木板），47. 药橱，48. 药箱，49. 火斗式（灯的一种），50. 柜式，51. 象棋盘式（一尺四寸长而接近方形的象棋盘），52. 围棋盘式（一尺四寸多见方的围棋盘）。

改竹圆：一种混面的线脚，当与“泥鳅背”相似。“改竹圆”有可能即19条中的“厅竹圆”，亦可能“改”为动词，并非术语。究以何为是，待进一步考证。

棋盘线：当为常用于棋盘边框的一种线脚。

绦环：即绦环板，北京匠师仍用此称。在此指嵌装在屏风座上的有雕饰的花板。

勒水花牙：即牙条。在屏风上则为绦环板下带斜坡的长条花牙，北京匠师或称“披水牙子”，言其像墙头上斜面砌砖的披水。

孔：本书的常用语，有“部分”的意思。“中分两孔”即指分为两部分或两半。11条“或分三孔、或两孔”有三份或两份的意思。

**释条：**

此为带底座的、不能折叠的屏风，亦称座屏风。

**附图：**

据文字并对照页十三下图式并参考实物，试制草图二：图1，页十三下图式中的屏风。图2，屏风草图（正面、侧面）。

2. 围屏式

**录文：**

“每做此行用八片、小者六片，高五尺四寸正。每片大一片（尺）①四寸三分零。四框八分大，六分原（厚）②，做成五分厚，算定共四寸厚。内较（交）③田字格，六分厚，四分大。做者切忌碎框。”

**校字：**

①“片”为“尺”之误。②“原”为“厚”之误。③“较”为“交”之误。

**释辞：**

行用：曾疑“行”为“大”之误。因下有“小者”字样。但“行用”可作“通行”或“流行”讲，未敢擅改。

四框八分大，六分厚，做成五分厚，算定共四寸厚：此数语是说屏风每片的边框，六分下料，做成后实厚五分。八片折叠在一起时，共厚四寸。

田字格：由纵横木棂构成的方孔格子，形如“田”字。参见34条抽屉内的分格。此处指糊在屏风纸绢之下的方格龙骨，北京匠师称之曰“箅子”。

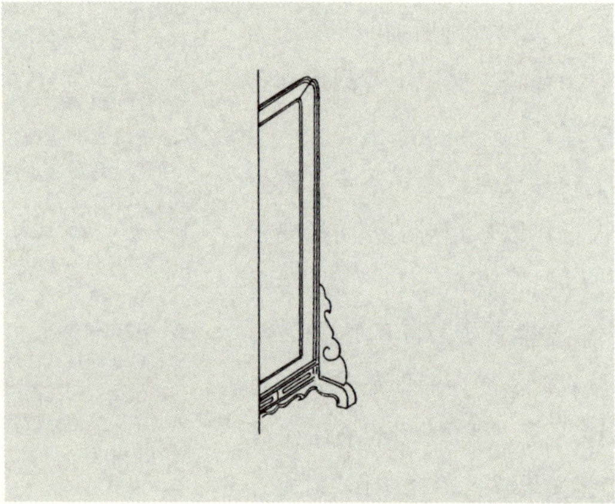

图1　页十三下图式中的屏风

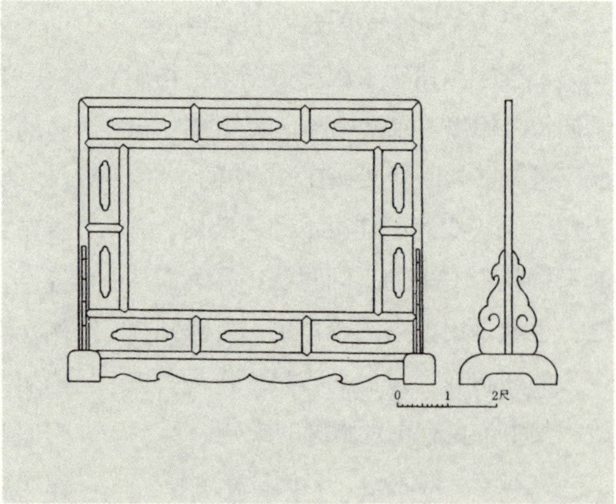


图2　屏风草图之正面和侧面

图 3　页十三下图式中的围屏

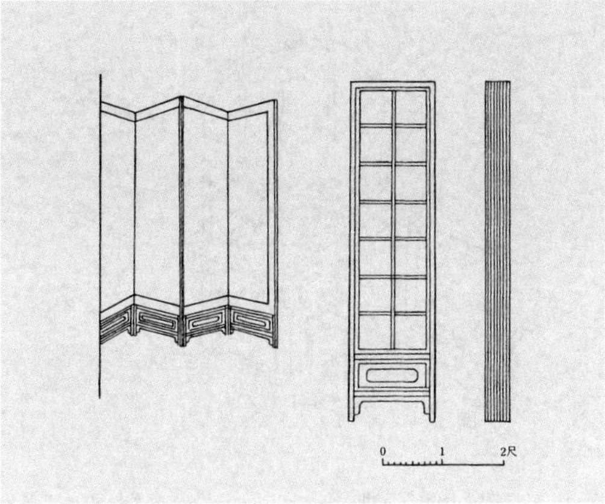


图 4　八片围屏（局部）与田字格结构及折叠后之示意图

**释条：**

按此为多扇的、可以折叠的屏风，亦称围屏。

**附图：**

据文字及页十三下图式，试制草图二：图 3，页十三下图式中的围屏。图 4，八片围屏、田字格结构及折叠后示意图。

3. 牙轿式

**录文：**

“宦家明轿徛（椅）①下一尺五寸高，屏一尺二寸高，深一尺四寸，阔一尺八寸。上圆手一寸三分大，斜七分（寸）②才圆。轿杠方圆一寸五分大。下踃（梢）③带轿二尺三寸五分深。”

**校字：**

①“徛”为“椅”之误。②“分”疑为“寸”之误。③“踃”为“梢”之误。“梢”字在本书一再出现，见 13、16、28 等条，其义有尽端之意。“踃”，跳也，于义难通。

**释辞：**

牙轿：牙即牙门，通称衙门。条中有宦家字样，可知牙轿即官署用轿。

明轿：页十四下图式靠下一轿，全部露明，是为明轿，与有遮围的暖轿相对而言。

屏：即椅子的靠背板。

圆手：当为“圆扶手”的简称，即用圆材造成的圈椅或轿椅的扶手。清代《则例》称为“月牙扶手”。北京匠师据其为三段接成或五段接成，称之为“三接扶手”或“五接扶手”。或简称为“三圈”、“五圈”。

斜七寸：圈椅扶手前低后高，斜七寸可能指前后高低相差的尺寸。其意是否如此，尚待进一步研究。

方圆：本书的常用语，有大小或纵宽的意思，并不一定指又方又圆的东西的尺寸。如 14 条棋盘方桌之“方圆二尺九寸三分”，乃指纵宽各二尺九寸三分。

下梢：此处指轿椅下的底盘和椅前的脚踏。

**释条：**

此为轻巧简便、近似四川所谓滑竿的小轿。

**附图：**

据文字及页十四下图式，试制草图二：图 5，页十四下图式中的明轿。图 6，明轿草图。

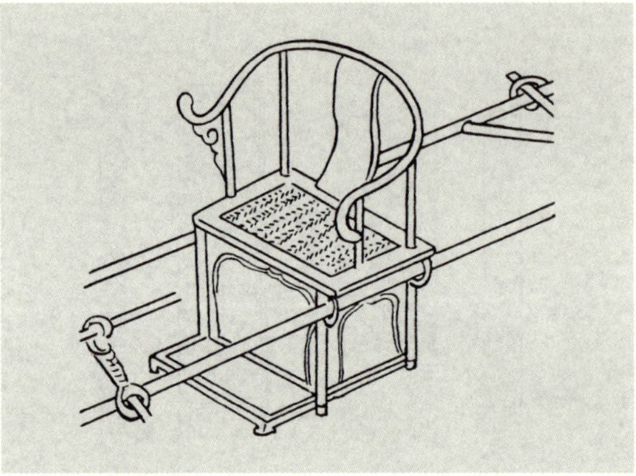

图 5　页十四下图式中的明轿

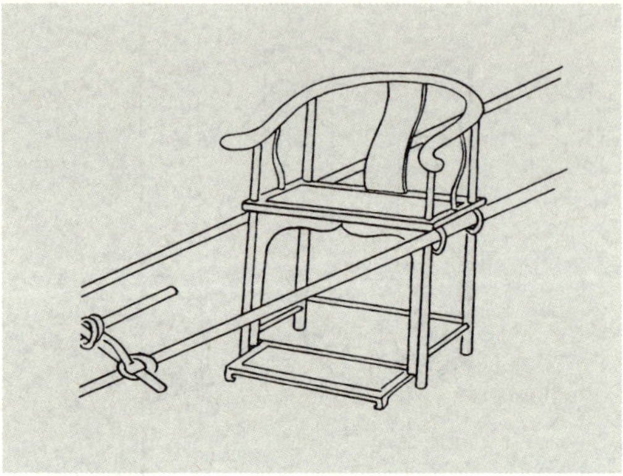

图 6　明轿草图

4. 衣笼样式

**录文：**

“一尺六寸五分高，二尺二寸长，一尺三寸大。上盖役九分，一寸八分高。盖上板片三分厚，笼板片四分厚，内子口八分大，三分厚。下车脚一寸六分大，或雕三弯。车脚上要下二根横櫎仔（子）。此笼尺寸无加。”

**释辞：**

衣笼：即衣箱。宋戴侗《六书故》：“今人不言箧笥而言箱笼。浅者为箱，深者为笼也。”与 30 条衣箱相比，基本相似而略大，同为长方形，无显著差异。

役：本书的常用语。如 10 条“每落墨三寸七分大，方能役转”。32 条“脚一尺三寸长，先用六寸大，役做一寸四分大”。似指加大放料，以期成品后达到设计要求。据此，“上盖”有加大九分之意。这样解释是否正确，以及加大应如何加，均待再研究。

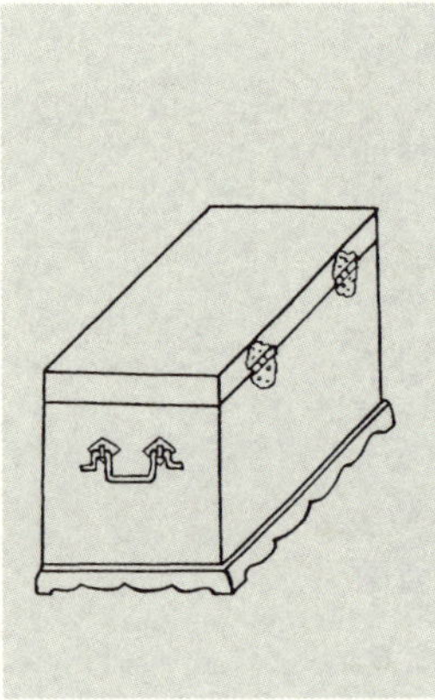

图 7　页三十二上图式中的衣箱

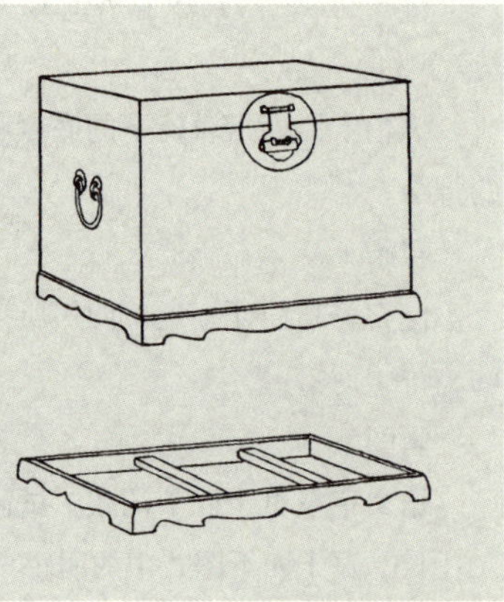

图 8　衣笼草图及车脚与横櫎子之示意图

车脚：着地的木框，即托泥或底座。页三十二上图式中的箱下有车脚。据宋李诫《营造法式》卷九“佛道帐”，“帐坐……下用龟脚，脚上施车槽……”（据石印丁氏本。陶氏校刊本“脚上”之“上”，误作“下”，不可从。）故车脚之名，似来源于“车槽”与“龟脚”。车脚乃由“车槽”与“龟脚”二者合并而成，遂有车脚之名。

三弯：车脚上弧线线脚。

横櫎子：本书“櫎”与“框”有时通用。此处指安在车脚上，上托箱底，起纵向连接作用的两根带或托枨。

**释条：**

按此即衣箱。惟上盖仅高一寸八分，矮于一般的衣箱盖颇多，疑尺寸有误。

**附图：**

据文字，参照页三十二上图式，试制草图二：图 7，页三十二上图式中的衣箱。图 8，衣笼草图及车脚与横櫎子示意图。

5. 大床

**录文：**

“下脚带床方共高式（二）[①]尺二[②]寸二分正。床方七寸七分大，或五寸七分大。上屏四尺五寸二分高。后屏二片，两头二片。阔者四尺零二分，窄者三尺二寸三分，长六尺二寸。正领（岭）[③]一寸四分厚，做大小片。下中间要做阴阳相合。前踏板五寸六分高，一尺八寸阔。前楣带顶一尺零一分。下门四片，每片一尺四分大。上脑板八寸，下穿藤一尺八寸零四分，余留下板片。门框一寸四分大、一寸二分厚。下门槛一寸四分，三接。里面转芝门九寸二分，或九寸九分，切忌一尺大。后学专用记此。”

**校字：**

①“式”为“弍”之误。“弍”即“二”。②“二”，原书作“一”，但一横在下，上半漫漶缺笔，故知当为“二”。③“领”疑为“岭”之误。

**释辞：**

床方：即床面方框，由大边及抹头各两根构成。7 条藤床床方“起一字线好穿藤”，可证床方即床面方框。

上屏：床上的围屏。据其高度当从床方直到床顶。

后屏二片，两头二片：均指上屏。即上屏由床后沿的两片、两侧沿各一片，共计四片构成。

正岭：“岭”有居高之意，床岭即床顶。正岭当为正面床顶。

阴阳相合：指床顶天花应用阴阳榫扣合，以防尘土下落。

前踏板：床前的脚踏。

前楣：安在床顶前檐的横楣子。

下门四片：据页十五下图式，当为床前廊子两端状如槅扇的四扇门。

上脑板八寸，下穿藤一尺八寸零四分，余留下板片：上述状如槅扇的门，由三部分构成:上脑板、中部穿藤条（可以透气，类似糊窗纱的槅扇心）、下部装板片。

转芝门：可能指位在床前沿两头门围子部位的两扇门。

**释条：**

按此为大型的拔步床，等于一间上有房顶、前有走廊、后用板墙围成的小屋。

**附图：**

据文字并参照页十五下图式，试制草图三：图 9，页十五下图式中的大床。图 10，大床草图（正面）。图 11，大床草图（侧面）。

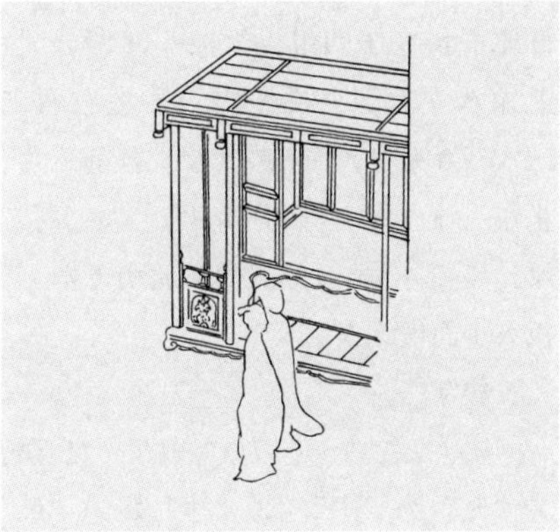

图 9　页十五下图式中的大床

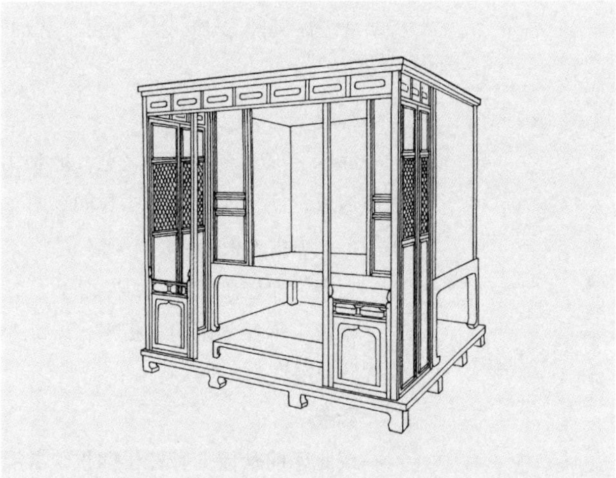

图 10　大床草图之正面

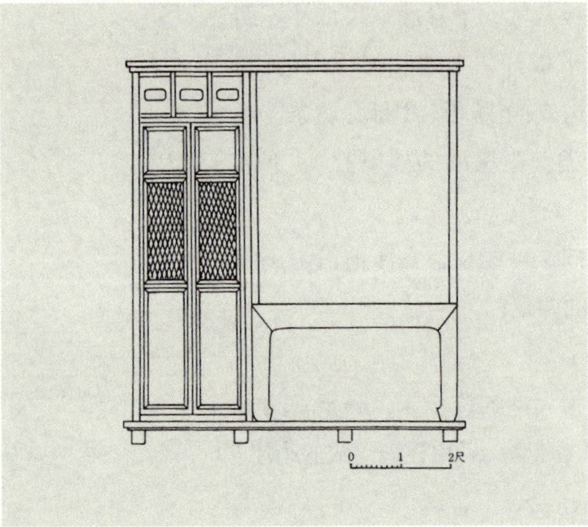


图 11　大床草图之侧面

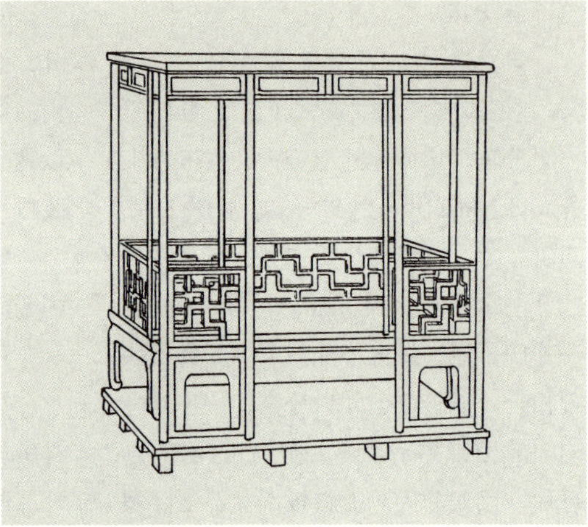

图 12　明潘允征墓出土明器拔步床

6. 凉床式

**录文：**

“此与藤床无二样，但踏板上下栏杆要下长柱子四根，每根一寸四分大。上楣八寸大，下栏杆前一片左右两二（个）[①]万（卍）[②]字，或十字。挂前二片，止作一寸（尺）[③]四分（寸）[④]大，高二尺二尺（寸）[⑤]五分。横头随蹭（梢）[⑥]板大小而做无误。”

**校字：**

①“二”疑为“个”之误。②“万”为“卍”。③“寸”疑为“尺”之误。④“分”疑为“寸”之误。⑤“尺”为“寸”之误。⑥“蹭”为“梢”之误。

**释辞：**

凉床：凉有透风凉爽之意，床顶由木框造成，便于安挂蚊帐。与四壁有如小屋、上顶由木板造成的大床不同。

上楣：即挂在床檐上的横楣子。

梢板：承托全床的木板平台。北京或称“地平”。

**释条：**

按此床前踏板上有柱子四根，并有卍字或十字装饰构件，可知前有小廊，廊上设立柱，柱间安栏杆，即所谓“拔步床”（一名八步床。据《通俗常言疏证》引《荆钗记》：“可将冬暖夏凉描金彩漆拔步大凉床搬到十二间透明楼上”，并称：“今乡村人尚云拔步床，城市人反云踏步床，非也”）。此床与明潘允征墓出土的明器拔步床颇相似，所不同的是，本条并未讲到床上有两块“门围子”。

**附图：**

据文字并参照页十七下图式中的“架子床”及潘墓明器，试制草图二：图 12，明潘允征墓出土明器拔步床。图 13，凉床（拔步床）草图（正面、侧面）。

7. 藤床式

**录文：**

“下带床方一尺九寸五分高，长五尺七寸零八分，阔三尺一寸五分半。上柱子四尺一寸高，半屏一尺八寸四分高。床岭三尺阔，五尺六寸长。框一寸三分厚。床方五寸二分大，一寸二分厚，起一字线好穿藤。踏板一尺二寸大，四寸高。或上框做一寸二分后（厚）[①]。脚

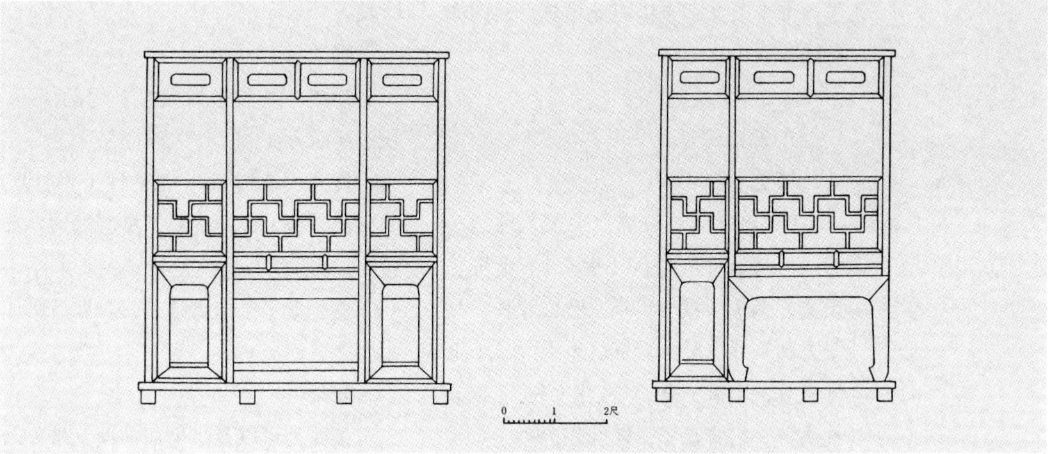


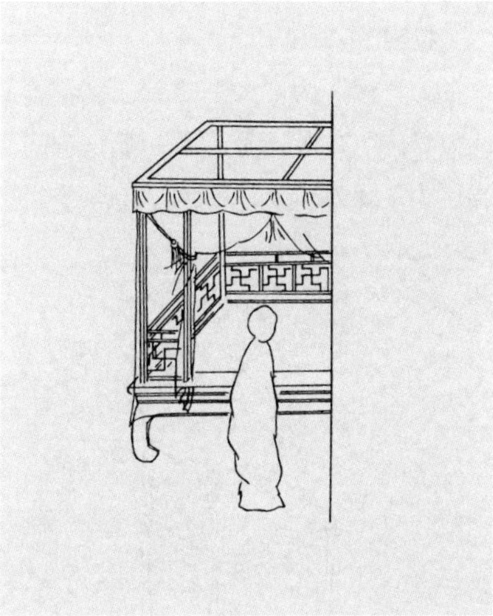

图 13　凉床（拔步床）草图之正面和侧面（上）

图 14　页十七下图式中的架子床（中）

图 15　藤床（架子床）草图（下）

二寸六分大，一寸三分厚，半合角记。”

**校字：**

①“后”为“厚”之误。

**释辞：**

藤床：此床床面穿藤，故曰“藤床”。实际上此称亦未必合理，因明式拔步床、罗汉床等多数都穿藤。

上柱子：立在床四角，上承床顶的柱子。

半屏：即床围子。因其高不到床顶，约当其半，故曰半屏。

床岭：“岭”有居高之意，即床顶。

一字线：沿床方的大边及抹头内侧打槽一道并打眼，以便穿棕绳及藤条。

半合角：脚踏四角榫卯的一种造法，具体结构待考。

**释条：**

按此为北京匠师所谓的不带门围子的架子床，但本书称之为藤床。

**附图：**

据文字并参照页十七下图式及明式实物，试制草图二：图 14，页十七下图式中的架子床。图 15，藤床（架子床）草图。按明式架子床一般顶下均有横楣子。惟本条文字未讲有此设施，故图亦从缺。

### 8. 禅椅式

**录文：**

“一尺六寸三分高，一尺八寸二分深，一尺九寸五分深（大）①。上屏二尺高，两力（扶）②手二尺二寸长。柱子方圆一寸三分大。屏，上七寸、下七寸五分，出笋（榫）③三寸（分）④，斗枕头下。盛脚盘子，四寸三分高，一尺六寸长，一尺三寸大，长短大小仿此。”

**校字：**

①“深”为“大”之误。②“力”疑为“扶”之误。③“笋”应作“榫”。④“寸”疑为“分”之误。出榫三寸实太长。

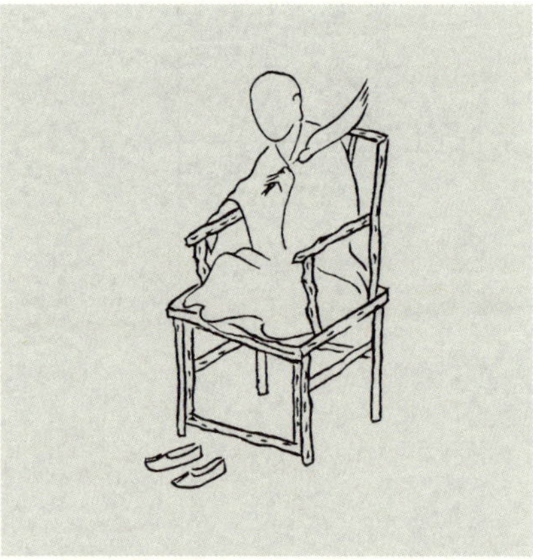

图 16　页十八下图式中的禅椅

图 17　禅椅草图之正面和侧面

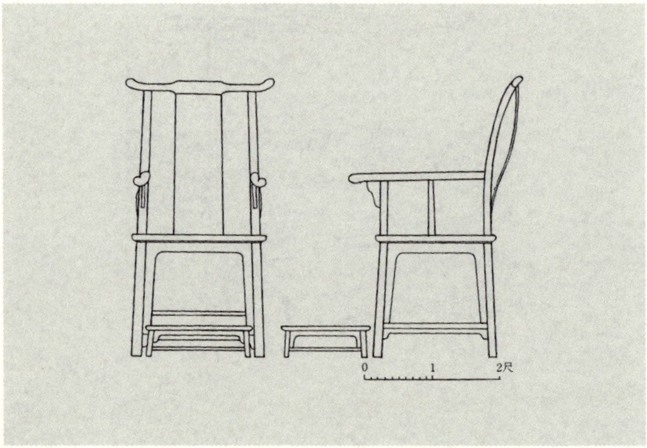


**释辞：**

禅椅：一般指僧人打坐用的椅子，比较矮而大。

枕头：椅子搭脑中部往往尺寸加大，并削出斜坡，以便枕靠。搭脑的这一部位名枕头。

盛脚盘子：即脚踏。盛脚即放脚或承脚之意。

**释条：**

按此为可以盘足坐而前面又带脚踏的椅子。页十八下图式绘僧人及其坐具，当为禅椅，但未画枕头和盛脚盘子。

**附图：**

据文字并参照页十八下图式及明式椅子实物，试制草图二：图 16，页十八下图式中的禅椅。图 17，禅椅草图（正面、侧面）。

### 9. 镜架势（式）①及镜箱式

**录文：**

“镜架及镜箱有大小者。大者一尺零五分深，阔九寸，高八寸零六分。上层下镜架二寸深，中层下抽相（箱）②一寸二分，下层抽相（箱）③三尺（寸）④，盖一寸零五分，底四分厚。方圆雕车脚。内中下镜架七寸大，九寸高。若雕花者，雕双凤朝阳，中雕古钱，两边睡草花，下佐（做）⑤连（莲）⑥花托。◁此▷⑦大小依此尺寸退墨无误。”

**校字：**

①“势”为“式”之误。②③“相”为“箱”之误。④“尺”为“寸”之误。⑤“佐”为“做”之误。⑥“连”应作“莲”。⑦“此”字疑衍。

**释辞：**

镜架、镜箱：古代家具中，有的是

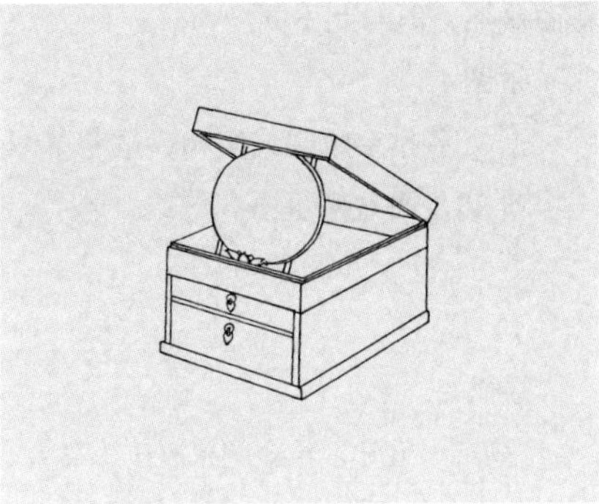

图 18　官皮箱示意图

图 19　镜箱草图

单独的镜架，有的是镜架设在箱具之内，名曰镜箱。本条从标题看，似乎涉及镜架、镜箱两种家具，但实际上只讲了镜箱。

抽箱：即抽屉。

古钱：即古老钱。将此图案放在镜架正中，钱中的方孔可容铜镜的镜钮及穿系镜钮的丝绦。

睡草花：镜架上的雕刻图案。“睡”有可能为“垂”之误。未敢肯定，待再考。

莲花托：雕成莲花形，上承铜镜的木托。

**释条：**

按此为纵深大于面宽的镜箱。箱盖之下设可以折叠的镜架，此下有两层抽屉，其形制近似明式家具中常见的“官皮箱”。页二十九下图式绘有镜架，但为列屏式，是明式镜架中的另一种形式，与此镜箱不同。

**附图：**

据文字并参照明式官皮箱实物，试制草图二：图 18，官皮箱示意图。图 19，镜箱草图。

10. 雕花面〈盆〉①架式

**录文：**

“后两脚五尺三寸高，前四脚二尺零八分高②。每落墨三寸七分大，方能役转，雕刻花草。此用樟木或南（楠）③木，中心四脚折进，用阴阳笋（榫）④，共阔一尺五寸二分零。”

**校字：**

①此处似脱“盆”字。②此处疑有大段文字脱落。明式高面盆架后两脚上部一般均有搭脑及雕花的中牌子等，而此条无一语道及。“落墨三寸七分大，方能役转，雕刻花草”等语，极似指搭脑的尺寸及造法而言。③“南”应作“楠”。④“笋”应作“榫”。

**释辞：**

折进：同折叠，即架子的四脚可以折并到一起。按明式六足矮面盆架或鼓架有折叠的造法，但高面盆架最多只能折前两足。1980 年冬，在皖南黟县屏山村民居，曾见到两具六足高面盆架，前两足可折叠，折拢后与中两足贴着平行。

阴阳榫：安在折叠足上的横枨开口，是为阴榫。它与安在固定足横枨上的木片相交，木片为阳榫。二者还须用铆钉贯穿相连，方能防止腿足脱落并可自由折叠。

**释条：**

按此应即明式家具中常见的六足雕花高面盆架。页十九下图式中有四足雕花面盆架，但与此不同。

**附图：**

据文字并参照明式实物，试制草图一：图 20，面盆架草图。

11. 桌

**录文：**

“高二尺五寸，长短阔狭看按（案）①面而做，中分两孔，按（案）②面下抽箱，或六寸深，或五寸深。或分三孔，或两孔。下蹭（踏）③脚方与脚一同大，一寸四分厚,高五寸。其脚方员（圆）④一寸六分大，起麻横线。”

**校字：**

①②“按”为“案”之误。③“蹭”为“踏”之误，可据 18 条《案桌式》改正。④“员”为“圆”之误，可据 18 条《案桌式》改正。

**释辞：**

踏脚：放在桌下四足之间，可供踏脚的装置。

麻横线：线脚名称，具体形态待考。

**释条：**

按此为抽屉桌，不是一般的桌子。本书图式未见有此种抽屉桌（页十九下及页二十七下图式中所绘带抽屉家具接近“联二橱”或“联三橱”,不是抽屉桌）。

**附图：**

据文字并参照实物，试制抽屉桌草图，如：图 21，桌（抽屉桌）草图。

12. 八仙桌

**录文：**

“高二尺五寸，长三尺三寸，大二尺四寸，脚一寸五分大。若下炉盆，下层四寸七分高，中间方员（圆）①九寸八分无误。勒水三寸七分大。脚上方员（圆）②二分线。桌框二寸四分大，一寸二分厚。时师依此式大小，必无一误。”

**校字：**

①②“员”为“圆”之误。

**释辞：**

八仙桌：明、清均指可围坐八人的方桌，一般宽、长各三尺余。故“八仙”

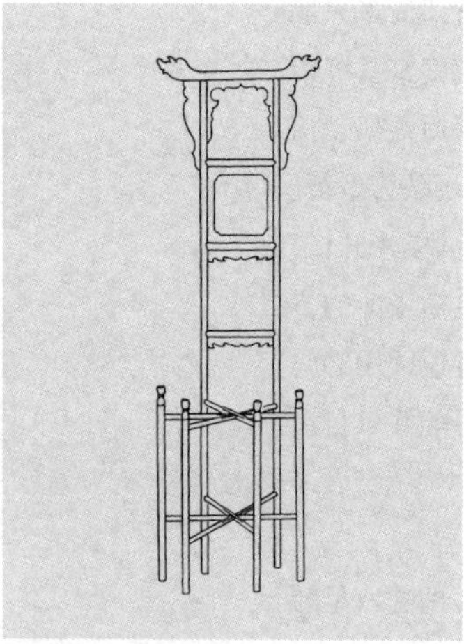

图 20　面盆架草图

图 21　桌（抽屉桌）草图

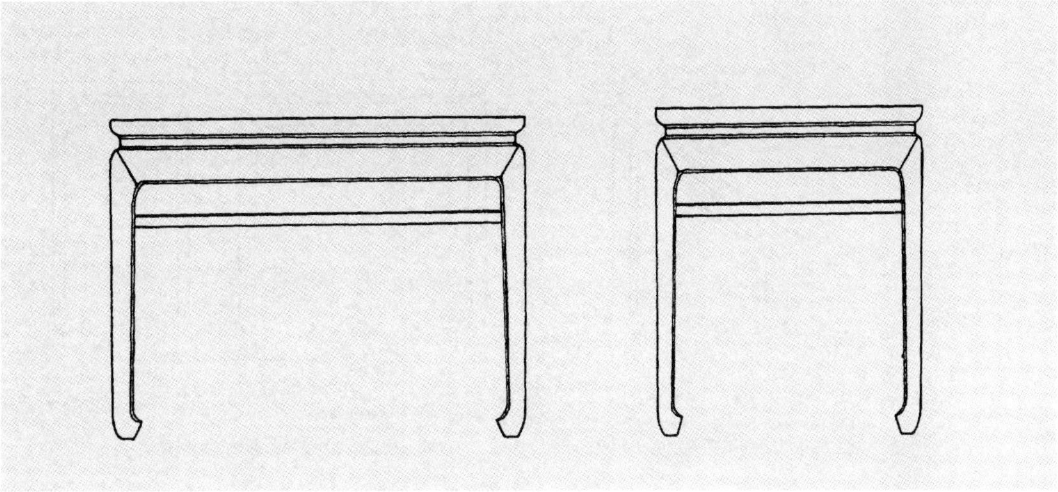

图 22　八仙桌（长方桌）草图之正面和侧面

为方桌的一种，无可置疑。今此条所开尺寸乃是长方桌，疑条名有误。

炉盆：当指可供取暖的炭盆。清初李渔即制暖椅，中置炭盆，见《笠翁一家言》。

下层四寸七分高，中间方圆九寸八分：当指炉盆座子的尺寸。

二分线：疑文字有误。如系线脚名称，可能指明式家具方形脚足常用的沿边起两道阳线的线脚，断面作“▢”形。

**释条：**

从文字看，此为桌下可以放炉盆的有束腰带马蹄足的长方桌。但何以名为八仙桌，待考。

**附图：**

据文字并参考明式家具实物，试制草图一：图 22，八仙桌（长方桌）草图（正面、侧面）。

### 13. 小琴桌式

**录文：**

“长二尺三寸，大一尺三寸，高二尺三寸，脚一寸八分大，下梢一寸二分大，厚一寸一分上下。琴脚（桌）[①]勒水二寸大，斜斗六分。或大者放长尺寸，与一字桌同。”

**校字：**

①“脚”当为“桌”之误。从全条文字看，此为有束腰、四足位在四角的小琴桌。此种琴桌，和桌面伸出足外，即所谓带吊头的条案不同。带吊头的条案，足下有时有琴脚（即托子）。四足位在四角的条桌，足下未见有带琴脚的做法。故知“脚”当为“桌”之误。

**释辞：**

下梢：即下端，并有收缩的意思。琴桌腿子上端做榫并与牙条交接，故脚上端较大，为一寸八分；下端较小，为一寸二分。北京匠师称穿带一头小、一头大曰“出梢”，即收煞之意，与此处用法相通。可见此语尚在流行。

斜斗六分：指勒水（即牙条）鼓出六分，与腿子上端交接扣合。因为此具琴桌有束腰，故牙条必须鼓出，才能和腿子相交。

一字桌：即桌面伸出足外的平头案，详 16 条《一字桌式》。

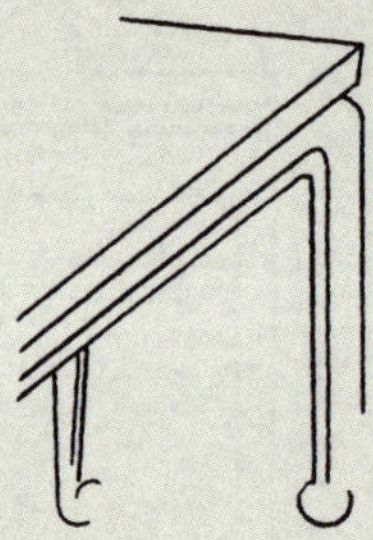

图 23　页十八下图式中的小琴桌

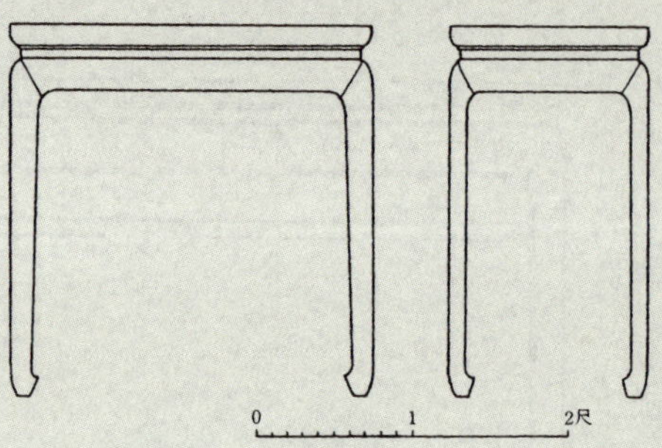


图 24　小琴桌草图之正面和侧面

**释条：**

按此为有束腰的小琴桌，与页十八下图图式中所见者大体相似。

**附图：**

据文字并参照页十八下图式试制草图二：图 23，页十八下图式中的小琴桌。图 24，小琴桌草图（正面、侧面）。

14. 棋盘方桌式

**录文：**

“方圆二尺九寸三分，脚二尺五寸高，方员（圆）[①]一寸五分大，桌框一寸二分厚，二寸四分大。四齿吞头四个，每个七寸长，一寸九分大，中截下绦环脚或人物，起麻横出色线。”

**校字：**

①“员”为“圆”之误。

**释辞：**

棋盘方桌：可以有两种解释：1. 堪供对弈，带有棋盘的方桌。2. 并无棋盘，只是桌面方方正正，形似棋盘的一般方桌而已。

明式家具中有双陆桌，有棋桌，也有双陆桌兼棋桌。桌形或方或长方，一般都另加活动桌面；加盖时，可作一般方桌使用。今以 1960 年在北京韩姓家中所见的一具为例：桌如一般八仙桌大小，桌面揭去后，露出约二尺见方的棋盘，两面分刻围棋、象棋棋局。棋盘拿掉后，下露低陷约四寸深的双陆盘。盘面用兽骨作镶嵌。盘两侧设边箱，用木轴门作盖，内放双陆子。围棋、象棋子则放在位于桌面四角的箱盒中。

本条文字简略，无一语道及棋盘、箱盒等设置。因而所谓的“棋盘方桌”，很可能不是真正棋桌，而只是一般方桌。

四齿吞头：是何构件，不详。如将“四齿”解释为方桌上的矮老（短柱），七寸则太长；如解释为霸王枨，七寸又太短。或认为“四齿吞头”是“一腿三牙式”方桌上的四个角牙。尺寸虽然差不多，但条中未提到该式所应有的长形牙条及直枨或罗锅枨，故此说也难成立。

中截下绦环脚或人物：可能指四齿吞头上的雕刻花纹。

麻横出色线：线脚的一种。当指四齿吞头上所用的线脚。

**释条：**

本条文字可能有大段脱落，名辞亦有费解者，均待进一步探索研究。

图 25　半圆桌草图

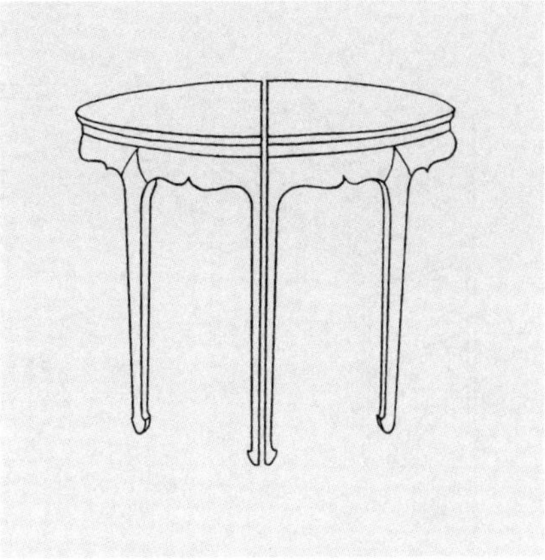

图 26　两具半圆桌拼成圆桌示意图

**附图：**

暂缺。

15. 圆桌式

**录文：**

“方〈圆〉①三尺零八分，高二尺四寸五分，面厚一寸三分，串进两半边做，每边卓（桌）②脚四只，二只大，二只半边做，合进都一般大。每只一寸八分大，一寸四分厚，四围三弯勒水。余仿此。”

**校字：**

①此处脱“圆”字。②“卓”古通“桌”。但依明清习惯写法，“卓”应作“桌”。

**释辞：**

圆桌：明式桌多造成两张半圆桌（亦称“月牙桌”）拼成一张圆桌。

串进：拼合的意思。

合进：合拢的意思。

**释条：**

本条与传世的明代实物，完全吻合。我们现在有时见到的月牙桌，实即残存的半张明式圆桌。因明式圆桌多由两张成对的半圆桌拼成，它们不容易同时保存下来，如仅传其半，就成了半圆桌了。

明式半圆桌不论三足或四足，其位在直边的两足都只有位在圆边的桌足的一半宽度。当两张半圆桌拼合在一起成为圆桌时，一半宽度的各足，经过合进拼拢，恰好与其他桌足同大。

我们曾经观察半圆桌桌面的直边，一般都凿有榫眼。有的虽经堵塞，但眼痕宛在。这说明当时曾用栽销将两张半圆桌连接在一起，使它们成为圆桌。

**附图：**

本书图式无圆桌或半圆桌。今据文字并参照明式月牙桌实物，试制草图二：图 25，半圆桌草图。图 26，两具半圆桌拼成圆桌示意图。

16. 一字桌式

**录文：**

“高二尺五寸，长二尺六寸四分。阔一尺六寸，下梢一寸五分，方好合进。做八仙桌勒水花牙，三寸五分大。桌头三寸五分长，框一寸九分大，一寸二分厚。框下关头八分大，五分厚。”

**释辞：**

下梢：下梢即下端，与侧脚有关。28 条衣橱“其橱上梢一寸二分”是说

图 27　页二十二上图式中的一字桌

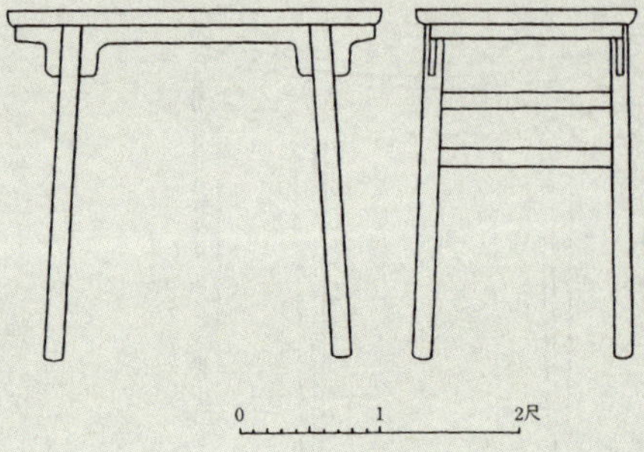


图 28　一字桌草图之正面和侧面

橱足上端比下端收缩一寸二分。一字桌“下梢一寸五分”，则是说足下端比上端放出一寸五分。二者都是侧脚的上下差别。明式家具有许多在正面和侧面都有侧脚。北京匠师对正面的侧脚叫“跑马挓”，侧面的侧脚叫“骑马挓”。上面所讲的上梢和下梢都属于“跑马挓”。

桌头：即案面探出足外的部分，北京匠师称之曰“吊头”。

框下关头：即平头案两纵端的牙条。因为桌案面抹头之下，须有牙条将大边之下的两根长牙条（本书称之为“勒水花牙”）连接起来，交成整圈。它有将桌案两头边框下的缺口关闭起来的作用，故有“关头”之称。

**释条：**

按此为平头案。因为它有吊头，桌案伸出足外，形象突出，仿佛“一”字，故有“一字桌”之称。

**附图：**

参照明式家具实物及本书页十五下、页二十二上图式中的平头案，试制草图二：图 27，页二十二上图式中的一字桌。图 28，一字桌草图（正面、侧面）。

17. 折桌式

**录文：**

“框一寸三分厚，二寸二分大，除框脚高二尺三寸七分正。方圆一寸六分大，下要梢去些。豹脚五寸七分长，一寸一分厚，二寸三分大，雕双线赶双钓（钩）①。每脚上要二笋（榫）②斗，豹脚上要二笋（榫）③斗，豹脚上方稳，不会动。”

**校字：**

①“钓”为“钩”之误。②③“笋”应作“榫”。

**释辞：**

折桌：腿子可以折叠的桌子。

下要梢去些：即桌腿下端比上端要细些的意思。

豹脚：“豹”与“抱”谐音，疑“豹脚”即“抱脚”，取腿足弯转如人臂弯抱之意。本书炉座四条（圆炉、看炉、方炉、香炉），均用豹脚。一般传世炉座多为弯腿，可以为证。豹脚（抱脚）可能为弯腿的统称，包括三弯腿或鼓腿。

双线赶双钩：起双线的卷转花纹。

**释条：**

按此为腿足可以折叠的桌子。惟本

书既无图式，本条又未标明桌框的长度，故无法知道它是方桌还是长方桌。框下脚高二尺三寸七分，此下又有豹脚长五寸七分，计有腿两截。这两截究竟是都能折叠，还只是其中的一截能折叠，文字亦未言明。由于上述种种情况不明，绘制草图有困难，只得暂缺。

按明式家具确有可折叠的造法。1960年前后，鲁班馆张获福家具店存有浮雕花鸟纹黄花梨折叠榻，长208厘米、宽155厘米、高49厘米，后为故宫博物院收购，现存库房中。榻由⊢形的两足支架和可对折的榻身构成。位在榻四角的四条三弯式腿足，可以折叠后卧入牙条之内。腿足用方材（8.5×8.5厘米）分两截造成。下截上端留大片榫舌，略如手掌。舌根两侧又各留长方形小榫。舌片上有两孔，上为长圆形，下为圆形。上截在朝内一角开深槽，容纳下截的舌片。槽两侧凿长方形榫眼，容纳舌片两侧的小榫。腿足上截亦有两孔，均为圆形，与下截舌片的两孔相对。上一孔为穿轴棍之用，下一孔为穿销钉之用。穿钉后可将上下两截固定。拔出穿钉后，下截腿足方可折叠，卧入牙条之内。当上下两截腿足对正合严时，舌旁小榫已插入榫眼，也起固定下截腿足的作用。如要折叠，在拔出穿钉后，还需将下截腿足拉开少许，使舌旁小榫脱出槽眼，才能卧倒。因此，下截穿轴棍的孔，不是圆的，而是长圆形的。其长度恰好略长于榫舌两侧小榫的高度。此榻的腿足构造见丙4各图，对理解折桌可能有帮助。

### 18. 案桌式

**录文：**

“高二尺五寸，长短阔狭看按（案）[①]面而做，中分两孔，按（案）[②]面下抽箱，或六寸深，或五寸深。或分三孔，或两孔。下踏脚方与脚一同大，一寸四分厚，高五寸。其脚方圆一寸六分大，起麻横线。”

**校字：**

①②“按”为“案”之误。

按此条文字与11“桌”完全相同，只“踏”、“圆”两字不误，可据此来改正11“桌”条中的错字。

两条重出，注释及附图均见11“桌”。

### 19. 搭脚仔凳

**录文：**

“长二尺二寸，高五寸，大四寸五分◁大▷[①]。脚一寸二分大，一寸一分厚。〈四〉[②]面起�春（剑脊）[③]线，脚上厅竹圆。”

**校字：**

①“大”疑衍。②此处疑脱“四”字。因脚上线脚既已言明为厅竹圆，则剑脊线只能用在面板的四边，而不可能用于面板的正面。③“钖春”为“剑脊”之误。

**释辞：**

搭脚仔凳：即踏脚的小凳，或小型的脚踏。

剑脊线：中间高、两旁有斜坡的线脚，以形似宝剑的线棱而得名。现北京匠师称之曰“剑脊棱”。

厅竹圆：圆混面的线脚，疑与1屏风的改竹圆相同。

**释条：**

按此为窄长的矮凳。

**附图：**

据文字及页二十三上图式，试制草图二：图29，页二十三上图式中的仔凳。图30，搭脚仔凳草图（正面、侧面）。

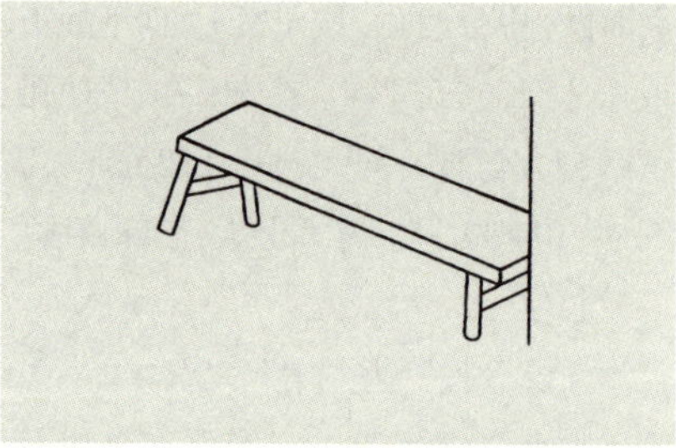

图 29　页二十三上图式中的仔凳

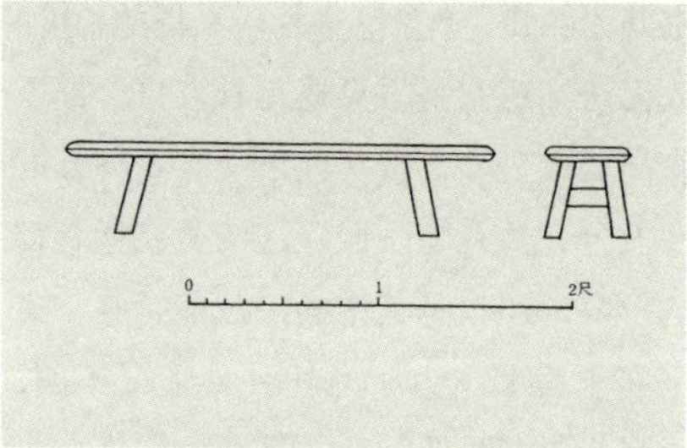


图 30　搭脚仔凳草图之正面和侧面

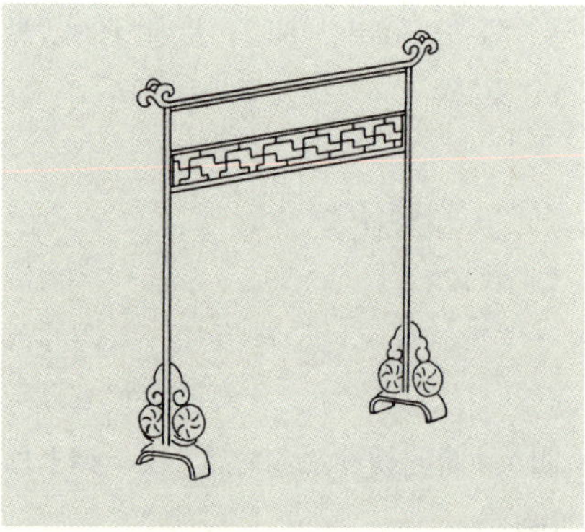

图 31　页二十六上图式中的衣架

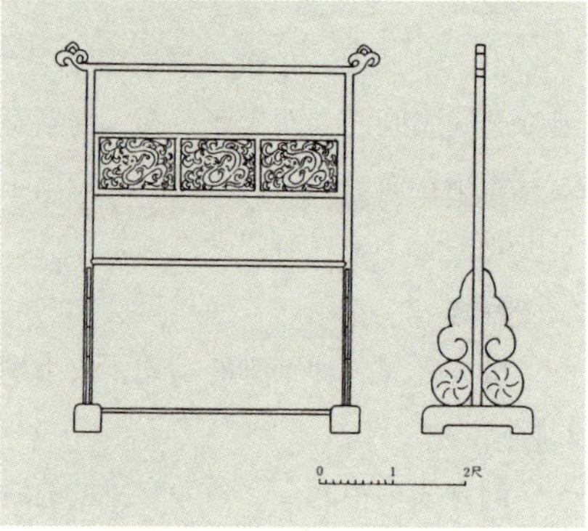


图 32　雕花衣架草图之正面和侧面

20. 衣架雕花式

**录文：**

“雕花者五尺高，三尺七寸阔。上搭头每边长四寸四分。中绦环三片。桨腿二尺三寸五分大（高）①，下脚一尺五寸三分高（长）②，柱框一寸四分大，一寸二分厚。”

**校字：**

①“大”乃“高”之误。有 1 屏风“桨腿二尺四分高”可证。②“高”乃“长”之误。有 21 素衣架“下脚一尺二寸长”可证。

**释辞：**

上搭头：或简称“搭头”，亦称“上搭脑”，或简称“搭脑”。指家具最高处一根横木，如靠背椅、衣架等都有。“搭脑”一名，现北京匠师仍使用。

**释条：**

按此为中牌子部分嵌装三块绦环板的雕花衣架。页二十六上图式中有雕花衣架，但中牌子部分为攒接的卍字图案，不用绦环板，故与本条文字不符。

**附图：**

据文字并参照明式实物，试制草图二：图 31，页二十六上图式中的衣架。图 32，雕花衣架草图（正面、侧面）。

21. 素衣架式

**录文：**

“高四尺零一寸，大三尺，下脚一尺二寸长，四寸四分大，柱子一寸二分大，厚一寸。上搭脑出头二寸七分，中下光框一根，下二根，窗齿每成双做，一尺三分高。每根齿仔八分厚，八分大。”

**释辞：**

光框：光素的横枨。

窗齿：本书常用名辞，如猪栅、鹅

图 33　明潘允征墓出土衣架明器

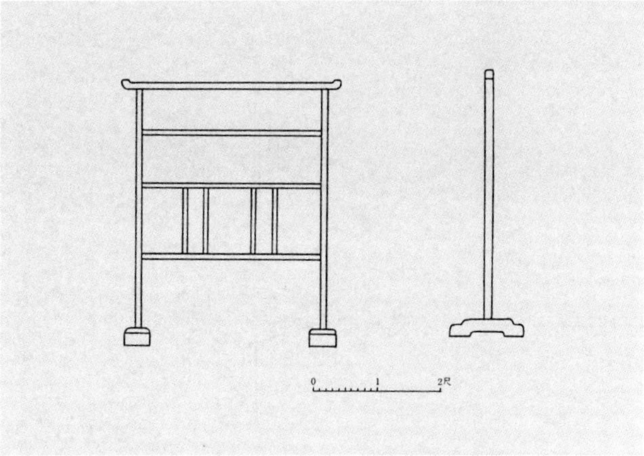


图 34　素衣架草图之正面和侧面

鸭鸡栖、鸡仓等条中均有，可以理解为窗棂直木。此处写明“成双做”，又近似明式家具中的“矮老”（即短柱）。不过，它比桌案板凳上的矮老要长一些而已。

**释条：**

按此为结构简单、不施雕饰的衣架。

**附图：**

本书无素衣架图式。据文字并参照明潘允征墓出土衣架明器，试制草图二：图 33，明潘允征墓出土衣架明器。图 34，素衣架草图（正面、侧面）。

### 22. 面〈盆〉①架式

**录文：**

“前两柱一尺九寸高，外头二寸三分。后二脚四尺八寸九分，方员（圆）②一寸一分大。或三脚者，内要交象眼，除笋（榫）③画进一寸零四分，斜六分，无误。”

**校字：**

①此处脱“盆”字。②“员”为“圆”之误。③“笋”应作“榫”。

**释辞：**

外头：指前两足上端的“净瓶头”。净瓶头见 27 大方杠箱样式。

交象眼：指承托面盆的三根枨子互交如“象眼”，作“ヅ”形。

斜六分：象眼的三根直材皆斜交，故须斜六分画线。

**释条：**

本条讲到四足及三足两种面盆架。四足面盆架后两脚既然高于前两脚，理应有搭脑及中牌子等构件，但文中未提到，似被遗漏。页十九下图式有四足面盆架，但前两足不出头，下部为抽屉箱，似可放炭盆，保持面盆内的水温，与本条文字不符。三足面盆架本条未标尺寸，书中亦无图式。

**附图：**

据文字并参照实物，试制草图三：图 35，页十九下图式中的四足面盆架。图 36，四足面盆架草图。图 37，三足面盆架草图。

### 23. 校（交）①椅式

**录文：**

“做椅先看好光梗（硬）②木头及节，次用解开，要干枋（方）③才下手做。其柱子一寸大，前脚二尺一寸高，后脚式（三）④尺九寸三分高。盘子深一尺

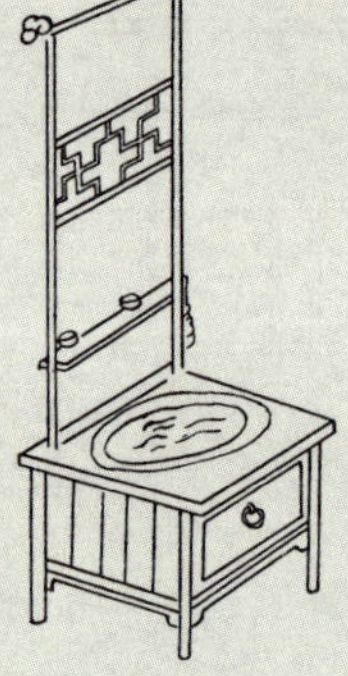

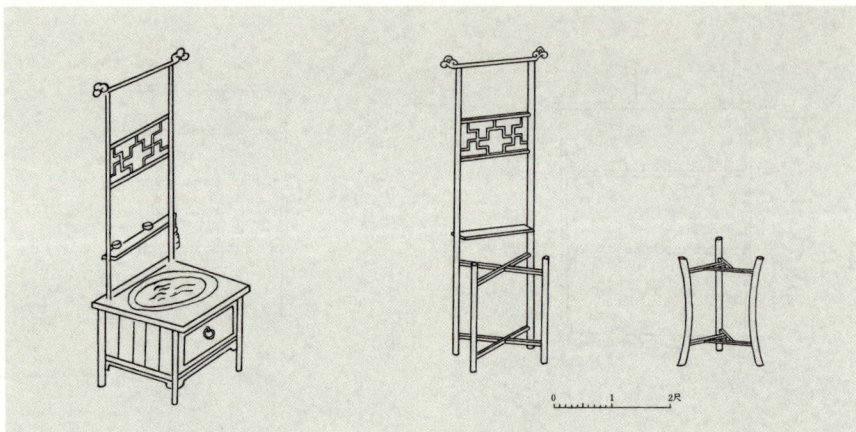

图 35　页十九下图式中的四足面盆架

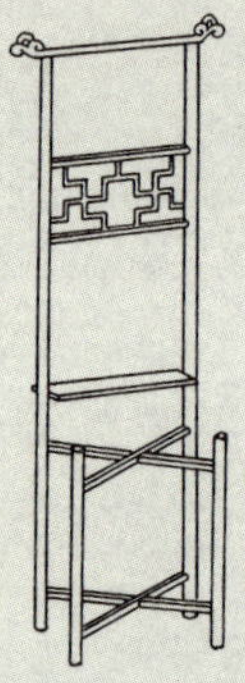

图 36　四足面盆架草图

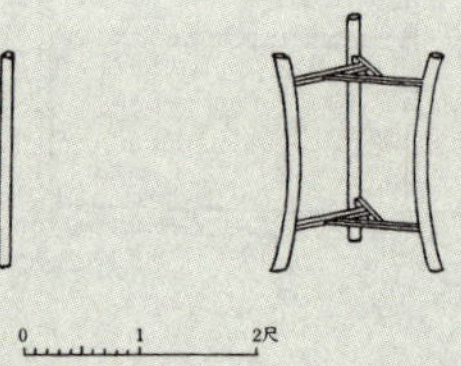


图 37　三足面盆架草图

二寸六分，阔一尺六寸七分，厚一寸一分。屏，上五寸大，下六寸大。前花牙一寸五分大，四分厚。大小长短依此格。”

**校字：**

①“校”应为“交”之误。②“梗”应为“硬”之误。③“枋”应为“方”之误。④“式”应为“三”之误。三，俗可写作“弎”，与“式”字相似。按靠背椅，后脚多与靠背一木连做，其通高一般约四尺。如二尺多则太矮。故此处“式”应为“弎”之误，而非“弍”之误。

**释辞：**

交椅：指足部相交，可以折叠的椅子。交椅可分两种：一种是直靠背交椅，一种是形似圈椅的圆靠背交椅。

柱子：指靠背两侧的两根立材，实际上是腿子向上的延伸。

盘子：北京匠师或称“椅盘”，一般指由四根边框（即两根“大边”和两根“抹头”）构成的椅座。交椅能折叠，因而只有两根大边而没有抹头。这里标明盘子的尺寸，只能理解为交椅支平后椅面的尺寸，即一尺二寸六分深，一尺六寸七分阔。

屏：靠背正中的靠背板。

前花牙：交椅与一般椅子不同，椅盘之下无花牙，常见的造法只是在椅面横材（即迎面的一根大边）的立面施加卷草纹等一类雕饰。这里讲到前花牙，只能指交椅脚踏上的一条花牙，它的位置正好在交椅的正前方。

**释条：**

此交椅为直靠背交椅，不是圆靠背交椅。

**附图：**

本书无直靠背交椅图式。今据文字并参照明代版画、明式实物试制草图二：图 38，明本《水浒传》插图❶中的直靠背交椅。图 39，直靠背交椅草图。

### 24. 板凳式

**录文：**

“每做一尺六寸高，一寸三分厚，长三尺八寸五分。凳头三寸八分半长，脚一寸四分大，一寸二分厚，花牙勒水三寸七分大。或看凳面长短及〈大小〉①。粗凳尺寸一同。余仿此。”

**校字：**

①此处疑脱“大小”两字，或“阔窄”两字。

❶ 见明杨定见本《忠义水浒全传》第二十三回醉打蒋门神插图。

❷ 因本条无宽度尺寸，故只画正面草图。

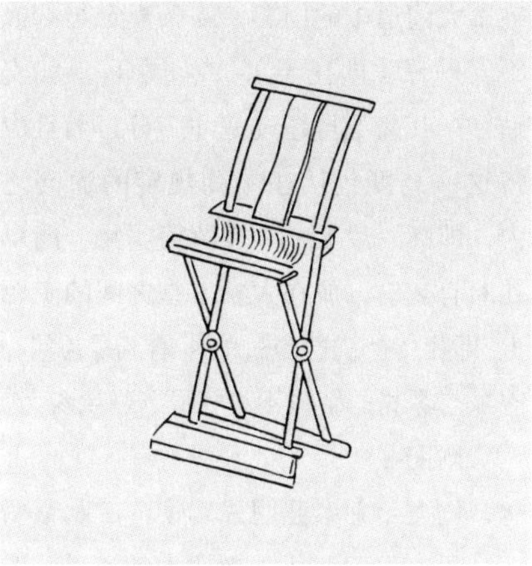

图 38　明本《水浒传》插图中的直靠背交椅

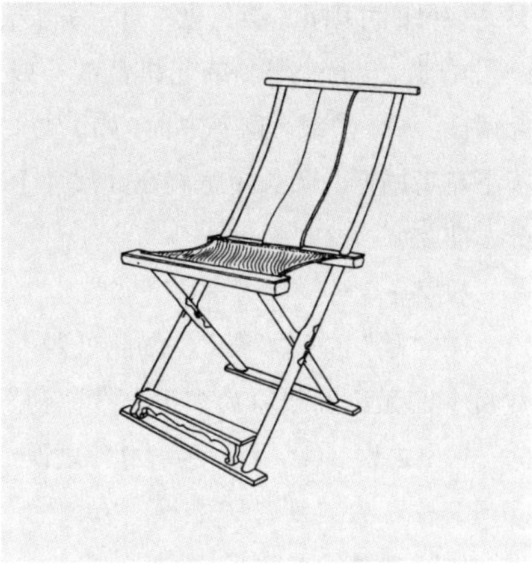

图 39　直靠背交椅草图

**释辞：**

凳头：凳面伸出凳足的部分，即北京匠师所谓的“吊头”。

粗凳：指形式与此相同，但比较粗糙的板凳。一般牙头光素，不雕花纹。

**释条：**

此为最常见的夹头榫式的长凳，腿子缩进，凳面探出带吊头。具体尺寸无一定规格，往往视凳面材料的尺寸来定，故曰“或看凳面长短及……”

**附图：**

据文字并参照页三十上图式及明式实物，试制草图二：图 40，页三十上图式中的板凳，图 41，板凳草图[2]。

25. 琴凳式

**录文：**

“大者看厅堂阔狭浅深而做。大者高一尺七寸，面三寸五分厚，或三寸厚，即畝（软）[1]坐不得。长一丈三尺三分。凳面一尺三寸三分大，脚七寸〈?〉[2]分大，雕卷草双钓（钩）[3]花牙四寸五分半。凳头一尺三寸一分长。或脚下做贴仔，只可一寸三分厚，要除矮脚一寸三分才相称。或做靠背凳，尺寸一同。但靠背

图 40　页三十上图式中的板凳

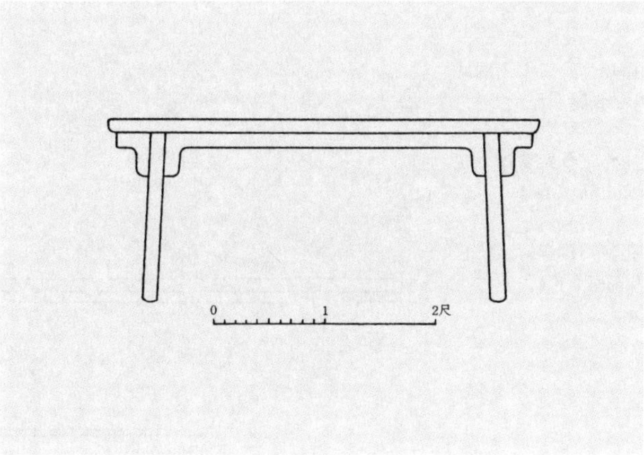


图 41　板凳草图

只高一尺四寸则止。横仔做一寸二分大，一尺（寸）[4]五分厚。或起棋盘线，或起钐眷（剑脊）[5]线。雕花亦而（如）[6]之。不下花者同样。余长短宽阔在此尺寸上分，准此。”

**校字：**

①“畝”应即“软”。②此处脱一数目字，无法确知原为多少。③“钓”为“钩”之误。④“尺”为“寸”之误。⑤“钐眷”为“剑脊”之误。⑥“而”为“如”之误。

**释辞：**

软坐：似为颤动之意。意思是凳面虽长，只要厚达三寸五分或三寸，坐上去就不至于被压得颤动。

卷草双钩：带双钩的卷草纹。

贴仔：安在足端的木托。两根直材分别与两足纵向相连。北京匠师称之曰“托子”，或“托泥”。带吊头的条案、长凳等往往有此装置。

横仔：即框子。

**释条：**

按所谓琴凳为厅堂中用的大长凳，也是夹头榫结构。其形制接近过去北京宅第大门道中的门凳。本条规定足端或不安贴仔（即托子），或安贴仔。如安贴仔，其高不得超过一寸三分，而且应将这一高度包括在琴凳规定的通高之内，即高一尺七寸。靠背椅实物，曲阜孔府有一对，放在大堂二堂之间的走廊上，即相传严嵩曾坐过的所谓“阁老凳”。它虽与琴凳的结构不尽相同，可供参考。

**附图：**

据文字并参照明式实物，试制草图三。图 42，页三十上图式中的长凳。图 43，琴凳草图（正面、侧面）。图 44，靠背椅（正面、侧面）。依琴凳尺寸，参考曲阜孔府的“阁老凳”的靠背绘制。

26. 杌子式

**录文：**

“面一尺二寸长，阔九寸或八寸，高一尺六寸。头空一寸零六分昼（画）[1]眼。脚方圆一寸四分大，面上眼斜六分半。下横仔一寸一分厚，起钐眷（剑脊）[2]线，花牙三寸五分。”

**校字：**

①“昼”为“画”之误。②“钐眷”

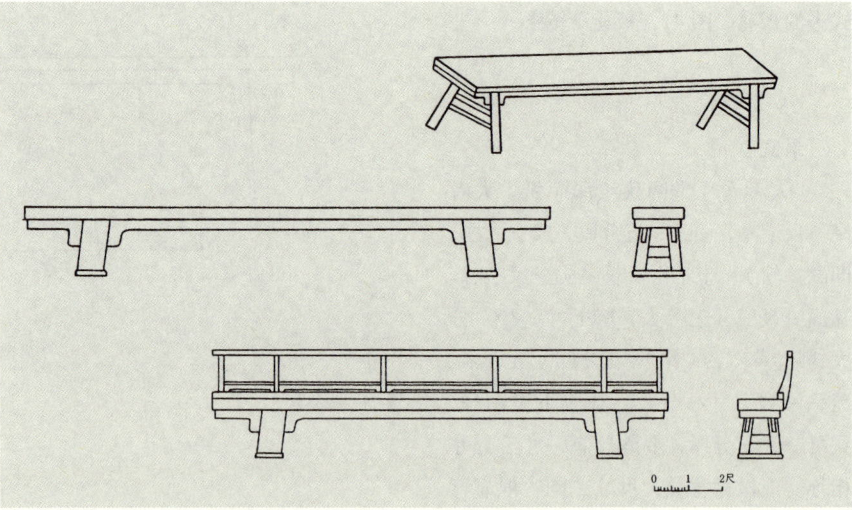


图 42　页三十上图式中的长凳（上）

图 43　琴凳草图之正面和侧面（中）

图 44　靠背椅之正面和侧面（下）

为“剑脊”之误。

**释辞：**

下横仔：杌面之下，纵向连接两足的枨子。

**释条：**

按此为侧脚显著的长方杌凳，近似北京匠师所谓的“四腿八挓”杌凳而较窄小，与页三十上图式所见的两具属于同类，但凳面为厚板，而不是像图式所画的那样为四框攒边做。由于凳子的侧脚大，凳面的透榫眼须斜凿，故曰“面上眼斜六分半”。

**附图：**

据文字并参照页三十上图式及明式实物，试制草图二：图45，页三十上图式中的杌子。图46，杌子草图（正面、侧面）。

图45　页三十上图式中的杌子

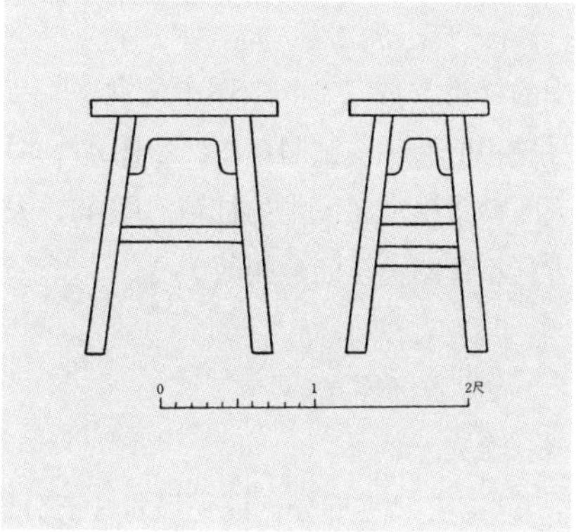


图46　杌子草图之正面和侧面

27. 大方杠箱样式

**录文：**

“柱高二尺八寸。四层：下一层高八寸，二层高五寸，三层高三寸七分，四层高三寸三分。盖高二寸，空一寸五分。梁一寸五分，上净瓶头共五（三）①寸。方（各）②层板片四分半厚，内子口三分厚，八分大。两根将军柱一寸五分大，一寸二分厚。奖（桨）③腿四只，每只一尺九寸五分高，四寸大。每层二尺六寸五分长，一尺六寸阔。下车脚二寸二分大，一寸二分厚。合角斗进，雕虎爪双钓（钩）④。”

**校字：**

①“五”当为“三”之误，乃据尺寸算得。按柱高二尺八寸，四层及盖的高度，再加盖上的空当及梁，共高二尺五寸。故知柱上净瓶头当为三寸，而不是五寸。②“方”疑为“各”之误。③“奖”为“桨”之误。④“钓”为“钩”之误。

**释辞：**

净瓶头：颈细而长的瓶叫“净瓶”，或“净水瓶”，观音像旁中插柳枝的瓶多作此形。因柱头形状似“净瓶”，故曰“净瓶头”。

将军柱：立柱的别名。

合角斗进：指车脚，即杠箱的托泥，四角采用45度格角榫卯结构的造法。

虎爪双钩：托泥四角雕出虎爪纹样。

**释条：**

此为出行、郊游携带馔肴酒食，或馈送礼品所用的杠箱，可以穿杠由两人肩扛抬运。

**附图：**

本书无杠箱图式。今参照明人绘画

图 47 明人《麟堂秋宴图》中的杠箱

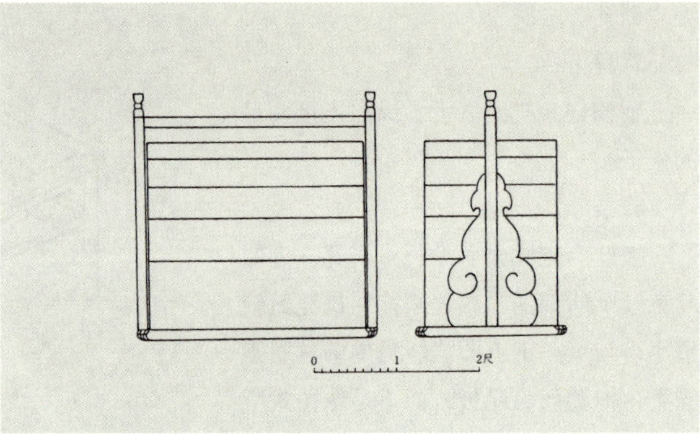


图 48 大方杠箱草图之正面和侧面

中的杠箱及页三十一上图中的食格（与杠箱相似而小）试制草图二：图 47，明人《麟堂秋宴图》中的杠箱。图 48，大方杠箱草图（正面、侧面）。

### 28. 衣橱样式

**录文：**

“高五尺零五分，深一尺六寸五分，阔四尺四寸。平分为两柱，每柱一寸六分大，一寸四分厚。下衣横一寸四分大，一寸三分厚。上岭一寸四分大，一寸二分厚。门框每根一寸四分大，一寸一分厚。其橱上梢一寸二分。”

**释辞：**

衣橱：即衣柜。

柱：即柜足。

下衣横：柜门之下的横枨。

上岭：大床有正岭（见本文 5），藤床有床岭（见本文 7），所指均为床顶部分。故此处上岭当指柜橱上顶的“柜帽”部分。

上梢一寸二分：柜足有侧脚，下大上小，即柜足上端的宽度比柜足下端的宽度小一寸二分。

**释条：**

按此为有柜帽的圆角柜，即明式柜中常见的侧脚显著的木轴门柜，北京通称“面条柜”。页三十一上图式中有衣橱，画出两门之上有横楣子式的绦环板，但本条文字并未提到。

**附图：**

据文字并参照页三十一上图式及明式实物，试制草图二：图 49，页三十一上图式中的衣橱。图 50，衣橱（圆角柜）草图（正面、侧面）。

### 29. 食格样式

**录文：**

“柱二根，高二尺二寸三分，带净平（瓶）①头在内。一寸一分大，八分厚。梁尺（八）②分厚，二寸九分（一寸一分）③大。长一尺六寸一分，阔九寸六分。下层五寸四分高，二层三寸五分高，三层三寸四分高，盖二寸高。板片三分半厚，里子口八分大，三分厚。车脚二寸大，八分厚。奖（桨）④腿一尺五（二）⑤寸三分高，三寸二分大。余大小依此退墨做。”

**校字：**

①“平”为“瓶”之误。②“尺”为“八”之误。③“二寸九分”当为“一寸一分”之误。因提梁尺寸应与立柱同

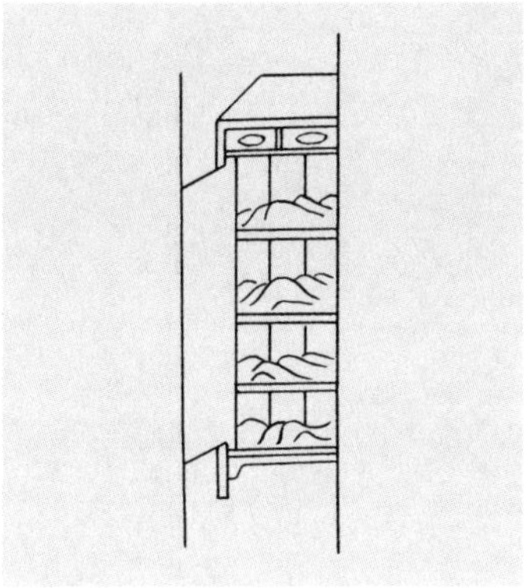

图 49　页三十一上图式中的衣橱

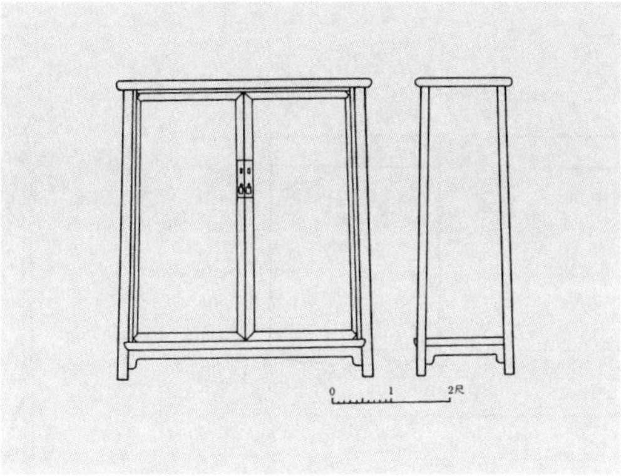


图 50　衣橱（圆角柜）草图之正面和侧面

大。④“奖”为“桨”之误。⑤“五”疑为“二”之误。因提盒的桨腿（即站牙）高度，一般在盒盖之下。如一尺五寸三分则太高，减去三寸方合适。

**释条：**

按食格形制与大方杠箱相似而较小。页三十一上图式中有食格，但柱端不出净瓶头而与提梁直角相交，故与本条文字不合。

**附图：**

据文字及页三十一上图式，参照明式实物，试制草图二：图 51，页三十一上图式中的食格。图 52，食格草图（正面、侧面）。

30. 衣箱式

**录文：**

“长一尺九寸二分，大一尺六分，高一尺三寸，板片只用四分厚。上层盖一寸九分高，子口出五分或〈？分〉①。下车脚一寸三分大，五分厚。车脚只是三湾（弯）②。”

**校字：**

①此处脱一数目字及“分”字。

②“湾”应作“弯”。

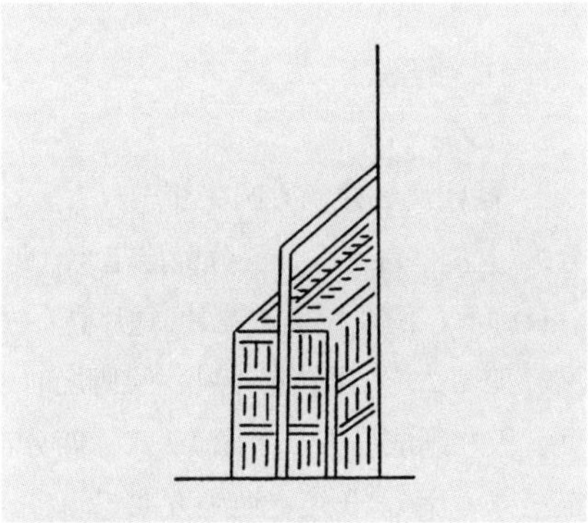

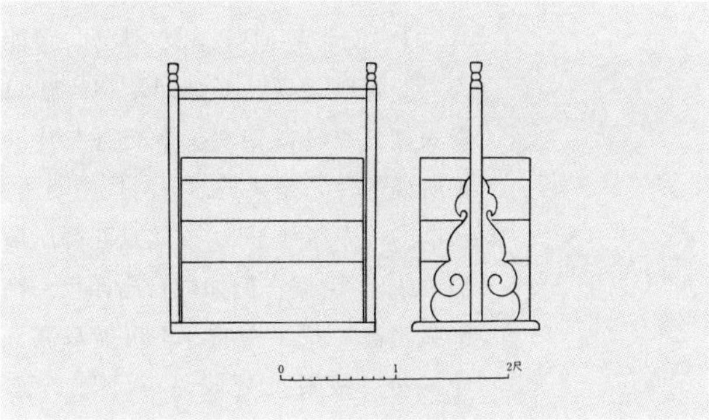


图 51　页三十一上图式中的食格（上）

图 52　食格草图之正面和侧面（下）

**释条：**

此箱与 4 衣笼相似而较小。

**附图：**

据文字并参照页三十二上图式❶试制草图一：图 53，衣箱草图（正面、侧面）。

❶ 见本文 4.“衣笼样式”条图 7。

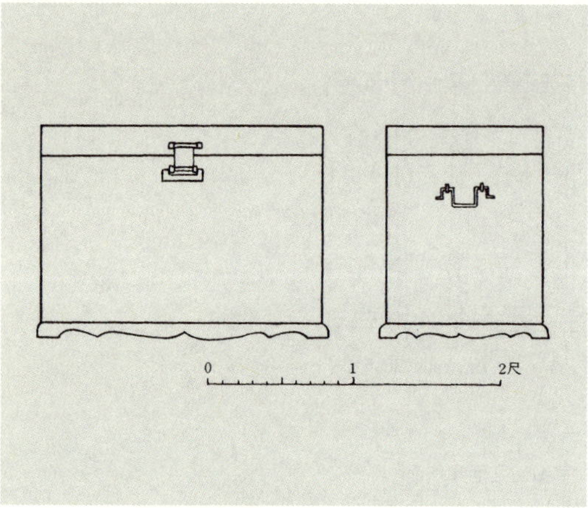


图 53 衣箱草图之正面和侧面

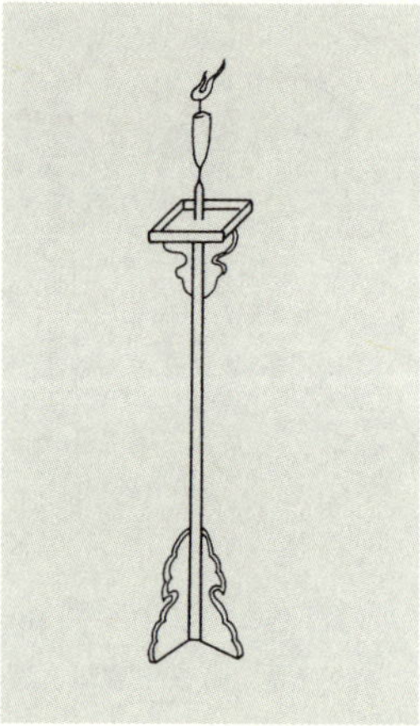

图 54 页三十二上图式中的烛台

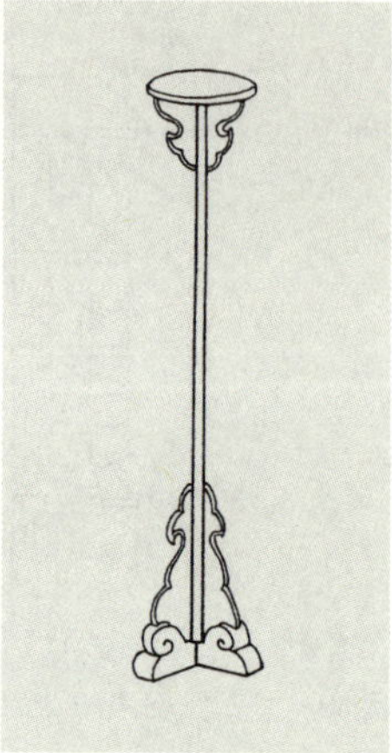

图 55 烛台草图

31. 烛台式

**录文：**

“高四尺，柱子方圆一寸三分大。◁分▷①上盘仔八寸大，三分倒挂花牙。每一只脚下（下脚）②交进三片，每片高（一尺）③五寸二分，雕转鼻带叶。交脚之时，可拿板片画成，方员（圆）④八寸四分，定三方（片）⑤长短，照墨方准。”

**校字：**

①“分”字似衍。②“脚下”可能为“下脚”之误。下脚即琴脚，见 21 素衣架式。③既曰“脚下交进三片”，则所说的片乃是桨腿，即清代《则例》所谓的“壶瓶牙子”，或北京匠师所谓的“站牙”。据实例如烛台高四尺，则桨腿当高一尺半左右，不可能只高五寸二分。故疑此处脱“一尺”二字。④“员”为“圆”之误。⑤“方”疑为“片”之误。

**释辞：**

上盘仔：即插蜡烛的盘。烛台为了光线照射均匀，烛盘多作圆形。正因如此，所以烛盘下的倒挂花牙不妨用三片。如果烛盘为方形，则三片倒挂花牙便无法安装妥适。页三十二上图式中的烛台上盘仔作方形，乃因画手没有按照文字作插图而误绘。如果确为方形烛盘，那么花牙不可能用三片，而应该是四片。

倒挂花牙：即宽头在上，窄头在下，倒着安装的角牙。北京匠师称之曰“挂牙”。

交进：即安装之意。

转鼻带叶：桨腿上的花纹名称。1 屏风有“日月卷象鼻格桨腿”，当与此图案相近。

板片画成：此指交脚时可先在圆形样板上将 360 度分成三等份，把角度定好，再在立柱下端开槽嵌安桨腿。方圆八寸四分指桨腿下端所占圆形面积的直径。

**释条：**

按此为立柱式，上有圆烛盘和挂牙、下有桨腿的高烛台。

页三十二上图式中的高烛台有两处似误绘：①上盘仔不应作方形而应作圆形，说已见前。②立柱下端，桨腿三片直落地面，疑误。桨腿下边如不与其他构件接合，只凭垂直一边与立柱榫卯相交，不可能坚牢不脱，而且也从未见过此等造法的实例。

此种烛台按明式的常见造法，立柱应竖植在下脚（本书亦称“琴脚”，见1屏风式。北京匠师则称之为“墩子”）之上，桨腿下边也应嵌入下脚的槽内，这样才能稳定而坚牢。惟实物多为十字形墩子，用四片桨腿（站牙）抵夹立柱。人字形墩子，用三片桨腿抵夹立柱的实例，甚为罕见。

**附图：**

据文字并参照明式实物，试制草图二：图54，页三十二上图式中的烛台。图55，烛台草图。

### 32. 香几式

**录文：**

“凡佐（做）①香九（几）②，要看人家屋大小若何而〈定〉③。大者上层三寸高，二层三寸五分高，三层脚一（二）④尺三寸长。先用六寸大，役做一寸四分大。下层五寸高。下车脚一寸五分厚，合角花牙五寸三分大。上层栏杆仔三寸二分高，方圆做五分大。余看长短大小而行。”

**校字：**

①“佐”为“做”之误。②“九”为“几”之误。③此处当脱“定”字。④“一”字疑误。几足不可能如此之矮，当为“二”之误。

**释条：**

按此为结构比较繁复的香几，虽讲到了自上而下分几层，但尺寸恐有误，也未说明是圆形的还是方形的，或其他形状的，更未讲到每一层的造法。本书亦无图式。从传世实物来看，明式香几圆形的多于方形的。

**附图：**

据文字并参照明式香几实物，试制

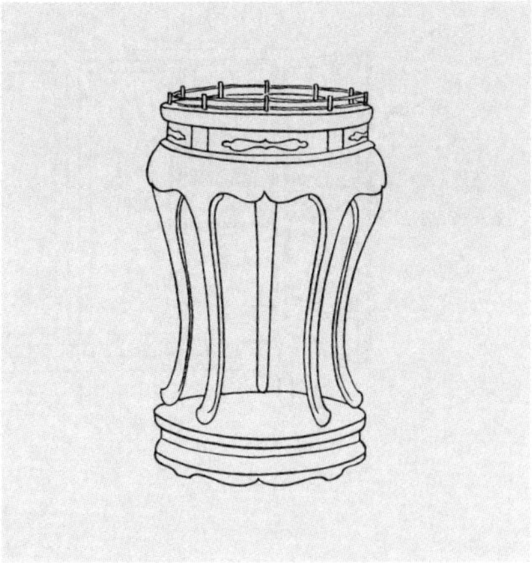

图56　香几示意图

草图一：图56，香几示意图。

### 33. 药橱

**录文：**

“高五尺，大一尺七寸，长六尺，中分两眼。每层五寸，分作七层。每层抽箱两个。门共四片，每边两片。脚方圆一寸五分大。门框一寸六分大，一寸一分厚。抽相（箱）①板四分厚。”

**校字：**

①“相”应作“箱”。

**释辞：**

两眼：与“两孔”相同，即两部分或两半之意。

**释条：**

此为有四扇门的药柜，共有药抽屉二十八个。本书无图式。

**附图：**

据文字并参照实物，试制草图一：图57，药橱草图（正面、侧面）。

### 34. 药箱

**录文：**

“二尺高，一尺七寸大，深九〈寸〉①。中分三（八）②层，内下抽相（箱）③只

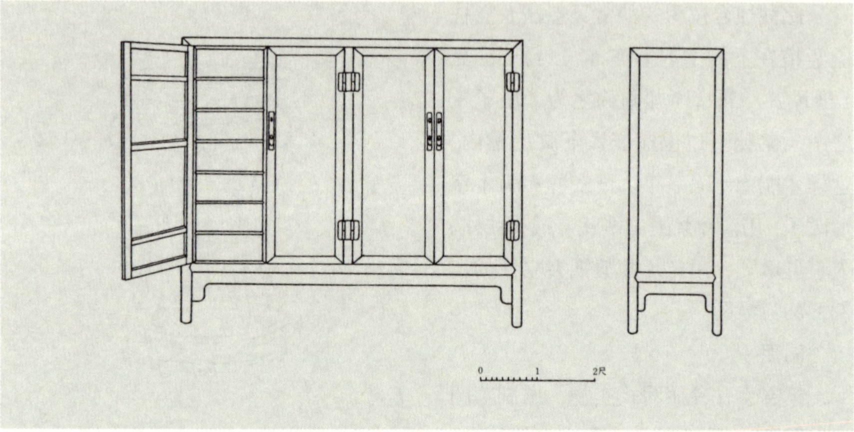


图 57　药橱草图之正面和侧面

做二寸高。内中方圆交佐（做）④已（几）⑤孔，如田字格样，好下药。此是杉木板片合进，切忌杂木。”

**校字：**

①此处脱“寸”字。②“三”疑为“八”之误。如依原文“分三层”，下抽箱又“只做二寸高”，则上两层将各高八九寸，与一般药箱、箱柜抽屉多等高或相差有限的造法不合，贮放或抓取药物均不方便。今姑按抽箱一律高二寸计算，二尺高的空间，连同分层屉板可容抽屉八层。以上假定是否可以成立，尚待进一步研究。③“相”当作“箱”。④“佐”为“做”之误。⑤“已”为“几”之误。

**释辞：**

杉木板片：李时珍《本草纲目》卷三十四《杉》条：“辛，微温，无毒。”当因杉木性温无毒，故宜用以制药箱。杂木恐与药物有违碍，故切忌。

**释条：**

按此应是由多层抽屉造成的药箱，抽屉内还分隔成方格，以便分放各种药品。传世的实物有的抽屉前还装有门扇。

**附图：**

据文字并参照实物试制草图二：图58，药箱草图（正面、侧面）。图59，药箱抽屉内田字格示意图。

35. 柜式

**录文：**

“大柜上框者二尺五寸高（深）①，长六尺六寸四分，阔三（四）②尺三寸。下脚高七寸，或下转轮斗在脚上，可以推动。四住（柱）③每住（柱）④三寸大，二寸厚，板片下叩框方密。小者板片合进，二（一）⑤尺四寸高（深）⑥，二尺八寸阔，长五尺零二寸，板片一寸厚。板此及量斗及星迹各项谨记⑦。”

**校字：**

①“高”当为“深”之误。因大柜的高（即长，南方方言往往称高为长）、阔、深三个尺寸，这里只缺一个深的尺寸。大柜绝不可能只有二尺五寸高，故知高字有误，而二尺五寸只有作为大柜的深度才合理。②“三”应为“四”之误。因一般传世的大柜，宽度不小于四尺，足下安转轮的大柜而只宽三尺余，实太窄，故疑“三”为“四”之误。③④“住”为“柱”之误。⑤“二”应为“一”之误。如大柜深二尺五寸，小

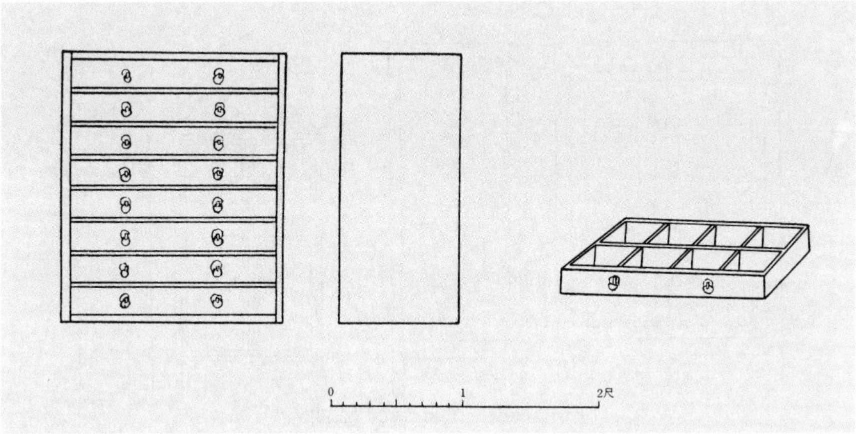


图 58　药箱草图之正面和侧面（左）

图 59　药箱抽屉内田字格示意图（右）

柜不应只差一寸。小柜深一尺四寸，与其宽度二尺八寸，比例较为合适。⑥“高”为“深”之误，理由同①。⑦此句文义费解，疑有错字或脱文。

**释辞：**

大柜上框者：此处“上”是动词，意思是大柜而采用“上框”造法的，也就是说采用方材作为柜框的。它实与下文的“小者板片合进”相对而言。板片合进者不用方材造柜框，而只用一寸厚的板片来合成。

下脚：即柜脚。其高七寸，言从地面到大柜最下的一根横框，其高七寸。

转轮：安在足端的转轮，可以推动，以免大柜过于笨重，移动困难。惟此种足上有轮的柜子，实例尚待发现。

四柱：即作为柜子立框的四根方材，其下端即柜足。

板片下叩框方密：这是说做柜框的方材要有一定的宽度和厚度，以三寸大、二寸厚为宜，这样在立材上打槽装嵌柜帮板才能拍合得严密牢固。

小者板片合进……板片一寸厚：只用板片合进的造法见前。它因不用方材作框架，故板片不可太薄，要厚达一寸。

**释条：**

本条讲到大、小两种不同造法的柜子。大者用方材造柜框，打槽装帮板。小者不用方材造柜框，而只用板片合成。后者属于民间的一种简易的造法。

一般讲到明式大柜，我们都会想到上有顶箱、下有立柜的所谓“四件大柜”。但从本条文字中看不出讲的是四件柜，而可能是一般的方角柜，或称“一封书”柜。荷兰鲁克斯先生则认为脚上装转轮的不是柜而是箱，他的看法似更为合理。不过转轮究竟如何与箱底结合，安装后箱可前后移动还是左右移动，尚存在不少疑问。一切有待发现实物始能得到解决。

**附图：**

本书无方角柜图式。今据文字，参照实物，试制草图二：图 60，大柜草图（正面、侧面）。图 61，小柜草图（正面、侧面）。

## 四、结语

通过这次初释，对《鲁班经匠家镜》有了一些初步认识。

它是现知仅存的、出于工匠之手、

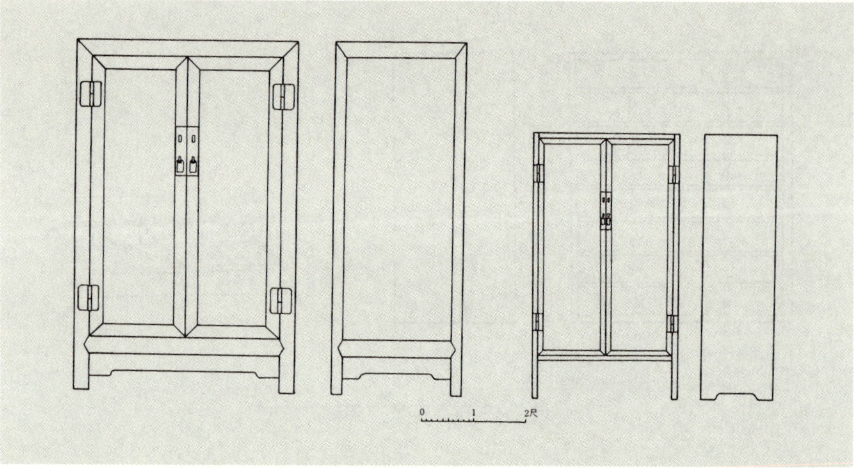


图 60　大柜草图之正面和侧面（左）

图 61　小柜草图之正面和侧面（右）



图文兼备、有关木工的一部古籍。尽管家具部分只有二十多页，它在以下几方面为我们提供了可贵的或值得注意的材料。

1. 它记录了古代工匠叙述家具造法的、成套而有一定程序的语言。

2. 开列了多种家具名称及其常规尺寸。

3. 讲到了家具部位、构件、线脚、雕饰及工艺造法的名称、术语。

4. 书中图式比较真实地描绘了当时家具的形象。

5. 提出了传世稀少、现在很难遇到的明代家具品种和造法。如：整体像一间小屋的大床，四足安装转轮的大柜，足部可以折叠的桌子，用藤条编成透空槅扇心的床门，四扇门的药柜，有靠背的大长凳，全部用板片制成的柜子等。尤其是板制柜子，真实地反映了民间的简易造法，更值得我们注意。

6. 提出了用材选料的要求，如药箱必须用杉木，做交椅的材料要硬而干，看好有无节疤等等。

7. 图式描绘了当时木工操作情况及木工工具。

8. 家具条款和本书其他条款一样，也反映了封建迷信的东西。如大床的转芝门可以宽九寸九分，但“切忌一尺大”。这一分之差，竟至如此之非同小可，一定是有什么吉凶、禁忌的讲究。

当然，仅就本书的家具条款而言，也存在着不少缺点和不足之处。

1. 对家具未作分类，从各条排列次序也看不出有什么规律，能说明什么问题。

2. 叙述家具造法的语言不够谨严周密。各条详略不一，多数过于简略，有的连主要构件都漏掉了，或提到了，但没有尺寸。有的家具名称、构件尺寸显然是错误的。

3. 图式与文字不一致，或有文无图，或有图无文，或虽图文兼备，但文中所述和图中构件又不一致。看得出条款与图式并非出于一人之手，而是先有条款，后请画工配图。画工不是木工，自难做到精确无误地按照条款绘制图式。

4. 本书作者、编者均不止一人，文化水平不高，错别字较多。条款格式前后也不一致（如“烛台式”以上，每条名称低二格，上有圆圈。自“圆炉式”起，每条名称顶格）。各条当经多次传抄积累而成，因而次序未免凌乱，甚至有整条重出者（如 11 桌与 18 案桌式重复）。

不过，无论如何，《鲁班经匠家镜》是有关古代家具仅存的一份重要材料，对明代家具研究者来说，更是一部必读之书。

本文曾在《故宫博物院院刊》1980 年第 3 期及 1981 年第 1 期发表。1986 年秋修改补充。

荷兰学者鲁克思（Klaas Ruitenbeek）1993 年出版了关于《鲁班经》研究的专著（*Carpentry and Building in Late Imperial China—A Study of the Fifteenth-Century Carpenter's Manual Luban Jing*），在该书 151 页提到他基本上都同意本文的释文及附图，惟有第 35 “柜式”一条除外。他指出此条所谓的“柜”当是与箱近似的家具而不是有竖开门的立柜，引用明刊本《新编对相四言》一书中的“柜”图式及 Rosy Clarke 所著《日本古代家具》（*Japanese Antique Furniture*, Weatherhill,1983）中有安转轮的箱具为证据，上述资料他试画草图。其设想予人很大的启发，对《鲁班经》研究做出了贡献。惟箱的造型构造和转轮安装，现在只能臆测，有待发现实物，始能知其究竟。

1993 年 12 月　王世襄再识

# 家具名词"束腰"和"托腮"小释



在我国古代，日用家具和建筑的关系极为密切。随着建筑技术的进步、房屋室内空间的加大以及起居习俗的变化，人们改变了席地起居的习俗，在南北朝时已出现了高形坐具，唐代更出现了高形的桌、椅和屏风等新型家具；这些家具经五代到宋逐渐定型化，丰富多彩的明式家具正是在这一基础上发展起来的[1]。这些新型家具的制造，往往借鉴于当时已广泛流行的建筑木作技术。西安唐代天宝十五年高元珪墓壁画中所绘的大型椅子，椅背结构正是借用了木作斗拱的做法，在左右两侧立柱头上置栌斗，上托搭脑，就是一个很好的例子[2]。迟至北宋，由巨鹿宋城遗址获得的木制桌、椅那种早期的梁柱式框架结构[3]，仍可清楚地看出其所受建筑木作技术的影响。因此一些建筑木作中的名词，也就自然地被移用于家具上，并且沿袭使用下来。到明清时期，有些名词仍旧广泛使用，但其渊源关系却早已被世人所遗忘了。但是如果我们沿家具发展变化的轨迹追溯上去，从文物制度的角度去探究其渊源，则不但能弄清原来的含义，还能获得不少古代家具与古代建筑关系的值得注意的线索，有助于中国古代家具史的研究。"束腰"和"托腮"[4]就是两个很好的例子。

这两个名词直到今天北京家具匠师仍广泛使用，更常见于清代匠作则例之中，但其确切含义已经长期得不到解释。"束腰"指家具上的一个收缩部分，一般位在面板边框和牙条之间，形象明显，其义易解。"托腮"指束腰和牙条之间的台层[5]。它所承托的明明是"腰"而不是"腮"，故"托腮"之名，其义费解。

话还需从束腰谈起。

大体说来，传统家具可以分为无束腰和有束腰两大体系。凡有束腰的家具，一般足下端都有增大或兜转部分，名曰"马蹄"。束腰与马蹄二者密切相联，可以视为传统家具的一种造型规律。

德人艾克（G.Ecke）在所著《中国花梨家具图考》中提出有马蹄的桌几渊源于唐宋流行的壶门台座。由于壶门的简化，牙脚的敛缩，蜕存在足端的遗迹便是马蹄。此说已为多数论者所接受。惟束腰和马蹄密切相联，艾克对束腰的渊源未作进一步的探索。

我们如果从家具与建筑木作的关系

[1] 参看建筑科学研究院建筑史编委会编写：《中国古代建筑史》17页、178页，中国建筑工业出版社，1980年版。

[2] 贺梓城：《唐墓壁画》，《文物》1959年第8期33页。

[3] 同[1]，180页。

[4] "托腮"，清代匠作则例有时写作"特腮"。

[5] 明清家具，有束腰的未必都有托腮。如有托腮，它或与束腰及牙条一木制成，或分别制成，其宽窄厚薄、线脚繁简乃至安装方法，颇不一致。

的角度着眼，就可以找到它的渊源。家具的束腰渊源于须弥座，而须弥座实际上就是大型的壸门台座。

早期的须弥座如云冈石窟的北魏浮雕塔基（图1）、敦煌唐代洞窟中的龛座、五代王建墓的棺床（图2）等，它们中间都有一个收缩部分，由此向外宽出的各层，线脚也比较简单。至宋代常把须弥座用作建筑的台基。据《营造法式》，其形制有简有繁。简者如《石作制度》中的“殿阶基”，繁者如《砖作制度》中的“须弥座”，高十三砖，分九层，各层名称不同，线脚及雕饰亦异。不过二者在中间收缩部分立柱分格，格中平列壸门，做法则是一致的。

《营造法式》卷三“殿阶基”条原文是：“造殿阶基之制：长随间广，其广随间深，阶头随柱心外阶之广。以石段长三尺，广二尺，厚六寸。四周并迭涩。坐（座）数令高五尺，下施土衬石。其迭涩每层露棱五寸，束腰露身一尺，用隔身版柱，柱内平面作起突壸门造。”[6] 它开列部位名称及尺寸不够详尽，故梁思成先生《营造法式图注》称“《法式》卷三‘殿阶基’条制不详”，亦未为制图。但此条已足够使我们知道其形制和早期须弥座相差不大（图3）。宋代实例也有与此相似的，如正定开元寺大殿的须弥座（图4）。

《法式》“殿阶基”中有“束腰”、“迭涩”两个名词。束腰即须弥座中间收缩、有立柱分格、平列壸门的部分。而“迭涩”就是位在束腰之下或束腰之上，依次向外宽出的各层。“迭涩”在《法式》中有时写作“挞涩”，见卷十六《石作功限》中的“殿阶基”、“坛”等条。

现在还广泛使用的家具名词“束腰”

[6] 见《营造法式》卷三，据商务印书馆《万有文库》影印本。引文中的“坐”应作“座”，“壸”应作“壶”，早经研究此书的学者作过校勘订正。

图1　云冈北魏浮雕塔

图2　五代王建墓棺床

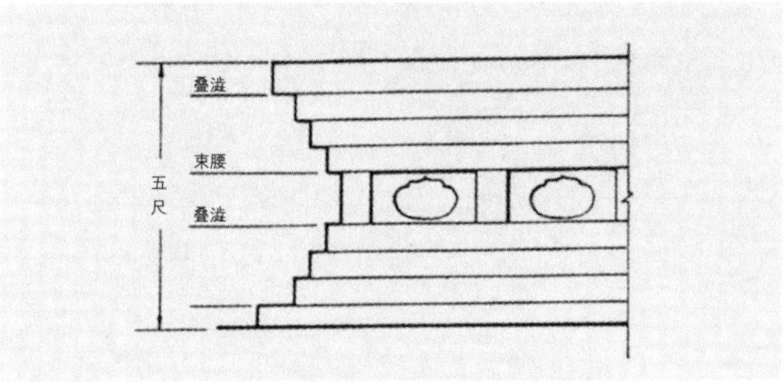


图3　《营造法式》殿阶基示意图

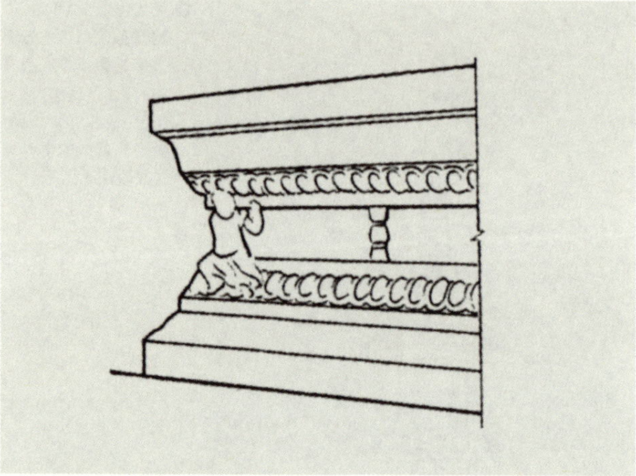

图 4　正定开元寺大殿须弥座

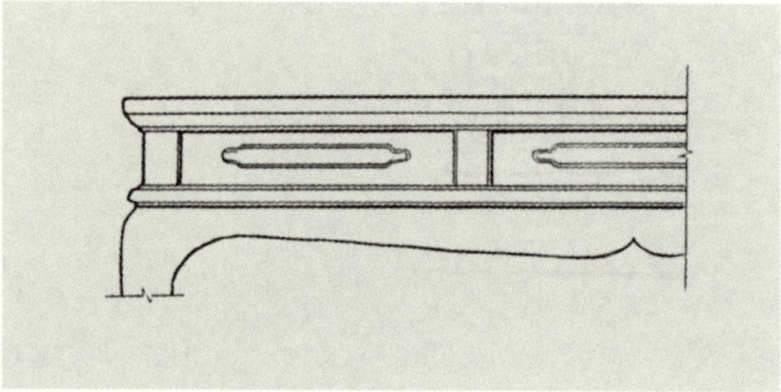

图 5　明式黄花梨高束腰条桌局部线图

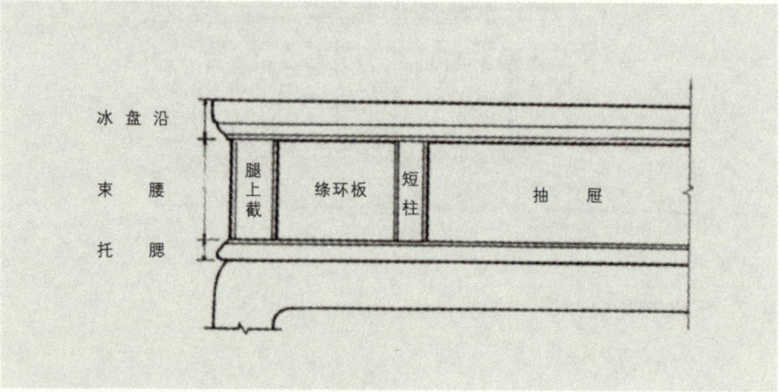


图 6　明式黄花梨高束腰抽屉方桌局部线图

和宋代须弥座上的名称完全相同，而且形态也相似，不能不使我们想到二者之间有联系。高形桌几在唐宋之际是一种新兴家具。任何时期的家具和建筑都是有一定的关系的。北魏以后不断发展，至宋而日趋繁复的须弥座自然会对当时的家具产生影响。

当然，家具上的束腰都比较窄，和须弥座上的束腰相去悬殊。这是由于功能不同，不可能把须弥座的束腰照样搬到家具上来。高形的桌几，牙条之下一定要有相当高的空间才便于使用。所以桌几上部可留作束腰的部位有限，它只能具体而微地做成较窄的一条。

尽管一般家具上的束腰比较窄，明清的桌几都有一种“高束腰”形式。它的做法是四足上截露明，高出束腰之上[1]，很像须弥座上的角柱。桌几的四面，在边框和托腮之间安短柱，短柱两侧和边框底面、托腮上面都打槽，嵌装绦环板，板上开透孔，它们相当于须弥座的立柱分格，格中平列壶门。只是由于绦环板的高度有限，只宜锼挖“笔管式”或“海棠式”等比较矮扁的透孔而不宜做成壶门的式样。这也和装饰图案的流行时代有关，壶门自北宋以后已少使用，因而在我们所能见到的明清家具上，很难会有壶门出现。

在明式家具中还有在高束腰的部位安装抽屉的方桌。由于抽屉要求有一定高度，抽屉两旁又有立柱，其造型也就更加接近立柱分格的须弥座。把北魏至宋的几种须弥座和两种高束腰家具排列在一起，就更容易看出有束腰家具和须弥座之间的关系（图 5、6）。

现在我们再来看一看高束腰家具上的“托腮”。它所处的位置，正和须弥座束腰之下的迭涩相同。“托腮”与“迭涩”字音相近，我们有理由相信家具名词“托腮”就是须弥座名词“迭涩”，只是音读之转，以致写法不同。《法式》一书既然能把“迭涩”又写成“挞涩”，那么数百年间匠师口传笔记，将“迭涩”写成“托腮”，自然毫不足奇。不过假如我们没有理会到它们之间有联系，而一味从“腮”字求其义，便不免费解了。

家具名词“束腰”、“托腮”，我们都能从宋代的须弥座上找到来历。这样，不仅名词得到了解释，家具上的束腰的渊源得到了说明，而且在我们面前呈现了一条研究古代家具和建筑关系的有用的线索。

原载《文物》1982 年第 1 期

❶ 一般有束腰家具，四足上截被束腰遮盖，并不外露。

# 萧山朱氏旧藏珍贵家具纪略

本世纪前期，北京以收藏珍贵家具著称的有：满洲红豆馆主溥西园（侗），定兴觯斋郭世五（葆昌），苍梧三秋阁关伯衡（冕钧），萧山翼盦朱幼平（文钧）等家。而收藏既富且精者，首推萧山朱氏。

翼盦先生家居北京南锣鼓巷炒豆胡同僧格林沁故宅，庭院宽敞，轩堂雅邃。襄幼年趋谒，见到文物陈设，每瞻视摩挲，未忍遽去。有时竟不辞冒昧，求示来历，默记于心，经久不忘，故对所藏，印象颇深。这批珍贵家具除少部分翼盦先生在世时即已转让外，有不少完好地保存下来。近年经朱氏四位昆仲（家济［已故］、家濂、家源、家溍）先后捐赠给国家，其中绝大部分在承德避暑山庄。今襄收集照片，赘以短文，为关心明清家具的同志提供一些资料。

### 1. 明紫檀夹头榫大画案

案面 227×79.5、高 85.6 厘米（图 1）

这是现存屈指可数的几件最名贵的紫檀大画案之一，原为怡王府物。古玩店荣兴祥主人贾腾云购得之，以善价售与朱氏，60 年代初入藏故宫博物院，定为一级品文物。

案为夹头榫结构，腿足方材，下端微向外撇，接近所谓“香炉腿”做法，足间用双枨连结。牙条甚厚，因削出凸面，其厚乃见。它虽不宽，却与方而短的牙头一木连做，用料之大可知，紫檀

图 1　明紫檀夹头榫大画案

图 2　明紫檀四面平式雕螭纹画桌

大案中尚难举出第二例。案面周匝冰盘沿线脚简洁。尤其是面心用三块等宽的紫檀板拼成，厚度也超过一般的桌案面心板。全身用料方方正正，一丝不苟。难得再有此世不经见的大材，又遇到真正能珍惜使用这样大材的名匠，才能做出如此质朴无华、意趣高古的重器来。

2. 明紫檀四面平式雕螭纹画桌

桌面 173.5×86.5、高 81.3 厘米(图 2)

四面平是明代家具常见形式之一，它虽无束腰，但足端有马蹄，而且腿足断面往往作曲尺形,北京匠师称之为“挖缺做”，于此尚能看到唐代壸门床痕迹。故应归入有束腰体系。四面平原无雕饰，而此桌乃就其平面减地铲雕，镂刻出生动而圆润的怪螭，形象与一般明代家具所见迥异，乃取意于古玉花纹加以变化而成，故典雅清新，得未曾有。

画桌自民初以来即闻名故都，当时为满洲名士佛尼音布斋中物。佛字荷汀，一字鹤伏，以擅书画、工琴诗称于时。佛曾告人画桌购自海淀汉军旗朱姓家。按北京朱姓汉军旗有明代成国公一系，原燕京大学东门外成府街当因其宅邸而得名。

翼盦先生长子书画鉴定家朱豫卿同志（名家济），在浙江文管会工作，携画桌至杭州。他书法精绝，直逼唐人，朝夕挥毫，不离此桌。1969 年他不幸病逝，其子传来遵父遗命，将此桌及柳如是写经砚一并捐赠给浙江省博物馆。

3. 明紫檀四开光坐墩

面径 39、腹径 57、高 48 厘米

（见《明式家具的“品”与“病”》第六品）

坐墩开光作圆角方形，沿边起阳线。开光与上下两圈鼓钉之间各起弦纹一道。鼓钉隐起，绝无刀凿痕迹。四足里面削圆，两端格肩，用插肩榫与上下构件拍合，紧密如一木生成，制作精工之至。此器造型雄硕，圆浑可爱，在所见坐墩中，以此为第一，亦最足以代表明代坐墩的基本形式。入清以后，坐墩造型向瘦高发展，或在开光内增添下垂及上翻的雕饰，遂与此大异其趣。

4. 明或清初黄花梨嵌楠木宝座

座面 107×73、座高 58、通高 102 厘米

（见《明式家具的“品”与“病”》第五品）

宝座围子后背三扇，左右扶手各一扇，乃五屏风式。后背正中一扇，上有卷书式搭脑，下有卷草纹亮脚，左右各扇高度向外递减，都用厚材攒框，打双槽里外两面装板做成，再用“走马销”将各扇连接在一起。中间三扇只正面嵌花纹，扶手两扇则里外均嵌花纹。花纹用楠木瘿子嵌成，共四式，均从如意云头纹变出，故具一致性。宝座下部以大材做边、抹及腿足，宽度达 10 厘米，嵌法与上相同，花纹则仿青铜器。座面还保留着原来用黄丝绒编织的菱纹软屉，密无孔目，因长期受铺垫遮盖保护，色泽犹新。宝座得自荣兴祥，据称原为盘山行宫静寄山庄中物。

5. 清前期紫檀透雕蟠螭纹架几案

案面 323×45.2、厚 6.5 厘米，架几 45.2×45.2、高 82 厘米（图 3）

架几案由一块长而厚的案面及一对几子组成，清代则例及宫廷陈设档多称之为几腿案。明清架几案以花梨、红木制者为多，紫檀者较少，这是因紫檀缺少大料的缘故。此案纯用紫檀，案面虽

图3　清前期紫檀架几案局部

为攒边响膛做，已甚难得。两几不用常见的四足加横枨做法，而是四面厚板斗合，尤为罕见。在雕工的设计上，蟠螭不仅透挖，而且两面做，通体光润圆熟，宛如巨大的墨色玉佩，令人叫绝。

此案朱氏购自蕴宝斋古玩铺，据说原为东四二条海公府中物。按海公姓富察氏，名海年，乃乾隆时以武功烜赫而位极人臣的福康安曾孙，光绪间袭公爵。府中家具陈设精美，多为福康安所遗。

6. 乾隆紫檀叠落式六足画桌

桌面 159×77.5、高 88 厘米

长几高 95、短几高 105 厘米

此桌原亦为海公府物，是一具经过特殊设计的家具，由一桌两几构成一器。桌面大小接近一般的画案。右侧高起，是为长几，其长和桌的侧面相等，宽约40厘米、高95厘米。左为短几，其半占桌面的一角，借桌足为几足；另半迤后，只有两足着地，高105厘米。几面下设小抽屉一具。使用时短几一侧可靠窗安放。如为北房，人宜面西而坐。长几上可摆放文房用具及卷轴图书。左侧短几可陈置瓶花盆树，供果香炉。因短几迤后，不致遮挡光线。妙在文具陈设，备于一桌，观赏取用，左右逢源，而桌面却可荡然不着一物。

画桌用上好金星紫檀，以直材及攒接的方形拐子构成骨架，周身则铲地浮雕回纹，故质与文得到高度的统一。桌及几面均髹黑漆，周匝起宽而扁的拦水线。按养心殿造办处木作曾于雍正年奉旨制作叠落紫檀木器，见内务府档案。惟在故宫家具中尚未发现实物。此桌高低起落，所谓“叠落式”当即如此。

7. 乾隆紫檀蝠磬纹大罗汉床

床面 220×136、高 58、通高 138 厘米（图4）

床原为怡王府物。围子作五屏风式，有束腰，三弯腿外翻马蹄，落在托泥上。各扇围子均以透雕的拐子纹作地，衬托出铲地浮雕委角长方形绦环板，镂刻蝠磬流云。围子正中一扇外框涌起巨大的云头，两侧的外框高低有起伏，与明式相比，不仅尺寸加高，从外框到细部，都大为崇饰增华。此床工良材美，是清式家具鼎盛时期的精美制品。

8. 乾隆紫檀嵌玉小宝座

座面 66×43、高 41.5、通高 83 厘米

宝座后背及扶手亦作五屏风式，正中一扇嵌玉五片。高束腰，鼓腿彭牙，兜转显著，内翻马蹄，做成卷书状；下原有托泥，脱落待装配。此器雕饰不甚繁，花纹多由平行线组成，审其形态，

乃从西周青铜器图案变出。它不像是工匠的设计，很可能是词臣授意制作，以迎合在上者的好古心理。据闻宝座为避暑山庄散出之物，今庆重还，堪称佳话。

9. 乾隆紫檀多宝格

宽深 70×30、高 123.5 厘米（图 5）

多宝格成对，以紫檀为骨架，黑漆描金花牙，彩漆里，高低错落，分隔巧妙，计可陈置大小文玩古器十事。其间立墙，有方、圆等不同形状开光，使人移步可见陈设的旁侧，甚见匠心。

10. 乾隆紫檀四开光坐墩

面径 28.5、腹径 37.5、高 51 厘米（图 6）

造型细而高，与明式大异。弦纹虽在，鼓钉已易为朵云。上下又增添绦纹及扁圆的连环纹两道。四足及牙子均浮雕翻卷的花叶，陈设档及则例称之为“番草”，这是受欧洲洛可可式（Rococo）影响的结果。乾隆时期与此风格相似的紫檀家具故宫尚有多件。探索中西艺术交流，值得作专题的研究。

11. 乾隆紫檀双鱼纹扶手椅

座面 62×48、高 50、通高 90 厘米

扶手椅成对，有束腰，采用靠背及扶手分三扇安装，不与前、后足上下相连。牙条以下施直枨，两端与攒接的拐子相接，中嵌扁圆形蟠螭卡子花。此椅的特点在靠背板造型新颖，中间开光，浮雕双鱼纹，突起不高，而层次自多，和清代玉雕具有相同的时代风格。

12. 乾隆紫檀绦纹方凳

座面 51×51、高 50.5 厘米

方凳成对，今存故宫博物院。有束腰，下施管脚枨。四面方形空间内安绦纹方框，方框四无贴著，只借绦纹上的四枚蝴蝶结与左右腿足、上牙下枨相连，

图 4　乾隆紫檀蝠磬纹大罗汉床

图 5　乾隆紫檀多宝格

图 6　乾隆紫檀四开光坐墩

而四周均有空隙。这样绦纹方框自然突出，收到特殊的装饰效果。

13. 乾隆紫檀镜屏

座底 83×70、通高 173.5 厘米

此种镜屏上承明代的插屏式座屏风，下启清中期以后的穿衣镜，是 18 世纪玻璃还十分珍贵时期的一种考究家具。牙子正中雕分心花，草龙相对，歧尾卷转，明代风格尚未全泯，其年代不能晚于乾隆时期。

14. 清彩漆灵芝椅

座面 60×44、高 45、通高 86 厘米

椅用樟楠或楸椴一类软性木材作胎骨，后背由立体圆雕的灵芝组成。束腰以下三弯腿，亦略有灵芝装饰。胎骨上糊织物，上漆灰，糙漆之上髹彩漆，乃用髹刷蘸各色漆旋转成纹，貌似“犀皮”而较简易，是所谓“瘿木漆”的做法。

以上十四项，现藏地点除已注明者外，余均在避暑山庄。朱氏捐赠的家具尚不止此数，因缺少照片，只得从略。

这里值得提到的是，翼盦先生是一位学识渊博、收藏宏富的文物鉴赏家。他毕生搜集旧拓碑帖，共约七百件，于1954年捐赠给故宫博物院；珍贵图书约两万卷，其中宋、元善本早已归北京图书馆，余则于1976年捐赠给社会科学院。此外所收书画、陶瓷，旁及宣炉端砚、竹木雕刻，无一不精。故家具收藏，仅其余事而已。最后有一点必须澄清，即40年代旅居北京的西方人士确实买了不少件明式家具运往欧美，并有人编写成书，因而造成一种错觉，好像明式家具的艺术价值是西方人士首先认识的，这却与事实不符。翼盦先生就十分推崇明式家具，襄曾亲聆先生对藏品的评价，认为明代家具风格简练淳朴，价值远在乾隆制品之上，故有“十清不敌一明”之论。溥西园先生亦深知明代家具真趣，不然他何以会远去商丘，从宋牧仲祠堂运回两具明代紫檀大画案，陈置在北园别墅（其一后归同仁堂乐氏，已捐赠给故宫博物院；另一有西园亲笔题识）。只是他们忙于从事其他方面的学术研究，没有在家具方面著书立说而已。

原载《文物》1984 年第 10 期

# 明式家具概述

## 一　明至清前期是传统家具的黄金时代

我国起居方式，自古至今，可分为席地坐和垂足坐两大时期。席地坐，包括跪坐，都以席和床为起居中心。大约从商、周到汉、魏，没有太大的变化。所用家具都比较低矮。从西晋时起，跪坐的礼节观念渐渐淡薄，箕踞、趺坐或斜坐，从心所欲；随之而兴的是放在床上可供傍倚或后靠的凭几（图1.1）和隐囊（图1.2）等❶。至南北朝，垂足坐渐见流行，高形坐具，如凳与筌蹄（图1.3）等，相继出现❷。入唐以后，不仅椅、凳不算罕见，还出现高形的桌案。但跪坐和趺坐当时依然存在，唐代正处在两种起居方式消长交替的阶段。

到了宋代，人们的起居已不再以床为中心，而移向地上，完全进入垂足高坐的时期，各种高形家具已初步定型。到了南宋，家具品种和形式已相当完备，工艺也日益精湛。我国家具在这个优良而深厚的基础上发展。至明代而呈放异彩，成为我国传统家具的黄金时代。这个高峰延续至清前期。可惜到了乾隆年间，工料虽精，但雕饰繁琐，风格大变。清代晚期，进入了半封建半殖民地社会，家具和其他工艺一样，每况愈下，衰退不振。

宋代以前，不仅和后来的起居方式及家具品种相去太远，而且即使当时有过精美的家具也很少能保存下来。宋代以后，即改为垂足高坐以来的一千年中，制造出的大量工料精良、艺术价值极高的家具得以流传至今的，只有明及清前期。这也是我们称之为传统家具黄金时代的主要原因之一。

明及清前期家具之所以能有如此之高的成就，除了继承宋代的优良传统外，主要有两个原因：一是由于城市乡镇的繁荣，商品经济的发展，不仅大大增加了家具的需求，而且改变了社会习尚，兴起了普遍讲求家具陈设的风气。二是海禁开放，大量输入硬木，使工匠有可能制造出精美坚实并超越前代的家具。

据《明书·食货志》，宣德时全国设有钞关（税收机构）的大工商城市，包括北京和南京在内，有三十三个❸。明中叶以后，不仅有二十多个上升到大工商城市行列，原来的大工商城市也更

❶ 凭几弯木下有三足，放在床上可以供人向前或向后倚靠。江宁赵史岗1号墓曾发现陶制明器。见江苏省文物管理委员会：《南京近郊六朝墓的清理》，《考古学报》1957年第1期图版贰。隐囊，即袋形大软垫，亦供人倚靠，如龙门石窟宾阳洞浮雕维摩诘在床上倚靠的一件。见傅芸子：《正仓院考古记》页91插图23，日本文求堂1941年版。

❷ 筌蹄是一种细腰的高形坐具，如敦煌285窟北魏壁画得眼林故事所绘的一件。敦煌文物研究所：《敦煌壁画集》图版18上，文物出版社1957年版。筌蹄亦见龙门石窟莲花洞南壁下层第二龛内西侧佛传浮雕。龙门保管所：《龙门石窟》图版82，文物出版社1980年版。

❸ 清傅维鳞：《明书》卷八一页10（《志》二〇，《食货志》一），见《畿辅业书》，1913年刊本。

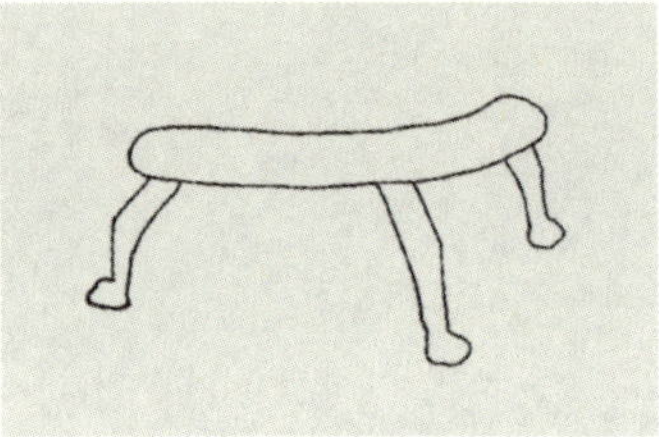

图 1.1　南京近郊六朝墓出土陶凭几

图 1.2　龙门石窟宾阳洞北魏浮雕（维摩诘倚隐囊）

图 1.3　龙门石窟莲花洞南壁北魏浮雕（坐具为筌蹄）

加繁荣。以南京为例，万历以后，商业兴旺，人口大增。谢肇淛《五杂俎》称："金陵街道宽广，虽九轨可容。近来生齿渐繁，居民日密，稍稍侵官道以为廛肆。"[1]再就江南一带新兴市镇而言，据《乌青镇志》记载："乌镇与桐乡之青镇，东西相望。升平既久，户口日繁。十里以内，居民相接，烟火万家……地大户繁，百工之属，无所不备。"[2]以丝织为中心行业，兼是货物聚散地的震泽、平望、双杨、严墓、檀丘、梅堰等镇，到嘉靖与万历年间，居民和商业比过去都数倍或十倍地增长[3]。地方志虽没有提到当时当地的家具制造业，但家具既然是生活必需品，必然属百工之一，和其他手工业一样，也有很大的发展。

明人著述有讲到明中期以后市民讲求使用硬木家具并形成风气的记载。范濂《云间据目抄》载："细木家伙，如书桌禅椅之类，余少年曾不一见。民间止用银杏金漆方桌。自莫廷韩与顾、宋两家公子，用细木数件，亦从吴门购之。隆、万以来，虽奴隶快甲之家，皆用细器，而徽之小木匠，争列肆于郡治中，即嫁装杂器，俱属之矣。纨绔豪奢，又以椐木不足贵，凡床橱几桌，皆用花梨、瘿木、乌木、相思木与黄杨木，极其贵巧，动费万钱，亦俗之一靡也。尤可怪者，如皂快偶得居止，即整一小憩，以木板装铺，庭蓄盆鱼杂卉，内则细桌拂尘，号称'书房'，竟不知皂快所读何书也！"[4]王士性《广志绎》也讲道："姑苏人聪慧好古，亦善仿古法为之。……又如斋头清玩，几案床榻，近皆以紫檀花梨为尚。尚古朴不尚雕镂。即物有雕镂，亦皆商、周、秦、汉之式。海内僻远，皆效尤之，此亦嘉、隆、万三朝为始盛。"[5]以上史料，说出了明中期以后购置硬木家具成为一种比较普遍的社会风气，而且讲的正是明式家具的主要产地——江南苏松地区。这种风气促进了硬木家具生产，数量大增，工艺也精益求精，达到了前所未有的水平。

家具生产当然是和木材分不开的。国内木材不充裕时就要依靠进口。开放海禁也恰好在隆庆之时。周起元《东西洋考》序说："……我穆庙（指明穆宗）时除贩夷之律，于是五方之贾，熙熙水国，……捆载珍奇，故异物不足述，而

[1] 明谢肇淛：《五杂俎》页 72（卷三《地部》一），中华书局 1959 年影印本。

[2] 清董世宁等纂：《乌青镇志》卷二页 1（《形势》），乾隆二十五年修本。

[3] 清陈和志纂：《震泽县志》卷四页 1—2（《镇市村》），光绪十九年重刊本。

[4] 明范濂：《云间据目抄》卷二页 3，见《笔记小说大观》第三辑，民国石印本。

[5] 明王士性：《广志绎》卷二页 24，见《台州丛书》，嘉庆间宋氏刊本。

所贸金钱，岁无虑数十万，公私并赖，其殆天子之南库也。”[6]所谓“除贩夷之律”，就是开放海禁，允许私人海外贸易。南洋各地，盛产各种珍贵硬木，无可置疑，进口木材，也大大促进了明、清硬木家具生产。

综上所述，可见明至清前期这二三百年间，迎来了传统家具的黄金时代，它由不同的因素促成，而这些因素都和社会、经济及时代密切相关，所以决不是偶然的。

以下分节，从不同的角度结合实物对明及清前期的家具进行阐述探讨。这将使我们更加认识到这一时期确实是传统家具的黄金时代。

## 二　制造家具的珍贵木材

明及清前期家具之所以能达到这样高的水平，采用坚硬致密，色泽幽雅，花纹华美的珍贵木材是一种重要的因素。下面只讲黄花梨、紫檀、鸂鶒木、铁力、榉木五个主要品种，并附带述及瘿木。

### 1. 黄花梨

这段时期制造考究家具的首要材料是黄花梨。册中所收家具实物约一百六十件，黄花梨制的超过一百件，即是明证。这种木材颜色不静不喧，恰到好处，纹理或隐或现，生动多变，难怪得到很多家具爱好者的珍视。

黄花梨古无此名，而只有“花梨”，或写作“花榈”。后来冠以“黄”字，主要借以区别现在还大量用来制造家具的所谓“新花梨”。

花梨早在唐代已经陈藏器收入《本草拾遗》，称“花榈出安南及海南，用作床几，似紫檀而色赤，性坚好”[7]。明初王佐增订《格古要论》，讲到“花梨出南番广东，紫红色，与降真香相似，亦有香。其花有鬼面者可爱，花粗而色淡者低”[8]。清刊本《琼州府志·物产·木类》：“花梨木，紫红色，与降真香相似，有微香，产黎山中。”[9]另外还可以从其他文献得知其主要产地在海南岛。1956年出版由侯宽昭主编的《广州植物志》，在檀属（Dalbergia）中收了一种在海南岛被称为花梨木的檀木，为新拟名曰“海南檀”（Dalbergia hainanensis），对此树的描述是：“海南岛特产……为森林植物，喜生于山谷阴湿之地，木材颇佳，边材色淡，质略疏松，心材色红褐，坚硬，纹理精致美丽，适于雕刻和家具之用。……本植物海南原称花梨木，但此名与广东木材商所称为花梨木的另一种植物混淆，故新拟此名以别之。”[10]据此可知黄花梨到了近年才有它的学名，叫“海南檀”。1980年出版由成俊卿主编的《中国热带及亚热带木材》，对侯宽昭的定名又有所修正，建议把该树种从海南黄檀（Dalbergia hainanensis）分出来，另定名为“降香黄檀”（Dalbergia oderifera）。其理由是：“本种为国产黄檀属中已知唯一心材明显的树种。”其“心材红褐至深红褐或紫红褐色，深浅不均匀，常杂有黑褐色条纹”，而“边材灰黄褐或浅黄褐色，心边材区别明显”。他原认为它与心材和边材颜色无区别的海南黄檀同是一种，“今据木材特性另定今名”[11]。在传世的黄花梨家具上我们可以看到边材和心材在颜色深浅上的差异。

[6] 明张燮：《东西洋考》，周起元《序》页1，见《丛书集成初编·史地类》，商务印书馆1935—1937年影印本。

[7] 据李时珍：《本草纲目》卷三五下页60《榈木》条引文引，商务印书馆1930年影印本。

[8] 明王佐：《新增格古要论》卷八页5—9《异木论》，见《惜阴轩丛书》，道光二十六年刊本。

[9] 清明谊等修：《琼州府志》卷五页26，道光二十一年刊本。

[10] 侯宽昭主编：《广州植物志》页345，科学出版社1956年版。

[11] 成俊卿等著：《中国热带及亚热带木材》页260—262，科学出版社1980年版。

## 2. 紫檀

紫檀早在公元3世纪已经崔豹在《古今注》[1]著录。此后苏恭《唐本草》[2]、苏颂《图经本草》[3]、叶廷珪《香谱》[4]、赵汝适《诸蕃志》[5]、《大明一统志》[6]、王佐增订《格古要论》[7]、李时珍《本草纲目》[8]、方以智《通雅》[9]、屈大均《广东新语》[10]、李调元《南越笔记》[11]等书均有论及。各书所记产地不一，主要在印度支那，而我国云南、两广等地亦有生产。

查陈嵘《中国树木分类学》（以下简称《分类学》），紫檀属（Pterocarpus）是豆科（Leguminosae）中的一属，约有十五种，多产于热带。其中有两种亦产于我国，一为紫檀（Pterocarpus santalinus），一为蔷薇木（Pterocarpus indicus）[12]。按紫檀很少有大料，与可生长成大树的Pterocarpus santalinus生态不符，而与学名为Pterocarpus indicus的蔷薇木相似。美国施赫弗（E. H. Schafer）曾对紫檀做过调查，认为中国从印度支那进口的紫檀是蔷薇木[13]。看来即使我国所谓的紫檀不止一个树种，可以相信至少有一部分是蔷薇木。

我国自古即认为紫檀是最名贵的木材。由于过于名贵，故紫檀器物比黄花梨的要少。倘要大形家具，因材料难得，更视同珠璧，实例如宋牧仲旧藏的插肩榫大书案（图版115），浮雕灵芝纹的书桌（图版110）。

紫檀在各种硬木中质地最坚，分量最重，除多为紫黑色外，有的黝黑如漆，几乎看不见纹理。它不及黄花梨那样华美，但静穆沉古，是任何木材都不能比拟的。

## 3. 鸂鶒木

“鸂鶒”有不同的写法，或作“鸡翅木”，或作“杞梓木”。北京匠师普遍认为鸂鶒木有新、老两种。新者木质粗糙，紫黑相间，纹理浑浊不清，僵直无旋转之势，而且木丝有时容易翘裂起茬。老鸂鶒木肌理致密，紫褐色深浅相间成纹，尤其是纵切面纤细浮动，具有禽鸟颈翅那种灿烂闪耀的光辉。清中期以后，家具用老鸂鶒木的甚少，新的则一直到现在还在使用。本册所收各件（图版70、71、102、139、161）均为老鸂鶒木。

前代文献对鸂鶒木说得最为详细的要数屈大均。他在《广东新语·木语·海南文木》一条中讲到有的白质黑章，有的色分黄紫，斜锯木纹呈细花云。子为红豆，可作首饰，同时兼有“相思木”之名[14]。所说色分黄紫一种和老鸂鶒木十分相似。

据陈嵘《分类学》，鸂鶒木属红豆属（Ormosia），计约四十种[15]。侯宽昭《广州植物志》则称共计在六十种以上，我国产二十六种[16]。其中究竟哪一种或哪几种为老鸂鶒木，尚待从家具取样，请植物学家做鉴定才能有明确的答案。

## 4. 铁力

“铁力木”，或作“铁梨木”、“铁栗木”，在几种硬木树种中长得最高大，价值又较低廉。《格古要论》谓“东莞人多以作屋”[17]，《广东新语》谓“广人以作梁柱及屏障”[18]，《南越笔记》谓“黎山中人以为薪，至吴楚间则重价购之”[19]，都足以说明这一点。铁力因材料大，不少大件家具用它做成（图版92），有时以之用在家具后背，或作屉板及抽屉内部等，实例如紫檀直棂架格（图版135）。

[1] 晋崔豹：《古今注》卷下页2，《草木第六》，《四部丛刊》三编本。

[2][3][4][6] 据李时珍：《本草纲目》卷三四页104《檀香》条引文引，商务印书馆1930年影印本。

[5] 宋赵汝适：《诸蕃志》卷下页6《檀香》，见《学津讨原》，嘉庆十年张氏旷照阁刊本。

[7] 明王佐：《新增格古要论》卷八页5—9《异木论》，见《惜阴轩丛书》，道光二十六年刊本。

[8] 明李时珍：《本草纲目》卷三四页104《檀香》，商务印书馆1930年影印本。

[9] 明方以智：《通雅》卷四三页10，浮山此藏轩刊本。

[10][14][18] 清屈大均：《广东新语》卷二五页48—50《木语·海南文木》，康熙庚辰木天阁刊本。

[11][19] 清李调元：《南越笔记》卷一三页5—6《紫檀花梨铁力诸木》，见《函海》，光绪八年钟登甲刊本。

[12] 陈嵘：《中国树木分类学》页539，上海科学技术出版社1959年版。

[13] Edward H. Schafer: *Rosewood, Dragon's Blood and Lac*, *Journal of American Oriental Society*, Vol.77, No. 2, pp.129-136.

它有时有花纹，似鸂鶒木而较粗，过去家具商曾取它充替鸂鶒木出售。

铁力木学名 Mesua ferrea，陈嵘《分类学》称："大常绿乔木，树干直立，高可十余丈，直径达丈许……原产东印度。据《广西通志》载……木材坚硬耐久，心材暗红色，髓线细美，在热带多用于建筑。广东有用为制造桌椅等家具，极经久耐用。"[20]所说和明及清前期家具所用的铁力木完全符合。

5. 榉木

榉木属榆科，"榉"常被简写作"椐"。北方不知榉木之名，而称之曰"南榆"。它比一般木材坚实但不能算是硬木，在明清家具用材中却占有重要位置，自古即受人重视。李时珍[21]、方以智[22]均有论及。明及清前期榉木家具在南方乡镇尚有存者，本册中五件（图版 33、36、105、123、142）近年来自太湖地区。流传在北方的所谓南榆家具也不少，多作明式，造型及制作手法与黄花梨等硬木家具相同，故老匠师及明式家具的真正爱好者都颇予重视，认为不应因用料较差而贬低它的艺术价值和历史价值。

据陈嵘《分类学》，榉属学名为 Zelkova，产于江、浙者为大叶榉树，别名榉榆或大叶榆，木材坚致，色纹并美，用途极广，颇为贵重。其老龄而大材带赤色者特名为"血榉"云[23]。按：榉木有很美丽的大花纹，层层如山峦重叠，苏州木工称之为"宝塔纹"，在矮南官帽椅的靠背板上清晰可见（图版 52）。

6. 瘿木

瘿木不是树种名称，而是老干盘根错节，结瘤生瘿处的木材叫瘿木，北京匠师称之曰"瘿子"。他们认为任何一种树都可能有瘿子，而生瘿处的木材总是有旋转的细密花纹。曾见紫檀坐墩，其面板用的是紫檀瘿子。大树而根部容易生瘿，并能开出较大板片的首推楠木。《格古要论》楠木条中讲到"骰柏楠"、"斗柏楠"都是楠木瘿子，而所谓的"满面葡萄"更是用一串串葡萄来形容楠木瘿子的花纹[24]。故宫藏的四具有束腰紫檀圈椅，攒靠背板中间的一方就是用瘿木板片镶成的（图版 56）。

## 三　传统家具造型溯源

我国传统家具，就其造型来说，有的无束腰，有的有束腰，无束腰家具如"几"和"案"，其制甚古，商周已有。有束腰家具则比无束腰家具要晚得多。

唐宋之际，由于生活方式的改变，出现了新兴家具"高桌"。高桌形式不一，有的吸取了大木梁架的造型和结构，成为无束腰家具；有的吸取了壶门床、壶门案和须弥座的造型与结构，成为有束腰家具。流风所及，束腰在他种家具上也纷纷出现，到南宋已和无束腰家具渐成对等之势。在明及清前期家具中，无束腰、有束腰更是普遍存在，形成了两大体系。面对这时期的实物，如果我们

图 3.1　河北巨鹿北宋遗址出土高桌

[15] 同[12]页 529。

[16] 侯宽昭主编：《广州植物志》页 343，科学出版社 1956 年版。

[17] 明王佐：《新增格古要论》卷八页 5—9《异木论》，见《惜阴轩丛书》，道光二十六年刊本。

[20] 同[12]页 849。

[21] 李时珍：《本草纲目》卷三五下页 44。

[22] 明方以智：《通雅》卷四三。

[23] 同[12]页 222。

[24] 明王佐：《格古要论》卷八。

看清楚它们的造型，进而溯其渊源，就会认识到何以会形成如此的造型，从而能够探索到家具造型的一些规律。

先说大木梁架，无束腰高桌渊源于此。梁架的柱子多用圆材，直落到柱顶石上。为了稳定，柱子多带“侧脚”[1]，下舒上敛，向内倾仄。柱顶安楮头，并用横材额枋等连接。再看无束腰高桌，实例如河北巨鹿北宋遗址出土的一件（图 3.1），腿足也用圆材，直落地面，无马蹄，带侧脚，上端有近似楮头的牙头，安横枨，和大木梁架的造型及结构基本相同。

再说壶门床、壶门案和须弥座，有束腰高桌渊源于此。唐代壶门床常见于敦煌画（图 3.2）。壶门案如《宫乐图》中所见（图 3.3），它们都四面平列壶门。从早于唐的云冈北魏浮雕塔的塔基（图 3.4），到晚于唐的王建墓棺床（图 3.5），须弥座都有束腰。须弥座束腰部分也往往平列壶门，和壶门床十分相似。

自唐以降，床的演变由繁趋简，当由每面平列几个壶门简化到一个壶门时，便和南宋时四足下有托泥的床榻或高桌相似。前者如李嵩《听阮图》中的榻（图 3.6），后者如马远《西园雅集图》中的桌（图 3.7）。如再进一步连足底的托泥也省略掉，那就成了明式家具中的四面平式了（图 3.8）。四面平式吸取了简化之后的壶门床造型，但更多的家具在此之外还把须弥座上的束腰也移植了过来，成为有束腰家具。

从垂足而坐的生活方式来考虑，不难意识到高桌为了便于使用，下部必须留有足够的空间。高度既增，便容易摇晃，产生结构不稳的矛盾。解决矛盾的办法，除用托泥外，只有在腿足的上端加强连接。因此束腰的移植只能把它放

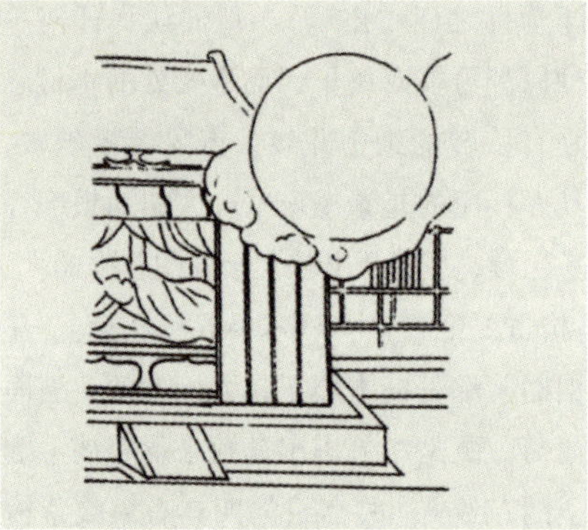

图 3.2　敦煌唐代画中的壶门床

图 3.3　唐人《宫乐图》中的壶门案

图 3.4　云冈石窟北魏浮雕塔（塔基用须弥座）

图 3.5　五代王建墓棺床

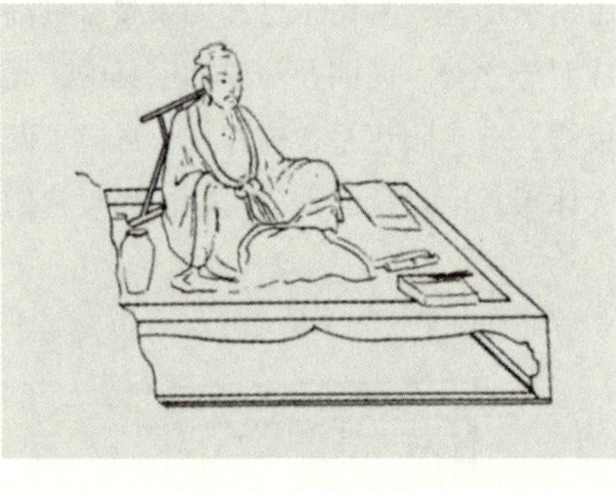

图 3.6　南宋李嵩《听阮图》中的榻

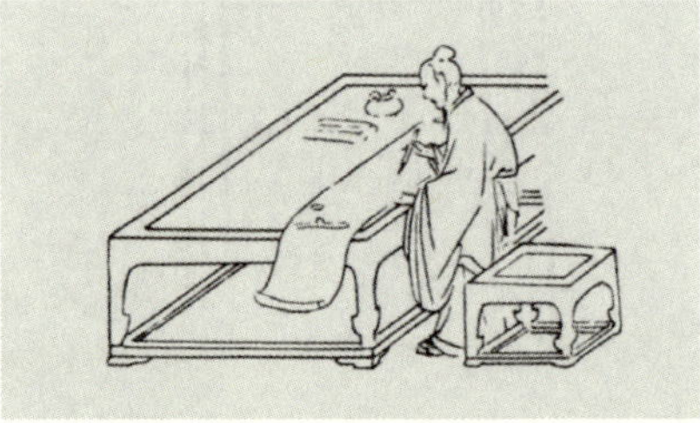

图 3.7　南宋马远《西园雅集图》中的高桌

在高桌的上部。这样既不占下部空间，有利于使用，还可以解决结构不稳的矛盾。有束腰高桌，尤其是高束腰式的高桌（图3.9），和须弥座的造型是如此之相似，只要把它们并列在一起，便立即能看到它们之间的密切关系。可以断言，北宋时期在家具上出现的束腰，是从须弥座移植过来的。

唐代壶门床和须弥座都四面见方，垂直不带侧脚。有束腰高桌的腿足也多用方材，不带侧脚。壶门从床上消失，蜕化之后，只剩下歧出的牙脚，它就是有束腰家具足端的马蹄。有束腰家具的造型和结构与壶门床及须弥座有许多相同之处。

上面不惜辞费，目的只在阐明一个问题，即无束腰家具和有束腰家具各有其渊源，因而各有其造型和结构。从无数的明、清实例可以得到认识，由于无束腰家具来源于大木梁架，故足端不会有马蹄，足下也不会有托泥。因为马蹄和托泥都是壶门床的残余，在大木梁架中是不存在的。四面平式家具虽无束腰，但足端有马蹄，也可以有托泥。因为四面平式渊源于壶门床。就连比较少见的有束腰的“矮桌展腿式”[2]（图版84、91），为什么要把它做成仿佛是接了腿的矮桌，而且腿足是上方下圆的，也可以得到认识。那就是由于它有束腰，故必须是方腿。要做圆腿也须在由方腿矮桌作一结束之后才能再接圆腿。再看形式古老的案也不例外，不论是条案（图版102、103）还是画案，足下都可以用横木作托子，但从来不见有方框式的托泥。这是因为古代的案足底常设横跗（图3.10）[3]，亦即后来所谓的托子。但托泥相当于壶门床底框，是不会在案上出现

图3.8　明四面平式条桌

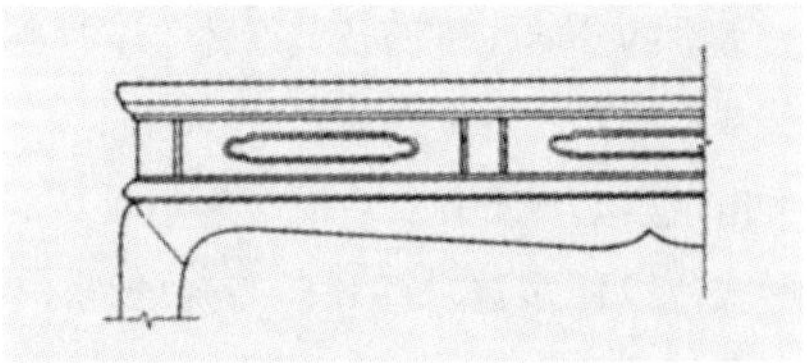

图3.9　明高束腰条桌局部

图3.10　河南信阳战国墓出土案

的。由此可知，不同家具的不同造型，都忠实于不同的渊源，彼此之间，界限分明，不掉换，不掺混，例外只是极少数。历时上下千百年，处地相去几千里，矩矱法式，基本不变，这就是传统家具的造型规律。

明及清前期的家具造型，式样纷呈，常有变化。表面上似乎是能工巧匠，各抒才智，随心所欲，率尔操斤，便成美器；实则不然，任何式样，都有相当严格的准则法度，决不是东拼西凑，任意而为的。到清中期，为了迎合统治者的趣味，就难免标新立异，炫巧争奇，设计出悖谬不经、违反规律的家具来。我们认为明及清前期是传统家具的黄金时代，这也是理由之一。

## 四　家具的品种和形式

明及清前期的家具品种虽不及清中

[1] 宋李诫：《营造法式》卷五页103《柱》中称：“凡立柱并令柱首微收向内，柱脚微出向外，谓之侧脚。”商务印书馆据《万有文库》版1933年重印本。

[2] 此种形式的半桌、方桌曾向多位匠师请教，未能道出其名称。今称是笔者试拟的。

[3] 战国漆木器案、俎等足下着地的横木，据商承祚先生考证，古名为“跗”。见所编《长沙出土楚漆器图录》图版三俎说明，中国古典艺术出版社1957年版。

期以后那样繁多，但上视宋元，堪称大备。如依其功能加以类别，可分为椅凳、桌案、床榻和柜架四类。另外用途各异、实物不多的品种合并成“其他类”，共得五大类。

搜集家具品种，自难色色俱全，本册只能做到大体具备。形式排列，常从最基本的开始，进而及其变体，不过既是基本形式，各类之间，往往相同，一再出现，必嫌重复。有时故意不收基本形式，以便多选一些比较特殊的例子。在某些品种之后，插入线图，标注构件名称。读者对照阅览，对熟悉匠师习用的名词术语，当有裨益。

### 1. 椅凳类

椅凳类包括：(1) 杌凳，(2) 坐墩，(3) 交杌，(4) 长凳，(5) 椅，(6) 宝座。

(1) 杌凳

“杌”字的本义是“树无枝也”[1]，故杌凳被用作无靠背坐具的名称。“杌凳”二字连用，在北方语言中广泛存在。

在无束腰杌凳中，直足直枨乃其基本形式，它们或方或长方，尺寸大小可相差甚巨（图版 9、10、11）。牙头或光素，或雕云头，有许多变化。如不用牙子，在枨上可以安短柱，名曰“矮老”（图版 12）。枨子的做法除直者外，还有中部拱起的“罗锅枨”。枨子两端或与腿足格肩相交（图版 14），或表面高出，仿佛缠裹着腿足，名叫“裹腿做”（图版 12、13），这是用木材来摹仿竹器的造型。无束腰杌凳，有的腿足下端安枨子，名叫“管脚枨”（图 4.1，图版 14）。

有束腰杌凳以直腿内翻马蹄，腿间安直枨或罗锅枨为常式（图版 15）。两枨十字相交的只能算是变体（图版 16）。直腿之外有略具 S 形的三弯腿（图 4.2，图版 17、18、19）和鼓出而又向内兜转的鼓腿（图版 20、21）。管脚枨也可以在有束腰杌凳上出现（图版 23）。有时腿足落在木框上，木框之下还有小足。这种木框叫“托泥”（图版 24）。

圆形杌凳，传世很少，本册只收两件（图版 25、26），后一件已经有些接近坐墩。

(2) 坐墩

坐墩又名“绣墩”，由于它上面多

[1] 宋陈彭年重修：《玉篇》卷一二《木部》第一五七，道光三十年邓氏仿宋重刊本。

[2] 见《波士顿美术馆藏支那画帖》图版 47，哈佛大学出版社 1938 年影印本。

图 4.1　无束腰罗锅枨加矮老管脚枨方凳

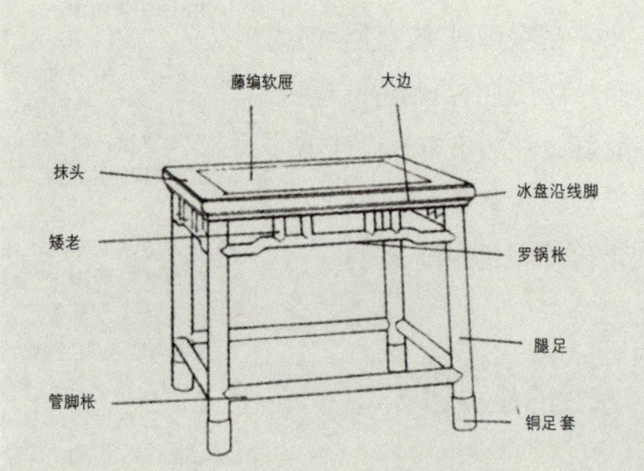


图 4.2　有束腰三弯腿霸王枨方凳

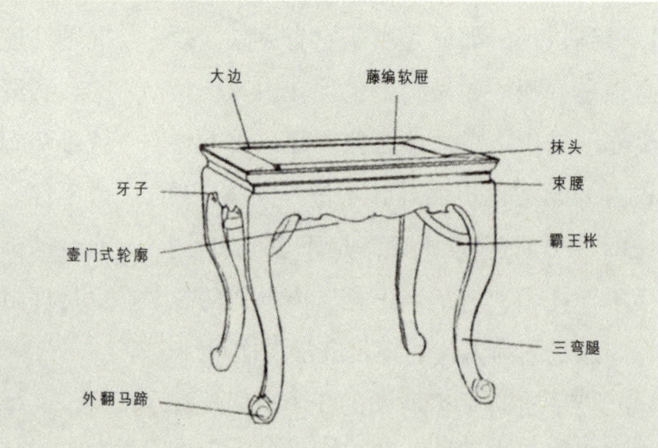

覆盖一方丝绣织物而得名。在明及清前期的坐墩上，大都保留着藤墩和木腔鼓的痕迹。坐墩的开光来自古代藤墩用藤子盘圈做成的墩壁。弦纹及一周圈状如纽扣的纹样则象征绷在鼓面的皮革边缘和钉皮革的帽钉（图版27、28，图4.3）。直棂式的一件（图版29）已看不出它和藤墩的联系，清中期或更晚的坐墩往往连鼓腔的痕迹也找不到了。

（3）交机

交机俗称“马闸”，直接来自古代的胡床。它自东汉从西域传至中土后，千百年来流传甚广，基本形式，由八根直木构成，长期不变。实例如小交机（图版30），确为清制，和《北齐校书图》[2]中所见，十分相似。确为明制的一件（图版31），构造反较复杂，足间有可翻转、可装卸的脚床。另一件用木框作机面，折叠时须向上提拉，故名之为“上折式”（图版32）。

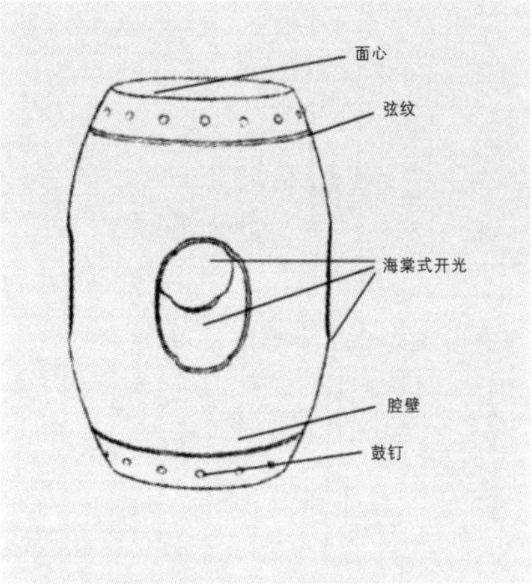

图4.3　四开光坐墩

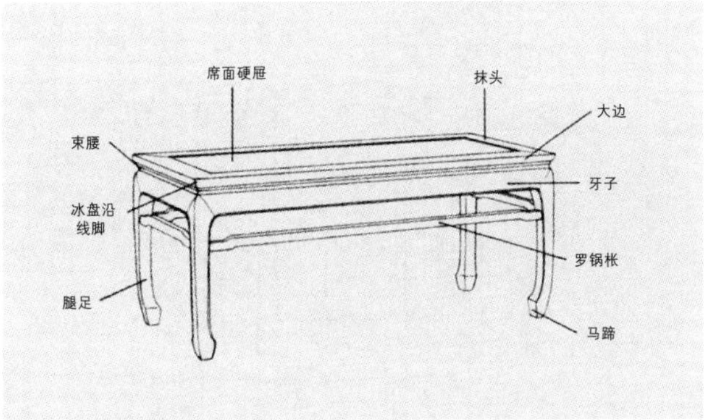

图4.4　有束腰罗锅枨二人凳

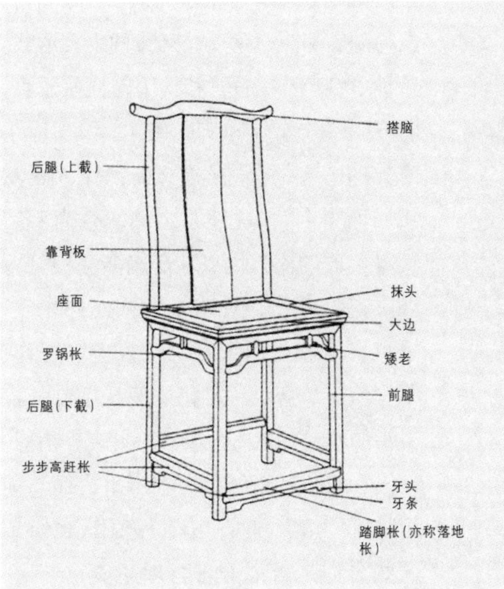

图4.5　灯挂椅

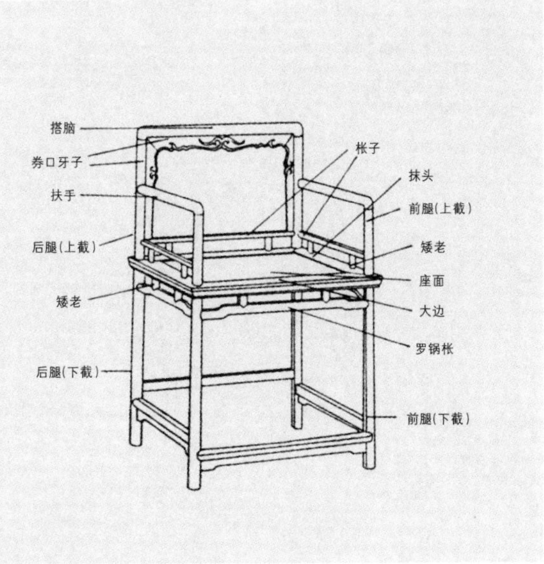

图4.6　玫瑰椅

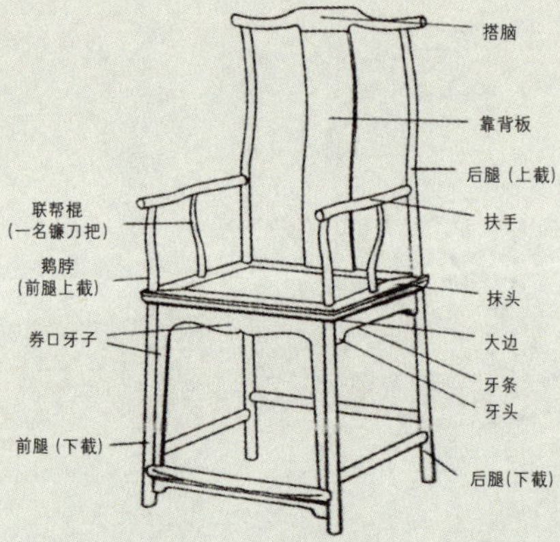


图 4.7　四出头官帽椅

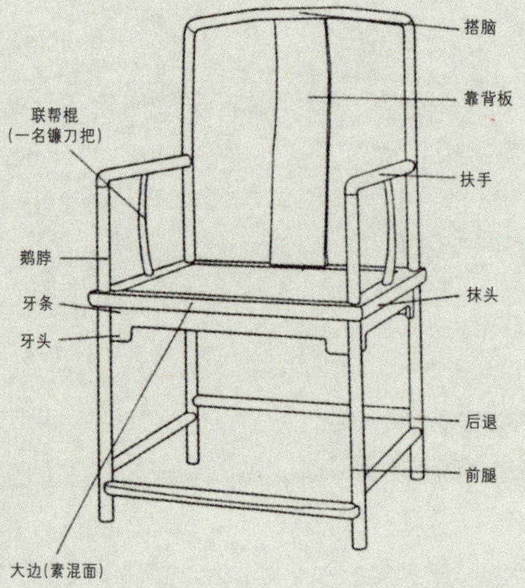


图 4.8　南官帽椅

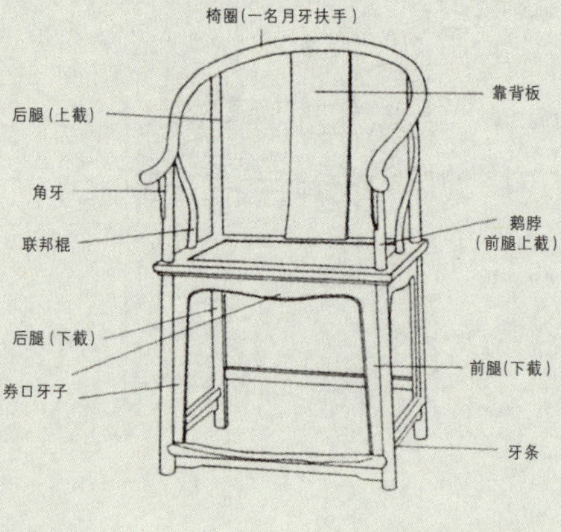


图 4.9　圈椅

（4）长凳

明清之际，长凳式样繁多，这里只选用了案形结体的小条凳一例（图版 33）和桌形结体的二人凳两例（图版 34、35，图 4.4）。小条凳是一件民间日用品，在明潘允征墓[1]出土的明器中可以看到同类的家具。二人凳宜两人并坐而得名，不过南方通常称之为“春凳”。

（5）椅

明及清前期的椅子大体上可以分为靠背椅、扶手椅、圈椅、交椅四个种类。

只有靠背，没有扶手的椅子都叫靠背椅。不过其中传世实物较多，面窄而背高的一种别有专称叫“灯挂椅”（图 4.5），它以形似南方悬挂灯盏的高梁竹制灯架而得名。这里选用大（图版 37）、小（图版 36）各一例。凡不属于灯挂椅造型的靠背椅皆泛称靠背椅，册中比较简练的一件（图版 39）时代却较晚，雕工精细的一件（图版 40）时代却较早。不过它究竟是否曾经拼凑改制，现在还有争议。

凡有靠背又有扶手的椅子，除圈椅、交椅外，都叫扶手椅，有三种主要形式。一种形制矮小，后背和扶手与椅座垂直，北方叫“玫瑰椅”（图版 41、42、43，图 4.6），南方叫“文椅”。据称文椅因文人喜欢使用而得名。“玫瑰”之称，今尚不得其解。玫瑰椅的优点在于轻巧灵便，背矮不遮挡视线，置诸室内，处处相宜。缺点在搭脑正当人背，适宜坐以写作，不宜倚靠休憩。一种搭脑及扶手都伸探出头的叫“官帽椅”，或“四出头官帽椅”（图 4.7）。一种搭脑及扶手不出头而与前后腿弯转相交的叫“南官帽椅”（图 4.8）。这些名称是否都恰当合理还值得商榷，但至少已被匠师使用多年了。

四出头官帽椅在本册中选用了三例（图版44、45、46），用料粗细，弯度大小，装饰有无，各有差异，但都属于比较常见的式样。南官帽椅在本册中选用六例，只有背板浮雕螭纹的一件（图版48）接近基本形式。外形有些像玫瑰椅的矮靠背南官帽椅（图版47），后背接近圈椅的高扶手南官帽椅（图版49），雕牡丹纹的扇面形南官帽椅（图版50），高度几乎只及常式一半的矮南官帽椅（图版52），突破方形结体的六方形南官帽椅（图版53），都是自具特色的制品，有的甚至是绝无仅有的孤例。

“圈椅”（图4.9）一名，见清代匠作则例[2]，并为北京匠师所习用。明代或直称之为“圆椅”[3]。“马掌椅”（horseshoe chair）是西方人士给它的名称。它的后背与扶手一顺而下，圆婉柔和，极为美观。就坐时不仅肘部可以倚搁，腋下一段臂膀也得到支承，故甚为舒适。册中黄花梨浮雕圈椅（图版54）可代表它的基本形式。黄花梨透雕麒麟纹靠背圈椅（图版55），装饰精美，为明制佳器。紫檀有束腰带托泥圈椅（图版56），多处透雕，装饰更繁，当是18世纪初的宫廷制品。

交杌加上靠背，便成交椅，有直后背和圆后背两种。直后背交椅的靠背有如灯挂椅，圆后背交椅（图4.10）的靠背则如圈椅，宋代称之曰“栲栳样”[4]，它们一般都采用金属饰件钉裹交接部位，借以加强连接并取得装饰效果。本册中圆后背交椅两例（图版57、58）形制相似，惟时代有早晚之异。

（6）宝座

宝座是供帝王专用的坐具，在大型椅子的基础上崇饰增华来显示统治者的无上尊贵。故宫藏品中宝座虽多，明代制品目前只能举出雕莲花纹的一件（图版59）。

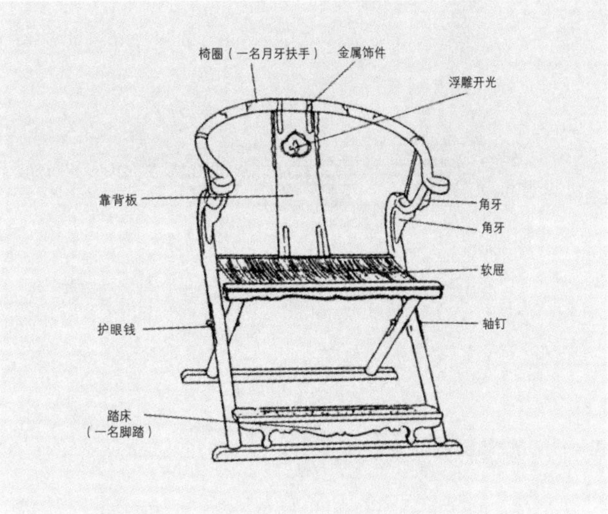

图4.10　圆后背交椅

宝座多有与之相配的脚踏。嵌螺钿的脚踏残件（图版60）是清前期的制品，与宝座久已分离，今收入本册，只能附置于此。

## 2. 桌案类

桌案类包括：（1）炕桌、炕几、炕案，（2）香几，（3）酒桌、半桌，（4）方桌，（5）条几、条桌、条案，（6）画桌、画案、书桌、书案，（7）其他桌案。

（1）炕桌、炕几、炕案

这是三种在炕上使用的矮形家具。它们的差异是：炕桌有一定的宽度，纵、横为三与二之比，用时放在炕或床的中间；炕几、炕案较窄，放在炕的两侧端使用。凡由三块板直角相交而成的，或腿足位在四角作桌形结体的叫炕几；凡腿足缩进安装，作案形结体的叫炕案。

炕桌的基本形式，如无束腰直足直枨或罗锅枨，有束腰马蹄足直枨或罗锅

❶ 上海市文物保管委员会：《上海市卢湾区明潘氏墓发掘报告》，《考古》1961年第8期页425—434。

❷ 清保亮著：《工部续增做法则例》卷八一页7，嘉庆二十四年刊本。

❸ 明王思义：《三才图会·器用》卷一二页14，明刊本。

❹ 宋张端义：《贵耳集》卷下页64：“今之校椅，古之胡床也，自来只有栲栳样。”见《丛书集成初编·文学类》，商务印书馆1935—1937年版。

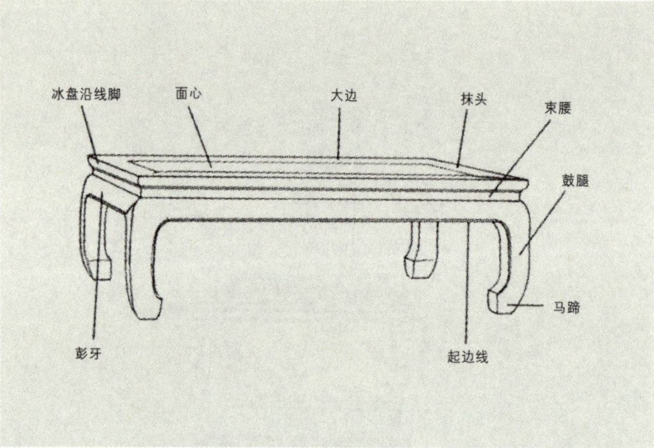

图 4.11　有束腰鼓腿彭牙炕桌

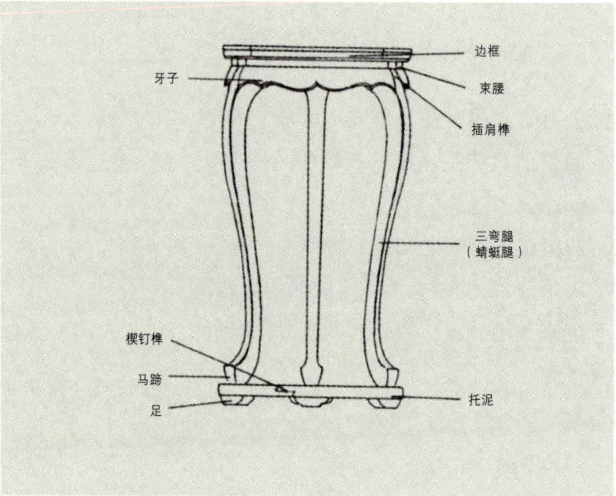

图 4.12　三足圆香几

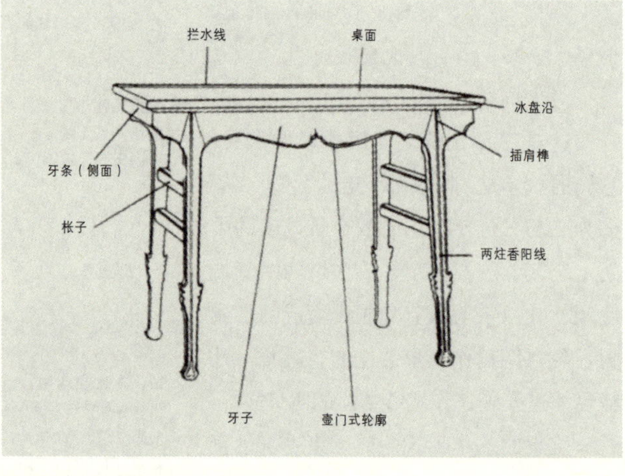

图 4.13　插肩榫酒桌

家具

枨，均与杌凳的基本形式（图版 9、15）相似，故未入选。所收六件，各具特色。其中无束腰一件形状为正方而非长方，且面板装在边框的拦水线下（图版 61）。有束腰五件，或牙条镂空（图版 62），或用齐牙条（图版 63），或为鼓腿彭牙，而四足兜转特多（图版 64，图 4.11），或为特殊造型的三弯腿（图版 65），或为高束腰式而雕饰极繁（图版 66），都是比较罕见的例子。

炕几两例，黑漆一件采用三块厚板直角相交的做法（图版 67），紫檀一件属于桌形结体（图版 68）。

炕案中的第一例是常见的式样（图版 69），在长凳或条案中都可以找到相似实物。有翘头的炕案牙头变化不大，但撇腿的设计使人有新奇感（图版 70）。三屉炕案（图版 71）形体长大，只有大炕可以摆下，因此，住户之外，更可能是官衙中用具。

（2）香几

香几因承置香炉而得名。一般家具多作方形或长方形，香几则圆多于方，而且腿足弯曲较夸张，这和使用情况有关。香几不论在室内或室外，多居中设置，四无依傍，自应面面宜人观赏，体圆而委婉多姿者较佳。入清以后，香几渐不流行，但随着大量出现的茶几，却是从方形的或长方形的香几繁衍出来的。

圆形香几三例，三足者为常式（图版 72，图 4.12）。铁力高束腰五足香几，厚重特甚，当是寺观中物（图版 74）。黄花梨五足内卷香几，圆浑柔婉，状如木瓜（图版 73）。四足八方，造型巧妙（图版 75），设计者都别具匠心。黄花梨高束腰六足香几（图版 76），不惜工料以求华美，其造型似受宋元以来漆木家具的影响。

（3）酒桌、半桌

这是两种形制较小的长方形桌案。酒桌远承五代、北宋，常用于酒宴。沿面边缘多起阳线一道，名曰“拦水线”，为了阻挡酒肴倾洒，流沾衣襟而设。应当指出的是，此种家具明明为案形结构，北京匠师却称之曰“桌”，只能说是少有的例外。半桌约相当于半张八仙桌的大小，故名。它又叫“接桌”，每当一张八仙桌不够用时，用它来拼接。半桌、接桌两称，既见于古代文献，亦为北京匠师所习用❶。本册选用酒桌四例，看到了两种不同的案形结构。前两例（图版77、78）用夹头榫（图5.6），腿足表面高出牙条和牙头。后两例（图版79、80）用插肩榫（图4.13、5.7），腿足表面与牙条平齐。案形结体，不论大小，一般离不开上述两种结构。

半桌选用四例，无束腰、有束腰各两件。后两件形式罕见，遍询匠师，不能道出其名称。试为分别拟名曰“斗拱式”（图版83）和“矮桌展腿式”（图版84）。

（4）方桌

方桌是传世较多的一种家具，有大、中、小之别。匠师名之曰“八仙”、“六仙”和“四仙”。本册选用束腰方桌五例，其中罗锅枨加卡子花（图版85）最接近基本形式。“一腿三牙罗锅枨”是一种标准的明代式样（图4.14），因每一条腿与三块牙子相交，下又有罗锅枨而得名。有三件（图版86、87、88）虽属同式，繁简不同，形态亦异。方桌用攒接法做牙子，也不失为一种常见的式样（图版89），在条桌、画桌上都可以找到同样的做法。有束腰方桌两件（图版90、91）则都是比较罕见的实例。

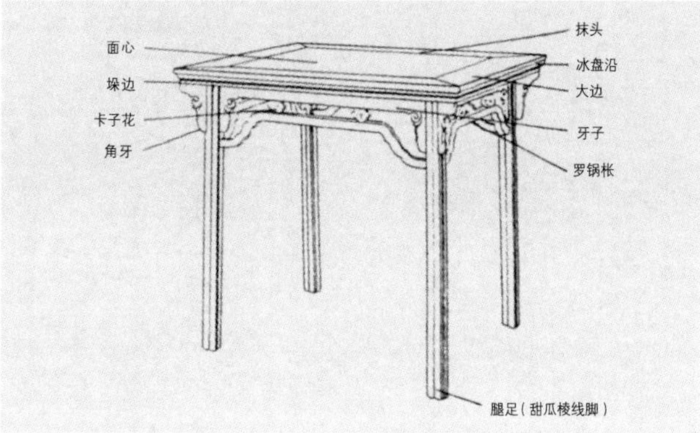

图4.14　一腿三牙罗锅枨加卡子花方桌

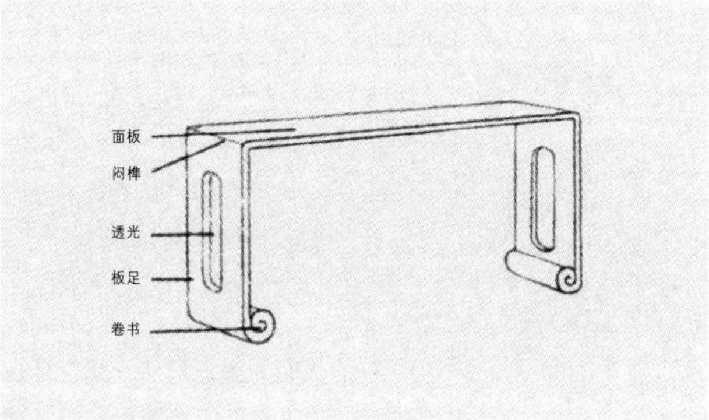

图4.15　板足开光条几

（5）条几、条桌、条案

这三个品种都是窄而长的家具。它们大小不等，但长度接近一丈或更长的只有条案（图版104）一种。这是因为案形结体的腿足缩进安装，即使案面长达一丈几尺，腿足之间的跨度仍不过丈许。条几、条桌因腿足位在面板尽端，如长逾一丈，支点之间的跨度太大，面板便会弯垂，产生所谓“塌腰”之弊。

条几的结构有以三块板直角相交为常式（图版92，图4.15）。

条桌无束腰选五例，罗锅枨加矮老一件纯属基本形式（图版93）。有的造型如无束腰杌凳，只牙头上稍加装饰（图

❶“半桌”一称，见《工部续增做法则例》卷八一页1。“接桌”一称，见明何士晋汇辑《工部广库须知》卷一一页。

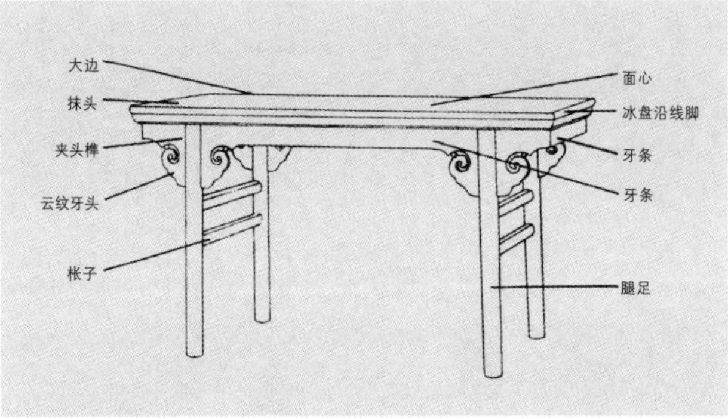


图 4.16　夹头榫画案

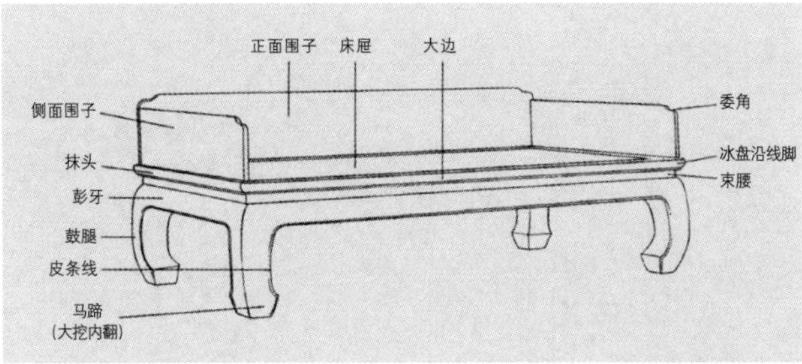


图 4.17　三屏风独板围子罗汉床

版 94）。有的化实为虚，乃从一腿三牙变出（图版 96）。四面平式带翘头和暗抽屉并加霸王枨的条桌则是十分罕见的例子（图版 97）。高束腰一件，牙条刓出壶门式轮廓，腿足挖缺做，较多地保留了壶门床的痕迹（图版 99）。

条案的形式按照北京匠师的分法是：案面两端平齐的叫“平头案”，两端高起的叫“翘头案”。它们的结构不是用夹头榫，就是用插肩榫，否则便是变体。

夹头榫条案式样较多，归纳起来可分为：①四足着地而足间无管脚枨；②四足着地而足间有管脚枨；③四足不着地而下安托子。管脚枨和托子之上，常安圈口或挡板，又各有许多不同的做法。插肩榫条案做法比较单纯，多为四脚着地而无管脚枨和托子，只是腿足的轮廓和花纹有不少的变化。

本册中选用了夹头榫条案五例，无翘头（图版 102、104），有翘头（图版 100、103），四足着地（图版 100），有管脚枨（图版 104），足下有托子（图版 102、103）等，式式俱备。小平头案下有屉板（图版 101），貌似夹头榫而实际上是在牙子上留榫或栽榫来和腿足接合（图版 105、106），都只能算是条案的变体。

插肩榫条案只收一例，属于独板面有翘头的做法（图版 107）。

（6）画桌、画案、书桌、书案

这是四种比较宽而大的长方形家具，就是小的，也大于半桌。它们的结构、造型，往往与条桌、条案全同，只是在宽度上要增加不少。因为桌案窄了，挥毫书画，摊卷阅读，均不适用，就不得称之为画桌或书案了。对此四者的区别，北京匠师均有明确的概念。画桌、画案，为了便于站起来书画，都不应有抽屉，其为桌形结体的曰画桌，案形结体的曰画案。书桌、书案则都有抽屉，也依其结体的不同，分别称之为桌或案。

在无束腰画桌中，罗锅枨加矮老仍为基本形式，但紫檀制的一件省略掉矮老而加大了罗锅枨，却使人有超凡脱俗之感（图版 108）。螭纹画桌雕饰虽繁，实为四面平式（图版 109）。有束腰灵芝纹画桌（图版 110），参用了几形结体，全身浮雕圆润，多年来一直被认为是孤例。

本册中画案五例，夹头榫结构占了四例。除云纹牙头一件（图版 111）为常见式样外（图 4.16），另有牙头雕两凤相背的一件，甚见神采（图版 112）。有的则用挡板的空间做出别具匠心的设计（图版 113）。稍大于半桌而安有高拱罗锅枨的一件（图版 114），颇饶古趣，是画案中的最小者。插肩榫结构仅一例（图版

115)，如积木似的可装可卸，否则形体太大，无法搬动，是紫檀家具中的重器。

明式桌案，既有抽屉，又有相当宽度的实物甚少，只收架几式书案一件（图版116），其形制等于一件加宽了的架几案。

（7）其他桌案

属于其他类的桌案品种尚多，如月牙桌、扇面桌、棋桌、琴桌、抽屉桌、供桌、供案等。但传世实物均不多，本册中只收了抽屉桌（图版117）、琴桌（图版118）、供桌（图版119）各一例。

3. 床榻类

床榻类包括：（1）榻，（2）罗汉床，（3）架子床。

（1）榻

北京匠师称只有床身，上无任何装置的曰"榻"。所收两件均为有束腰式（图版120、121），六足可折叠的一件是很罕见的变体。

（2）罗汉床

床上后背及左右两侧安装"围子"的，北京匠师称之曰"罗汉床"（图4.17）。此称在南方未闻道及，亦未在文献中查到。石栏杆中有"罗汉栏板"一种，北京园林多用此式，石桥上尤其常见；其特点是栏板一一相接，中间不设望柱。罗汉床围子之间也无立柱，和架子床不同。可能罗汉床之名来源于罗汉栏板。

罗汉床身有多种做法，也有无束腰与有束腰之分。其做法不仅与榻相同，和炕桌、杌凳亦复相通。罗汉床更显著的变化表现在围子上。床上三面各有一块围子的为"三屏风式"，由五块组成的（后三，左右各一）为"五屏风式"，更多的还有"七屏风式"（后三，左右各二）。围子本身的做法有独板围子（图版122），攒边装板围子（图版123），攒接围子（图版124），斗簇围子等。

本册中罗汉床四件，只缺少斗簇围子实例。不过只须参看四簇云纹方角柜柜门（图版146）及衣架中牌子残件（图版167），便不难得知其装饰效果。床身无束腰，下有管脚枨，围子用短材连结绦环板（图版125）是罗汉床中十分罕见的做法。

（3）架子床

架子床是有柱有顶床的统称，进一步细分，还可以区分为只在四角有立柱的"四柱床"和四柱之外正面还有两柱的"六柱床"。两柱乃为安装门围子而设，故又叫"带门围子架子床"（图4.18）。形制更大，床下有"地平"，床前设浅廊，宛如一间小屋的叫"拔步床"。本册中实例只有六柱床一件（图版126）及属于变体并十分繁复的月洞式门罩大架子床（图版128）一件。

明式床前多设脚踏，罗汉床前的短而成对，架子床和拔步床前的独一而修长。尔后传世既久，脚踏大都已与床分散。本册中选用脚踏一例（图版129），只能将它附在床榻类之末。

4. 柜架类

柜架类包括：（1）架格，（2）亮格柜，（3）圆角柜，（4）方角柜。

（1）架格

架格或称"书格"或"书架"。惟其用途不一定专放图书，故不如称之曰架格。

架格的最基本形式是以立木为四足，用横板将空间分隔成若干层。三层

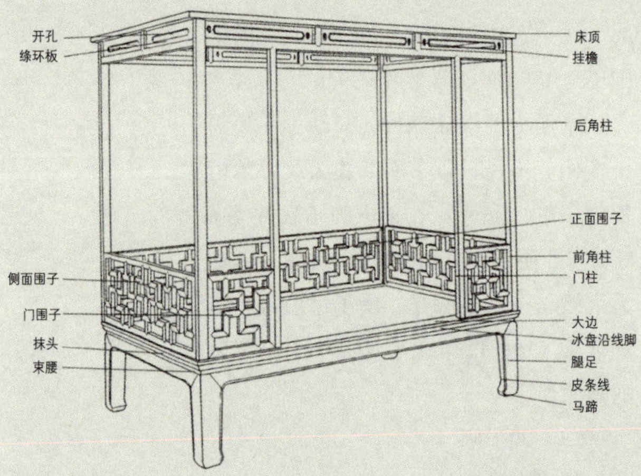


图 4.18　带门围子架子床

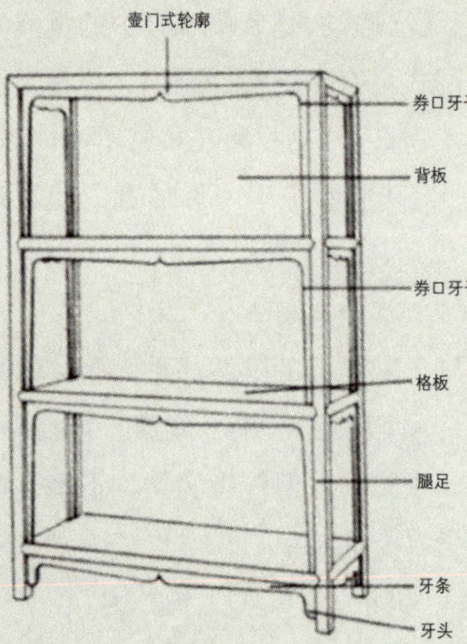


图 4.19　三层架格

的一件四面空敞，中间设抽屉两个，图版 130 即属于此类。为了增添装饰，常见的做法是在每层的后、左、右三面设栏杆似的装置（图版 131）。也有不设栏杆，后背装板，或任其空敞，而在左右或左右前三面安券口或圈口（图 4.19）。本册中无此实例，但可参阅万历柜上层亮格的做法（图版 136、137）。有的架格在后背安装透棂（图版 132），或三面安装透棂（图版 133）。如四面安装透棂，或后背装板，三面安装透棂，北京有一个通俗名称叫"气死猫"，是民间使用的通风食橱，最简易的用柴木制成，素白不施油饰。也有极为考究的用紫檀制成（图版 135），其用途当然是为了放置珍贵的图书或文玩了。

（2）亮格柜

亮格柜是亮格和柜子相结合的家具，明式的亮格都在上，柜子在下，兼备陈置与收藏两种功能。

亮格柜中有一种固定形式——上为亮格，中为柜子，下为矮几，有专称叫"万历柜"。此种形式究竟与万历朝代有何联系，查无确据，只能随着北京匠师如此称呼而已。本册中选有两例（图版 136、137），从雕饰来看，繁简的差别很大。上有双层亮格、其下为柜的（图版 138），当从万历柜（图版 136、137）变出，但空间有限，反不及单层亮格便于陈置，故传世实物不多。

（3）圆角柜

圆角柜，又名"面条柜"，其义费解。

圆角柜柜顶前、左、右三面有小檐喷出，名曰"柜帽"。柜帽转角处多削去方棱，遂成圆角。柜帽之设，是为了在上面凿眼做臼窝，以便容纳向上伸出的柜门门轴。故圆角柜亦不妨称之为"木轴门柜"。它的侧脚显著，造型挺拔，和无束腰家具摆在一起，显得格外调和。

圆角柜小的高约二尺，是炕上用具，也叫"炕柜"（图版 139）。大的高如一般

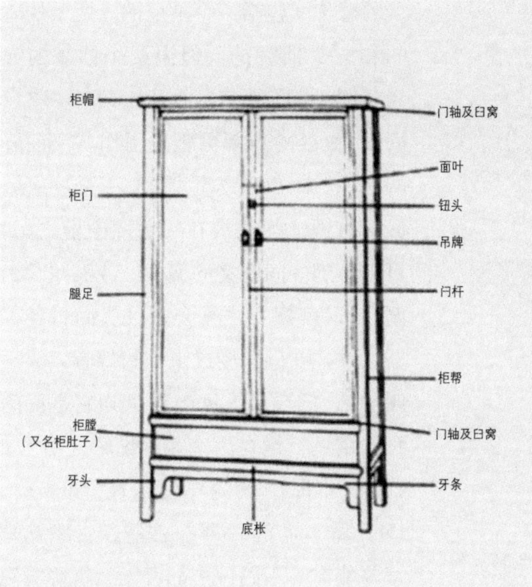


图 4.20　圆角柜

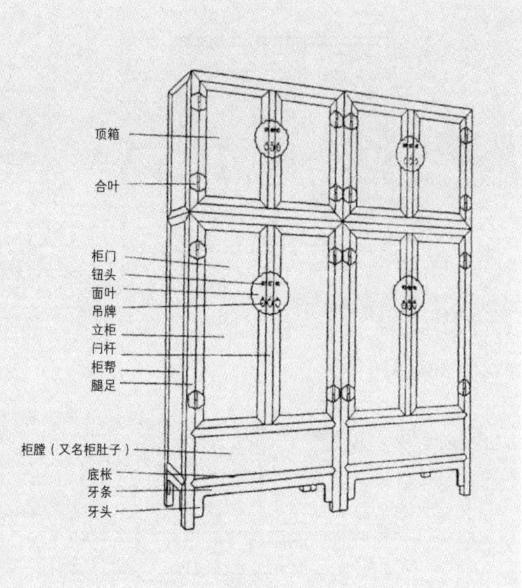


图 4.21　四件柜

的架格（图 4.20），特大的少见。

圆角柜有的两扇门之间无闩杆，名曰“硬挤门”。有的有闩杆（图版 139、141、142、143），加锁时可把两扇门与闩杆锁在一起。其中较小的圆角柜（图版 139、141）柜门下缘与柜底平齐，不设柜膛。有柜膛的则将它设在门扇以下、底枨以上一段空间（图版 142、143），可以增加柜的容量。柜门装板也有不同做法，或用通长的薄板，或分段装成，据抹头的根数来定名。如门板分四段，共用五根抹头，名曰“五抹门”（图版 143）。

（4）方角柜

方角柜四角见方，上下同大，腿足垂直无侧脚。柜门同样有硬挤门（图版 146）或有闩杆两种做法。其上无顶箱的古称“一封书式”，言其貌似有函套的线装书（图版 145、147）。上有顶箱的叫“顶箱立柜”，又叫“四件柜”（图 4.21），因按成对计算，两具乃由四件组成。四件柜大小相去悬殊。小的也可放在炕上使用（图版 148），大的高达三四米，置之高堂，上与梁齐。

5. 其他类

凡不宜归入以上四大类的家具只能放在其他类，故品种颇繁，其中大多数已收入本册，计：（1）屏风，（2）闷户橱，（3）箱，（4）提盒，（5）都承盘，（6）镜台、官皮箱，（7）衣架，（8）面盆架，（9）滚凳，（10）甘蔗床，（11）微型家具。

（1）屏风

屏风是屏具的总称，包括由多扇组成，可以折叠或向前兜转的“围屏”和下有底座的“座屏风”。另有一种小屏风（图 4.22），上承宋代流行的“枕屏”和“砚屏”。到了明清时期，它已成为厅堂几案上的陈设品了。

传世围屏大量用《髹饰录》所谓的“款彩”[1]方法制成，即漆地上阴刻花纹，填色彩，西方称之为 Coromandel

[1] 请参阅拙作《髹饰录解说》页 105 第 129 条。

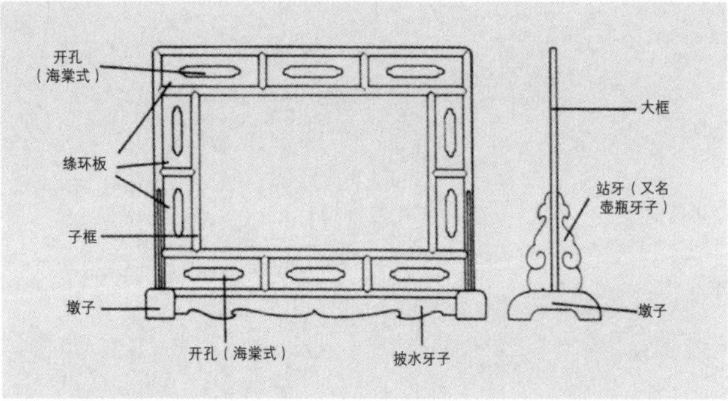


图 4.22　小座屏风

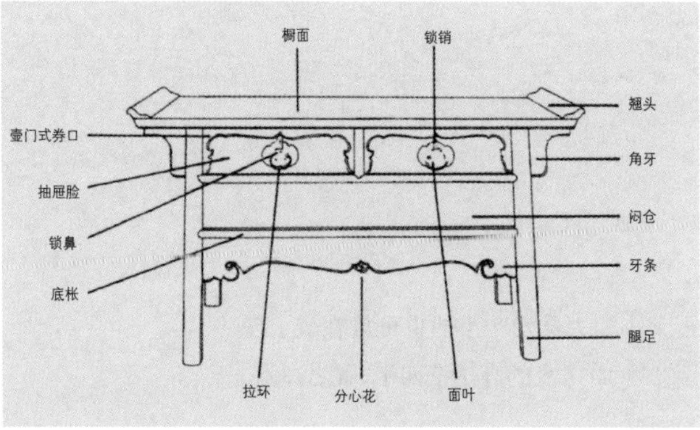


图 4.23　二屉闷户橱

Lacquer❶。传世围屏中，尚未发现清中期以前制作精美的硬木实例。

座屏风有独扇、三扇、五扇等不同规格。它不是一般家庭所有，明代实物有待在寺庙中发现。独扇座屏风有的下与底座相连，有的可装可卸，故又名“插屏式座屏风”。故宫博物院藏品虽多，但具有明代风格的仅见透雕螭纹的一对（图版 150）。乾隆以后由于穿衣镜的盛行，独扇的座屏风多被取代。

小型座屏风选用两例（图版 151、152），前者屏扇与底座相连，后者乃是插屏式。

（2）闷户橱

闷户橱由于抽屉下设有“闷仓”而得名，它兼备承置与储藏两种功能。北京匠师将闷户橱更多地用来作为此种家具的总称，包括一个抽屉的、两个抽屉的和三个抽屉的。但因两个抽屉的又叫“联二橱”，三个抽屉的又叫“联三橱”，所以闷户橱更多地用作一个抽屉的名称。闷户橱还有别称，一个抽屉的面宽有限，往往放在一对四件柜之间，可以占满一间卧室的墙面，故又叫“柜塞”；又因嫁女之家多用红头绳将各种器物系扎在闷户橱之上作为嫁妆，故又叫“嫁底”。从上述名称可知它是民间日常用具，摆在内室存放细软之物（图 4.23）。本册中收闷户橱四件（图版 153、154、155、156），一屉、二屉、三屉及光素与雕饰等不同做法都可以从这些实例中看到。

（3）箱

明代辞书《正字通》给“箱”下的定义是：“凡可藏物有底盖者皆曰箱。”又据《鲁班经匠家镜》，由多层抽屉组成，中可贮放药品的叫“药箱”。故明式箱具品种颇多，这里只收了小箱（图版 157）和药箱（图版 158、159）两种。小箱用以放金银细软或簿册。

药箱两例，抽屉前均设门，比《鲁班经匠家镜》所讲的制作较繁。这是因为《鲁班经匠家镜》只记录一般民间家具做法，和硬木制的自有高下精粗之别。

（4）提盒

提盒是带提梁分层的长方形箱盒，有大、中、小三种。大的须两人穿杠抬行，中的可以一人肩挑两件，《鲁班经匠家镜》分别名之曰“大方扛箱”和“食格”❷。小的一手便可提挈，北京匠师称之曰“提盒”（图版 160）。明屠隆《游具笺》也讲到提盒❸，出于文人设计，故与店肆常备的不尽相同，但实为同一种器物。

❶ Coromandel 为印度东南一带海岸名称，可能明清之际外销款彩屏风运到这一带上岸转口，因而得名。

❷ ❻见本书《鲁班经匠家镜家具条款初释》。

❸ 明屠隆：《游具笺》页 3。见《美术丛书》第 2 集第 9 辑第 3 册，上海神州国光社 1936 年版。

（5）都承盘

“都承盘”或写作“都丞盘”、“都盛盘”或“都珍盘”，均寓一盘而承置多种物品之意，是文人陈放文房用品及小件文玩的用具（图版 161）。此种盘具，清盛于明，乾隆以后的形制雕刻日趋繁琐。

（6）镜台、官皮箱

明及清前期的镜台主要有三种形式，即：一、折叠式（图版 162），俗称拍子式，是从宋代流行的镜架演变出来的。宋代镜架如《靓妆仕女图》[4]所见。二、宝座式（图版 163），是在宋代扶手椅式镜台的基础上增加抽屉而成的。扶手椅式镜台见宋画《半闲秋兴图》[5]。三、五屏风式（图版 164），把座屏风搬到镜台上来。在上述三式中可能是较晚流行的一种，传世实物亦较多，《鲁班经匠家镜》中有图样。

有一种平盘与抽屉相结合的家具通称“官皮箱”（图版 165），往往使人望文生义，以为是官衙中用具，但又说不出其具体用途。今据众多的传世实物，可信是家庭常用之具，雕刻以喜庆吉祥图案为主，不似官衙中物，构造有盘及抽屉，正好放镜子及梳妆用具。尤其是看到常州南宋墓出土的镜箱（图 4.24），仿佛见其前身，对照《鲁班经匠家镜》讲到的镜箱，更使人相信官皮箱即镜箱，是和镜台功能相同的用具。

（7）衣架

衣架是用来披搭衣衫的架子，多放在室内床榻的一侧。《鲁班经匠家镜》讲到有素衣架和雕花衣架两种[6]，证以明墓出土明器和传世实物，制作简易的和细琢精雕的确实相去悬殊，面貌大异。本册中两例（图版 166、167）都镂刻极精，堪称明代的代表作。

图 4.24a　常州南宋墓出土镜箱

图 4.24b　常州南宋墓出土镜架（镜架支起情况）

（8）面盆架

面盆架有高、矮两种。矮面盆架或三足，或四足，或六足。四足、六足的（图版 168）往往可以折叠。

高面盆架多为六足（图 4.25），四足的少见，一般不能折叠，所选三例代表三种不同的装雕手法（图版 169、170、171）。

（9）滚凳

滚凳虽同脚踏，实是一种医疗用具。明高濂《遵生八笺》讲到“今置木凳，长二尺，阔六寸，高如常，四桯镶成，中分一档二空，中车圆木二根，两头留轴转动，凳中凿窍活装，以脚踹轴，滚动往来，脚底令涌泉穴受擦，终日为之便甚”[7]，即是此物（图版 172）。据明代版画[8]，它可放在桌下椅前使用，而与床具配套的脚踏有所不同。

[4] 见《波士顿美术馆藏支那画帖》图版 74，哈佛大学出版社 1938 年影印本。

[5] 见《天籁阁藏宋人画册》第 11 开，民国影印本。

[7] 明高濂：《遵生八笺》卷八页 15—16，《起居安乐笺》，清刊巾箱本。

[8] 见《明式家具珍赏》图版说明 172 插图。

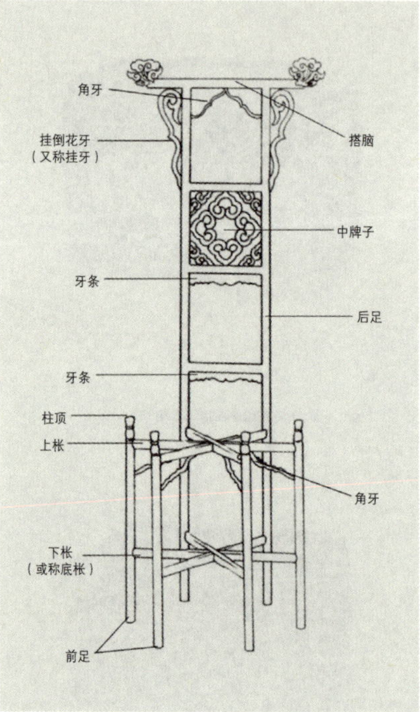

图 4.25　高面盆架

（10）甘蔗床

用以榨甘蔗汁供饮用的一种小型家具（图版 173），多流行于南方。

（11）微型家具

因形制特小，而格局气度仿佛是大型家具，故为辟此一类。紫檀翘头案（图版 175）是供人赏玩的案头陈设。小凳（图版 174）除堪观赏外，还可上加棉垫，带系四足，用以作枕，故有“枕凳”之名。医师或用以支垫患者手腕，听诊脉象。

## 五　精密巧妙的榫卯结构

传统家具的榫卯结构也是到明代而达到了高峰，并延续到清前期。成果的取得来自精湛的宋代小木工艺，而入明以后，对于硬木操作又积累了经验。性坚质细的硬木，使匠师们能把复杂而巧妙的榫卯按照他们的意图制造出来。构件之间，金属钉子完全不用，鳔胶粘合也只是一种辅佐手段，全凭榫卯就可以做到上下左右，粗细斜直，连接合理，面面俱到。其工艺之精确，扣合之严密，间不容发，使人有天衣无缝之感。古代匠师在这方面的创造，不仅值得我们研习继承，而对其他国家的家具制造也必然产生影响。

系统而详细地阐述榫卯结构，需要更专门的论著，这里只介绍有代表性的榫卯数例，希望对读者了解图册中的实物能有所裨益。

### 1. 龙凤榫加穿带

当一块薄板不够宽，需要两块或更多块薄板拼起来才够宽时，就要用“龙凤榫加穿带”（图 5.1）。如图所示，先把薄板的一个长边刨出断面为半个银锭形的长榫，再把与它相邻的那块薄板的长边开出下大上小的槽口，用推插的办法把两块板拼拢，所用的榫卯叫“龙凤榫”。这样可以加大榫卯的胶合面，防止拼缝上下翘错，并不使拼板从横的方向拉开。

薄板依上法一一拼完，用胶粘牢后，横贯背面，开一下大上小的槽口，名叫“带口”；穿嵌一面做一梯形长榫的木条，名叫“穿带”。带口及穿带的梯形长榫都一端稍窄，一端稍宽。长榫由宽处推向窄处，这样才能穿紧。穿带两端出头，留作榫子。穿带根数视拼板的长度而定，一般每隔 40 厘米穿一根。

最后在拼板的四周刨出榫舌，名叫“边簧”，以便装入木框里口的槽口内。

### 2. 攒边打槽装板

上述用“龙凤榫加穿带”拼成的木

板是为了装入攒边的木框而准备的。

木框四根，两根长而出榫的叫“大边”，两根短而凿眼的叫“抹头”。在木框的里口打好槽，以便容纳木板的边簧。穿带出头部分则插入大边上的卯眼内。把木板装入木框的做法叫“攒边打槽装板”（图 5.2）。

把薄板装入木框，使薄板能当厚板使用，同时能把色暗无纹的木材断面完全隐藏起来，外露的都是美丽的木纹，所以是一种合理、美观而又节省的做法。传统家具的桌案面，柜门、柜帮、柜背等大都用此方法做成。

3. 楔钉榫

楔钉榫（图 5.3a、b）是用来连接弧形弯材的一种十分巧妙的榫卯，圈椅（图版 54、55、56）的扶手，部分圆形桌、几的面和托泥用此法做成。

楔钉榫基本上是两片榫头合掌式的交搭，但两片榫头之端又各出小舌，小舌入槽后便使两片榫头紧贴在一起，管住它们不能向上或向下移动。此后更在搭口中部剔凿方孔，将一枚断面为方形的、头粗而尾细的楔钉贯穿过去，使两片榫头在向左和向右的方向上也不能拉开，于是两根弧形弯材便严密地接成一体了。

4. 抱肩榫

抱肩榫（图 5.4）是有束腰家具的腿足与束腰、牙条相结合时使用的榫卯。

以有束腰的方桌（图版 90）为例，腿足在束腰的部位以下，切出 45 度斜肩，并凿三角形榫眼，以便与牙条的 45 度斜肩及三角形的榫舌拍合。斜肩上还留做上小下大、断面为半个银锭形的“挂

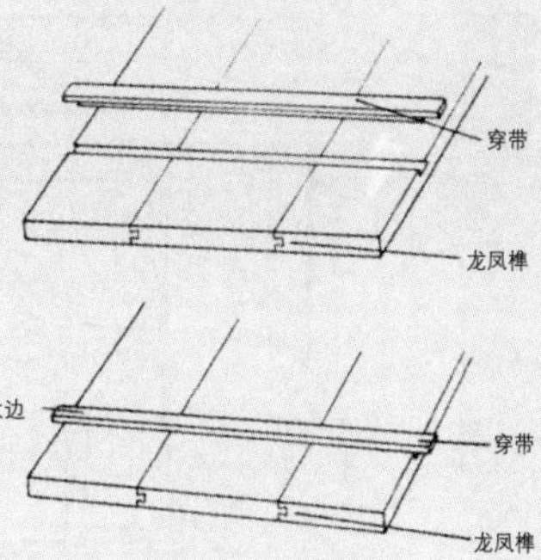


图 5.1　龙凤榫加穿带

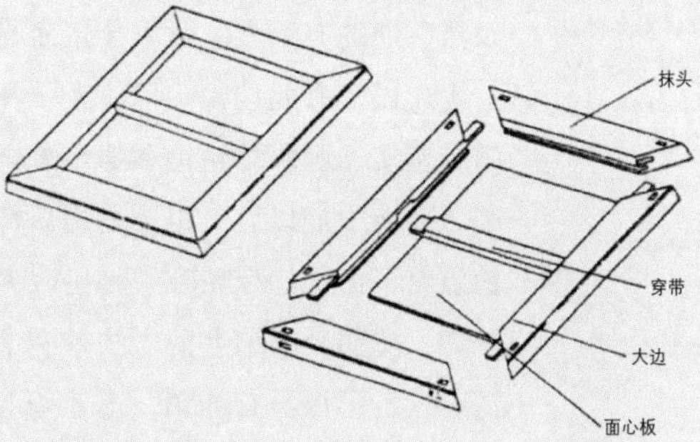


图 5.2　攒边打槽装板

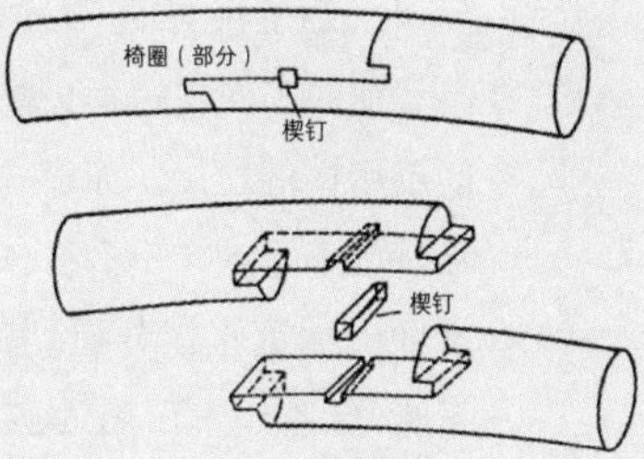


图 5.3a　楔钉榫之一

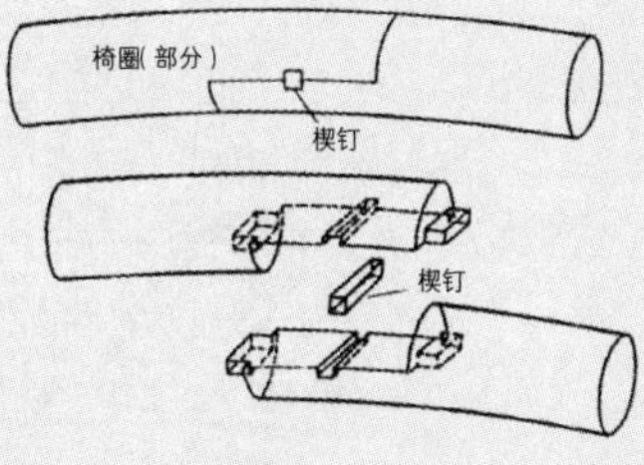


图 5.3b　楔钉榫之二

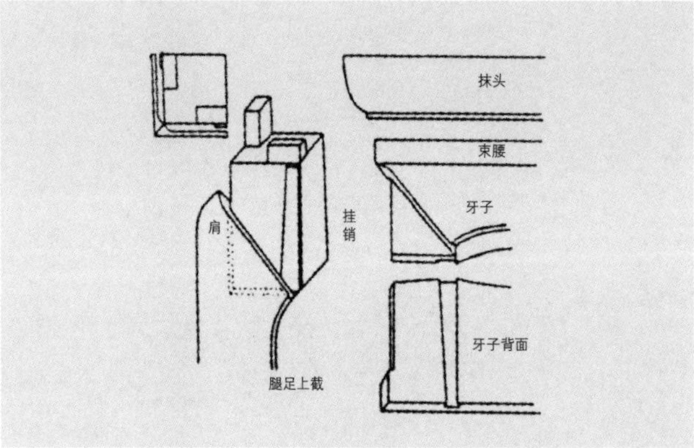


图 5.4　抱肩榫

❶ 中国科学院考古研究所：《辉县发掘报告》插图 84，科学出版社 1958 年版。

销”，与开在牙条背面的槽口套挂。明及清前期的有束腰家具，牙条多与束腰一木连做，有此挂销，可使束腰及牙条结结实实、服服帖帖地和腿足接合在一起。到清中期以后，也还是抱肩榫，挂销省略不做了，牙条和束腰也改为两木分做，比明及清前期的做法差多了。到清晚期，不仅没有挂销，连牙条上的榫舌也没有了，只靠用胶粘合，抬桌子时往往会把牙条掰下来，真是每况愈下了。

5. 霸王枨

前代工匠曾这样设想，桌子四足之间不用构件连接，而设法把腿足与桌面连接起来，这样不会有枨子碍腿而能将桌面的承重直接分递到腿足上来。“霸王枨”（图 5.5）正是为实现此种设想而创造出来的。

霸王枨的上端托着桌面的穿带，用销钉固定，下端交代在腿足中部靠上的地位。战国时已经在棺椁铜环上使用的“勾挂垫榫”❶，用到这里来真是再理想也没有了。枨子下端的榫头向上勾，并且做成半个银锭形。腿足上的榫眼下大上小而且向下扣。榫头从榫眼下部口大处插入，向上一推，便勾挂住了。下面的空隙再垫塞木楔，枨子就被关住，拔不出来了。想要拔出来也不难，只须将木楔取出，枨子打下来，榫头落回到原来入口处，自然就可以拔出来了。枨名“霸王”，寓有举臂擎天之意，用来形容远远探出、孔武有力的枨子倒是颇为形象的。

本册中有不少桌子（图版 84、97、98、108、119）使用了霸王枨，就是方凳（图版 18）也可以使用。

6. 夹头榫

夹头榫（图 5.6）是案形结构家具最常用的榫卯结构。四足在顶端出榫，与案面底面的卯眼结合。腿足上端开口，嵌夹牙条及牙头，故其外观腿足高出在牙条及牙头之上。此种结构，四足把牙条夹住，连接成方框，上承案面，使案

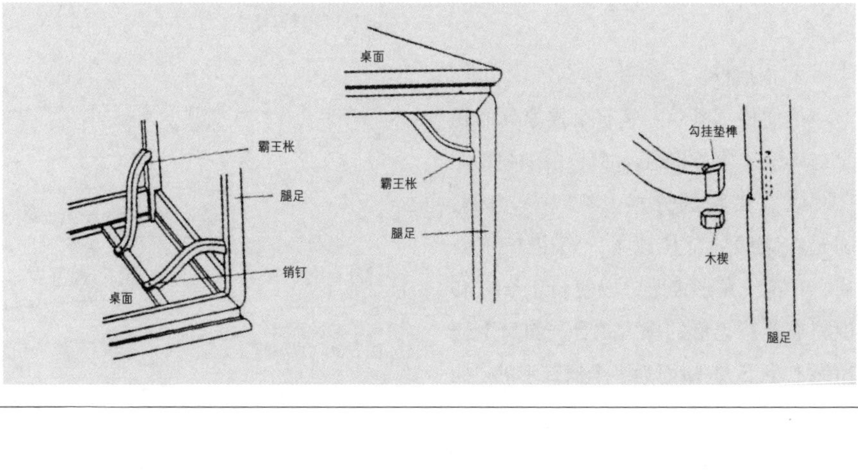


图 5.5　霸王枨

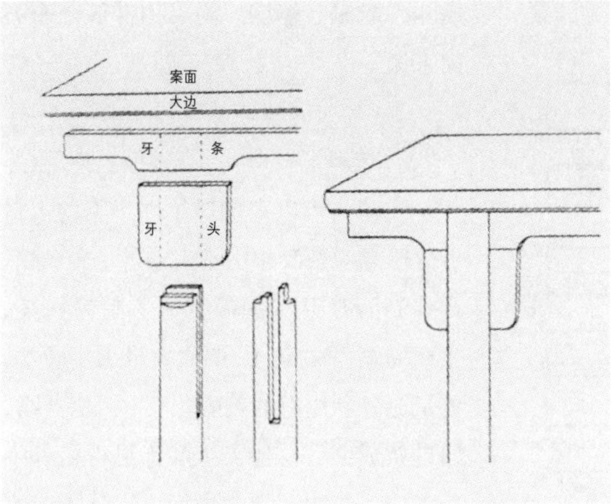


图 5.6　夹头榫

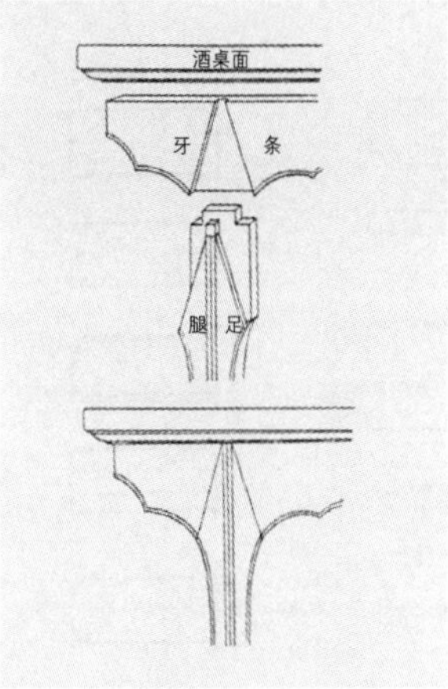


图 5.7　插肩榫

面和腿足角度不易变动，并能很好地把案面的重量分别传递到四足上来。本册中的条案、画案（图版 100、101、102、103、104、111、112、113、114）、酒桌（图版 77、78）、条凳（图版 33），都采用此种榫卯结构。

7. 插肩榫

插肩榫（图 5.7）也是案形结构使用的榫卯，外观和夹头榫不同，但在结构上差别不大。它的腿足也顶端出榫，和案面接合，上端也开口，嵌夹牙条。但腿足上端外皮削出斜肩，牙条与腿足相交处剔出槽口，当牙条与腿足拍合时，又将腿足的斜肩嵌夹起来，形成平齐的表面，故与夹头榫不同。插肩榫的牙条在受重下压时，可与腿足的斜肩咬合得更紧，这也是和夹头榫有所不同的地方。

本册中的酒桌（图版 79、80）、条案（图版 107）、画案（图版 115）都采用了插肩榫结构。

8. 走马销

走马销（图 5.8）是“栽销”的一种，就是另外用木块做成榫头栽到构件上去，而不是就构件本身做成榫头。它一般安在可装可卸的两个构件之间。其做法是榫销下大上小，榫眼的开口是半边大、半边小。榫销从榫眼开口大的半边插入，推向开口小的半边，就扣紧销牢了。如要拆卸，还须退回到开口大的半边才能拔出。它和霸王枨有相似处，只是不垫塞木楔而已。

罗汉床（图版 122、123、124）围子与围子之间及侧面围子与床身之间，多用走马销。

## 六　丰富多彩的装饰手法

明及清前期的匠师能把造型和结构已经尽美尽善的家具，装饰得更美更好。所用手法，试加综析，可分选料、线脚、

图 5.8　走马销

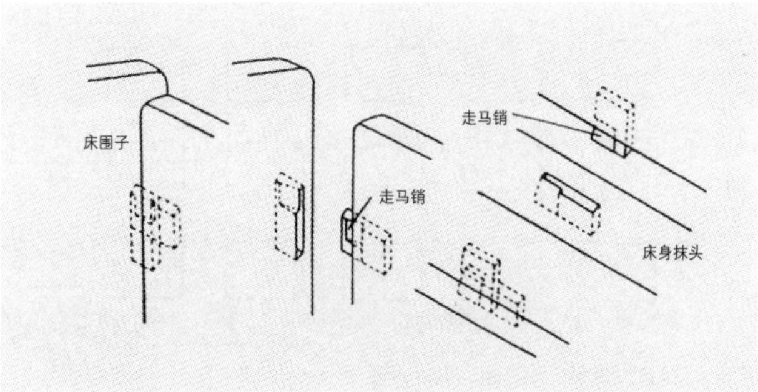

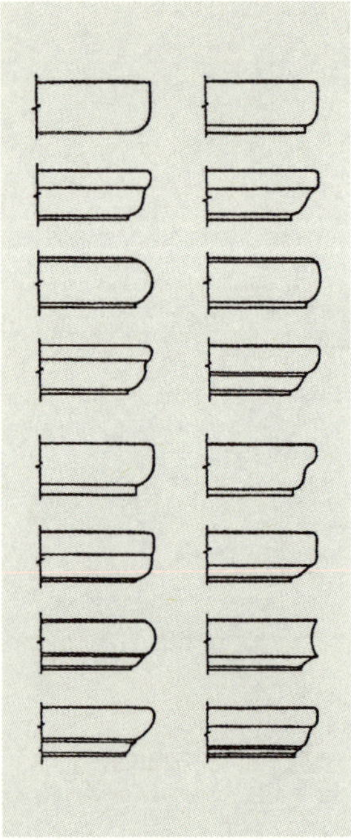

图 6.1　冰盘沿线脚举例

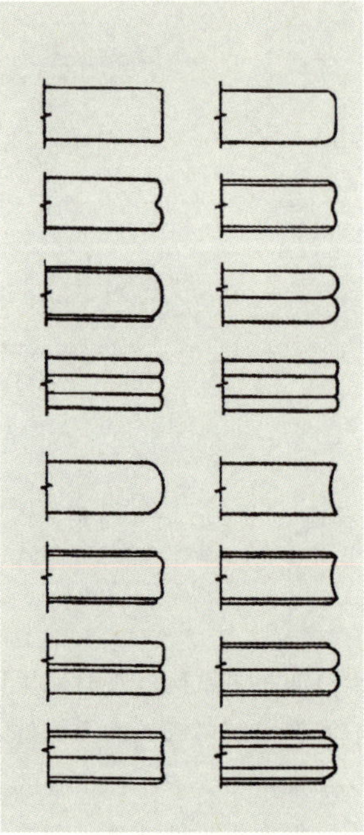

图 6.2　边抹线脚举例（上下对称）

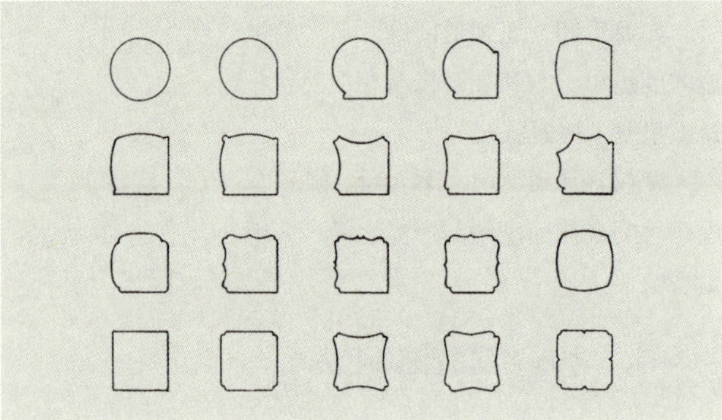

图 6.3　腿足线脚举例（圆、方断面）

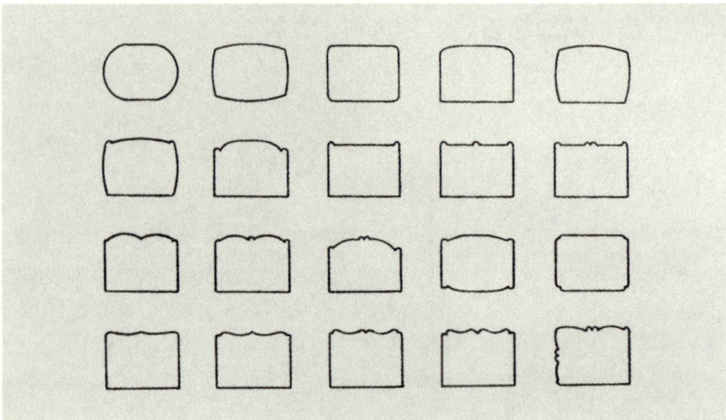

图 6.4　腿足线脚举例（扁圆、扁方断面）

攒斗、雕刻、镶嵌、附属构件等六个方面来谈。

1. 选料

我国自古以来就对纹理华美的木材十分珍爱。西汉中山靖王刘胜《文木赋》有“制为杖几，极丽穷美；制为枕案，文章璀璨”[1]的句子。明代大量采用硬木，更是充分利用它的美丽花纹。一切器物，如自然成文，总比人工雕饰显得格外绚美多姿，隽永耐看。我们可以从不少家具上看到匠师们是如何精心选料，把美材用在家具最显著的部位。即以本册中的实例而言，黄花梨翘头案（图版 103），面心大边都有回荡如行云流水的纹理。从面心中部及折叠式镜台（图版 162）的门上，也能看到深色的圈环和斑点，即《格古要论》、《广东新语》所谓的“鬼面”和“狸斑”[2]。鸂鶒木的纹理纤细曲折，用在都承盘（图版 161）上作抽屉前脸的两块也取自花纹最美的部位。高扶手南官帽椅（图版 49）和紫檀有束腰圈椅（图版 56）分段攒成的靠背中镶瘿木板，也是借美材来取得装饰效果的。

2. 线脚

在家具造型中起重要作用的各种“面”和“线”见于文献及流传在匠师口语中有不少专门术语，但缺少概括的统称，今名之曰“线脚”是借用近代建筑用语，相当于英文所谓的 Moulding，它对家具装饰有特殊的意义。

传统家具的线脚看起来似乎相当简单，其面不外乎“平面”、“盖面”（又叫“混面”，即凸面）和“洼面”（即凹面）。线不外乎阴线与阳线。惟根据实物仔细分辨则又十分复杂。构件即使同一大小，凸凹也基本相似，但线和面的深浅宽窄，舒敛紧缓，平扁高立，稍有改变，便会使家具易态殊观。所以细分起来，线脚又是千变万化的。

线脚主要用在家具的“边抹”（即大边和抹头）上和腿足上。

边抹由大边和抹头构成完整的边框，在凳、椅、桌、案、床、榻、柜等多种家具上都有。所用线脚可分为上下不对称和上下对称两种。前者不论形状若何，匠师统名之曰“冰盘沿”，言其像一种盘具的边缘。例如透雕麒麟纹圈椅（图版55），椅盘属上下不对称的线脚，而牡丹纹扇面形南官帽椅（图版50），椅盘用的是上下对称的线脚。下面据一些实例，绘成线图（图6.1、6.2）。

家具腿足大体上可分为圆、方、扁圆、扁方四种形状，它们又各有多种线脚。例如方桌两具（图版88、89），均为方腿瓜棱瓣，即匠师所谓的“甜瓜棱”，但线与面的处理，并不全同。大条案（图版104）与小画案（图版113）都是扁方腿，而线脚亦异。如再加上香几（图版72、73、74、75、76）、供桌（图版119）等，整条腿的轮廓、弧度、粗细几乎无一处相同，线脚就更加复杂了。下面也据一些实例，绘成线图（图6.3、6.4）。

以上线图未能记录明式家具线脚之什一，只用以说明线脚是家具装饰的一种重要手法而已。

3. 攒斗

“攒斗”指“攒接”和“斗簇”。

“攒”是北京匠师的语言，意谓用榫卯把纵横斜直的短材攒接成各种几何形图案。斗簇乃据其做法和形态，经笔者试为拟定的一个名称，指用锼镂的花片，仗栽销把它们斗拢成图案花纹。或虽用较大木片锼成，而其效果仍似斗簇而成的。

攒斗可以合理使用木纹，避免因木纹太短而开裂，并可做得比较疏朗。取攒斗的构件与雕刻构件相比，便可确信雕刻并不能代替攒斗。举例来说，方桌（图版89）和平头案（图版106）的牙子，三件架格（图版131、132、133）的栏杆，后背及两侧的棂格，都是用攒接的方法做成的，而罗汉床（图版124）和架子床（图版126）上的曲尺和卍字栏杆更发挥了疏朗而整齐的特色。本册中也有很好的斗簇实例，四簇云纹加团花的柜门（图版146）、凤纹与云纹相间的衣架中牌子（图版167）都有花团锦簇之妙。至于月洞式门罩大床（图版128），四簇云纹用十字来衔接，又看到了斗簇加攒接的例子。二者合用，更呈异彩。

4. 雕刻

雕刻在装饰手法中占首要地位，因为大多数纹样都是靠雕刻做出来的，就是攒斗也多数需要施加雕刻才能完成。论其技法，可分为浮雕、透雕、浮雕与透雕相结合、圆雕等四种。

家具装饰，浮雕用得最多。同为浮雕，又视其花纹突出多少，由浅至高，可分多种。举例来说，交杌上的卷草纹（图版31），南官帽椅上的牡丹纹（图版50），罗汉床上的螭虎灵芝纹（图版123），花纹显然一件比一件高。浮雕有的露光地，术语叫“铲地”，又叫“半槽地”。本册中实例甚多，而以半桌（图版84）、方桌（图版91）尤为标准。有的密不露地，如宝座上的莲纹（图版59）及画桌上的灵芝纹（图版110）。同为露地，

❶ 刘胜：《文木赋》，见清严可均：《全上古三代秦汉三国六朝文·全汉文》卷一二页190，中华书局1958年版。

❷ 明王佐：《新增格古要论》卷八页5—9《异木论》，见《惜阴轩丛书》，道光二十六年刊本；清屈大均：《广东新语》卷二五页48—50，《木语·海南文木》，康熙庚辰木天阁刊本。

又有平地与锦地之分。平地即铲地，锦地则如圈椅上的一团花纹（图版 54）。

透雕把浮雕以外的地子凿去，以虚间实，格外玲珑剔透。它有一面做和两面做之别。一面做的实例甚多，而以圈椅上的麒麟纹（图版 55）最为精彩。两面做的则如衣架的中牌子（图版 166）和宝座式镜台的凤穿牡丹纹（图版 163）。

浮雕与透雕相结合的实例有条桌（图版 94）和小画案（图版 112）的牙头。

圆雕多用在家具的搭脑上，如高面盆架上的灵芝（图版 169）和龙头（图版 170）。矮面盆架足顶的仰俯莲（图版 168），虽刀工简练，也应视为圆雕。

5. 镶嵌

镶嵌因用不同的物料而有不同的名称，如木嵌、螺钿嵌、象牙嵌等。以多种名贵材料，如玉、石、牙、角、玛瑙、琥珀，及各种木料作镶嵌，构成五光十色、绚丽华美的画面，又叫“百宝嵌”。

木嵌须用与家具本体色泽不同的木材作嵌件，花纹始能清晰明快，如黄花梨嵌楠木，或楠木嵌黄花梨，实例如象纹供桌（图版 119）。螺钿嵌有紫檀宝座脚踏（图版 60）。百宝嵌则有大四件柜（图版 149）及高面盆架（图版 171）。

6. 附属构件

附属构件指镶入凳、墩、桌、案面心及柜门、床围子的各种纹石；用丝绒、藤丝编成的软屉；铜铁片叶包裹家具及作为面叶、拉手、合叶的各种饰件等。它们或有天然花纹，或经人为的加工，所以各具装饰意义。

纹石以云南大理石为上品。小画案的黄褐色石面心，花纹如山峦起伏，林木莽苍，悦人心目（图版 112）。插肩榫酒桌的绿色纹石面心（图版 80），亦斑斓可爱，惟纹石产地尚待查。

藤丝编成的软屉，细如丝织，有的还有暗纹，实例见紫檀有束腰圈椅（图版 56），唯花纹须迎光映照始能看清。

白铜饰件如面叶、拉手、合叶等多用在箱柜及闷户橱等家具上，实例不再一一列举。百宝嵌大四件柜上的面叶（图版 149）属于造型比较复杂的一类。另一种饰件用来包裹桌几的四角及束腰以下托腮转角处，并具加固和装饰双重功能，在高束腰雕花炕桌（图版 66）上可以看到。交椅上则常用锓金或锓银的铁饰件[1]，宛如金、银错花纹，华美而有古意。黄花梨交椅饰件是很好的铁锓银实例（图版 57）。

## 七　家具的欣赏与使用

1980 年笔者写过一篇题为《明式家具的“品”与“病”》的文章[2]，试用“十六品”和“八病”来区别家具的好与坏和美与丑。当时的目的有二：一在说明明式家具的简练、淳朴，固早为世人所乐道，但远不能概括其全貌。此外还有不同的品格，值得欣赏品题。它们大都有迹可寻，无须求之象外，可以说是有目共赏的。二在指出明及清前期虽是传统家具的黄金时代，但决不是每件家具都好，我们可以举出属于各种“病”的实例。

拙文发表后，承旧友新知不吝赐教。一般对上述第二点并无异议，而对第一点则颇有分歧。或认为列出“十六品”分得太细，看不出明式家具有那么多名堂，故未免有巧立名目之嫌。或认为就是“十六品”也未能概括其全貌，例如有的明代家具别具天真憨稚的情趣，文

[1] 关于锓金、锓银的工艺请参阅拙作：《谈清代的匠作则例》，《文物》1963 年第 7 期页 19—25。

[2] 拙文在《文物》1980 年第 4、6 期及《美术家》1980 年总第 13、15 期刊出。两次发表，繁简稍有不同。

中未为列品。

实际上拙文在起草时已料想到读者会有不同的看法，因而开头便提道："品评工艺品，尤其牵涉到它的艺术价值，既不容易讲得很具体，更难免有主观成分。而且欣赏审美能力有高有低，见仁见智，必然有分歧。因此某一个人的看法，未必能为他人所接受。"

家具欣赏虽不必因怕人有不同的看法而闭口不谈，但如想展开讨论，活跃气氛，最好的办法还是布置一个适宜的环境，把家具陈列出来，让大家能看到，供人欣赏品评。如一时做不到，退而求其次，把家具印成图册，也算是为人们提供一些欣赏家具的条件。这正是编印此册的一个主要目的。总之，家具爱好者通过自己的视觉，必然会有亲身的感受，作出好坏、美丑的判断。而任何人谈欣赏，只能代表他个人的看法，对别人最多只不过是可供参考而已。

初编此册时曾打算把拙文置诸篇末，作为《附录》，现在改变了主意，只把当时拟定的"品"简略地说一下。

十六品曾依其性质的近似或其他原因加以组合：

第一组有简练、淳朴、厚拙、凝重、雄伟、圆浑、沉穆七品。它们大都朴实率真，质胜于文，是明代家具的主要风貌。

第二组有秾华、文绮、妍秀三品。它们均有精美繁缛的雕饰，与第一组形成对比。

第三组有劲挺、柔婉两品。二者刚健婀娜，判然异趣。这是有意识地把截然相反的两个品放在一起，使各具的特色更加鲜明。

第四组有空灵、玲珑两品。它们既同而又异，前者仗间架的空间处理，后者借各部位的透空雕刻取得效果。

第五组有典雅、清新两品。前者必须看出有深厚的传统，谨严的法度，但又能推陈出新。后者必须是大胆创新，但又不是矫揉造作，故弄新奇。

至于列为十六品的十六件家具，绝大多数已收入此册，而某一品以某一件为例，已在本节的注[3]中写明，读者一检便得。

研究古代家具和人的关系，看它们在往日生活中如何被陈置使用，是一个重要而有趣味的课题，但在专著中探讨、阐述较为适宜。这里只准备谈谈今天使用古代家具的一点粗浅体会。由于它涉及现实生活，不仅家具收藏家和爱好者可能感兴趣，就是仿明家具的使用者和制造者应当也是关心的。

从无数的明清绘画可以看到明代的室内陈设朴素简单，家具疏落有致。入清以后，才日见重叠拥挤，而家具本身也越来越繁琐。今天使用明及清前期家具，宁少勿多。一室之内，陈置三五件，四壁生辉，最见神采。倘贪多超量，便全无是处！

明及清前期家具陈置在我国传统的建筑中最为适宜，自不待言。不过出乎意料的是见到几处非常现代化的欧美住宅，陈置着明式家具，竟也十分协调。不难设想，如将上述的情况倒转过来，把近二三百年来，豪华的西洋家具摆在我国的古建筑中，必然会感到不伦不类，而为什么明式家具和现代生活却能这样合拍呢？思考一下似乎也不难理解，正是由于西方现代生活所追求的简练明快的格调在本质上和明式家具有相同之处的缘故。事实证明，明及清前期的家具

[3] "十六品"的品名、家具名称及编号列出如下：第一品简练，罗汉床（图版 122）；第二品淳朴，画桌（图版 108）；第三品厚拙，五足香几（图版 73）；第四品凝重，南官帽椅（图版 50）；第五品雄伟，宝座（未收入本册，现藏承德避暑山庄）；第六品圆浑，坐墩（未收入本册，现藏承德避暑山庄）；第七品沉穆，黑漆炕几（图版 67）；第八品秾华，架子床（图版 128）；第九品文绮，画桌（图版 110）；第十品妍秀，半桌（图版 84）；第十一品劲挺，方桌（图版 86）；第十二品柔婉，官帽椅（图版 46）；第十三品空灵，靠背椅（未收入此册，见艾克《中国花梨家具图考》图版 100）；第十四品玲珑，座屏风（图版 150）；第十五品典雅，衣架残件（图版 167）；第十六品清新，六方形官帽椅（图版 53）。

造型艺术已经成为世界人民的共同财富。

家具陈置，前代多因室而异。厅堂上的器物讲求对称，固定而不免拘谨。书斋及居室则注重实用，灵活而多变化。这样，在布置上会出现对称与不对称、固定与灵活的对比。有对比胜过没有对比，这可使相对的事物更加突出。而且出现对比，本身就意味着不是单一而是有变化。在现实生活中不能想象还会有三楹或五楹的厅堂，但这并不妨碍有意识地兼用对称与不对称、固定与灵活的两种布置方法。因为从这里也能看到对比和变化。

前面第三节讲到传统家具无束腰和有束腰两个不同的渊源，不同的渊源决定它们有不同的形态。以无束腰家具来说，许多品种如直足长方凳（图版9）、灯挂椅（图版36、37）、官帽椅（图版46、48、50）、一腿三牙方桌（图版87、88）、翘头案（图版100）、画案（图版111、112）、圆角柜（图版141、142）、闷户橱（图版153）等，它们属于一家眷属。有束腰或四面平式家具如长方凳（图版15）、二人凳（图版35）、炕桌（图版63）、半桌（图版83）、大方桌（图版90）、小条桌（图版97）、画桌（图版109）、方角柜（图版145）、四件柜（图版148、149）等，它们另属一家眷属。我们如果把同是一家眷属的家具组合在一起，尽管品种不同，外形各异，但其间自有相似之处，而且会使人感到格外协调融洽。这种相似已经超出了形似而兼有神似了。现在提出这一点，意在说明各种家具不妨按其渊源来加以组合。收藏家可分组陈设，仿制者可分组生产，使用者可分组购置。从这样的组合中我们可以领略到神情的和谐，得到美的享受。

最后对少数几种家具的功能和使用谈一些个人的看法。

一般认为明代家具最不适用的是椅具，主要嫌座面太高，坐起来不舒适，因而仿明的椅子都在如何降低其高度上下功夫。不过明代的椅子，尤其是大型的官帽椅（图版50）和圈椅，如果备有脚踏却是非常舒适的坐具。它们有的本有脚踏，只是年久散失而已。大型明椅现在仿制者不多，而带有脚踏的大椅似乎很少有人去试制。

宽大桌案，桌面下平列抽屉数具，两旁又各有抽屉重叠到地，此为清式书案。明式的画桌、画案则不设抽屉，一经使用，多与之结不解之缘，对清式望而生厌，深憾其桌案下少空间而多窒碍，书画挥毫，尤感不便，故有抽屉不如无抽屉。当然无抽屉也有不便之处，但有补救之法，即在案后立柜架，案侧设官皮箱或药箱（图版158、159）一类多抽屉家具，配合使用，有左右逢源之快。

腰背疼痛每起因于西式厚垫软床的长期使用。传统床榻用棕藤编织成屉，通风而有弹性，软硬适中，久用不贻后患，尤以三面设围子的藤屉罗汉床（图版122、123、124、125），堪称最理想的卧具。

本册列为“其他类”中的滚凳（图版172），功能尚未广为人知。两足踏其上，往复滚动，使涌泉穴受搓擦，有利血液循环，是极好的理疗用具。可以预言，滚凳将和保定特产的健身球一样，受到世人的欢迎和重视。

本文为《明式家具珍赏》一书的前言，文中注明的图版均见该书

# 明式家具的“品”与“病”

约当15—17世纪之际，中国家具发展到了它的历史高峰。由于其制作年代历明入清，不受朝代的割裂，故一般称之为“明式家具”。这一时期的制品有很高的艺术价值，不仅为我国人士所喜爱，世界各国也十分重视。家具设计者乞灵借鉴，甚见成效，一受沾溉，往往使他们的制品隽永耐看，面目常新。中外研究明式家具的也颇有人在，三四十年来已有不少人写出论文和专著。

近来有朋友问道：“你老说明式家具好，我也同意。它的木料好，结构榫卯好，有的也颇为实用，这些都好说。不过你总说它的品格高、神态妙，如何如何美等等，这些就比较抽象了。你能不能说得更具体一点，并举些实例来说明呢？还有事物总是一分为二的，明式家具难道件件都好，我就不信！有哪些你认为不好的也应该介绍，对今天的设计人员同样有参考价值。如果你只讲好的，不说坏的，只能说明对明式家具有偏爱。”

被朋友一问，倒有点为难了。因为品评工艺品，尤其牵涉到它的艺术价值，既不容易讲得很具体，更难免有主观成分。而且欣赏、审美能力有高有低，见仁见智，必然有分歧。因此某一个人的看法，未必能为他人所接受。

既如上述，是不是对明式家具的品评就不可说了呢？却又不然。尽管个人的看法难免主观片面，又不太容易表达，但仍不妨说出来供人评议，看看是否多少能讲出点道理来。如果说得不对，还可以得到批评指正。

采用什么方法来品评明式家具呢？使人想起古代的文艺批评来。唐司空表圣（图）写过《诗品二十四则》，清黄左田（钺）曾仿表圣之作著《画品廿四篇》。凡是他们所列的“品”，都是好的，故“品”是褒词。至于贬呢？古代往往称之为“病”。梁沈约论诗创“八病”之说，明李开先《中麓画品》也列出了“四病”。现在品评家具，姑且因袭前人，用“品”和“病”来区分好和坏。因此试把这篇小文题名为:《明式家具的“品”与“病”》。

统计一下，得“品”十六，它们是：（一）简练，（二）淳朴，（三）厚拙，（四）凝重，（五）雄伟，（六）圆浑，（七）沉穆，（八）秾华，（九）文绮，（十）妍秀，（十一）

劲挺,（十二）柔婉,（十三）空灵,（十四）玲珑,（十五）典雅,（十六）清新。得“病”八,它们是:（一）繁琐,（二）赘复,（三）臃肿,（四）滞郁,（五）纤巧,（六）悖谬,（七）失位,（八）俚俗。下面将为十六品、八病各举实例，并试作阐述和剖析。所用术语多为北京工匠习惯使用的，除在文中已经说明外，请参阅《明式家具研究》及《名词术语简释》。

## 一　明式家具十六品

明式家具十六品又可分为五组：

第一组包括（一）简练至（七）沉穆等七品。

明式家具的主要神态是简练朴素，静穆大方，这是它的主流。以上七品可以说同属这一类型。它们大都朴质无华，或有亦不多。也正因如此，被选作简练的实例每兼有淳朴之趣，被选作淳朴的实例或颇具沉穆之神。不过如仔细分辨，还是能看出它们所具的神态以何为主，并依其主要的来定品。这一点似应在此说明，否则就难免有巧立品目之嫌了。

### 1. 第一品　简练

丙 5、紫檀独板围子罗汉床（明）

197.5×95.5 厘米，通高 66 厘米

这种榻北京匠师通称罗汉床，由于只容一人，故又有“独睡”之称。

床用三块光素的独板做围子，只后背一块拼了一窄条，这是因为紫檀很难得到比此更宽的大料的缘故。床身无束腰，大边及抹头线脚简单，用素冰盘沿，只压边线一道。腿子为四根粗大圆材，直落到地。四面施裹腿罗锅枨加矮老。

此床从结构到装饰都采用了极为简练的造法，每个构件交代得干净利落，功能明确，所以不仅在结构上是合理的，在造型上也是优美的。它给予我们视觉上的满足和享受，无单调之嫌，有隽永之趣。

### 2. 第二品　淳朴

乙 109、紫檀裹腿罗锅枨加霸王枨黑漆面画桌（明）

190×74 厘米，高 78 厘米

这是一张式样简单但又极为罕见的画桌。它没有采用无束腰方形结体的常见形式——直枨或罗锅枨加矮老（可参阅“简练”例罗汉床），而是将罗锅枨加大并提高到牙条的部位，紧贴桌面，省去了矮老。这样就扩大了使用者膝部的活动空间。正因为罗锅枨提高了，腿足与其他构件的连接，集中在上端。这样恐它不够牢稳，所以又使用了霸王枨。霸王枨一头安在腿子内侧，用的是设计

巧妙的“勾挂垫榫”，即榫头从榫眼的下半开口较大处纳入，推向上半开口较小处，下半垫楔，使它不得下落，故亦不得脱出，一头承托桌面。它具备传递重量和加固腿子的双重功能。又因它半隐在桌面之下，不致于搅乱人们的视线，破坏形象的完整。罗锅枨的加大并和边抹贴紧，使画桌显得朴质多了，其效果和用材细而露透孔的罗锅枨加矮老大不相同。加上桌心为原来的明制黑漆面，精光内含，暗如乌木，断纹斑驳，色泽奇古，和深黝的紫檀相配，弥觉其淳朴敦厚，允称明代家具上品。

3. 第三品　厚拙

乙 27、铁力高束腰五足香几（明）

面径 61 厘米，肩径 67 厘米，
托泥径 64 厘米，高 89 厘米

香几用厚达二寸的整板作面，束腰部分，露出腿子上截，状如短柱。短柱两侧打槽，嵌装绦环板并锼凿近似海棠式的透孔。如用清代《则例》的术语来说，便是“折柱绦环板挖鱼门洞”的造法。束腰下的托腮宽而且厚，一则为与面板厚度及其冰盘沿线脚配称，以便形成须弥座的形状；二则因托腮也须打槽嵌装绦环板，所以不得不厚。彭牙与鼓腿用插肩榫相交，形成香几的肩部，此处用料特别厚硕。足下的托泥也用大料造成。尽管此几绦环板上开孔，使它略为疏透，足端收杀较多，并削出圆珠，施加了一些装饰，其主调仍是厚重朴拙。

类此的香几很少见，可能不是家庭用具而是寺院中物。今天如设计半身塑像或重点展品的台座，还是可供借鉴的。

4. 第四品　凝重

甲 77、紫檀牡丹纹扶手椅（明）

椅盘前 75.8 厘米，后 61 厘米，深 60.5 厘米，座高 51.8 厘米，通高 108.5 厘米

这种搭脑和扶手都不出头的扶手椅，北京匠师又称“南官帽椅”。

椅足外挓，侧脚显著。椅盘前宽后窄，相差几达 15 厘米。大边弧线向前凸出，平面作扇面形。搭脑的弧线向后凸出，与大边的方向相反。全身光素，只靠背板上浮雕牡丹纹一团，花纹刀法与明早期剔红相似。椅盘下三面设“洼堂肚”券口牙子，沿边起肥满的“灯草线”。管脚枨不但用明榫，且出头少许，坚固而不觉得累赘，在明式家具中不多

见。它应是一种较早的手法，还保留着大木梁架榫头突出的痕迹。此椅气度凝重，和它的尺寸、用材、花纹、线脚等都有关系。但其主要因素还在舒展的间架结构，稳妥的空间布局，其中侧脚出挓起了相当大的作用。有的清代宝座，尺寸比它大，用材比它粗，但并不能取得同样的凝重效果。

5. 第五品　雄伟

甲 99、黄花梨嵌瘿木五屏风式宝座（明或清前期）

107×73 厘米，座高 50 厘米，通高 102 厘米

围子五屏风式，后背三扇，两侧扶手各一扇。后背正中一扇，上有卷书式搭脑，下有卷草纹亮脚，高约半米。左右各扇高度向外递减，都用厚材攒框，打双槽里外两面装板造成。再用“走马销”将各扇连接在一起。中间三扇仅正面嵌花纹，扶手两扇则里外均嵌花纹。花纹分四式，但都从如意云头纹变化出来，用楠木瘿子镶嵌而成，故又有它的一致性。宝座下部以厚重的大材做边抹及腿，宽度达 10 厘米，也用楠木瘿子作镶嵌，花纹取自青铜器。座面还保留着原来用黄丝绒编织的菱形纹软屉，密无孔目，因长期受铺垫的遮盖保护，色泽犹新。整体说来它装饰富丽，气势雄伟，设计者达到了当时统治者企图通过坐具来显示其特殊身份的要求。

6. 第六品　圆浑

甲 33、紫檀四开光坐墩（明）

面径 39 厘米，腹径 50 厘米，高 48 厘米

坐墩又称鼓墩，因为它保留着鼓的形状；腹部多开圆光，又有藤墩用藤条盘圈所遗留的痕迹。

此墩开光作圆角方形，沿边起阳线。开光与上下两圈鼓钉之间，各起弦纹一道。鼓钉隐起，绝无刀凿痕迹，是用“铲地”的方法铲出而又细加研磨的。四足里面削圆，两端格肩，用插肩榫与上下的构件拍合，紧密如一木生成，制作精工之至。

将此墩选作圆浑的实例，虽和它的体形有关，但更主要的是它的完整、囫囵、圆熟、浑成的风貌。不吝惜剖大材、精选料，简而无棱角的线脚，精湛的木工工艺，以至古旧家具的自然光泽（包

浆亮），都是它得以形成这种风貌的种种因素。

7. 第七品　沉穆

乙 15、黑漆炕几（清前期）

129×34.5 厘米，高 37.2 厘米

不浮曰沉，沉是深而稳的意思，是浮躁的反面。穆是美的意思。故沉穆是一种深沉而幽静的美。在明式家具中，能入简练、淳朴、厚拙、凝重诸品的，必然兼具幽静的美。今举黑漆炕几作为此品的实例，因其更饶沉穆的韵趣而已。

此几用三块独板造成，糊布上漆灰髹退光，不施雕刻及描绘。两侧足上开孔，弯如覆瓦，可容手掌。几面板厚逾寸。几足板厚二寸，上半铲剔板的内侧，下半铲剔板的外侧，至足底稍稍向外翻转，呈卷曲之势。通体漆质坚好，色泽黝黑，有牛毛纹细断，位之室内，静谧之趣盎然，即紫檀器亦逊其幽雅，更非黄花梨、鸂鶒木等所能比拟。从式样看，并非明式家具常见的形制，当出清早期某家的专门设计，然后请工匠为他特制。设计者审美水平颇高，对家具造型是深得个中三昧的。

第二组包括（八）秾华、（九）文绮、（十）妍秀三品。

简练朴素，静穆大方，只是明式家具神态的主要一面，但绝不能说是它的全貌。有的明式家具有精美而繁缛的雕刻花纹。这三品属于装饰性较强的一组，与第一组形成鲜明的对比。

8. 第八品　秾华

丙 18、黄花梨月洞式门罩架子床（明）

247.5×187.8 厘米，高 227 厘米

床上安围子和立柱，立柱上端支承床顶，并在顶下安横楣子的叫“架子床”，而正面又加门罩，做成月洞式（或称“月亮门式”）的，又是架子床中造法比较复杂的一种。

此床门罩用三扇拼成，连同围子及横楣子均用攒斗的方法造成四簇云纹，其间再以十字连接，图案十分繁缛。由于它的面积大，图案又是由相同的一组组纹样排比构成的，故引人注目的是规律、匀称的整体效果，而没有繁琐的感觉。

床身高束腰，束腰间立短柱，分段嵌装绦环板，浮雕花鸟纹。牙子雕草龙及缠枝花纹。横楣子的牙条雕云鹤纹。它是明式家具中体型高大又综合使用了几种雕饰手法的一件，豪华秾丽，有富

贵气象。

### 9. 第九品　文绮

乙 111、紫檀灵芝纹画桌（明）

171×74.4 厘米，肩 180×85 厘米，高 84 厘米

文绮一品，花纹虽繁，但较文雅，不像秾华那样富丽暄炽。这里以灵芝纹画桌为例。

先说一说画桌的形式结构：桌面攒框装板，有束腰及牙子，这些都是常见的造法。惟四足向外弯出后又向内兜转，属于鼓腿彭牙一类。足下又有横材相连，横材中部还翻出由灵芝纹组成的云头，整体造型实际上是吸取了带卷足的几形结构。这样的造法在画桌中是变体，很难找到相同的实例。

画桌除桌面外遍雕灵芝纹，刀工圆浑，朵朵丰满，随意生发，交互覆叠，各尽其态，与故宫所藏的紫檀莲花纹宝座，同臻妙境。晚清制红木花篮椅，也常用灵芝纹，斜刀铲剔，锋棱毕露，回旋板刻，形态庸俗。可见家具装饰，同一题材，由于表现手法的不同，美妙丑恶，竟至判若云泥。

此桌在本世纪初为牛街蜡铺黄家故物，后归三秋阁关氏。解斋郭葆昌曾重金仿制，因缺少紫檀大料，尺寸比例多不合。雕刻后虽用大量磨工，终难肖似。

### 10. 第十品　妍秀

乙 43、黄花梨花鸟纹半桌（明）

104×64.2 厘米，高 87 厘米

类似大小的长方桌，北京叫“接桌”，又叫“半桌”。上部造成矮桌式样，下连圆足，又是半桌中常见的造法。不过造型、雕饰造得如此成功的却不多见。

桌面起拦水线。束腰造成蕉叶边，起伏卷折，如水生波，有流动之致。牙条轮廓圆婉，正面雕双凤朝阳，云朵映带，宛如明锦；侧面折枝花鸟，有万历彩瓷意趣。牙子以下安龙形角牙，回首上觑，大有神采。足内安灵芝纹霸王枨。枨势先向上提，然后又远远探出。这样不仅可以把枨上的花纹亮出，而且巧妙地填补了角牙内露出的空间。此下圆足光素，着地处用鼓墩结束，上下繁文素质，对比分明。整体用材较细，比例匀称，线条优美，花纹生动，有妍秀轻盈、面面生姿之妙。

第三组有（十一）劲挺、（十二）柔婉两品。

二品神态迥别，刚健婀娜，各臻其极，但互呈妙趣，异曲同工。有一点二者却又相同，即整体各个构件都比较细。言其细，主要是造得细，不是下料细。

劲挺和柔婉，尤其是后者，必须用很大的料才能造出来。若就其“细”而言，它们和构件比较粗的淳朴和厚拙两品又形成对比。

11. 第十一品　劲挺

乙 51、黄花梨一腿三牙罗锅枨方桌（明）

98×98 厘米，高 83 厘米

“一腿三牙罗锅枨”是明式方桌中的一种常见形式。所谓“一腿三牙”是指四条腿中的任何一条都和三个牙子相交。三个牙子即两侧的两根长牙条和桌角的一块牙头。所谓“罗锅枨”即安在长牙条下面的枨子。不过此桌虽属此式，四足直立，不用侧脚，比例权衡，花纹线脚也与一般常见的不同，其风貌也别具一格。

方桌用料不大。桌面喷出不多，所以安在桌角的牙头既薄又小。腿子线脚不是常见的由混面或加阳线构成的“甜瓜棱”，而是别出心裁刨出八道凹槽。使人一眼就看到的是各道凹槽之间的脊线，条条犀利有力的锐棱，由地面直贯桌面。牙条不宽，起皮条线加洼儿，边棱干净利落。罗锅枨上起作用的又是枨上的那几条“剑脊棱”线脚。这些棱线的突出使用，它们又造得那样的峭拔精神，使方桌显得骨相清奇，劲挺不凡。

12. 第十二品　柔婉

甲 70、黄花梨四出头扶手椅（明）

58.5×47 厘米，高 119.5 厘米

这具扶手椅尺寸并不小，构件却很细；弯转弧度大，更是它的一个特点。

搭脑正中削出斜坡，向两旁微微下垂，至尽端又复上翘。靠背板高而且薄，自下端起稍稍前倾，转而向后大大弯出，到上端又向前弯，与搭脑相接。如果从椅子的侧面看，宛然看到了人体自臀部至颈项一段的曲线。后腿在椅盘以上的延伸部分，弯转完全随着靠背板。扶手则自与后腿相交处起，渐向外弯，借以加大座位的空间，至外端向内收后又向外撇，以便就坐或起立。联帮棍先向外弯，然后内敛，与扶手相接，用意仍在加大座位空间。前腿在椅盘以上的延伸部分曰“鹅脖”，先向前弯，又复后收，与扶手相接。以上几个构件几乎找不到一寸是直的。椅盘以下的主要构件没有必要再出现弧线，但迎面的券口牙子，用料窄而线条柔和，仍和上部十分协调。

明式家具构件的弯转多从实用出发，这也是它的可贵之处。以上所述也可以说是明式扶手椅造法的一般规律。不过为了取得弧度，不惜剖割大料，而又把它造得如此之细，却不多见。也正因为如此，才能把构件造得如此柔婉，竟为坚硬的黄花梨，赋予了弹性感。

第四组有（十三）空灵、（十四）玲珑两品。

二品仿佛相近，实不相同。空灵靠间架空间处理得当才能取得效果，玲珑则仗各个部位的透空雕刻予人灵巧剔透之感。玲珑必然有高度而精美的雕饰，若就此而言，它又和第二组属于同一类型。

13. 第十三品　空灵

黄花梨靠背椅（明）

51×44 厘米，通高 95 厘米

（据艾克《中国花梨家具图考》图版 100 绘制）

这是一具比灯挂椅稍宽，接近“一统碑”式的靠背椅。直搭脑，靠背板上开正圆、下开海棠式透光，沿透光边起阳线。中部嵌镶微微高起的长方形瘿木片。椅盘以下采用“步步高”赶枨，只踏脚枨下施窄牙条。四面不用常见的券口牙子或罗锅枨加矮老的造法，而只安八根有三道弯的角牙。正由于它比一般的灯挂椅宽，后腿和靠背板之间出现了较大的空间。透光的锼挖，使后背更加疏朗。

作为坐具的椅子，为了予人稳定感，下半部总以重实一些为宜，否则会有头重脚轻之憾，一般不使用角牙正是为此。但这具椅子由于上部间架开张，透光疏朗，下部用角牙却非常协调匀称，轻重虚实，恰到好处，整体显得格高神秀，超逸空灵。

14. 第十四品　玲珑

戊 2、黄花梨插屏式座屏风（明或清前期）

足底 150×78 厘米，通高 245.5 厘米

插屏式座屏风是明式屏风中的一种。屏座在两个雕有鼓形的木墩上树立柱，立柱前后用站牙抵夹。两副墩柱之

间施两道横枨及披水牙子将它们连成一个整体。柱内侧打槽，嵌插可装可卸的独扇屏风。取此与明刊本《鲁班经》中的屏风图式相比，它们基本相同。若用清代匠作《则例》的术语来说，屏座为“榻樘木雕做抱鼓蕖花瓣，立柱壶瓶牙子成做”。

屏座及边框用材粗硕，如果不在所有的绦环板上施加透雕的话，屏风是不会使人觉得玲珑剔透的。明清之际流行的螭纹是一种非常有意思的图案（清中期或更晚的螭纹不在此例），利用尾部的分歧卷转，任何空间都能被它填布得那样圆满妥帖。在直幅的空间中，螭虎可以叠罗汉似的任意叠下去。在横幅的空间中，正中加一个图案化的寿字，两旁又可以用螭虎摆出对称而又生动的纹样来。由于在装饰构图上有许多方便之处，难怪螭纹成了当时的工艺品，尤其在黄花梨家具，可说是最常用的图案题材之一。

或许有人问，玲珑的效果既然由透雕的绦环板取得，那么是否只要是透雕，不管什么图案都行呢？回答曰：“否！”玲珑首先必须在视觉上予人美的感觉，因此和图案的好坏有直接关系。试想这具屏风如采用晚清民初的“子孙万代”（葫芦）、“蝙蝠流云”之类图案作透雕，恐将不知何以名之，至少是庸俗琐碎而不是玲珑了。

第五组有（十五）典雅、（十六）清新两品。

典雅言其有来历而不庸俗，清新言其大胆创新，悉摈陈腐。二者乍看似乎大相径庭，实际上有一致的一面，即都要有超然脱俗的面目才能入品。如果有来历而只是墨守成规，平淡无奇，那么可称典雅的家具未免太多了。它必须是确有来历但又罕经人道，真正做到了推陈出新。如果说大胆创新，悉摈陈腐，但却是故弄新奇，矫揉造作，那又安得入清新之品，只不过罹怪诞之病而已。

### 15. 第十五品　典雅

戊 39、黄花梨衣架残件中牌子部分（明）

*扁方框 144.5×29.4 厘米*

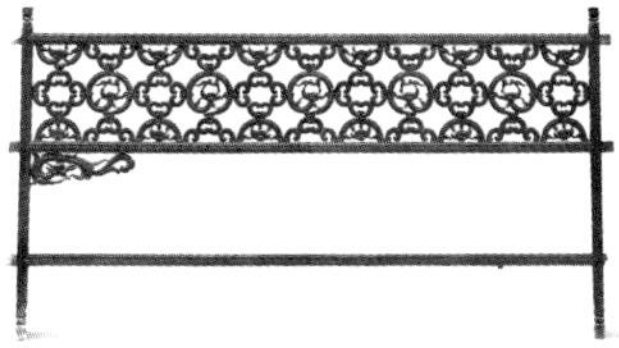

明式衣架上有搭脑，下有立柱支承。立柱下端植入墩座，并用站牙抵夹。衣架中部四木构成扁方框，横材出榫与立柱交接。这一组构件北京匠师称之曰“中牌子”。它在衣架中占有重要地位，两副墩柱仗它来连接，衣衫要有它才能披搭，同时又是施加雕饰的主要部位。

有雕饰的衣架，一般是在中牌子的扁方框内立短柱两根，嵌装三块透雕的绦环板。这具中牌子却采用攒斗的手法造出非常优美动人的图案。纹样是每一组四簇云纹间隔一窠团花。中间一层花纹是完整的，上下两层则各用其半。一般的四簇云纹都是用四枚云纹斗簇，再用栽榫来固定，这件中牌子的四簇云纹和团花是大片木板镂刻出来的。修长的凤眼，卷转的高冠，犀利的阳纹脊线，两侧用双刀刻出的“冰字纹”，完全是从古玉环、璧上的龙凤花纹变化出来的。它避开了明式家具的传统图案，因而看起来新颖醒目，又由于它植根于更久远的艺术传统，而且善于吸收运用，故能优美动人。推陈出新是新与陈合理的统一，典雅二字实寓此意。

16. 第十六品　清新

甲 80、黄花梨六方扶手椅（明）

椅盘最宽 78 厘米，纵深 55 厘米，通高 83 厘米，座高 49 厘米

六方椅在明式家具中极罕见。少的原因除费工耗料外，更由于容易显得呆笨，很难造得美观耐看。这具六方椅尺寸竟大于一般的扶手椅，又采用了比较复杂的线脚，不能不说是一个大胆的创新。大胆创新并不难，难在把六方椅制作得如此成功。

椅盘以下为六方形结构，不过六方不是等边的，而是前后两边长，其余四边短。这样后背自然宽了，座位面积也大了，垂脚坐或盘足趺坐都相宜，既美观又实用。如椅盘为等边六方形，后背只能造得很窄，有如胖人戴小帽，一定很难看。椅盘以下，只正面施券口牙子，其余五面均用牙条。如每面都施券口牙子，等于每足都要加宽两条边，下部分量就会过重而显得呆笨闷滞。六足外面起瓜棱线，另外三面是平的。椅盘边抹采用双混面压边线，管脚枨劈料做。椅盘以上，搭脑、扶手、鹅脖、联帮棍等都用甜瓜棱。通体使用了分瓣起棱的线脚，对上下的完整和谐并借以破除呆笨起了一定的作用。一般说来，甜瓜棱习惯用于比较粗的直材，如桌（如一腿三牙式）、柜（如圆角式）的腿子上。此例用于靠背及扶手，显得新颖脱俗。

靠背板攒框打槽分三段装板。上段雕云纹，中段光素，下段锼出云纹亮脚。出人意想的是又一反常例把上段造得格外长，云纹压得很低，为火焰似的长尖留出空位，锋芒上贯，犀利有力，格外精神。这又是装饰上的创新。

对此椅的观察分析，感到它从结体到雕饰都有大胆创新的地方，但创新是建立在周密的意匠经营的基础上的，否则的话就是粗制滥造，炫异矜奇。看来家具设计只有付出辛勤劳动，才能创造出不落窠臼、悦目清新的作品来。

## 二　明式家具八病

家具的某一病往往是某一品的反面，但又不得与另一品仿佛有些相近而混淆起来，它们之间是有明确分界的。例如繁琐和赘复都是简练的反面，但它们不得与秾华相混。臃肿乃是劲挺的反面，滞郁乃是空灵的反面，但不得与厚拙相混。纤巧是淳朴、凝重的反面，但不得与构件比较细的劲挺、柔婉相混。悖谬、失位的病源每出于标新立异，逞怪炫奇。俚俗一般是不成功的来自某一地区的乡土制品。它们常使用南榆、柞木等较软木材，制作手法，别成体系，与习见的黄花梨、紫檀器等风格不同。民间作品有的非常淳朴，即使粗糙一

些，也稚拙可喜。俚俗只是这类家具中的下下品而已。

1. 第一病　繁琐

甲 87、黄花梨高束腰带托泥雕花圈椅（明）

60.5×45.4 厘米，座高 55.5 厘米，通高 112 厘米

圈椅是明式椅子中常见的一种，有的结构简练，朴质无纹，格调颇高，而此椅是截然相反的一例。

椅子的靠背板攒框打槽分四段装板，它们自上而下的纹饰是：壶门开光中雕兽面，委角长方框中雕牡丹竹石，变体海棠式几何纹，云纹亮脚。靠背板及后腿两侧均有多折而起边线的长牙条。椅盘上加透雕花卉的三面短墙，仿佛成栏杆模样。椅盘下四角安竹节纹矮柱，托腮肥厚，几与边抹同大，嵌装在此处的束腰雕龙纹。托腮下的牙子为齐牙头式，腿上雕兽面，三弯腿，马蹄做成虎爪落在托泥上。托泥下还设起边线的牙条。

首先说它的结构。束腰和托泥在一般的圈椅上是根本不存在的，而此椅用的是高束腰和厚托泥。椅盘上雕花短墙和长牙条更为累赘，它们侵占了扶手下的空间，使本来颇为空灵的圈椅造型遭到破坏。为什么要塞进这些多余的构件呢？主要的意图只是为雕花多增添一些地位。再说它的雕饰，几乎是漫无节制地布满全身，内容芜杂，花卉、兽面、龙纹、卷草等，饾饤堆砌，任意拼凑。它不像某些雕饰虽繁的明式家具，花纹有间歇，有呼应，可以看到它的连续性和统一性。再加上刀法冗弱，没有一组花纹是耐人观赏的。因此这样的圈椅说它从结构到装饰都陷入了繁琐的泥潭，似不为过。

2. 第二病　赘复

甲 24、黄花梨壶门牙子罗锅枨加矮老方凳（明）

48×47.7 厘米，高 54 厘米

有束腰三弯腿方凳，在明式家具中并不常见，但也曾寓目十来件。它们的造法有的四面牙子锼出壶门轮廓和腿子交圈，牙子下更无其他构件。有的在四足内角安霸王枨。有的在壶门牙子下加直枨。至若此凳壶门牙子下设罗锅枨加矮老，更为罕见。

杌凳凡是采用壶门牙子的，它与腿子相交处转角是圆的，因而牙子两端的斜线比一般直牙条方转角的斜线要长一

些，和腿子肩部的接触面要大一些，故比较牢固，牙子下不必再加枨子。如果加了，即使是直枨，也会损害壶门的曲线轮廓。壶门牙子的桌、凳往往采用比较隐蔽的霸王枨，就是为了保留壶门曲线的完整。此例则不但用罗锅枨，而且加矮老。矮老上端的格肩插入壶门曲线的转折处，这样就彻底破坏了壶门的轮廓，看起来很不舒服。此种在功能上是叠床架屋，在造型上是画蛇添足的造法，可以说是中了赘复之病。

3. 第三病　臃肿

黄花梨螭纹台座（明或清前期）

面 49×49 厘米，肩部最宽 57.5×57.5 厘米，高 141 厘米

这是一件用途还不太清楚的家具，其造型似受石雕台座的影响，可能原为寺院中用来置放铜磬或法器的，但花纹又不类似。今姑名之曰台座。

其构造上部近似方台，四壁凹入，浮雕双螭捧寿，用栽榫与下面的大方几连接。大方几外貌似分两截，上截像一具鼓腿彭牙的雕花矮方几，惟牙子下挂，锼出垂云。此下又造成三弯腿落在托泥上。实际上两截相连，四腿都是一木连做。四面腿间空间随着腿子的曲线打槽装板，浮雕螭纹。论其制作，可谓不惜工本，下料之大，用材之费，耗工之多是惊人的。不过令人惋惜的是实效证明台座的设计是失败的，制者昧于木器不宜仿石器的道理，以至既不凝重，也不雄伟，而只落得笨拙臃肿，不堪入目。

4. 第四病　滞郁

鸂鶒木一腿三牙罗锅枨加矮老画桌（清前期）

177×80 厘米，高 85.5 厘米

（据艾克《中国花梨家具图考》图版 69 绘制）

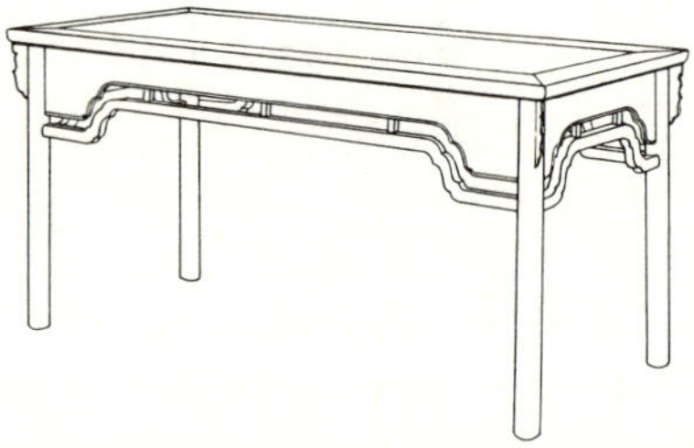

一腿三牙罗锅枨方桌多数造型优美，并颇具特点。其特点是四足有明显的“侧脚”，即北京匠师所谓的“四腿八挓”，故形象开张而稳定。既有侧脚，四足下端斜出，上端必然收进。但它必须与大边、抹头相交，因此边抹要有相当的宽度。边抹既宽，便不宜厚，以免用材多而过于笨重。不过边抹薄了又会与方桌的整体不相称，所以边抹多在它底面的边缘附加一条木材来解决这个矛盾，即所谓“垛边”的造法。有了垛边，它必然会遮掩长条牙子的一部分，减少它露在外面的宽度，这样就突出了罗锅枨和牙子之间的空间或嵌夹在二者之间的雕花饰件——“卡子花”，使方桌显

得舒朗美观。以上是一腿三牙方桌各个构件之间相互牵连、彼此制约的关系。

做长方桌也可以采用一腿三牙式，但不容易造得像方桌那样好看，这具鸂鶒木画桌就是一例。设计者忽视了此种形式应有的特点，边抹用料薄而又没有加垛边，和整体比例失调。最大的毛病出在牙子上，造得太宽了，牙头部分尤为显著。如此之宽的牙子又没有垛边为它遮掩，致使画桌形象显得滞郁不宣，予人闷窒饱满的感觉。

5. 第五病　纤巧

乙 26、黄花梨五足香几（晚明或清前期）
面径 38.5 厘米，肩部最大径 48 厘米，足部最小径 25 厘米，高 106 厘米

这具香几舍得用料，不惜费工，却是一件弄巧成拙的例子。

它采用的是鼓腿彭牙，足端又向外翻出成为三弯腿的形式，在明人小说及清代匠作《则例》中有“蜻蜓腿”之称。此种形式上下的一舒一敛，应当有较大的差别，但也不宜做过了头。此几上部径为 48 厘米，下部径为 25 厘米，相差几乎是二与一之比，这样就造成头重脚轻，失去了平衡。

在线脚和雕饰上使人感到过于雕琢的是半圆形的混面束腰和起棱多层的托腮。实际上这里所需要的只是老老实实的直束腰和线脚比较简单的托腮。就是几面的冰盘沿造得也不够理想，不如用常见的“一枭一混”为宜。圆束腰上造出椭圆的浮雕花纹，更与通体的纹饰不协调。看来香几的作者追求的是俊俏的造型和精细的雕饰，但所收到的是纤巧而不自然的效果。

6. 第六病　悖谬

乙 101、黄花梨攒牙子翘头案（清前期）
153.7×35.6 厘米，高 85.7 厘米

我们知道凡属案形结体的家具，也就是四足缩进安装，不是位在四角的桌案，正规的造法只有两个——夹头榫和插肩榫。结构见本书页 73。

二者外貌有别，夹头榫腿子高出牙条和牙头的表面，插肩榫则腿子与牙条表面平齐。不过最基本的一点它们却是相同的，都是把紧贴在案面下的长牙条嵌夹在四足上端的开口之内。夹头榫和插肩榫大约是晚唐、五代之际，高桌开始使用，匠师们受到了大木梁架柱头开口中夹绰幕的启发而运用到桌案上来

的。由于直材（腿子）和横材（牙条）的合理嵌夹，加大了二者的接触面，搭起了牢稳的底架，再由四足顶端的榫子和案面结合，构成了结构合理的条案。千百年来，夹头榫和插肩榫经受了实用的考验，直至今日还在广泛使用。

现在来看这具翘头案，是用木条攒框的办法造成透空的牙条和牙头。它无法和四足嵌夹，而只靠几个栽榫来连接，其坚实程度是无法和夹头榫或插肩榫相比的。这是抛弃千锤百炼的好传统，不顾违反结构原理，去使用一种在外貌上似是而非的悖谬造法。

7. 第七病　失位

乙 89、黄花梨夹头榫管脚枨平头案（清前期）

162.5×51 厘米，高 85 厘米

（据艾克《中国花梨家具图考》图版 88 绘制）

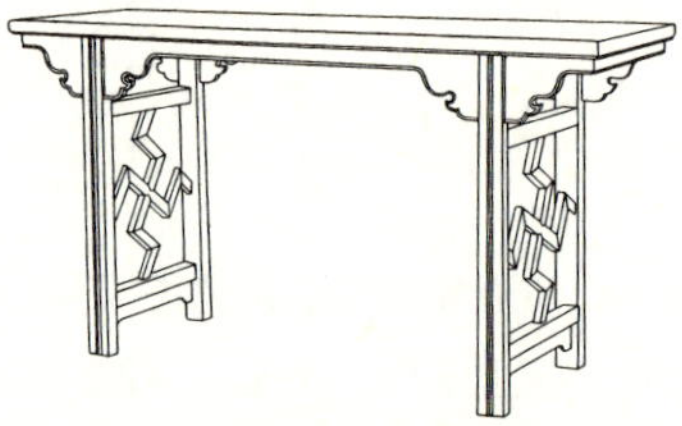

某一个构件或某一种装饰在哪一种家具的哪一个部位上出现及如何出现是有规律可循的。如果用得合适，符合规律，看起来就很舒服，甚至根本没有去理会它，认为本应如此。如果用在不合适的地方，违反了规律，看起来就很别扭，它也仿佛在家具中呆不住，从整体形象中要跳出来似的。

举例来说，用横竖材攒斗成卍字，明式家具一般都是若干个连在一起，或斜行几排组成图案，用在罗汉床的床围子上或透空的柜门上，疏透面齐整，颇为美观。单独一个卍字，虽曾在架子床的门围子上见过，但效果并不佳，不如连续使用。现在来看这具夹头榫平头案，挡板的部位竟单独用了两个大卍字，非常刺目，使人感到不伦不类。此案把卍字用在不该用的地方，故名之曰“失位”。

8. 第八病　俚俗

甲 72、南榆四出头扶手椅（明）

63×48 厘米，座高 50 厘米，通高 120 厘米

椅用南榆制成，是次于紫檀、黄花梨、鸂鶒木但为明式家具常用的一种木材。靠背板分三段攒成，自上而下分别透雕云鹤、麒麟及双龙。最下一段亮脚特高，比例失调。鹅脖在椅盘抹头上凿眼另安，不与前腿一木连做。椅盘下三面加横枨，枨上装绦环板，正面透雕花卉，侧面平列云纹三朵。这样就不得不将下面的券口压低，致使优美的壶门曲线无地施展。联帮棍旋作葫芦形；形象

恶劣，曾疑是后配，经细审其木质、色泽及使用程度，知确为原制。

此椅雕饰繁琐，刀工疲沓，动物形象欠佳，头小而身躯臃肿的麒麟尤为显著。它从造型到装饰都带几分“土”气，用北京匠师的口语来说就叫“怯”。可以看出它与精制的紫檀、黄花梨家具并非出于同一流派的工匠之手，而是某一地区的中小城市或乡镇的木工为当地的地主乡绅特制的家具。当时的木工确实在精心细制，极力迎合定制者的趣味和要求。不过越是这样就越增加了它的俚俗之态。

本文曾在香港《美术家》1980年4月第13期及8月第15期发表。1987年夏略作修改

# 谈几种明代家具的形成

任何一门艺术，到了某一时期，呈现出前所未有的灿烂光辉，因而被称为黄金时代，都是从它的前一时期的成就继承、发展而来的。被推崇为中国古代家具顶峰的明至清前期家具，当然也不例外。它所继承的主要是宋代家具（包括辽、金、元），并且又有了很大的发展和提高。

在拙著的《明式家具研究》第六章中有这样几句话："家具的造型，尤其是常见品种的基本形式，往往延续数百年无显著变化。例如夹头榫条案，灯挂椅或扶手椅，宋代已基本定型，而直到今天，有些工匠还在如法制造。"我所说的基本定型和无显著变化，当然不等于说完全定型和无细微的变化。我们只有持比较慎重的态度——即使在明代家具中发现了某些前所未有的细微变化，也不宜贸然地肯定它们是明代的新发展。因为我们现有的明以前的家具形象知识，主要得自传世的图画和雕塑，所反映的很不完全。实物更为稀少，只不过是当时家具的一鳞片爪而已。

图 1　明紫檀四开光坐墩

不过从另一方面来讲，如果某一品种或某一形式乃至某一构件，在明代家具中大量出现，而在明以前的形象资料中并未见到，或只看到略有几分相似的前身。那么我们说这一品种、这一形式或构件形成于明代，或不致有大误。与上述情况不同的是某种家具形式在宋代曾大量出现，到明代却发生了变化。其中某一部分被简略掉而不再出现了，另一部分则被继承，而且有较大的发展。我们把上述变化的时代定在宋、明之间，其完成、定型则在明代，或许不会引起太多的异议。

还有同一品种的同一形式，在宋代

有几种不同的做法，骤然看去，似乎差异不大，经过分析比较，可以看出它们有不合理与合理、原始与先进之别。到了明代，绝大多数的实物都采用了合理而先进的做法。因此我们说这一形式的最终定型是在明代,似乎也是讲得通的。

下面将围绕上述的几种情况，举一些画例和实物来说明几种家具是如何形成于明代的。

（1）开光坐墩

明代有制作得十分精美的开光式坐墩，开光或四或五，实例如紫檀制四开光的一具（图1）。它的造型渊源于宋代流行的藤墩。

宋代藤墩这里举刘松年《唐五学士图》中七开光的一件（图2）和题名为《羲之写照》（见《天籁阁旧藏宋人画册》）中上面覆有草垫的一件。形象清晰，并且相信和宋制无大差异的藤墩却能在明初商喜的《写生图》中看到（图3）。它的做法是先把藤条弯成五个椭圆形的圈，用藤篾把它们连缀在一起，再和上下的墩面及底圈缠扎成器。

宋代已有仿藤墩的漆木制坐墩，如苏汉臣《秋庭婴戏图》中所见（图4）。北京西郊辽墓壁画则可看到用粗木仿制的一具（图5）。不过前者因木胎不外露，可以用栽榫或铁钉来连接，贴麻糊布来加固，故对榫卯工艺的要求不高。后者制作粗陋，看不到有谨严、精密的榫卯结构。只有用珍贵的硬木来制作，匠师才能发挥他们的智慧才能。明紫檀坐墩足以使人赞叹，它四根立材两端用近似插肩榫的做法和上下的牙子相交，并留出榫子和墩面及墩底的边框拍合。严密整洁，予人天衣无缝的感觉。如果我们意识到以木仿藤的成功设计需要有一个较长时期的研究、实践的过程的话，那么即使类似的硬木坐墩也曾在宋代出现，恐也未必能达到如此成熟的境地。这具坐墩可视为明代木工用高度的硬木工艺成就，成功地再现了藤制家具的范例。

（2）玫瑰椅

玫瑰椅是明代扶手椅中常见的形式，其特点是靠背与扶手和椅面垂直相交，尺寸不大，用材较细，故予人一种轻便灵巧的感觉（图6）。追溯其源，是吸取了宋代流行的一种扶手与靠背平齐的扶手椅并加以改进而成的。

图2　宋刘松年《唐五学士图》中的藤墩

图3　明商喜《写生图》中的藤墩

图4　宋苏汉臣《秋庭婴戏图》中的漆木制坐墩

图5　北京西郊辽墓壁画中的坐墩

图6　明黄花梨玫瑰椅

图7　宋人《西园雅集图》中的扶手椅

扶手与靠背平齐的椅子在宋画中一再出现，举例如《西园雅集图》中苏轼等四人三面围着一具壶门大案坐的都是此种椅子（图7），无脚踏，结构简练，可视为此种宋椅的基本形式。南宋《会昌九老图》（辽宁省博物馆藏）屏风前有此种椅子三把，似乎是用斑竹制成的。南宋张训礼《围炉博古图》中一具有脚踏（图8），可从背面看到此椅的形象。描绘得最为精细的是《十八学士图》两轴中所见，而尤以第二轴的一具造型最为复杂。不仅有脚踏，而且扶手向前延伸，尽端有立材与脚踏相连（图9）。不难想象，这样的椅子搬动起来是很不方便的。现在让我们回到第一例，只须把两侧的扶手降低一些，其大貌就很像明代广泛流行的玫瑰椅。为了轻便适用，小型的椅子不需要有脚踏，而扶手的下降，更是合理的改进，免得把坐者的两肘架得过高以致感到不舒适。

（3）炕桌

炕桌是明代家具中最常见的品种之一（图10），到今天还有较多的实物传世，用南方珍贵木材制成的为数不少，形式雕饰，亦多变化。不过我们查阅宋元绘画，在描写中原或南方景物的作品中竟难看到它的形象。有几分像炕桌，似是而非的有宋人《宫沼纳凉图》妇人背倚的一具（图11）。尺寸高，用料细，与其说它是炕桌，不如说酒桌（如《韩熙载夜宴图》中所见）被搬上了壶门床。又如元刘贯道《销夏图》（美国奈尔逊美术馆藏）画入屏风放在壶门床上的一具，造型如台座，上置笔砚，功能近似都承盘，也很难说它是炕桌。

我们如转向描绘游牧民族生活的绘画及辽代壁画，都时常有矮桌出现。它们制作简单，多放在地下，有的显然在户外。用途则颇为一致，陈置食具及饮

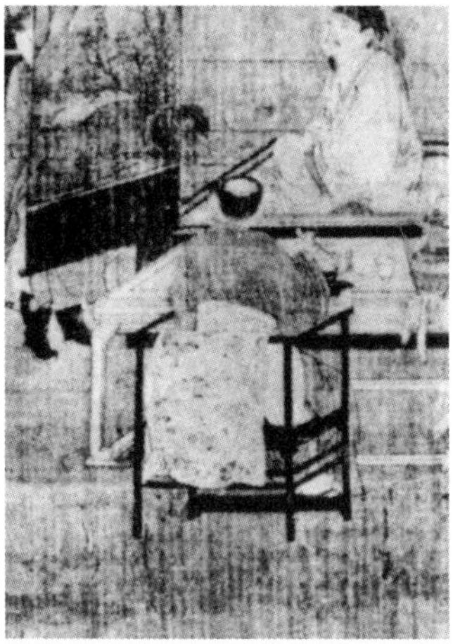

图8　宋张训礼《围炉博古图》中的扶手椅

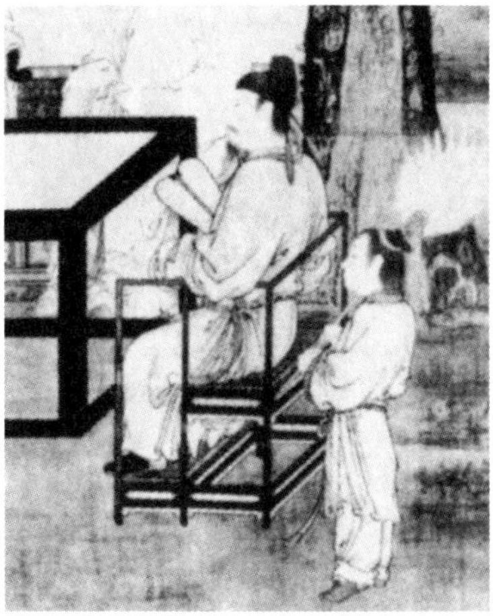

图9　宋人《十八学士图》中的扶手椅

图11　宋人《宫沼纳凉图》中的桌

食。名画如胡瓌《卓歇图》（图12）及宋人《文姬归汉图》（图13）（美国波士顿美术馆藏）中所见。壁画如辽宁昭乌达敖汉旗康营子辽墓的《侍奉图》，跽坐一人前有矮桌，上置壶、碗等器（图14）。翁牛特旗解放营与辽墓的《宴饮图》，两桌前后排列。前桌置炊具，后桌列陈食物多种，主人跽坐其后。

自古以来，北方家庭卧具以炕为主。名曰“炕桌”，已经说明了它的用途。不过将它移到地下，围坐就食，也是北方家庭的习惯。正因如此，炕桌又有“饭桌”之称。炕桌既是北方家具，又常用于饮膳，其前身应当就是北方游牧民族的矮桌。

或许有人问，设如所云，何以明式炕桌的精美多姿，和古代矮桌的简单原始，相去如此悬殊，且数百年间又看不到其演变的过程？个人的体会是炕桌虽多用于北方，考究的却生产于江南地区，大量硬木制品可以为证。因此，其工艺是随着其他家具品种的发展而发展的。尤其是炕桌的体形和榻及床的下部基本相同，只有大小之异。因此它们的形式制作是相通的，

图10　明式炕桌

几乎有什么样的床榻下部就有什么样的炕桌。故其日趋成熟的时代也和其他明式家具一样约在明代中叶。

（4）闷户橱

闷户橱兼有承置、储藏两种功能，以抽屉下设有“闷仓”（比较隐蔽的存放物品空间）而得名（图15），一具、两具、三具抽屉的都属常见形式。两屉的又名“联二橱”，三屉的又名“联三橱”。

明代闷户橱曾有大量流传在北方，多为黄花梨制。在苏州地区曾见到榉木制的闷户橱，多数只有一具抽屉。有的虽具闷户橱外形，但抽屉下并无闷仓。

图 12　五代胡瓌《卓歇图》中的矮桌

图 13　宋人《文姬归汉图》中的矮桌

图 14　辽宁敖汉旗康营辽墓壁画中的矮桌

图 15　明黄花梨二屉闷户橱

图 16　山西文水北口峪元墓壁画中的抽屉桌

在宋、元的家具形象资料中尚未发现闷户橱而只看和它有几分相似的家具。山西文水北口峪元墓壁画中的一例（图 16），两具抽屉下虽无闷仓，但正、侧面都设枨子。如果在这枨子上加立墙，并打槽装板，就和明式闷户橱无异了。另一画例见于传为宋龚开作的《钟进士移居图》（台北故宫博物院藏，笔墨与美国弗利尔美术馆所藏龚开《中山出游图卷》不同，可能为元人所作）。两鬼穿杠，肩荷而行。抽屉下虽无闷仓，但设长枨多条，与四足及足间的横枨结合（图 17）。它比上例更接近了闷户橱一步。约建于西夏中晚期（12 世纪末至 13 世纪初）的宁夏贺兰县拜寺口西塔，塔刹穹室内发现雕花木桌（图 18），造型和闷户橱颇相似，只安装抽屉的部位均为绦环板。

明代流行的闷户橱应从上述几种家具发展而来，它比北宋时已基本定型的

图 17　宋龚开《钟进士移居图》中的抽屉桌

图 18　宁夏贺兰县拜寺口西塔中发现的雕花木桌

图 19a　明黄花梨官皮箱

图 19b　明黄花梨官皮箱（盖门打开情况）

高桌凳椅等显然要晚得多。

（5）官皮箱

官皮箱是明代家具又一常见品种，其基本形式是顶上开盖，下有平屉，两扇门，门后有抽屉，分列三层，底有台座，实例如这里所示（图 19）。

由于“官皮”二字费解，前人对它的用途说法不一。再加上明代宫廷有漆木制者，采用考究的髹饰做法，如剔红、雕填、百宝嵌等，造型大同小异，有的只有抽屉，不设平屉，似乎只宜存放小件文玩及图章等，故使人困惑，未能断定其用途。不过传世实物既如此之多，只能是家庭用具而不像是官方衙署中物。其花纹雕饰又多为吉祥图案，且往往与婚嫁有关，如喜上梅梢、麒麟送子等，故可信为陪嫁妆奁，乃妇女用具。盖下平屉适宜存放铜镜、油缸、粉盒等，下面抽屉可放梳、篦、簪、钗等。

近年在江苏武进村南公社南宋墓中发现镜箱（图 20），为上面的看法提供了证据。它也是顶上开盖（图中不见盖，因拍照时正在修理，故未能摄入），下

图 20　江苏武进村南公社南宋墓发现的镜箱

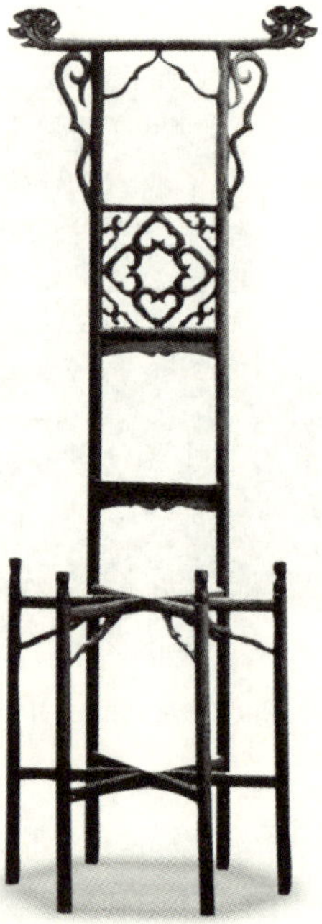

图 21　明黄花梨高面盆架

有平屉，屉内有可以支起并放下的铜镜支架，证明了它的用途。平屉下设抽屉两具。和官皮箱相比，主要只缺少两扇门而已。官皮箱门上的子口，与盖扣合后可以加锁，对抽屉内存放的细软起防盗作用。这一增设，当然是合理的。

南宋镜箱的发现说明官皮箱的确切用途，并使我们看到了如何从宋代比较简单的奁具发展到明代的更为完善适用的官皮箱。

（6）高面盆架

在明代家具中，面盆架有高、矮两种。高者多为六足，前四足短，后两足向上延伸。稍上两足间设横板以备放胰子（肥皂），再上为有雕饰的“中牌子”，最上横材为“搭脑”，可以搭手巾，实际上就是手巾架。实例如图所示（图 21）。

据宋代家具形象资料，面盆架和手巾架是分开的两件家具。年代为元符二年（1099 年）的河南白沙一号宋墓，后室西南壁壁画，绘一具三弯腿的矮面盆架，架上置蓝色白边的面盆。此后又有赭色巾架，上搭蓝色巾，巾面织方胜纹（图 22）。约与此墓同时的大同十里铺第 27、28 号辽墓，两壁均绘有海棠式面盆，放在直足的架上，后有十字足中植立柱，立柱上安横木的架，架上也有巾垂搭，巾上花纹清晰可见（图 23）。

明代依然保留着矮面盆架这一品种，而高面盆架则把巾架合并到一起而成为一件家具。这当然是一个合理的发展。看来正是由于高面盆架的日益流行而巾架的使用价值越来越小，即使不致绝迹，也会大量减少。迄今尚未找到明代的巾架，原因可能在此。

（7）矮老与卡子花

在明代家具中有两个不断出现的构件——矮老与卡子花。矮老就是短柱，卡子花就是装饰化了的矮老，镂刻成圆、方、双套环、方胜、卷草、云头等多种式样。它们多用在家具边框与枨子之间，起着承重和装饰双重作用。实例如两具机凳上所见（图24、25）。

矮老的形象在宋画中未能发现，而只在山西大同卧虎湾一号辽墓（约1110年）及辽宁朝阳金墓（1184年）两处壁画的桌子上看到（图26、27）。最近却有了新的发现，不是壁画而是实物，不仅有矮老，而且有卡子花，那就是1990年7月经北京市文物工作队清理完毕，从辽乾统十年（1110年）建造的房山岳各庄塔塔基地宫中取出的一张供桌（图28）。它长方形（55×41、高35.5厘米），无束腰，圆材，四面设双枨。在正面的桌面下、枨子上，用两组双矮老将空间分隔成三个空当，每个空当内安一个圆形的透雕四瓣花纹的卡子花。每组矮老之间的窄长空隙还安一个花瓶式的装饰。极为巧合的是塔的年代恰好和卧虎湾辽墓相同，连一年都不差。

据古代有关矮老和卡子花的形象资料，我们有以下的认识。如果说达到最高水平的明代硬木家具其生产中心在苏州地区，所以理所当然地会吸取很多南宋的木工手法。但就矮老和卡子花而言（二者都是自明以来苏州地区木工惯用的构件），却是吸取了北方的制作。明代家具从全国各地吸取营养来丰富自己，应当是它能高跻传统家具顶峰的重要原因之一。

（8）罗汉床

北京匠师称三面有围子的床曰“罗汉床”（图29）。围子据其扇数有三屏风、五屏风、七屏风等称。做法有独板、装板、浮雕、透雕等多种。床身有直足、马蹄足、鼓腿彭牙、三弯腿等多样，但几乎全部都是四足，有托泥的极为罕见。

图22　白沙宋墓壁画中的面盆架及巾架

图23　大同十里铺辽墓壁画中的面盆架及巾架

图24　明黄花梨罗锅枨加矮老方凳

图25　明黄花梨直枨加卡子花方凳

图26　大同卧虎湾辽墓壁画中的桌

图 27　辽宁朝阳金墓壁画中的桌

图 28　北京房山岳各庄辽塔中发现的供桌实测图

图 30　宋人《维摩诘图》中的床

图 29　清榉木罗汉床

图 31　明黄花梨夹头榫画案

从研究家具制作及演变的角度来看，宋人《维摩诘图》是一幅很重要的绘画。古代画家很少将家具的细部刻画得如此仔细精到。它使我们看到床围子的制作是攒框装板做。边框素混面起双阳线，边框内子框起脊线和边框的一条阳线交圈。边框转角处委角。子框和边框用大格肩榫相交。框内的装板一律用浅色的瘿木，取得不同木材色泽对比和天然活泼纹理与谨严精密的木工对比的脱俗、耐看的效果（图 30）。这些做法我们都可以在明代家具中看到，故感到亲切而熟悉，足以说明明代家具如何继承了宋代家具的造型、结构和线脚，包括选料和配料。

不过《维摩诘图》中的床身却与明代的罗汉床大不相同，我们还举不出一件采用台座式造型的明代壶门床。我们不妨说明代家具继承并发展了床的上部而简化了其下部。我们有可能在传世实物中发现一件明制罗汉床其围子近似《维摩诘图》中所见，但其床身将是四足的，而不会是台座式平列壶门的。明代对宋代家具既有继承，也有简化和摒弃。

在这里不妨同时指出宋代的桌案有不少是台座式平列壶门的。这种造型明代已经不用了。就是宋代高桌常有的托泥，到明代也大为减少。从这点来说，明代家具的造型和结构，比起宋代来是简化了而不是更加复杂了。

（9）夹头榫案

夹头榫是案形结构最常用的一种结构，也是非常合理的一种结构。它的做法是四足上端开口，嵌夹一条横木，即所谓“牙条”。在嵌夹的地方，牙条上还做出牙头，借以加长腿足与牙条的嵌夹面，使腿足更加稳定，不易摇晃。为了便于就案工作，案面下要留有足够的空间。故正面牙条下不设枨子，只侧面设枨子一根或两根。这是明代夹头榫案最常见的做法，很少有例外。实物如图所示（图 31）。

如果我们看一看宋画中的案，会发现很多不是按上述的做法制成的，而是在相当长一段时间内存在着不同的做法，至明代才统一定型，合理、先进的做法取代了各种不合理、原始的做法。

宋代夹头榫案的做法大概有四种：

第一种是四足上端只能看到有小小的牙头，案正面无枨子，侧面有单枨或双枨。画例如南宋陆信忠《罗汉像》中的一具（图 32）和宋人《瑶台步月图》中的一具（图 33）。由于牙头小，案足只有侧面安枨子连接，故此种做法肯定会摇晃不稳。

第二种是四足上端嵌夹牙头，案正面有单枨，侧面有单枨或双枨。画例如宋人《槐阴销夏图》（图 34）、宋人《妇人斫鲙图》（图 35）画像砖中所见。实物则有河北巨鹿北宋故城出土的木案（图

图 32　南宋陆信忠《罗汉像》中的案

图 33　宋人《瑶台步月图》中的案

图 34　宋人《槐阴销夏图》中的案

图 35　宋人《妇人斫鲙图》画像砖中的案

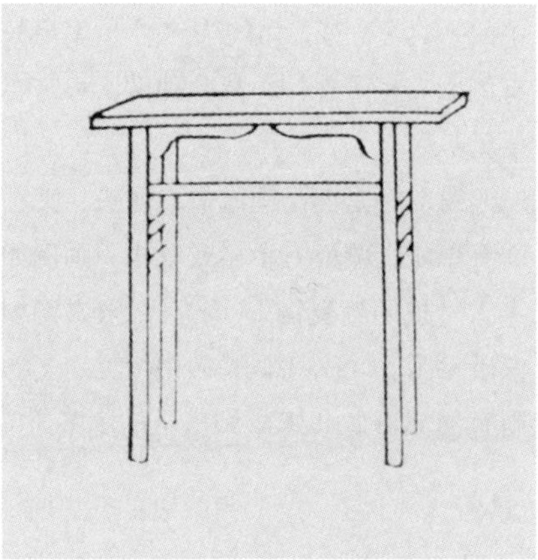

图 36　巨鹿北宋故城出土的案（线图）

图 37　宋李嵩《观灯图》中的案

36）。此案虽只有腿足上端的里侧有牙头，但尺寸很长，几乎将要连接成一根通长的牙条。

正面安枨子主要在矫正第一种做法摇晃不稳的缺憾，但又出现了新的缺憾，那就是正面枨子妨碍使用者就案子进行工作。

第三种是四面设枨子有如第二种，故妨碍就案工作的缺憾依然存在。但腿足上端的两个牙头已经连接成一根通长的牙条。这是一个重要的改进。因为通长的牙条能把两足从正面有机地连接起来，增加了案子的稳定性。同时也只有有了通长的牙条才有可能去掉迎面的枨子，解决妨碍就案子进行工作的问题。画例如李嵩《观灯图》（图 37）、宋人《蕉阴击球图》（图 38）和金刘元《司马槱梦苏图》中的案子。

第四种是正面通长牙条、无枨子，侧面双枨。画例如《孟母教子图》、《村童闹学图》（图 39）中的案子。这种做法既能防止摇晃不稳，又不妨碍使用者就案工作，因此比以上三种都来得合理、先进，也正是明代夹头榫案普遍采用的

图 38　宋人《蕉阴击球图》中的案

图 39　宋人《村童闹学图》中的案

做法。宋代的通长牙条都很窄，牙头也很小，到明代牙条用料加宽，牙头中部下垂，目的就在增加和腿足的嵌夹面，使桌案更加稳定坚固，夹头榫结构也日趋完善合理，终于定型。

以上只就历年涉猎所及，提出一些不成熟的看法。正如前述，由于古代家具的形象资料所见甚少，故难免有误。一旦发现新材料，会立即把已有的看法否定、推翻。笔者渴望有新材料发现，更希望得到究心此道的诸公匡误正谬，使本人的认识逐步接近历史的真实。

1990 年秋应邀赴香港及美国几个大城市参加《明式家具研究》英文本首发式，曾以此文用英语作报告，并在香港英文杂志《东方美术》（*Orientations*）1991 年 1 月号上刊载。1994 年 12 月略作修改

# 浅谈鸂鶒木台座式榻

美国加州文艺复兴村中国古典家具博物馆有一件鸂鶒木台座式榻（图1），长184.7厘米，宽89.2厘米，高44厘米。正面用立材分隔成三格，侧面两格。格内安圈口，沿边起阳线。榻面边框做出薄而内敛不多的冰盘沿，下有窄浅的束腰一道。边框内安带，以便承托硬屉。硬屉由四块攒边打槽装板的扇活拼成。底框之下有小足，位置在每一根立材之下。榻的造型和唐宋时期流行的壶门床有几分相似。

我们知道台座式壶门床起源甚早，晋顾恺之《洛神赋卷》（图2）所见可视为其较早形象。南北朝时期壶门台座在佛教艺术中大量出现，多到不胜枚举，这正是在生活中也广泛使用壶门床的一个反映。隋唐北宋，台座式家具更为流行，不仅床榻（如宋人北齐校书图所绘一具）（图3），连高形桌案也采用壶门台座结构，唐人《宫乐图》（图4）和宋徽宗《文会图》（图5）都画出了它的造型及使用情况。大约从南宋开始，床榻构造渐趋简化，底框消失，四足着地，破除了台座式的结构。下逮朱明，工匠似已不再采用台座式造型来制造床榻，就连带有托泥的桌案也比宋元时期大为减少了。

台座式床榻传世实物绝少，原因是明代以前制品多为一般木材，很难保存下来。用坚实耐用的硬木制器，明中叶以后

图1　鸂鶒木台座式榻

图2 传顾恺之《洛神图卷》（美国弗利尔美术馆藏）

图3 宋人《北齐校书图》（美国波士顿美术馆藏）

图4 唐人《宫乐图》（台北故宫博物院藏）

始渐多，而此时台座式造型已被淘汰。

为了通过比较来对此榻作进一步的探讨，下面试举一些画例和实物。

纽约大都会美术馆藏有元王振鹏绘《维摩不二图卷》（图6.1、6.2），作于至大元年（1308年）。维摩诘坐在铺有锦茵的壶门床上，床前有脚踏。凡木材外露处都描绘出纤细而旋转的木纹。显然只有鸂鶒木才有这样的纹理。壶门床边框下也有束腰，正面壶门四具，侧面两具。每具正中出尖，这正是它的主要形态，和鸂鶒木台座式榻在每格空当中安装四根直条做成的圈口不同。

在明代木刻中可供对比的画例，有金陵书肆唐氏刊印的《古城记》传奇《秉烛》一出的插图（图7）。室内两妇人坐在台座式榻上，榻面也铺有茵席。正面分四格，每格也安装用直条板材做成的圈口。其造型和鸂鶒木榻十分相似，只看不见有束腰而已。《古城记》刊刻于万历年间（1573—1619年）。

与鸂鶒木榻可对比的实物有一件黄花梨罗汉床（图8），十多年前史协和先生（L.Sickman）为我提供照片，可能它现仍在奈尔逊美术馆（The Nelson-Atkins Museum of Art）。床为五屏风式，后背正中一扇可嵌插或抽卸，故亦称插屏式。围子上层用短材攒接出扯不断图案，其下用本色和染色象牙及叶蜡石镶嵌花鸟纹。床下部实为一具带托泥的六足榻，榻面也由四块扇活拼成。形体方方正正，故亦可称之为台座，不过比起上述各例，距离壶门床更远了一些而已。此床本人未见实物，从两侧围子前后都加贴立木并在上面凿眼出榫来看，似不能排除三面围子有后配的可能。

鸂鶒木台座式榻还有引人注目并饶有趣味的地方，那就是大边与抹头的里侧立面在相交处和横带与大边相交处，都凿刻了标记，为的是拆卸后重装不至于错位。按木工在家具制作中，在相交的构件上打标记，本属常见，但一般为Ⅰ、Ⅱ、Ⅲ、Ⅹ，代表一、二、三、四。而此榻则为杂宝图案（图9.1—9.8）。

上面被当作标记使用的图案，出现甚早，始于何时，尚待考证。但两宋金元都以它作为祥瑞珍宝的象征。由于其数量或多或少，形象也或简或繁，故被统称为“杂宝”，以别于数量固定不变的“八宝”（轮、螺、伞、盖、花、鱼、罐、肠）。

北宋白沙壁画墓（元符二年，1099年）前室西壁男墓主像足边有长条形的两段十字相交物（ᚷ），是常见的杂宝

图 5　赵佶《文会图》( 台北故宫博物院藏 )

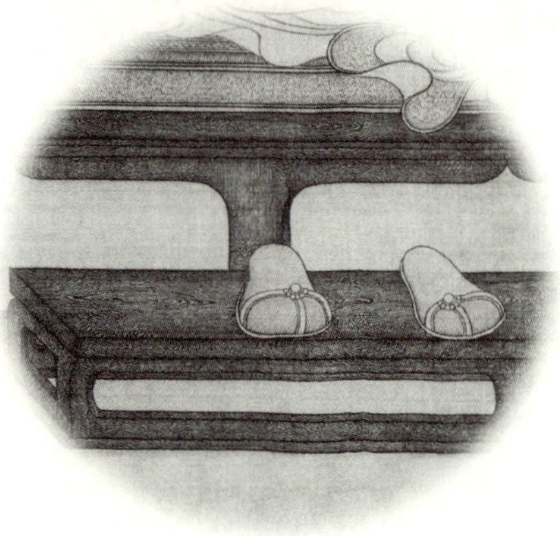

图 6.2　王振鹏《维摩不二图》局部

图 6.1　王振鹏《维摩不二图》( 美国纽约大都会美术馆藏 )

之一。据宿白先生考证，不论是两段相交还是单独一段，都是银铤[1]。刘良佑先生则把两段相交物称为夹板[2]。自以宿说为可信，因为夹板算不了什么珍宝。瀫鹈木榻上也有此物，但将它摆在了一个斜方之内。

金熙宗皇统九年至世宗大定十三年（1149—1173 年）刻成的赵城金藏，卷首释迦说法图（图 10），佛座周围有杂宝，它们是银铤、火焰珠、珊瑚及一个短型角状物，乃是犀角。犀角自古即视为珍宝，《续文献通考》有“辽太宗五年（930 年），吴越王钱镠遣使贡犀角、珊瑚”的记载[3]。它在这里恰好是和珊瑚一起出现的。瀫鹈木榻上也有犀角，但加上了一些近似叶筋的纹理。这可能是工匠已不知它为何物，看它像一片树叶，便随手把叶筋刻了上去。

宋镇宅大吉瓷枕（图 11），在奔狮之下画出了犀角、银锭、花朵和一个长形角状物，它当是象牙。

南宋时( 约 1210 年 )杭州刊刻的《佛

图 7 《古城记秉烛》插图中的榻

图 10 金藏卷首释迦说法图（《中国美术全集·版画》图版一六）

图 8 黄花梨罗汉床（美国奈尔逊美术馆藏）

图 9.1—9.8 鸂鶒木台座式榻上凿刻的杂宝图案

❶ 见宿白：《白沙宋墓》页 24， 又页 37 注 63，1957 年 9 月文物出版社印本。他如《文化大革命期间全国出土文物展览》页 68，陕西西安出土银铤，《文物》1972 年第 7 期，唐伊阳县窟课银铤。

❷ 见刘良佑：《元代陶瓷的造型与装饰》一文中的图表《元瓷上常见的杂宝图案》，《故宫文物月刊》总第 52 期页 78，1987 年 7 月台北故宫博物院印本。

❸ 明王圻撰，乾隆间敕修：《续文献通考》卷二十八土贡一页 3047，商务印书馆《万有文库》本。

图 11 宋镇宅大吉瓷枕

图 12 宋《佛国禅师文殊指南图赞》

图 13 元青花鱼藻罐（台北《故宫文物月刊》总第 37 期页 72）

图 14 元青花飞凤草虫纹葫芦瓶（台北《故宫文物月刊》总第 66 期页 67）

图 15 嘉靖剔彩春字聚宝盆捧盒（台北《故宫文物月刊》总第 23 期页 72）

国禅师文殊指南图赞》插图（图 12），瑞气从葫芦瓶喷涌而出，中现杂宝，有犀角、象牙、火焰珠、银铤等。值得注意的是经文中有“器涌无量宝”语，明确道出这些物件都是“宝”。

元及明早期青花瓷器上时常用杂宝来点缀空间，宝物也有增加。见于鱼藻纹罐（图 13）、飞凤草虫纹葫芦瓶（图 14）、牡丹纹双耳壶等器的[1]，除前已道及的宝物外，还有螺、双鱼、方胜、古老钱、双钱等。鸂鶒木榻上所见三斜方套成的方胜和三枚钱相连的钱纹则又是从方胜和双钱发展衍变出来的。杂宝也时常用在漆器上，尤其是嘉靖时期的雕漆。剔彩春字聚宝盆捧盒（图 15），盆中有珊瑚、象牙、银锭、火焰珠、云头等宝，大放光芒。剔彩圆寿字云龙纹盘[2]，斜方、云头、银锭、银铤、犀角、珊瑚、古老钱等宝分布在边缘，用多加刻画来增加其装饰性。

家具也以杂宝作雕饰。1950 年前后曾见清早期黄花梨圈椅，四具一堂，靠背板分三截攒成，最上一块方形装板浮雕杂宝。康熙时期款彩漆黑屏风，边缘刻博古，器物之间加杂宝。可惜当年均未能拍摄照片，今已无从踪迹了。

最后拟对瀏鶒木台座式榻的年代作一大概的推断。在拙作《明式家具研究》中曾提出家具上的束腰来源于壸门台座。它是当壸门台座渐渐消逝之际在新型家具上的一个具体而微的再现。它出现的年代较晚，在唐宋的壸门床的边抹之下尚未发现过有束腰的存在。王振鹏《维摩不二图》中的榻边抹下有束腰，正说明它已是宋代以后的形式。瀏鶒木榻和上图的榻相比，则要晚一些，因为图中的榻更多地保留了壸门的形状。至于黄花梨罗汉床，自然又晚于瀏鶒木榻。再看杂宝，瀏鶒木榻上所见，比宋元时期出现的有了发展和变化，故时代也较晚。综上所述，瀏鶒木台座式榻倘从其造型及杂宝来定年代，不妨将它置放在明代前半叶或15世纪。惟经查看实物，发现用材色浅质轻，不是上佳的瀏鶒木。还有经过使用的表面及轮廓线脚也应更为圆熟始和它的造型时代相符合。因而它又不能早于17世纪。家具断代不能只凭其造型而应从多方面来观察，此榻可作为一例。

原载《龙语》1992年第1期

❶ 见刘良佑：《元代陶瓷的造型与装饰》一文中的图表《元瓷上常见的杂宝图案》，《故宫文物月刊》总第52期页79，1987年7月台北故宫博物院印本。

❷ 嘉靖剔彩圆寿字云龙纹盘见 Lee King-tsi，Hu Shih-Chang：*Dragon and Phoenix—Chinese Lacquer Ware*，Page 145，1990，Tokyo。

# 明式家具的喜和忧

近五六年来，确实掀起了一个“中国古典家具热”。记得1985年我去香港参加拙作《明式家具珍赏》的发行仪式，三联书店为了配合此书的出版，举办了一个小型明式家具展览。展室不大，只能容纳二十来件，经过多方询问，才从几位收藏家那里借到，凑够了数。现在则大不相同了，香港地区，一家藏有几十件古典家具的大有人在。例如叶承耀医生就在短短的四五年中，收集到六十多件黄花梨家具，将于今年9月在香港中文大学文物馆举办专门展览。创立香港第一家私人艺术馆的徐展堂先生，所藏以珍贵瓷器为主，而近两年也开始对家具感兴趣，在艺术馆中布置了一间紫檀室，去秋还从纽约买回一件堪称孤例的明代黄花梨供桌。最能显示家具热的是香港的古董街，过去店内家具摆得不多，现在则好好坏坏，充斥于市，有的店铺后柜，从地面一直堆叠到屋顶。

香港出现家具热，在美国有的地方竟更热。北距旧金山约二百英里的文艺复兴镇（Renaissance），已经成立了环球第一家中国古典家具博物馆，收藏既富且精，都是近五六年从世界各地搜集来的。据悉，他们正计划依山傍水修建几处古典园林堂榭，用来陈列他们的藏品。

回顾一下国内，古典家具爱好者才是真正的家具爱好者，如说家具热，可谓热到了白热化。他们所获虽不多，却是节衣缩食，甘心承受牺牲，踏破铁鞋，不辞付出劳动，才能和良材美器朝夕共处，得到美的享受，并为国家保存下文物。他们的爱好和行动都是值得称赞的。

家具热还体现在学术研究上。二三十位住在北京的爱好者，于1989年初成立了中国古典家具研究会，并于同年2月出版了第一期会刊，名曰《明清家具收藏与研究》，后又改名为《明清家具研究》，迄今已出版了七期。内容虽尚未见有巨著鸿篇，但各位的真诚爱好和执著的求索精神是十分可贵的。

家具研究在香港也已展开。叶医生的藏品已编成图册，将精印出版。在展出期间，中文大学文物馆特邀请海内外学者作学术报告，聚会研讨。专为古典家具开座谈会，是香港前所未有的。值得提出的是香港有位伍嘉恩女士，潜心研究，不遗余力。叶氏图册的编写即出自她手。她不仅善于鉴别真伪和修配，还多方搜集家具实物以外的文物形象，作为研究家具的材料。例如明清时期放在轿子上随行使用的轿箱，两端扣搭在轿杆上，故有两个缺口。因轿子久已绝迹，轿箱的用途也罕为人知，故一般人已不能解释何以它会有如此奇特的造型。40年代两位西方学者编写的中国家具书，没有收这一品种。70年代出版的书中，收了一例，在英文的分件说明中只注明了“文件箱”三个汉字。伍女士则在明墓出土的仪仗俑群中的陶轿上找到了它的形象。两端缺口稳稳地夹在轿杆之中，还可清楚地看到带有拍子的铜饰件是朝外放的。这一发现使我认识到我一向认为饰件想必是朝里放可能是错误的，至少是不全面的。这虽是微小细节，无关宏旨，却说明了家具研究，品种渐由少及多，并从过去的实物观察，进而到探索当时使用情况，正一步步向前跨迈。

家具研究在文艺复兴镇更是方兴未艾。他们已经成立了中国古典家具学会，在艺术杂志上刊登广告，征求会员，向全世界发出了同声相应、同气相求的号召。学会还编印出版纯学术性的季刊，印刷精良，图片绚丽。

全球性的中国古典家具热从一方面来说是形势大好，过去拆毁祖宗遗物，改制成胡琴、秤杆的日子是一去不复返了。但另一方面又存在着不少问题，使人感到忧虑和不安。举要言之如下：

1. 国家文物系统开办古典家具鉴定班，学员来自四面八方，每期一两个月，力气没少用，钱没少花，但用心听讲，回去还继续研究的不多，以致收效甚微，验关鉴定，还是缺人。国家工作人员，远不及“倒爷们”肯玩命地往里钻。因为倒爷一旦入了门，便生财有术，说不定能日进斗金。现在倒爷甚多，足迹如水银泻地，无孔不入，搜求家具已深入到穷乡僻壤，以致近几年被倒出去的按规定不得出口的家具，数量上超过历史上任何一个时期。这样下去，难道今后研究古典家具，真要到国外去留学不成！？

2. 由于古典家具热，全国各地生产厂家、作坊，多如雨后春笋，遗憾的是粗制滥造，庸俗不堪的占多数。他们的生产方法是限工限价，将定活包给木工。木工为了多得一些，只有加快制作。其结果必然是远看似是而非，近看一无是处。这样不仅损害我们的出口贸易，而且今后再也培养不出能工巧匠，精湛的古典家具工艺将断送在我们这一代人之手！

3. 由于家具热，提高了它的经济价值。公私藏家，凡有伤损开胶，需要重修之件，都被较快地提到日程上来。但由于缺少明白人监督指导，对工人提不出严格而合理的要求，听凭他们操作，很容易造成破坏性的修复。因为一般中青年工人，没有修复硬木家具的经验。即使请到了有经验的老工人，如不容许他按照合理的规程精心修理，而主观地限定工额，也会迫使他不得不草率从事。据闻有的木工不把榫卯拆卸打开，洗净重粘，而竟用锯锯断榫头，一粘了事。有的不用传统鱼鳔，而用不溶于水的化学粘剂，如此“修”后，以后休想再修。有的竟不打蜡而刷上一层贼亮的清漆，把花梨、紫檀弄得像廉价的塑料，很难更复旧观。这些恶劣的做法，不仅使人啼笑皆非而实在是缺了大德。笔者建议所有公私藏家，尤其是博物馆、文物商店、贵宾宾馆应当认真检查，加强监督，慎勿使破坏性修复为古典家具带来又一次大厄。

以上拉拉杂杂，说了一些，只是据所见所闻，反映情况。由于既报喜，又报忧，难免有不中听的地方，但自信出发点是善意的。

原载1991年7月21日《中国文物报》，题名为《从“中国古典家具热”说起》

# 明式家具五美

如果哪一位有机会去美国参观几家大博物馆，如波士顿美术馆、纽约大都会美术馆、费城美术馆、甘泽兹城奈尔逊美术馆等，或许会惊奇地发现它们都有陈列中国古典家具的专室。如果哪一位为了考察我国博物馆事业，巡游各省市，或许会失望地发现目前只有上海博物馆有一间陈列明清家具的专室。

我国博物馆缺少家具陈列室的主要原因是由于中国文物太丰富了。许多重要收藏的文物都未能一一开辟专室，家具自然更难排上队。对家具重视不够，也是一个原因，认为它是日用工艺品，艺术价值高不到哪里去。这种看法有一定的道理，但也存在着偏颇。

我国传统家具的艺术价值，在世界上越来越得到公认和推崇，有的特点是外国家具所不具备的。概括言之，殆有五美：

首先是木材美。传统的考究家具多用硬木制成。珍贵的硬木或以纹理胜，如黄花梨及鸂鶒木。花纹有的委婉迂回，如行云流水，变幻莫测；有的环围点簇，绚丽斑斓，被喻为狸首、鬼面。或以质色胜，如乌木紫檀。乌木黝如纯漆，浑然一色；紫檀则从褐紫到浓黑，花纹虽不明显，色泽无不古雅静穆，肌理尤为致密凝重，予人美玉琼瑶之感。难怪自古以来，又都位居众木之首。外国家具则极少采用珍贵的硬木材料。

其次是造型美。传统家具不论是哪一品种，成功之作的比例权衡，无不合乎准则规范，但又没有严格限定，匠师们有充分的创作自由。可贵且使人惊叹的是每一件的空间的虚实分割，构件的粗细短长，弧度的弯转疾缓，线脚的锐钝凸凹，都恰到好处，真有增一分则太长，减一分则太短之妙。尤其是简练淳朴一类，更使海外工艺家佩服得五体投地，认为已远远超前，望尘莫及。因而竞相乞灵于一桌一椅，一杌一床。当代北欧等国的设计，可以明显看到受我国的影响。对造型复杂家具的认识，也开始有了转变，如围栏立柱的架子床，大量使用绦环板的屏风，他们也渐渐能领略制者的匠心，欣赏器物的神采。

第三是结构美。传统家具把大木梁架和壶门台座的式样和手法运用到家具上。由于成功地使用了“攒边装板”及各种各样的枨子、牙条、角牙、短柱、

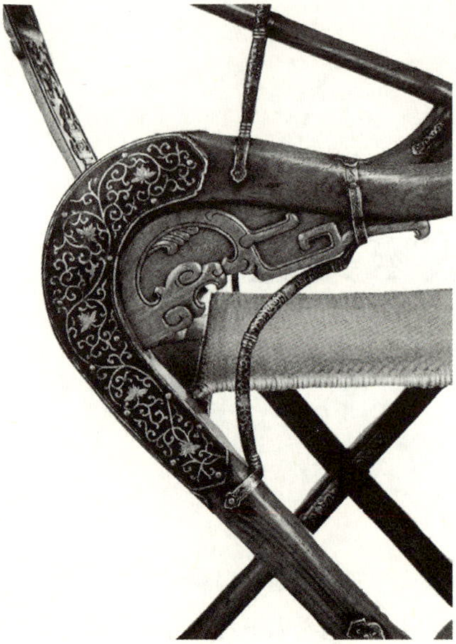

黄花梨交椅上的铁镂银饰件

托泥等等，加强了结点的刚度，迫使角度不变、整体固定。我国的榫卯工艺更可以毫不夸张地说是世界家具之最。由于使用了质地坚实细密的硬木，匠师们可以随心所欲地制造出互避互让但又相辅相成的各种各样、精巧绝伦的榫子来。构件之间，金属钉销完全不用，鳔胶也只是一种并不重要的辅佐材料，仅凭榫卯就可以做到上下左右，粗细斜直，连结合理，面面俱到，工艺精确，扣合严密，天衣无缝，间不容发，使人欢喜赞美，叹为观止。对比之下，外国家具离不开螺丝钉销，金属构件。中国的榫卯，实非他们所能梦见。

第四是雕刻美。明清家具，不少雕刻精美，超凡脱俗，焕彩生辉。技法众多，表达能力大大增强。约略言之，有阴刻、高低浮雕、透雕、圆雕及两种乃至多种技法的结合。题材则灵芝卷草，鸾凤螭龙，飞禽走兽，山水楼台，人物故事，八宝吉祥，无所不备。雕刻效果又和木材有密切关系。只有硬木，尤其是紫檀，受刀耐凿，容人细剔精镂，不爽毫发。再经打磨拂拭，熠熠生光。更加突出了中国家具的雕刻美。

第五是装饰美。古代匠师善于利用不同木材镂刻填嵌，互作花纹、质地，如黄花梨嵌紫檀、乌木或楠木，紫檀嵌黄杨、黄花梨或鸂鶒。嵌件上再施雕刻，借色泽之异，粲然成文。至于采用各种珍贵物品，如玉石、玛瑙、水晶、象齿、螺钿、琥珀等作嵌件的所谓“百宝嵌”，始于晚明扬州，运用到家具上，更是珠光宝气，异彩纷呈，取得了装饰的最高效果。即使是家具附件，诸般金属提环拉手，面叶吊牌，垫线包角等等，也无不起装饰作用。交椅上的镂金、镂银饰件（彩图1），与嵌金嵌银近似，但更饶古趣幽情，无喧炽秾华之憾，把人们带到了更高的装饰境界。

# 题弘昼书床围

清世宗胤禛第五子弘昼，《清史稿》卷二百二十有传。称其少骄抗，上每优容之。性奢侈，雍邸旧赀，上悉以赐之，故富于他王。好言丧仪，谓人无百年不死者，奚讳为。尝手订丧礼，坐庭际，使家人祭奠哀泣，岸然饮啖以为乐。昭梿《啸亭杂录》卷六《和王预凶》一则亦言其性骄奢，曾以微故殴果毅公讷亲于朝。又谓其嗜弋腔曲文，将《琵琶》、《荆钗》诸旧曲皆翻为弋调演之，客皆掩耳厌闻，而王乐之不疲。并作诸纸器，为鼎、彝、盘、盂等物，设于几榻间，以代古玩。余尝睹其一纸盘，仿定窑式而文致过之，宛然如瓷物，亦一巧也。据上可知弘昼固骄恣乖僻，而耽爱音乐、戏曲、工艺制作，实一艺术家也。家青老弟偶得残存床围，三面镌弘昼草书，字径逾寸，神采而有法度。所书皆纵情山水，寄兴笔墨语。末谓“得此乐者甚稀，其不为外物移其好者，又特稀。余颇知此趣，恨字体不工，不能到古人佳处。若以为乐，则自然有余”。率真而能道出其情趣，弘昼为艺术家，愈信而有征矣。

己卯冬月畅安王世襄

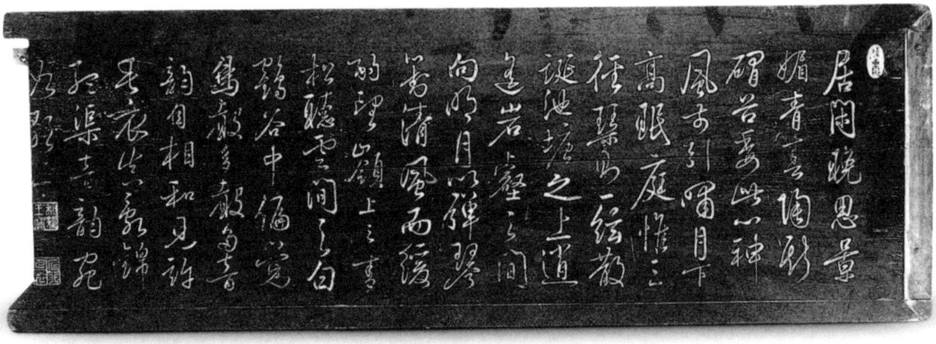

清弘昼题罗汉床三面床围

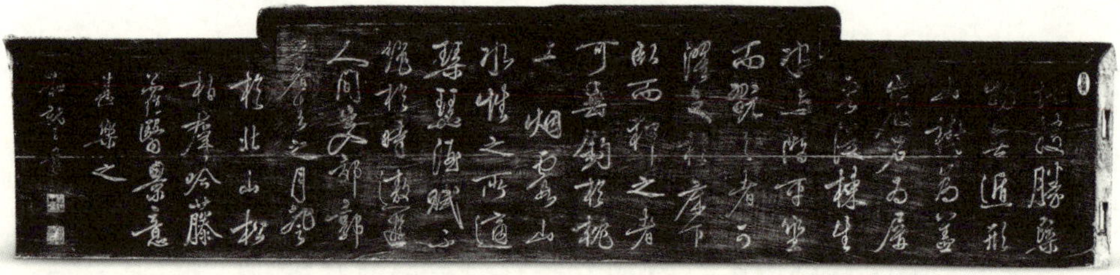

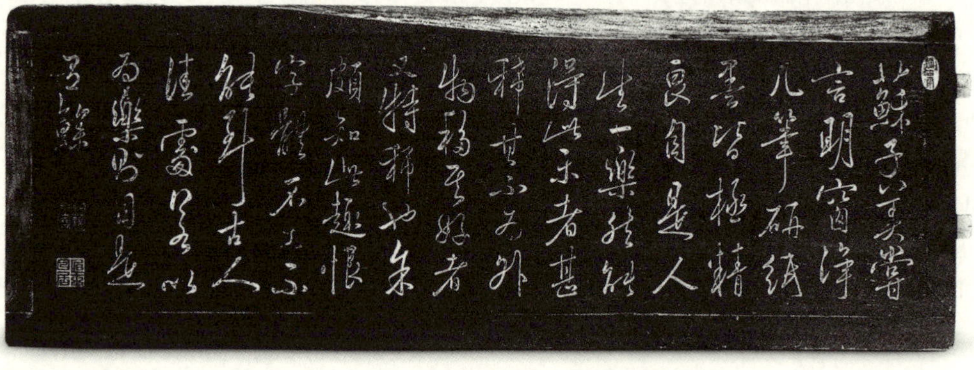

# 案铭三则

1997 年以来，曾为三具画案作铭。第一具是花梨木大案，铭曰：

> 大木为案，损益明斫。
>
> 椎凿运斤，乃陈吾屋。
>
> 庞然浑然，鲸背象足。
>
> 世好妍华，我耽拙朴。
>
> 郭君永尧，赠我巨材。与家青商略兼旬，始制斯器。绳墨操斧者陈萃禄，刳劂铭文者傅君稼生也。丁丑中秋王世襄。

已经是七八年前的一次出行了，我去浙江慈溪参观旧家具市场，获识瑞永工艺公司经理郭永尧先生。他经营仿古家具，厂房院中堆置大量硬木木材。最大花梨圆木，横置地面，高及人肩，系由泰国输入。后因禁止出口，遂不可再得。我提出请求，希望在开料时给我留一块厚板，作画案面板之用。承蒙郭君同意。

郭君重然诺，三年后忽来电话，告知大材即将剖锯。我立即绘制画案草图，标明尺寸寄往，不久即用集装箱运到北京。付款时，郭先生说："你出了几本明式家具书，我们大大受益，赚了不少钱，案料理应奉赠。"我坚决不同意。几经"争执、交涉"，才按当年进料成本，外加增值之数，勉强收下。郭君盛情可感。

画案结构为夹头榫式，由五个部分，即：案面、两根长牙子、两个由双横枨连接腿足的支架组成。造型简练，连侧端的牙子都省略掉了。任其空敞，不交圈，故铭文曰"损"。独板面板，厚 8 厘米，纵宽为 270.5 × 91 厘米。重量没有称过，估计在 300 至 400 公斤之间。腿足断面扁圆形，周长 47 厘米，其硕大粗壮均为明式桌案所未见，故铭文曰"益"。八句铭文只有两句较为形象——"庞然浑然，鲸背象足"。横置室中，稳如泰山。

花梨大案铭文

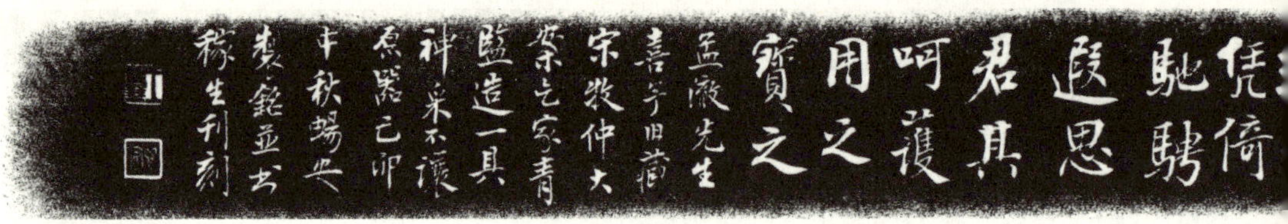

紫檀大案铭文

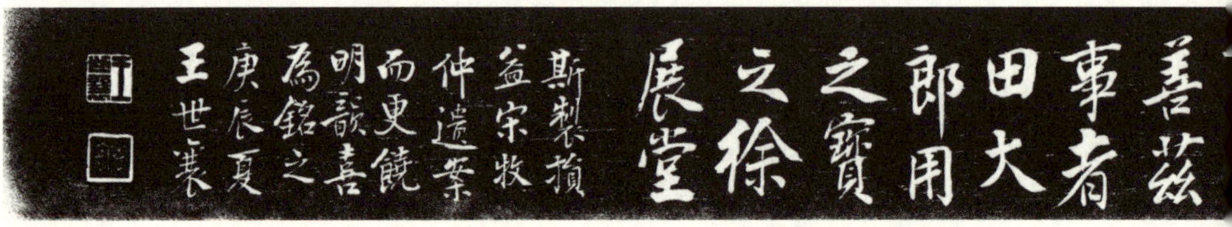

紫檀大案铭文

既可高叠图书压不垮，展开长卷任挥毫，真是快哉！快哉！

第二具是田家青为何孟澈先生制作的紫檀画案。铭曰：

紫檀作案，遵法西陂。
黝如玄漆，润若凝脂。
可据览读，得就临池。
宜陈古器，赏析珍奇。
更适凭倚，驰骋遐思。
君其呵护，用之宝之。

孟澈先生喜予旧藏宋牧仲大案，乞家青监造一具，神采不让原器。乙卯中秋，畅安制铭并书，稼生刊刻。

清初文学家兼收藏家宋荦，字牧仲，号西陂。所遗大案（见拙著《明式家具珍赏》页115、174、175），即刊有红豆馆主（溥侗）题识，现陈置在上海博物馆展室者。孟澈先生久居香港，现在英国牛津大学攻读医学博士，对祖国传统文化十分崇仰，读古籍、学书法，日以为课。亦喜收藏文物，时时赏析摩挲，故铭文及之。

此案之可贵亦在其硕大，长宽均已超过西陂的原器，传世紫檀画案亦罕与匹。

第三具是徐展堂先生烦请田家青制作的紫檀画案。铭曰：

紫檀美材硕且长，
循古思变存其良。
斫成大案生奇光，
莹润不让陈包浆。
善兹事者田大郎，
用之宝之徐展堂。

斯制损益宋牧仲遗案而更饶明韵，喜为铭之。庚辰夏王世襄。

此案的特点在格外长大。由于紫檀无大料，故大件的紫檀家具十分珍贵。据往日所见，以同仁堂乐氏捐赠给故宫博物院的夹头榫带托子画案（见拙著《明式家具研究》页134）为最大。尺寸是231×93厘米，高85.7厘米。当年放在鲁班馆家具店店堂，索价相当于一所中小型四合院。协和医院著名脑科专家关颂韬大夫多次前往洽购，绕案多匝不能去，终因价昂难谐，后为乐氏所得。今案的尺寸是238×105厘米，高83.5厘

米，超过带托子的一具，故堪称第一大案。家青曾说起物色紫檀大料的体会：“做大案只要有了两根大边，其余部位都好办。如要求大案的长度增一寸，其难度就要加几倍。”正说明紫檀粗长正直，中心不空之料实在罕有。此案的两根大边是在上千根大料中选出的，仅此一点，就足以论定此案为稀世重器。

“循古思变存其良”是说此案虽循西陂遗制，但又有更易。如牙条两端不再浮雕回纹，显得更为古朴。云纹牙头由于案面的加大而增长，以期符合比例权衡。正面、侧面的侧脚都加大，即北京匠师所谓的加大跑马挓和骑马挓借以增加大案的稳定性。凡此改进，都是经过缜密思考，精心设计的。为此铭文末句叮咛展堂先生要“用之宝之”。

说起这三具画案，不免要提到参加制作的各位同志。“善兹事者田大郎”，给家青老弟开了一个小小玩笑，他当不致以此为忤。他自然是三案的主要设计者和监制者。十多年来他潜心研究家具史和制作工艺，著述日富，蜚声中外。精制“明韵”系列，严肃认真，一丝不苟，成品为识者所珍。尤其是手执斧凿，躬身操作，追求获得最真实、最直接的经验感受，这正是我想做而没有做的。说得更准确一些，正是我想做但又做不了的。使我自叹弗如。陈萃禄同志为花梨大案付出劳动，名见铭文，意在破除轻视工匠、古代家具从来无制者署名的陋习。剞劂铭文的傅稼生先生，在荣宝斋雕镂彩色水印木板有年。以刻宋元名画、明清笺纸之手来刻铭文，自然是游刃有余。墨拓铭文，请傅君万里为之。他是已故传拓圣手傅大卣先生的哲嗣，克绍箕裘，以此技艺已为文物工作做出重要贡献。

拙作三铭，乃游戏之作，原无足称道。今得以墨拓博得读者一哂，似略具古趣，视手书为胜。我感谢铭文的刻者，也感谢铭文的拓者。

2000 年重阳

## 附记：

家青近制大架几案，铁梨面，长340厘米，宽逾60厘米，厚11厘米，莹洁无瑕，巨材也。紫檀架几，四足有托泥，镶圈口起边线。雄伟壮丽，得未曾有。喜为铭曰：

紫檀架几铁梨面，
莫随世俗论贵贱。
大材宽厚品自高，
相物知人此为鉴！

癸未元月世襄八十有九

架几案

# 记明万历缠莲八宝纹彩金象描金紫漆大箱

50年代中期某晚，经吴学荣介绍，前往广渠门附近一曾业古玩者家购得此箱。胡同方位及名称早已茫然，只记得地甚偏僻，主人出门许久始找到三轮车。搭箱上车，绳索固定，已不能再坐人，我只得在车后推搡，快步进入崇文门，不久即抵家，此景犹历历如昨。当年得益于放鹰逐兔，快跑四五里，不在话下也。

此箱最早于《髹饰录解说》中述及："彩金象描金，可以万历款缠枝莲纹大箱为例。原有底座，已散失。漆地紫色，四面及盖顶以回文作边，各描绘莲纹十六朵，分作四排，以枝叶串连；每朵上承八宝（轮、螺、伞、盖、花、罐、鱼、肠）一件，金色分深浅。花蕊、花瓣用赤色金，球状花心及枝叶用正黄色金。双鱼鱼身用赤色金，鬐鬣用正黄色金。其他各宝也用两种金色分层次。款在盖里，正中直行泥金楷书'大明万历

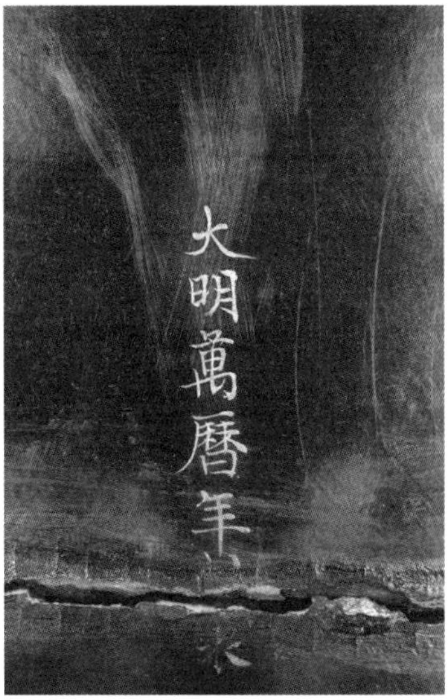


箱盖内年款

万历缠莲八宝纹彩金象描金紫漆大箱

年制’。花纹做法是先在紫漆地上用漆作描绘，干后用黑漆勾纹理。两种不同的金彩，分两次贴上，最后在花纹上勾金色纹理。箱前面正中有鼻纽，以备穿钉上锁。背面有铜铰链三枚，两侧面各有铜环。又因箱盖无子口，所以在前面的鼻纽两旁，各安桃形铜饰一枚，两侧面各安铜饰三枚，目的在代替子口作用。这是明代宫廷的做法，民间箱簏，尚未见过。”（彩图 2）

此后又于《明式家具研究》中言及此箱。因列在几种箱具之后，为避免重复，述说从简。但指出箱盖下未见有平屉痕迹，也无抽屉。此乃就明代几件同类大箱比较而言。

1983 年编写《明式家具珍赏》，此箱未能收入。因“文革”后发还首批抄家文物，均用卡车运入故宫博物院。其目的在让故宫得以从中挑选，扣留认为值得由故宫收藏之文物。为此故宫曾成立挑选组，有多位专家参加。其中以工农出身之魏松卿研究员最为积极，共扣留尚均雕红寿山螭纹印泥盒、铜炉等数十件，此箱亦在其中。因此我未能将它编入《珍赏》一书中，否则早已随同收入《珍赏》之明清家具七十九件入藏上海博物馆矣。两年后吴仲超院长发现扣留抄家文物，不符合国家政策，决定全部发还给原主。1989 年我编写《明式家具研究》遂得将箱收入该书。

# 记清黄花梨小交杌

1950年代，德胜门外马甸小高，以晓市买卖旧物为生。一日送交杌至我家，购之。

1983年编写《明式家具珍赏》，此件收作实例（见页70，编号30），说明如下："由八根直材构成，是交杌的基本形式。其制作年代可能晚到清中期，但与宋人摹《北齐校书图》中所见，已无差异。可见民间日常使用的交杌，千百年来一直保留着它的原来结构。"

1992年香港庄贵仑先生为纪念其先人，拟购买拙藏明清家具，捐赠上海博物馆，成立专门陈列室。予欣然同意，并有诺言："只要先生自己一件不留，全部捐给上博，那么我用了四十年搜集到一起的并已编入《珍赏》的家具七十九件也一件不留，全部奉上。"同时我还不计所值，给多少是多少，决无二议。就这样明清家具七十九件，于1993年2月全部入藏上海博物馆。

此件小交杌，原为我所有，而现仍在我家，却不在七十九件之内。是何缘故，说明如下。

1962年10月，中国音乐研究所负责人通知我，已摘掉"右派"帽子，即日调回文物局，分配到文物博物馆研究所工作。上班后，我上书所长姜佩文，请求用一部分时间从事古代家具研究。随即得到所长的批准。为了绘制家具图，承蒙杨乃济先生（古建筑专家，梁思成先生高足）慨允，愿大力协助，不接受任何酬报。此事对研究所本是一项无偿的贡献。不料为了在所中工作室支架一块绘图版，竟遭到中层领导的种种刁难，拖延数月，不予安排。随后他又联合人事处处长李某及由小器作工头转为干部、以欺凌工人而不齿于人的某甲，召开斗争会，对我进行批判。绘图一事自然也被取消。

我本以为"右派"摘帽后，应当可以回到人民中间。到此方知"摘帽右派"早已成为一种身份，和"右派"并无差异，随时都可以对具有此种身份的人进行管制、歧视。中层领导自己干不了，也不愿看见有别人干。一心向上爬的最善利用欺凌右派来表现自己进步，某甲就是以此起家的。现在研究所新调来一个"摘帽右派"，自然大有文章可做了。此时我也明白全国各单位都是如此，我又何必耿耿于怀。不过专程上门义务绘

清黄花梨小交杌
面支平 47.5×39.5 厘米，高 43 厘米

图都会遭到拒绝，未免使乃济兄感到很不愉快。我也为有负他的美意而不安。为此我将小交杌赠送给了他，聊表寸衷。1983 年我编写《珍赏》，将交杌借来拍照，拍后即送还。在《珍赏》交杌图下及书末收藏者一览表中均注明“杨乃济藏”字样。我与庄先生洽谈转让家具时，小交杌非我所有，自然不能列在七十九件之内。

在家具全部入藏上海博物馆之后，一日乃济兄忽挟交杌来。言称：“你的家具都已没有了，不感到有些失落感吗？这一件还是还给你吧。”其意甚坚，我只好将它留下，因此交杌现仍在我家。

# 记北楼先生自制楠木画案

画案由面板、小箱、大箱各二组装而成。拆卸后，面板、小箱可装入两具大箱，一人肩挑而行。尺寸如下：

画案组装后：

案高84厘米。案面164×82厘米。

案足足底占地面积174×92厘米。

画案拆卸后：

案面板两块，每块厚3厘米，横纵82×41厘米。

小箱两具，每具高33厘米。横纵82×41厘米。

大箱两具，每具高54厘米。横纵92×51厘米。

此案经北楼先生亲自设计并绘图，延工监制。儿时在墨茶阁，翘足立案旁，注视舅父挥毫，情景犹历历如昨。“文革”中案被抄。归还时钱粮胡同故居被挤占，无地可容，只得交付商贩。襄闻讯，购之于北新桥旧家具店。时吾家亦狭隘不堪，只不忍见其流落，恐遭毁灭耳。

画案小箱两具，均有抽屉，但数量及抽拉方向并不相同。两小箱分别放在左右大箱之上，位置可以左右对调。两具大箱各有两个抽屉，均向后抽拉。但大箱可掉头摆放，抽屉之抽拉方向也随之改变。大箱位置也可以左右对调。画案可根据个人需要，及室内空间情况，变换大小箱的安放方法，以期达到合理使用的目的。

特备图片六幅，可看到画案如何经过拆卸，装入两具大箱。同时还绘图示意，说明为了适合不同使用者的要求，如何变换摆放方法。

图1为画案组装完成，可供使用的情况。

图2同上，只左侧小箱的两个抽屉和右侧大箱及小箱的两个抽屉都稍稍拉开。

图3可见画案面板已卸下，置大箱顶面落堂上，尚未放入其内。案面板两端，安木条抹头，两端各装走马楔两个，与小箱一侧的上边框连接。走马楔为铜制，在抹头上凿槽安榫头，小箱边框上凿槽安卯室，榫头可拔出或推入。推入后榫头全隐不外露。

两具小箱已从大箱上搬到地面。两具大箱的抽屉均已拉开一些。

图4右侧的小箱已装入大箱的两具抽屉中，但尚未将其推入大箱。左侧小箱已装入大箱的一个抽屉中，另一抽屉

图 1

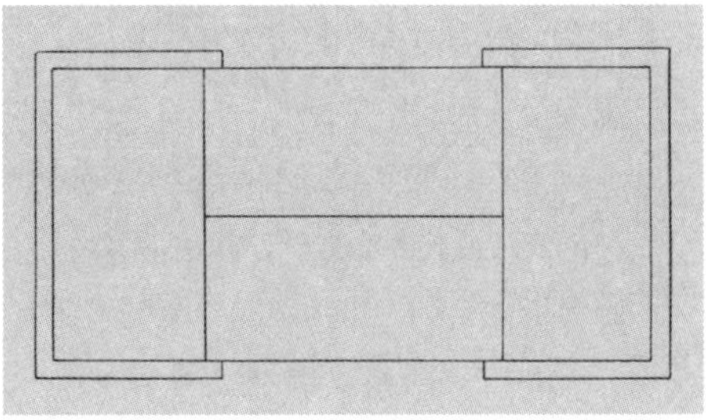

线图 1　画案俯视图

图 2

图 3

图 4

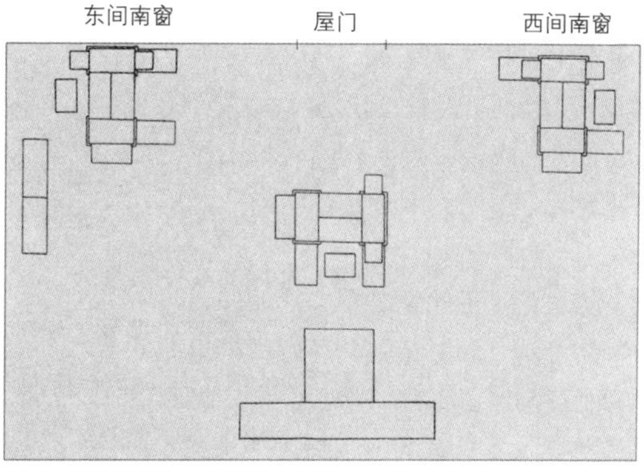


线图 2　画案不同摆法示意图

图 5

图 6

则扣在地面上，有待扣到小箱之上。

这里有待说明的是大箱两个抽屉的特殊构造：一般家具如上下有抽屉，中间一定设隔板，否则上者压下者，无法开启。此案为了大箱要容纳小箱，故两屉之间不设隔板，而在上一抽屉之侧面安木条，大箱两帮内侧开槽，做成轨道，用木条及轨道架住上一抽屉，不使下压。更因轨道位居上抽屉帮之正中，抽屉既可朝上，又可朝下推入大箱。抽屉朝上时仍可存放物品，朝下倒扣时，上下抽屉之间有足够空间容纳小箱。图中两具抽屉侧帮上的木条轨道，明晰可见。还有上下抽屉之高度也不同。上高 18 厘米，下高 22 厘米。上低下高，也是为了减轻上者向下的压力。

图 5 可见左侧大箱已将装有小箱的两个抽屉完全推入。右侧大箱也已装好小箱，抽屉尚未全部推入。

图 6 可见两块案面已分别装入两具大箱顶面的落堂内。大箱只待捆绳肩挑了。

以下用线图 2 假设在不同情况下画案的不同摆放方法。

假设画家右手用笔，准备将画案放在三间北房东侧一间。案右端靠南窗摆放，以利取光。画家座位在案后，面朝西，背对东壁。沿壁置书架、柜格，故案后所余空间不大，而案前则较空敞。因此摆放两具大箱使其正面朝前，抽屉向西抽拉，关启全无阻碍。案右端小箱，有抽屉四具，前后各二，抽拉亦甚便。左端小箱抽屉两具，横宽而纵浅，朝北方向抽拉，其空间可能更大于案前。

再假设使用者愿将画案放北房正中一间，座位设在案后，面南而坐。为了取物方便，不必离座即可拉开抽屉，故摆放大箱与前例恰好相反，使其正面朝后，抽屉向北抽拉。至于两具小箱，左右亦可易位。因大箱顶面落堂尺寸与小箱底部尺寸均按规定大小制作，故可随意调换两小箱的摆放位置。

再假设主人用左手书画，则可将案放在西间，贴靠南窗，以利取光。画家座位在案后，面朝东。为了便于出入方便，右侧大箱不妨正面朝东，左侧大箱正面朝西，各自向前或向后抽拉。

如上所述，足见此案之制，曾经吾舅精心设计。思考周详，形制巧妙，乃为其早年南北往返频繁而特制者。仅此一端，已允当摄影著录，藉见匠心。不仅其为一代名家之遗物也。

# 髹漆

# 扬州名漆工卢葵生

扬州自古以来就是一个有名的城市，尤其是自乾隆初年以后，由于经济、政治、交通种种关系，使它成为长江下游最繁华的都会之一。18世纪末叶李斗所著的《扬州画舫录》，详细记载了当地的风俗、社会以及技艺百工，使人想象到盛极一时的情况。嘉庆道光之间，在扬州能出现卢葵生这样一位名漆工，和他所处的时代背景是分不开的。

卢葵生，名栋，世业漆工，从他的祖父卢映之起，便以善制漆器闻名扬州。钱泳《履园丛话》有关于镶嵌漆器的一段记载，说明这种髹漆工艺的传统，在扬州至少可以上溯到明代。

> “周制”之法，惟扬州有之。明末有周姓始创此法，故名“周制”❶。其法以金、银、宝石、真珠、珊瑚、碧玉、翡翠、水晶、玛瑙、玳瑁、车渠、青金、绿松、螺钿、象牙、蜜蜡、沉香为之，雕成山水、人物、楼台、花卉、翎毛，嵌于檀、梨、漆器之上。大而屏风、桌、椅、窗槅、书架，小则笔床、茶具、砚匣、书箱，五色陆离，难以形容，真古来未有之奇玩也。乾隆中有王国琛、卢映之辈，精于此技。今映之孙葵生亦能之。

卢葵生不仅能制镶嵌漆器，据《画林新咏》，他也是做雕漆的能手❷。《扬州画舫录》所载，以制雕漆致富的夏漆工，住家在扬州头巷，与卢葵生的住宅所在地——钞关门埂子街达士巷相去不远，都在小东门附近，所谓小秦淮一带。夏漆工的时代，约与卢映之同时。这样一位前辈，他一定会或多或少给卢葵生一些影响的。

卢映之以能仿制宋宣和漆沙砚著名，但他的髹漆技艺，实在是多方面的。乾隆时诗人袁枚，曾为卢映之所制的都盛盘（盛放各种文具的盘）作铭（见《小仓山房文集》卷二十四）。袁枚一开头便说“卢叟制器负盛名”，妙处在胎子胶得坚固，漆汁上得透滑（“其漆欲测❸胶欲坚”），接着说他善于制造各种不同的器物：“梡（几）、嶡（俎）、㡛（洗丝用器）、匡（筐子）、椒（木盘）、禁（承酒尊器）、檠（笾豆），饰雕所到罔勿精。”后来还用“阴花细缬珊瑚明，赪霞隐隐东方生”来形容漆器的鲜艳色彩。

卢映之的精湛技巧被卢葵生继承了

❶ 所谓“周制”，当指周翥所制的漆器。见谢堃《金玉琐碎》。明隆庆时黄大成《髹饰录》讲到“百宝嵌”，实与“周制”相同。故钱泳说“明末有周姓始创此法”，不可信。

❷《画林新咏》：“雕漆亦宋人旧制，扬州卢葵生制果合极工。”并有诗曰：“不羡前朝果园厂，扬州刻手说卢家。”

❸ 测，清也。《考工记》弓人“漆欲测”。

下来，并且还有一定的发展和提高。从前人的记载来看，卢葵生的名气也似乎超过了他的祖父。《桥西杂记》称：“漆沙砚以扬州卢葵生家所制为最精……凡文玩诸事，无不以漆沙为之。制造既良，雕刻山水花鸟之文，悉臻妍巧。”《萝窗小牍》也称：“卢栋，扬州人，善髹漆，顾二娘之砚匣，多其手制，其用朱漆者尤精。上刻折枝花卉或鸟兽虫鱼，皆非寻常画工所及。合作者始刻名款，否则止用葵生小印而已。”

以上提出了一些与卢葵生有关的文献材料，下面将要介绍卢葵生的漆器实例。根据目前搜集到的实物，准备分镶嵌、雕刻及造像三类来说。

## 一　镶嵌

（1）嵌梅花纹漆沙砚（图 1.1—1.6）

卢葵生制的漆沙砚，一般在砚台盖上都有装饰，有的雕刻花纹，有的镶嵌图案。在我们所见到的各件之中，要以赵元方先生所藏的一方最为精美完整。由于砚盖的花纹镶嵌，成了整个器物的最精彩部分，所以现在放在这一类里来讲。

这方砚台装在一个带瘿木纹的楠木匣子内。抽开匣盖和蓝色锦糊的里盖，一个装着四个小轮子的活屉，盛放着砚台。活屉中间还有夹层，里面贮放仿单。这个精巧而使人难于意料的匣子，可以说是一套完整的装潢艺术，所以不惜繁琐，在此附带叙述一下。

砚台本身宽 8.5 厘米，长 14.6 厘米，厚 1.9 厘米。黑色，内含带闪光的极细沙粒。其中有无胎骨，不详。从漆砚的质地来看，粗细约与歙石相等，似乎还相当发墨。体质很轻，只重 119 克，远远轻于体积同样大小的石砚。墨池凹下，

图 1.1　嵌梅花纹漆沙砚砚盖

图 1.2　嵌梅花纹漆沙砚砚底（正面）

图 1.3　嵌梅花纹漆沙砚砚底（背面）

图 1.4　嵌梅花纹漆沙砚砚盒活屉及仿单

漆沙硯記
邗上盧君葵生以漆沙硯見惠且告予曰康熙丁酉春先大父
於南城外市中買得一硯上有宋宣和內府製六字其形質頗
澄泥而絕輕入水不沉甚異之久後知其爲漆沙所成授工仿
造既竭心思始克盡善用之者咸謂得未曾有冬心先生金農
撰有銘其法遂傳於今予惟硯之品頗夥產於天者端溪稱首
爲於人者澄泥盛行而遠今日端溪老坑採鑿已罄澄泥失傳
粗疏弗良求硯之難殆同趙璧若此漆沙有發墨之樂無殺筆
之苦庶與彼二上品媲美矣適當厥時以濟天產之不足且補
人爲所未備宣和遺製爲利誠博然非葵生令祖映之先生精
識妙悟又安能遠續於六百年後如出一手哉予因亦銘焉復
作此記至於先生爲人樂易近道高雅通古極爲杭人袁枚簡
齋所稱許見彼集中葵生能世其家尤擅六法優入能品文溝
多文學之士異日必更值來蕭高似孫之倫或以史或以箋志
而筆之大顯於世予之此作蓋特其嚆矢云爾
道光丙戌伏前一日元和顧千里撰時年六十有一

图 1.5 顾千里《漆沙砚记》

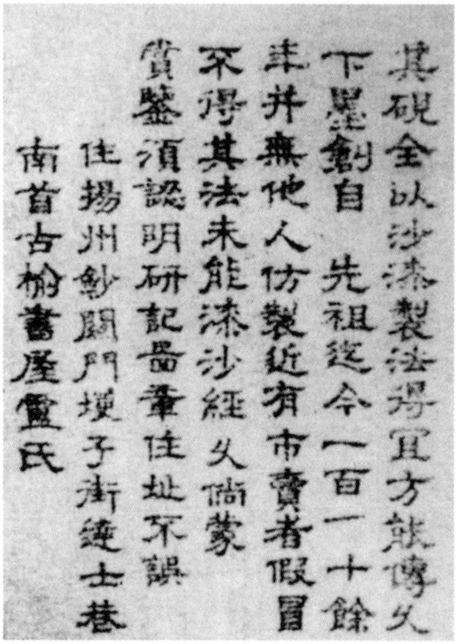

其硯全以沙漆製法得宜方能傳久
下墨創自 先祖迄今一百一十餘
年并無他人仿製近有市賣者假冒
不得其法未能漆沙經久倘蒙
賞鑒須認明研記圖章住址不誤
住揚州鈔關門埂子街缍士巷
南首古榆書屋盧氏

图 1.6 “卢葵生制”仿单

一端深 0.6 厘米，另端深 0.8 厘米。砚侧刻阴文篆书“葵生”两字。

砚台的底及盖，外面都上紫漆，黑漆里。底外面有四乳足，中间凹入部分，也是黑漆；正中有“卢葵生制”阳文印（1.55 厘米见方）。经仔细观察，此印是用图章蘸朱漆钤盖上去的，并非用笔写成。

砚盖嵌折枝梅花两本，一直一弯，掩映取势。梅花用螺钿琢成，花瓣饱满，光彩耀目。全开的一朵，花心用红色小料珠嵌成。花蕊及须光都用阴文刻出，但由于螺钿的闪光反射，却予人立体的感觉。梅枝及梅萼都用椰子壳雕成。椰子壳本身颜色深浅不匀，且有高低不平的地方，用它来作树枝，很自然地表现了枝干的鳞皴及节眼。它是一种经济、省工而效果又好的材料，可能是经过一定时期的思索试验才找到的[1]。全部花纹镶嵌都高出漆面，与《髹饰录》所谓“磨显”的钿嵌（镶嵌与漆面平的）做法不同。

难得的是这方漆砚还保存了卢葵生的两张原来仿单。较小的一张，红纸隶书，详细书明卢家的地址。从谨防假冒的声明来看，说明仿制漆沙砚者当时已大有人在。较大的一张，牙色纸楷书，刊印了顾千里的《漆沙砚记》[2]（作于 1826 年）。其中讲到卢映之仿制宋宣和漆沙砚的经过及卢葵生在绘画方面的造诣（“尤擅六法，优入能品”），它对我们理解卢葵生何以能在漆器上作出富有画意的文饰来是有帮助的。这是髹漆文献中一篇值得参考的文章。

（2）黑漆背嵌梅花纹琵琶（图 2）

与上述砚台盖镶嵌方法相同而更为精工的是一件嵌梅花纹的琵琶（高 97 厘米，最宽 25.5 厘米）。它虽没有卢葵生的款识，但从制作来看，可以肯定是他的作品无疑。

琵琶的槽背较大，容易施展，所以在构图上看得出更加用心了。梅花一本，老干疏花，颇有金俊明的意趣。

镶嵌所用的材料，与砚台盖完全相同，只是花萼改用朱色雕漆，干上还用绿色染牙作苔点，显得格外倩丽。左侧上部用螺钿嵌出五言诗两句："朗月侵怀抱，梅花寄指音。"下署"自在主人识"及"匏田"椭圆一印。右侧邻下两块图章，上一方刻"行有恒堂"四字，用鸡血石制成；下一方刻"定府珍藏"四字，用田黄石刻成。两方图章都用螺钿镶出边框[3]。梅花的构图、题诗及押脚图书的部位，完全采用了中国花卉画的传统方法。

琵琶的其他部分，制作也见匠心。如"项"用白色料，上下配碧玉片，"品"用湘妃竹条，"轴头"用黄杨木，"缚弦"用紫檀木，上有嵌银丝的图案。经过选择的材料，组合起来，使这件乐器成为一件精美绝伦的美术工艺品；再加上漆背已有断纹，古色古香，令人爱不释手。

## 二 雕刻

卢葵生的阴文雕刻可以他所制的三把锡胎漆壶和木胎臂搁为例：

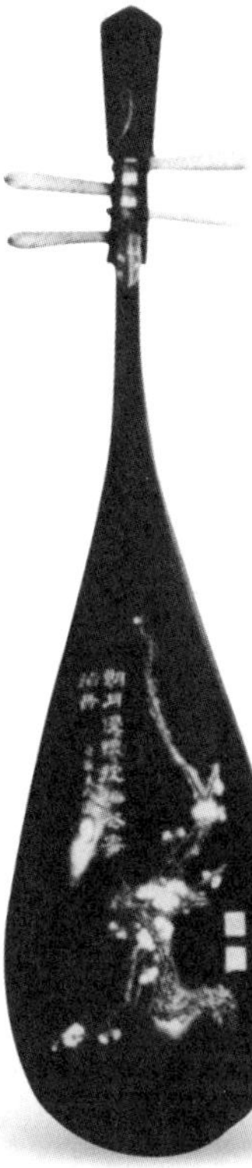

图 2　黑漆背嵌梅花纹琵琶

图 3.1　刻铭文角屑灰漆壶（正面）

图 3.2　刻铭文角屑灰漆壶（背面）

❶ 1954 年冬在西单购得一个黑漆嵌梅花纹的册页盒子。盒盖正中用湘妃竹条界出标签，中嵌"宋杨补之梅谱"六大字及"杭郡金农题"五小字，均用螺钿琢成。盒内衬蓝地卷草纹锦一幅，确是乾隆时物。花纹镶嵌的做法，与卢葵生的作品相似，最主要的区别在树干不用椰子壳而用褐紫色漆堆成；趁漆未干固时，挤压出树干的鳞皴及节眼。按金农与卢映之同时，故此盒很可能是卢映之的作品。

❷ 见顾广圻《思适斋集》卷五。顾氏另有《漆沙砚铭》。铭文曰："日万字墨此可磨，得之不复求宣和。"载《思适斋集》卷十七。

❸ "行有恒堂"及"定府珍藏"是清代宗室载铨的印记。他是弘历（乾隆帝）的曾孙，道光十六年（1836 年）袭封定王。据张蔚华（曾开设蕉叶山房文物店）说，这个琵琶曾经过他的手，而上述两印，原已缺落，是他找人刻制后，粘嵌上去的。因此，这个琵琶，是否为"定府"之物，有了疑问。但这并不妨害琵琶本身的价值，也不会牵涉到卢葵生作品的真伪问题。从漆工及镶嵌手法来判断是否为卢葵生的作品，要比其他的凭据都要可靠一些。

（1）刻铭文角屑灰漆壶（图 3.1、3.2）

壶高 12.5 厘米，在锡胎上敷着掺有牙质或角质沙屑的漆灰，所以在褐黑色的漆里，呈现黄白色的碎点，灿烂若繁星。这种漆质的拌制是吸收了古琴漆灰中加鹿角沙屑的做法。壶一面刻铭文，一面刻款。小石、湘秋为何许人，尚待考。

（2）刻人物铭文暗绿色漆壶（图 4.1、4.2）

形式与前壶同而略大（高 13 厘米），但漆作暗绿色，无角质沙屑，当是古代所谓“绿沉漆”遗法（见《髹饰录》质色第三）。壶一面刻老人在树下曳杖而行，一鹤引颈相向。线条飘逸流畅，是摹新罗山人的笔意。一面刻铭文，亦为小石所作。款下有“葵生”方印。

（3）刻梅花纹仿紫砂漆壶（图 5.1、5.2）

壶形矮扁（底径 14.2 厘米），形制色泽完全仿紫砂器，不就近细看，几乎认不出是漆制的。壶盖漆灰有略为剥落的地方，看得出是锡胎上先上黑色漆灰，以后再罩若干道紫漆。梅花笔划刻得比较深，刀法有钝拙的趣味。铭文四言四句：“竹叶浅斟，梅花细嚼。一夕清谈，几回小坐。”葵生款下有“栋”字小方印。

（4）刻梅花纹黑漆臂搁（图 6）

臂搁木胎黑漆，作卷书形（长 39 厘米）。梅花采用了汪士慎（歙人，久居扬州，清前期人）的画稿。枝干运刀如作飞白，成功地摹拟了渴毫在纸上所写出的笔触。这种线条，看得出是一刀刻出的。卢葵生究竟用的是什么样的工具才能得出这样效果，值得研究。据初步的揣测，齐口或尖锐的刀刃，是难于做到的。臂搁平坦，易于奏刀，所以卢葵生采用这一类的手法。要是施之于圆形的壶上，可能要困难一些。

从以上几个实例来看，同样是阴文雕刻，变化还是多的。首先，漆地有不同的做法。其次，画中景物，各不相同。纵然梅花是卢葵生所喜欢用的题材，但由于笔法意趣的不同，也出现了不同的面目。

## 三　造像

卢葵生制的立体造像极少，唯一见到的一尊是观音坐像（高 21 厘米）（图 7）。像木胎紫漆，漆色与漆沙砚的

图 4.1　刻人物铭文暗绿色漆壶（正面）

图 4.2　刻人物铭文暗绿色漆壶（背面）

图 5.1　刻梅花纹仿紫砂漆壶（正面）

图 5.2　刻梅花纹仿紫砂漆壶（背面）

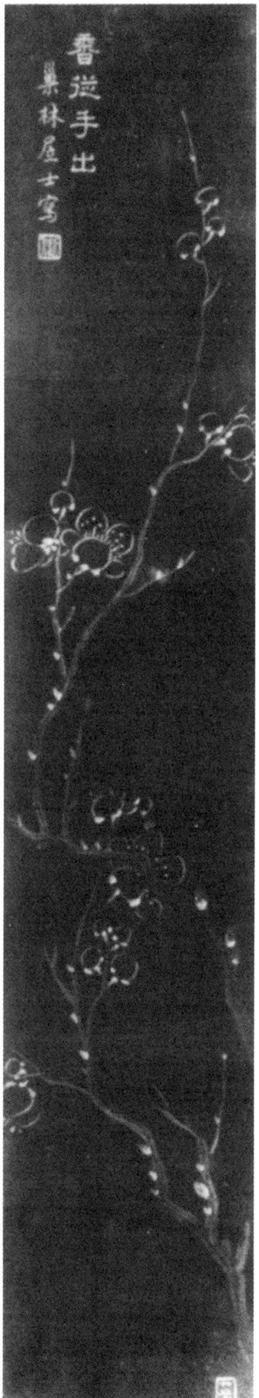


图 6　刻梅花纹黑漆臂搁

盖很相似。原来紫漆上面还罩有金漆，年久脱落，只衣纹间隙及像底尚有痕迹。发髻曾涂石青，现亦大部不存。胸间璎珞，正中嵌绿松石一枚。像背腰际有“葵生”篆文长方印，是用笔蘸朱漆写成的。可能是因为立体像表面不平，不宜用印钤盖的缘故。

此像的衣纹相当流动快利，面貌也很慈祥凝静。但若论它的整个神趣，是以妍秀见长，不以浑厚取胜；这是卢葵生受了时代限制的缘故。他和以制造铜错银观音著名的石叟一样，都不免受明德化窑观音的影响。他们两人的作品，与唐、宋或更早期的佛像雕刻，自然是大不相同的。不过从髹漆工艺的角度来看，这尊观音像还是一件非常精美的艺术品。

图 7　观音坐像

卢葵生的髹漆工艺，不论从制作方法或器物种类来说，都是多种多样的。由于我们的见闻有限，平时又留心得不够，有些卢葵生的作品，没有及时地记录下来；一经错过，便有失之交臂之憾。因此这篇短短的介绍，与卢葵生的作品的丰富多彩是远远不相称的。譬如做法如雕漆、雕填、描绘、仿古铜彩等等的实例，器具如都盛盘、图书匣、笔架、水中丞等等的实物，现在都只好暂付阙如，待以后继续搜集到材料时再行补充。

几百年来，扬州是一个漆工荟萃之区，到今天仍是我国漆器产地中心之一。现在的扬州漆器如镶嵌屏风等，虽在市上可以看到，但因我们没有去当地采访调查，不能提出任何意见。不过据我们猜想，对卢葵生的作品进行研究，并取它来与今天扬州的产品作比较，对今后扬州髹漆工艺的改进与提高，一定会有帮助的。希望有关方面注意到这个问题。

本文与袁荃猷同志合写，
原载《文物参考资料》1957 年第 7 期

# 楚瑟漆画小记

从来谈先秦时期绘画的，总喜欢引以下韩非子的这段话：

> 客有为周君画策者，三年而成。君观之，与髹策者同状。周君大怒。画策者曰："筑十版之墙，凿八尺之牖，而以日始出时加策其上而观。"周君为之，望见其状画成龙、蛇、禽、兽、车、马，万物之状备具。周君大悦。此策之功，非不微难也，然其用与素髹策同。

韩非子所说的，虽可理解为一节寓言，但人们的思想意识，不可能没有它的物质基础。1957年6月，河南省文物工作队在信阳长台关战国墓中发掘出土的彩绘楚瑟，幸获观看竟日。这种惊心动魄的艺术杰作，使人认识到韩非子对于画策的描写，不是纯出虚构，而是相当真实地反映了当时绘画的高度成就。

彩绘楚瑟，是战国墓出土的重要文物之一。即言此瑟，它的价值也是多方面的。现在只从绘画的角度谈一些认识，并将涉及某些有关漆工的问题。

此瑟出土时已伤损，从残存部分来看，漆画分布大致如下：岳山（头部将弦架起的一根木条）以外的一窄条，绘斗兽花纹，现已大部残缺。岳山以内画龙蛇神怪及狩猎图像。头部两侧、存在的一边也画神人龙蛇及犀、犬等兽。额部立墙画乐舞及烹调场面。两侧边缘画彩色图案。尾部伤缺过甚，彩绘情况不明，但所剩残片中有狩猎花纹。以全瑟来说，岳山以内的一长幅，地位最为显著，正是画工精心致力的地方；现在也恰好以这一部分漆画保存得比较完好。下面将依照上列次序，选择有代表性的部分试行叙述。

岳山以外的斗兽花纹，比较完整的只剩一小块，画的是两躯黄尾巴的巨兽，张吻举爪，围攻一只尚未长出角来的稚鹿。在这势力悬殊的情况下，偏偏还有一条红色的猎犬，伸着长颈，向小鹿胸口撞来。这鹿回首跷足，表现出极度惊慌的神态。画家用非常新奇的手法，毫不经意地围着鹿身以极薄的金彩涂染四周，给画面增添了迷离神幻的意境。

我们自右而左仔细观察岳山以内的漆画，不由地感觉到这真是一幅旷代高手所画的神怪小横卷（约6厘米高，40厘米长）。首先使人注意的是一个引弓已满，箭将脱弦的射者，他头戴高冠，上身似乎没有穿什么衣服，露出鲜红的肉色。但两臂又垂下肥大的袖子，长裾曳地，像锯齿似的拖在身前身后。在他的面前，一个头上长着鸡冠似的鸟首怪人，两臂擎举，手中拿着红色的短棒，倾身向前，作奔走之势。在这个怪人的胯下，一只赭黄色的兽，长颈细腰，回蜷蓄势，好像刹那间就会飞跃起来的样子。全身的线条都很柔婉，但含有猝然爆发的内在力量，兽的前蹄恰好踩着一条龙的颈项。龙爪左右奋张，意欲有所攫取，它的暗绿色的身躯、黄色的翅膀和蟠卷的尾巴，尚在画幅的右上部，由于残缺，已不能完全看见。

稍左在一块四边已经剥落的漆片上，可以看见一只独头双身的怪鸟。它的头，不是鸟头而是人头——大方脸，头上戴着一顶兽形的帽子，弯弯的眉毛，眯成一条缝的眼睛，口角向下弯垂的大嘴，两只扇风的耳朵——配合在一起，组成极端严肃但又会逗人发笑的容貌。下面鸟身用较粗的轮廓勾成，内用细笔丝刷，象征羽毛翅膀。身下两腿交叉，利爪紧紧抓抠着地面。

再后一段画得更神奇了。仿佛在一座带靠背的平台上，站立着一个头戴高冠，发辫飘散，背后还垂着长带的人。他身穿绿袍，袖子上缀着花边，又肥又大，显得腰部格外纤细；手中举着一根像标枪似的物件，可能是麾节一类的东西，像乐队指挥似的，在那里发号施令。正当他的面前，是一条昂着红头的有角巨龙，身上布满了蓝色圈勾而内带黄点的鳞片。它势虽凶猛，但拦腰已被另一条大龙缠住，向上空抓的两爪，意味着只能勉强挣扎而无力反扑。回过来看缠它的那一条龙，半截红，半截绿，它是从平台下面蜿蜒爬出来的。再细看，那人所站立的地方，不是什么平台，而是由这条龙的一只脚爪形成的。这就明白了，原来它一面驯服地承载着它的主人，一面却猛狠地和那条大龙厮杀，出色地去完成主人所给予的任务。它的主人是什么人呢？可能是巫觋，可能是护法卫

图 1　信阳长台关楚墓出土漆画小瑟花纹（局部）

士，可能是代表降除凶恶、祛祓不祥的一个善良的人。画中情景又不禁使人联想到《离骚》中的诗句："高余冠之岌岌兮，长余佩之陆离"和"麾蛟龙以梁津兮，诏西皇使涉予"。

更往左方看下去，出现了一位肥硕大汉。他的头颅格外丰伟，口腔洞开，似乎能听到他的大声呼喝，腆着肚子，两臂平伸，张开像龙爪似的双手，两条绿色的龙，有如两股云气，婉转自地下而出，穿过他的手掌，升过头顶，再分着向左右延展。由于这两条龙的陪衬，好像故意在扶掖着那大汉，使他显得分外尊严雄迈，不可一世（图1）。这种画法，使人立刻想到传为唐阎立本所作的帝王图卷中的晋武帝和敦煌三三五窟初唐维摩变中参与辩论大会的帝王。可见这种用侍从拥簇来突现中心人物的手法，在早于阎立本约一千年的时候，我们的祖先已经善于在绘画中运用了。大汉的右侧，朱色一人，身披绿氅，头戴羽冠，垂下来宛似孔雀的翎毛，臂向后曳，手持一槌，好像要抡着向前敲打。右侧一小人，半踞半坐，手中掐着一条蛇，头作三角形，蛇身用黄绿两色细笔画成。散如丝缕，袅若云烟，尾部冉冉向空而去。更左还有残缺的人物形象。快到瑟的边缘，手持麾节的人，再度出现；但由于木质的伤损和漆画的剥落，已看不大清楚。

瑟头一侧，有两条尾部相交的龙。龙头的形状，非常奇特，简直就是一只大蛤蟆。在两条龙的空当中，站立一人，两手指着左右的龙头，形成严谨的对称。右下角一头犀牛，猎犬伏在它的身下，可能是乘隙进攻，偷袭腹部要害。

在上所述的横幅及头部一侧，所画的都是富有生命力，不受任何形式拘束的写生画。但画家却将这两块地方填得那么充实，摆得那么匀称，起到图案画所起的作用；同时各个物象不是孤立的，互不相干的，彼此之间还有呼应，有联系。画家好像毫不费力便解决了一个难于解决的矛盾——画写生画而兼得到图案画的效果。即使构图布局不是画像的主要成功因素，但他在这方面的本领，已足够惊人了。

瑟面与立墙相交的一条边缘，画像巧妙地使上下花纹在不同的平面上对称起来。它的基本组成部分是云纹内穿插着S形花纹，破除了菱形和三角形的规则性。其中还以金色点出极细的漩涡、鱼鳞及三点一组的地子花纹。立墙下缘是两层由仰俯三角形组成的花边，每一个三角形中勾云纹一朵。这些图案，使用了红、褐、金、黄、绿等色，炜煌璀璨，给人铜器上金银错花纹的感觉。

有一块三角形残片，画着狩猎花纹，它的原来位置当在瑟的尾部。靠近上边两条飞奔的猎犬，下面两个人抬着一头野兽，半睁而无神的眼睛，松弛而微张的嘴，下垂的脊鬃和尾巴，完全将死兽的形象描绘了出来。右侧有一头大犀牛，在它的脖子上，倒竖着一条猎犬，张嘴咬噬。犀牛虽大，也不禁疼得大吼起来。像这样生动的画面，确是值得提出的（图2、3）。

总的来说，彩绘楚瑟，从绘画史的观点来看，是一件极端重要的实物。同时代的作品，除了江陵望山一号墓出土的透雕彩绘描漆小座屏，动物形象可与比拟外，在其他漆器彩绘中是很难找到的。战国绘画虽有长沙陈家大山出土的帛画，但主题内容和表现手法都比此瑟

图 2　信阳楚墓出土漆画小瑟人物走兽花纹

图 3　信阳楚墓出土漆画小瑟头部残存花纹

要简单得多，工细程度也相差很远。前面所引的韩非子的一段话，只有找到了像这样的实物作证明，才使文献更加生动亲切。

瑟上的漆画有些地方细入微芒。但是如果分析一下，称它是工笔画呢，还是写意画呢？却还是称它为写意画比较恰当一些。漆画本身说明，画家懂得“谨毛则失貌”的道理。他所努力追求的，不是斤斤形似的刻画，而是整个物象神情的摄取。画中人物，往往只画眼睛和嘴，没有眉毛，有的连鼻子都没有，但却能收到传神的效果。如果仔细观察原画，许多地方在第一次用朱笔勾画稿轮廓时，线条非常爽利，都是一挥而就，绝无丝毫矜持痕迹，真所谓“意存笔先，画尽意在”。及待画者后来再用色漆描绘或平涂时，又不是死板地、一丝不苟地去依循原来的轮廓，却有意无意地与初稿有些出入，因而物象才显得格外生动自然。这说明画者“胸有成竹”、“目无全牛”，他的技巧已达到炉火纯青的境界。

我们不应当因为画中多荒诞奇谲之景而认为此瑟的画成完全出于想象。实际上，作者有丰富的生活体验，并具有敏锐的观察力。譬如猎人引弓欲射的动作，死兽被穿在杠子上的形态，必须是经过长期的实际观察才能画得出。即使那鸟首怪人，它的富有弹性的肢体，又何尝不是从真人身上体会出来的。画中形象使我们联想到敦煌壁画的，不只是姿态像帝王的肥硕大汉，那被围攻的稚鹿和怪人胯下的长颈兽，也都使人想起敦煌北魏窟中的某些动物画。在时代上，战国与北魏相差七八百年；在地域上，河南与甘肃，相去三四千里，当然很难说它们有什么直接关系。但二者的相似，决不是偶然的。正是由于不同时代不同地域的画家，他们都从现实生活中汲取画材，又经过提炼和概括，然后表达到绘画中来，因而他们才会有不谋而合的共同语言。

当然，另一方面我们也不否认画家

的想象力是异常丰富的。画中题材，虽然与古代神话传说有关。譬如《天问》便讲到有翼的“应龙”和帝羿满引珧弓，射死大豖（“冯珧利决，封豨是射”）等等；《山海经》中也不止一处讲到鸟身人面的怪物。但是神话传说中的形象，如果不是通过画者的冥搜玄想，心摹笔随，通过从现实生活中所得到的素材把它们表现出来，还是不可能纷然呈于瑟上。郭沫若先生关于晚周帛画的考察（载《人民文学》1953年第11期）一文中说：“画的构成，很巧妙地把幻想与现实交织着，充分表现着战国时代的时代精神。”拿这两句话来作为楚瑟漆画的评价，也是完全适合的。

以上只是对楚瑟漆画的一些认识，有许多值得研究的问题，如从历史文献来考释各个画中事物；画的主题何在，它与音乐及当时的生活究竟有何关系；这种带装饰性的绘画在战国绘画中究竟占什么地位，当时是否有艺术性更强的绘画；从画的风格、方法上进行分析，再与同时代的及秦汉的漆画、帛画、石刻画像及铜器、陶器上的花纹作比较等，都有待进一步的探索。

最后想谈一谈有关漆工方面的问题。

从彩绘楚瑟可以看出当时漆工的一些特点。有的是与一般战国楚漆器相同的，如木胎上直接髹漆，不加灰腻，没有“烷漆”这一道工序。漆画运笔劲挺而流畅，说明当时色漆很稀而笔毫极硬，否则无法达到上述的效果。另一方面，有些特点则又是在一般战国漆器中很难看到的。

楚瑟漆画用色，多于一般楚漆器，统计起来至少有鲜红、暗红、浅黄、黄、褐、绿、蓝、白、金九种颜色。其中的金色有两种用法。一种是以浓金作点作线，施之于两侧边缘的图案上。这种用法，在其他楚漆器中不为罕见。另一种是以研磨极细的金色作平涂，细到看不见任何颗粒。画家在用它时，似乎笔端的水分蘸得过多，有些难于控制金色的或流或聚，以致画成之后，金色并不十分均匀，但却灵活有致。这就是前面提到的围着鹿身四周所涂的金彩。这种用金方法，尚难举出其他实例。

由于上述几种浅而鲜的色漆和极稀的金彩，使我们更想知道当时究竟是用什么涂料来调色的。我们知道用漆调制红、黄、深绿等色是可以办到的，至于雪白及其他鲜艳娇嫩的颜色，除了用油是无法调制的。明·黄大成《髹饰录》中的杨清仲注也讲道：“白唯非油，则无应矣”；“如天蓝、雪白、桃红则漆所不相应也”。这样看来，楚瑟漆画已经使用了油色。不过复制古代漆器的经验告诉我们，今天用桐油调色，仍不易达到古人运笔劲挺流畅的程度。这就不得不令人思考古人是否也用桐油调色，用鼠毫制笔？总之，采用现代的科学技术，对古代漆工原料进行认真的化验分析，通过不断的复制实践探索古人的漆工用具，都是今后研究我国漆工史的重要课题。

原载1958年自刊油印本《髹饰录解说》

# 中国古代漆工杂述

## 一　我国漆器最早出现于何时

在人类物质文明发展史上，漆汁的利用，最早应该是用于生产工具的粘连、加固，然后才有漆制的日用品和带纹饰的漆工艺品。后者往往不仅用生漆，还要用经过炼制的熟漆，调配研细的色料，乃至施加雕刻才能做成。我国商代已有高度纹饰的漆器。在此之前，漆器肯定已经经历了一个相当长的发展阶段，我们相信它最早出现于原始社会。实物材料近年已有所发现。

1978年在浙江余姚县河姆渡村距今已有七千年的遗址中发掘到大量木器。据报道，“第三文化层有一件木碗，造型美观，腹部瓜棱形，有圈足，内外有朱红涂料，色泽鲜艳。它的物理性能和漆相同”[1]。

1960年前后，江苏省文物工作队在吴江梅堰新石器时代遗址中发现彩绘陶器，观察到上面的彩绘原料十分像漆。拿它和汉代漆片及纯属陶器的仰韶彩陶、吴江红衣陶进行试验对比，结果与汉代漆片相同而与仰韶、吴江陶器不同。可能由于试验方法比较简易，报道的结语中只说彩绘原料和漆“性能完全相同”[2]，而没有断言它究竟是不是漆。进一步的化验和判断，尚未见到正式报告。

1977年中国科学院考古研究所在辽宁敖汉旗大甸子古墓葬中发现两件近似觚形的薄胎朱漆器。墓葬遗物经碳-14测定，距今约为3400—3600年，属于夏家店下层文化。夏鼐同志对该文化层作过分析，认为部分遗物与黄河流域的青铜器时代较早遗址的出土器物面目相似，而另一部分则有龙山文化的特征，因而视为中原地区晚期龙山文化的变种[3]。远处北方的这样早的墓葬竟埋藏着漆器，很可能来自中原或南方。如果这种推测不错，那么中原或南方制造及使用漆器就应有更早的历史。

## 二　关于髹饰用油

我国长期以来油和漆连属并称。专业的工匠被称为“油漆匠”，也说明油漆并用，不可或缺。说到髹饰，我们知道凡是黑色及深色主要用漆，浅淡鲜艳颜色的描绘则必须用油。《髹饰录》杨明注早就指出：“黑唯宜漆，而白唯非

[1]《余姚河姆渡村发现距今七千年的原始社会遗址》，《光明日报》1978年5月19日第3版。

[2] 江苏省文物工作队：《江苏吴江梅堰新石器时代遗址》，《考古》1963年第6期。

[3] 夏鼐：《我国近五年来的考古新收获》，《考古》1964年第10期。

[4] 黄成著、杨明注：《髹饰录》，坤集，1927年紫江朱氏刊本。

[5] 见《文物参考资料》1957年第9期彩色版。

[6] 湖北省文化局文物工作队：《湖北江陵三座楚墓出土大批重要文物》，《文物》1966年第5期。

[7] 见《文物》1972年第3期彩色版。

[8]《诗经·定之方中》：“椅桐梓漆。”

[9] 吴其浚：《植物名实图考》卷三五页815，商务印书馆排印本。

油则无应矣。”又说：“如天蓝、雪白、桃红，则漆所不相应也。”[4]

古代彩绘漆器，这里试举三例。一、信阳长台关楚墓发现的小瑟残件，出土不久曾获谛视，至少施用了鲜红、暗红、浅黄、黄、褐、绿、蓝、白、金九种颜色[5]。二、江陵一号墓出土的战国木雕小座屏，透雕及浮雕五十一个动物，在黑漆地上施红、绿、金、银等色，其中绿色甚为鲜明[6]。三、大同石家寨北魏司马金龙墓发现的木板屏风，人物面部敷白色，再用墨笔勾眉目，衣服、器物用红、黄、白、绿、灰蓝、橙红等色。值得注意的是白色容易脱落[7]。这三例，几乎可以肯定凡是鲜明的浅色，都是用油调配的。白色易脱落，正是油色不及漆色坚牢的应有现象。前两器都曾经复制，复制的同志在摹绘浅色花纹时用的也是油彩。

如果可以肯定战国和北魏的彩绘漆器部分使用了油色的话，接着很自然会想到桐油的利用，因为髹饰用桐油已有相当长的历史。但考查有关油桐树和桐油的历史文献，又不敢遽然下战国时已使用桐油的论断。

“桐”虽早见于《诗经》[8]，但所指是梧桐一类树木而不是油桐。油桐据清代吴其濬的考证，唐陈藏器《本草拾遗》始著录[9]。宋寇宗奭《本草衍义》有“荏桐早春先开淡红花，状如鼓子花，花开成实，子可作桐油”的记载[10]。明李时珍《本草纲目》罂子桐条列举虎子桐、荏桐、油桐三个名称，释曰：“罂子因其实状似罂也，虎子以其毒也，荏者言其油似荏油也。”[11]值得注意的是油桐宋时名叫“荏桐”。“荏”就是“苏子”。桐油类似荏油（苏子油），可以代替荏油在漆工中使用，因而把油桐树叫作“荏桐”。这说明桐油之被广泛使用在荏油之后。

宋崇宁二年（1103年）经李诫重修的《营造法式》讲到熟桐油和煎合桐油所用的物料[12]。南宋程大昌《演繁露续集》有一条记载：“桐子之可为油者，一名荏油。予在浙东，漆工称当用荏油。予问荏油何种，工不能知。取油视之，乃桐油也。”[13]它说明当时浙东使用桐油，但由于多年来漆工惯用荏油，因而后来虽改用桐油，却仍沿故习称之为荏油。这应当是在桐油取代荏油还不太久的时候，否则就不会沿用名不符实的旧称了。证以修造古琴的文献，北宋时配熟漆用的是清麻油，到南宋景定时的杨祖云才用桐油[14]。关于油桐或桐油的历史文献，尚未见到早于唐代的，愿读者以更早的史料见教。

《尔雅·释草》有“桂荏”之名。李时珍说：“味辛如桂，故《尔雅》谓之桂荏。”[15]北魏贾思勰《齐民要术》称：“荏子秋末成，……收子压取油，可以煮饼；涂帛、煎油弥佳。荏油性浮，涂帛胜麻油。”[16]南朝陶弘景说：“荏状如苏，……笮其子作油，日煎之，即今油帛及和漆所用者。”[17]唐陈藏器《本草拾遗》：“江东以荏子为油，北土以大麻为油。此二油俱堪油物。若其和漆，荏者为强尔。”[18]从文献来看，古人对荏的认识和荏油的使用，都比油桐树和桐油要早得多。这就不由得使人设想，战国时的彩绘漆器，会不会是用荏油来调色呢？

除荏油外，古代漆工还可能用大麻子油及乌桕子油来调色。这两种可以制涂料的植物油，都有较早的文献记载。

[10] 据李时珍《本草纲目》卷三五引文（商务印书馆排印本）。查《本草衍义》原文与此有出入：“一种荏桐，早春先开淡红花，状如鼓子，花成筒子，子或作桐油。”见卷十五页3下《桐叶》条，光绪三年陆心源据南宋麻沙本重刊。

[11] [15] 李时珍：《本草纲目》卷三五页14，商务印书馆排印本。

[12] 李诫：《营造法式》卷二七页88、92，商务印书馆影印本。

[13] 程大昌：《演繁露续集》卷五页10上，《学津讨原》本。

[14] 北宋人《琴书》载煎鬣光法所用材料为：“好生漆一斤，清麻油六两，皂角二寸，油煤烟六钱，铅粉一钱，诃子一个……”《琴苑要录》，瞿氏旧藏明抄本；杨祖云：《合光法》，明蒋克谦辑《琴书大全》，明万历刊本。

[16] [17] [18] 据吴其濬《植物名实图考长编》卷十二页676引文，中华书局排印本。《学津讨原》本一两字有出入。

❶ 郑师许：《漆器考》页18，1936年中华书局排印本。

❷ 刘敦桢译，田边泰：《玉虫厨子之建筑价值并补注》，《中国营造学社汇刊》3卷1期。

❸ 小野胜年：《日唐文化关系中的诸问题》，《考古》1964年第12期。

❹ ❾ 洛阳博物馆：《洛阳庞家沟五座西周墓的清理》，《文物》1972年第10期。

❺ 河北省博物馆、河北省文管处：《河北藁城县台西村商代遗址一九七三年的重要发现》，《文物》1974年第8期。

❻ ⓬ 郭宝钧：《浚县辛村》页67，1964年科学出版社。

❼ 石兴邦：《长安普渡村西周墓葬发掘记》，《考古学报》第8册，1954年。

❽ 考古研究所：《上村岭虢国墓地》图版412，1959年科学出版社。

❿ 方勺：《泊宅篇》卷三页3下，《读画斋丛书》丁集本。

⓫ ⓭ ⓮ 黄成著、杨明注：《髹饰录》，坤集，1927年紫江朱氏刊本。

至于司马金龙墓出土的屏风，配色的油料似乎不能排除用核桃油的可能。《北齐书·祖珽传》称“珽善为胡桃油以涂画”，颜之推《颜氏家训·省事篇》也有关于煎胡桃油的记载。说明核桃油用作涂料流行于此时。据郑师许的考证，三国曹魏“有言密陀僧漆画事”[1]。密陀僧是一氧化铅，又名黄丹，入油起促进干燥作用。用于髹饰的密陀油可以用荏油或核桃油调制。7世纪日本的密陀绘玉虫厨子，田边泰认为是承袭我国六朝的衣钵[2]；而藏在正仓院的许多密陀绘漆器，有的就是唐时由中国送往日本的。因而司马金龙墓出土的北魏屏风可能就是密陀绘漆器。

以上只能说是根据接触到的少量材料作了一些臆测。要想断定上述三件漆器是否用油调色；如果用了，用的是什么油；北魏屏风是不是一件密陀僧绘，等等，还应用现代科学方法进行分析化验。日人小野胜年1964年在中国科学院考古研究所的演讲，就谈到正仓院的唐代密陀绘漆采用荧光照射后已经明确知道可分为两种情况，一是一开始就在油彩中混入了密陀僧，一是彩绘以后再涂上密陀油[3]。对漆器分析化验的要求，使人想到提高科技水平的重要性和迫切性。

## 三　几种髹饰工艺的早期形态

近年考古发掘中出土大量漆器，使我们可以看到几种髹饰工艺的早期形态。下列实例，有的虽不一定和后来的制作有直接关系，但还是可以看出漆工的嬗递演变。若干实例未见实物，所根据的只是已发表的文章报告，难免理解错误。因此特别希望参加发掘、整理等实际工作的同志多予指正。

### 1. 镶嵌

漆具备粘固的性能，可以累积、充填、研磨，所以适宜用镶嵌的技法作漆器的装饰，而镶嵌也就成了几种髹饰工艺的总称。凡用一种或多种物体作为嵌饰的，都可称之为镶嵌。明清流行用金玉、珠宝、竹木、瓷料等多种物料镶嵌成的“百宝嵌”，是这一漆工艺的较高发展。

古代漆工很早就掌握了漆的特性而制造出镶嵌漆器。庞家沟西周墓镶蚌泡器托的发现，洛阳博物馆的同志认为它“把我国镶嵌工艺美术上溯到西周中期或早期”[4]。这样的论断当时是完全正确的。1963年河北藁城台西村商代漆器残片的发现，又将镶嵌漆器上推到商代早期。商代残片上“嵌有磨制成圆形、方圆形、三角形的嫩绿色松石”[5]。嵌件构成图案的一部分，雷纹中间的一块三角形松石和相邻的花纹配合得很好，说明当时镶嵌艺术已达到很高水平。很有可能今后的考古发现还会将漆工镶嵌的年代推得更早。

### 2. 螺钿漆器

螺钿也是一种镶嵌漆器。由于自古以来长期流行，明清制品传世更多，所以它独自形成了一个比较重要的髹饰品种。近数十年的西周遗址发掘收获，已经可以把螺钿漆器的历史上溯到西周。

郭宝钧同志在《浚县辛村》一书中讲到1932—1933年在辛村西周卫国墓中发现蚌泡，“出土时多环绕在他器的周围，作他器的配饰”[6]。不过蚌泡和器物如何连属，是否用漆粘着，没有讲到。

1953年考古研究所在陕西长安县普渡村西周一号墓中发现蚌泡二十七枚，依形状可分为三种。石兴邦同志在报告中指出："这三种蚌泡，都是镶嵌在器物上的装饰品。第二、第三两种比较简单，当是镶附在器物外面的漆皮上。平直的一面切住漆皮，鼓起的一面露在外面。"第三种发现时围绕在四件陶器的周围，"多在底部或腰部，只留下附着的漆皮，漆皮作棕黑色，有许多地方是折皱起来的，也有重叠的。根据这些情况，推测当时在漆皮里面有一层木质或纤维编织的腔，外涂漆皮，再镶蚌泡"[7]。

从漆工的角度看，普渡村一号西周墓遗物的重要性，不仅在于可以看到漆皮，而且可以推知漆皮中曾有壁腔，也就是漆器的木胎或夹纻胎，或木上糊有织物的布木胎，而蚌泡正是镶嵌在这种漆器之上的。

1956年考古研究所在河南陕县上村岭虢国墓（时代为西周晚期到东周早期）中发现外壁镶嵌着六个蚌泡的漆豆[8]。1964年洛阳博物馆在邙山庞家沟西周墓中发现瓷豆，以及套在豆外的嵌有蚌泡的漆器托残片[9]。这两次发现证明了镶嵌蚌泡漆器的存在，同时把螺钿漆器的出现推到西周。我们回过头来再看宋人方勺在《泊宅篇》中说什么"螺填器本出倭国"[10]，把西周已经出现的漆工艺说成日本的创造，真是数典忘祖了。

《髹饰录》螺钿条杨明注说："壳片古者厚而今者渐薄也。"[11]这句话基本上概括了螺钿漆器的发展经过。我们看到的西周螺钿不仅厚，而且用立体的蚌泡作镶嵌。它自然比后来的锯开贝壳、裁切成片的饰件来得原始。不过裁切成片的做法，西周时期也可能已经有了。实例就是在浚县辛村一号墓发现的"蚌组花纹"。郭宝钧同志除了说明这是"用磨制的小蚌条组成图案"外，还指出"应为我国螺钿的初制"[12]，只是没有讲到用来承受蚌条镶嵌的背地是否为漆制，粘着蚌条是否用漆而已。

3. 金银嵌

镶嵌漆器的另一类是金银嵌。《髹饰录》将它分列为"嵌金"、"嵌银"、"嵌金银"，并说"右三种片、屑、线各可用。有纯施者，有杂嵌者"[13]。也就是说镶嵌花纹或由片组成，或由屑组成，或由线组成，或由片、屑、线综合组成。从传世实物来看，金银嵌到明清两朝已少独自存在，而多和薄螺钿镶嵌结合在一起，即《髹饰录》所谓的"螺钿加金银片"[14]。

明清金银嵌的前身为盛行于唐及五代的金银平脱。前者如漆背金银平脱铜镜[15]、现藏日本正仓院的多种金银平脱器[16]；后者有王建墓所出嵌武士、鸟兽、花卉纹的朱漆匣和宝盝[17]。

自唐代上溯至魏晋期间，金银嵌漆器实物尚未发现。曹操《上杂物疏》有"纯银参镂带漆画书案"、"银镂漆匣"等器。"参"、"带"等究竟何指，未敢遽断[18]。但银镂自可理解为用银叶镂刻成的花纹饰件，此种饰件与漆器相结合，除粘嵌外更难有适合的做法。三国上接东汉，而汉代是金银嵌盛行的时代。因此可以认为，曹魏时有金银嵌漆器。

西汉晚期至东汉早期的墓葬中多有嵌金银叶镂刻动物花纹的漆器出土。例如1951年考古研究所在长沙发掘的二一一号墓[19]和1970年广西壮族自治区

[15] 见《文物参考资料》1957年第8期羽人飞凤花鸟纹镜彩色版；《文物》1966年第1期唐金银平脱天马鸾凤镜彩色版。

[16] 见日本出版的《正仓院御物图录》、《东瀛珠光》等图录。

[17] 杨有润：《王建墓漆器的几件银饰件》，《文物参考资料》1957年第7期；冯汉骥：《前蜀王建墓发掘报告》，1964年文物出版社。

[18] 曹操：《上杂物疏》，《全上古三代秦汉三国六朝文》第2册页1057—1058，中华书局影印本。近人陆树勋《汉扣器考》（《古学丛刊》1—2期）对"参镂带"的解释是："盖嵌钑镂银带于案之缩腰处。"按当时案仍如汉制，岂能如后来的高桌而有束腰，故纯属臆说。

[19] 考古研究所：《长沙发掘报告》图版83、84，1957年科学出版社。

发掘的合浦木椁墓[1]，都是西汉晚期墓葬，其中都见从漆器上脱落下来的金叶花纹，作鸟兽等多种形象。南京博物院则在西汉晚期的霍贺墓中发现比较完好的奁盒，器身和器盖嵌贴由银叶镂成的兽纹[2]。同类最精美的漆器当推在连云港网疃木椁墓中发现的奁八件盒[3]，时代可能晚到东汉初期。

早于西汉晚期的墓葬中，有与上述形制相似的漆奁盒，它们没有鸟兽花纹金银嵌饰，但盒顶有三叶或四叶银片嵌件，有的器身还镶银箍。实物如湖北光化五座坟五号墓出土的奁[4]，年代约当武帝时或稍晚；海州侍其繇墓出土的小漆盒，年代为西汉中晚期[5]。似乎可以设想，镂刻动物花纹的金银嵌饰是从比较简单的叶纹嵌件发展出来的。

实际上，金属嵌件和漆器的结合更早出现于西汉的扣器上。扣器就是把金属的圈安在漆器口上，起加固防护的作用。金属圈必须与器口粘牢，并与器身泯然相接，安装的技法仍为镶嵌。不妨说，扣器的出现就是金银嵌的出现。由扣器的口圈及器身的箍到镂花的金银饰件，是一个从实用到装饰的发展过程。

漆器的金银嵌应当是受了金银错铜器的影响。战国时期金银错铜器已流行，至于当时是否已有金银嵌漆器，尚难举出实例来说明。山东省博物馆在临淄郎家庄东周墓中发现厚仅 0.04 毫米的金箔，报道说："用针刺出蟠龙兽面纹，针孔细密、整齐，似为漆器上的装饰。"[6]如果确实，那么金银嵌工艺可以上推到东周了。

4. 铃金

铃金或写作"戗金"，是在朱色或黑色漆地上用针尖或刀锋镂划出纤细花纹，花纹内填漆，然后将金箔或银箔粘着上去，成为金色或银色的花纹。元陶宗仪《辍耕录》有一条讲此法颇详，常见引用，兹不赘述。

关于铃金、铃银，《髹饰录》杨明注说："余间见宋元之诸器，希有重漆划花者，戗迹露金胎或银胎，文图灿烂分明也。铃金、银之制，盖原于此矣。"[7]用金胎或银胎做成的铃金、银器，杨明曾目见；但他认为铃金、铃银器起源于此，却是错误的。铃金、银漆器的形态、用料和技法都可以从春秋、战国的金银错铜器中得到启发。战国时期漆工艺已十分精美，有金银错铜器作为借鉴，不需要再过一千几百年到宋代才有铃金、铃银漆器出现。再从金工中早有"铃金"或"戗金"等名称来看，也足以说明铃金、银漆器和金工有渊源关系[8]。

据近年考古发掘所得，西汉不仅已有针划纹漆器，而且在针划云气纹中施加彩笔勾点，说明技法已相当成熟。实例如马王堆一号汉墓出土的双层九子奁中的椭圆形的奁[9]和临沂银雀山西汉墓出土的漆奁[10]。马王堆三号墓葬于汉文帝初元十二年（前 168 年），墓中部分漆器用针划花纹作雕饰，同墓出土的竹简记载着这种技法的名称，叫作"锥画"[11]。晚于此墓只一年的湖北纪南城凤凰山一六八号汉墓也出土一件针划纹奁，上刻似狐而操着人动作的怪兽[12]。如果说上述几件锥画漆器只有划纹而未填金，和"铃金"尚有所不同的话，那么从湖北光化西汉墓中则确实发掘到了针划填金漆器。该遗址三号、六号两墓出土两件漆卮，承湖北省博物馆杨权喜同志函告："二卮技法一致，即在黑漆

[1] 广西壮族自治区文物考古写作小组：《广西合浦西汉木椁墓》，《考古》1972 年第 5 期。

[2] 南京博物院等：《海州西汉霍贺墓清理简报》，《考古》1974 年第 3 期。

[3] 南京博物院：《江苏连云港市海州网疃庄汉木椁墓》，《考古》1963 年第 6 期。

[4][13] 湖北省博物馆：《光化五座坟西汉墓》，《考古学报》1976 年第 2 期。

[5] 南波：《江苏连云港市海州西汉侍其繇墓》，《考古》1975 年第 3 期。

[6] 山东省博物馆：《临淄郎家庄一号东周殉人墓》，《考古学报》1977 年第 1 期。

[7][14][16] 黄成著、杨明注：《髹饰录》，坤集。

[8]《诗经·周颂·载见》："鞗革有鸧，休有烈光。"郑玄笺："鞗革，辔首也。鸧，金饰貌。"陆德明《音义》："鸧，七羊反，本亦作铃，同。"按鸧、戗、铃音同而义通，乃金饰貌，并用来作金工的名称。

[9] 湖南省博物馆、考古研究所：《长沙马王堆一号汉墓》下册图 85，1973 年文物出版社。

[10] 山东省博物馆等：《临沂银雀山四座西汉墓葬》，《考古》1975 年第 6 期。

地上用针刻虎、鸟、兔、怪人等，并在这些动物之间针刻流云纹，然后在所有针刻的动物、流云线条内填进了金彩。”两墓均经发掘的同志归入墓群的第二组，年代约当汉武帝时期[13]。因此我们可以说，至迟在西汉中期已经有铊金漆器了。

5. 堆漆

《髹饰录》“阳识”、“堆起”[14]两门中的若干品种，都是在器面上堆出花纹作为装饰，可以统称之为“堆漆”。用来堆花纹的材料，从来就有用漆调制和用胶或其他物质调制的两种。前者比较坚实，颜色较深；后者比较松脆，颜色淡浅。浙江瑞安北宋慧光塔出土的堆漆经函和舍利函所用的材料属于前者[15]。《髹饰录》“堆彩”一条中讲到的“各色冻子”[16]属于后者。因为如果用漆，很难做到各色俱备。明清漆器中也能遇到属于后一类堆漆的实例。

根据近年考古发现，堆漆在西汉漆器中已见端倪。长沙马王堆三号墓出土布满粉彩云气纹的长方形奁，做法是先用白色凸起的线条勾边，然后用红、绿、黄三色勾填云气纹[17]。白色物体未闻曾取样化验，成分不详。因是白色，估计没有用漆，而用胶或其他物质调成的可能性较大。

1961年长沙砂子塘所出西汉木椁墓中的外棺，一端挡板正中绘一特磬，特磬下悬特钟，磬上两豹，匍匐相背，豹背各坐羽人[18]。承沈福文同志观察实物后相告，特磬上的谷纹是先用稠灰堆起，然后施加描饰的。参看发表在《文物》1963年第2期的彩色图片，稠灰有可能是用漆调制的。

根据上述两件实例，我们认为堆漆在西汉已经出现了。

6. 剔犀

剔犀是雕漆的一种，用两种或两种以上色漆逐层积累至相当厚度，然后用刀剔刻出云钩、香草、回文等图案，在刀口断面呈现厚薄不同但有规律的色层。

现知最早的剔犀实例是1975年在江苏金坛周瑀墓发现的漆扇柄[19]。周瑀卒于宋淳祐九年（1249年），扇柄应是一件南宋剔犀器。

以研究我国陶瓷、漆器及珐琅器闻名的英人迦纳（Harry Garner）于1973年出版的《中国漆器》一书中，指出最早的剔犀实例是1906年斯坦因在米兰堡发现的8世纪唐代皮质甲片（图1）[20]。他说早在1957年就在一篇名为《明代

图1　唐代漆皮甲（骆驼皮胎锥毗甲，斯坦因在东土耳其斯坦发现）

[11] [17] 湖南省博物馆等：《长沙马王堆二、三号汉墓发掘简报》，《文物》1974年第7期；考古研究所等：《马王堆二、三号墓发掘的主要收获》，《考古》1975年第9期。

[12]《关于凤凰山一六八号汉墓座谈纪要》，《文物》1975年第9期。

[15] 浙江省博物馆：《浙江瑞安北宋慧光塔出土文物》，《文物》1973年第1期。

[18] 湖南省博物馆：《长沙砂子塘西汉墓发掘报告》，《文物》1963年第2期。

[19] 镇江市博物馆等：《金坛南宋周瑀墓》，《考古学报》1977年第1期；和惠：《宋代团扇和雕漆扇柄》，《文物》1977年第7期。

[20] Harry Garner: *Chinese and Associated Lacquer*, 1973, London, pp.9–10.

剔犀漆器》[1]的文章中提出，但竟没有引起中、日学者的注意。

据斯坦因所著书的描述，甲片可能用骆驼皮制成，各片均作长方形，长度由二英寸多到四英寸多，宽二英寸多，两面髹漆，有的多至七层，以朱黑两色漆为主，有的地方也施褐色及黄色漆。甲片上的花纹有同心圆圈、椭圆圈和近似逗号及反置的 S 等几何花纹，是用刮擦的方法透过不同的漆层取得的[2]。从该书第四卷所附的图版，也可以看出花纹刮痕很浅，并无深刻剔沟的痕迹。

这件唐代漆皮甲，我们认为还不能算是真正的剔犀，而是剔犀尚未成型的一种早期的形态。它的名称应叫作“锥毗”。

《髹饰录》“剔犀”条杨明注有这样几句话：“此制原于锥毗，而极巧致，精复色多，且厚用款刻，故名。”杨明讲得很清楚，剔犀是从更早的“锥毗”发展出来的。二者的差别是“剔犀”比“锥毗”“精复色多”，即反复积累起来的不同颜色漆层多，而且“厚用款刻”，即剔刻得深，不像“锥毗”那样浅。锥毗的特征正和漆皮甲吻合。

再从漆皮甲经刮擦而使露出不同色层这一技法来看，和犀皮漆器也有近似之处。犀皮漆器上色层重叠而旋转的花纹，类似唐代的搅胎瓷器，也是经过打磨后呈现的。只是犀皮是在有些高低不同的表面上打磨而成，故其花纹仿佛自然形成；而漆皮甲则依图案轨迹来刮擦，故呈现出人为的纹样。锥毗的效果既不及剔犀那样绚丽醒目，又不如犀皮那样自然成文。它传世实物不多，没有形成重要的髹饰品种，可能就是由于上述的缘故。

剔犀的定型可能在宋代。其器形、花纹和宋代银器有极为相似的地方。银器实例如四川德阳孝泉镇出土的云纹盖罐[3]，上海宝山宋墓出土的香草纹铅粉盒[4]，杭州老和山宋墓出土的云纹盒[5]。它们的相似不仅说明漆工和金工之间有关系，也为剔犀定型的时代提供了一些参考材料。

7. 漆砂砚

清代扬州名漆工卢葵生以善制漆砂砚闻名。据顾千里的《漆砂砚记》，康熙五十六年（1717 年），葵生的祖父卢映之于市中得一砂砚，上有“宋宣和内府制”六字，经仿制，“其法遂传于今”云云。他把漆砂砚的制造推至北宋末年。

漆砂砚体轻而具研石的功能，这是因为用比石头轻得多的物体作胎骨，而于垸漆、糙漆中加入用“土子”或砥石等研得其细逾沙的颗粒。颗粒大小和调漆多少必须适宜，粗则损墨伤毫，漆多则光滑而难发墨。故卢葵生在卖砚的仿单中说：“其砚全以沙漆，制法得宜，方能传久下墨。”

1965 年由安徽省文化局文物工作队和寿县博物馆联合发掘的茶庵马家古堆东汉墓中，发现夹纻胎漆砚，上髹黑漆，外加朱漆。它究竟是明器还是用具，是否发墨，因未见原物，无由得知。但它的发现，至少可将漆砂砚的制作上溯到东汉中期[6]。

原载《文物》1979 年第 3 期

[1] Harry Garner：*Guri Lacquer of the Ming Dynasty*, *Transactions of the Oriental Ceramic Society*, vol.31, 1957–1959.

[2] Serindia：*Detailed Report of Explorations in Central Asia and Westernmost China*, vol.1, pp.459–467, 1921.

[3] 沈仲常：《四川德阳出土的宋代银器简介》，《文物》1961 年第 11 期。

[4]《考古》1962 年第 8 期图版 10。

[5] 蒋缵初：《谈杭州老和山宋墓出土的漆器》，《文物参考资料》1957 年第 7 期。

[6] 安徽省文化局文物工作队等：《安徽寿县茶庵马家古堆东汉墓》，《考古》1966 年第 3 期。

# 中国古代髹饰工艺与当代漆画

我国髹饰工艺源远流长，在几千年乃至上万年的漫漫岁月中一直在不断地发展，才有今天的辉煌成就。漆画是在解放后才崭露头角的年轻品种，但已显示出旺盛的生命力和雄厚的潜在力。不仅它本身方兴未艾，前程似锦，而且将给髹饰工艺带来重大的变革和发展（漆画两幅见彩图3、4）。

为什么对漆画有以上的看法呢？让我们回顾一下历史。

浙江余姚河姆渡是六七千年前的遗址，在第三文化层发现木胎朱漆碗[1]，是现知最早的漆器，但决不是历史上最早的漆器。因为自从我们的祖先发现生漆并用作涂料，不知又经过了多少年才知道调色料来髹器。用漆从本色到调色，自然是一个了不起的变革。

相当于殷墟早期的河北藁城台西村商代遗址发现漆器残片[2]，不仅有雕刻花纹，还用经过磨制的绿松石作镶嵌。殷墟晚期遗址安阳西北岗大墓，发现木器印痕，中有蚌壳、蚌泡、玉石等嵌件[3]。选用色妍质美的物体嵌入漆面来增其华丽，是髹饰工艺的又一重要发展。

战国是漆工史上一个有重大变革和发展的时期，表现在漆器品种大增，生活各方面的用具无不用漆，胎骨做法亦至此而大备，薄、厚、透雕、圈卷等木胎外，还有木胎糊织物、夹纻、皮胎、竹胎等。胎骨的发展是随着品种的增多而来的。为了要做不同用途及形状的器物，就必须为它们研究设计出前所未有的胎骨。

诸色悉备，画像生动，是战国漆器的又一特色。最好的实例是信阳长台关楚墓出土的小瑟[4]，所用色彩，至少有鲜红、暗红、浅黄、黄、褐、绿、蓝、白、金九种。其中娇艳之色，非漆所能致，故知当时已用油。对我们说来，由于长期漆、油并用，视为一体，毫不足异。但漆与油实系两种截然不同的物体。不难想象，漆工最初用油，实在是一个大胆而又成功的试验。瑟上彩绘神怪龙蛇和狩猎乐舞场面，状物写形之妙，动人心魄，它已超出装饰图案，而是真正的绘画艺术。战国中晚期的彩绘漆器[5]，西汉马王堆、砂子塘等处墓葬出土的彩绘棺椁[6]，长沙出土的人物车马纹卮及舞女卮[7]等，都直接或间接受小瑟漆画的影响。

[1] 河姆渡遗址考古队：《浙江河姆渡遗址第二期发掘的主要收获》，《文物》1980年第5期。

[2] 河北省文物管理处台西考古队：《河北藁城台西村商代遗址发掘简报》，《文物》1979年第6期。

[3] 胡厚宣：《殷墟发掘》，学习生活出版社1955年版。

[4] 王世襄：《楚瑟漆画小记》，见本书。

[5] 信阳长台关楚墓年代经郭沫若同志考证，认为“殆是春秋末年之墓”。见《信阳墓的年代与国别》，《文物参考资料》1958年第1期。

[6] 湖南省博物馆、中国科学院考古研究所：《长沙马王堆一号汉墓》，文物出版社1973年版；湖南省博物馆：《长沙砂子塘西汉墓发掘简报》，《文物》1963年第2期。

[7] 商承祚：《长沙出土楚漆器图录》，中国古典艺术出版社1957年版。

西汉时出现的嵌贴金、银箔器是不同工艺在漆器上的结合。这种做法的奁、盒，出土不少[1]，器顶多镶金属花叶，以玛瑙或琉璃珠作纽，器口、器身镶金、银扣及箍。扣、箍之间嵌贴用金、银箔镂刻的人物、神怪、鸟兽等形象，并以彩绘云气、山石等作背景。聚诸工而制器，萃众美于一身，光华灿烂，可谓空前。

晚唐的赵璘讲到漆制马鞍，迭经重髹，受摩擦处，露出不同颜色的漆层，粲然成文。漆工故意去摹仿这种原非人为的花纹，名曰“犀皮”[2]。此后不仅国内流行，还传往东瀛，繁衍成具有日本风格的各种“变涂”。传世明代实物，花纹宛若天成，或如行云流水，或如老干松鳞[3]。犀皮的制成，是在人工设计花纹图案之外，另辟蹊径，故能创造出别具一格的花色。

江苏武进林前公社南宋墓出土的黑漆长方盒[4]，盖面用戗金钩出一幅池塘小景，岸柳毵毵，下复塘水，游鱼三五，涵泳荇藻间，物象之外，密钻斑孔，填朱漆磨平，做成布满红点的细斑地。宋代类此的纹、地异法的漆器，尚属罕见，惟至明而大盛。正因如此，黄成《髹饰录》才设“斒斓”、“复饰”、“纹间”等类来容纳由多种工艺髹法结合而成的漆器。证以杨明《髹饰录·序》所云“今之工法，以唐为古格，以宋元为通法，又出国朝厂工之始，制者殊多，是为新式，于此千文万华，纷然不可胜识矣”，可知漆器的繁缛多姿，来自多种工艺髹法的结合。正是由于花纹交错重施，地子递更迭换，再加上镂金琢玉之工，才迎来了千文万华之盛。

往史可证，每当漆工在用材、制器、作胎、花色创造、诸艺结合、状物写形等方面取得成就时，定将给髹饰工艺带来变革和发展。可喜的是今已一一见之于漆画。

先说原料，现在治漆已不只用油，而采用人工合成的高分子材料来制造改性涂料。这是对生漆的改造，存长去短，使它更加符合今天的需要。我们不反对治漆使用化学材料。古人既曾把颜料及油加入生漆，为什么现在不能加其他新材料？当然完全用其他原料来代替漆，至少本人是不赞成的，做出来的器物将不是漆器，而只能是其他什么东西了。

漆工颜料自古以来就是在不断地寻找、试验、采用和淘汰中前进。漆画为了丰富设色，已见成效。由于选用了新材料，配制出许多传统漆器上看不到的色彩，大大增强了漆画的表现力。

镶嵌的发展从蚌壳、蚌泡到洁白如玉的厚螺钿和光闪异彩的薄螺钿，从金银箔镂花到更为富丽的金银平脱，从比较单纯的填嵌到珠光宝气、众彩纷呈的百宝嵌，选料都以色妍质美、稀贵珍奇为标准。以上种种，在我们需要的时候也不妨采用。但近年漆画常用质色未必妍美，弃之不为人惜的蛋壳。人舍我取，点铁成金，在漆画中竟屡建奇功，这难道不是一项突破成规的变革！由此看来，选用镶嵌材料的首要标准是“合用”。本着这个原则去随时留意，相信可以找到更多的适合做镶嵌的好材料。

犀皮花纹如任其独自存在，只不过是一种近似天然纹理的图案，看不出有什么意义。不过如用来表现漆画中的某一物象，则可能天造地设，恰到好处。漆画内容无所不有，需要用多种技法来表现它们。因而类似犀皮的种种“变涂”，只要做得出，就可能用得上。有意识地去试制各种“变涂”做法，也将为髹饰工艺增添花色。

传统漆器中平扁如板片的是屏风，用以间隔室内空间，不需要太大。漆画的前景是进入宏伟的公共建筑物，它将广遮四壁，高及层楼，纵横以丈计。这样大的漆器胎骨过去是没有的。备料施工是用传统的木胎，还是用其他的物料；是将分成方块，拼斗安装，还是立地顶天，浑然一体。体大而薄，长期不加覆盖，如何才能使它坚固稳定，不翘不裂呢？这些都是漆画工作者正在研究解决的问题，并已取得了一定的成果，铝版漆画就是正在试验的一个品种。

各种髹饰技法在漆画上的高度结合，远非古代漆器所能及，有目共赏，已不待言。今后值得探讨的似乎是漆画如何与其他造型艺术相结合。一时想到的是雕塑。试制脱胎造像（石像、铜像等亦无不可）陈置于巨幅漆画之前，漆画下部用堆漆作浮雕，越往上越浅薄，转为平平的画面。这样组合，如果我们注意到雕塑、漆画内容风格的一致性，是可能取得和谐统一的效果的。佛教艺术如河北正定隆兴寺摩尼殿内槽北壁背面的宋塑山中观音[5]，以凸起不高的背景来衬托主像，可以作为我们借鉴的材料。漆画与西洋工艺美术的结合也不是不可能的。例如欧洲教堂高窗的彩色玻璃镶嵌，如经过民族化，将它安置在墙壁上部采光处，下与漆画相接，或索性把它糅入画面，成为漆画的一部分，或许可以成为洋为中用的例子。

漆画能给髹饰工艺带来发展，最主要的还在它本身已超出装饰工艺而上升到绘画艺术。楚瑟上的漆画为平涂，对战国、西汉漆器颇有影响。现在则勾、描、堆、写、剔、刻、雕、镂、刨、划、填、嵌、贴、洒、罩、磨，都已被用来表现漆画的内容。一般漆器，将受其沾溉而面目一新。

至于漆画本身的发展，更是前程无量，还有许多方面值得探索、实践。艺术家们除了法自然、师造化外，还可以从各种形式的绘画，得到启发，有选择地掇取吸收来丰富自己。西洋油画，用硬刷稠漆，可拟其笔触，漆画写来，或许有一定便利之处。那么传统水墨画，用黑漆勾勒皴擦，再经研磨笼罩，是否也能流露出笔情墨趣呢？当然过于写实，将会陷入自然主义的泥沼。一味摹拟，便难摆脱仿效的桎梏。但这用不着担心，因为漆画再写实也不可能十分逼真，再摹拟也不会呆如复制。漆画所用的特殊材料、特殊技法决定它的特殊面貌、风格和精神。这正是使它能卓然自立，成为峥嵘于画坛的一种专门艺术。

原载《福建工艺美术》1983 年第 2 期

❶ 如安徽天长县出土的奁，见安徽省文物工作队：《安徽天长县汉墓的发掘》，《考古》1979 年第 4 期。海州网疃庄出土的长方盒、椭圆盒等，见南京博物院：《江苏连云港市海州网疃庄汉木椁墓》，《考古》1963 年第 6 期。

❷ 唐赵璘：《因话录》，《丛书集成初编》本。

❸ 袁荃猷：《谈犀皮漆器》，《文物参考资料》1957 年第 7 期。

❹ 陈晶：《记江苏武进新出土的南宋珍贵漆器》，《文物》1979 年第 3 期。

❺ 见梁思成：《正定调查记略》第十一图，《中国营造学社汇刊》1933 年 6 月 4 卷 2 期。

# 对犀皮漆器的再认识

1985年夏，我从胡继高同志处，看到了安徽马鞍山三国孙吴朱然墓出土的一批漆器的照片。其中有两件犀皮漆耳杯，这实在是一个惊人的发现。

多少年来，为了给《髹饰录》作解说，犀皮一直是我关心的髹饰品种之一，头脑中曾出现过一连串的问题：犀皮究竟是什么样的漆器？现存有无实物？它的工艺如何？现在是否还有人会做？它是什么时候开始有的？……

为了解答第一个问题，首先要考察前人对犀皮漆器的记载，但文献中众说纷纭，莫衷一是。现将查到的六七家言录引于下：

1. 赵璘（唐开成进士）："髹器谓之西皮者，世人误以为犀角之犀，非也。乃西方马鞯，自黑而丹，自丹而黄，时复改易，五色相叠。马镫磨擦有凹处，粲然成文，遂以髹器仿为之。"（据陶宗仪《辍耕录》卷十一引《因话录》）

2. 程大昌（南宋绍兴进士）："按今世用朱、黄、黑三色漆沓冒而雕刻，令其文层见叠出，名为犀皮。"（《演繁露》卷九《漆雕儿》条）

3. 都穆（明弘治进士）："世人以髹器黑剔者谓之犀皮，盖相传之讹。陶九成从《因话录》改为西皮，以为西方马鞯之说，此尤非也。犀皮当作犀毗。毗者，脐也。犀牛皮坚而有文，其脐四旁文如饕餮相对，中一圜孔，坐卧磨砺，色极光润。西域人割取以为腰带之饰，曹操以犀毗一事与人，是也。后之髹器，效而为之，遂袭其名。"（《听雨纪谈》）

4. 黄成（明隆庆间名漆工）："犀皮，或作西皮，或犀毗。文有片云、圆花、松鳞诸斑。近有红面者，以光滑为美。"（《髹饰录·填嵌第七·犀皮》）

5. 李日华（明万历进士）："戎人性巧，喜文章陆离之观。割马鞍皮，累数重漆者为小合子，若狸首、鹿胎然，名曰犀毗。"（《六研斋笔记》卷二）

6. 杨明（天启间名漆工）："摩窳诸般。里面红中黄底为原法。红面者黑为中，黄为底。黄面赤、黑互为中、为底。"（《髹饰录·犀皮》注）

7. 方以智（明崇祯进士）："智按宋漆有犀毗，即史师比，借称其杂采也。云南棋罐、香盘，皆五色相叠，是其类矣。"（《通雅》卷三十四《杂用》）

赵璘说仿马鞍凹处粲然成文的漆器

叫“西皮”，容易使人误认为犀皮表面是凹的。程大昌说积累三色漆层再雕刻，使露出色漆层次，他分明把另一种漆器“剔犀”当作犀皮。都穆将犀皮和犀牛的肚脐及用它做成的带钩扯到一起，更使人无法想象犀皮漆器是什么样子。李日华说犀皮是用上了几道漆的皮马鞍做成的小盒子，因而犀皮成了髹饰器物的名称，而不是髹饰品种的名称。方以智说五色相叠的云南棋罐、香盘与犀皮同属一类。后人见不到他所说的实物，仍无法知道五色是怎样相叠的。只有黄成、杨明明确指出犀皮又叫西皮或犀毗，有多种花纹，表面是平的，以光滑为美，说得比较明白具体。

以上几家我们应该相信谁，自然应当相信黄成和杨明，因为他们是名漆工，有实际操作经验。所著《髹饰录》讲到各种漆器，故不至于把某个品种和另一种混淆起来。杨注还使用了“摩窳”两字，“摩”与“磨”通。“窳”下也。“摩窳诸般”可以理解为：需要打磨的低凹下去的漆面，其形状是多种多样的。实际上只要看到犀皮被黄成列入“填嵌门”，已经知道需要打磨。因为“填嵌门”中的各种漆器，无一不是最后经过打磨才完成的。

为了进一步认识犀皮，最好能找到和《髹饰录》相符合的实物。很幸运，1950年代居然物色到一件红面片云纹犀皮圆盒。它高12.5厘米、径23.9厘米，皮胎，朱漆里，花纹如行云流水，层次很多。漆层红黑相间，并杂有暗绿色，最后一层是红漆，表面光滑，与黄成所讲的完全吻合。由于它有断纹，造型古朴，和后来看到的清代犀皮器相比，显然要早得多，故定为明代器物，具体年代约在万历前后。此盒已在拙编《中国古代漆器》中印出（彩色图版69，亦见本卷彩图13）。

如果能知道犀皮漆器的做法，我们对它的认识就又进了一步。经了解，上世纪50年代北京还有用犀皮来做漆烟袋杆的作坊。袁荃猷同志对崇文门外蒜市口烟袋杆生产合作社的桂茂栲老师傅进行了采访，写成《谈犀皮漆器》一文（载《文物参考资料》1957年第7期），对犀皮的做法记录颇详。其基本方法是先在漆器胎骨上用稠漆堆起高低不平的地子，在地子上刷不同色漆若干道，最后磨平，露出颜色不同的漆层。其纹样的不同，如片云、圆花、松鳞等，取决于地子高低形态的不同。由于她的文章第一次对犀皮的制作工艺作了阐述，故一再被国内外学者引用。

犀皮漆器何时开始出现？如根据实物，未免太晚了，因为现在还提不出早于明代的实例。如依理推测，过去认为比较有把握的回答是唐代。理由如下：

1. 赵璘讲到西皮，他是晚唐时人。

2. 南宋时成书的《西湖老人繁胜录》讲到“犀皮动使”。动使就是日用家具。可见当时已用犀皮来做多种器物。

3. 吴自牧的《梦粱录》讲到南宋临安有专门制造犀皮的漆器铺。

2、3都说明犀皮在南宋时已非常流行。在此之前肯定有一段初创与发展的时期。这段时期如按三百年计算，就是赵璘生活的时代了。

在试作上述推测的时候，也曾想过犀皮的开始出现有可能比晚唐还要早些，但是万万没有想到而且也不敢去想三国时已经有了犀皮漆器。它的出现比现知最早的有关文献记载早六百年，比现知最早的犀皮实物早一千三百多年！

这次在朱然墓中发现的犀皮漆器是一对耳杯（即羽觞，见《髹饰录解说》彩图8），每件长9.6厘米、宽5.6厘米、高2.4厘米。正面黑漆，花纹不显著。背面黑、红、黄三色相间，表面光滑，花纹回转如漩涡，有行云流水之致，制作工艺已相当成熟。详见本刊本期《安徽马鞍山东吴朱然墓发掘简报》。

同时值得提出的是和耳杯一起出土的许多件以人物故事为题材的精美彩绘漆器。它们填补了漆工史上三国漆器实物这一空白。关于这些漆器，本文不准备过多涉及，这里只是指出，有的漆器上有“蜀郡作牢”、“蜀郡造作牢”等铭记，说明它们是四川的制品。耳杯同墓出土，我们有理由相信其产地也是蜀郡。四川在战国时漆器制造业已十分发达。据个人现知考古材料，漆工艺中的两项重大发展——在木胎上刷灰后再涂漆，漆器的盖口或器口镶金属箍，即所谓“扣器”，都以成都羊子山172号战国墓出土的漆器为最早[1]。那末蜀郡在三国时能制造出与人工描绘花纹迥不相同的犀皮漆器来，也是绝非偶然的。

通过对犀皮漆器的再认识，我深深感到，对于我们的祖先创造的物质文明的成就之高和时代之早，往往是估计不足的。可资见证的文献记载和文物遗存往往比史实要晚，有的要晚很多很多。今天如果有人问我东吴朱然墓中发现的犀皮漆器是不是最早的，我真不敢妄断。说不定有一天会发现汉代的或比汉代更早的犀皮实物。说到这里，我想起了赵元任先生的名言：“说有易，说无难。”对语言学中的问题是如此，对考古学中的问题也是如此。

原载《文物》1986年第3期

[1] 四川省文物管理委员会：《成都羊子山172号墓发掘报告》，《考古学报》1956年第4期。

# 中国古代漆工艺

## 一　新石器时代

——上溯七千年，尚未找到用漆的起源

中华民族是一个勤劳聪颖、富有创造性的民族，一个不断提高精神和物质文明、爱美而又善于审美的民族。在我们祖先多种多样的发明创造中，采割天然漆树的汁液，用来作日用品的黏合剂、增固剂，并进而加工炼制，掺调色料，使之光彩夺目，绚丽生辉，再用此做成形态各异、用途广阔、花色繁多的工艺品和美术品，这自然是一项对人类有重大贡献、可夸耀于世界的杰出成就。因此循流溯源，学术界一直都想搞清楚天然漆最早在何时使用，漆器最早在何时出现。

我国古代文献记载的使用漆器的时间很早。《韩非子・十过篇》讲到虞舜做食器，"流漆墨其上。禹做祭器，黑漆其外而朱画其内"[1]。这就说明，虞舜、夏禹时代已有一色和朱黑两色漆器。不过古代文献一定要有实物证明才能使人相信。因此要解答漆器起源问题，我们只能把希望寄托在科学的考古发掘上。

1955年在江苏吴江团结村良渚文化遗存中清理出漆绘彩陶杯。1959年在吴江梅堰的遗址中又发现棕地黄红两色彩绘黑陶壶[2]。后者经化学试验，彩绘物质与汉代漆器的反应相同，而和仰韶文化的彩陶、吴江红衣陶的试验结果迥异[3]。良渚文化的年代约为公元前3300年至公元前2200年。

1973年在江苏常州圩墩下层的马家浜文化中发现喇叭形器，上端涂成黑色，下端涂成暗红色。另有一残件，表面涂黑色。红黑涂料微有光泽，直观和现在的漆无区别[4]。马家浜文化比良渚文化还早约一千年。

1977年，中国科学院考古研究所在辽宁敖汉旗大甸子墓葬中发现两件近似觚形的薄胎朱色漆器，色泽鲜明[5]。墓葬遗物经碳14测定，距今为3400—3600年。

1978年至1984年在山西襄汾陶寺墓地发现彩绘木器。胎骨虽已腐朽，尚可辨认出为鼓、豆、案、俎等物。其中的木豆，彩皮剥落时呈卷状，与漆皮相似。发掘者认为这一发现对揭示古代北方漆器的渊源，不无意义[6]。陶寺正处在晋西南"夏墟"的范围内，距今

[1]《韩非子・十过篇》，扫叶山房民国石印本。

[2] [3] 江苏省文物工作队：《江苏吴江梅堰新石器时代遗址》，《考古》1963年第6期。

[4] 吴苏：《圩墩新石器时代遗址发掘简报》，《考古》1978年第4期。

[5] 笔者曾在中国社会科学院考古研究所见到实物。

[6] 中国社会科学院考古研究所山西工作队等：《1978—1980年山西襄汾陶寺墓地发掘简报》，《考古》1983年第1期。

3800—4000年。

1978年更有惊人的发现，在距今约7000年的浙江余姚河姆渡遗址第三文化层中清理出一件木碗，腹部瓜棱形，圈足，内外都有朱色涂料[1]。后经植物研究所采用微量容积进行热裂收集试验，确认木碗上的涂料为生漆[2]。这是目前所知我国最早的漆器（图版1）。

最近的发现又从浙江余杭安溪乡瑶山传来，1987年5月在9号墓中发掘出一件嵌玉高柄朱漆杯[3]。这证明良渚文化的漆器已和玉雕相结合，超过实用品而成为艺术品（图版3）。

尽管上面列举了多次早期漆器的发现，但天然漆何时最早使用，漆器何时最早出现等问题并未得到解决。理由是现知最早的漆器河姆渡木碗已经使用了调朱的漆来髹饰。从事物发展规律来看，从用本色天然漆到用调朱漆来髹器，其间肯定经历了一个相当长的过程。因此要解答上面提出的问题，还有待今后的考古发现。不过根据已有的材料，至少可以得出以下几点看法：一、漆的使用时间已被我国考古发掘所得到的各类漆器推得越来越早，因此可以自豪地说漆器是中华民族的发明创造。二、在新石器时代髹漆工艺已经发展到彩绘、镶嵌等较高水平。三、远古漆器分布颇广，不只是某一地区、某一文化才有。

## 二　商　西周　春秋

### ——镶嵌、螺钿、彩绘漆器已达到高度水平

时代处于夏、商之交的河南偃师二里头遗址，往往被定为早商。1978年在这里的大墓中发现红漆木匣，是贮放狗骨的容具[4]。1981年在两座墓中发现钵、觚、鼓等器，表面都髹朱漆[5]。1984年又发现盒、觚各一件。盒扁圆形，髹朱漆；觚已损坏变形[6]。

时代早于殷墟、文化层年代相当于河南郑州二里岗遗址的湖北黄陂盘龙城遗址，1974年从墓葬清理出十多块椁板板灰，一面有精细雕花，一面光素涂朱。其中最大的两块都阴刻饕餮纹和雷纹，每两组图案间的阴文部分涂朱，阳面涂黑，出土时色彩斑斓。发掘者认为解放前在安阳侯家庄商王大墓的木椁顶部，发现过多块饕餮、云雷和虎纹木雕板灰（图版4—5）。当时判断为送葬的仪仗，被称为“花土”。今有此墓发现，可断言它们也是雕花木椁的遗痕[7]。再证以1976年安阳小屯村北的发掘，在17号墓中发现椁、棺的部分残存及其板灰。最上层保存较好的椁板，表面刻阳文龙，髹朱漆；阴文地，髹黑漆。棺木南端漆皮尚好，黑地朱文，线条很细[8]。综上所述，可知所谓“花土”或“板灰”，都是彩漆雕花木板的遗痕。因为只有漆才具有抗腐、耐酸、经久不变的性能，其他涂料都不可能埋藏了三千多年，木质化成灰土，而表面涂层色泽犹新的。

可以代表商代漆器最高成就的当推河北藁城台西村遗址中出土的漆器。所出器物虽残，尚能辨认为盘、盒等。其工艺为木胎雕花纹后髹朱黑两色漆。花纹有饕餮、夔、雷、圆点、蕉叶等多种（图版6）。在饕餮的眼睛和眼角，镶有经过磨琢的方、圆、三角形的绿松石，可谓技艺复杂、制作考究、装饰华美[9]。更为出人意想的是在一件漆盒的朽痕中，发现半圆形金饰薄片，正面阴刻云雷纹，背面有朱漆痕迹，显然是原来贴在漆盒上的金箔[10]。汉代流行在漆器上镶嵌金银箔花纹的工艺可以溯源至此。

[1] 河姆渡遗址考古队：《浙江河姆渡遗址第二期发掘的主要收获》，《文物》1980年第5期。

[2] 陈慧：《中国使用生漆已有六千年历史》，《北京晚报》1984年7月13日。

[3] 叶辉等：《余杭瑶山发现与墓葬复合的祭坛遗迹》，《光明日报》1987年5月29日。

[4] 中国社会科学院考古研究所二里头工作队：《河南偃师二里头二号宫殿遗址》，《考古》1983年第3期。

[5] 中国社会科学院考古研究所二里头工作队：《1981年河南偃师二里头墓葬发掘简报》，《考古》1984年第1期。

[6] 中国社会科学院考古研究所二里头工作队：《1984年秋河南偃师二里头遗址发现的几座墓葬》，《考古》1986年第4期。

[7] 湖北省博物馆等：《盘龙城1974年度田野考古纪要》，《文物》1976年第2期。

[8] 中国社会科学院考古研究所安阳工作队：《安阳小屯村北的两座殷代墓》，《考古学报》1981年第4期。

[9] 一、河北省博物馆等：《河北藁城县台西村商代遗址1973年的重要发现》，《文物》1974年第8期。二、河北省文物研究所：《藁城台西商代遗址》，文物出版社，1985年。

河南罗山天湖有商代晚期的墓地，1980年在此出土了十件漆器，其中的光唇敛口平底木碗，髹黑漆，经观察乃取边材板旋制而成[11]。它可能是现知最早的一件车旋木胎漆器（图版7）。引人注目的是一件木柲残件，在握手部位隐起方格云雷纹。发掘者指出，每组图案为四层方格和一个十字，系由五层丝线缠绕而成[12]。不过值得注意的是方格花纹高低显著。如用丝线层层平绕，是无法使图案有高低之分的。故其工艺究竟如何，还有待进一步的观察。不过无论如何，商代已出现表面不平、和后代堆漆近似的漆器了（图版8）。

现知年代最早的皮甲是安阳侯家庄1004号墓中发现的皮甲残迹，有黑、红、白、黄四色图案花纹[13]。鉴于春秋、战国时期的皮甲多髹色漆，我们有理由相信商代已有漆甲。故不妨说后代十分流行的皮革胎漆器，其始也不晚于商代。

实物证明，商代漆器已达到相当高的水平，只是年代邈远，缺少完整的器物保存到今天，目前只能就印痕剩迹来瞻玩其花纹装饰，从残形断片来缅想其貌态风神。

西周漆器自20世纪30年代以来，在河南、陕西、湖北等省不断有所发现，可惜也大都残坏，不能看到完整形象。可以代表这一时期的漆器在20世纪80年代以前也尚未发掘出来，因而过去一直低估了它的成就。

最早是1933年郭宝钧先生在西周卫国墓中发现蚌泡，因出土时多环绕在其他器物的周围，意识到蚌泡当是其他器物的配饰[14]。二十年后在陕西长安普渡村西周1号墓发现围绕在陶器周围的蚌泡，上面留有附着的漆皮。由于漆皮有折皱和重叠，推测漆皮里面原有一层木质或编织的腔[15]。所谓的“腔”，实际上就是漆器的胎骨。继而在河南陕县上村岭虢国墓地[16]和洛阳庞家沟[17]先后发现外壁嵌有六枚蚌泡的漆豆和套在瓷豆之外的嵌有蚌泡的漆器托残片。至此才算看到了嵌着蚌泡的西周漆器。1967年在陕西长安张家坡西周晚期墓中发现漆豆、漆俎和仅有小部残存的漆杯。豆为深盘粗把，盘周壁镶嵌蚌泡八枚，柄镶嵌小蚌泡四枚及菱形蚌片，以上蚌泡均涂红彩。俎上部为长方形盘，口大底小，四壁斜收，盘下接四足方座，四周镶嵌各种形状的蚌片图案[18]。这次发现使人们对西周漆器又有了进一步的认识。

使我们看到可以代表西周髹饰成就的漆器是1981年到1983年在北京琉璃河燕国墓地121座墓葬中发掘出来的豆、觚、罍、壶、簋、杯、盘、俎等多种木胎漆器[19]。殷玮璋同志曾对这批漆器撰写专文，并对其中的三件作了详细的描述：“漆罍和漆觚都是朱漆地、褐漆花纹。漆豆则是褐地朱彩。……豆盘上用蚌泡和蚌片镶嵌，与上下的朱色弦纹组成装饰纹带；豆柄则用蚌片嵌出眉、目、鼻等部位，与朱漆纹样合组成饕餮图案。喇叭形的觚身上除了由浅雕的三条变形夔龙组成的花纹带外，上下还贴有金箔三圈，并用绿松石镶嵌。漆罍的装饰纹样最为繁缛。除在朱漆地上绘出褐色的云雷纹、弦纹等纹样外，器盖上还用细小的蚌片嵌出圆涡纹图案，颈、肩、腹部也用很多加工成一定形状的蚌片，嵌出凤鸟、圆涡和饕餮的图形。此外，在盖和器身上还有附加的牛头形饰件，器身中部有鸟头形器把。这些鸟兽形象的附件上也用蚌片镶嵌，使牛头和凤鸟

[10] 一、河北省文物管理处台西考古组：《河北藁城台西村商代遗址发掘简报》，《文物》1979年第6期。二、同[9]二。

[11] 河南省信阳地区文管会等：《罗山天湖商周墓地》，《考古学报》1986年第2期。

[12] 欧潭生：《河南罗山县天湖出土的商代漆木器》，《考古》1986年第9期。

[13] 杨泓：《中国古兵器论丛》增订本，文物出版社，1980年。

[14] 郭宝钧：《浚县辛村》，科学出版社，1964年。

[15] 石兴邦：《长安普渡村西周墓地发掘记》，《考古学报》1954年第8册。

[16] 中国科学院考古研究所：《上村岭虢国墓地》，科学出版社，1959年。

[17] 洛阳博物馆：《洛阳庞家沟五座西周墓的清理》，《文物》1972年第10期。

[18] 中国社会科学院考古研究所沣西发掘队：《1967年长安张家坡西周墓葬的发掘》，《考古学报》1980年第4期。

[19] 中国社会科学院考古研究所琉璃河考古队等：《1981—1983年琉璃河西周燕国墓地》，《考古》1984年第5期。

❶ 殷玮璋：《记北京琉璃河遗址出土的西周漆器》，《考古》1984年第5期。

❷ 王巍：《关于西周漆器的几个问题》，《考古》1987年第8期。

❸ 王世襄：《中国古代漆工杂述》，《文物》1979年第3期。

❹ 周南泉、叶琦枫：《螺钿源流》，《故宫博物院院刊》1981年第1期。

❺ 河南信阳地区文管会：《春秋早期黄君孟夫妇墓发掘报告》，《考古》1984年第4期。

❻ 山东省博物馆：《临淄郎家庄一号东周殉人墓》，《考古学报》1977年第1期。

❼ 山西省文物工作委员会晋东南工作组等：《长治分水岭269、270号东周墓》，《考古学报》1974年第2期。

❽ 山西省考古研究所：《山西长子县东周墓》，《考古学报》1984年第4期。

的形象更加突出。”❶王巍同志在一篇有关西周漆器的文章中对漆罍的螺钿工艺作了补充：“蚌表面光滑平整，边缘整齐，蚌片之间接缝十分紧密。”“当时蚌片的磨制和镶嵌技术都已达到相当水准，绝非螺钿初始阶段所能及。”❷（图版9—10）

现在对西周漆器的认识已远远超过琉璃河燕国墓地发掘前的认识，这说明田野考古对工艺美术史研究有何等重要的意义。过去笔者据西周漆器多嵌蚌泡，河南浚县辛村还发现用截切过的蚌条组成“蚌组花纹”❸，提出我国的螺钿漆器可以上溯到西周。但有人认为笔者的看法值得商榷，并提出“螺钿镶嵌技术在南北朝时已能运用，……到中唐时期就达到了成熟的阶段”❹。琉璃河漆器的发现证明了本人过去提出的看法并非出于武断。

春秋时期的漆器有以下几处比较重要的发现。

河南光山宝相寺黄君孟夫妇墓的时代为春秋早期。主棺通髹黑漆，边缘朱绘窃曲纹及波纹。棺盖上大型窃曲纹也隐约可见。所出漆豆盘边有圆圈纹，乃用漆绘来画出蚌泡装饰。豆柄花纹与西周铜器有相似处，都反映出它的时代风格❺。

1971年在齐国故城所在地的山东临淄郎家庄春秋晚期墓中发现了不少件漆器。引人注目的是一件圆形残片，中心绘三兽翻滚嬉戏，外层屋宇四座，中有人物，躬身相向而立，或举物过顶，或双手承接。屋宇之间，用鸟、鸡、花草等填补空隙。发掘者指出残片的花纹题材及章法布局和其他地区出土的东周漆器皆异，故认为是齐国的风格❻（图1）。同墓还出土彩绘羊形（？）器及镇墓兽。此种立体圆雕的动物形象只有楚墓才经常发现，今出于齐墓，值得重视。

山西长治分水岭春秋晚期墓出土漆箱残片，旁有铜铺首，可知当时已用金属饰件。残片朱地黑纹，绘多条蟠绕的虬龙，上下左右，纠结在一起，构成整片通连的图案，和蟠龙成组，组间有空隙的图案颇异其趣。残片边缘或绘蟠螭纹，或绘窃曲纹，或绘几何纹，变化繁多。有的花纹仿佛是两行文字，中夹链条，是他处所未见的❼。长治另一古墓葬在长子县内，所出漆器的纹饰与青铜器的很相似，显示了两者的关系。罕见的器物有髹红黑漆舟、编竹胎黑漆盒及扁壶❽。扁壶多在秦汉墓中出土，今在春秋晚期墓中发现是出乎意料的。

值得注意的是春秋漆器多在河南、山东、山西偏北地区的墓葬出土，而在大量出土战国漆器的湖北、湖南却发现得不多。我们期待着今后会有像北京琉璃河西周漆器那样重要的春秋漆器的发现。

## 三 战国 秦 西汉
### ——五百年的髹漆繁盛时期

就我国漆工艺的发展而言，历史上第一次的突飞猛进、兴盛繁荣出现在战国时期，且经久不衰，一直延续到西汉。

战国漆器，产量之多、品种之备、制作之精、分布之广，都远远超过了前代。凡此均非偶然，而是和它的社会背景、经济条件分不开的。

春秋以后，铁制的刀凿锛斧等生产工具开始普遍使用。有此利器，工作效率提高，对以木胎为主的漆器生产，不仅提高了产量，也改进了质量。

漆器作为日用品，有体轻、易洗、无异味、隔热便于持握、抗酸耐腐蚀等特点，这些都优于铜器；作为观赏品，漆彩加油彩，五光十色，花纹绚丽，更非铜器所能及。时迨战国，以青铜器的轻重多寡来显示统治者身份地位的礼制已趋没落瓦解，故陵墓中的随葬品，漆器增多而铜器减少。

战国漆器大多数出自楚墓。楚国是战国时期幅员最大的国家，已发掘的战国墓也以楚墓为最多。漆器在楚文化中占有重要地位。从另一个角度讲，楚墓采用白膏泥密封木结构墓室的方法，对保存漆器极为有利，这也是我们得以从楚墓中见到大量战国漆器的一个主要原因。

规模较大的楚墓多集中在湖北江陵。楚国故都纪南城（郢都）就在江陵境内。分布于纪南城东垣外雨台山上的楚墓群，时代从春秋早期到战国晚期。1973年至1976年间，共发掘了558座，计出土漆木器九百余件二十多种。出自战国墓的漆器数量，远远超过春秋墓，其中的耳杯、圆盒、豆、镇墓兽、虎座飞鸟等皆花纹精美。首次发现的有鸭形豆。豆盘与盖合雕成一只盘颈的鸭子，缩头拳足，大有睡意。两翼若排箫，羽毛似鳞片，均用红、金、黄三色在黑漆地上绘出。豆柄及座也有卷云纹等彩绘（图版18）。还有彩绘木雕蟠蛇纹漆卮，群蛇交互蟠结，却很有规律。盖上八蛇，四条红蛇头向盖顶正中，四条黄蛇头向盖沿四周。卮身蟠蛇十二条，亦繁而不紊。此卮是一件经过精心设计的工艺品[9]（图版17）。

拍马山楚墓群位于纪南城东南，时代也从春秋延续到战国。两次发掘清理了40座墓葬，出土的重要漆器有彩绘鹿鼓、长方形盒、曲尺形盒、虎座鸟架鼓等[10]。此鼓和葛陂寺所出的另一件是楚墓发掘中最早见到的、器形比较完整的两件，因而《楚文化考古大事记》指出“为当时正在讨论的河南信阳楚墓虎座鼓的复原问题，提供了实证资料”[11]，证明两鸟相背、中间悬鼓的复原方案是正确的[12]。

位于江陵城北面李家台的楚墓内出土漆器22件，其中的方豆、高逾1米背插鹿角的虎座飞鸟都比较罕见，而以彩绘木盾最为难得。它正面以红、黄、绿、蓝等色绘曲尺、齿形图案，背面则在六组虬龙之间尽情地加进了许多人物、花鸟。席地而坐的红衣人、活跃在树头的小鸟、羽毛鲜艳的孔雀，无不各尽其态，富有生气[13]。

1965年对纪南城西北的望山1号、2号及沙冢1号三座战国中期的大型墓进行了发掘[14]。1号墓出土竹漆器100余件，品种繁多，其中有镇墓兽、瑟、虎座鸟架鼓、案、酒具篋、酒注、耳杯、盘、俎、豆、勺、工具箱、伞、盖、弓、盾、剑、梳、奁、竹席等。当时轰动考古界的是一件精美绝伦的彩绘透雕座屏。底座两端着地，中悬如桥，上承玲珑剔透的矮屏，雕镂凤、鸟、鹿、蛙、蛇、蟒等动物形象共51个，衔接穿插，构成严格对称而又非常生动的画面。其中俯冲的鸟和奔驰的鹿使整体都活跃起来，观者不禁为之赞叹。座屏上朱红、灰绿、金、银诸色咸备，彩绘绚丽夺目。推此为这一时期透雕漆器的代表作，当之无愧（图版22）。沙冢墓出土的耳杯和双凤双兽透雕箭箙亦是精品（图版20—21）。

天星观战国中期特大楚墓在纪南城

[9] 一、荆州博物馆：《江陵雨台山楚墓发掘简报》，《考古》1980年第5期。二、荆州地区博物馆：《江陵雨台山楚墓》，文物出版社，1984年。

[10] 一、湖北省文物管理委员会：《湖北省江陵出土虎座鸟架鼓两座楚墓的清理简报》，《文物》1964年第9期。二、湖北省博物馆等：《湖北江陵拍马山楚墓发掘简报》，《考古》1973年第3期。

[11] 楚文化研究会：《楚文化考古大事记》，文物出版社，1984年。

[12] 袁荃猷：《关于信阳楚墓虎座鼓的复原问题》，《文物》1963年第2期。

[13] 荆州博物馆：《江陵李家台楚墓清理简报》，《江汉考古》1985年第3期。

[14] 湖北省文化局文物工作队：《湖北江陵三座楚墓出土大批重要文物》，《文物》1966年第5期。

东长湖之滨，虽多次被盗，破坏严重，仍清理出大量漆器。镇墓兽高达170厘米，方座上两兽相背，长舌下垂，各插双鹿角，桠槎拏空，造型怪谲，在同类明器中如此高大的实属罕见。彩绘双龙、四龙透雕座屏各一具，与望山楚墓所出的品种相同，但刀法粗犷，风格又异（图版25，图2）。最精美的是龙首车辕，浮雕多种云纹，黑漆地上用红、黄漆彩绘，勾画鳞片及密点星纹，装饰效果使人联想到错金银器[1]。

以出土大量丝绣而膺“丝绸宝库”之名的江陵马山1号墓也发现重要漆器。其中耳杯两件，一画云纹六卷，一施蓝彩，花纹用色，均属罕见。朱绘黑漆盘为夹纻胎，是战国时期少数实例之一[2]。漆扇一把，竹管作柄，竹片为框，中用细而薄的篾条髹涂红黑两色漆后编织出矩形图案，更以小十字纹填实矩心并周匝矩外。此扇色彩鲜明，纹样整齐，工艺精巧，是战国竹漆器的代表作[3]。

江陵地区还有太晖观[4]、溪峨山[5]、藤店[6]等地的战国楚墓出土了大量漆器，惟其重要性未能超过前已述及者，兹从略。

1987年才挖掘完毕的荆门包山大冢，南距纪南城十余公里，时代为战国中晚期。内棺出土时漆彩如新。棺上图案为龙纹交叠于凤纹之下，有凤翔云中、龙潜水底之势（图版23）。冢内出土的凤鸟双连杯，口张衔珠，尾翘作柄，身躯两杯相并，造型新颖。在另一件漆奁上以线描加平涂之法画出车马四乘，御者、乘者、侍者26人，并以迎风杨柳、展翅飞鸿点缀其间，构成一幅绝妙的车马人物出行图[7]（图版24，图3）。

江陵地区以外湖北省境内的战国墓以随州市曾侯乙墓最为突出。曾国即为见于史籍的随国，它与楚文化的关系十分密切。曾侯乙墓所出重要漆器，多到难以备述。举其最者，如内棺，绘有直立如人的怪鸟、持戈守卫的神兽，洋溢着神秘的楚风（图版12）。漆木盖豆，造型独特，两耳雕镂甚繁，和同墓的青铜尊、盘等风格一致。鸳鸯形盒，头部可以转动，彩绘羽毛，腹侧又分别描绘撞钟击磬、敲鼓舞蹈的场面，比雨台山鸭形豆更为写实，可谓并臻佳妙（图版11）。彩绘二十八宿图像漆奁载有我国关于二十八宿全部名称的最早文字记录（图4）。除此之外，还有多种漆竹、漆木乐器，如琴（图5）、笙、笛、箫（图版13）等。它们不仅是珍贵漆器，也是天文、音乐等学科的重要文物[8]。

湖南长沙是又一个楚墓集中的地区。新中国成立后，对楚文化的考古发掘是从这里开始的。和江陵相比，此处墓葬多属中小型，但三十多年来还是有不少重要发现。

1951年至1952年中国科学院考古研究所在长沙发掘了72座战国墓，于406号墓中清理出黑地朱黄两色的彩绘皮胎漆盾，在当时是首次发现[9]。

1952年长沙近郊发掘了一百五十多座东周墓，于颜家岭战国墓中发现狩猎纹卮，在当时认为是描绘最精、保存又最好的漆器[10]。

浏城桥1号墓是长沙地区规模较大、保存较好的战国早期墓，出土漆木器59件，有漆绘木鹿，浮雕精致、面板下有斜枨支撑的黑漆几等，而漆绘工整华美的竹节形戈柄及竹箭箙尚未计算在内[11]。

战国中期墓有三处出土重要漆器。

[1] 湖北省荆州地区博物馆：《江陵天星观一号楚墓》，《考古学报》1982年第1期。

[2] 湖北省荆州地区博物馆：《江陵马山一号楚墓》，文物出版社，1985年。

[3] 陈振裕：《楚国的竹编织物》，《考古》1983年第8期。

[4] 湖北省博物馆：《湖北江陵太晖观楚墓清理简报》，《考古》1973年第6期。

[5] 湖北省博物馆江陵工作站：《江陵溪峨山楚墓》，《考古》1984年第6期。

[6] 荆州地区博物馆：《湖北江陵藤店一号墓发掘简报》，《文物》1973年第9期。

[7] 一、荆沙铁路考古队：《荆门市包山大冢出土一批重要文物》，《江汉考古》1987年第2期。二、阎频：《包山大冢珍品撷英》，《文物天地》1987年第6期。

[8] 一、随县擂鼓墩一号墓考古发掘队：《湖北随县曾侯乙墓发掘简报》，《文物》1979年第7期。二、湖北省博物馆：《随县曾侯乙墓》，文物出版社，1980年。

[9] 中国科学院考古研究所：《长沙发掘报告》，科学出版社，1957年。

[10] 湖南省博物馆：《长沙楚墓》，《考古学报》1959年第1期。

[11] 湖南省博物馆：《长沙浏城桥一号墓》，《考古学报》1972年第1期。

长沙南郊左家公山木椁墓首次发现毛笔，笔杆上涂漆[12]。长沙五里牌楚墓出土体态肥硕、通身描绘云凤纹的漆虎子，是一件精制的圆雕漆器。彩绘龙凤纹十弦琴，面板头宽尾窄而上翘。由于它和曾侯乙墓所出的一件十分相似，使人相信战国时琴的形制就是如此[13]。长沙烈士公园3号墓，解放前被盗，多件漆器流往海外。已知去向的有“廿九年”铭文卮，现藏美国旧金山亚洲艺术博物馆。此为秦昭襄王时物，“廿九年”，即公元前278年[14]。

战国晚期墓有长沙北郊的杨家湾6号墓，出土漆器26件。一具朱绘凤纹盒的盖内有阴刻“王二”两字[15]，这种可能是私家制器的铭记，当时是很少见的。

长沙以外湖南省境内的楚墓有两处值得注意。临澧1号墓所出漆器使用了金箔贴花[16]，常德德山墓出土的漆奁为夹纻胎[17]，这些都是战国时罕见、到汉代才流行的技法。

湖北、湖南两省以外出土漆器的楚墓首推河南信阳长台关1号墓[18]，数量之多、绘饰之精，曾轰动考古界，予人前所未有之感。金银彩绘漆案，朱漆地上排列36窠绿、金、黑三色圆涡纹，边缘绘金、黄、红、绿四色连云纹。朱绘黑漆大床，六足透雕卷虺纹，用竹、木及铜质镶角作床栏。在此墓出土的众多珍贵漆器中，彩绘锦瑟尤佳，内容从手持麾节、登坛作法的巫师，人面鸟身和鸟头人身的怪物，纠缠难分、互相厮杀的龙蛇，直到两犬逐鹿、肩抬死兽、跪地烹调、弹瑟吹笙等现实生活场面，妙景联翩，目不暇给。其工处细入微芒，但落笔却一挥而就，真可谓“意存笔先，画尽意在”，艺术价值之高，叹为观止[19]。在这里我们看到了战国绘画的卓越成就（图版15）。河南固始侯古堆勾夫人墓出土黑漆彩绘盘龙木雕、镇墓兽及多种髹漆乐器，其中的夔龙纹有柄鼗鼓为首次发现[20]。安徽舒城秦桥战国晚期墓出土耳杯有针刻工名，大漆盒有错金铜，花纹生动流畅，亦属罕见[21]。特别是漆盒造型圆而高，不类楚器而和战国早期已出现的秦器相似，其间的渊源关系值得探索。

楚文化以外战国漆器的出土地区首先应提到四川。四川荥经曾家沟战国早期墓就出土有圆奁、耳杯、双耳长盒、双耳长杯等。圆奁由身及盖扣套而成，盖顶及底用厚木作胎，器壁用薄木圈成。其一盖上刻“成”字，盖内刻“成ㄓ”二字。经发掘者考证，后者即“成造”两字，表明此器制于“成”地。双耳长

[12][15] 湖南省文物管理委员会：《长沙出土的三座大型木椁墓》，《考古学报》1957年第1期。

[13] 长沙市文物工作队：《长沙市五里牌战国木椁墓》，《湖南考古辑刊》第1集，1982年。

[14] 一、高至喜：《长沙烈士公园三号木椁墓清理简报》，《文物》1959年第10期。二、裘锡圭：《从马王堆一号汉墓“遣册”谈关于古隶的一些问题》，《考古》1974年第1期。三、李学勤：《论美澳收藏的几件商周文物》，《文物》1979年第12期。

[16] 熊传新：《临澧县发掘一座大型战国木椁墓》，《湖南日报》1980年12月13日。

[17] 湖南省博物馆：《湖南常德德山楚墓发掘报告》，《考古》1963年第9期。

[18] 河南省文物研究所：《信阳楚墓》，文物出版社，1983年。

[19] 详见王世襄：《楚瑟漆画小记》，见本书。

[20] 固始侯古堆一号墓发掘组：《河南固始侯古堆一号墓发掘简报》，《文物》1981年第1期。

[21] 安徽省文物工作队：《安徽文物考古工作新收获》，《文物考古工作三十年》，文物出版社，1979年。

盒盖与器身扣合而成，两端有方形器耳，木胎完成后尚未髹饰。双耳长杯，有身无盖，等于双耳长盒的一半[1]。

四川青川72座战国墓出土漆器177件。品种有壶、扁壶、耳杯、双耳长盒、碗、奁、卮、匕、圆盒及圆雕鸱鸮壶（图6）。其中不少件有针划符号及文字。可以辨认的如卮及奁上的“成亭”，耳杯上的“米”等。在第50号墓中还出土木牍，记载秦武王二年（公元前309年）命更修田律事[2]。

荥经县古城坪战国晚期墓中还清理出圆盒、圆奁、耳杯、双耳长杯、匕、耳杯盒、扁壶等。这批漆器中有十件署朱书“王邦”两字，有的底上还烙有“成亭”二字。西汉初年，邦字避高祖讳，故发掘者将墓的年代定为战国晚期至秦之间[3]。

上述各墓所出漆器年代虽有先后，但风格一致，属于同一文化体系，显然和出自楚墓的不同。楚墓所出漆器中常有镇墓兽、虎座鸟架鼓、木雕鹿等，而荥经、青川战国墓中却一件也没有，所出全部是生活用具。至于双耳长杯、扁壶又是楚墓所无的，就是双耳长盒在楚墓中也非常罕见。楚墓虽有圆盒，但造型多矮扁，和荥经、青川所出的直径与身高约相等的亦异。楚墓奁盒的盖和器身多子口扣合，而荥经、青川的则盖大身小，以盖覆身，扣套成器。楚墓漆器针划或漆书铭文者少见，而在荥经、青川的战国漆器中则大量出现。如抛开楚墓，把荥经、青川所出漆器和时代稍晚的湖北云梦睡虎地及河南泌阳官庄村的秦墓漆器相比则非常相似，使人确信荥经、青川这批墓均为战国秦墓，而秦墓所出漆器自战国到秦代是自成体系的。

由于荥经、青川所出漆器有“成亭”的针划铭文或烙印戳记，不少学者认为是成都工官的制品[4]。不过对工艺精湛的成都漆器是巴蜀固有的，还是由秦传给巴蜀的则有截然不同的看法。有人认为秦灭巴蜀之后，受其影响才开始发展自己的髹漆工艺[5]。有人则认为秦的漆工艺上承商周，在灭了巴蜀之后才把漆器制造技术带到巴蜀地区[6]。问题的澄清有待更多的考古发现。

四川省境内的战国墓葬中发现重要漆器的还有新都的木椁墓。墓内出土的耳杯两耳出尖，参差不对称，略似蝙蝠翼，为别处所未见。头箱内有漆器残迹，尚依稀可辨其原为木胎、篾胎或夹纻胎。发掘者认为此墓的年代可能在秦灭巴蜀（公元前329年）之前[7]。成都羊子山172号墓，出土的器物有圆盒、奁、方扣漆器、圆扣漆器、大方扣器等。各件均镶铜扣，有的扣上还有错银花纹。胎骨制作或木胎上刷灰后涂漆加朱绘，或木胎上贴编织物再涂漆[8]，都比直接在木胎上髹漆前进了一步。就其工艺而言，此墓漆器应为战国晚期的制品。

在全国范围内发现战国漆器的地方尚多，如山东栖霞出土的黑地朱纹残片[9]，河北怀来北辛堡出土髹墨绿色八角形盝顶式漆箱[10]，河北平山中山国墓出土的漆匜、漆鉴[11]，河南辉县固围村大墓出土的漆棺及大漆鉴[12]等，由于它们都偏在北方，所以也是值得注意的。

如上所述，难免会予人一种感觉，即战国时期楚及受楚文化影响的地区漆工艺最发达，其次是巴蜀。但这不一定完全符合历史的真实。原因是楚墓之所以有大量漆器保存下来，和木椁外封白膏泥的墓葬有密切的关系，就是四川荥

1. 四川省文管会等：《四川荥经曾家沟战国墓群第一、二次发掘》，《考古》1984年第12期。
2. 四川省博物馆等：《青川县出土秦更修田律木牍》，《文物》1982年第1期。
3. 荥经古墓发掘小组：《四川荥经古城坪秦汉墓葬》，《文物资料丛刊》四，文物出版社，1981年。
4. 一、徐中舒等：《古代楚蜀的关系》，《文物》1981年第6期。二、俞伟超：《马王堆一号汉墓出土漆器制地诸问题》，《先秦两汉考古学论集》，文物出版社，1985年。
5. 李昭和：《巴蜀与楚漆器初探》，《中国考古学会第二次年会论文集》，文物出版社，1982年。
6. 宋治民：《略论四川的秦人墓》，《考古与文物》1984年第2期。
7. 四川省博物馆等：《四川新都战国木椁墓》，《文物》1981年第6期。
8. 四川省文物管理委员会：《成都羊子山第172号墓发掘报告》，《考古学报》1956年第4期。
9. 山东省博物馆：《山东栖霞县战国墓》，《考古》1963年第8期。
10. 河北省文化局文物工作队：《河北怀来北辛堡战国墓》，《考古》1966年第5期。

经、青川战国秦墓，也是木椁外封白膏泥。至于其他地区，尤其是中原及北方，由于墓葬构造不同，对漆器保存不利。因此不能由于这些地区出土漆器不多而得出漆工艺不发达的结论。

秦代漆器过去所知甚少。自1975年以来，几次重要考古发掘才把这一时期的惊人成就展现于世，填补了战国、西汉之间的一段空白。

1975年在湖北云梦睡虎地发掘了十二座秦墓[13]，第7号墓[14]入葬于秦昭襄王五十一年（公元前256年），秦统一中国以后的墓葬有五座[15]。这次发掘共出土漆器近二百件。1977年至1978年在睡虎地又进行了两次发掘[16]，出土漆器的数量及完好程度又超过了第一次。以上三次发掘共出漆器五百六十多件，主要品种有凤形勺、双耳长盒、盂、圆盒、壶、扁壶、耳杯、长方形盒、盘、匕、樽、卮、圆奁、椭圆奁、杯等（图版26—33）。

1978年河南泌阳官庄村发掘清理了四座墓葬，时代为秦末，出土漆器十七件，其中的圆盒、耳杯、樽等与云梦所出的都很相似[17]（图版34—35，图7—8）。

取云梦、泌阳所出的漆器和荥经、青川的相印证，可明显看出它们属同一工艺体系。惟时间的推移，至秦代而又有了发展。例如凤形勺，利用凤背挖成勺，头颈做成把，彩绘羽毛及头的细部，是前所未有的新品种。睡虎地34号秦墓出土的一件彩绘兽首凤形勺，尤为奇特（图版27）。战国的奁多作圆形，云梦却出了不少件椭圆形奁（图版33）。双耳长盒青川出土的或只髹黑漆，或仅朱绘器口，而云梦的多施精美图案，于两端绘近似眼睛的花纹，利用突出的器耳画成仿佛猪豚的嘴鼻，予人庄重而又诙谐的感觉。由于花纹多写实，故呈现全新的面貌（图版26）。彩绘鱼鹭纹盂，虽不甚工细，却笔简神完（图版29）。彩绘扁壶上雄壮有力的犀牛、并肩前进的奔马和飞鸟，均为前所未有。一件耳杯，内底只画小鱼两尾，别无纹饰，更是从繁缛的装饰中解脱出来的大胆突破。至于图案也有创新，大量使用变形鸟头纹（略似外文B字母）（图9），并用横线将它们连起，布满全器（图版31）。有的条带只用曲线及圆点组成。有的两个花蕾夹一只昂首翘尾的雉鸡，虽是写生，但重复有规律的出现，它的图案性就很强了。以上都是这一时期的花纹特色。

云梦漆器中也发现特殊的技法。一件漆卮粘贴着用银箔刻成的图案，然后沿着花纹边缘再用朱漆勾线。可能此为初创，故只发现一件。

多件云梦漆器有烙印、针刻或漆书文字及符号。在荥经、青川漆器上的“成草”、“成亭”字样不见了，而出现了“咸亭”、“咸市”。考古工作者认为这些字样应是“咸阳市亭”的省称，载有这些字样的漆器应是秦代咸阳市亭所管辖的漆器作坊的产品。此外还有不少针刻铭文中有“里”字，如“安里皇”“左里□□”等，应为漆器作坊所在地的里名及制作工匠的名字。漆工工序的名称如“素”、“包”（麭）、“上”、“告”（造）等也开始在漆器上出现，说明秦代漆工已有分工，这些也正是西汉漆器数十字长铭的前奏[18]。

其他秦代漆器还有江陵凤凰山70号墓出土的盂，银质箍扣上有镶嵌花纹。器上针刻小篆“廿六年左工最元”铭文，其考究程度又超过了云梦和泌阳的漆器[19]。广州西村石头岗秦墓发现椭

[11] 河北省文物管理处：《河北省平山县战国时期中山国墓葬发掘简报》，《文物》1979年第1期。

[12] 中国科学院考古研究所：《辉县发掘报告》，科学出版社，1956年。

[13] 孝感地区考古训练班：《湖北云梦睡虎地11座秦墓发掘简报》，《文物》1976年第9期。

[14] 孝感地区考古训练班：《湖北云梦睡虎地11号秦墓发掘简报》，《文物》1976年第6期。

[15] 云梦睡虎地秦墓编写组：《云梦睡虎地秦墓》，文物出版社，1981年。

[16] 一、云梦县文物工作组：《湖北云梦睡虎地秦汉墓发掘简报》，《考古》1981年第1期。二、湖北省博物馆：《1978年云梦秦汉墓发掘报告》，《考古学报》1986年第4期。三、左德承编绘、陈振裕撰文：《云梦睡虎地出土秦汉漆器图录》，湖北美术出版社，1986年。

[17] 驻马店地区文管会等：《河南泌阳秦墓》，《文物》1980年第9期。

[18] 左德承编绘、陈振裕撰文：《云梦睡虎地出土秦汉漆器图录》，湖北美术出版社，1986年。

[19] 湖北省博物馆：《湖北省文物考古工作新收获》，《文物考古工作三十年》，文物出版社，1979年。

圆形漆盒，有“蕃禺”（即“番禺”）二字烙印[1]。广州东郊罗岗秦墓发现朱绘B纹图案漆盘残件[2]。前者证明当时岭南已制造漆器，后者虽缺少为当地所制的证据，但变形鸟头纹确是秦代漆器的标准图案，这又说明秦统一天下后很快就把中央的文化艺术推广到了全国。

西汉前期漆器主要还是出自云梦、江陵、长沙三地的墓葬。

云梦大坟头1号墓，入葬年代可能上距秦亡不过二三十年，出土漆器81件[3]，和睡虎地秦墓的漆器十分相似，只在品种上稍有差异。1号墓未发现双耳长盒及扁壶，但耳杯盒却是睡虎地所无的。不过耳杯盒两侧有耳，其造型和双耳长盒仍有渊源关系。

和大坟头约同时的江陵凤凰山墓群经过三次发掘，共出土漆器五百多件[4]，品种及髹饰与大坟头基本相同，属同一文化体系。其中艺术水平较高的有8号墓出土的漆木盾，作龟甲形，外包细篾编织物，黑漆朱绘。正面画人物怪兽，背面画一人拱手，一人佩剑，相向而立。与荆州李家台及长沙的战国彩绘漆盾（图版14）相比，造型及图绘，迥不相同（图版46）。168号墓出土耳杯，内底用朱漆绘三鱼及四叶萍藻，再用金色及黄漆勾勒鱼身及鳞片。题材虽与云梦的盂相近，但色繁而笔谨，风格又有不同（图版44）。木胎大扁壶，高达48厘米，盝顶盖，肩有铜铺首，黑漆地上朱笔线描七豹，神态各异，是一幅很好的动物画（图版43）。此墓所出部分漆器有“成市草”（造）、“成市饱”（䰍）烙印文字，因此有人提出“到了168号墓的时代，随葬的漆器可以肯定主要是蜀郡成都制造的”[5]。

值得指出的是云梦的汉初墓（如大坟头）出土漆器和秦墓基本相同，不足为异。但如果江陵的汉墓也是如此就不同了，因为江陵在战国时是楚文化的中心。楚墓常有的漆器如镇墓兽、虎座鸟架鼓、木雕鹿、彩漆乐器等到此时已被圆盒、扁壶、耳杯盒等所取代。这说明经过秦的统一及汉的兴起，楚地的文化习俗已有较大改变，而秦、蜀的髹饰工艺也正是在这一时期和楚的漆工艺有了新的融合。

西汉前期最重要的漆器出自长沙马王堆1、2、3号墓。2号墓时代稍早，保存情况不佳，漆器约二百件，多数为耳杯及盘，胎骨以夹纻为主，个别器物上有铜扣及螺钿。3号墓出土漆器316件[6]，1号墓出土漆器184件，都保存得完好如新。此外，还有髹饰十分精美的漆棺[7]（图版36—37）。

马王堆漆器可以代表西汉前期髹饰工艺的最高水平，具备许多特点。器形高大的钫、钟等是这一时期开始有的。盘的数量大增，有的六具相叠，最大的直径达73.5厘米。奁盒也有新兴的品种，有单层，有双层，胎骨多用夹纻，为的是使器壁又薄又坚，以便容纳小奁五子或九子。花纹可归纳为几何纹、龙凤花鸟纹、写生动物纹三个类型。由于博采兼施，把楚、秦、蜀的纹样图案完美地融合到一起，从而取得了生动活泼、绚丽多姿的艺术效果。装饰技法也有较大的发展。针刻法广为流行，当时已有专门术语曰“锥画”，可以为证[8]。1号墓的子奁，有的在刻纹中再用彩笔勾点，使纹样更加华美醒目。双层九子奁在器表的黑褐色漆上贴金箔，金箔上再施油彩，自然比云梦的贴银箔勾朱卮更加灿

[1] 梁国光等：《秦始皇统一岭南地区的历史作用》，《考古》1975年第4期。

[2] 广州市文物管理委员会：《广州东郊罗岗秦墓发掘报告》，《考古》1962年第8期。

[3] 湖北省博物馆：《云梦大坟头一号汉墓》，《文物资料丛刊》四，文物出版社，1981年。

[4] 一、长江流域文物考古训练班：《湖北江陵凤凰山西汉墓发掘简报》，《文物》1974年第6期。二、凤凰山汉墓发掘组：《湖北江陵凤凰山168号汉墓发掘简报》，《文物》1975年第9期。三、凤凰山汉墓发掘组：《江陵凤凰山167号汉墓发掘简报》，《文物》1976年第10期。

[5] 陈振裕发言，《关于凤凰山168号汉墓座谈纪要》，《文物》1975年第9期。

[6] 湖南省博物馆等：《长沙马王堆二、三号汉墓发掘简报》，《文物》1974年第7期。

[7] 湖南省博物馆等：《长沙马王堆一号汉墓》，文物出版社，1973年。

[8] “锥画”一称见马王堆三号墓出土的竹简。

[9] 孙机：《几种汉代的图案纹饰》，《文物》1982年第3期。

[10] 俞伟超等：《马王堆一号汉墓出土漆器制地诸问题》，《考古》1975年第6期。

烂生辉（图10）。3号墓发现彩绘云气的盝顶长方形奁，花纹轮廓高出漆面，乃用白色的颜料勾成，可视为后代堆漆法的嚆矢（图版40）。使人惊心动魄、纯属幻想虚构而有特殊艺术魅力的彩绘黑地漆棺，以云气旋卷、神仙鸟兽飞腾出没的云虡纹[9]为题材，自然使人想到战国曾侯乙墓的内棺，神秘怪诞，虽无二致，而流动凝重，意趣不同（图11）。马王堆漆器中也发现有“成市草”、“成市饱”烙印戳记[10]，无疑这时的蜀郡成都已是生产漆器的重要中心。

长沙砂子塘汉墓的年代当在汉武帝前，著名的彩绘舞女卮及车马卮就是解放前被人从此墓盗挖的。1961年进行清理，漆器所存无几，但彩绘外棺却是一件艺术精品。两侧面绘山峰垂杨、虎豹螭龙。前后挡板分别绘颈穿拱璧的巨鸟及特磬，磬左右各有坐在豹背的羽人[11]。璧及磬上的縠纹皆用漆灰堆起，和马王堆的长方形奁相比，更加接近后代的堆漆。

长沙咸家湖曹嫘墓规格很高，所出的漆器也极精，可惜保存情况不佳。从夹纻胎及金银箔贴花较多使用及长方形奁中的子奁有十一具之多来看，其年代当晚于上述的几座西汉墓[12]。

西汉前期漆器在安徽、山东也有重要发现。安徽阜阳双古堆汝阴侯墓，经发掘者考证，入葬年代在汉文帝时，其中的两件卮，据烙印及刻铭知为汝阴侯府自造，图案则显然是云梦漆器上的变形鸟头纹。三件栻盘标明二十八宿及吉凶的方位等，它们不仅是制作精巧的漆器，也是研究天文历法及占卜的重要文物[13]。山东临沂银雀山4号墓，年代下限也在汉武帝前，所出漆器接近马王堆汉墓漆器，双层七子奁针划云气纹中加彩笔勾点尤为相似。四件耳杯底部有“筥市”戳记。“筥”即“莒”，这证明当时山东的漆工艺也有很高的水平[14]。

西汉早期属于偏远地区的广西也已大量生产漆器。贵县罗泊湾1号墓，发现耳杯残片七百多件，盘残片一百多件。许多件上有“布山”烙印，证明是当地制品。有一件黑漆奁朱绘变形鸟头纹，可见秦代漆器的图案传到了遥远的郁林郡[15]。至于广州三元里马鹏岗西汉墓发现的扁壶，两面各绘一犀牛[16]，使人立即想到云梦秦墓所出的一件。广州黄花岗木椁墓的漆器兼有秦、楚的风格，也说明各地的髹饰工艺正在交流融合[17]。

西汉中晚期。湖北、湖南境内没有再发现像凤凰山、马王堆那样出土重要漆器的墓葬。值得述及的只有属于汉武帝时期的湖北光化五座坟3号墓[18]，出土的流云神仙鸟兽卮，针刻花纹，内填金彩，是现知最早的戗金漆器实例。长沙汤家岭西汉晚期墓所出漆盘虽无铭文，但形制、花纹与贵州清镇出土元始三年（公元3年）广汉郡工官造的一件漆盘几乎完全一样[19]。其为当地所造还是来自蜀地有待进一步研究。

河北省境内有两处重要发现。满城刘胜夫妇墓出土的有鎏金铜饰周栏及兽纹铜足的漆案，有镂空铜饰带、带上花纹错金银并镶绿松石和玛瑙的五子奁，均为绝品，惜已损坏。至于镶嵌玉璧的漆棺，更是我国考古的空前发现[20]。值得注意的是墓中漆器铭文中有“褚”字，经卢兆荫同志考证，“褚”为“纻”的借用字，载有“褚”字的漆器即为纻器。他指出：“西汉后期的夹纻器其铭文称‘纻’，东汉则称‘侠纻’、‘续纻’或‘夹纻’。”[21]北京南郊大葆台汉墓，经考证

[11] 湖南省博物馆：《长沙砂子塘西汉墓发掘简报》，《文物》1963年第2期。

[12] 长沙市文化局文物组：《长沙咸家湖西汉曹嫘墓》，《文物》1979年第3期。

[13] 安徽省文物工作队：《阜阳双古堆西汉汝阴侯墓发掘简报》，《文物》1978年第8期。

[14] 一、山东省博物馆等：《临沂银雀山四座汉墓葬》，《考古》1975年第6期。二、蒋英炬：《临沂银雀山西汉墓漆器铭文考释》，《考古》1975年第6期。

[15] 广西壮族自治区文物工作队：《广西贵县罗泊湾一号墓发掘简报》，《文物》1978年第9期。

[16] 广州市文物管理委员会：《广州三元里马鹏岗西汉墓清理简报》，《考古》1962年第10期。

[17] 广州市文物管理委员会：《广州黄花岗003号西汉木椁墓发掘简报》，《考古通讯》1958年第4期。

[18] 湖北省博物馆：《光化五座坟西汉墓》，《考古学报》1976年第2期。

[19] 湖南省博物馆：《长沙汤家岭西汉墓清理报告》，《考古》1966年第4期。

[20] 中国科学院考古研究所等：《满城汉墓发掘报告》，文物出版社，1980年。

[21] 卢兆荫：《关于满城汉墓漆盘铭文及其他》，《考古》1974年第1期。

墓主为死于汉昭帝时的刘旦。所出漆器有的嵌有艳丽的红玛瑙、白玛瑙、玳瑁、云母、金箔等饰物。多种珍异，施于一器，已初具后代百宝嵌的规模[1]。

山东省境内出土漆器的墓葬有时代约在汉武帝时期的临沂银雀山1、2号墓[2]，有时代稍晚的文登石羊村[3]和莱西岱墅两处木椁墓。其中以莱西墓所出的数量多而精[4]。引人注目的有三虎纹嵌银箔奁盒及状如伏兽的“仿玳瑁盒”。盒为木胎，背部髹黑、红、黄三色花纹，腹下侧绘四足，嘴大张，以上颌、头及背为盒盖，下颌及腹相连为盒底。嘴内安横轴，两端穿入上颌，故用手握嘴，嘴闭则盖开启，手放盖自落下。此盒和安徽天长汉墓所出鸭嘴形柄盒关捩相同，可视为西汉晚期的一种设计。

江淮地区是出土西汉晚期漆器最多的地方，而江苏扬州则更为集中，近年来的较大发现就有十多处，其中以邗江胡场1号墓和5号墓、东风砖瓦厂汉墓、“妾莫书”墓、姚庄101号墓出土的漆器最具特色。胡场1号墓的三蹄足奁保存完好，紫色地朱笔细描，回旋宛转的云气中活跃着龙、虎、鹿、狐、狼、雁等多种动物，予人倏忽欲动的感觉[5]（图版51）。胡场5号墓的双层漆笥，长方形，亦紫色朱绘。笥盖之壁只套到第一层而止，内有子盒五具，第一层之底又垂下立壁，再套第二层，在造型设计上颇有新意[6]（图版50）。砖瓦厂汉墓七座，每座皆有漆器，用彩绘针刻画出云气、鸟兽、羽人，颜色也十分丰富，朱红、赭红、蓝紫、粉绿、乳白、金、银备具。漆面罩共出四具，两彩两素[7]。此种随葬品多在扬州一带出土，似具地区特色，经考证，即《汉书》所谓的“秘器”[8]（图版62）。至于彩绘艺术最高的当推“妾莫书”墓及姚庄墓所出漆器。前者大笥盖顶在云气中或绘大雁展翅飞翔，欲冲霄汉；或绘怪龙，口吐长舌，须鬣尽张，似较多种动物出没云中更为豪放有力[9]。后者发现漆器131件，其中有描绘极精的六博局、漆盘、漆面罩、漆枕等。尤以用操琴、车马出巡、狩猎、斗牛等人物形象作纹饰的彩绘贴金银箔嵌玛瑙珠七子奁，内容丰富，色彩华丽（图版52）。彩绘嵌银箔漆砂砚，是现知时代最早的一件漆砂砚[10]（图版53）。世人每据顾千里的《漆砂砚记》认为制造此物始于宋代宣和时期，实则早在西汉末年已经有了。

位于扬州西北的安徽天长、江苏盱眙古墓，今虽分在苏皖两省，但都靠近东阳故城，在西汉晚期应属同一墓区。天长汉墓出土的双层银扣彩绘奁，盖顶柿蒂形银箔上以珠状饰物作钮，外嵌银环三匝，盖壁及奁壁皆镶银箍，朱绘云纹，中嵌金箔动物纹[11]（图12）。盱眙汉墓出土的彩绘嵌银箔夹纻胎奁，技法与天长漆器相同，都是当时标准的精制品[12]（图版56）（图13）。至于天长汉墓出土的鸭嘴形柄盒（图版57）及月牙形双层盒则是罕见的品种。

时代相同、制作也近似的嵌银箔漆器还在江苏海州的霍贺墓[13]及网疃庄墓[14]发现（图版59—61）。海州北去扬州稍远，但风格的一致，使人相信仍出同一地区工匠之手。它的中心产地可能就是西汉的广陵国，即今日的扬州地区。采用勾线平涂法、画风颇异的是海州侍其繇墓[15]出土的食奁，人物之间虽有云气，却是一幅写实画。奁上所绘的汉代衣冠，使人想起在朝鲜平壤发现的画在彩箧和玳瑁小匣

[1] 北京市古墓发掘办公室：《大葆台西汉木椁墓发掘简报》，《文物》1977年第6期。

[2] 山东省博物馆：《山东临沂西汉墓发现“孙子兵法”和“孙膑兵法”等竹简的简报》，《文物》1974年第2期。

[3] 山东省文物管理处：《山东文登县的汉木椁墓和漆器》，《考古学报》1957年第1期。

[4] 烟台地区文物管理组：《山东莱西县岱墅西汉木椁墓》，《文物》1980年第12期。

[5] 扬州博物馆等：《扬州邗江县胡场汉墓》，《文物》1980年第3期。

[6] 扬州博物馆：《江苏邗江胡场五号汉墓》，《文物》1981年第11期。

[7] 扬州博物馆：《扬州东风砖瓦厂汉代木椁墓群》，《考古》1980年第5期。

[8] 裘锡圭：《漆“面罩”应称“秘器”》，《文物》1987年第7期。

[9] 扬州博物馆：《扬州西汉“妾莫书”木椁墓》，《文物》1980年第12期。

[10] 一、扬州博物馆：《江苏邗江姚庄101号墓》。二、李则斌：《汉砚品类的新发现》，《文物》1988年第2期。

[11] 安徽省文物工作队：《安徽天长县汉墓的发掘》，《考古》1979年第4期。

[12] 南京博物院：《江苏盱眙东阳汉墓》，《考古》1979年第5期。

上的汉代漆绘人物[16]。

西至陕西的咸阳[17]，南到广西的合浦[18]、云南的晋宁[19]，也发现镶扣、贴箔的汉代漆器。咸阳漆器的花纹大而疏朗，云气不稠密，与扬州地区的风格不同而和光化五座坟的差似。咸阳漆器历史悠久，很可能就是当地的制品。合浦漆器的花纹和同墓出土的铜器图案全无相似之处，因而漆器乃从外地输入的可能性较大。晋宁石寨山的奁、盘、耳杯及案贴银箔、镶银箍或铜饰件而纹饰简单，经研究认为乃从中原传来。

贵州清镇平坝汉墓以出土元始三年（公元 3 年）、元始四年（公元 4 年）广汉郡、蜀郡工官造的耳杯、漆盘著称[20]。甘肃武威磨嘴子汉墓以出土绥和元年（公元前 8 年）“乘舆”耳杯著称[21]（图版 55）。朝鲜平壤的古墓中也出土了始元二年（公元前 85 年）、阳朔二年（公元前 23 年）、永始元年（公元前 16 年）、绥和元年（公元前 8 年）、元始三年（公元 3 年）、元始四年（公元 4 年）、居摄三年（公元 8 年）、始建国元年（公元 9 年）等一批西汉晚期的漆器[22]。这些由官家作坊生产并刻有长铭的漆器为我们提供了生产及管理机构、工匠名字、工种、制作程序等多方面的材料，增加了对汉代漆器的认识，同时也使我们确信西蜀是当时制造漆器最重要的中心之一。广汉郡、蜀郡的漆器远至朝鲜平壤都被大量发现，而在四川境内却未见出土，其原因何在？有待今后的考古发掘及历史研究来解答。

从上面可以看出，西汉前期的漆器已不像战国时期那样是楚是秦，各具不同的形态和风格，而是差异销泯，风貌渐趋一致。数量增多，一墓可出数百件漆器；质量提高，漆工艺日益进步。秦统一中国后，经过西汉前期，漆工艺随着不同文化的交流，在相互吸收融合的基础上又有了巨大的发展。

出土漆器的西汉中晚期墓葬几遍全国，超过了前期。赏赐和商品流通是一个原因，而更主要的应是漆器产地的增多。某一地区，例如扬州，多处发现同一品种的高水平漆器，这只能解释为当时当地又形成了制造漆器的中心。髹漆与金工及其他工艺的结合，用金或银作扣作箍，用玛瑙、水晶或琉璃作盖钮，镂刻金箔、银箔作贴花等，使漆器更加华美瑰丽，从而形成了这一时期漆器的又一特色。

从战国到西汉末年的整整五个世纪，漆器有了空前的发展，而且在各种工艺品中一直占有十分重要的位置。上面正是顺从漆器本身的发展直叙而下，没有依朝代的起讫而加以分割。

## 四　东汉　魏晋　南北朝
### ——漆工业的衰微并未影响漆工艺的发展

东汉墓葬出土的漆器比西汉显著减少。有的墓规模不小，但只发现三两件；有的数量较多，却大部残坏。前者说明了随葬习俗的变化，后者除因砖石结构的墓室对漆器保存不利外，也不能排除作为明器的漆器到此时质量有所下降。尽管东汉墓也出土了少数精制之品，说明髹饰工艺并未中断，而且仍有发展。但从总的形势来看，漆工业已进入一个衰微的时期。衰微的原因固由于社会的变乱多难，更直接的影响是瓷器的兴起。瓷器易制而实用，迅速成为生活的必需品。日常生活的变化，必然导致丧葬习俗的变化。

[13] 南京博物院等：《海州西汉霍贺墓清理简报》，《考古》1974 年第 2 期。

[14] 南京博物院：《江苏连云港海州网疃庄汉木椁墓》，《考古》1962 年第 6 期。

[15] 南波：《江苏连云港市海州西汉侍其繇墓》，《考古》1975 年第 3 期。

[16] 一、小泉显夫等：《彩箧冢》，朝鲜古迹研究会，1934 年。二、原田淑人等：《乐浪》，刀江书院，1930 年。

[17] 咸阳市博物馆：《陕西咸阳马泉西汉墓》，《考古》1979 年第 2 期。

[18] 广西壮族自治区文物考古写作小组：《广西合浦西汉木椁墓》，《考古》1972 年第 5 期。

[19] 李家瑞：《云南晋宁石寨山古墓出土漆器复原》，《文物》1964 年第 12 期。

[20] 一、贵州省博物馆：《贵州清镇平坝汉墓发掘报告》，《考古学报》1959 年第 1 期。二、贵州省博物馆：《贵州清镇平坝汉墓至宋墓发掘简报》，《考古》1961 年第 4 期。

[21] 甘肃省博物馆：《武威磨嘴子三座汉墓发掘简报》，《文物》1972 年第 12 期。

[22] 容庚：《乐浪遗迹出土之漆器铭文考》，见朱启钤辑《漆书》卷二，油印本，1975 年。

东汉漆器值得列举的只有少数实物。

广州龙生岗古墓，年代约在东汉初期，所出漆器残片，有精美的漆绘。如云中的翔鹤或奔兽，大貌虽与西汉“妾莫书”墓的漆绘近似，但动物的形象、云气的画法均不相同。又如龙首虎身的怪兽，挺胸阔步，气势雄伟，使人想到雕凿年代较晚的石辟邪。残存木胎盒盖，外层镂空作菱形图案，里贴一层薄胎。这一凸起花纹的技法为前所未见[1]。

江苏邗江甘泉2号汉墓，经考证墓主为死于永平十年（67年）的广陵王刘荆[2]。所出漆器精美而未全损者有一件十子奁。此奁方形，木胎，外黑内红。盖壁有三道鎏金铜箍，盖面镶柿蒂纹铜叶，以水晶珠作钮，外镶铜叶方框，四角突起铜泡钉，盖仰置可以为足。奁内上层贮长方形小漆盒及铁镜各一。下层贮小盒九具，其中圆形、马蹄形者各一，余均为长方形。小盒面亦镶花蒂形铜叶，嵌水晶或琥珀珠，并针刻云纹及菱纹图案。值得注意的是小盒底以铜叶作胎。推测工匠的意图在取其薄而轻，以便减少重量并增加外盒的容量。这一设计使我们看到了一件时代较早、部分以金属作胎的漆器。

朝鲜平壤发现的西蜀漆器有东汉年款者为建武二十一年（45年）、二十八年（52年）及永平十二年（69年）[3]，而最晚的是永元十四年（102年）。王仲殊同志据《后汉书·和熹邓皇后纪》：元兴元年（105年），“其蜀、汉扣器，九带佩刀，并不复调”，说明西蜀工官此后不再为宫廷制造漆器，其时间与永元十四年接近，故可推测到东汉中期以后官营漆器制造业已经衰落[4]。从考古发掘的情况来看也是东汉后期墓葬出土的漆器比前期更少，比较精美的只有一件鎏金错银铜扣漆尊。尊为筒身、平底、三兽面纹饰蹄足。尊身有兽面衔环铺首三个。盖顶环形扣件上线刻朱雀、玄武、青龙、白虎纹。尊身扣件线刻奇禽异兽，间以流云纹。此尊在甘肃武威雷台汉墓出土。墓的年代上限不能早于中平三年（186年）[5]，下距曹丕称帝仅三十余年。武威远在边陲，当然不是漆尊的制地。它从何时何地来到此间，已难考证，其制作年代也有可能早于东汉晚期。

三国漆器从古代文献来看，器物种类和髹饰品种都不少，制作也很考究。仅曹操的《上杂物疏》[6]就开列了纯银参镂带漆画书案、漆画韦枕、黑漆韦枕、漆园油唾壶、上车漆画重几、纯银漆带镜、银镂漆匣、油漆画严器等若干名色。所谓“银参镂带”、“银镂”，当指镶在漆器上的有镂刻花纹的银饰件。“韦枕”为皮革胎的漆枕。“严器”即妆具[7]。但在过去的考古发掘中只从几处孙吴时期的墓内出土过为数不多的实物[8]。直到1984年，从安徽马鞍山东吴朱然墓内才出土了足以代表三国最高水平的一批漆器[9]。

朱然墓出土的漆器有案、盘、耳杯、槅、盒、壶、樽、奁、匕、勺、凭几、尺等，共六十多件。胎骨除篾胎、皮胎外，木胎居多。做法先粘贴麻布，再上漆灰。比汉代或更早的漆器，用灰较厚。例如长不到25厘米、宽不到2厘米的尺，漆灰厚达1毫米。《髹饰录》称“布灰不厚，则其器易败”[10]。显然这时的制胎工艺已和后代的渐渐接近了。使人惊异的是朱然墓漆器向我们展现了出乎意料的髹饰新貌。

[1] 广州市文物管理委员会：《广州市龙生岗43号东汉木椁墓》，《考古学报》1957年第1期。

[2] 南京博物院：《江苏邗江甘泉二号汉墓》，《文物》1981年第11期。

[3] 容庚：《乐浪遗迹出土之漆器铭文考》，见朱启钤辑《漆书》卷二，油印本，1975年。

[4] 王仲殊：《汉代考古学概说·汉代的漆器》，中华书局，1984年。

[5] 甘肃省博物馆：《武威雷台汉墓》，《考古学报》1974年第2期。

[6] 曹操：《上杂物疏》，见严可均辑《全三国文》卷一，中华书局影印本。

[7] 朱启钤《漆书》卷二：“按严器，即妆具。《后汉书·祭祀志》始称之，盖避汉明帝之嫌名也。”

[8] 一、江西省历史博物馆：《江西南昌市东吴高荣墓的发掘》，《考古》1980年第3期。二、鄂城县博物馆：《湖北鄂城四座吴墓发掘报告》，《考古》1982年第3期。三、安徽省文物工作队：《安徽南陵县麻桥东吴墓》，《考古》1984年第11期。

[9] 一、安徽省文物考古研究所：《安徽马鞍山东吴朱然墓发掘简报》，《文物》1986年第3期。二、杨泓：《三国考古的新发现——读朱然墓简报札记》，《文物》1986年第3期。

一色漆器，不施纹饰，自古有之，但大都为一般制品。由于多不用漆灰，故漆面显露木胎筋脉；或虽有漆灰而打磨不精，也难取得光润质朴的效果。朱然墓的凭几，只髹黑漆，无纹饰（图14）。又有漆盘残件，亦为素面。此二器的表面处理，比较考究。把无纹饰的一色漆器作为艺术精品来制作，于此似初见端倪。发展下去，唐代的七弦琴多不施纹饰，至宋代，一色漆器达到了顶峰。

犀皮漆器，利用颜色和层次的变化，呈现出仿佛是行云流水的自然景色。它与人工设计的图案或描绘的物象截然不同。爱好犀皮，和对文木、大理石天然纹理的欣赏其理相通。不过人为地去再现天然，需要有一个创制和实践的过程。就和陶瓷中出现绞胎一样，犀皮漆器应是一种新的审美观念的产物。因此，过去以为此种漆器不会出现得太早。稽诸文献，最早讲到犀皮的是晚唐的赵璘。据此推测，犀皮可能始于唐代[11]。不料在朱然墓中发现一对黑、红、黄三色相间的犀皮耳杯，比赵璘的时代早了约六百年（图版72）。

戗金是用真金粉末填入锥划或针划的漆器花纹内，从而取得光辉耀目的画面效果的一种髹饰技法。现知最早的实例是湖北光化五座坟西汉墓出土的漆卮[12]。不过此卮上的花纹疏朗，金色的线条很稀，而戗金漆器只有花纹繁密才能突现金色灿烂的特点。正因如此，后代戗金的发展倾向于由稀趋密，至元代而尤为显著。《髹饰录》乃有所谓"物象细钩之间，一一划刷丝为妙"的说法。我们又没有想到在朱然墓中发现的锥刻戗金黑漆盒盖，稠密的云气纹中有神禽异兽65躯，并有拱手握剑、执节持旗的人物，整体金线浮动，眩目欲迷。它的出现又似乎早于其可能出现的时代（图版64）。

朱然墓出土最多的是彩绘漆器，精美而比较完整的就有宫闱宴乐图案（图版69）、季札挂剑图盘（图版65）、百里奚会故妻图盘、伯榆悲亲图盘、武帝相夫人图盘（图版67）、贵族生活图盘（图版68）、童子对棍图盘（图版66）、鸟兽鱼纹榼（图版70）、凤纹匕（图版73）等不下10件。和更早的漆器相比，增加了油彩的使用。不仅人面手足、领边袖口、鸟身鱼腹等部位都用油调粉，就是大面积的浅色漆地，似乎也有油的成分。人物故事画成为主要题材，生活气息浓郁，写生手法高妙。童子对棍，把天真无邪的小儿画得跃然盘上。游鱼甚得水势，其为鲤、为鳜、为鲇都能辨认出来。这样的漆画是前所未有的。借图案来铺陈减少了，用物象来点缀增多了，也是它的一个特点。

对棍图盘的底足内有"蜀郡作牢"铭文。笔者同意杨泓同志的分析，由于榼和凭几是具有时代特征的器物，故可断定这批漆器是当时西蜀的制品[13]。由此我们得出的结论是：尽管到了东汉中期以后西蜀的官营漆工制造业已经衰微，但这门工艺并未停滞，而且有了显著的发展。朱然墓出土的漆器填补了漆器发展史上缺少三国实物的空白，同时也填补了缺少漆工艺发展中间环节的空白，其重要性自不待言。至于它又是古代绘画的珍贵材料，这里就不再赘言了。

两晋南北朝时期开始流行两种漆器，即用夹纻法制造的佛像和用氧化铅调油色作画的密陀绘。

东汉以后，佛教兴盛，耗费大量国力民财，造寺供佛。农历四月初八日是

[10] 黄成：《髹饰录》第176条。见王世襄：《髹饰录解说》，文物出版社，1983年。以下言及《髹饰录》或引用黄成、杨明语，皆据上书，不再注明出处。

[11] 王世襄：《对犀皮漆器的再认识》，《文物》1986年第3期。

[12] 湖北省博物馆：《光化五座坟西汉墓》，《考古学报》1976年第2期。

[13] 杨泓：《三国考古的新发现——读朱然墓简报札记》，《文物》1986年第3期。

释迦牟尼的生日，还要辇舆出寺，巡城围绕，即所谓行像供养。佛像既要高大，又要体轻便于出行，于是就出现了用夹纻脱胎的方法来制造的空心佛像。行像在东晋时已有，释法琳《辩正论》卷三就有戴逵建招隐寺手造五夹纻像的记载[1]。《晋书·隐逸传》称他文章、音乐、书画之外，“其余巧艺，靡不毕综”[2]，造夹纻像自然也包括在巧艺之内。梁简文帝萧纲有《为人造丈八夹纻金薄像疏》[3]，因“薄”通“箔”，故知是一尊高及层楼的贴金脱胎大佛像。

北魏时期，崇佛更臻极盛。《洛阳伽蓝记》有好几处关于巨像出行、万人空巷的记载[4]。《魏书·释老志》也讲到“四月八日，舆诸佛像行于广衢，帝亲御门楼临观，散花以致礼敬”[5]。这些佛像中有不少应是夹纻像，可惜实物未能保存下来。

郑师许《漆器考》讲到“曹魏已有言密陀僧漆画之事”[6]，是何器物待考。《本草纲目》密陀僧条引苏恭《唐本草》：“密陀、没多，并胡言也。”“出波斯国。”引苏颂《图经本草》：“是银铅脚。其初探矿时，银铜相杂。先以铜同煎炼，银随铅出。……更加火锻，铅渗灰下，银住灰上。罢火候冷出银，其灰池感铅银气，积久成此物。”[7]《北齐书·祖珽传》：“珽善为胡桃油以涂画。”[8]颜之推《颜氏家训·省事篇》：“近世有两人，朗悟士也，性多营综，……天文、画绘、棋博、鲜卑语、煎胡桃油、炼锡为银……”[9]密陀僧是一种氧化铅，入油调色作画可以起速干作用。《祖珽传》可能只讲了用哪一种植物油而未及其他配料。《家训》则胡桃油和炼银连在一起讲，联系苏颂之说，显然讲的是密陀绘。北朝与西北各民族交往密切，密陀绘乃传入中土。此后又由中国传往日本，飞鸟时期的重要家具玉虫橱子即用密陀绘。正仓院藏物有唐代密陀绘漆器多件[10]。日人小野胜年曾用荧光照射法测验，证实各器或一开始在油彩中混入密陀僧，或在彩绘以后再涂密陀油[11]。唐、宋以还，密陀僧一直是我国油漆工使用的原料。

北魏漆器的重要发现是山西大同石家寨司马金龙墓的木板屏风[12]及宁夏固原的漆棺[13]。

屏风较完整的有五块。板面先遍髹朱漆，然后分四层画人物故事及衣冠器物。漆画内容与传世的顾恺之《女史箴图》颇多似处。画法为用墨笔勾轮廓，衣纹近铁线描。所谓“春蚕吐丝，始终如一”，于此可以想见。彩绘用黄、白、青、绿、橙红、灰蓝等色。题记及榜书则于朱漆上再涂黄色为地，墨笔画栏界并作书。各色中惟白、黄最易脱落，可以肯定是油彩而非漆色（图版 75）。

固原漆棺，彩绘华美，惜多脱落，仅棺盖较完整。盖面前端左右各画屋宇，内有人袖手端坐。两屋之间，长河间隔。河内密绘漩涡，以状波流，并点缀飞鸟游鱼。屋宇之下，长河两侧布满缠枝卷草纹。每窠之内画有翼异兽，形态各殊。漆棺前档画墓主人生活图，身御窄袖鲜卑服装，垂足坐榻上，一手持麈尾，一手举杯，侍者分立两侧。此下左右各画菩萨一躯。漆棺两侧脱落甚多，据残迹知画面分三层。上为孝子故事（图版 74），中为联珠龟背纹图案，下为狩猎图。漆棺描绘之精工，设色之绚丽，使人惊叹。黑、白、红、黄、橙、褐之外，兼施金彩，这是漆屏风所没有的。但黄、白两色油彩使用颇多，和屏

[1] 法琳：《辩正论》卷三，《大正新修大藏经》第 52 卷第 505 页。

[2]《晋书》卷九十四《列传》第六十四，上海古籍出版社《二十五史》本。

[3] 严可均辑《全梁文》卷十四，中华书局影印本。

[4] 杨衒之《洛阳伽蓝记》卷一长秋寺、昭仪寺，卷二宗圣寺，卷三景明寺等条。

[5]《魏书》卷一百一十四《释老志》，上海古籍出版社《二十五史》本。

[6] 郑师许：《漆器考》，中华书局，1936 年。

[7] 李时珍：《本草纲目》卷八，商务印书馆，1936 年。

[8]《北齐书》卷三十九《祖珽传》，上海古籍出版社《二十五史》本。

[9] 颜之推：《颜氏家训》卷五《省事篇》，渭南颜氏刊本，1928 年。

[10] 朱启钤：《漆书》卷九《外纪》，油印本，1957 年。

[11] 小野胜年：《日唐文化关系中的诸问题》，《考古》1964 年第 12 期。

[12] 一、山西省大同市博物馆等：《山西大同石家寨北魏司马金龙墓》，《文物》1972 年第 3 期。二、志工：《略谈北魏的屏风漆画》，《文物》1972 年第 8 期。

风又是一致的。

过去由于缺少实物，谈北朝漆器只能引用历史文献。近年来随着屏风、漆棺的发现，才填补了这一空白。上述两件漆器目前尚未经过科学测验，究竟是不是密陀绘还难下结论。但不论今后测验的结果如何，密陀绘为南北朝时期流行的髹饰品种却是有史可证的。

## 五 唐 宋 元

### ——主要髹饰品种已基本齐备，雕漆登上历史的顶峰

唐代文明高跻当时世界的高峰。从《唐六典》、《新唐书·百官志》等书得知各种工艺达到空前的水平，漆器自然也不例外。传世的杂史、笔记，也为此提供了不少的证据。不过若就考古发掘而言，出土的唐代漆器，不论其品种或数量，都未能如实地反映其盛况。这就使人渴望见到更多的唐代实物。我们的预感是有一天会有重大发现，使期望成为现实。

自唐代以下，本文将依漆器的主要品种进行叙述。

一色漆器：顾名思义，乃指通体一色的漆器。但有时一器表里异色，或表里同色，只底足之内异色，仍称为一色漆器。因皆朴质无纹，故又名之为“无文漆器”。

唐代琴学昌盛，斲家辈出，故今尚有实物传世。名琴如“飞泉”为朱色，“九霄环珮”（图版 76）、“大圣遗音”（图版 77）为紫色，或称栗壳色，“玉玲珑”为黑色[14]，它们都是一色漆器。当时斲琴名家有雷威、雷霄、郭谅、张越、沈镣等，实际上均是髹漆高手。因琴不仅要求造型美，更要求音色美，所以对灰和漆的选材及调制都非常严格。唐琴以雷氏制者尤为珍贵，而雷氏的家乡正是久负盛名的漆器产地西蜀。

五代一色漆器在江苏常州砖室墓中发现有五瓣形圈足碗盏托、钵及盆，皆黑色。这些器物品种也常见于时代稍后的宋墓[15]。

宋代一色漆器，留存最多。广为人知的有：湖北监利古墓出土的碗、盘、盒、勺、钵等九件[16]（图版 84—87，图 15—16），辽宁法库叶茂台辽墓出土的钵、碗、奁、盘、盆、勺等二十多件[17]，以上属于北宋早期。江苏常州北环新村墓出土的银里盖罐、圆盒、朱表黑里银扣盏托、黑漆钵等[18]，河北巨鹿故址出土的黑漆碗[19]，江苏吴县藏书公社出土的黑漆渣斗[20]，湖北武汉十里铺出土的碗、盏托、盘、钵、盒、盆、渣斗等 19 件[21]，江苏淮安杨庙五座宋墓出土的碗、盘、碟、罐、钵、盒、

[13] 一、固原县文物工作站：《宁夏固原北魏墓清理简报》，《文物》1984 年第 6 期。二、韩孔乐等：《固原北魏墓漆棺的发现》，《美术研究》1984 年 2 期。三、王泷：《固原漆棺彩画》，《美术研究》1984 年第 2 期。

[14] 以上四琴均藏故宫博物院。

[15] 陈晶：《常州等地出土五代漆器刍议》，《文物》1987 年第 8 期。

[16] 荆州地区博物馆：《湖北监利县出土一批唐代漆器》，《文物》1982 年第 2 期。此墓据伴出的开元通宝钱及三彩陶罐定为唐代，似嫌证据不足，年代为北宋前期的可能性更大。又报道中所谓的盂，经观察乃由钵及盘合成，故出土漆器的总数应为九件而不是八件。

[17] 辽宁省博物馆等：《法库叶茂台辽墓纪略》，《文物》1975 年第 12 期。

[18] 陈晶：《常州北环新村宋墓出土的漆器》，《考古》1984 年第 8 期。

[19]《河北第一博物院院刊》第 18 期，1932 年 6 月 10 日。

[20] 叶玉奇等：《江苏吴县藏书公社出土宋代遗物》，《文物》1986 年第 5 期。

[21] 湖北省文化局文物工作队：《武汉市十里铺北宋墓出土漆器等文物》，《文物》1966 年第 5 期。

几等75件[1]（图版88—91），以上属于北宋中、晚期。浙江杭州老和山出土的碗、盒、盘、奁等[2]，江苏无锡宋墓出土的碗、盘、奁等[3]，江苏武进村前出土的奁、粉盒、渣斗等[4]，以上属于南宋时期。此外已流出海外，确切年代及出土地点均不详的为数尚不少。

如上所述，宋代一色漆器多为日用器物，各墓所出品种，基本相同，黑色者居多，紫色、朱色者次之。圆形的盘、碗，不少起棱分瓣，和宋代的瓷器十分相似，体现了时代风格。其大小高低，权衡比例，大都十分考究。予人的感觉是既然不施纹饰，更需要以造型见胜。惟其质量，颇有差异。有的漆质坚实致密，精光内含，更觉其高雅古朴。有的漆质疏松，浮脱剥落，霉暗无光。这虽和墓葬的条件是否适宜保存有关，但起决定作用的恐仍在制作工料之精粗优劣。

值得注意的是在常州、监利、吴县、十里铺、武进等地出土的一色漆器中有不少件的胎骨用圈叠法制成。所谓圈叠法乃用木片裁成条，水浴加温，弯曲成圈，烘干定型后，一圈圈累叠，胶粘成形，经打磨后，再上灰髹漆。此法将各圈的接口错开，分散了木材的应力，故不易变形。它是从薄片屈木胎的基础上发展出来的，在漆工艺上是一大进步[5]。此法之始，上海博物馆的同志认为可追溯到汉代。惟未见实物不敢肯定，但流行于五代、北宋是有大量实物可证的。

一色漆器不少件有题记。常州北环新村的盏托铭文为“苏州真大黄二郎上辛卯”，武汉十里铺钵的铭文为“己丑襄州邢家造真上牢”（参见图17），淮安杨庙盘的铭文为“己酉杭州吴□上牢”，另一盘为“丁卯温州开元寺东黄上牢”，又一件为“江宁府烧朱□□上牢庚子□”（图18），杭州老和山的碗为“壬午临安府符家真实上牢”。以上题记为我们提供了不少宋代漆器产地的情况，可以和文献记载互证。

元代时一色漆器仍很流行。实物有无锡元墓发现的黑漆奁[6]，上海青浦任氏墓发现的朱漆四撞奁[7]，北京延庆出土的有“内府官物”铭文、制于泰定元年（1324年）的朱漆盘[8]（图版104）等。

夹纻像：夹纻像唐代仍流行。《邵氏闻见后录》载苏世长在武功唐高祖宅见“有唐二帝纻漆像”[9]，说明当时也用夹纻技法来塑造人像。武则天垂拱四年（688年）作明堂，命薛怀义作夹纻大像，其小指中犹容数十人[10]。此说即使夸张失实，此种纻像的高大无疑也超过了南北朝的行像，比过去的技法似又有发展。《图画见闻志》厉归真条讲到“南昌信果观有二宫殿，夹纻塑像乃唐明皇时所作，体制妙绝”[11]。此为一则有关开元、天宝时期制造夹纻像的史料。《宣和画谱》谓五代滕昌祐于绘画之外，“兼为夹纻果实，随类傅色，宛有生意也”[12]，这说明当时已把夹纻法用来制作佛像以外的一般器物文玩。笔者认为夹纻本是漆器胎骨的一种做法，即使在佛教极盛时期，也曾用它来制造各种漆器，只是我们缺少这方面的实物和记载而已。

唐、宋时建的道释寺观，当时定有不少夹纻像。只是由于体轻便于移动，故易遭破坏，而晚清以来，更多被盗运海外。美国纽约大都会美术馆即藏有仪容佳妙的坐佛像，并经普爱伦收入所编的图录[13]（图19），而在国内却反难见到了。

元代雕塑名家刘元亦善造夹纻像。

[1] 罗宗真：《淮安宋墓出土的漆器》，《文物》1963年第5期。

[2] 蒋缵初：《谈杭州老和山宋墓出土的漆器》，《文物参考资料》1957年第7期。

[3] 朱江：《无锡宋墓清理纪要》，《文物参考资料》1956年第4期。

[4] 陈晶等：《江苏武进村前南宋墓清理纪要》，《考古》1986年第3期。

[5] 上海博物馆吴福保同志为了保护宋代漆器，对圈叠法作了详细的研究，不仅修复残器得到满意效果，模拟复制亦获得成功，并于1984年3月通过技术鉴定。笔者对圈叠法的知识即得自鉴定会所发的文字材料。

[6] 《江苏无锡市元墓中出土一批文物》，《文物》1964年第12期。

[7] 沈令昕等：《上海青浦县元代任氏墓葬记述》，《文物》1982年第7期。

[8] 高桂云等：《元代“内府官物”漆盘》，《文物》1985年第4期。

[9] 邵博：《河南邵氏闻见后录》卷二十六，《学津讨原》本。

[10] 朱启钤：《漆书》卷六，1957年。

[11] 郭若虚：《图书见闻志》卷二。

[12] 《宣和画谱》卷十六。

[13] A.Priest：*Chinese Sculpture in the Metropolitan Museum of Art*, New York，1944.

《元史·方伎传》称他："凡两都名刹，塑土、范金、搏换为佛像，出元手者，神思妙合，天下称之。"[14]所谓"搏换"，就是夹纻。虞集《刘正奉塑记》说得很清楚："搏换者，漫帛土偶上而髹之。已而去其土，髹帛俨然其象。昔人尝为之，至正奉尤极好。搏丸又曰'脱活'，京师人语如此。"[15]由此可见，随着时代的推移，夹纻名称也有了变化，而"脱活"一称已接近清代流行的"脱纱"或"脱胎"了。

堆漆：汉代已有的堆漆，自魏晋南北朝以来，一直和夹纻像工艺共同发展。因为夹纻胎骨制成后，面部五官、轮廓起伏，都须作一番塑造，而塑造的材料就是漆灰。又如衣服襞积及凸起的花纹装饰，也须用漆灰修补堆叠。至于木胎干漆像，如鉴真法师坐像，更不得不用漆灰堆塑真容。故即使唐代的堆漆漆器传世稀少，我们仍相信此种漆工艺在这一时期还是有较大的发展。藏在日本法隆寺的舞凤纹堆漆光背、藏在日本东大寺的宝相花堆漆断片，尽管可能是日本的制品，但却忠实地反映了唐代的堆漆技法。因为正是唐代将我国的多种髹漆工艺传到了日本。

建于北宋初期的江苏苏州瑞光寺塔，塔心窖穴发现真珍舍利宝幢一座[16]。八角形的幢座上贴狻猊、宝相花、供养人等纹饰，均用堆漆制成。在北宋庆历三年（1043年）建成的浙江瑞安慧光寺塔内，还发现用堆漆作装饰的经函和舍利函。经函的外函用漆灰堆出佛像、神兽、飞鸟、花卉等纹饰，并嵌小颗珍珠（图版83）。舍利函底座四角堆花纹，中间留出壸门，内贴堆漆奔兽。函盖堆菊花图案，亦嵌珍珠为饰（图版82）。经考证，经函为温州制品[17]，而当时温州漆器是驰名全国的。

《格古要论》讲到堆红，又名假剔红，"用灰团起，外用朱漆漆之，故曰堆红"[18]。此种髹饰技法当然也属于堆漆的范畴。此条为明人王佐所增补。王佐明代景泰时人，此时去元亡不到百年。元末剔红既已登峰造极，假剔红自然也会应时而生的。

金银平脱："平脱"一词，流行于唐代。这是一种嵌件镶在器物上，表面依旧平齐的髹饰方法。金银平脱主要指用镂刻了花纹的金片或银片嵌贴到漆器上。唐宋人的杂史、小说多言及之[19]。它是从汉代流行的贴金银箔花纹漆器发展而来的，所不同的是唐代的平脱，金银片一般面积比较大，用料比较厚，镂刻纹理也较深，故显得更加富丽豪华，灿烂夺目。唐代至德二年、大历七年都有禁造平脱的诏令[20]。但据考古发现，

[14]《元史》卷二百零三。

[15] 虞集：《道园学古录》卷七。

[16]《苏州市瑞光寺塔发现一批五代、北宋文物》，《文物》1979年第11期。

[17]《浙江瑞安北宋慧光寺塔出土文物》，《文物》1973年第1期。

[18] 曹昭著、王佐增：《格古要论》卷八，《惜阴轩丛书》本。

[19] 如姚汝能《安禄山事迹》（《学海类编》本）卷上讲到赐禄山宝钿镜一面，并平脱匣子，又金平脱装一具，内漆半花镜一，金平脱合子四，以上均可信是漆器。但又有金平脱五斗饭瓮二口，银平脱五斗淘饭魁二则很可能不是漆器。乐史《太真外传》（《龙威秘书》本）卷下讲到"妃又常遗禄山金平脱装具五合，金平脱铁面碗十一"。装具可信是漆器，铁面碗则未必是漆器。陶穀《清异录》（《惜阴轩丛书》本）卷下《器具门》讲到玉平脱双葡萄镜，当是漆背嵌贴镂花玉片的铜镜。由此可以说明平脱不只限于金银花片。苏鹗《杜阳杂编》（《学津讨原》本）卷下称：咸通"十二年冬，制二高座，赐新安国寺，一曰讲座，一曰唱经座，各高二丈。砑沈檀为骨，以漆涂之，镂金银为龙凤花木之形，遍覆其上"。文中虽无平脱字样，但可确信是平脱漆器。

[20]《新唐书》卷六《肃宗本纪》至德二年"禁珠玉宝钿平脱金泥刺绣"。《旧唐书》卷十一《代宗本纪》大历七年"不得造假花果及金手脱宝钿等物"。按"手"当为"平"之误。

知五代时平脱仍流行。入宋以后，平脱始渐趋衰落，很少独自存在而多与螺钿漆器、描金漆器相结合，且线、点、屑各种形状咸备，不仅是片。“平脱”一词，也逐渐很少使用。如明代的《髹饰录》一书就只有嵌金、嵌银、嵌金银诸称。

唐代金银平脱器以中国历史博物馆所藏的羽人飞凤花鸟纹金银平脱漆背铜镜最为精美，直径达36.2厘米，传为郑州出土。钮周嵌金银片镂刻八瓣莲花座，座外满布毛雕花鸟、飞蝶，尤以银片毛雕的羽人及飞凤最为活泼生动（图版78）。与前镜大小差近的为金银平脱天马鸾凤镜，惟对其真赝问题有不同的看法[1]。河南偃师李景由墓葬于唐代开元二十六年（738年），墓中发现银平脱方形漆盒，分两层，上层屜内装木梳及金钗，下层装圆漆盒、鎏金银盒、菱花镜、银碗等[2]。此盒为妆奁用具，与《安禄山事迹》所记的“金平脱装一具”是同类器物[3]。盒面贴镂刻缠枝花纹四组，盒身每面一组，纹样纤细柔婉，可以看到从西域传入的外来影响。在同一墓地的郑洵墓中（葬于唐代大历十三年，即778年）又发现金银平脱衔花双凫镜，花纹疏朗，主题突出，更加显示出丰满活泼的唐代风格。此镜经王振江同志修复并撰写报道[4]，增加了我们对平脱漆器用料及制作的认识。唐代乾符元年（874年）封入陕西扶风法门寺大圣真身塔地宫的器物中有秘色窑碗，小足侈口，内露瓷釉，呈黄色，外髹黑漆，贴镂银鎏金花鸟纹团花五窠，可见平脱亦可施之于瓷胎漆器。

唐代金银平脱器有不少被携往日本，最著名的是现藏正仓院的金银平文琴。最近有人提出此琴为日本制的看法[5]，今后可能会引起争议。且不论争议的结果如何，平脱漆器的技法由中国传往东瀛则是肯定无疑的。

五代实物最重要的当推王建墓中发现的银平脱朱漆册匣及宝盝。册匣盖面嵌贴五组由俯仰鸟纹构成的团花，每组再以忍冬纹间隔。此外以狮纹环匝四周。宝盝为双层套盒。外盒盖面中为双凤纹团花，两侧各有持钺武士。内盒盖面图案相同，惟正中团花易双凤为蟠龙。两器经四川省博物馆延请良工精心复制，故对古代工匠的意匠经营有较详的阐述[6]。常州五代墓发现花卉纹银平脱委角方形黑漆镜盒，花枝长而蔓卷不多，花朵较小，部分叶片空间以黑漆填衬，与盛唐风格，已见差异。盒底内里有朱书“魏真上牢”并“满盖柒”两铭文。发掘者认为此可视为出售商品的标志[7]（图版81）。苏州七子山、邗江蔡庄五代墓都发现从平脱器脱落下来的金银饰片，说明此种漆器当时并非罕见[8]。

嵌螺钿漆器：螺钿镶嵌实际上也是一种平脱，同样可施之于漆背铜镜。出土于河南三门峡唐墓（墓主人卒于唐代天宝十四年，即755年）的一件铜镜[9]，漆背嵌蟠龙一躯，肥硕而不失夭矫之势，四爪拏空，开张有力（图版79）。在洛阳发现的人物花鸟纹镜[10]，比前者更为精美。钮上正中嵌花树，上有飞鸟，两侧鹦鹉相对。此下二老席地而坐，一弹阮咸，一持杯盏，颇似六朝《竹林七贤图》中人物。近景鹤舞蹁跹，凫游容与，增添了园林的恬静气氛。墓主人卒于唐代至德二年（757年），故两镜都是盛唐时制品。

苏州瑞光寺塔发现花鸟纹嵌螺钿黑漆经箱[11]，箱下设须弥座，犹如宫殿的

[1] 刘向群：《唐金银平脱天马鸾凤镜》，《文物》1966年第1期。曾经营过古玩业的某君认为此镜乃仿制。从花纹图案来看，似不无可疑之处。今叙及此器，意在提请文物工作者作进一步的研究。

[2] 中国社会科学院考古研究所河南第二工作队：《河南偃师杏园村的六座纪年唐墓》，《考古》1986年第5期。

[3] 如姚汝能《安禄山事迹》（《学海类编》本）卷上讲到赐禄山宝钿镜一面，并平脱匣子，又金平脱装一具，内漆半花镜一，金平脱合子四，以上均可信是漆器。但又有金平脱五斗饭甇二口，银平脱五斗淘饭魁二则很可能不是漆器。乐史《太真外传》（《龙威秘书》本）卷下讲到“妃又常遗禄山金平脱装具五合，金平脱铁面碗十一”。装具可信是漆器，铁面碗则未必是漆器。陶穀《清异录》（《惜阴轩丛书》本）卷下《器具门》讲到玉平脱双葡萄镜，当是漆背嵌贴镂花玉片的铜镜。由此可以说明平脱不只限于金银花片。苏鹗《杜阳杂编》（《学津讨原》本）卷下称：咸通“十二年冬，制二高座，赐新安国寺，一曰讲座，一曰唱经座，各高二丈。斫沉檀为骨，以漆涂之，镂金银为龙凤花木之形，遍覆其上”。文中虽无平脱字样，但可确信是平脱漆器。

[4] 王振江：《唐代金银平脱铜镜的修复》，《考古》1987年第12期。

台基。四面平列壶门，内施金平脱花纹，如嫩芽初茁。箱身立墙嵌石榴花卉纹。盖为盝顶式，盖面圆形花纹三团，盖墙飞鸟纹，用花叶间隔。以上均用螺钿嵌出，并用线雕划纹理。箱中所藏经卷，有的题记早至吴杨溥大和三年（931年），故此箱被定为晚唐至五代年间的制品[12]，也可视为金平脱与嵌螺钿相结合的一个实例（图版80）。

螺钿漆器在宋代更为盛行。《格古要论》称“宋朝内府中物及旧做者，俱是坚漆。或有嵌铜线者甚佳”，其中所谓“铜线”多用来做花卉的枝梗。这种做法可从朝鲜的古漆器得到印证。公元13至14世纪制的缠枝花纹盒等都用双根拧绞的铜丝嵌出枝蔓[13]。据此也可以证明中国螺钿工艺中的这一技法于宋代已传到了朝鲜。

嵌在漆器上的螺钿有厚与薄之分，用以嵌成的漆器分别被称为“厚螺钿”与“薄螺钿”，并形成了螺钿漆器的两大类。《髹饰录》螺钿条杨明注讲到“壳片古者厚，而今者渐薄也”。所谓的“古”与“今”究竟指何时代？据现有材料，北宋以前可谓“古”，以后可谓“今”。因为前面提到的螺钿器，从五代一直上溯到商周，所见都是厚螺钿，大约到北宋开始出现薄螺钿，至南宋而流行。两宋的薄螺钿实物目前虽尚待访求，但从传世古画、文献史料中仍能得知其消息。北宋宣和画院待诏苏汉臣所画的《秋庭婴戏图》中绘有两具五开光黑漆坐墩，上面密布浅色缠枝莲纹。画家状写的不是描金，也不是厚螺钿，而是薄螺钿[14]（图20）。南宋人周密的《癸辛杂识》中有关于钿屏十事的记载：“王棣，字茂悦，号会溪。初知郴州，就除福建市舶。其归也，为螺钿桌面屏风十副，图贾相盛事十项，各系之以赞以献之。贾大喜，每燕客必设于堂焉。”桌面屏风是陈置在桌案上的小屏风。只须看贾似道事迹图的标题[15]，便知每图都有许多人物行列、宫殿楼阁、山水景色乃至战争场面，而且还有赞颂文字。这是厚螺钿无法嵌出来的，只有精细如图画的薄螺钿才能描绘出来。因此，我们相信南宋时期薄螺钿已流行并达到高度的水平。当然，薄螺钿流行之后，厚螺钿仍大量制作，并一直延续到今天。

金箔嵌贴和薄螺钿相结合的技法，今后可能在南宋漆器上发现，至于元代已有则是可以肯定的。元初人揭傒斯在《赠髹者黄生》一诗中有“黄金间毫发，文螺错斓斒”句[16]，可以为证。目前最标准的元代薄螺钿漆器是广泛被人引用、于北京元大都遗址中发现的广寒宫

[5] 郑珉中：《论日本正仓院金银平文琴——兼及我国的宝琴、素琴问题》，《故宫博物院院刊》1987年第4期。

[6] 一、杨有润：《王建墓漆器的几片银饰件》，《文物参考资料》1957年第7期。二、冯汉骥：《前蜀王建墓发掘报告》，文物出版社，1964年。

[7][8] 陈晶：《常州等地出土五代漆器刍议》，《文物》1987年第8期。

[9]《1957年河南陕县发掘简报》，《考古通讯》1958年第11期。

[10]《洛阳16工区76号唐墓清理简报》，《文物参考资料》1956年第5期。

[11]《苏州市瑞光寺塔发现一批五代、北宋文物》，《文物》1979年第11期。

[12] 姚世英等：《苏州瑞光寺塔藏嵌螺钿经箱小识》，《考古》1986年第7期。

[13] 平凡社：《世界美术全集》卷十四，1951年修订本。

[14] 此图现藏台北故宫博物院。《故宫文物月刊》总第31期第76页载有坐墩部分特写，颇清晰。

[15] 周密：《癸辛杂识》别集下，《津逮秘书》本。十事的标题是：度宗即位，南郊庆成，鄂渚守城，月峡断桥，鹿矶奏捷，草坪决战，安南献象，建献嘉禾，川献嘉禾，淮擒李花。

[16] 揭傒斯：《揭文安公全集》卷四，《四部丛刊初编》本。

图嵌螺钿黑漆盘残片[1]（图版 112）。它虽未用金箔嵌贴，但不能据此而遽断元代尚无金箔与薄螺钿相结合的漆器。

元、明之际，今天的江西吉安一带曾是制造螺钿器的中心之一。《格古要论》有两条讲到螺钿器出吉安府庐陵县，人物细妙可爱。此两条均为王佐所增，而王佐正是吉安人。近年日本公布了两件有吉安及永阳（镇在吉安南）工匠针刻铭文的薄螺钿漆器[2]，可谓得到了确证。

戗金：唐代戗金，尚难举出实例。两宋漆器，因长期以来，出土者多一色无纹，故 1978 年在江苏武进南宋墓中发现的三件木胎戗金器[3]，使世人瞩目，诧为前所未见，甚至改变了一些人对宋代漆器的看法。这三件戗金器是：出游图戗金长方形朱漆盒。盒为朱漆地，盖面戗划出袒腹老人，肩荷木杖，杖头挂钱一串，自山坡旁行来，意态闲适。盖壁及盒壁以花卉纹为饰。不论人物、花卉的构图都很疏朗，但物体轮廓则密刷丝，故金色甚浓。盖内朱书“丁酉温州五马钟念二郎上牢”十二字（图版 99）。园林仕女图戗金莲瓣形朱漆奁。奁为朱漆十二棱，银扣三撞，连盖共四层。盖面为园林小景，石旁树下，两位盛装女子并肩而立，侧有侍女捧长颈壶。各层立墙皆划花卉纹。戗划手法与前器同。盖面内有“温州新河金念五郎上牢”十字（图版 98）。柳塘图戗金填朱漆斑纹地长方形黑漆盒。盒为黑漆地，盖面上戗划出柳覆池塘，水中有荇藻游鱼。盖壁及盒壁亦为花卉纹。此盒不同于前两器，在戗金物象之外，密钻细点，用朱漆填平，做成红色的细斑地。它是戗金和填漆两种技法的结合，增强了花纹的装饰效果。盖内有朱书“庚申温州丁字桥巷廨七叔上牢”十三字（图版 97）。

元代戗金漆器盛行，出现了名家彭君宝。《格古要论》称他：“戗山水、人物、亭观、花木、鸟兽，种种臻妙。”元末人陶宗仪在《辍耕录》中较详细地记载了嘉兴斜塘杨汇髹工的戗金、戗银法[4]，均足为证。不过元代实物多流往日本，保存在国内的甚少。1977 年在日本东京国立博物馆《东洋の漆工艺》展出的我国元代的戗金器就有十件之多[5]，其中四件有延祐年款，有的还写明制者和产地。如一件孔雀纹经箱（图 21），铭文为“延祐二年栋梁神正杭州油局桥金家造”。它们的特点是花纹满布，物象甚繁，刷丝极密，故填金之后，灿然一色，十分华丽。

剔红：剔红是雕漆的一种，我们相信唐代已有，因为黄成在《髹饰录》中称：“唐制多印板刻平锦朱色，雕法古拙可赏。复有陷地黄锦者。”杨明注称：“唐制如上说，而刀法快利，非后人所能及。”这两位髹漆巨匠，在当时肯定见到不止一两件唐代剔红，不过我们今天却举不出一件实物来。

宋代剔红传世品有桂花纹剔红盒，上有项氏印记。陈眉公《妮古录》讲到“余于项玄度家，见……宋剔红桂花香盒”[6]，似能为此盒的年代作证。不过随着会提出来的问题是：当年陈氏所见是否就是此盒？即使是，陈氏的鉴定是否可靠？因此，尽管此盒剔刻极精，无疑是一件珍贵的古代漆器，但其确切年代还应从雕漆的时代风格作进一步的研究（图版 103）。流传在日本的雕漆精品有现藏日本圆觉寺的醉翁亭图朱锦地剔黑盘。据记载是宋遗民许子元于公

[1]《无产阶级文化大革命期间出土文物展览简介》，《文物》1972 年第 1 期。

[2] 楼阁人物捧盒，铭文为“吉水□明工夫”。广寒宫图八方盒，铭文为“永阳刘良□铁笔”。并见西冈康宏：《中国の螺钿》，东京国立博物馆，1981 年。

[3] 一、陈晶：《记江苏武进新出土的南宋珍贵漆器》，《文物》1979 年第 3 期。二、陈晶等：《江苏武进村前南宋墓清理纪要》，《考古》1986 年第 3 期。

[4] 陶宗仪：《辍耕录》卷三十《戗金戗银》条，光绪乙酉重刊本。

[5] 东京国立博物馆：《东洋の漆工艺》，1977 年。展品第 469—478 为元戗金漆器。

[6] 陈继儒：《妮古录》卷一，《美术丛书》本。

[7] 此盘日本称之为“椿尾长鸟文盆”，见德川美术馆等：《雕漆》页 168，该馆出版，1984 年。

[8] 同上书，页 30—31。

[9] 一、包文灿：《江苏沙洲出土包银竹胎漆碗》，《文物》1981 年第 8 期。二、陈晶：《常州北环新村宋墓出土的漆器》，《考古》1984 年第 8 期。

[10] 陈增弼等：《介绍大同金代剔犀奁兼谈宋金剔犀工艺》，《文物》1985 年第 12 期。

元1279年携之东渡而入藏该寺的[7]（图22）。我们目前也缺乏可与之作对比的实物，但是本人相信总有一天会在唐、宋墓中发现剔红或其他雕漆器，而且水平是很高的。不然的话，怎么可能到了元代晚期雕漆竟达到登峰造极的地步呢？

约在公元14世纪中叶，嘉兴出了两位雕漆巨匠，张成与杨茂，所制剔红，尤负盛名。几种明人著述，都有记载，其中最早的是王佐后增的《格古要论》。此书中谈道："元朝嘉兴府西塘杨汇有张成、杨茂剔红最得名，但朱薄而不坚者多。"张应文的《清秘藏》、高濂的《遵生八笺》皆因袭王佐之说。今观察实物，深感王氏之说殊欠公允。张、杨两家之制，不仅堆朱很厚，而且漆质甚坚。现藏国内的两家漆器，花卉纹则有张成造栀子纹剔红盘（图版105），杨茂造花卉纹剔红尊（图版108）；山水纹则有张成造曳杖观瀑图剔红盒（图版106），杨茂造观瀑图八方形剔红盘（图版109），题材均是观瀑图，而且景物刀工都颇相似。此外还有不少件流传在海外。

张成常用的一种花鸟纹设计是以花卉作地，上压相向飞翔的双鸟。花叶繁茂，密不见地；鸟态轻盈，富有流动美，使人叹为观止。实例如现藏日本兴临院的茶花绶带鸟纹剔红盘[8]（图23）。这种精心构图而刀法又十分圆润的风格，对明初的雕漆器有很大的影响。

剔犀：剔犀是用两种或三种色漆，在胎骨上每色刷若干道，积成一个色层，换一色再刷若干道，如此有规律地由不同色层积累到一定的厚度，然后用刀剔刻出云钩、回纹、卷草等不同的图案，在刀口的断面显露出不同的色层，回宛成纹。剔犀实际上属于雕漆类，只因数量相当多，故将它独自列为一种。

剔犀的出现不会晚于唐代，但实物有待发现。宋代，尤其是南宋的剔犀漆器，已在不少墓葬中出土。1977年在江苏沙洲发现银里碗一对，木胎紫面，红、黄、紫三色相间，云纹，刀口浅而圆，乃所谓仰瓦的刻法[9]。山西大同金墓发现卷草纹剔犀长方奁[10]，木胎，黑漆间朱线。盖内有盘，剔同样花纹，圆宛有致，刀法亦属仰瓦一类。江苏武进南宋墓发现剔犀执镜盒[11]，木胎，褐底黑面，朱、黄、黑三色更叠，云纹，堆漆肥厚，故刀口较深（图版100）。江苏金坛南宋周瑀墓出土脱胎剔犀柄团扇[12]，黑面，雕云纹三组，从刀口可见朱、黑两色漆各十余层，刻有"君玉"两字（图版101）。此外，四川彭山南宋虞氏墓还发现圆盒盖残件，此为一件朱面剔犀器[13]。据《髹饰录》，剔犀有朱面、黑面、紫面，漆层有乌间朱线、三色更叠，花纹有云钩，剔法有仰瓦和峻深等。南宋时上述类型已一一俱备了。

元代剔犀器以张成造的一件云纹剔犀盒为第一，盒为木胎黑漆，盒盖及盒底周匝均雕云纹三组，堆漆极肥，刻工圆润，莹滑照人。刀口露朱漆三层，足内有针划"张成造"三字[14]。见此乃知张成不仅是剔红高手，剔犀也技臻绝诣，远远超过了前代（图版107）。

唐、宋时已有的漆器还有金髹、罩漆、彩绘、犀皮、填漆等多种。金髹物体通身贴金箔，实际上是一种一色漆器。如果金上再罩透明漆，便是罩金髹，是罩漆的一种。两种做法被大量用来装饰道释偶像和宫廷器物。彩绘用漆色或油色，或两者兼用，自古有之，唐、宋仍

[11] 一、陈晶：《记江苏武进新出土的南宋珍贵漆器》，《文物》1979年第3期。二、陈晶等：《江苏武进村前南宋墓清理纪要》，《考古》1986年第3期。

[12] 一、和惠：《宋代团扇和雕漆扇柄》，《文物》1977年第7期。二、镇江市博物馆等：《金坛南宋周瑀墓》，《考古学报》1977年第1期。

[13] 四川省文物管理委员会等：《南宋虞公著夫妇合葬墓》，《考古学报》1985年第3期。

[14] 王世襄：《记安徽省博物馆所藏的元张成造剔犀漆盒》，《文物参考资料》1957年第7期。

❶ 陈增弼等：《介绍大同金代剔犀奁兼谈宋金剔犀工艺》，《文物》1985年第12期。

❷ 吴自牧：《梦粱录》卷十三《铺席》有“清湖河下戚家犀皮铺”的记载，上海古典文学出版社，1956年。

❸《碎金》，《家生篇三十二·漆器》，民国影印本。

极流行。日本正仓院所藏大量的密陀绘漆器，很好地反映了唐代油色彩绘的风格。大同金墓出土的褐色地漆碗[1]，上绘白梅、翠竹、黄蝴蝶，是一件12世纪的漆油兼用的彩绘漆器。唐代犀皮上承三国东吴，南宋临安已有专门制造犀皮的漆器铺[2]。我们不须看到唐代实物，便知当时已流行。填漆在南宋戗金盒上已见使用，至元代而有较大的发展。明代洪武年间成书的《碎金》[3]，所收多为元代事。《家生篇》中开列漆器十一种，中有“罽浆”，笔者认为它就是日本所谓的“蒟酱”，音谐而字形近似。“蒟酱”乃是填漆，有日本漆器可证。

据上所述，并与明、清流行的漆器作对比，可知主要漆器的品种唐、宋、元时期已基本齐备。髹漆工艺的进一步发展就是随之而来的多种髹饰技法的相互结合和多方变化了。

## 六 明 清

### ——不同髹饰的变化结合，迎来漆器的千文万华

在论述明、清漆器之前，有必要先介绍一下现存惟一的古代漆工专著《髹饰录》。撰者黄成，号大成，新安平沙人，是明代隆庆年间（1567—1572年）前后的一位名漆工。他总结了前人和自己的经验，全面地叙述了有关髹漆的各个方面。此书在明代天启五年（1625年）经另一位名漆工嘉兴西塘的杨明为之撰写序言并逐条作注，使内容更为丰富。全书分乾、坤两集，共十八章，一百八十六条。《乾集》讲制造方法、原料、工具及漆工的禁忌。《坤集》讲漆器分类及各个品种的形态。以下是《髹饰录》对漆器的分类：

（一） 质色门：各种一色漆器。

（二） 纹匏门：表面有不平细纹的各种漆器。

（三） 罩明门：在各色漆地上罩透明漆的各种漆器。

（四） 描饰门：用漆或油描绘花纹的各种漆器。

（五） 填嵌门：包括填漆、嵌螺钿、嵌金银等各种漆器。

（六） 阳识门：用漆堆出花纹的各种漆器。

（七） 堆起门：用漆灰堆出花纹，上面再加雕琢、描绘的各种漆器。

（八） 雕镂门：包括剔红、剔黄、剔绿、剔黑、剔彩、剔犀、假雕漆、雕螺钿、款彩等各种施加雕刻的漆器。

（九） 戗划门：各种施加刻划花纹，纹内填金、填银或填色的漆器。

（十） 斒斓门：两种或两种以上纹饰相结合的各种漆器。

（十一） 复饰门：某种漆地与一种或多种纹饰相结合的各种漆器。

（十二） 纹间门：填嵌门中的某种做法与戗划门中的某种做法相结合的各种漆器。

（十三） 裹衣门：在胎骨上裹贴皮革、罗、纸的各种漆器。

（十四） 单素门：一髹而成的各种简易做法的漆器。

黄成撰写此书的目的在总结古今漆艺，传授髹饰技法，故依漆器的制作及形态分类。他力求详备，可谓知无不录。他主张名称要如实地道出漆器的用材和做法，因为只有名实相符，才好让人知道如何去制造。他写成这部经典著作，确实为继承和发扬我国的髹漆工艺建树了不朽的功勋。不过正是因为《髹饰录》

贯彻了上述的主旨，所讲到的漆器有的实物甚多，是常见的品种；有的实物却极少，是稀有品种，甚至多年访求，仍未遇到。漆器名称有的也难免冗长，和当时习惯使用的并不一致，后人倘不作一番研究探索，更不知其所言为何物。因此我们今天论述明、清漆器，虽以《髹饰录》为主要依据，但在分类和命名上不得不作适当的省略归纳，调整变通，以期符合古代漆器留存的实际情况，同时也不放弃使用比较通俗却不见于《髹饰录》的名称。

本文试将明、清常见漆器分为：一色漆器、罩漆、彩绘、描金、堆漆、填漆、雕填、螺钿、犀皮、剔红、剔犀、款彩、戗金、百宝嵌共十四类。

这里还须说明的是多种髹法的结合是明、清漆器的主要特点。它富于变化，绚丽多姿，超过以往任何时期，故杨明赞叹地说："千文万华，纷然不可胜说矣！"正因一器具备不同髹法，不知将它归入哪一类为宜，黄成乃特辟"斒斓"、"复饰"、"纹间"等门来容纳。过去曾本黄氏之法，并增加了门类，其结果反使分类更加复杂化。现在遇到两种或更多技法制成的漆器，依其主要髹法归类，以收化繁为简之效。下面讲到的就有不少这样的实例。

一色漆器：相当于《髹饰录》的质色门，有黑、朱、黄、绿、紫、褐、金等色。

由于考究的明、清漆器多施纹饰，故一色漆器大多数是一般用具。惟文人学士因耽爱古拙朴雅之趣，故也有制作极精的一色漆器，尤其是小件的案头文玩，诸如砚盒、臂搁之类。至于金色则又不同，因封建统治者用它来象征尊严华贵，宫廷器物常用金髹，对工料的要求更高。这里讲的金髹是北京匠师所谓的"明金"，即金箔之上不再罩漆，光辉耀目乃其特色。为金箔垫底的一层漆叫糙漆，糙漆常用的颜色或黑或黄。黄成指出"黄糙宜于新，黑糙宜于古"。这是因为金箔露在外面，长年摩触，容易残褪。用黄色糙漆的金髹，金箔得到黄色的衬托，新时特别饱满悦目。用黑色糙漆的金髹，却只有被摩残后才好看。金黑两色，斑驳成纹，别饶古朴自然之趣。

本卷所收的脱胎菊瓣形朱漆盒及有乾隆御题的脱胎菊瓣形朱漆盘，胎骨用丝绸及生漆制成，故比古代的夹纻胎更薄更坚，色泽红润如珊瑚，可以代表清代宫廷的一色漆器（图版178—179）。

罩漆：相当于《髹饰录》的罩明门，包括罩朱髹、罩黄髹、罩金髹、洒金四种。除此之外，笔者又把描饰门中的"描金罩漆"并入此类。

上面为首的两种，容易理解，就是罩了透明漆的朱漆和黄漆。罩金髹由于用料之异，虽名称相同，却贵贱有别。考究者用真金箔或金粉粘着到漆面上再罩透明漆，北京匠师或称"金箔罩漆"；次者用银箔或银粉，或称"银箔罩漆"；再次者用锡箔。以上三者往往被笼统地称为"金箔罩漆"。其原因是罩漆透明而微黄，年久还会转深，不论罩在金箔、银箔或锡箔之上，都呈现金黄闪光之色，只是银箔会氧化，锡箔更易霉黑，只有金箔能经久不变。宫廷中的罩金髹多用真金箔或金粉，实例如太和殿、乾清宫的宝座及屏风。乘舆仪仗也一律用罩金髹。

洒金又名"砂金漆"，即漆地上洒

金片或金屑，上面再罩透明漆。金的片或屑有大有小，有疏有密，故外貌多种多样。有一种金屑极细极密，浑然一色，闪闪发光，北京俗称“金蚵螂地”，言其宛似闪金光的硬甲虫。据明、清实物，洒金很少独自存在，多用作漆器的地子，上面再施纹饰。《髹饰录》复饰门中有“洒金地诸饰”可以为证。我国的描金漆器，日本的莳绘，在洒金地上或施绘饰，或漆堆花纹，或粘贴金银片，或数者兼用，可以看到多种髹法的结合。

描金罩漆是在黑色、朱色或黄色的漆地上描绘金色花纹，花纹上可用黑漆或墨勾纹理，上面再罩透明漆。金色花纹仍有用金、用银、用锡之别。本卷所收的一件描金罩漆器是山水人物纹长方盘，在紫红色漆地上用金色画山庄丛树、柳岸渡船。山石都用漆灰堆起，高出盘面，所以实际上是堆漆与描金及罩漆的结合（图版 186）。

彩绘：相当于《髹饰录》的描饰门。该门所收五种髹法（描金、描漆、漆画、描油、描金罩漆）虽均可称之为彩绘，惟明、清描金漆器，花色甚繁，实物又多，宜自成一类。描金罩漆已归入罩漆类，故只剩下描漆、漆画和描油了。大凡分类越细，概括越难。古代漆画固然有只用彩漆或只用彩油者，但更多的是二者兼用。这正是现在统称之为彩绘的原因。

明、清彩绘的变化一在地色的不同，如同一彩绘画在黑、朱、黄、紫等漆地上，容貌皆殊。同一色地又有素地、锦地之别。二在花纹轮廓及纹理画法的不同，有黑理钩、金理钩、划理之别。还有不勾轮廓的所谓没骨画法。

言及彩绘的漆地，不得不提到清代乾隆时福建名漆工沈绍安。沈氏以脱胎漆器闻名于世，他制胎不用粗麻布而使用极薄的夏布及丝绸，在一定程度上改进了古代的夹纻。但他创造性的贡献乃在用金箔或银箔粉末调漆，制成淡黄色或白色漆，然后再和其他色漆掺和，从而髹出一系列浓淡不同、鲜艳而内含闪光的漆地[1]。这类色漆固然可以髹制一色漆器，而更适宜用作彩绘漆器的漆地。具体实例有本卷所收的彩绘描金花鸟纹长方形盒（图版 190）。绍安之后，一直到他的五代孙正镐、正恂、正铎等在制胎和调色方面都有进一步的发展[2]，使福州脱胎漆器具有鲜明的特色。

描金：此类包括《髹饰录》描饰门中的描金、阳识门中的识文描金及斒斓门中的描金与其他髹法相结合的几个品种，目的在于简化分类并使描金体系趋于完整。

描金又名泥金画漆，以黑漆作地的最常见，朱漆地次之。有“大明万历年造”款的描金龙纹黑漆戥子盒（图版 145）及清代乾隆年制的描金松石藤萝纹黑漆盘（图版 177）都是黑漆地描金的实例。清代宫廷亦在紫檀家具上描金，木质黝黑，与黑漆地十分相似。现藏故宫的彩绘描金紫檀扶手椅当属清代雍正至乾隆年间的制品（图版 162）。

描金原料，有的只用一种金箔，故花纹金色如一。有的用两种或三种金箔描金，如田赤金、苏大赤金、库金，一种比一种颜色深，用它们作画，犹如设色，可以随类赋彩。《髹饰录》称之曰“彩金象”，从故宫所藏描金朱地龙凤纹手炉上可以明显见到（图版 166）。有的只用一种金箔，但有浓有淡，北京匠师称之曰“搜金”。山水风景多用此法来描

[1] 沈元等：《回忆与展望——纪念沈绍安脱胎漆器二百年》，《福建工艺美术》1986 年第 3 期。

[2] 郑朝铨：《沈氏漆艺世家传略》，《福建工艺美术》1986 年第 3 期。

[3] 薛熙：《明文在》卷八十四，清刊本。

[4] 刘侗等：《帝京景物略》卷四《城隍庙市》条，北京古籍出版社，1982 年。

绘近岭远峰的显晦明灭，或一坡一石的向背阴阳，此可以从描金黑地山水楼阁图手炉上见到（图版 167）。值得指出的是此件手炉确为中国制造，但山水画却有日本意趣。清代宫廷档案每称此类漆器曰“洋漆”或“仿倭漆”，于此可见中日漆工艺的融会与交流。

历来言铜器款识，凹入者为“款”，挺出者为“识”，故“识”有高起之意。识文描金是用稠漆画高出漆面的花纹，上面再描金。具体实例有盖面上分组绘蟠桃、石榴、癞瓜、林檎等花果纹的识文描金海棠形攒盒（图版 182）。更为华丽的有泥金识文描金，做法与前同，只是通身上金，不露漆地。具体实例如识文描金瓜形盒（图版 181）。上述两种髹法有时用金叶或银叶贴在局部花纹上，比单纯的描金更为耀眼。高于识文的有堆漆描金。故宫所藏彩绘描金花果纹包袱式长方形盒，用漆灰堆塑成包裹在锦袱内之状，外露的四角上用描金绘石榴枝叶。此盒用堆漆、彩绘、描金三种髹法结合制成，设计新颖，工艺繁复，造型逼真，可谓匠心独具（图版 159）。描金加彩绘的实例还有明代万历时制的彩绘描金山水人物纹大圆盒，朱漆地上画寺观，门前有三人相揖。石径曲折，上通山冈。画面以描金为主，山石皴纹、苔点、树木枝干、寺观门窗等则用黑漆画成。绿漆画松针，粉油涂人物衣衫及面部。如依《髹饰录》的分类，此盒应列入斒斓门（图版 141）。

描金名匠，明代有杨埙及其父。《明文在》张弼《义士杨景和传》中载：“埙，字景和，其先某处人，父为漆工，宣德间尝遣人至倭国，传泥金画漆之法以归，埙遂习之，而自出己见，以五色金钿并施，不止如旧法，纯用金也。故物色各称，天真烂然。倭人见之亦龉指称叹，以为不可及。”[3]描金漆器，战国已达到很高的水平。日本的描金（莳绘）当然是由中国传入的。到了 15 至 16 世纪，日本的莳绘确实有很大的发展，又返回来影响中国。杨埙吸收了日本的技法而有所创新，于是返过去又影响了日本。中日的漆工艺正是在这种交光互影的背景下共同前进的。

堆漆：唐、宋间的堆漆多外露本色，灰褐无光，其表面不再髹色漆。由于色泽暗淡，故很少再在明、清漆器上出现。《髹饰录》堆起门所收三个品种（隐起描金、隐起描漆、隐起描油），花纹堆起后还要用刀雕琢，可知其凸纹颇高。雕琢之后，花纹上或贴金、或髹色漆、或髹色油，比古代的本色堆漆华美得多。

贴金的堆漆可以故宫所藏的黑漆大柜为例。门上有高浮雕云龙纹，泥金罩漆。花纹棱角虽十分饱满圆润，但生动快利，非刀刻不能为功。从其残损处，可看出确用漆灰堆成。柜门铜饰件錾有“乾隆年制”四字，但从大柜的制作及图案风格分析，此柜似为明代或清初时物，因而不能排除柜上的铜饰件系经后配。

填漆：填漆是一个类名，包括不同做法的若干品种。《髹饰录》用“妍媚光滑”来形容它，《帝京景物略》称它“彩填稠漆，磨平如画”[4]，其实都指的是表面光滑的填漆。另一种填漆的花纹轮廓及纹理都勾划戗金，表面并不光滑，它的广为人知的名称叫“雕填”。因为实物特别多，故宜自成一类。这里只讲表面光滑的填漆（图 24）。

表面光滑的填漆也有不同的做法。

杨明讲到“磨显填漆，魏前设文；镂嵌填漆，魏后设文”，指出有磨显、镂嵌之别。

所谓“魏”就是漆器接近完成的最后一道漆——魏漆，此后只待做纹饰便全功告成。“镂嵌填漆，魏后设文”，就是说在魏漆已经做好之后，刻剔花纹，填色漆，干后再加打磨，便算完成。具体实物如故宫藏的明代双龙纹椭圆形填漆盒（图版139）。“磨显填漆，魏前设文”，就是说在魏漆之前的一道工序——糙漆完成后设花纹。设花纹之法不是刀刻而是漆堆。观察明、清实物，一般都用黄色稠漆在糙漆面上堆出花纹轮廓，然后在花纹轮廓之内填彩漆，轮廓之外也用漆填平，它就是花纹之外的地子，最后通体打磨。这种做法的填漆，沿着花纹轮廓都有黄色的漆线。具体实例如故宫藏的明代梵文缠枝莲纹长方形填漆盒（图版140）。

还有一种填漆，流行于民间，多数为皮胎，面髹黑漆，划纹细而浅，填各色漆而以红为主，即杨明注中的“又一种黑质红细文者，其文异禽怪兽，……其制原出于南方也”。田雯在《黔书》中用“镳车铁笔，花鸟赋形，雕虫镂卉，运斤成风”[1]，来描写用利刃在漆器上镂刻花纹，所讲的就是产于贵州的这种皮胎填漆器。具体实例有故宫藏的皮胎瓢形黑漆鹰食具，上刻花卉纹，红漆填花筋，绿漆填叶筋。中国历史博物馆也藏有同类填漆的兽纹圆盒。

雕填：雕填漆器，数量之多仅次于剔红。它的做法是沿着花纹轮廓勾阴文线，并勾出花纹上的纹理，线内填金，即《髹饰录》所谓的“戗金细钩”。又因彩色花纹有的是填成的，有的是描成的，故黄成分别名之“戗金细钩填漆”和“戗金细钩描漆”，并将它们列入“斒斓门”。不过上述两个名称只能算是学名，而不是通名。它们的通俗名称只有一个，就是“雕填”，而且从明代一直使用到今天[2]。

明、清的雕填器经过仔细观察，确实有的花纹是用彩漆填成的，有的花纹是用彩漆描成的，也有一器之上，部分花纹是填成的，部分是描成的。大抵明代前期的雕填多用填漆；明代嘉靖、万历时的器物填、描兼用；清代康熙、乾隆时的器物常用填漆制锦地，描漆绘花纹；晚清器物往往只用彩漆描绘，雕填仅徒有其名了。

雕填漆器的地子有不同的做法，花纹也有不同的风格。明代嘉靖时的龙凤纹菊瓣形雕填盘采用素地（图版129），明代嘉靖时的双龙戏珠纹雕填箱（图版131）和万历癸丑年制的双龙纹长方形填漆盒（图版138）都用极细的锦地来衬托花纹。明代嘉靖时的松鹤纹斑纹地雕填漆盘则用杨明所谓的“钻斑”作地，即《格古要论》的“戗金人物景致，用攒攒空间处，故谓之攒犀”（图版130）。清制有托泥小儿，锦地上压折枝玉兰及月季，颇饶绘画意趣。清代乾隆时的莲瓣形捧盒，盒面以锦地衬缠枝花，再以缠枝花衬双凤，采用分层衬托，戗划由疏而密，金色由淡而浓，有锦上添花、繁而不乱之妙。它既不像明代龙纹图案那样谨严，也不像折枝花纹那样潇洒，自具一种雍容华贵的风格。

螺钿：厚螺钿器与薄螺钿器同时流行于明、清两朝。前者往往施之于大件家具，如床榻桌椅，乃至箱笼柜架。《天水冰山录》记有籍没严嵩父子家产的具体情况，其中就有嵌螺钿大八步床、有

[1] 田雯：《黔书》，《丛书集成初编》本。

[2]（明）何士晋辑《工部厂库须知》（《玄览堂丛书续编》本）卷九有“御用监年例雕填钱粮”项目，故知当时已有“雕填”之名，晚清以来古玩业都沿用此称。

[3]《天水冰山录》页252、页170，《知不足斋丛书》本。

[4] 阮葵生：《茶余客话》卷十，《丛书集成初编》本。

[5] 刘侗等：《帝京景物略》卷四。

[6] 袁荃猷：《谈犀皮漆器》，《文物参考资料》1957年第7期。

架凉床、梳背藤床等[3]。据传世实物，嵌厚螺钿家具以黑漆为多，虽不甚精细，但粗犷醒目，宜远观不宜近玩。故宫博物院藏的一件单人罗汉床，嵌山石、牡丹诸纹，就是此类家具。

薄螺钿比厚螺钿有较大的发展，纤巧精工，达到了惊人的程度。黄成对它的评价是“百般文图，点、抹、钩、条，总以精细密致如画为妙”。杨明的注：“壳色有青、黄、赤、白也。沙者壳屑，分粗、中、细，或为树下苔藓，或为石面皴文，或为山头霞气，或为汀上细沙。”他们指出了如何区分不同颜色的闪光，裁切成不同大小形态的嵌材，巧妙地加以运用，来取得工笔画的效果。如果再加上金银片屑的配合使用，将使它更为熠熠生辉。到了17世纪，薄螺钿漆器可谓发展到了顶峰。被阮葵生称为“名闻朝野，信今传后无疑”[4]的嵌钿巨匠江千里，扬州人，号秋水，和名画家查士标同时。两家作品，都曾风靡当世。清代嘉庆刊本《扬州府志》卷七十二引《田居杂记》载“时有一联云：‘杯盘处处江秋水，卷轴家家查二瞻’”，亦可见一时风尚。清人刘銮在《五石瓠》（《昭代丛书》本）中谈到江千里的螺钿器“花纹工精如发，并督童年人学之”。由此可见江千里还开设了作坊，故能生产出大量杯盘（图25）。

本卷所收薄螺钿器，有的在江千里之前，如故宫藏缠枝莲纹嵌螺钿舟形黑漆洗。此洗花朵枝叶，悉用长条壳片嵌成，其厚度虽薄于厚螺钿，但比江千里所用的壳片又厚逾一倍，器形及花纹的时代风格也在江之前（图版146）。云龙纹嵌螺钿长方形黑漆盒可视为江千里的标准器。盖面用闪红光螺钿嵌隶书铭文五行。盖壁及盒壁上下通景，四面各嵌一龙，两横面势欲腾空，两纵面势欲出水。凡须鬣、海水、卷云等处细线，均用螺钿嵌成，圆宛自如。龙睛及鳞，遍镶金点，海水浪花，用银填嵌。制作之精，超过一般嵌有“千里”款的杯盘。盖内有篆文方印“江千里式”四字。或谓既为江制，何以称“式”？笔者认为“式”有示范之意，更足以说明是他的铭心之作（图版151）。婴戏图嵌螺钿黑漆箱的制作年代可能稍晚于江千里的作品，但状物的生动详悉，嵌工的繁缛巧妙，与江器相比，有过之而无不及，在拙著《髹饰录解说》中有较详的叙述（图版153）。至于故宫所藏嵌螺钿葵花形黑漆盒，工艺亦精，其成器时代当在18世纪了（图版183）。

犀皮：犀皮又称“波罗漆”，过去曾以为后者乃晚清以来古玩业的通称，后读明人高友荆《燕市漆器歌》：“品题第一号填漆，再次玻罗次剔红。”[5]乃知此名由来已久。现知犀皮最早实物出自三国吴朱然墓，其制作工艺尚待研究。明、清犀皮经取器物与匠师技法相印证，已可知其操作程序[6]。即先用色料做出高低不平的地子，上涂不同色漆多层，最后磨平，露出色漆层次，故《髹饰录》列入填嵌门。至于纹样的变化，取决于地子形态及高低的变化。

明代的犀皮实物有红面皮胎圆盒，漆层红黑相间，杂有暗绿色，纹样如行云流水，自然生动。清代犀皮实物则有故宫藏的黄面葵瓣形盒，斑纹细密，色泽润滑，时代当在清代乾隆前后（图版185）。

剔红：剔红是从雕镂门中分出来的三类之一，其中包括剔黄、剔绿、剔黑、剔彩等几种雕漆器。另外两类是剔犀和款彩。分设三类是由于传世实物都不少。

各色雕漆附在剔红之后是由于它们的工艺技法基本相同的缘故。

剔红、剔黑于元末达到历史的高峰，明初乃其延续。西塘的雕漆名工张成、杨茂大约入明以后才逝世。史籍记载成祖（永乐帝）召张成之子德刚面试称旨，授营缮所副[1]。故明代永乐时造的剔红绝似元末西塘的制品，款字也仍用针划，字体并不工整而有民间的意趣。当时精制的剔红，日本、琉球亦视同拱璧，故永乐朝三次赏赐日本国王礼物[2]，都有剔红器，其中尤以第一次（永乐元年，即1403年）为多。现藏日本的礼品单，因为详记剔红的器物名称、尺寸、花纹等，所以是一份研究明初剔红的重要材料[3]。经过官方的赏赐及商品的输出，元、明雕漆对日本的髹饰工艺产生了深远的影响。随后日本漆工也大量制作雕漆，有的摹仿元、明雕漆器竟达到乱真的程度。

明代永乐时的剔红，堆漆肥厚，刀工圆润丰腴。花卉禽鸟，云龙缠莲，往往密不见地。或稍露空隙，而无地可容锦纹。更有同一花卉，双层重叠，各自成章，穿枝过梗，或显或藏，耐人赏析，构图之精，使人叹服。山水人物，多分刻天、地、水三种锦地，盘盒周匝，或雕仰俯四季花，或雕香草边，浑厚工巧，兼而有之，乃其时代风格。明代宣德雕漆，上承永乐，应划入同一时期，有的作品相似到难以分辨。永乐、宣德之间，只隔洪熙一年，工匠连续服役，故两朝制品，自有同出一手者。惟宣德年款，改针划为刀刻填金。宣德款雕漆，亦有堆层较薄者，具体实例如林檎双鹂图剔彩捧盒。它可能制于宣德后期，已可察觉到风格开始有了变化（图版120）。

明代宣德以后，从正统到正德（1436—1521年），除了一两件弘治时王铭的制品[4]，几乎看不到刻有年款的雕漆。在这八十多年中，雕漆不可能绝迹，那么它们的面貌如何？各朝又有什么不同？都是我们很想知道的。故宫藏品中，无款而其时代风格似乎是在明代宣德、嘉靖之间的不下二百件。本卷所收的山水人物纹委角方形剔黑盒（图版123）及“滇南王松造”文会图委角方形剔红盘（图版122）即属此类。这批雕漆如果经过认真的研究，或许能在一定的程度上解决明代中期雕漆的准确断代问题。

❶《嘉兴府志》，康熙二十四年刊本。

❷ 第一次永乐元年冬十月乙卯，见《明太宗实录》卷二十四，页0438，台北影印本。第二次永乐四年正月己酉，同上书卷五十，页0751。第三次永乐五年五月己卯，同上书卷六十七，页0941。

❸ 颁赐日本国王妃礼物。（中略）

**红雕漆器58件**

**盒三个　八角盒一个**　顶刻人物故事　边刻四季花　足刻回纹隔子金　径一尺三寸高四寸九分

**圆香盒二个**　一个刻宝相花　径四寸三分高一寸三分　一个顶刻人物故事　边刻回纹　径四寸三分高一寸六分

**盘一十四个**

**八角盘二个**　俱径一尺三分高一寸三分　一个里刻太平雀栀子花　一个里刻太平雀葵花　并外刻四季花

**葵花盘二个**　俱径九寸九分高一寸二分　里刻牡丹花　边刻香草

**圆盘四个**　一样二个俱径九寸一分高寸三分　一个里刻苍头石榴花　边刻石榴花　一个里刻山鸡葵花　边刻葵花　一样二个俱径一尺二分高寸三分　一个里刻鹦鹉长寿花　边刻四季花　一个里刻山雀茶花　边刻香草

**台盘六个　绦环样四个**　一个里刻人物故事　边刻四季花　外刻香草　径长六寸三分阔四寸九分高八分　一个里刻人物故事　边刻四季花　外刻四季花　径长七寸阔五寸五分高九分　一个里刻牡丹花　外刻香草　径长六寸三分阔四寸九分高九分五厘　一个里刻人物故事　边刻四季花　外刻四季花球纹　径长六寸五分阔四寸四分高八分

**圆样一个**　里刻人物故事球纹　外刻四季花　径五寸七分高八分

**梅花样一个**　里刻木地竹梅　边刻四季花　外刻香草　径五寸三分高八分

**香叠二副**　一副底盖四层　顶刻人物故事　边刻四季花　径三寸一分高三寸八分　一副底盖三层　顶刻人物故事　边刻宝相花　径三寸五分高三寸四分

**花瓶一个**　刻竹节四季花　足刻钱纹　径九分高三寸一分

**卓器二卓**　每卓16件　共32件　俱里黑漆　外刻四季花

**按酒碟**　每卓5个　共10个　俱径五寸六分高八分

**果碟**　每卓5个　共10个　俱径四寸高七分五厘

**葵花样托子**　每卓1个　共2个　俱里外刻四季花　口径三寸七分　盘径六寸六分高三寸

**葵花样鉴妆一副**　鉴妆四层　顶刻人物故事　边刻四季花　径七寸七分高一尺一寸

**盘一个**　里黑漆　外刻四季花　径八寸四分高一寸七分

**碗五个**　三个刻回纹四季花　径六寸三分高三寸一分　二个刻回纹四季花　径五寸七分高二寸六分

永乐元年闰十一月十一日

以上据H.M.Garner：*The Export of Chinese Lacquer to Japan in the Yuan and Early Ming Dynasties*（*Archives of Asian Art* ＸＸＸ *1971—1972*）一文中的礼品单影印本抄录。Garner文中有释文，但有讹误。故又取收入德川美术馆编印的《雕漆》一书中的释文勘校。发现该书有大段脱落，讹误更多。

明代嘉靖雕漆多有年款，风格自具特色。刀工不复藏锋，渐见棱角。造型突破陈规，八方香斗、银锭形盘与盒（图版 128）等均属罕见。剔彩器也显著增多。吉祥文字及图案成为常见题材，常用松、竹枝干盘屈成“福”、“禄”等字。五老图剔红盒，从灵芝中射出一道祥光，袅成“寿”字，便是一例。

雕漆至明代万历而再变，大自花纹主题，小至各种锦地，似乎都向细小处收缩，刀法愈加繁密，图案更为谨严，予人一种拘局抑敛的感觉。从故宫藏双龙纹委角长方形剔彩盒可以领略到它的风格（图版 134）。

明代雕漆中还有刀法快利一种，仿佛一剔而就，刻后不磨，棱角尽在，故具粗犷不羁的风貌。收入本卷者有故宫藏孔雀牡丹纹皮胎剔红盘（图版 133）。此类雕漆，向无款识，故时代、产地均不详。近年来中外鉴家每据《野获编》、《帝京景物略》等书关于云南剔红的记载“漆光暗而刻文拙”，“刀不藏锋，棱不磨熟”❺，便将其定为云南制品。文献与实物虽有相合处，但缺少有力的确证。故宫所藏文会图委角方形盘，“滇南王松造”款当属可信，其刀工却是圆润一类（图版 122）。故宜做更多的调查研究，始能定此类雕漆的年代及产地。1986 年笔者参加云南文物采访工作，所经昆明、大理等十数历史名城，未见一件剔红器，多年萦念的问题，悬而未决，殊感怅惘。

山水人物纹剔红壶，紫砂胎，底有“时大彬”款，隐约可见。大彬于晚明时以制壶名重艺林。这一发现，为此类剔红的断代提供了可靠的依据（图版 136）。

清代雕漆至乾隆间而大盛，刀工锋棱毕露，更加追求精工纤巧，仿佛只有繁琐堆砌，始能获得弘历的嘉奖。器物品种增多，并向大件发展，盘、碗、盒、匣之外，还有屏风、宝座，乃至车辇舟船、殿阁亭台的模型等。与其他工艺结合，在剔红、剔黑、剔彩器上镶画珐琅、嵌珐琅、鎏金铜饰件、镌玉、雕牙等，乃是这一时期雕漆的特点。总之，奇工巧思，超越前朝，但过于雕琢，反有损其艺术价值，并对近代的漆工艺都有消极的影响。

剔犀：剔犀在元末达到历史高峰后，明、清两朝并未中断，故传世实物颇多。从表面漆色看，不外乎黑、紫、朱三色。黑、紫两色面的刀口内多露朱线，朱色面的刀口内多露黑线。刀口内兼露黄色或绿色线者不多见。《髹饰录》还讲到“雕黟等复”、“三色更叠”等称。前者指黑、朱两色的漆层同厚，有别于黑厚朱薄的“乌间朱线”。后者指黑、朱、黄三色依次有规律的出现。至于图案虽有剑环、绦环、重圈、回纹、云钩诸称，实以云钩及其变体为主，因此北京古玩业通称剔犀曰“云雕”。

剔犀的准确断代是一个有待解决的问题，其难度超过其他雕漆。因为它不能像剔红那样可据其刀工、花纹、锦地等来判断其时代。例如本卷所收寿字云纹瓷胎剔犀尊，尊底有“大明成化年制”款（图版 154）。此种成化款青花瓷尊多为康熙时仿制，遂依此来定雕漆的年代。严格的断代我们只能说其上限不可能早于康熙年间。又如云纹方形剔犀盒，制作极精，漆质坚好，古趣盎然，而盒底恭刻“乾隆年制”款识，且清宫旧藏，不止一具。倘无此款，很可能将它定在乾隆之前（图版 171）。

❹ 滕王阁黄地剔红盘，有“弘治二年平凉王铭刀”款，英国大维德旧藏。美国弗利尔美术馆藏楼阁人物剔红圆盒，有“平凉王铭刀”款，但无纪年。

❺ 沈德符:《万历野获编》卷二十六，《元明史料笔记丛刊》本。

我国剔犀也成为日本大量仿制的一个品种，名曰“屈轮”。中日漆工艺关系密切，亦于此可见。

款彩：杨明为款彩写下的定义是：“阴刻文图，如打本之印板而陷众色。”这就是说在上了漆灰的木板上刻阴文花纹，刻成后就像印书的木板，然后再把色漆或色油填入阴刻的花纹中。由于刻剔掉的物质是漆灰，故北京匠师称之曰“刻灰”。古玩业则称之曰“大雕填”，以别于有戗金细钩的雕填。在西方国家则称之曰 Coromandel。Coromandel 乃印度东南一带的海岸名称，可能明、清之际，外销漆器运到此处上岸转口，故有此名。它和款彩的形态、技法是毫无关系的。

款彩在明代很流行，小自案头插屏屏心，大至八叠、十二叠屏风，无不以此作雕饰。它工艺简易，可以速成。题材多为大幅通景，如玉堂富贵（牡丹、玉兰、海棠等花卉）、百鸟朝凤、松鹤延年等。款彩屏风景物繁盛，色彩绚丽，张之中堂，确实能渲染出欢乐昌炽的气氛。传世之制，多有康熙年款，背面往往刻“寿”字或其他谀颂之辞。故家中落，子孙不能永保，此类屏风已大量流往海外，留在国内者为数已稀。本卷所收一件为安徽省博物馆藏品（图版 144）。

戗金：明初戗金器的重要发现为山东邹县明代朱檀墓中出土的盝顶箱和玉圭盒，均以朱漆作地，戗划云龙纹，金色灿烂，形象生动[1]（图 26）。

据日本僧人周凤《善邻国宝记》载，明代宣德八年（1433 年）朝廷颁赏日本的礼品中有：朱红漆彩妆戗金轿一乘，朱红漆戗金交椅一对，朱红漆戗金交床二把，朱红漆戗金宝相花折叠面盆架二座，朱红漆戗金碗二十个，橐金黑漆戗金碗二十个[2]。戗金，日本名曰“沉金”。元代戗金器，多藏彼土，说明日本对戗金的爱好和重视。明代戗金器的东传，对日本和琉球的漆工艺有重大影响，“沉金”逐渐成为他们的主要髹饰品种之一。

江苏江阴明墓出土莲瓣形盒一对，漆地紫黑，盖面戗划庭园景色，中设方桌，仕女三人，分立桌后及两侧。栏外树木扶疏，前景以花草为点缀。盖面外周为缠莲纹[3]，花纹题材与出自山东邹县明代朱檀墓者迥异，而立即使人想起江苏武进南宋墓出土的园林仕女图戗金莲瓣形朱漆奁。盒底有“乙酉年工夫造”款识。据墓志，墓主卒于明代正德八年（1513 年），造盒之年当为明代成化元年乙酉（1465 年）（图版 124）。

根据史料，得知明代中、晚期用戗金来装饰数量相当多的实用器物。如明代万历四十二年光禄寺所造器皿中有：戗金膳盒一百五十副、戗金大膳盒四百五十副、戗金大托盒四百七十架、戗金大酒盒三十副等。它们的造价也并不很昂贵，例如戗金托盒一副，计耗“物料十七项共银七钱零二厘一毫，工食三作共银二钱四分八厘”[4]，可见此种戗金并不是很考究的精制漆器。另一方面，明代中期以后精制的戗金器则十分稀少，一时未能举出实例。稀少的原因似与雕填漆器的盛行有关。雕填是在用彩漆填嵌或描绘的花纹上加戗金轮廓和纹理，这自然比只有划纹填金的戗金来得华美绚丽。雕填盛行的年代，正是精制戗金器日见稀少的时期。它们的一消一长似乎不是孤立的，而是有一定的因果关系。

百宝嵌：用多种珍贵材料在漆器上镶出华美的画面为百宝嵌。前人言之较详的为钱泳：“周制之法，惟扬州有之。

[1] 一、山东省博物馆：《发掘明朱檀墓纪实》，《文物》1972 年第 5 期。二、杨伯达：《明朱檀墓出土漆器补记》，《文物》1980 年第 6 期。

[2] 周凤：《善邻国宝记》卷下，《殷礼在斯堂丛书》本。

[3] 孙宗璟等：《江苏省江阴县明墓出土戗金漆盒等文物》，《文物》1985 年第 12 期。

[4]（明）何士晋辑《工部厂库须知》（《玄览堂丛书续编》本）卷九有“御用监年例雕填钱粮”项目，故知当时已有“雕填”之名，晚清以来古玩业都沿用此称。

[5] 钱泳：《履园丛话》卷十二，民国石印本。

[6] 谢堃《金玉琐碎》卷下《漆器周翥》条，《美术丛书》本。

[7] 王世襄等：《扬州名漆工卢葵生和他的一些作品》，见本书。

[8] 石志廉：《明江千里款嵌螺钿黑漆执壶和明紫檀雕十八学士长方盒》，《文物》1982 年第 4 期。

明末有周姓者，始创此法，故名‘周制’。其法以金银、宝石、珍珠、珊瑚、碧玉、翡翠、水晶、玛瑙、玳瑁、砗磲、青金、绿松、螺钿、象牙、蜜蜡、沉香等为之，雕成山水人物、树木楼台、花卉翎毛，嵌于檀梨漆器之上。大而屏风桌椅、窗槅书架，小则笔床茶具、砚匣书箱。五色陆离，难以形容，真古来未有奇玩也。乾隆中有王国琛、卢映之辈精于此技，今映之孙葵生亦能之。”[5]

百宝嵌远在西汉已见其端倪（如北京市南郊大葆台汉代刘旦墓所出漆器），惟成为流行品种则在明代。钱泳所谓“明末有周姓者”，即周翥，见谢堃《金玉琐碎》[6]。迨入清代，它更为盛行（图27）。卢映之、卢葵生虽治漆无所不能，如彩绘、一色器加镌刻、漆砂砚等等，但实以百宝嵌最为擅长[7]。

本卷所收江千里款锡胎执壶是一件嵌螺钿黑漆器，但蝴蝶及梅花等兼用红玛瑙、珊瑚、绿松石诸宝嵌成，故也可称之为百宝嵌[8]（图版152）。花卉纹百宝嵌委角方形黑漆笔筒，工料两绝。萱花蛱蝶一面尤为雅丽，其制作年代似不能晚于清初（图版147）。雄鸡图百宝嵌长方形漆砂砚盒则是卢葵生的精心之作（图版189）。

以上十四类，髹法不同，形色各异。如果说还有共同之处的话，那就是都属于常见品种，有相当数量的实物传世。不过这十四类髹法远远不能代表明、清漆工艺的全貌，更不能代表我国漆工艺的全貌。因为仅就明、清而言，在此之外的品种尚多。黄成撰写《髹饰录》，力求完备，但他也难免有遗漏，而这十四类，比起《髹饰录》来，又只是其中的一部分而已。从这里使我们认识到传统漆工艺是多么的丰富多彩，美不胜收，不由得为有如此源远流长的美术工艺和难以尽数的巧工哲匠而感到自豪。

纵观七千年的漫长历史，可以清楚地看到我国古代漆工艺不断前进、不断发展的规律。值得特别提出的是东汉魏晋由于瓷器的兴起，导致漆工业的衰微。但事实证明这巨大的变化并没有影响漆工艺的发展，相反的却是在技法上竟有重要的突破。密陀绘的流行，说明我们不拒绝使用外来的调漆材料，它和传统工艺的结合，更焕发出新的光彩。

我国古代的漆工艺可以说传播到了全世界，先是东亚、东南亚，继而是西欧及北美。世界上一切制造漆器或用其他材料摹仿漆器的国家，无不或多或少受中国的影响。但是我们的先辈总是看到别人的长处，尊重别人的成就。例如描金之法由中国传到日本，待日本莳绘有了高度发展，我们的先辈又通过学习、吸收、借鉴来提高自己。这也是使我国古代漆工艺能不断前进、不断发展的重要因素。

本卷限于篇幅，所收实物只不过是古代漆器的一小部分，但已足以显示我国古代漆工艺的辉煌成就。我们有如此伟大的传统，可以坚信中国漆工艺真正的千文万华决不是在过去，而应该在明天。

本文为《中国美术全集·工艺美术编8·漆器》一书的《前言》。文中注明的插图及图版均见该书。我国古代漆器大体上可分为：一色、罩漆、彩绘、描金、堆漆、填漆、雕填、螺钿、犀皮、剔红、剔犀、款彩、戗金、百宝嵌十四类。今依以上分类选不同时代的实物作为本文的附图（见彩图5—18）。

# 楚魂惊世界

## ——喜读《楚秦汉漆器艺术·湖北》

湖北美术出版社贺飞白、湖北考古研究所陈振裕两先生给我送来一本大书，封面上赫然《楚秦汉漆器艺术·湖北》几个大字。彩版精印，华美绝伦，使我兴奋得半晌没说出话来。

楚文化孕育出我国最早的伟大诗人屈原，楚文化诚然是伟大的文化。楚秦汉是楚文化最纯真而灿烂的时期。湖北是楚文化奠基、扩展的所在地，也是文物遗存最丰富的一个省。漆器以雕刻为体，绘画为饰，是一门最能显示楚文化的造型艺术。不言而喻，为了认识、研究、理解楚文化，进而达到古为今用的目的，难道还有比编写一本湖北楚秦汉漆器艺术更有意义的选题吗？

有了选题，还须有胜任的主编才能编好这本书。由于古代漆器传世绝少，大都出自墓葬，所以主编最好是一位考古工作者，曾长期在湖北工作，多次亲身参加发掘。否则哪能取得第一手资料，分清地层年代，了解不同时期的风格特征，作出正确的断代。不过，这还不够，因为所编的不是发掘报告，而是介绍和分析艺术的图录，故还须有一定的艺术修养，才能从数以千计的漆器中，选出艺术价值极高，最有代表性的精品。除此之外，还有很重要的一点，他还须品学兼备，并与全省的考古工作队，各地区的博物馆关系融洽，坦诚无间。不然即使选出器物也难拍到照片。只有具备上述条件，才是完全胜任、堪称“人杰地灵”的主编。

我有切身经验，写成一本书，距离出版还很遥远。要想印成和自己所希望的那样，更是难上加难。目光短浅的出版社，怕担风险，即使把有价值的著作送上门，也不会同意出版，更不要说主动地去选题，主动地去组稿了。只有下决心为弘扬祖国文化做贡献的出版社，哪怕蚀本也要出版好书。

湖北美术出版社出版的由陈振裕先生主编的《楚秦汉漆器艺术·湖北》收有二百零四件漆器，不仅均为原器，且有四十多件从未发表过。三百一十七幅图版，全部彩色，真可谓洋洋大观。编印此书的主旨在发幽起潜。目的在使国人乃至全世界能更好地认识理解、更正确地评价承认楚文化中的艺术思想及艺术实践的伟大价值。因此本书自然不同于一般的文物图籍。从选器拍照，设计剪裁，都时刻没有忘记要从审美的角度着力。力求在最大程度上突出漆器的造型、纹饰、雕刻、绘画的艺术特征，充分显现出它的卓越艺术成就，借此鲜明而强烈地体现出楚文化特有的深邃高超的审美观念。它竟能迈越时空与当今世人心神同契，呼吸相通。这对于我国艺术的今后发展和我国在世界艺术史上的地位都会有深远的影响。

1958年拙作《髹饰录解说》写成，并以《信阳楚瑟漆画小记》一文作为附录。当时只能自刻油印，线装二百部，分赠图书馆、博物馆等机构及工匠学人，直到1983年才在文物出版社正式出版。惟因出版社坚持节省投资，以防蚀本，删去全部图版，致使解说与实例无从对照。为了弥补这一缺憾，三年后不得不另编一本《中国古代漆器》，将《解说》中引用过的部分实例收入其中。而该社又以同样的理由，只同意部分用彩版，其余为单色。1988年又为该社编写《中国美术全集·漆器卷》，社领导竟认为注释二百四十条徒占篇幅，决定删除。又不得不向《中国美术全集》编辑委员会负责人陈述利害，提醒倘删除注释将影响海外销售，始幸获保留。总之，数十年耕耘著述，对遴选实物，求拍照片，编校设计，印刷出版等项，无不事事关心，维恭维谨，饱尝艰苦，备受限制。因而对《楚秦汉漆器艺术·湖北》的问世，感受弥深。我不禁为编者和出版社的大功告成，感到格外高兴，并向他们致衷心的祝贺。

《楚秦汉漆器艺术·湖北》书影（楚彩绘凤乌双连杯）

# 明清家具的髹饰工艺

有朋友问我：你对明清家具和髹饰工艺都感兴趣，能否讲一讲有多少种髹饰工艺曾被用来装饰明清家具？我查阅了一些图籍，草此小文，聊当简略的答复。

在列举实例之前，有两点说明：

1. 本文只讲髹漆装饰，不包括做漆灰地子、糊布、披麻等所谓“质法”做法。描述侧重髹饰方法而略于器物造型、花纹图案。好在绝大多数实例业经图籍发表，本文亦附有小图，并注明出处，故从略。

2. 髹饰品种如详加区分，何止千百，明黄成《髹饰录》可以为证。本文为了避免繁琐，并保留通用名称，故试就《髹饰录》分类予以变通综合，归纳成十四类，并依此分类列举家具实例。实例多数有彩色照片，少数只有黑白照片。亦有曩年所见，今日已难寻踪迹，不仅无从拍摄，连尺寸都失记，而只有简略的文字描述。物色实物，补充增益，有待异日。如蒙读者见谅，幸甚。

髹饰十四类如下：

| | | | |
|---|---|---|---|
| 一 | 一色漆（五例） | 二 | 罩漆（三例） |
| 三 | 彩绘（三例） | 四 | 描金（三例） |
| 五 | 堆漆（二例） | 六 | 填漆（二例） |
| 七 | 雕填（三例） | 八 | 螺钿（四例） |
| 九 | 犀皮（一例） | 一〇 | 剔红（三例） |
| 一一 | 剔犀（一例） | 一二 | 款彩（一例） |
| 一三 | 戗金（二例） | 一四 | 百宝嵌（二例） |

## 一　一色漆

在一色漆家具中，黑漆最常见，其次是朱漆和紫漆。黄漆、绿漆较罕见。金漆自然也是一色漆，有明金和罩金之别。罩金罩透明漆，故入罩漆类。

### 1　黑漆平头案（彩图19）

明或清早期　138.5×85厘米，高85.5厘米

故宫博物院藏。采用标准的夹头榫结构，通体光素，髹黑漆。四足原有铜套，已脱落。

### 2　黑漆炕几（彩图20）

清　129×34.5厘米，高37.2厘米

笔者旧藏，现在上海博物馆。几由三块厚板制成，髹黑漆，色如乌木，遍体牛毛细断，为明七弦琴所常有。惟从

图一.1　黑漆平头案

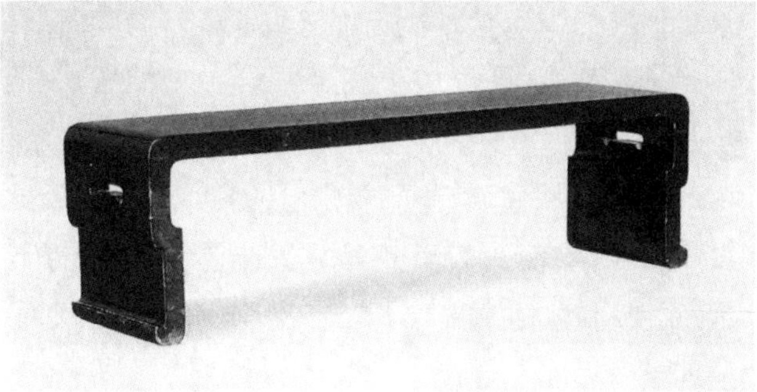

图一.2　黑漆炕几

图一.3　朱漆夹头榫罗锅枨半桌

图一.4　朱漆六足香几

漆质来看，似已入清。

3　**朱漆夹头榫罗锅枨半桌**（彩图21）

明洪武　109.5×71.5厘米，高94厘米

朱檀墓出土，山东省博物馆藏。除土玛瑙石面心外，通体朱漆，漆层不厚。牙条牙头锼花透雕，下设高罗锅枨。腿足打窪加委角线，装饰性甚强，若非此墓出土，难信是明初时物。制作坚牢，似为用具入葬，不是为殉葬而制的明器。

4　**朱漆六足香几**（彩图22）

明　50×35厘米，高41厘米

几面扁六方形，大理石面心外，通体朱漆。高束腰结构，绦环板开海棠式鱼门洞。牙条相交处，透挖云头，覆盖腿足上端。三弯腿，下端卷转出尖，落在平面台座上。台座矮足亦作云头形，与上呼应。矮足间用壶门曲线相连，轮廓圆婉而遒劲有致。论造型制作，堪称小型家具精品，时代似不能早于明。

在石面心偏右的纹理间，斜行刻文字七行："点苍片石，文彩昭然。梓桐采制，质理固坚。永垂不替，亿兆斯年。此先朝进内物也，敬为之铭。芾。"左侧刻小字"大宋熙宁二年八月臣关景晖呈进"。疑为妄人后刻。

香几为美国加州李汝宽先生旧藏，

图二.1　朱漆描金罩漆龙纹箱（局部）

图二.2　罩金髹太和殿云龙纹宝座、屏风

图二.3　罩金髹山水人物纹小箱

刊登在所著 *Oriental Lacquer Art* 一书（页306、307），据石面刻字定为1069年（熙宁二年）物。题字、刻者及年代似均值得商榷。

5　明金印匣（无图）

曾见两例，皆方形盝顶式，通体金色，多处已磨损露出下面漆地。年代约为清中期。惜未拍摄照片。

明金的底漆（一名糙漆）或为黄漆，或为黑漆。《髹饰录》有“黄糙宜于新，黑糙宜于古”之说。杨成注释称：“黄糙宜于新器者，养益金色故也。”也就是说黄色底漆衬在金下，可使金色显得更加色浓光足。杨成又称：“黑糙宜于古器者，其金处处磨残，成黑斑以为雅赏也。”也就是说黑色底漆衬在金下，年久金色磨掉了些，会露出下面的黑漆。因非人工所为，显得自然古朴，别饶雅趣。我所见的两件明金印匣均为黄糙衬底。

## 二　罩漆

罩漆用油（一般用桐油）入漆合成，它本身有一定的透明度，干后呈现光泽，并起保护下面色地或漆层的作用，又不会过多地遮掩下面的色泽，故长期以来被广泛使用。北方民间最常见的一种家具“榆木擦漆”，就是在榆木家具上刷

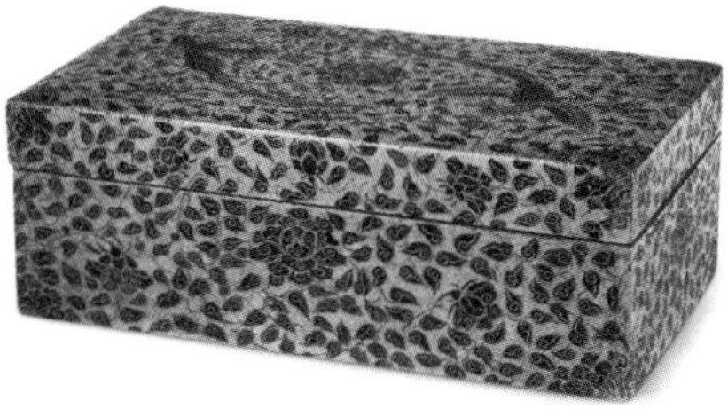

图三.1　漆画双凤缠枝花纹长方盒

图三.2　彩绘玉兰月季纹小几

紫红色，上面罩透明漆。

通体金色的漆器或各种色地上绘金色花纹的漆器，其金色不论是用金箔贴的，或金粉上的，都离不开先打金胶，然后把金敷着上去。这种做法，不同于其他色漆是用油或漆调成，再刷或再画的，故容易磨损脱落，因而更加需要用罩漆来保护。这足以解释为什么在传统髹饰工艺中罩金髹占相当大的比重。刷罩漆还有一个可取之处，那就是罩漆微黄，故只会助长金色而不会减损金色。还有上罩漆便于作假，如用银箔或锡箔代替真金箔，虽色白而非黄，但仍有一定的光泽，经微呈黄色的透明漆一罩，竟能取得近似罩金髹的效果。市上一些低劣的罩金髹漆器，实际上都是用银箔或锡箔贴成的。

1　**朱漆描金罩漆龙纹箱（局部）**（彩图23）

清　86×56厘米，高57厘米

花纹的画法是在朱漆地上用金胶作描绘，贴金后，黑漆勾纹理，最后通体罩漆。《髹饰录》称此种制作曰“赤糙描金罩漆”，近代北京匠师则称“金箔罩漆开墨”。因纹理在罩漆下，画时用墨不用漆亦无妨，不致脱落或沾水流失。晚近所制，用墨既多，遂有“开墨”之名。

箱乃笔者旧藏，十年浩劫中抄走未归还。今为学术研究欲求拍摄一彩色片而不可得，夫复何言！夫复何言！

图三.3　彩绘海屋添筹图炕桌面

2　**罩金髹太和殿云龙纹宝座、屏风**（彩图24）

清　宝座宽162厘米，高183厘米

屏风宽520厘米，高360厘米

故宫博物院藏。云龙纹高浮雕。用

图四 .1　描金云龙花卉纹黑漆药柜

图四 .2　描金山水花卉纹紫漆罗汉床

足大赤金在广胶水中研细后，去胶晾干成为粉末，再用丝绵拂扫到打好金胶的器物上，即所谓“泥金”法，最后罩漆。因工料精良，年久仍灿烂生辉。

3　罩金髹山水人物纹小箱（彩图 25）

清中晚期　27×15 厘米，高 11 厘米

故宫博物院藏。皮革胎，在紫红色地上用胶调粉画花纹，微微高起，扪摸可知，故亦可视为堆漆的一种。画后打金胶，贴金箔，很可能不是真金而是银箔或锡箔。随后用漆或墨画纹理，最后罩漆。盖面花纹为西湖景，四面立墙为人物故事。盖内有“杭城”、“湖墅张泰德精造坚固时式皮箱匣铺”戳记。

同类做法的小件器物如盒、盘等颇常见，近年山西有大量流出。产地不仅是杭州，恐北方亦有制者。

## 三　彩绘

分类名称不用“彩漆”而用“彩绘”，是因为漆器上画花纹，有的用漆色，有的用油色，有的漆色、油色并用，而“彩绘”可以包括上述三者。由于用漆无法调出洁白色鲜的颜色，故传世实例极少单纯用漆色作画，而大都是漆色、油色并用。调浅色须用植物油。宋代以后主要用桐油，更早曾用荏油，即苏子油。

1　漆画双凤缠枝花纹长方盒（彩图 26）

明　22.6×13 厘米，高 7.9 厘米

故宫博物院藏。盒画双凤及缠枝月季。凤身细毛用黑漆疏疏剔出。花纹秀丽，精妙绝伦。此器朱地黑纹，难称为“彩”，却是只用漆色画花纹的实例。

2　彩绘玉兰月季纹小几（彩图 27）

康熙　35.6×14.7 厘米，高 10.2 厘米

故宫博物院藏。这是一件雕填与彩绘相结合的漆几，按《髹饰录》分类应归入“复饰”类。如只就几面的彩绘花纹而言，则是一件漆色、油色并用的实例。红色月季花，褐色枝梗，绿色叶片均为漆色，白色玉兰花则为油色。

3　彩绘海屋添筹图炕桌（彩图 28）

清　110×79 厘米，高 35.5 厘米

故宫博物院藏。这又是一件雕填与彩绘相结合的炕桌。若只就桌面海屋添

筹图而言，黄色地子格外淡浅。白鹤、蓝天，浅绛的坡石都须用油色。现在虽不敢断定全部为油色，至少可以说绝大部分为油色。

## 四　描金

描金的做法是先用“金胶漆”在器物上画花纹，即所谓打金胶。趁它似干非干时把金箔贴上去。更考究的做法是把金粉洒到金胶上，或用丝绵拂拭，使金粘着。待干透，再把未粘着的金粉扫拂下来。呈现在器物上的金色花纹一如用金胶所画。

描金类的手法颇多，面貌亦异。下面只举三种。

1　描金云龙花卉纹黑漆药柜（彩图29）

万历　78.8×57 厘米，高 94.5 厘米

故宫博物院藏。金色花纹都用黑漆勾纹理。山石上还采用画山水的皴点笔法。《髹饰录》称此曰“黑漆理描金”。

2　描金山水花卉纹紫漆罗汉床（彩图30）

清　205×110.5 厘米，高 89.5 厘米

故宫博物院藏。描金采用退晕画法，围子正面的山水纹尤为明显。山石轮廓金色浓重，以下渐淡，直至淡到金色全无。此下的轮廓又浓起来。画花卉则邻近花瓣外缘或瓣尖为浓金，此下渐渐淡到花心。北京民间匠师称此画法曰“搜金”。此种描金不贴金箔，而用笔蘸金粉染着。在浓淡相接处或金色淡到虚无处，须用纸掩隔，以防金粉粘着。“搜”指用笔将金粉从浓处扫向淡处的动作。

图四.3　彩金象描金缠莲八宝纹紫漆衣箱

3　彩金象描金缠莲八宝纹紫漆衣箱

万历　66×66 厘米，高 78.7 厘米

紫漆地，四面各描绘莲纹十六朵，上承八宝。金色分深浅，乃用不同金箔贴成。花蕊、花瓣用赤色金箔，球状花心及枝叶用黄色金箔，双鱼鱼身用赤色金箔，鬐鬣用黄色金箔。其他各宝也采用两种金箔。清代匠作则例《漆作》开列用料有“红金”及“黄金”。实即两种不同金箔。《髹饰录》对描金兼用两种金箔的曰“彩金象”，此箱可以为例。

## 五　堆漆

“堆漆”，今用作花纹高出漆面的各种漆器的总称，包括多种技法。《髹饰录》“阳识门”，杨明注称“其文漆堆挺出为阳中阳者”，花纹是用漆堆成的，其中

图五 .1　识文描金明皇试马图挂屏

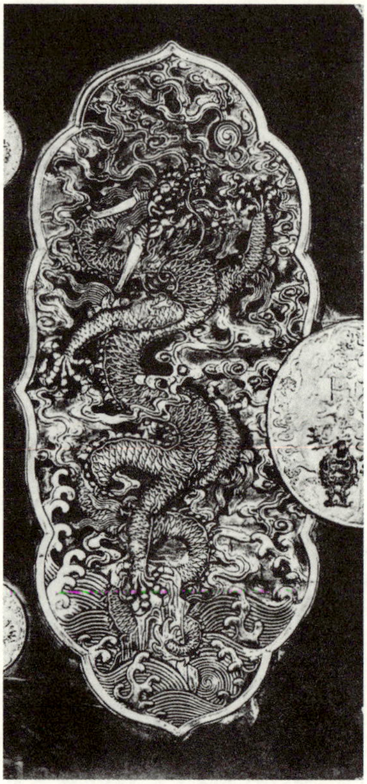

图五．2　堆起描金罩漆云龙纹黑漆大柜柜门

包括“识文描金”、“识文描漆”、“揸花漆”、“堆漆”等。“堆起门”，杨明注称“其文高低灰起加雕琢”，花纹堆好后还须经过雕刻，其中包括“隐起描金”、“隐起描漆”、“隐起描油”等。据杨注二者之区别在“阳识”堆而不刻，“堆起”堆而又刻。在实际操作中，技法可能允许灵活变通。但用料不同，技法自然有别。漆灰干后坚实，可磨而不宜刻。油灰干后，既可磨，更宜刻。近代民间漆工多用油灰，很少用漆灰，故对堆漆的各种做法统称“堆灰”。

下面识文描金、堆起描金各举一例。

### 1　识文描金明皇试马图挂屏（彩图 31）

清　54.5×86.5 厘米

故宫博物院藏。挂屏上半为乾隆题字，下半用识文描金摹制韩幹明皇试马图。花纹堆起不高，除人面及手、马身花斑为褐色外，其余全部为罩金髹，其上又用朱漆勾袍服纹饰，细密入微。罩漆上加描绘，在传统漆器中十分罕见。

### 2　堆起描金罩漆云龙纹黑漆大柜柜门（彩图 32）

清　高约 80 厘米

故宫博物院藏。此为顶柜柜门。浮雕龙纹头部及身躯高出漆面约 3 厘米，龙爪及流云海水高出漆面约 1 厘米，整体饱满圆润而细部又十分犀利，非刀刻不克臻此。最后打金胶，贴金箔，罩透明漆。

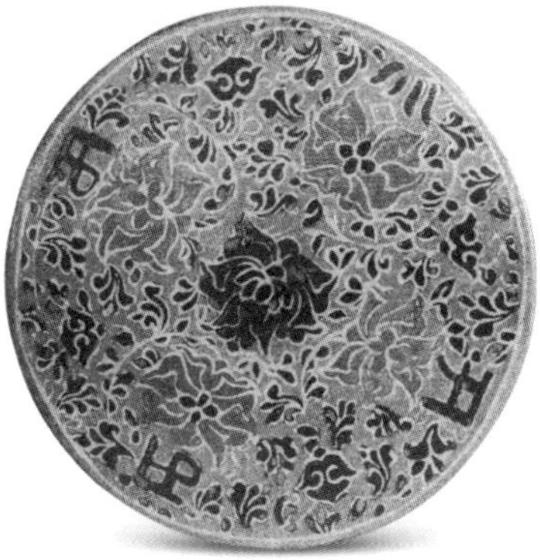

图六.1　填漆梵文小盒

图六.2　填漆锦纹提匣

## 六　填漆

填漆有两种做法，一种是䰍前设文，即在刷地子最后一道漆（䰍漆）之前做花纹，实际上是因为花纹会把漆地子全部遮没，因而没有必要做䰍漆。其方法是在糙漆漆面上用稠漆（一般用黄色稠漆）堆花纹轮廓，干后再用各色稠漆填满轮廓之内的空间。最后磨平，呈现出绚丽的画面。这正是《遵生八笺》所说的："宣德有填漆器皿，以五彩稠漆堆成花色，磨平如画，似更难制，至败如新。"用此法装饰的漆木家具尚未找到实例。器物则有梵文缠枝莲纹小盒（见图六.1）。一种是䰍后设文，即在做好䰍漆，器物已经基本完成之后，在上面阴刻花纹。花纹内用色漆填平，打磨光滑。正是《帝京景物略》所说的："填漆刻成花鸟，彩填稠漆，磨平如画，久愈新也。"实例如下：

2　**填漆锦纹提匣**（彩图33，图六.2）

清　39×21厘米，高27.3厘米

故宫博物院藏。提匣造型近似"品"字，朱漆地。各面图案周匝以回纹一道、香草纹一道为边框，内为龟背锦纹，其中六方格内饰菊花，斜方格内饰斜卍字。以上均阴刻后，用黄、绿、紫色漆填平，打磨后退出光亮。

## 七　雕填

"雕填"一称，见明人著述（如何士晋辑《工部厂库须知》）。意必黄成嫌它每与实物不符，故《髹饰录》未采用。入清以后，尤其是近代藏家及古玩业，则广泛使用此名称，故今沿用。顾名思义，雕填漆器纹饰应该雕而又填，与上面讲过的填漆相同，但实际上却不尽然。另一方面，它比填漆纹饰更繁，繁在沿着花纹轮廓并在花纹上面勾划细线，并在线内填金，亦即所谓"戗金"。它应该是填漆与戗金相结合的一种做法。

观察通称雕填实物，发现有的花纹确实是雕后再填的，有的部分花纹为雕后再填，而另一部分却是画上去的。更有绝大部分花纹甚至全部是画上去的。正因为沿花纹轮廓有戗金细线，因而不容易看清花纹究竟是填的还是画的。这也是不论是填是画，都被称为雕填的一个主要原因。

图七.1　雕填龙纹一封书式柜

图七.2　雕填龙纹箱

图七.2　雕填龙纹箱盖面

图七.3　雕填龙纹五足梅花式香几

下举雕填家具三例，花纹分别为：填成的，部分填成、部分画成的，绝大部分（亦可能全部）是画的。

1　雕填龙纹一封书式柜（彩图34）

宣德　92×60厘米，高158厘米

故宫博物院藏。此柜年久断纹开裂浮翘，50年代请古琴家管平湖先生修复（管先生因常修古琴，故善治漆）。笔者看到修复的全过程。大片浮翘过高，无法使其服帖平整的，只好用漆粘着按压使平。按压有时会导致断裂，但不妨事。因柜身遍体断纹，如按断不过多一条断纹而已。笔者正是从浮翘大片的断面看到色漆漆层的厚度。此柜通体花纹的色漆漆层都相当厚，故可以断定是雕后再填的。倘色漆漆层极薄，则花纹显然是画成的。

2　雕填龙纹箱（彩图 35）

明　95×63 厘米，高 42 厘米

故宫博物院藏。观察实物，锦纹是雕后又填的。龙纹是画上去的。箱面左侧一龙的龙须及上肢伸向左方一臂肘部的鬣，都隐隐露出锦纹的深色花心。这是为了操作方便，把雕填的锦地先全部做好，然后在上面用彩漆画龙纹，将锦纹压在下面。上述两处，因画漆稍薄，故未能完全遮盖锦纹。据此，证明此件雕填的花纹是部分填、部分画的。

3　雕填龙纹五足梅花式香几（彩图 36）

康熙　面径 25 厘米，高 52 厘米

故宫博物院藏。此香几经观察大量使用油色，花纹绝大部分（若不是全部）是画上去的。严格说来，此几应称为“彩绘戗金”而不是“雕填”。

## 八　螺钿

《髹饰录》杨明注称：“壳片古者厚，而今者薄也。”这是说螺钿器用料由厚到薄的发展过程。惟薄螺钿流行后，厚螺钿器一直还在制作，不少家具即以厚螺钿为饰。明、清家具厚薄兼备，大抵器物较大的用厚螺钿，较小的用薄螺钿。此外壳片还有厚度介乎厚与薄之间的。下面各举一例。

1　嵌螺钿黑漆小画案（彩图 37）

明　131×73.3 厘米，高 83.5 厘米

山西省博物馆藏。案面嵌锦纹，牙

图八 .1　嵌螺钿黑漆小画案

图八 .2　嵌螺钿园林仕女纹黑漆圈椅（局部）

图八 . 2　嵌螺钿园林仕女纹黑漆圈椅

图八.3　嵌螺钿婴戏图黑漆匣

图八.4　嵌骨山水人物黑漆盒

条及腿足里外两面，分别嵌缠枝莲纹及花卉，几乎通身有钿嵌，殊少见。所用嵌材为厚螺钿。

2　**嵌螺钿园林仕女纹黑漆圈椅**（彩图38）

清　64.5×48.5 厘米，通高 107 厘米

故宫博物院藏。主要嵌饰在靠背板上，仕女二人在台砌上观赏游玩。用料为薄螺钿，但厚于下一例婴戏图匣。

3　**嵌螺钿婴戏图黑漆匣**（彩图39）

清　27.3×27.3 厘米，高 28.4 厘米

故宫博物院藏。除箱底外，五面及抽屉正面立墙皆用薄螺钿及金银片嵌婴戏图。所用钿片，其薄如纸，裁切之巧，嵌制之精，叹为观止。虽江千里之至精者亦不能及。

在《髹饰录》中与螺钿同属“填嵌门”的嵌金、嵌银，汉代十分流行，至唐代则曰“金银平脱”。至明、清却很少在漆器上独自出现，而多与嵌螺钿尤其是薄螺钿相结合，如上例婴戏图箱所见。

附带指出，明清之际还流行用象牙或兽骨作嵌件装饰器物，技法与嵌螺钿近似，黑漆地为多，朱漆地次之。曾见嵌骨轿箱及小几。这里选用嵌骨山水人物纹黑漆匣一图，聊以示意（见图八.4）。

## 九　犀皮

犀皮做法用漆灰在器物上堆出高低不平的表面，重叠上不同颜色的漆层，然后磨平。凡高起受磨处，会出现不同颜色、大小有差的不规则花纹，一圈圈、一层层，有如松鳞竹斑、行云流水，颇似唐代绞胎瓷器，似非人工所为，有天然之趣。犀皮器，小件为多。但曾见清人影像，坐具为犀皮圆后背交椅。

美国甘泽兹州奈尔逊美术馆藏有犀皮交椅。英学者迦纳（Sir Harry Garner）

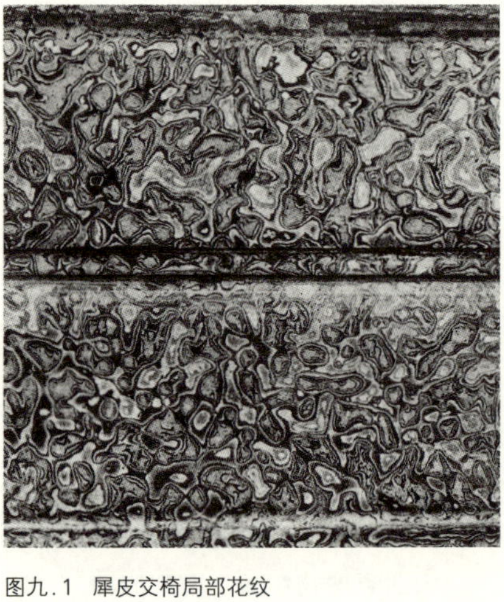

图九.1　犀皮交椅局部花纹

曾摄其正面大边的一段，印入所著《中国漆器》（*Chinese Lacquer*）一书中，今借以示意（见图九.1）。

## 一〇　剔红

剔红用朱漆在器物上髹刷多层，积累到一定的厚度，再施雕刻。制作相同而所用色漆不同的还有剔黑、剔黄、剔绿、剔彩等多种。

图一〇. 1　剔红龙凤纹三屉供案

1　剔红龙凤纹三屉供案（彩图 40）

宣德　119.5×84.5 厘米，高 79.2 厘米

英国维多利亚·艾尔伯特美术馆藏。这是一件年代较早，制作甚精，广为人知的剔红家具。朱漆累积甚厚，可能髹过百道。刀法圆润，是明早期的雕漆风格。

图一〇. 2　剔红龙纹宝座

2　剔红龙纹宝座（彩图 41）

乾隆　117×90 厘米，高 122 厘米

英国维多利亚·艾尔伯特美术馆藏。此为庚子年八国联军从南海子行宫掠去的文物之一。虽为剔红器，花纹间隙露出黄色漆地。靠背上人物之后用绿色漆雕锦地，严格说来，已是剔彩。

图一〇. 3　剔彩双凤纹小箱

3　剔彩双凤纹小箱（彩图 42）

嘉靖　24.5×18.5 厘米，高 24.9 厘米

日本东方漆艺研究所藏。色漆漆层自下而上至少有红、黄、绿、红四层，每层髹若干道，有一定的厚度。花纹最底一层为锦地，故为红色。凤凰一身三色，不难看到色漆层次。以翅膀为例，大翎最低，用黄色漆层刻成。盖膀稍高，用绿色漆层刻成，肩部最高，用红色漆层刻成。即所谓“分层取色，以色应物”。不过其卷叶不是呆板地刻在同一色层之上，而是红绿相间，显得活泼多变。使

人想到故宫珍藏的林檎双鹂大捧盒，将此法运用得更淋漓尽致，是剔彩的进一步发展。

## 一一　剔犀

剔犀用两色或三色漆髹器，每色刷若干道，最后深刻阴文图案，以云头、绦环等纹最为常见。刀口断面呈现色层。其佳者兼有流畅、绚烂、浑朴之美。

宋人十八学士图四幅（现藏台北故宫博物院）其中一幅绘有剔犀罗汉床。宋人婴戏图（亦在台北故宫博物院，见《故宫文物月刊》七十五期封面）用作鼓架的杌凳，也是一件剔犀家具。在明清影像中，剔犀交椅更为常见。

**1　剔犀八方几**（彩图 43）

明晚期　面宽 54.8 厘米，高 27 厘米

山西省博物馆藏。几面黑中泛紫，是《髹饰录》所谓“乌间朱线”的做法。面上刻云纹，束腰以下刻香草纹。近年山西平遥、新绛等地漆器厂都生产剔犀家具。

图一一　剔犀八方几

## 一二　款彩

款彩，《髹饰录》杨明注描写得很形象：“阴刻图文，如打本之印板而陷众色。”也就是说在剔刻掉的地方上颜色（一般油色用得较多）。因为剔刻掉的部分是花纹的内部，留下的是花纹轮廓，因而看上去很像是用来印刷版画的印板。为了便于剔刻，款彩多用油调石膏粉或砖灰作地，故当代漆工及文物业称之曰“刻灰”。又因其花纹图案多大于雕填，故或名之曰“大雕填”。近年始有人使用“款彩”一称。

**1　款彩汉宫春晓图屏风**（彩图 44）

宽 350 厘米，高 146.5 厘米

山西省博物馆藏。屏风保存情况良好，彩色亦鲜明，惟图绘及雕刻技艺均一般，制作年代待考。按款彩屏风多为献寿而作，背面刻寿文及奉献者姓氏。曾见数件，皆有康熙年款。倘此件背面光素无文字，不能排除为近代仿制品。

## 一三　戗金

戗金或写作“铃金”。日本称之为“沉金”。一般以黑漆或朱漆作地，用针或刀刻划出纤细花纹。纹内填金胶漆，拂扫金粉，使其粘着，呈现金色花纹。

**1　戗金云龙纹朱漆衣箱**（彩图 45）

明初　58.5×58.5 厘米，高 61.5 厘米

山东省博物馆藏。箱盝顶式。四壁戗划云龙，构成圆形图案。戗划有两种手法。一种如龙鳞，每片之内无划纹，故露漆地。一种如卷云，密划成形，效果近似金色平涂。《髹饰录》称此法曰“刷丝”，乃由无数划痕密聚而成，千丝

图一二．1　款彩汉宫春晓图屏风

图一二．2　款彩汉宫春晓图屏风（局部）

图一三．1　戗金云龙纹朱漆衣箱

图一三．2　戗金云龙纹黑漆宴桌

图一四.1　百宝嵌黑漆上箱下柜

图一四.2　百宝嵌花鸟纹黑漆圆角柜

万缕，宛如毛刷刷成。

2 戗金云龙纹黑漆宴桌（彩图46）

清 118.5×84.2厘米，高32厘米

故宫博物院藏。此为黑漆戗金之例。戗金花纹内不“刷丝”，或称之为“清勾戗金”。此桌有面罩，揭起面罩，桌面露出径约2寸的圆形透孔十五个，分列三行，当为容纳高足碗而设，故名之曰“宴桌”。

## 一四 百宝嵌

百宝嵌，即《髹饰录》所谓：“珊瑚、琥珀、玛瑙、宝石、玳瑁、螺钿、象牙、犀角之类，与彩漆板子错杂而镌刻镶嵌者，贵甚。”当然所谓“百宝”有真有假，如假者以牛骨代象牙，以一般叶蜡石代玉，以牛角代犀角等等，故质量高低，差别甚巨。下举两例。

1 百宝嵌黑漆上箱下柜（彩图47）

清 96×63.8厘米，通高181厘米

英国维多利亚·艾尔伯特美术馆藏。箱正面嵌婴戏图，柜门嵌博古。用料以螺钿及叶蜡石为主，无珍贵材料，乃晚清山西制品。

2 百宝嵌花鸟纹黑漆圆角柜（彩图48）

明 79×44.5厘米，高135.9厘米

香港洪氏藏。此柜采用琥珀、珊瑚、松石等名贵物料。鸟飞蝶舞，果硕花繁，图案亦十分精美，是一件传世绝少的明代百宝嵌家具。

上面经归纳而成的十四类自然不可能包括所有的髹饰品种，尤其是两种及两种以上技法相结合的各种花色。但漆艺的主要门类均已收入。现本文每类至少举一件实例，说明十四类都曾被用来装饰明清家具。这就是对朋友所提问题的一个简略答复。

在过去的漫长岁月中，制造出有髹饰的漆木家具数量无法统计。其中只有极少极少一部分被印入图籍。未被印入图籍，而有幸为我所见的，为数或许更少。因此我们只能见到什么说什么，而无法估计或臆测究竟明清家具采用了多少种不同髹饰工艺。说到这里我又想起了赵元任先生对语言学研究的一句名言：“说有易，说无难。”我们只有时时刻刻留心观察，注意学习，一点一滴地发现我们还不知道的事物，增加我们的学识。

# 我与《髹饰录解说》

## 一

在我的自述诗《大树图歌》中有如下一节：

蠖公授漆经，命笺《髹饰录》。
两集分乾坤，字句读往复。
为系物与名，古器广求索。
为明工与艺，求师示操作。
始自捎当灰，迄于洒金箔。
款彩陷丹青，犀皮灿斑驳。
更运剞劂刀，分层剔朱绿。
十载初稿成，公命幸未辱！

以上概括地讲述了我撰写《髹饰录解说》的经过。

蠖公就是朱桂老前辈，朱启钤（桂辛）先生。他是我国古建筑、髹漆、丝绣等门学术研究的奠基人。和发现宋本《营造法式》自筹资金刊刻行世一样，桂老几经周折，把我国仅存的一部漆工专著，只有孤本藏在日本的明黄成（号大成）撰、杨明（号清仲）注的《髹饰录》，录得副本刊印流传。这是他对祖国文化的又一重大贡献！

1945 年秋，我从重庆到北京，向桂老汇报中国营造学社在川西李庄的情况。他随即谈起《髹饰录》，问我曾否见过此书，要我注意它的重要性。当时因任教育部清理战时文物损失委员会平津区助理代表，忙于追还被敌伪掠夺去的文物，未能遵照桂老的教导阅读此书。1949 年 8 月，我从美国参观访问博物馆归来，再谒桂老。此次他把《髹饰录》亲授我手并郑重地说："你现在回到故宫工作，是个有利条件，应该下些工夫注释此书。"从此解说《髹饰录》成了我的研究项目。

## 二

《髹饰录》只有两卷，但名词、术语甚多，求解其义是从编索引入手的。即把书中出现的专门词、语一一摘录出来，借知其出现的次数。对每一次的出现，先联系其上下文体会其义，再结合其他各次的出现作综合的探索研究。

《解说》材料来源于以下三个方面：(一) 观察实物。(二) 匠师的讲述和示范操作。(三) 文献记载。

《髹饰录》中的漆器名称，往往与见于一般文献的和流行于古玩业之口的不同。想知道该书所讲的究竟是哪一种漆器，只有一方面记住书中对各种漆器花色形态、制作方法的描述；另一方面随时与见到的漆器对照印证，用“对号入座”的方法来逐步求得解决。例如《髹饰录》对名为“款彩”的漆器有十分形象的描述：“阴刻文图，如打本之印板而陷众色。”“打本印板”就是印线装书的木刻板片。所云和常施于插屏、屏风，图像留轮廓、铲地子，地子填彩色，被古玩业称为“刻灰”或“大雕填”的完全吻合。可断定名称不同，实为一物。现在学术著作已普遍采用“款彩”一称，古玩业也开始放弃俗名。又如“雕填”一称，明清以来被广泛使用，但在《髹饰录》中却找不到。它的外观是彩色图像，沿外廓勾划填金，通称“戗金”。廓内亦常用戗金勾纹理，一般都有锦地。如仔细观察实物，会发现有的图像花纹是用彩漆填成的，有的是用彩漆描成的。因不论填或描，花纹边缘都戗金，效果几乎一样，不易分辨，故一律通称“雕填”。《髹饰录》命名要求准确反映技法，故对上述两种做法分别名之曰“戗金细勾填漆”和“戗金细勾描漆”。只因二者外观相似，名称比“雕填”冗长，故没有被后人采用。但从这里可以看到黄成严肃的科学态度，并唤起我们去注意：名曰“雕填”，实含有“填”和“描”两种做法，两个品种。填漆比描漆工料两费，但耐磨损，入清后制者渐稀，故辨别做法，分清填与描，对鉴定年代，品评优劣都有重要意义。

传统漆工艺品种繁多，任何一位漆工不可能全部掌握一切技法。50年代初我遍访北京匠师，技艺最精，所知最广，又毫不保守，乐于教人的是多宝臣师傅[1]。他擅长彩绘、描金、雕填、堆漆等多种技法，那时已年近古稀。我向他执弟子礼，历时约三载，经常去他家请求讲述各种做法并操作示范。也曾请到家中为修补大件描金柜架，我在旁打下手，并随时作记录。木胎漆器一般要经过：合缝（粘合板片），捎当（开剔木胎缝隙，填塞丝麻纤维及漆灰，通体刷生漆），布漆（用生漆糊贴麻布或绢），垸漆（上漆灰，由粗到细，道数不等），糙漆（施加装饰前所上的一道或几道光漆，使表面光洁润泽）等工序，始能成器。我曾看到上述全过程。最后的装饰是洒金。在糙漆上打金胶，然后把不规则的金箔碎片洒贴到漆器表面。故曰：“始自捎当灰，迄于洒金箔。”至今我还珍藏着多师傅为示范填、描并施而制作的仿宋缂丝紫鸾鹊谱纹雕填盒（图1），厚积漆灰再用刀刻的三螭纹堆红盒（图2）。为了了解多师傅并不擅长的脱胎夹纻，曾求教于老塑工曹鸿儒师傅[2]。有幸去福州参观脱胎漆器厂，已经是在1980年以后了。犀皮漆器做法，北京早已失传，不料却保留在烟袋杆上。在一家小小作坊里，看到打埝、点尖、刷漆、磨显等道工序[3]。

有关漆工艺的古代文献虽然很多，惟因出于士人之手，罕及技法。言之有物，翔实可信的实甚少，像《辍耕录》那样讲戗金，《太音大全集》等琴谱那样讲“光漆”、“退光”真是太少了。连仅记工料、不讲做法的清代匠作则例，都要算是难得的文献。古籍所提供的材料并不像我曾想象的那样丰富。

当代考古发掘报告、文物鉴赏文章有关漆器的材料甚多。我们可以看到的唐代以上漆器远远多于黄大成、杨清仲，不少件已被引用来解说《髹饰录》。不

[1] 多宝臣（1888—1965）名善，蒙古族，得名师刘永恒传授，制描金、彩绘、雕填等器，不失古法。擅长修复，整旧如旧。经笔者推荐1953年起任故宫博物院修复厂技师。

[2] 曹鸿儒（1881—？）曾从固安田巢阁、肃宁于顺堂、望都杨老姚等学泥塑，略知夹纻做法。

[3] 见袁荃猷《谈犀皮漆器》，《文物参考资料》1957年第7期。

过除非参加发掘，或曾前往采访，目见实物并聆听主其事者讲述介绍，不可能获得第一手材料。若仅凭读报道、看图片所得，只能算是获自第三个来源——文献记载，片面、错误都难免。我常为此对解说缺乏自信。在那些年月里，我是多么想能外出采访，核实材料呀，可那是不可能的。拉上窗帘，围好灯罩，像做“贼”似的，闭门写作，还生怕被发现扣上“白专道路”帽子，开批判会。夫复何言！夫复何言！

## 三

《解说》工作始于1949年冬。此时起到“三反”运动前，在故宫虽然只在编目、陈列、开辟库房等工作的间隙看看漆器，还是有很大的收获。运动开始不久，我被打成“大老虎”。原因只因为我清理战后文物损失，经过奔走侦查，追缴德人杨宁史的青铜器百数十件，起出溥仪存在天津张园旧宅保险柜中的珍贵文物、翠玉细软一千几百件，均经故宫派员接收。运动主持人的逻辑是：“国民党没有不贪污的。你是国民党派来的接收大员，不可能不贪污！”在东岳庙集中“学习”后，又关入公安局看守所十个月，饱尝手铐脚镣滋味。审查结果，没有盗窃问题。颤颤的双腿，支撑着患结核性肋膜炎的身子，被释放回家。尤其不可思议的是既经证明我无罪，剩下的应是有功，但文物局、故宫博物院竟把我解雇，书面通知去劳动局登记，自谋出路，真是岂有此理！从此我离开了曾誓以终身相许的故宫，自然也断送了我手把院藏漆器观察研究的机会。只好到收藏家、古董店、挂货铺、晓市、冷摊去寻找实物了。

图1 多宝臣制紫鸾鹊谱纹戗金细勾填漆兼描漆长方盒

图2 多宝臣制三螭纹堆红盒

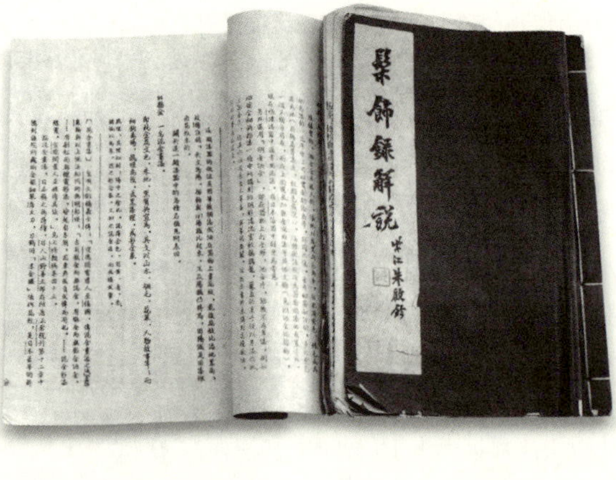


图3 油印本王世襄《髹饰录解说》

在治疗肺病的一年中，并没有放下《解说》，被民族音乐研究所收容后，业余时间更是全力以赴。转瞬到了1957年，鸣放中因对“三反”的“逼、供、信”和“三反”后的处理有意见，又被划成“右派”。但却因被停止正常工作，有较多时间干“私活”而感到因祸得福。1958年秋，《髹饰录解说》初稿完成。当时不可能出版，而桂老年事已高，一再嘱咐“愿见其成”，并许为撰序、题签。我只好署名改用王畅安，将手稿送到誊印社，自费刻蜡版油印。事有凑巧，一日在研究所门口遇见誊印社来人找党委送审我交印的稿件。顿时我大吃一惊，感到将有大难临头，惶惶不可终日。待所长李元庆同志找我谈话，才知道他认为《解说》还是一本有用的著作，同意誊印社为我油印。事后又听说他说服了所内中层领导，取消了本打算开的“右派放毒”批判会，方得化险为夷。可是到了“文革”，“包庇袒护右派”成了元庆同志的罪状之一，屡遭批斗。故我挽他的联中，有“风雨廿年频，每为累君增内疚”之句。好人不长寿，老天真欠公道！

《解说》只油印二百部（图3），分赠博物馆、图书馆、漆器厂及不吝赐教的师友。不久即得悉福建名匠师李卓卿将《解说》列为漆器厂教材。扬州厂闻讯派人专程来京索取，研究所中层领导不准会见，不许赠书，致空手失望而归。杭州厂则不得不去图书馆尽数周之力抄录全书。1959年故宫研究员陶瓷专家陈万里与英国大维德（Sir Perecival David）交换资料，寄去一本《解说》，受到海外学人的重视。在他的英译《格古要论》中及迦纳（Sir Harry Garner）所著《琉球漆器》、《中国漆器》两书中，广泛引用。梁献璋女士在美国弗利尔美术馆工作时曾试英译。仅有初稿，未出版。1961年，全国大专院校重编教材，沈福文教授领衔主编，我当然没有资格参加。朱家溍兄任小组成员，承蒙相告“《解说》是教材的主要参考书之一，尤其是明、清实例，被整段地录引”[1]。

《解说》曾呈送给张效彬前辈。他收藏书画、青铜器，和陈叔通、齐燕铭、郭沫若诸公有交往。郭老见到此书，致函科学出版社，推荐出版，旋因作者是“右派”而作罢。事隔多年，偶听张政烺夫人傅学苓先生谈及，经林小安同志趋访黄炜、丁始玉两先生[2]，才问明当年有过这样一回事。

1962年，摘掉“右派”帽子，我也从民族音乐研究所调回文物局文物博物馆研究所工作，随即把《解说》送到中华书局，承蒙赵守俨先生同意出版。签约之前，感到应向文物局领导汇报一下。局长王冶秋指示，据书内容，应由文物出版社出版，于是又将稿件取回。但文物出版社一时不能安排编印。在等候之余，感到距1958年写成初稿已有数年，某些材料值得加入。待“四清”归来，补充完毕，“文革”已经开始，交到出版社，只能被束之高阁了。

1973年夏，我从咸宁干校回到北京，把《解说》又作了一次较大的修改补充，到1983年才由文物出版社出版。使人气短的是出版社领导担心滞销蚀本，连一幅彩图都不许有，使绚丽多彩的漆器黯然无色，不少读者为此抱怨。出版后短期内即售罄，大出社领导所料。

1983年夏，李一氓同志写了一篇题

[1] 见朱家溍《髹饰录解说》书评，《读书》1983年第8期。

[2] 傅学苓先生曾在科学出版社工作，黄炜先生曾在科学院院长办公室工作，丁始玉先生曾在科学出版社总编室工作。

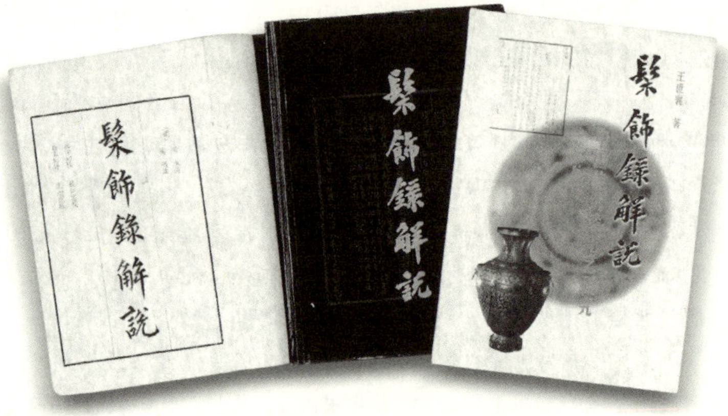


《髹饰录解说》1958 年油印本，1983 年排印本，1998 年修订本

为《一本好书》的书评，刊登在是年 7 月 18 日《人民日报》上。中有如下字句：“《解说》没有空话，没有疑似之词，没有牵强附会之说。……要说马克思主义的话，这就是马克思主义。”给了我极大的鞭策和鼓励。

## 四

“文革”中我肺病复发，且有空洞，发着烧来到咸宁干校。一天来到菜地，望着倒在地上的油菜花，作了一首小诗《畦边偶成》：

风雨摧园蔬，根出茎半死。

昂首犹作花，誓结丰硕子！

1979 年十一届三中全会以后，我出版了几本书，也算结了几颗子。但现在垂垂老矣，自叹目眊体衰，再难开花结子了。我不禁想：尊敬的各位，不知你现在认识到没有，在有人能写有益无害之书，做有益无害之事时，您高抬贵手，让他们去写去做，那该多好呀！您的功德，也就胜造七级浮屠了！

1998 年 4 月于芳草地西巷，时年八十有四

# 一件珍贵的明犀皮漆箱

漆器上的花纹图案和其他工艺品一样，有的有物体形象，如山水人物、花木鸟兽等，有的没有物体形象，但其文饰却使人联想到行云、流水、松鳞、雨点、星空等。犀皮和洒金漆器等的文饰，属于后者。

明黄成《髹饰录·犀皮》条称："文有片云、圆花、松鳞诸斑，近有红面者，以光滑为美。"杨明注曰："摩窳诸般，黑面红中黄底为原法。红面者黑为中，黄为底。黄面赤，黑互为中、为底。"文字简练，但毕竟两家是漆工，毫不牵强附会，比古代几家有关犀皮的说法都切合实际（古代几家的说法见拙作《髹饰录解说》、《对犀皮漆器的再认识》一文所引，兹不赘）。

黄成论犀皮"以光滑为美"。这光滑是经过打磨才取得的。在制作之初，器物表面却必须先用调色的漆灰堆出一颗颗或一条条高起的地子，也就是所谓的"底"，在底上再刷不同色漆，每色都要刷几道，积累到一定的厚度，也就是所谓的"中"和"面"，干透后再磨平抛光。至于底、中、面的漆色并无成规，即所谓"可互为中为底"，而以石黄调漆作底最为常见。据传世实物，犀皮还不只黄、黑、红三色，有的兼用绿色及紫色。

为什么在底上必须先堆出有许多高起的颗粒或条条呢？因为只有这样，最后磨平才会在被磨出的断面上呈现彩色斑斓的漆层。如果"底"是平的，上多少层色漆也磨不出这效果来。

50年代我们曾访问过做犀皮漆烟袋杆的作坊，承蒙桂茂考师傅的讲解和示范，得知在木制的烟袋杆上先上一层用石黄入生漆调成的厚"底"，趁其未干，用拇指推出一个个突起的小尖，这一工序名曰"打埝"。入荫干透后，把红漆、黑漆相间地上在尖顶上，上一次入荫一次，共四五道，为的是使尖端长得更高一些。此后通体上漆，也是红黑相间，最后用磨石打磨，凡是打埝高起的地方，磨平后都围绕着一圈圈红、黑的漆层，形态颇像松鳞。其具体做法可能和《髹饰录》有些出入，但经其示范，知做犀皮必须先做好有多处突起的地子这一"打埝"工序；并悟出犀皮各种不同花纹形态的出现，是由"打埝"的处理方法不同，使其出现突起的形态各异来决定的。

写到这里，不禁会提出一个问题：“打埝”既然是做犀皮的一道最关键的工序，为什么黄成本文和杨明注竟无一字讲到它，难道二位留一手，故意对此秘而不宣吗？经过综览《髹饰录》全书，我否定了上面的猜测。因为黄、杨二位对许多漆工技法都讲得不厌其详，决不会偏偏对犀皮做法有所保留。我想未讲的原因是因为“打埝”这一工序是当时漆工人所周知的，故没有再述说的必要。可是这样一来，却苦了多年后研究、了解犀皮、为《髹饰录》作注解的人。如果当年我们没有访问到桂茂考师傅并看他示范，就无法知道为什么犀皮的光滑表面会出现细密多层次的漆色花纹。漆工艺是科学，来不得半点虚伪和偷工减料。小小的犀皮也可以说明这一点。

犀皮工艺的成熟完善，肯定在明代以前，但直到1958年我见到马鞍山朱然墓出土的耳杯，才知道早在三国吴已经有纹饰近似犀皮的漆器出现。尽管其制作方法与明代犀皮还有差异。唐宋时期，可能已有与明代犀皮完全相同的漆器，惟实物尚待发现。

50年代，我买到一件圆盒，径约24厘米，皮胎，花纹如行云流水，红面间黑纹，并夹有暗绿色。当时觉得十分难得，已在1998年修订本《髹饰录解说》及《锦灰堆》中用作彩版。过了半个世纪我才发现比圆盒更为精美的犀皮器。这是一件小箱，长37.5厘米，宽22厘米，高15.5厘米。盖顶穹然隆起，造型古拙。皮胎，茶褐色里。黑漆底，四角有曲尺形短足。花纹红、黑、黄、绿四色相间，比圆盒更为流畅，既有规律，又无规律，彩色纷呈，迷离浮动，使人有变化莫测之感。诚是所见犀皮器之最佳者，弥足珍贵（彩图49）。

近又有人询及犀皮之制作工艺，结合所见小箱，拉杂述说如上。

# 竹刻

# 试谈竹刻的恢复和发展

我国是世界上最早用竹和最善用竹的国家之一。竹子的用途极广，专就施加雕刻的竹制工艺品而言，大约起源甚远，惟因不易保存，很难传下来。现知较早的实物是西汉马王堆一号墓出土的雕龙纹髹彩漆的竹勺柄[1]。汉以后各个时期都有竹制工艺品，并积累了丰富的雕刻经验。它和其他文学艺术一样，有普及，也有提高。到了明代，文人艺术家们在前人的基础上又有所发展，把竹刻从比较简单的、以实用为主的工艺品，提高到比较细致的、以欣赏为主的艺术品，并逐渐形成了一种专门艺术。

自明中叶以来，名见典籍的竹刻家有二三百人之多，并有专书刊载他们的传记。姓名不彰而技艺颇高的也代有其人。他们不少都工书善画，通诗能文，既吸取了前代工匠的雕刻技巧，又融会了其他文学艺术因素，创造出适宜表现多样题材的种种刀法。遗留下来的作品，许多是穷年累月，惨淡经营才雕成的；在传世文物中，竹刻可以自成一类。讲到雕刻史，也不能无视这方面的成就。竹刻形成这样一种专门艺术，是世界上其他国家所没有的。

随着时代的前进，竹刻工艺品在我国广大地区更是普遍地发展着。它们品种繁浩，花色众多，具有适用而又经济、美观的特点，许多是人民群众生活中不可缺少的东西。丰富多彩的竹刻工艺品在日常用具中占如此之大的比重，也是很少有其他国家能和我们相比的。

竹刻的原料是竹子。南方诸省，普遍生产。它成材期短，价格便宜，取之不尽，用之不竭。我国竹材资源之富，又是世界上少有的。

竹刻器物，不论是艺术品还是工艺品，可以丰富我们的物质生活和精神生活；既可自用，满足人民需要，又可外销，借以宣扬我国文化艺术。它对国家、对人民都有利，所以是我们民族的好东西。

竹刻需要大力发展。不过竹刻工艺品和竹刻艺术品各具特点。前者关系人民日常生活需要，竹制竹编器具，在南方产竹之地，普遍发展，上面的竹刻亦随之日新月异。而后者对雕刻技法要求高，选用材料规格严，作品用工多，成本高，比较难于生产，问题较多，因而下面所谈的主要是这一方面的问题。

竹刻工艺怎样发展，以个人的臆想，似乎应当从以下几个方面着手。

[1] 湖南省博物馆、中国科学院考古研究所：《长沙马王堆一号汉墓》图版165，1973年文物出版社。

## 一　发展竹刻首先是变革竹刻的旧题材，发展新内容

前代竹刻的题材，今天看来有不少是糟粕，只能供封建地主阶级观赏享用，这些自然不应再有。但也有一部分题材，如山水、风景、花鸟、静物及内容比较健康的历史人物故事等，应当保留下来继续雕制，而且在外销竹刻中，可能还要占相当的比重。敬爱的周总理对工艺美术品的出口有明确的指示：只要不是反动的、丑恶的、黄色的东西都可以组织生产出口。这个指示对于竹刻自然也是完全适用的。

传统的竹刻题材，我们要批判继承，不过更为重要的是现代竹刻要有今天的生活气息、时代精神，而且成为主流。和其他艺术形式一样，竹刻也能成为而且应当成为团结人民、教育人民、打击敌人、消灭敌人的有力武器。我们应当用竹刻来歌颂革命，歌颂英雄人物和社会主义建设。常州地区竹刻家徐素白、白士风在这方面都已有比较成功的作品。他们用留青的方法刻毛主席诗词手稿。徐素白刊刻了革命纪念地嘉兴南湖和泊在岸旁的游船。白士风在一件题为《斗风雪保春羔》的小插屏上刻绘了蒙古族英雄女儿的形象。类似这样的题材在今后的竹刻中应当越来越多起来。

## 二　其次是丰富器物品种，适合现代生活

明代和清前期，竹刻品种有簪钗服饰、圆雕人物、竹根器皿、香筒笔筒等。可是到了本世纪初，竹刻艺术品只有笔筒、臂搁、扇骨等少数几种，反比过去少了。因此器物品种，也有一个恢复问题。凡是过去有过的，今天认为是好的，都应当恢复。但更重要的是我们要雕制出更适合现代生活的器物。白士风同志在这方面又有可喜的尝试。他用宽于一般臂搁的竹筒做成下有木座的小插屏或横置的陈设；还用十多片竹筒拼在一起，做成横的或扇面形的挂幅，这样就加大了刻件的面积，打破了旧有的形式框框。从这里得到启发，有的竹刻是否可以向更高更大发展呢？例如用长条的竹筒拼成多叠屏风或大座屏风，或做成分隔室内空间的隔扇等；采用比较重拙粗犷的刀法，以期远看遥观能有较好的效果。当然，对这类器物的艺术要求，和精雕细琢的小品完全不同，并且连刀凿工具都要来一番改革创造才行。此种设想能否成为现实，要经过试制才能知道。

如果说对竹刻艺术品的要求是精益求精，艺术成就越高越好的话，那末对一般竹刻工艺品的要求则是越符合实用、经济、美观这三项原则越好。过去的竹刻工艺品，包括旋胎加雕饰的器物，品种已经不少。一自贴黄竹器出现，打破了竹子本身形态的束缚，可以做成多种多样、见棱见角的器物，品种就更多了。其中符合三项原则的自应扩大生产，不符合的则予以淘汰。

我们要用更大的力量放在设计、生产适合现代生活的竹刻新品种上面，只有这样，竹刻工艺品才能有真正的发展。从事设计首先要熟悉竹材的性能，其次要熟悉使用者的生活需要，二者缺一不可。设计外销竹刻工艺品比设计内销的更要花力气一些，要考察、体验并熟悉国外使用者的生活和爱好。试举一些设想，竹材体轻，做服饰似乎合适，是否可以做竹刻的别针、钏镯、纽扣及其他

衣着附属品呢？又如国外的家庭及办公室各有一套他们需用的文具及案头陈设，是否可以用竹刻或贴黄做一些适合他们使用的器物呢？

## 三　要发展竹刻还应考虑竹刻与其他工艺的结合

竹刻与其他工艺的结合是丰富品种、焕彩增华的一个途径。这里所讲的结合，包括：竹刻与其他竹工艺的结合，竹刻与其他工艺的结合，竹刻与现代工艺的结合。

不论竹刻与何种工艺结合，要注意这样一个原则，即精制的竹刻只能与其他工艺的艺术品结合，一般竹刻则可与其他工艺日用品结合。

先谈竹刻与其他竹工艺的结合。

贴黄器上常施雕刻，但贴黄器与一般竹刻的结合并不多见。结合的方法如在贴黄器的顶盖或四壁镶嵌竹刻。竹刻所用竹材，比竹黄厚得多，故可采用高浮雕或透雕等技法，这样就打破了贴黄只有浅雕的成规，使它的形态丰富而有变化。

我们看到用竹黄做锦地，上面再贴竹黄花纹的挂幅。是否可以在竹黄的锦地上粘嵌竹刻花纹呢？竹刻花纹比竹黄高厚而有色泽差异，其效果可能比花纹、锦地一律用竹黄要好一些。

旋胎的竹器有的制作颇精，如故宫博物院藏的清制带链执壶[1]。壶上的链子就用竹刻做成。倘旋制其他有盖的器物如博山炉，或可在腹部加开光的器物如尊、瓶之类，盖及开光就可以用竹刻。有雕饰的器盖或开光要比竹链更能显示竹刻的特点，使技法得到更好的发挥。

竹编篮子的提梁及顶盖，盒子的圈口，可用竹刻。我们看到东阳马正兴、福州、莆田和江西的竹编已经有这样的制品[2]。还有竹制家具，在适当的部位也可以用竹刻做装饰。这些都以采用民间气息较浓的一般竹刻为宜。

竹木镶嵌器是近年在四川试制出来的新产品[3]，已经取得可喜的成就并将技法推广到江西等地。它的特点在利用竹材断面的纹理和竹皮、竹黄、木材等拼凑出多种花纹图案来，成为竹木工艺的一个新品种。竹刻和竹木镶嵌器的结合似乎也是可以试制的。

竹刻与其他工艺的结合初步想到的有木工艺、漆工艺和玉石象牙雕刻工艺。

乾隆时期的陈设，如屏风、插屏、挂幅之类，往往镂刻紫檀、鸂鶒木等深色硬木作背景，用牙、玉、黄杨木等浅色物质作嵌件。竹刻也完全可与这一类木工艺相结合，而且工料都比牙、玉便宜得多。故宫博物院藏芭蕉山石纹贴黄盒，芭蕉用竹黄，山石则用沉香之类木质雕成，两色协调而饶画意，艺术效果很好。这也是竹刻和木工艺的一种结合。

竹刻与漆工艺的结合首先想到的是“百宝嵌”。清代的漆背百宝嵌挂幅，个别嵌件早就使用过竹刻。现在是否可以制作全部用竹刻或竹黄嵌成的漆屏风、漆柜门、漆挂幅呢？清代剔红、剔绿、剔黑等雕漆器，常用玉石或螺钿作嵌件。竹刻作为嵌件也可以和各色雕漆相结合。漆器中有一种填漆，在刻有阴文花纹的漆地上填入不同色漆，最后磨平，形成光滑而绚丽的画面。我们可以在竹材上刻花填漆，成为竹漆结合的一个新品种。由于它色彩多，不藏尘，不褪色，有比一般填绿、填青竹刻优越的

[1] 故宫博物院：《故宫博物院藏工艺品选》图版86，1974年文物出版社。

[2] 马正兴提篮，见《巧夺天工》页103，中华全国手工业合作社编，1958年轻工业出版社。东阳八角盒，见《中国工艺美术》页175，1959年《中国工艺美术》编委会编印。福州提篮，见《福建工艺美术选集》图版77上，1959年福建人民出版社。莆田雕刻面小提篮，见同上图版77下。江西花篮，见《中国工艺美术》页167，1973年轻工业出版社。

[3]《中国工艺美术》页183，1973年轻工业出版社。

地方，而且效果也不一样。

竹刻与玉石、象牙雕刻工艺结合，一种是以竹刻器物为主体，上面镶玉石或象牙雕刻。一种是以玉石、象牙或瓷、铜等器物为主体，而用竹雕来配底座。当然竹材体轻，做底座不够稳定。不过这种缺憾还是可以设法弥补的，如采用加大底座下脚，或在竹雕底座上增加其他体重物质的附件等办法。

现代工艺指玻璃、塑料、搪瓷、铝制品等。它们都是新兴的工艺材料，所以竹刻和它们的结合缺少可以借鉴的前代实例。不过一旦找到了结合的方法，工艺品就会呈现中国的艺术风格，和国际市场上同类的商品不同。因此这方面的结合是值得研究探索的。

## 四　恢复传统技法

对雕制竹刻艺术品来说，恢复传统技法是一个十分重要的问题，而且是从清代中叶以来早就存在的一个问题。因为明代和清前期常见的几种刻法，如圆雕、高浮雕、透雕、陷地深刻等，自清中叶以后，越来越少有人采用了。这些传统技法是古代艺术家们长期实践的结晶，它们富有表现力，是可以为今天的创作服务的，因而是应当学习继承的精华。以竹根圆雕人物来说，实际上就是雕像，和犀牙、木石、金铜雕像原无二致，只是用料不同而已。古代竹刻人物形象，尽管不少内容陈腐，但作者的精心雕镌，乃至神情的描绘，内心的刻画，往往使人赞叹。我们不能否认古代竹刻许多艺术成就最高的作品，是在圆雕人物中发现的。为什么今天不能借鉴学习前人的刀工技法，用来塑造、歌颂今天的英雄人物呢？再说高浮雕，其立体感仅次于圆雕。经嘉定名手锤炼形成的精湛技艺，能深刻五六层，理路清楚，远近分明，内容繁而不乱，层次多而不紊；而且虽曰高浮雕，实际上还综合使用毛雕、浅刻、深刻、浅浮雕、透雕等多种技法。因此用它来刻制场面盛大，有人物、有背景的题材较为适宜，而这正是表现新题材所需要的。玲珑跳脱是透雕的特点。如用剔空的部分作为地子以间花纹，能产生强烈的反差对比。用此法来刻图案花纹，往往可以取得较好的效果。就是刻一般的景物，在适当的地方，采用一些透雕，也能予人疏朗空灵的感觉。香筒作为一种器物，已被时代淘汰，但前人运用在香筒上的透雕技法，却闪耀着才华智慧而有值得我们吸取的地方。陷地深刻可以说是一种另辟蹊径的刻法，等于把凸现在刻件表面上的高浮雕，一股脑儿地推进了竹材表皮之下，和高浮雕一样，也可以分出五六层。如果选用厚竹材，是大有用武之地的。尤其在深凹的部位，又留出竹材，镂镌高浮雕物象，予人出乎意想，奇峭清新的感觉。前人往往用陷地深刻雕镂荷花、蔬菜及折枝花果等，今天可以运用到更广泛的题材上去。

上述几种传统刻法如能恢复，便可以改变清晚期以来由于过多地追求书画的意趣，相对地损害了雕刻的本质，致使竹刻难于摆脱平浅单一的面目。我们还应当看到恢复传统刻法更重要的是能丰富表现手法，为刻制新题材、新内容服务。

## 五　认真解决竹刻的原料问题

雕制竹刻艺术品，缺乏适用的竹材，今天已成为一个有待解决的问题。我国竹材资源丰富，为什么会缺乏呢？这是因为雕刻艺术品，除了对竹子年龄要求老嫩适中，皮肉净洁无瑕外，还必须经过合理的外运方能合用。据吕舜祥所记嘉定的备材经验[1]，竹子自伐下后，不经下水便运到作坊的，日后收缩性小，刻成不易开裂。惟山林运竹，多编成排筏，利用山溪，顺流而下，在运送的过程中，已饱浸水，用以刻件，收缩性大，容易开裂。多年来嘉定店坊为了解决这个矛盾，每年派人入山选购，然后请专人肩扛出山，这样可以避免浸水及擦伤。至于用来刻圆雕的竹根，更须入山选掘。因为竹根除作柴烧外，用处不多，竹农为了砍伐、运输之便，都把竹根截弃山中，所以只有进山才能买到。当时嘉定备材，每年都要花费一定的人力物力。嗣后竹刻业日渐衰落，备材不复认真考究，只就近向竹行购买，于是刻件多裂，声誉亦与日俱下云云。近年来，可能由于竹刻艺术品的需要量不大，不值得派专人为选购竹材入山，于是就发生了缺乏适用的竹材问题。今后备材如由工艺美术管理部门统一办理，有计划、有组织地入山选购，用妥善的方法运出来，分配给生产、教学单位使用，这个问题是可以解决的，也是不难解决的。

## 六　培养专门人才

恢复和发展竹刻的一项迫切任务是培养专门人才。因为雕制竹刻艺术品必须具备精湛的技艺，而精湛的技艺没有多年的刻苦钻研、辛勤实践是无法得到的。当前的一个严重问题是若干位造诣较深的老竹刻家如上海的支慈庵、武进的徐素白、无锡的张韧之、福州的冯力远等，近年相继谢世。健在的几位名手也年事日高。目前能继承他们技艺的青年竹刻家，和对竹刻极为爱好，愿将它作为专业来研习的青年同志都不多，因而就应当及时考虑后继有人的问题了。

培养专门人才必须保护老艺人，采用设立机构、办研究所等办法。当然像这样专门的机构和研究所，规模必然是很小的，但却不能完全没有。有关机构要有决心，有计划，坚持不懈，随时注意发现有培养前途的青年人；鼓励他们，树立信心，认识到继承并发扬祖国这一专门艺术是光荣的，有前途的。学员最好从幼年就培养起，一是为了多学科目，绘画、书法、素描、雕塑等都应当学；学成后要求能自己设计起稿，自己雕刻。清代晚期竹刻水平下降，和多数竹人只会动刀，不会动笔，要依靠别人画样起稿有直接关系。二是为了能多工作几年，多创作出一些优秀作品来。因为竹刻费目力，如学时年岁已大，艺方学成，目已昏花，是极大的损失。经过认真培养并有思想觉悟、又红又专的专门人才，不仅能继承当代老一辈的娴熟技艺，恢复久已被人忽视的传统刻法，而且能有所发明，有所创造，把我国的竹刻艺术提高到一个前所未有的水平。

## 七　进一步研究防裂、防蛀、染色的科学方法

竹刻开裂是一个尚未得到很好解决的问题[2]。竹刻并非一律都裂。许多古代制品，色如樱桃、琥珀，而完整坚好，光莹可爱。预防开裂，一在备材严格，二在保管妥善。传统的保管方法，

[1] 吕舜祥：《嘉定的竹刻》第三节《选材》，1958年12月云庐丛刊之四，著者自刊油印本。

[2] 嘉定的备材经验是不使浸水，金西厓处理竹材用沸水煮，二者似相矛盾。这正说明防裂尚无一致公认的传统有效办法。

要求温度、湿度变化小，避免风吹日晒，贮藏用函匣，每年稍用油脂润泽一两次。一件珍贵艺术品是值得这样精心护理的。

我国近年作为礼品或商品送往国外的竹刻，有的不免开裂，因此对竹刻外销有影响。致裂的原因和备材不佳、保管不当都有关系。备材责在刻者，今后可以认真考究。保管事在藏家，我们无法代为护理。不过今后外送竹刻，似可编印书面宣传材料，在阐述竹刻的历史源流、艺术价值之后，把保管方法也介绍一下，以引起收藏者的注意。

认真备材和妥善保管对防裂有较好的效果。但还可以用化学方法处理，使它不开裂，以今天科学技术水平而论，应当是不难办到的。这个问题解决好，可以简化艺术品的保管方法，延长工艺品的使用寿命，将对竹刻的今后发展起很大的作用。据研究文物保护的同志认为，采用减压抽真空的设备，用苯乙烯树脂或其他树脂渗透充填，可能是一种比较有希望收到成效的方法。我们深切盼望科研人员对竹刻防裂问题进行多方面的试验，使这一具有关键性的问题得到圆满解决。

防蛀和染色现在已经有比较好的方法，可以说已经过关了。不过对增加染色品种、简化操作过程、降低用料成本等方面还应作一番努力。这些方面的改进有利于竹刻生产，尤其是竹刻工艺品的大量生产。艺术品不可染色，染色等于作伪，必然损害它的价值。

## 八　开展其他促进竹刻发展的工作

其他可以促进竹刻发展的工作，一时想到的有以下几方面：

1. 整理研究　有几种竹刻专著如《竹人录》、《竹人续录》、《嘉定的竹刻》等，应加标点、注释，辑成《竹刻丛书》出版。散见于前人诗文集、笔记杂著中的竹刻材料，也可以汇辑成书。对全国传世竹刻精品应进行调查、著录、拍摄，编成图录；并对不同时期及有代表性作家的刀法、风格等进行分析研究。《刻竹小言》所收实例太少，限于材料，是不可能这样做的。上述工作对竹刻知识的普及和技法的提高都是有帮助的。

2. 展览陈列　在国内国外都应举办一些竹刻展览。有的博物馆可以布置竹刻专室或专柜陈列。国内展览、陈列的目的主要在学习借鉴，继承传统。国外展览目的在宣扬我国历史文化，把这一专门艺术介绍给世界各国。它对开展外销业务也能起一些作用。

3. 学习观摩　应组织有各地老中青艺人及业余爱好者参加的技艺传授和经验交流会。

以上是目前想到的为恢复和搞好竹刻应做的一些事。如能注意及此，认真去做，我们相信竹刻将会有一个快速而巨大的发展，为丰富人民的精神和物质生活，支援国家建设,实现四个现代化作出贡献。

原载《竹刻艺术》，
1980 年 4 月人民美术出版社

# 竹刻简史[1]



竹刻是我国特有的一种专门艺术。可以代表其最高水平的是明、清两代名家的作品。也有一部分作品未刻作者姓名，但艺术价值却很高。这和绘画一样，无款之作，也有艺苑奇珍。

另一种器物，数量不多，可视为竹刻的旁枝别衍，那就是镂刻很精的仿古青铜器竹雕。

还有一种盛行于清代，用竹筒内壁的竹黄做器物贴面并施镂刻的贴黄器。精制者，尤其是清代宫中的御物，技艺既高，花色亦繁，可谓穷工殚巧。不过上述两种，只堪称精美的工艺品，而还够不上真正的艺术品。

明清木雕小件，往往和竹刻有密切关系，不仅互相影响，有的可能就是出于竹刻家之手，故不妨附带述及。

本篇即按以上分类，依次作简略的阐述。

## 一　竹刻

我国在远古时期即用竹制造生产和生活用具。出于爱美的天性，在竹制品上施加装饰，与雕花的玉、石、骨、木器原无差异。故于原始社会遗址中，倘发现有雕饰的竹器，不足为奇。惟竹材易坏，很难保存至今。现知较早有高度纹饰的实物是长沙马王堆一号西汉墓出土的彩漆竹勺（图1）。勺柄以龙纹及辫索纹为饰，并用浮雕、透雕两种技法。它年远而制精，是一件珍贵的竹刻。

唐代竹刻，宋郭若虚《图画见闻志》记载颇详：王倚家藏竹画管，“刻《从军行》一铺，人马毛发，亭台远水，无不精绝。每一事刻《从军行》诗两句。……其画迹若粉描，向明方可辨之”[2]。郭氏描绘入神，吾人却信而不疑，因为有现藏日本正仓院的唐尺八（图2）可证。尺八用留青法浅雕仕女、树木、花草、禽蝶诸物象，纯是唐风，与当时之金银器镂錾及石刻线雕同一意趣。所谓“留青”，即保留竹之表皮为花纹，刮去花纹以外之表皮，露出淡黄色竹肌作地。竹材干后始能奏刀，此时表皮已由青转白。所谓“迹若粉描”，与留青之花纹正合。刻后不须一两载，表皮即呈淡黄色，但此后变化不大。竹肌则由淡黄而深黄，由深黄而红紫，故皮、肌色泽之差异，越久越显著，花纹亦日益清晰。千百年来，留青为竹刻之重要技法之一。

宋代竹刻家有詹成，见陶宗仪《辍耕录》，高宗时人，所造鸟笼“四面花板，皆于竹片上刻成宫室、人物、山水、花木、禽鸟，纤悉俱备，其细若缕，且玲珑活动”[3]。西夏实物有宁夏陵墓中出土的竹雕残片[4]，浮雕人物，阴刻图案，制作亦精。其为当地所刻，抑为南方传来，尚待考证。

我国竹刻虽历史悠久，惟发展成为一种专门艺术则在明中期以后。其始仅少数文化水平较高的艺术家致力于此。随后或父子相传，或师徒授受，或私自仿效，习之者众，遂形成专业。清人金元钰著《竹人录》推为开派的竹刻家是嘉定的朱松邻（鹤），金陵的濮仲谦（澄）[5]。据文献记载，二家并不专事刻竹，而兼用犀角、象牙、紫檀等雕制器物。可知竹刻与犀、牙等刻件，往往出于一人之手。不过在此之后，竹刻之所以能发展成为专门艺术，其主要原因乃在竹材价贱易得，可供人大量采用。倘竹材为稀世之珍，又安能有多人从事此种雕刻，并有大量作品传世？另一方面，正因竹材价贱易得，故刻者必须殚精竭智，创造多种技法，博采各种题材，度形制器，状态写神，发挥竹材的特点，攀登这一艺术的高峰。只有如此，始能与十分珍贵的犀、牙、紫檀等刻件，一争短长。此又促使竹刻家必须创造出艺术价值高于一般工艺品的作品。不言而喻，数百年来倘竹刻家未能创造出质优而量多的作品，那么竹刻也就不足称为我国特有的一种专门艺术了。

竹刻艺术的发展，大致可分为明、清前期和清后期三个阶段。

明代竹刻名家自朱鹤始。鹤号松邻，字子鸣。世本新安，自宋高宗建炎（1127—1130年）移居华亭，又六世而东徙，遂为嘉定人。他工行草图绘，深于篆学印章，所制有笔筒、香筒、杯、罂诸器，而尤以簪钗等首饰重于时。王鸣盛《练川杂咏》有“玉人云鬓堆鸦处，斜插朱松邻一枝”之句[6]。据此可知松邻兼雕犀、牙。荆钗竹簪，古虽有之，但妇人奁中饰物，自以犀牙等贵重物品为主。

松邻年远，作品流传绝少，传世刻有款字者，率皆赝品。现存差可视为真迹的是南京博物院所藏笔筒（图3）。刻法用高浮雕，老松巨干一截，密布鳞皴瘿节。其旁又有一松，虬枝纷拿，围抱巨干。松畔立双鹤，隔枝相对。背面刻竹枝、梅花。据题识乃为祝寿而作。论其整体设计，并不完全成功。巨大松干与围抱之松枝，不类同根生成。仙鹤形象，古拙有余，矫健不足。梅竹亦稍嫌繁琐，似过分渲染寿意，以致影响构图之精练。如取松邻之子（小松）或孙（三松）的作品相比，未免逊色。或谓吾人不得据此作为否定笔筒为真迹的依据。因为松邻开山创派，质拙浑朴，自在意中。子孙继武，后来居上。故陆扶照《南村随笔》称：“疁城竹刻，自正、嘉间高人朱松邻创为之，继者其子小松缨，至其孙三松稚征而技臻绝妙。”[7]盖艺术之发展，有积累、提炼和创新之历程。家学三传，遂超祖而越父。

朱缨字清甫，号小松，擅小篆及行草，于绘事造诣更深，长卷小幅，各有异趣。金元钰称其仿古诸名家，“山川云树，纡曲盘折，尽属化工。刻竹木为古仙佛像，鉴者比于吴道子所绘”[8]。清初人有咏小松所制竹根文具诗，中曰：“藤树舞鳞鬣，仙鬼凸目睛，故作貌丑

[1] 本文为《中国美术全集·工艺美术编11·竹木牙角器》一书竹刻部分的《前言》。图版及插图均见该书。

[2] 郭若虚：《图画见闻志》卷五《卢氏宅》条，《学津讨原》本。

[3] 陶宗仪：《辍耕录》卷五《雕刻精绝》条，光绪乙酉重刊本。

[4] 宁夏回族自治区博物馆：《西夏八号陵发掘简报》，《文物》1978年第8期。

[5] 金元钰：《竹人录》凡例，1938年秦氏排印本。

[6] 王鸣盛：《练川杂咏》，1920年排印本。

[7] 陆廷灿：《南村随笔》卷六，清刊本。

[8] 金元钰：《竹人录》卷上《朱缨》条，1938年秦氏排印本。

劣，虾蟆腹彭亭。以此试奇诡，精神若怒生。琐细一切物，其势皆飞鸣。”[1]凡所雕琢，形象生动活泼，概可想见。毛祥麟谓小松“能世父业，深得巧思，务求精诣，故其技益臻妙绝”[2]，实有出蓝之誉。小松为人高傲耿介，娄坚有《先友朱清甫先生传》，载《学古绪言》中，以为“世或重其雕镂，几欲一切抹杀则过矣”[3]，盖小松品质高洁，书画皆工，不仅竹刻一艺，超迈前辈。

小松传世之作有渊明归去来辞图笔筒，刻于万历乙亥（1635年）（插图1）。其代表作则为上海博物馆藏的刘阮入天台香筒（图4），于直径仅3.7厘米的竹管上，将神仙洞府，远隔尘寰之境界，刘、阮与仙女对弈之神情，刻画得尽美尽善，使人叹为观止。

朱稚征，号三松，小松次子。《南村随笔》称其“善画远山淡石，丛竹枯木，尤喜画驴。雕刻刀不苟下，兴至始为之，一器常历岁月乃成”[4]。传世精品有清宫旧藏、现在台北之窥简图笔筒（插图2）及残荷洗（图5）。前者刻一高髻妇人，背屏风而立，双手持卷，正在展读。右方一女子，潜出屏后，蹀躞欲前，以指掩唇，回首斜睇，意欲窥视展卷之人，彼呼此应，神情连属，生于顾盼之间。所写乃《西厢记》故事。后者就竹根雕成荷叶状洗，虫蚀之叶边，半残之花朵，郭索之小蟹，无不状写入微，饶有生趣。故宫博物院藏寒山拾得像，似全不费力，将二僧天真憨稚之神态，毕现于刀锷之下，亦堪称杰作（图6）。

自朱氏三世之后，嘉定学竹刻者愈众，并以之为专业。故赵昕《竹笔尊赋》序谓“疁城以竹刻名，……镂法原本朱三松氏。朱去今未百年，争相摹拟，资给衣馔，遂与物产并著”[5]。本卷所收竹雕卧狮洗（图9）、透雕钟馗挑耳图笔筒（图10）、竹雕渔家婴戏（图20）等，虽无款识，制器运刀，颇具朱氏风格。将其定为嘉定竹人受三朱影响之作，似无大误。

以创金陵派著称的濮仲谦，名澄，复姓濮阳，单称濮，仲谦乃其字，生于万历十年壬午（1582年）。钱牧斋《有学集》有《赠濮老仲谦诗》，作于顺治戊子、己丑间（1648—1649年）[6]，故知其卒年已入清。《太平府志》称仲谦所制“一切犀玉髹竹皿器，经其手即古雅可爱，一簪一盂，视为至宝”[7]。张岱与仲谦相交甚深，所著《陶庵梦忆》谓仲谦貌若无能，“而巧夺天工焉。其竹器一帚一刷，竹寸耳，勾勒数刀，价以两计。然其所以自喜者，又必用竹之盘根错节，以不事刀斧为奇，经其手略刮磨之而遂得重价”[8]。可知仲谦治竹，不耐精雕细琢，只就其天然形态，稍加凿磨，即已成器，大有“文章本天成，妙手偶得之”之趣。其审美观念及创作方法直可上拟西汉霍去病墓石刻。时代相去缅远，器物大小悬殊，但脉理实相通。

仲谦因声名甚著，故赝品特多。传世之作，刀法神妙，且与前人言论完全吻合者，尚难举出实例。故宫博物院所藏松树形竹根壶，柄下有“仲谦”楷书款，确为竹雕精品。惟鉴家或以为刀法深而繁，与濮氏风格不侔，而竟与朱氏差近。或以为濮氏未必无此刀法，前人失记，遂滋疑义。今并记之，以俟续考。

仲谦之后，率意操刀而自然成器者，实罕其人。百余年后，始有扬州潘西凤，偶或近似。此与三朱之后，竞相师法，

[1] 金元钰：《竹人录》卷下《朱缨》条，1938年秦氏排印本。

[2] 毛祥麟：《对山书屋墨余录》，清刊本。

[3] 娄坚：《学古绪言》卷四，《嘉定四先生集》本。

[4] 陆廷灿：《南村随笔》卷六，清刊本。

[5] 金元钰：《竹人录》卷下《朱缨》条，1938年秦氏排印本。

[6] 邓之诚：《骨董琐记全篇》卷五，排印本。

[7] 据李放：《中国艺术家征略》卷二引文引。

[8] 张岱：《陶庵梦忆》卷一《濮仲谦雕刻》条，《粤雅堂丛书》本。

[9] 金元钰：《竹人录》卷上《吴之璠、朱文友》条。

[10] 褚德彝《竹人续录》，1930年排印本。

[11] 陆廷灿：《南村随笔》卷六，清刊本。

[12] 金元钰：《竹人录》卷上《吴之璠、朱文友》条。

由门户而扩为宗派大异。故严格而论，所谓金陵派是否存在，大可商榷。

明代竹人，专刻留青者为张宗略。张氏字希黄，以字行。其确切年代及里籍均不详，或谓江阴人。唐代留青，竹皮留去分明，故纹与地，截然两色。希黄则借皮层之全留、多留、少留，以求深浅浓淡之变化，故绚烂成晕，如水墨之分五色，实为留青技法之一大发展。希黄代表作有昔为英人大维德所藏今归美国波士顿美术馆之楼阁山水笔筒（插图3）。其高仅13厘米，而楼阁壮丽，气象万千。本卷所选笔筒（图8），层楼高耸，山如列屏，亦是希黄精心之作。

综上所述，可知明代刀工，大体有三：以深刻作高浮雕或圆雕之朱氏刻法；以浅刻或略施刀凿即可成器之濮氏刻法；以留青为阳纹花纹之张氏刻法。取材初则犀、牙、竹、木，无所不施。嗣后习之者众，遂成专业；犀牙等珍贵物料，自然就被竹材所取代。

自清初至乾隆为清前期（1644—1795年）。在这一百五十年间，竹刻大家在技法上有创新，影响又较著者有吴之璠、封锡禄、周颢、潘西凤等四人。

吴之璠，字鲁珍，号东海道人，是三松之后的嘉定第一高手，刻竹年款多在康熙前叶。金元钰称“今流传人物花鸟笔筒及行草秘阁，秀媚遒劲，为识者所珍”[9]。褚德彝《竹刻脞语》记吴氏之作，仅见相马图笔筒及杨柳仕女臂搁[10]，实则传世之作尚多。本卷所收就有二乔图（图11）、松荫迎鸿（图12）、东山报捷（图13）、松溪浴马（图14）、荷杖僧（图15）等笔筒五件，其中前三件为真品无疑。此外可信为真迹的尚有滚马图、牧牛图、采梅图、人骑图、老子骑牛图、戏蟾图、张仙像等笔筒七件及换鹅诗臂搁一件。去今三百余载，据不完全的统计已有十数器。可见吴之璠是一位勤奋精进的竹刻家。

之璠擅长多种刻法，除立体圆雕外，更善浮雕。浮雕又有两种，一用深刻作高浮雕，师朱氏法，深浅多层，高凸处接近圆雕，低陷处或用透雕，实例如东山报捷黄杨笔筒（图13）及二乔图笔筒（图11）皆是。一种是浅浮雕，乃吴氏自出新意，为前人所未备。例如松荫迎鸿（图12）、滚马图、牧牛图（插图4）、采梅图等几件笔筒皆是。正以其别具面目，故论者多道及之。如陆扶照谓之璠“另刻一种，精细得神”[11]。金元钰称吴氏“所制薄地阳文，最为工绝”[12]。褚德彝则以为之璠所刻，可拟龙门石刻中之浅雕。其中尤以“薄地阳文”一名，成为之璠浅浮雕刻法的术语，为竹刻艺术增添一专门词汇。吴氏此法突起虽不高，但游刃其间，绰有余裕。他善于在纸发之际，丝忽之间，见微妙之起伏。照映闪耀，有油光泛水，难于迹象之感。其妙可于松荫迎鸿（图12）、滚马图、牧牛图等刻件上见之。凡画面传神之部位，吴氏只用坚实而润泽之表层肌肤，越过此层，竹材便松糙晦涩，不堪使用。又因他明画法，工构图，善用景物之遮掩压叠，分远近，生层次，故能在浅浮雕之有限高度上，有透视之深度。此亦可于采梅图及松荫迎鸿笔筒（图12）中见之。其常用之另一手法为萃集精力，刻画只占全器某一局部之一事一物，此外则刮及竹理，任其光素；倘有雕刻，只不过略加勾勒，或留待刻字题诗。如此则宾主分，虚实明，朴质无华之素地与肌肤润泽上有精镂细琢之文图形成对比，相映生色。二乔图（图11）、松荫迎鸿（图12）以及牧牛图、戏蟾图、采梅图等笔筒均用此法。此与明代三朱等家所刻香筒、笔筒，器身周匝布满景物者又大异。

之璠造诣甚高，创新既多，影响亦巨。受其嫡传并载入《竹人录》者有朱文友、王之羽等人。卷中无款松下饲马（图18）及“酉仙”款醉仙图笔筒（图19），所用皆吴氏薄地阳文刻法。类此作品，传世不少。故谓继往，之璠自然是嘉定派之佼佼者；若说开来，则在康、雍之际（1662—1735年）也曾形成一个以吴之璠为首的竹刻流派。

嘉定名工，与吴之璠同时而略晚者为封锡禄。封氏一门皆刻竹，锡爵字晋侯，锡禄字义侯，锡璋字汉侯，兄弟三人，号称鼎足。其中杰出者，更推锡禄。康熙四十二年癸未（1703年），锡禄、锡璋同时入京，以艺值养心殿，名乃愈噪，族兄封毓秀有诗纪其事。

锡禄擅长圆雕，上承朱氏之法，而刻意经营，以新奇见胜。毓秀诗云：“松邻小松辈，工巧冠前明。岂期后作者，愈出还愈精。”[1]毓秀对锡禄之圆雕，复有以下之描绘：“或雕仕女状，或镂神鬼形，奔出胫疑动，拿攫腕疑擎。或作笑露齿，或作怒裂睛。写愁如困约，象喜如丰亨。豪雄暨彬雅，栩栩动欲生。狮豹互蹲跃，骅骝若驰鸣。器皿及鸟兽，布置样相并。摹仿擅独绝，智勇莫能争。”此处所谓之摹仿，显然指摹仿现实之写生，而并非摹拟前人之成器。可见，没有写生之工力，是雕不出如此生动之形象来的。

金元钰对锡禄之竹刻艺术，有更高之评价：“吾疁竹根人物，盛于封氏，而精于义侯，其摹拟梵僧佛像，奇踪异状，诡怪离奇，见者毛发竦立。至若采药仙翁，散花天女，则又轩轩霞举，超然有出尘之想。世人竞说吴装，义侯不加彩绘，其衣纹缥缈，态度悠闲，独以铦刀运腕成风，遂成绝技，斯又神矣！”[2]锡禄之圆雕人物，传世绝少。今幸有上海博物馆藏罗汉像（图17），吾人才得见其神采。乃知金氏“梵僧佛像，奇踪异状”数语，绝非虚誉。至于封锡爵，故宫博物院藏有其所雕晚菘形笔筒（图16），题材新颖，刀法亦工，惟与其弟之罗汉像相比，艺术价值高低，不可同日而语。实则金元钰谓嘉定竹根人物“盛于封氏，而精于义侯”，早已寓有轩轾之意。

周颢与锡禄同时同里而年稍幼，其字芷岩，又号雪樵、尧峰山人，晚号髯痴。康熙二十四年（1685年）生，乾隆三十八年（1773年）卒，享年八十有九。

钱大昕有《周山人传》，称芷岩“于画独有神解，仿古贤山水人物皆精妙，尤好画竹”[3]。嘉定竹人自三朱、之璠等名家后，芷岩“更出新意，作山水树石丛竹，用刀如用笔。不假稿本，自成丘壑。其皴法浓淡坳突，生动浑成，画手所不得到者，能以寸铁写之”。王鸣韶《嘉定三艺人传》谓芷岩“画山水、人物、花卉俱佳，更精刻竹。皴擦勾掉，悉能合度，无论竹筒竹根，深浅浓淡，勾勒烘染，神明于规矩之中，变化于规矩之外，有笔所不能到而刀刻能得之”[4]。对芷岩所刻山水，人无耳目，屋无窗棂，树无细点，桥无略彴，尤为赞叹，以为出人意想之外，于嘉定诸大家后，可称别树一帜。至金元钰则更谓芷岩“以画法施之刻竹，合南北宗为一体，无意不搜，无奇不有”[5]。若取历朝诗家与竹人相拟，芷岩可当少陵，二百余年，首

[1] 金元钰：《竹人录》卷下。

[2] 金元钰：《竹人录》卷上《封锡禄　封锡爵》条。

[3] 金元钰：《竹人录》卷上《周颢》条《附录》。

[4] 金元钰：《竹人录》卷上《周颢》条《附录》。

[5] 金元钰：《竹人录》卷上《周颢》条。

[6] 蒋宝龄《墨林今话》卷三，咸丰二年刊本。

[7] 周芷岩仿黄鹤山樵笔筒，刻于乾隆五年庚申，苏州市文物商店藏。因照片无法拍摄全景，故多次函请该店提供拓本以便编入本卷，竟以“传拓会损伤原件”为由，拒不提供，使人深感遗憾。

[8] 金元钰：《竹人录》卷上《朱稚征》条。

[9] 王鸣盛：《练川杂咏》，1920年排印本。

[10] 郑燮：《郑板桥集·郑板桥诗钞》，1962年中华书局本。

[11] 郑燮：《郑板桥集·郑板桥诗钞》，《绝句二十一首》之一。

屈一指。推崇备至，可谓无以复加。

按芷岩不仅名载《竹人录》，画籍《墨香居画识》、《墨林今话》亦有传。蒋宝龄称其“幼曾问业于王石谷，得其指授，仿黄鹤山樵最工。少以刻竹名，后专精绘事，遂不苟作”云[6]。故若谓刻竹家自朱氏祖孙以来皆能画，乃竹人兼画师，则芷岩实画师而兼竹人也。

芷岩擅长以多种刀法刻各种题材。惟最为当时人所称道的乃所刻山水。这是由于他是将南宗画法融汇入竹刻的第一人。

芷岩画法南宗，不论师承画迹，均足为证。其竹刻山水，以所见之溪山渔隐（插图5）、仿黄鹤山樵山水[7]及松壑云泉图（图22）三件笔筒为例，确是南宗。惟芷岩之前，竹刻山水及人物配景，皆法北宗。故金元钰有“画道皆以南宗为正法，刻竹则多崇北宗”之论[8]。钱大昕和《练川杂咏》亦有“花鸟徐熙山马远，无人知是小松传”之句[9]。下逮吴之璠，所刻山石、松针，仍是北宗，于松荫迎鸿（图12）、采梅图等笔筒中明显可见。至芷岩乃一变前法，以南宗入竹刻。当时四王画派，正风靡画坛，文人学士又多以南宗为正法。无怪芷岩一出，使人耳目一新，竞以更出新意，别树一帜，二百余年，首屈一指等交相称誉。

芷岩山水、竹石（图23）以阴刻为主，功力自深。其轮廓皴擦，多以一刀刓出，阔狭浅深，长短斜整，无不如意。树木枝干，以钝锋一剔而就，有如屈铁。此于溪山渔隐笔筒中可见。刀痕爽利，不若用笔或有疲沓之病。刀与笔工具不同，故虽是南宗，或俱斧劈意趣。此于松壑云泉笔筒（图22）刻款字之山石上可见。所谓画手所不得到者，能以寸铁写之，盖指此。所谓合南北宗为一体，亦指此。

在竹刻史中，芷岩乃一关键人物。刀法有继承，有创新，更有遗响。清代后期，竹刻山水，多法南宗，不求刀痕凿迹之精工，但矜笔情墨趣之近似。于是精镂细琢之制日少，荒率简略之作日多，其作画、刻竹之功力，又远不及芷岩，于是所作亦无足观。芷岩的遗响若是，恐非他始料所及。

潘西凤，字桐冈，号老桐，浙江新昌人，侨寓扬州。《郑板桥诗钞》有赠潘桐冈诗，曰：“萧萧落落自千古，先生信是人中仙。天上曲意来缚絷，困倒扬州如束湿。空将花鸟媚屠沽，独遣愁魔陷英特。志亦不能为之抑，气亦不能为之塞。……丈夫得志会有时，人生意气何终极！”[10]又有绝句：“年年为恨诗书累，处处逢人劝读书。试看潘郎精刻竹，胸无万卷待何如！”[11]可知老桐是一位饱学之士，因困顿维扬，才成了以刻竹为生的艺术家。

老桐刻竹，有名于时，因居扬州久，又经板桥誉为濮阳仲谦以后一人，故论者以金陵派目之。其手制器物，亦有与仲谦刀法相似者。曾见素臂搁（插图6）全无雕饰，用畸形卷竹裁截而成，虫蚀斑痕，宛然在目，似未经人手，而别饶天然之趣。铭文隶书两行：“物以不器乃成材，不材之材君子哉。”着字无多，隽永有味，寓意似出老庄。又如竹根笔筒（图24），只取上下数节，略加裁剪揩磨，便圆熟可爱。从这两件作品中却能看到老桐所持的返璞归真的审美观念。

仲谦工浅刻，老桐亦然。三家合作寿星臂搁，黄瘿瓢画、李复堂题、潘老桐刻，寿星为浅刻[1]。四家合作紫檀笔筒（图25），蔡嘉画老人，老桐仍用浅刻。当然浅刻只是老桐擅长的刻法之一；如摹刻古人法帖，老桐又能以深刻现其神采；所刻留青菊花亦绝佳。

清前期竹人，名家辈出，次于四大家的如邓孚嘉，字用吉，福建人，流寓嘉定，以善刻折枝花卉著名。其圆雕渊明采菊（图30）是经过精心设计，全神贯注才刻成的。此外还酌选后添款和无款的作品。竹枝笔筒（图21）虽非仲谦真迹，时代亦不能晚于康熙（1662—1722年）。东方朔（图27）、李铁拐像（图28）及竹根蟾蜍（图29），均制于乾隆时期（1736—1785年），尚可见明人绪余。园蔬图笔筒（图26），刀法采用陷地深刻。此种刻法，明代未见，大约是清中期才开始流行的。

清前期竹人继承了明代的刻法，同时又有创新，故刻法大备。尤以吴之璠之薄地阳文，封氏一门之圆雕，周芷岩刻山水、竹石之运刀如用笔，潘老桐之随意刮磨而得自然之趣，皆冠绝当时，无出其右，后人效法，更难企及。故此百五十年可谓竹刻之鼎盛时期。

清后期竹刻家名载史册者多于清前期。惟自具面目、卓然独立、堪称大家的实罕其人。早在清前期，已有刻者致力于用刀痕凿迹来再现书画之效果。至19世纪，于竹上表现笔情墨趣，更被多数竹人视为竹刻之最高追求。其始作俑者为周芷岩，而后继者不能自画自刻，有赖书画家代为设计打稿，刻竹者乃沦为单纯之刻工，遂导致竹刻艺术之全面衰落。

大抵求画家打稿，只能在竹材表面落墨，一次而罢，不可能刻去一层求人再画一层。正缘此故，常见刻法只限于低而浅之阳文或阴文。盛行于往昔，曾创造出雕刻精品之圆雕、高浮雕、透雕诸法逐渐失传。技法之失传，又影响竹刻之品种；圆雕器物，透雕、高浮雕之香筒、笔筒，制者日稀，广泛流行的是只在竹材表面见刀痕的臂搁、扇骨之类而已。

清晚期竹人造诣较高者为尚勋及方絜。

尚勋善刻留青，除搜入本卷两件（图32、33）外，尚有流往海外之载鹿浮槎笔筒（插图7）。一面刻枯槎泛水，上载髯叟，薜萝为衣，芒草作履，肩荷药锄竹篮，中贮蟠桃芝草，仙菊瑶葩。旁立稚鹿，昂首仰望，所图为道家神仙故事。背面阴刻篆书“载鹿浮槎”、楷书“丁卯尚勋制”共九字。三件人物及景色皆位置妥帖，状写入微，不愧是留青高手。

尚勋之名，不见竹人传记。所刻款识又过于简略，故迄今不知其字号、里贯及生卒年代。自从发现浅浮雕竹林七贤图、八骏图笔筒（图34），乃知尚勋所刻并不限于留青。倘取此件刀法推断其时代，当为嘉、道间（1796—1850年）人。

方絜，号治庵，字矩平，浙江黄岩人。能画山水，尝见设色扇面，师法四王。诗文画传记其事者有多家，而以《墨林今话》为较详。称其“凡山水人物小照，皆自为粉本于扇骨臂搁及笔筒上，阴阳坳突，钩勒皴擦，心手相得，运刀如用笔也”[2]。惟其刻法究竟若何，仍难使人理解。今据实物，除苏武像臂搁（图40）外，尚有故宫博物院藏人物臂搁、道光壬午刻渔翁图臂搁、道光丙戌刻仕女臂搁、道光丙申款墨林先生小像扇骨等。各件刻法相同，即用竹材表面作地，

❶ Wang Shixiang/Wango Weng：*Bamboo Carving of China*，p.101，No.39，China Institute in America，1983. 此件亦已收入拙著：《竹刻》，1992年人民美术出版社。

❷ 蒋宝龄《墨林今话》《续编》一。

❸ 中华全国手工业合作社：《巧夺天工》页57，《翻簧竹刻艺人——陈芳俊》，1953年轻工业出版社。

❹ 叶义、谭志成：《中国竹刻艺术》上册页418、420，1978年香港版。

❺ 上海博物馆：《上海博物馆珍藏文物展》页79，1980年印本。

❻ 张汉等修：《上杭县志》，1939年启文书局排印本。

❼ 纪昀：《纪文达遗集》，清刊本。

阴刻竹肌作花纹。下刻不深，但在此有限深度内刻出高低起伏，所谓“阴阳坳突，钩勒皴擦”，尽在其中。此种刻法，在方絜之前，尚未见到通体花纹刀法如此一致，且游刃如此娴熟。前此园蔬图笔筒（图26）刻法曾名之曰“陷地深刻”，而方絜之刀法不妨称之谓“陷地浅刻”。

按黄岩以产贴黄器著称，至今此业不衰。1941年上海李锡卿编印的《嚼雪庐自玩竹刻》中收方絜刻贴黄小插屏，一面为老子骑牛图，一面为行书五行，所用亦为陷地浅刻法，只刀痕更浅。近年黄岩贴黄艺人陈芳俊所刻箱盒盖上花纹，亦采用此刻法[3]。故知方絜之刀法与其乡里之贴黄工艺有一定之关系。

清晚期无款竹刻仍有佳制，留青如春郊牧马图笔筒等（图37），借材巧做则有牧牛图笔筒（图38）。

本卷搜集清晚期竹刻至道光时而止。一则因1840年以后已入近代；二则因19世纪后叶，竹刻艺术实每况愈下。直至本世纪初金西厓、支慈庵等先生出，竹刻始又有新的发展。

## 二 仿青铜器竹雕

传世竹刻中有一种专仿古代青铜器，鼎、卣、尊、壶，无所不备。刀法刻意求工，以毕肖古铜器为能事，并在装柄安流、镂雕提梁等方面多见巧思；惟受题材之限制，作者遂无法借雕刻抒发其灵感，故宜自成一类，目之为竹刻之旁枝别衍。

仿青铜器竹雕多无款识。只叶义先生著《中国竹刻艺术》上册有夔纹兽首壶，刻篆书阳文“萧”字印。同书又有三足炉，底有“老同制”篆文印[4]。殆有人慕潘老桐之名，妄刻此章而又误“桐”为“同”。潘氏喜用弃材制器，得自然之趣，与此风格大异。上海博物馆藏仿古提梁卣[5]，颈间刻隶书“蓬壶”二字，腹部刻文彭题七律，更显然是后人所刻。

本卷所收五件（图41—45），均清代宫廷中物，精谨整饬，更胜于流传在民间者，其制作年代当在乾隆年间。又因其与《西清古鉴》著录之器有相似处，当时可能召匠入宫，制于大内。乾隆之后，仍有作者，直至清代晚期。至于工匠姓氏，来自何方，以及其传人等，均待进一步查考。

## 三 贴黄器

贴黄又有“竹黄”、“翻黄”、“反黄”、“文竹”诸称。其工艺乃取竹筒内壁之黄色表层翻转过来，经煮压、粘贴到木制胎骨上使其成器。贴黄表面可任其光素，或镂刻花纹。有人或认为黄取自竹，故将“黄”写作“簧”，实误。

清中期以来，江苏嘉定、浙江黄岩、湖南邵阳、四川江安、福建上杭均以制作贴黄著称。据已知文献记载，以上杭为较早。《上杭县志·实业志》称：“三吴制竹器悉汗青，取滑腻而已。杭独衷其黄而矫合之，柔之以药，和之以胶，制为文具玩具诸小品。质似象牙而素过之，素似黄杨而坚泽又过之。乾隆十六年翠华南幸，采备方物入贡。是乾隆时尚精此技，今已不可得矣。”[6]清纪晓岚有咏竹黄箧诗并序[7]，录引如下：

> 上杭人以竹黄制器颇工洁。癸未冬按试汀州，偶得此箧，戏题小诗二首：
>
> 瘦骨碧檀栾，颇识此君面。
>
> 谁信空洞中，自藏心一片。

凭君熨贴平，展出分明看。

本自汗青材，裁为几上器，
周旋翰墨间，犹得近文字。
若欲贮黄金，籯乃陈留制。

按乾隆十六年为公元1751年，乾隆癸未为公元1763年，是乾隆前期上杭贴黄器已达到较高水平，故得作为贡品。而清代宫廷所藏贴黄器，穷工殚巧，更是在上杭已达到的基础上有极大的提高。当时可能召匠入宫制造，或饬员赴闽定制，或兼而有之。具体情况若何，有待作进一步查考。惟可以断言者为上杭贴黄在乾隆之前定有更早的历史，其始至晚也在清初，乃至早到明代。

贴黄器以木为胎。木胎可随意造型，故能突破竹材为圆筒形的限制，可以制成各种形状的器物，并因此而增加其实用价值，所以贴黄器是值得并应该提倡的。不过贴黄甚薄，只能浅刻。故贴黄器盛行后，圆雕、透雕、高浮雕、深刻等许多传统技法失去了用武之地，一般竹人只去制作浅刻易就的贴黄工艺品，很少再去雕制费力难成的竹刻艺术品，其结果竟导致清中期以后竹刻艺术的显著下降。张鸣年《竹人录》跋称："吾嚶刻竹，名播海内，清季道咸以后，渐尚贴黄，本意浸失。"[1]惋惜之余，乃有此感慨之言。看来在发展贴黄器的同时，必须仍有造诣较深的艺术家致力于竹刻，才能使我国特有的这种专门艺术长盛不衰。

一般民间的贴黄器，造型雕饰都比较简单。但清宫所藏，精工华美，远非民间者可比。仅就收入本卷的少数故宫博物院藏品作初步观察，已知有下列多种的制胎、镂刻及装饰技法：在造型平整而较规则的器物胎骨上贴竹黄；在造型不规则的器物胎骨上贴竹黄（图46）；在贴黄面上加浅刻花纹（图47）；在贴黄面上划锦纹并与镶嵌工艺相结合（图48）；在本色贴黄上加雕刻（图49）；在本色贴黄上粘贴本色竹黄花纹并加雕刻（图56）；在本色贴黄上粘贴深色竹黄花纹并加雕刻（图52、53、55）；在本色贴黄上施火绘花纹（图54）；在器物的面上镶深色竹丝，在竹丝上再贴本色竹黄花纹并加雕刻（图58）；在器物面上镶两色竹丝，在竹丝上再贴竹黄花纹并加雕刻（图59）；贴黄器与火绘、镶嵌等工艺相结合（图60）；在镂空的紫檀器上嵌贴竹黄（图63）；贴黄器与嵌玉工艺相结合（图64）；在竹丝及金属丝的编织物上贴竹黄花纹（图65）等等。此外还有超出一般工艺品而富有诗情画意的艺术精品如贴黄与嵌木相结合的芭蕉山石长方盒（图66）。总之，技法繁多，工艺复杂，变化无常，不胜备述。

值得注意的是故宫所藏的精美贴黄器，似全部是乾隆时期制品，此后宫廷未再制造或采办。精巧而繁复的装饰技法亦未见在民间的贴黄器上使用。这就使我们意识到应当研究并继承清代贡品的技法来提高当代贴黄器的水平。

## 四　木雕

本卷搜集小型木雕八件，虽时代早晚有别，但或与竹刻有渊源关系，或本出竹人之手。因未刻款识，遂无从查考。

鱼龙海水作为工艺品图案，12世纪时已流行，实例如1983年四川遂宁南宋墓出土的银盘（插图8）。本卷所收的雕有鱼龙海兽的紫檀笔筒（图67），其花纹和银盘大体相同，倘与团城元代大

[1] 金元钰：《竹人录》《跋》。

竹刻

玉瓮相较则更为接近。据动物形象，其雕制年代当在15世纪，下限不会晚于嘉靖。再取与朱守城墓出土的紫檀螭纹扁壶（图69）相比，其时代风格显然早于万历时制品。换言之，鱼龙海兽纹笔筒的雕刻时代乃在竹刻形成专门艺术之前。故笔者认为此等紫檀雕刻，对朱松邻所创之高浮雕刻法，曾产生过影响。至于沉香鸳鸯暖手（图70），风格蕴藉细腻，直可与朱三松的圆雕竹根器相比拟，它的作者可能也曾雕刻过竹根器。

黄杨仕女（图71）及子母牛（图73）等显然年代较晚，和清前期的某些竹根圆雕风格相近。而黄杨三螭海棠式盒（图74），造型及刀工与清代的仿古铜器竹雕又有相通之处。同一时期的种类截然不同的工艺品都往往相互有影响，更不用说均是用刀凿制成的竹刻和木雕了。

# 论竹刻的分派

不论文学艺术或其他学科，凡言某宗、某派，首先要有开山的创始者，其次要有受创始者影响的继起者，否则就形不成宗，更难称派。如果有人脱离历史的实际情况而侈谈分派，即使成一家之言，也得不到人们的承认而终难成立。一切缺乏根据的臆说是经不起历史的对证和时间的考验的。

我国竹刻至明代中期才形成专门艺术。最早提出分派的是清嘉庆时人金元钰。他在所著的《竹人录·凡例》中说：竹艺“雕琢有二派：一始于金陵濮仲谦，一始于吾邑朱松邻。濮派浅率不耐寻味，远不如朱”[1]。严格说来，金元钰只说对了一半。嘉定竹刻自16世纪初朱松邻创派，子（小松）孙（三松）三传，一脉相承，延续到清中期，后继者何虑数十家，故嘉定派是确实存在的。至于濮仲谦就不同了，得其亲授或直接受其影响的竹刻家连一位也举不出来。故谓明清之际，存在着一个以濮仲谦为首的金陵派是不能成立的。金氏分派之说，不过是有意制造一个对立面来抬高他本乡的嘉定派而已。

第二位把嘉定和金陵竹刻家相提并论，但并未明言分派的是本世纪初的褚德彝。他在所著的《竹人续录·序》中说：“竹刻权舆于唐，盛于明代。金陵濮、李，嘉定朱、侯，名擅雕镌，咸称绝技。”[2]这里濮、李的并提，主要由于二人乃同乡而并不一定认为他们是同派。濮在李上，也不意味着濮是金陵派之首，因为据《竹人丛钞》，李文甫所镌花草，“皆玲珑有致”[3]。既然玲珑，便是精雕细刻，与濮仲谦“不事刀斧为奇，经手略刮磨”[4]而巧夺天工的风格大异。又同书称李亦刻印章，“尝为文三桥捉刀”。按文彭（三桥）卒于万历元年（1573年），而濮生于万历十年（1582年）[5]。李既与文同时并为他捉刀，自然要比濮年长得多，濮是晚生后辈，怎么能居李之上而成为金陵派之首呢？

叙述竹刻分派不厌其详，远远超过前人的是1947年发行的《辞海》中的《竹刻》条：

> 镂刻之施于竹材者，称竹刻。其艺始于唐、宋。宋高宗时，安徽吴晞庵、詹成能于竹片上镌刻宫殿、山水、人物，纤毫俱备，以幽秀胜，世号皖派。至明金陵李文甫、

濮仲谦刻花、鸟、虫、兽，皆精绝隽逸之作，有金陵派之称。后嘉兴张希黄、钱开泰、周梦坡改创阳文留青，此浙派所自起。继之者，有萧山蔡容庄创刻留青人物山水，得希黄诸家之秘，遂称萧山派。嘉定朱松邻改变濮仲谦法，喜用深刀，子孙继其业，遂成嘉定派。至清乾、嘉间，邹邦藩、潘老桐、郑文伯、方絜斋辈，均摹李文甫、濮仲谦法，镂工皆精，此金陵派之继起者。道光时，汤硕年、吴玉田兼嘉定、金陵、皖三派成为一家。[6]

乍读上条，列举竹刻家及流派，如数家珍，令人不禁肃然起敬，莫测高深。但随即发现所述竹人，有不少非常陌生，为《竹人录》及《竹人续录》所未载，很难相信如果是有成就的竹刻家，竟会被金、褚两家遗漏失记。而当该条提到赫赫有名的大家时，又出现明显的错误，这就不能不使人对其所列举的竹人和分派的可靠性产生疑问了。

该条首先提出南宋时安徽人吴晞庵、詹成。吴晞庵名姓不彰，事迹及作品均待考。詹成则见元·陶宗仪《辍耕录》，但未言他是安徽人，所谓“能于竹片上镌刻宫殿、山水、人物”云云，乃陶氏称誉詹成语，今被置在吴、詹之下，遂成为二人共有的技能，这是对《辍耕录》的篡改和歪曲。而称詹为安徽人，更缺乏根据。故所谓“世称皖派”之说，乃是虚构，该条不过将一己之言，诡称是世人的成说而已。

次谓“嘉兴张希黄、钱开泰、周梦坡改创阳文留青，此浙派所自起”。按张希黄虽为名家，但生平不详，其籍贯或云为江阴[7]，未闻有嘉兴之说，而江阴在江苏，不在浙江。钱、周姓氏不见金、褚两录。“梦坡”为近人周庆云号，吴兴人，以工书画、富收藏著称，未闻善刻竹。其中仅张希黄为大家，钱、周二人不曾以刻竹显名，不知何以竟归入一派；又时代有先后，岂能同是留青的改创者！如此言分派，徒增疑义而不能使人信服。

次谓“继之者，有萧山蔡容庄创留青人物山水，得希黄诸家之秘，遂称萧山派”。据传世实物，蔡容庄刀法以阴文浅刻为主，留青之作不多。所谓萧山派只举容庄一人，无继起者，又如何能成派！

次谓“嘉定朱松邻改变濮仲谦法，喜用深刀”。按朱为嘉靖、正德间人，濮仲谦则生于万历十年，入清尚健在[8]，故朱早于濮至少半个世纪。今竟谓朱改变濮法而用深刀，岂不大谬！只此一语，已足见该条作者对声名煊赫的朱、濮也无所知，更无论其他二三流的竹人了。

次谓“至清乾、嘉间，邹邦藩、潘老桐、郑文伯、方絜斋辈，均摹李文甫、濮仲谦法，镂工皆精，此金陵派之继起者”。按四人中堪称竹刻家的只有潘老桐和方絜。老桐名西凤，擅长阴刻、高浮雕、浅浮雕、留青等多种刻法，而浅刻只是其刀法之一。作品与濮仲谦偶有相通处[9]，惟其生也晚，只能说受濮的间接影响。方絜字矩平，号治庵，“絜斋”之称，既非其名，亦非其号，又显然有误。据传世实物，方氏善陷地浅刻，乃从贴黄的浅刻变化出来的一种刀法[10]，和李文甫的“玲珑有致”、濮仲谦的“经手略刮磨”而巧夺天工均不相侔。故谓摹李、濮，又是毫无事实根据的臆说。

次谓“汤硕年、吴玉田兼嘉定、金

[1] 清·金元钰《竹人录》，民国鄞秦氏睿识阁排印本。

[2] 褚德彝《竹人续录》，1930年排印本。

[3]《竹人丛钞》，据李放《中国艺术家征略》卷二引文。

[4] 明·张岱《陶庵梦忆》卷一“濮仲谦雕刻”。

[5] 钱谦益《有学集》赠濮老仲谦诗，自注云：“君与予同壬午。”此壬午为万历十年（1582年）。

[6]《辞海》合订本页1007第二栏，1948年中华书局再版本。

[7] 褚德彝《竹人续录》，1930年排印本，叶三下褚氏案语。

[8] 钱谦益赠濮老仲谦诗作于顺治五年、六年之间。

[9] 请参阅拙编《竹刻艺术》页17及页59，1980年人民美术出版社；又拙著《中国美术全集·竹木牙角器》“竹刻总论”页9、“图版说明”页9。

[10] 请参阅《中国美术全集·竹木牙角器》“竹刻总论”页10。

陵、皖三派成为一家”。按汤不见竹人两录。吴为福建人，载入褚德彝之《竹刻考略》[1]。二人生于晚清，竹刻艺术已日益衰替。朱氏一门的圆雕、透雕、高浮雕诸法均已失传，更何来嘉定派？而所谓皖派又根本不存在，故兼三派之说，又不过是一句空言而已。

《辞海》条目，多有所本。《竹刻》一条，几经查找，始知乃摘录张志鱼所撰《历代刻竹人之小传》（见后附录）并略加损益而成。

张志鱼，字瘦梅，号通玄，民国时人，能治印刻竹。其人品技能，自有公论，兹不复赘，惟其编写《小传》所持态度，显然极不严肃。有关竹刻历史，浅陋无知，亦于此暴露无遗。

《小传》一起称：“鱼前二十年，得到《竹人录》一册……不知何人执去，现追忆录之，挂一漏万，当不免耳。”撰述缺少重要参考书，应当搁笔，凭记忆随手写去，治学者决不肯如此草率，其结果必然是错误百出。但谓朱松邻乃崇祯时人，将明人侯崤曾列入清代，置康熙时的吴之璠于乾隆时的严煜之后等等，则并非一时记忆之舛误，而只能解释为对竹刻史缺少基本知识和整体观念。更不足取的是强不知为知，不据史实，妄言分派，这是为了自炫博学而不惜欺骗读者的一种做法。

按《小传》不过是张志鱼一家之言，原无足轻重，不必亦不屑为它多费笔墨。但作为《辞海》条目，问题的性质就大不相同了。因为《辞海》是一部流传广、影响大、经常有人查阅并引用的辞书。编者为竹刻设条，未能察觉《小传》的谬误无稽而大量摘录，甚至还掇拾三五人名，进一步自行编造。例如称邹邦藩等四人为金陵派继起者，汤硕年、吴玉田兼三派成为一家等等，就是《小传》所无，而是《辞海》编者后增的。如此乱抄妄增，就造成谬种流传，贻误读者，成了严重问题。1973年台湾出版的《中文大辞典》便一字不易地采用了《辞海》的《竹刻》条。被它所误的可能还有其他辞书，至于论著就更多了。如万一鹏《竹刻艺术》，小史首段即从《竹刻》条取材[2]。夏美驯《历史文物与艺术》中有两篇谈雕竹的文章[3]，他对《竹刻》条的说法亦信而不疑。本文不辞繁琐之嫌，一一指出其讹舛失实之处，目的就在纠正错误，清除有关竹刻分派的种种不实之辞。

《辞海》中出现像《竹刻》这样的条目，使人感到过去对工艺美术史的研究做得很不够，与实物脱节、传闻耳食的说法太多，翔实有据、语不虚发的著述太少，这也是辞书编者找不到可靠材料，未能写好条目的主要原因之一。改变这种状态，正是我们今后努力的方向和工作的重点。

原载《故宫博物院院刊》1989年第3期

[1] 见钱定一《中国民间美术艺人志》页222，1987年人民美术出版社。

[2] 万一鹏《竹刻艺术》，台湾《新亚书院学术年刊》第16期，1974年9月。

[3] 夏美驯《历史文物与艺术·竹与雕竹艺术·艺林珍品话竹刻》，台湾1984年10月印本。

附录

## 张志鱼《历代刻竹人之小传》

鱼前二十年，得到《竹人录》一册。所载由宋詹成起至清乾隆止，约百余人。该书不知何人执去，现追忆录之，挂一漏万，当不免耳。顺序书之，为是省纸省工，读者幸原谅焉。詹成、吴晞庵（宋高宗时安徽人）能于竹片上镌刻山水、人物、宫殿，纤毫俱备，细巧若镂，各以幽秀见长，此刻竹之皖派也。明朝能手崛起，有金陵李文甫、濮仲谦，均善刻竹，惟性质稍异。一喜刻扇骨（即箑边）；一喜镌香筒，其所刻率多花、鸟、虫、兽之类，皆精绝隽逸之作，此刻竹之金陵派也。厥后嘉兴张希黄、钱开泰、周梦坡改创阳文留青，传其法者甚多，此刻竹之浙派也。又萧山蔡容庄创留青人物山水，极得希黄诸家之秘，而别树一帜，不落恒蹊，遂称萧山派。明崇祯时，朱松邻改变濮仲谦法，而于其所刻喜用深雕，又擅书画，善摹吴道子，朝画一稿，夕刻于竹，遂名振一时。其子小松，其孙三松，均继其业，此刻竹之嘉定派也。云亭严子煜，字敬安，江苏嘉定人，从周芝岩学刻竹，尽得其秘，饶有朱三松、李长蘅之妙。逮后侯崤曾、吴之璠创刻薄地阳文人物，封锡禄则以竹根雕镂佛像，施天章能传封技，其艺不在封下。清乾隆时，阮芸台、湘中孙鹤诏，鄂中邹邦藩，江都潘老桐，名西凤，其子小桐，郑文伯；嘉庆时，方絜斋、唐学川，杭州陈源均；道光时，赣中汤颂年，嘉兴张受之，吴江杨龙石，闽中吴玉田，海盐胡衣谷，金坛赵成祖；此见于《竹人录》、《印人传》者（下略）。（见张志鱼《刻竹治印无师自通》页 2，1941 年寄斯庵印本）

# 竹刻款识辨伪

在张珩同志遗著《怎样鉴定书画》一文中，有这样几句话：书画作伪“归纳起来不外乎两类。一类是完全做假，其中又包括：照模、拼凑、摹拟大意、凭空臆造等四种方式。另一类是利用前人的书画，用改款、添款或割款的方法来做假”。谈到竹刻，虽属雕刻小品，传世之器比起其他文物门类也为数甚微，但作伪的方式方法却和书画颇有相似之处。近年观摩实物，浏览图像，有些可疑之例，随手书之，以就正于究心此道者。

要肯定一件赝品是否为照模，最好能先看到真品。对比一下，不仅可以辨其真伪优劣，摹刻者的惟细惟谨，亦步亦趋也昭然可见。

清初大家吴之璠有一件滚马图笔筒（图1），清宫旧藏，现在台北故宫博物院。刻法用浅浮雕，即金元钰所谓的“薄地阳文”（《竹人录》卷上）。一马仰卧，鬃鬣

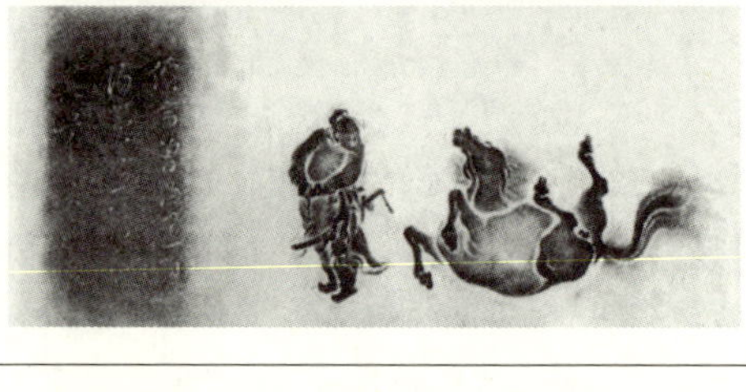

图1　清吴之璠滚马图笔筒（左）

图2　伪吴之璠滚马图笔筒（右）

图 4　清周芷岩溪山渔隐笔筒拓片

图 3　清吴之璠换鹅诗臂搁

散地面，睛目努张，掀鼻露齿，若闻其嘘气之声。前足蜷局而左向，后足蹴空而转右，马尾扫拂尤为得势，把骏骑滚转的一刹那刻画得形神兼备。马右立一圉人，侧身而顾。它是之璠的精品，迭经书刊影印，为世所知。

1981 年在北京见到一件摹刻（图 2），构图与原件全同，镌刻亦工，如未曾见到吴氏真迹，可能信而不疑，但经玩味，优劣自见。原件虽极精工，却游刃自如，畅行无碍，故于缜密中有劲挺之致。摹刻一件部位不差，纤琐悉备，但过于矜持，惟恐不肖，遂刻不出爽利自然的意趣。如果说摹刻一件的马和圉人刻得还算不错的话，笔筒上的题字便毫无是处了。只因摹刻一件的竹筒粗于原器，所以加刻了阴文行书三行：“价高曾得遇孙阳，冀北群空选异常。吴之璠制。”我们不妨取吴刻的换鹅诗臂搁真迹（图 3）来对比，虽一为阳文浮雕，一为阴刻，但前者遒劲飞动，后者冗弱呆滞，书法高下，相去甚远。正是因为原件没有题诗，作伪者无从照模，只好妄自增添，于是暴露了明显的伪造痕迹。摹刻一件竹色红紫，年代并不晚，很可能是吴氏弟子或同时竹人的作品。

刻竹名家周芷岩善用刀痕来再现笔墨意趣，以运刀如运笔著称，是以南宗画法来刻竹的第一人，因而出现了前所未有的面目。《河北第一博物院院刊》印出署名芷岩或晋瞻的三件作品，有真有伪。其中的《溪山渔隐》山水笔筒（图 4），山石树枝，一剔而就，笔触苍老，俨然如画，可信为真迹。另一件仿倪山水笔筒（图 5）则是伪作，山水刀法太弱，去芷岩远甚。至于题字，则间架结构与芷岩尚有几分相似。从这一点来看，作伪者乃据真迹照模有极大的可能。

属于摹拟大意一类伪作，又要举一件有“之璠”款的竹刻为例——高浮雕兼透雕仕女香筒（图 6）。

据传世吴刻，可知“薄地阳文”乃吴氏所创，而高浮雕兼透雕则是他继承三朱（朱鹤、朱小松、朱三松）的刻法

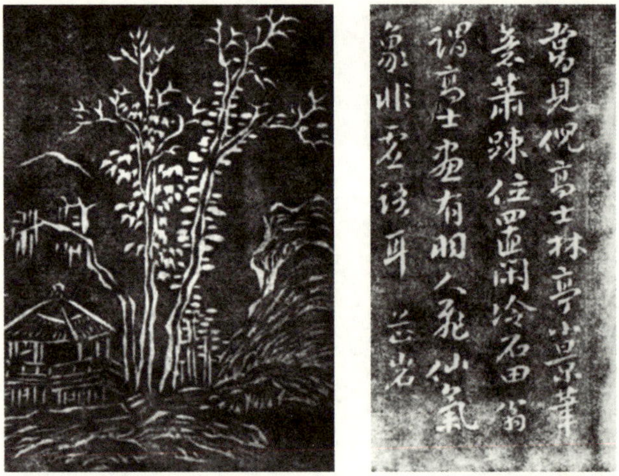

图 5　伪周芷岩仿倪山水笔筒拓片

但又有所发展。其代表作如故宫博物院藏的笔筒（图 7）。它虽为黄杨木雕而非竹刻，但刀工技法，并无二致。如果我们取与仕女香筒对比，真伪妍媸，判然自见。东山报捷笔筒刀法圆润，人物顾盼有情，树石法度谨严，又盎然有生趣。仕女香筒人物粗率，山石强凿洞穴，松针层次不清，全乖物理，两件无法使人相信乃出一手。伪作如此，当属摹拟大意一类，因为如果有真者在旁可供照模，应当还能刻得好一些。尤其是山石洞穴，不至于剜凿得如此牵强做作。

凭空臆造是只想假借巨匠煊赫之名，售世欺人，往往连名家的时代风格和个人风格也不加考虑，随意抄袭画本或求人打稿，妄刻成器。这样的伪作与真品每多悖谬，容易被人看出破绽。不过遇到徒慕虚名，购藏竹刻而又不甚了了的好事者却不难得售。下举刻有“希黄”款或印章的各一件及刻有朱三松印的一件。

刻有希黄款的是一件桧石双鹤图臂搁（图 8）。大家知道张希黄是明清之际刻留青第一高手。个人所见真迹或在疑似之间的竹刻不下十余件，无一不是远景山水。画中景物，楼阁园林往往占重要地位，而人物高仅分许。刻字一二十字或多至三四十字，行楷相间，字字不相连属。前为英人大维德所藏、今归美国波士顿美术馆的楼阁山水笔筒（图 9）可视为代表作。现在刻有希黄款

图 6　伪吴之璠仕女香筒

图 7　吴之璠东山报捷图黄杨木雕笔筒

的臂搁为树石翎毛近景，是从未见希黄刻过的题材。个人见闻有限，自不宜因没有见过而遽予否定。但辨伪的有力证据在臂搁上的画本，竟是清代晚期沪上任氏一门（任熊、任颐等）的风格。明末的张希黄决不会受清末任伯年的影响，其为伪作自不待言了。臂搁刻有“物聚所好”方印，是清末民初贵池刘世珩的收藏印，看来臂搁的作伪就是在清末民初之际。平心而论，臂搁的画与刻都有较高的水平。如署真实姓名，传到现在，也是一件珍贵文物。无端刻上“仿元人法希黄”几个字，只能是一件假古董了。

另一件留青山水盒（图10），左下角有“希黄”印。从内容来看，它没有前例那样离题太远，技法也发挥得很好，但仍可断定为臆造之作。因为希黄真迹有鲜明的画工气息，而从不刻南宗山水。此盒则纯是文人画，而且已是清中期或更晚“四王”流衍的面目。这就和张希黄的时代风格及个人风格大相径庭了。

刻有朱三松印的是一件臂搁（图11）。正面七律一首，有“徵明”两字款及“衡山”、“朱三松刊”两印。类此阴刻名家书迹，清中期始流行，刻者印文曰“某某刊”，时代则更晚，均非晚明所能有，其为凭空臆造，已无可疑。背面竹黄刻山水人物，笔法与衡山决不相似，但颇工谨。柳下芦边，各泊一舟，画手意在与七律中扁舟句相呼应，予人一种感觉，似乎画本亦出衡山之手，此乃利用好事者仰慕名家，冀得佳制的心理，以售其狡狯之技。

竹刻中最常见的伪作是在无款的器物上添刻名家伪款。下举伪刻濮仲谦者三件，伪刻江春波、朱三松者一件。

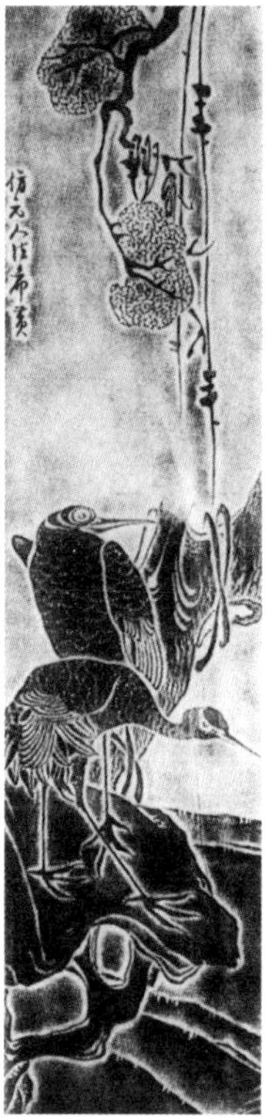

图8　伪张希黄桧石双鹤臂搁拓片

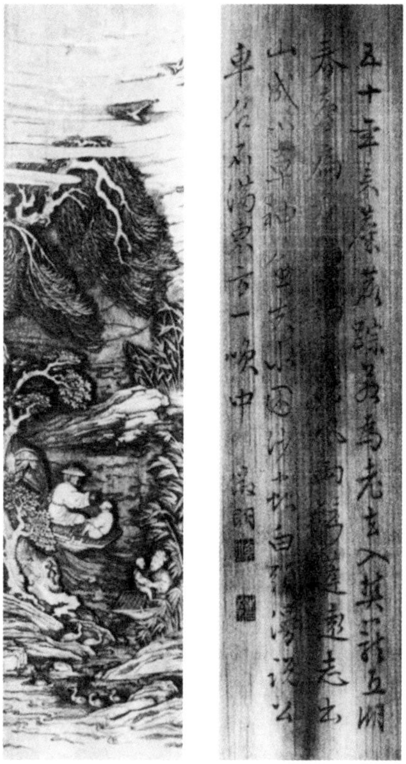

图11　伪朱三松刻文徵明诗臂搁正背面

图9　明张希黄楼阁山水笔筒

图10　伪张希黄山水盒

濮仲谦款八仙乘槎图笔筒（图12），上部岩壁半为云遮，其下波涛汹涌。八仙泛槎，如履平地。刻者取材竹根肉厚一截，故能充分发挥高浮雕

图 12　伪濮仲谦八仙乘槎图笔筒

图 13　清无款赤壁赋图笔筒

刻法的特点。

严格说来，确实可信为濮氏的真迹，一时尚难举出实例，但我们有理由相信八仙笔筒是一件添款的伪作。所据如下：

首先是笔筒的刻法和几种讲到仲谦艺术特点的文献记载都不符合。按仲谦以擅长浅刻著名。据《太平府志》、张岱《陶庵梦忆》、吴德旋《初月楼文钞》，都说他“貌若无能，而巧夺天工”，“其竹器一帚一刷竹寸耳，勾勒数刀，便与凡异，然其所自喜者，必用竹之盘根错节，以不事刀斧为奇，经其手略刮磨之，遂得善价”，可知其特点在善于据竹材的原状，运以巧思，略施刀凿，竟能得到人们意料不到的效果。因此其作品不可能是精雕细琢，而有“大璞不斲”（宋荔裳《竹罂草堂歌》），天然浑朴的意趣。上述的特点，显然在八仙笔筒中是丝毫也找不到的。其次是八仙笔筒的雕刻风格我们是了解而熟悉的，它是标准的明末清初嘉定朱氏传下来的所谓“洼隆深浅，可五六层”的高浮雕刻法，实物传世尚多，不难举出若干件和它相印证。无款的赤壁赋图笔筒（图 13）就是一件与它十分相似的实例。我们有理由说八仙笔筒是 17 世纪嘉定竹人的制品，却被人添刻上濮仲谦的伪款。

浮雕文姬归汉图笔筒（图 14），石上空白处有“仲谦”、“濮澄”两印。人物山石镂刻极精，一望可知是吴之璠常用刀法。作伪者昧于明清名家的个人风格，在笔筒上妄刻名气大于吴之璠的濮仲谦印章，这就等于向人宣布“本器乃是赝品”。假若当时不刻濮印而刻吴之璠款，那么辨别真伪倒要颇费踌躇了。笔筒的真正刻者应当是吴氏的弟子，并且很可能是对着老师的真迹模刻的。

盒作葫芦形，遍体浮雕藤蔓匏实，下端底盖合口处，刻“澄”字方印（图 15）。此种竹雕器并无多少意匠经营，因而看不出作者的个性，乃出一般工匠之手，传世甚伙，多数无款，上海博物馆藏品中就有五六件之多。濮氏印章乃是后添，毋庸置疑。

江春波伪款寿星（图 16），手持如意，笑容可掬。幼儿六人，围绕嬉戏，寓多寿宜男之意，前人祝寿馈赠，每需此物。它是自朱氏三世圆雕之法大备，封氏昆仲又有创新，嘉定竹刻不断发展，业者日众，开店列肆，竹雕走向商品化时期

图 14　伪濮仲谦文姬归汉图笔筒

的产物。寿星镂刻较繁，不是一般的商品，但也不是真正的艺术品，和朱、封等大家的圆雕人物、罗汉等是无法比拟的。定其制作年代，在 18 世纪上半期似无大误。

待我们再来看一看江春波的史料。据《中国艺术家徵略》引《酌泉录》：春波筑堂五浪山，“暇则取藤瘿古木湘竹，制为砚山、笔架、盘盂、臂搁、麈尾、如意、禅椅、短榻、坐团之类，摩弄光泽，皎洁照人”，并无从事竹雕的确凿记载。尤其是和江交游名士，“若唐子畏、祝枝山、文衡山父子，往来尤数”。可知他的活动年代在正德、嘉靖间，比嘉定竹雕创始人朱鹤还要早上几十年。本人认为嘉靖前期不可能会有寿星那样的竹雕，故可断定江春波款乃是伪刻。

山水笔筒（图 17），刻有“徵明戏作”款、“三松制”印章（图 18）。

画景为一帆饱风，顺流而下，乘者不下七八人。一舟逆水上行，两人背纤，登桥匍匐而进。从款字及印章来看，乃是文徵明作画稿，朱三松镌刻。其不堪信，原因有四：

1. 文徵明早于朱三松，除非朱三

图 15　伪濮仲谦葫芦盒

图 16　伪江春波寿星

图 17　伪朱三松刻文徵明山水笔筒

图 18　伪朱三松刻文徵明山水笔筒（题字）

松把文画搬移到笔筒上，文徵明是不可能为朱三松在刻件上打稿的。

2. 摹刻名人书画，并标明作者姓氏，其风始自周芷岩，尚未见到更早的实例。朱三松刻《西厢记》故事窥简图笔筒，画本参酌陈老莲版画。但朱氏为了竹刻的需要，益以新意，增加了许多景物，成为自己的创作。三松自工书画，他是不屑生搬硬套他人的画本，并把原作者的姓名也刻在上边。

3. 画本格调相当庸俗，如谓是衡山所作，定是赝品。三松岂肯摹一幅文氏伪迹来作为竹刻的画本！

4. 笔筒刻法为浅浮雕，与朱三松的时代风格及个人风格均不符合。笔筒上山石树木的处理，尤其是垂柳的刻法，传世刻件上曾屡见不鲜，乃出于乾嘉间某一竹人之手，多不刻姓名或印章，故往往被人添刻伪款，而真实姓名反不详。

竹雕也有用改款方法来作伪，将不为人知的或名气不大的款识改为大名家的款识。竹刻用材不同于书画，裁割、挖补等伎俩使用不上，只有把原款铲去重刻伪款，所以也就和添款十分相似了。

1983 年 2 月

# 有关朱小松史料三则

关于明代竹刻家朱松邻、朱小松、朱三松祖孙三人的记载，可于不少清人著述中查到。诸如:陆廷灿《南村随笔》、王鸣盛《练川杂咏》、金元钰《竹人录》、吴德旋《初月楼文钞》、程庭鹭《练水画征录》、毛祥麟《对山书屋墨余录》等，但都使人感到不够翔实。近阅明人文集，见到有关朱小松的史料三则，即收入徐学谟《归有园稿》的《朱隐君墓志铭》、《祭朱隐君文》及收入娄坚《学古绪言》的《先友朱清甫先生传》，亟录之于下。

## 一　徐学谟撰:《朱隐君墓志铭》

隐君姓朱氏，讳缨，清父字，其先华亭人也。自君之父鹤号松邻者，始徙嘉定，卜吴淞江上占籍焉。松邻为人，博雅嗜古，而特攻雕镂之技。其所制簪匜图刻诸器，为世珍玩，有传其一器者，不以器名，直名之曰朱松邻云。而君为松邻长子，能世其业，人呼之曰小松。君生而聪颖绝伦，即席松邻之技，辄能师心变幻，务极精诣，故其技视松邻益臻妙境，自簪匜图刻外，旁综花草人物，间仿唐吴道子所绘，作古仙佛像。刀锋所至，姑无论肌理肤发，细入毫末，而神爽飞动，若恍然见生气者。鉴古之士，咸谓其工非人间所宜有，而君亦雅矜其技，不肯轻为人露指。有以货干之者，不辄应。即应之，必不受人迫趣。而性复嗜酒。酒至即醽，不醉不止，以故日无余晷，须兴至始一运斤，主于自适而已。即所制器，非经岁月不能得。人以其难得，则愈益爱重之，而疑君者以为倨，或诮让及之，君漫不以屑意。会令欲多购君图刻，为赂遗具君，不为理。令怒而捕君，君竟逃去，不复顾其家。已太仓王先生为之居间，乃脱，而君终不为令屈也。人以比之汉之太山太守逐庞萌故事云。先是，禹州徽王闻君名，将礼聘之，业纳币，而君辞于使者曰:“臣井中蛙耳，安所需于东海哉!”卒不肯行。其后王坐法废，识者始服君之先见。君严于禔身，而自以栖卑，故不敢为亢异。时骚卿墨客，暨游闲公子，日过其门，君与之无町畦。即杂以酒肉伧、便腹贾，亦复欢然，略不作呕哕状，而其中泾渭自辨，要于两无所浼。始吴淞之庐毁于倭，君乃避地入城，颇厌其嚣，则构城隅隙地，结诛茆数楹，旁荫竹树，以乘风日。其户长扃，不扣不启，而筆瓢晏如。人召之酒，无不赴。不召亦不先往，故平生未尝以颜色伺人，人竟不得而亲疏之，其意度汪洋可念。比中岁，有悼亡之戚，遂不再娶，而君益喜自晦匿，鳏居一室，第逍遥于盆池山水间，不复关外事，即所善雕镂，多委弃不治。暇则翻诵贝经，冀以勘契死生大事，如是者凡十有七年。然嗜酒无厌，晚中风淫，客至率卧床不能起。或劝之止酒。君笑曰："酒止而生，生何为者？世间殇子，岂尽醉死哉！"复歌之曰："去本无妨留亦得，何人不是远行人？"于是劝者色沮。其任达如此。盖病三岁而君奄然逝矣。是为万历丁亥九月初六日，得年六十有八。而其葬也，即以是年之十二月十六日，墓在邑之依仁乡，祔松邻兆。娶丁氏，生子三人。伯稚美，娶邹，为县诸生，以都授给君衣食；仲稚恭，娶萧；季稚征，娶钱，仍世君之业。女四人，徐潞、王士弘、李人童、潘承节其婿也。孙男三人，孙女一人。当君属纩时，瓶乏宿舂。召诸子前，相顾而诀，了无陶生败絮之感。第属曰："其以宗伯公铭我。"呜呼！君之名几满天下矣，顾不知君者，谓君以技重，而知君者，则谓技以君重。非果于遁世者欤？稚美以状来请，乃为之铭曰："语云：'有大巧者必有奇穷。'而君之不逢，岂以其能夺造化之工。然则古之黔娄，未尝畸于技也，又胡为坎壈其躬？吾故去彼取此，以贲汝于三尺之封。"❶

## 二　徐学谟撰：《祭朱隐君文》

於乎！古之隐者，并隐其名。今之隐者，莫蔽其形。巍冠长裾，遨游公卿。苍蝇骥尾，何欲不盈！嗟君孤蹇，抗迹蓬衡。崇宣义问，不出户庭。雕镂世业，聊以寄情。妙夺天巧，工令鬼惊。一借其手，珍视楚珩。人曰艺下，非君重轻。君握其宝，自信则矜。有以迫之，累岁不成。或取怒骂，我无将迎。货不能取，势不可争。托焉而逃，以拟性灵。奇穷及之，裋褐藜羹。不厌死耳，宁以技营？早游翰墨，旁及丹青。翳蒿之径，草玄之亭。翛然隐几，徙倚檐楹。人召之酒，掉臂即行。时或裹足，兀坐经旬。淡虑遗俗，以了此生。日居月诸，竹影鸟声。我思在昔，黔娄逢萌。庶几近之，独行可征。逍遥醉乡，可制颓龄。云胡示疾，未废亹觥。一朝挥袂，风马云旌。吾侪酹君，君竟不醒。夜台如昼，天朗气清❷。

## 三　娄坚撰：《先友朱清甫先生传》

昔我先君以温文笃行称于其乡，多隐君子之交，故予自垂髫已获侍老成人。及稍长，辱以小友接之，距今盖已四纪余，其人皆已凋谢。先君之殁，亦垂二十年，而自之发鬖鬖侍侧者，不觉已头童矣。追数先友若王丈叔楚、唐丈道述、宣丈仲济、丘丈子成、张丈茂仁，洎清甫丈。此数公者，或頎然严重，或坦然恬夷中，或退然而勇于为义言，或呐呐然而叩之不穷，行修而识明，论议皆依于忠厚，而确然有所不可夺，非世俗之君子也。幸犹及识其人，闻其所以论身世之故，窃尝识之。每叹世道交丧，日趋浮薄，正犹狂澜横流，而前哲之遗范，遂同潦水之归壑，几无复存者，盖不胜今昔之感焉。朱先生之子若孙，既属书志铭，又列其遗事，请别为之传，以垂示于后人。予以谓先生穷而畸于世与俗，无为町畦，虽子孙岂能悉数其生平，独其不可得而招，不可得而慑，以艺事之精绝，而强半入于酒家。有欲名

❶ 徐学谟：《归有园稿》卷六页 28—31。万历刊本。

❷ 同上书，卷十页 7。

❸ 娄坚：《学古绪言》卷四页 17—20。康熙间刊《嘉定四先生集》本。

❹ 见金西厓、王世襄：《竹刻艺术》图版二，1980 年 4 月人民美术出版社印本。又《中国美术全集・工艺美术编 11・竹木牙角器》图版三，1987 年 12 月文物出版社印本。

❺ 褚德彝：《竹尊宧竹刻脞语》，见《竹人续录》页 30，1930 年排印本。

先生者，第当以此想见其风采，譬如传神乃在颊上三毛，不然而徒拘拘焉求肖于丰羸黔皙，其神弗存也。忆予少时，尚未能尽知先生而独喜从之游，每往叩门，必坐语移日，周览一室之内，墙壁窗牖，皆古人乐性之言。及再往则又别书易之。凡与游者，真若挹清泠以沃焦腑。数称薄縻不继襦不暖，讴吟犹似钟球以自况焉。尝闻之张茂仁丈，一日于众中饮，坐客纷呶，私有诋訾，独执手附耳曰："吾第与君饮此，何足污吾耳耶！"盖爪入于掌，几重伤焉。先生之天性耿介，绝无阿比意，可概见矣。闲居遇可喜可愕，辄寓之于酒，日一与之同其适，一与之分其涂，以是乐之，终身不厌也。当其久病且亟，予往问焉。呼入坐卧榻旁，因问病中亦复饮乎？微哂而应曰："固知今为所困，但与之昵久，如形影然，终不能绝也，时亦濡唇焉，以待尽而已。"昔苏长公称陶靖节出妙语于属纩之余，若斯言近之矣。以嬉笑谑浪而处死生之际，此为何如人哉！先生少而多能，博涉有余力，而世或重其雕镂，几欲一切抹杀则过矣。其书工小篆及行草，画尤长于气韵，长卷小幅，各有异趣。不多为诗，而间一书，其中所欲言，悠然之味，常在言外，庶几香山击壤之遗音焉。良由胸怀洒脱，有所自得于贫贱，故绝不同于俗耳。先生名缨，清父其字。家世本新安，自宋建炎徙于华亭，又六世而东徙，故遂为苏州之嘉定人。赞曰：邑于吴为海乡，仅娄县东偏一隅，然以风气愿朴，故多贤士大夫。若先君之贫，交其人尚多有足称。以予所称诸君子者，其尤也。今朴且渐散，非复曩时。予为朱先生传，因并列之，皆贤而不试者，俾后犹有考焉。其人率永年，王最先逝，秩宗徐公志之，又志唐及朱而三。顾予少且贱，亦铭丘、宣两翁，兹又为先生别传。夫人固不待文而传，乃文实因其人而足重。予生也晚，少而得侍先生，殁且三十年，而猥承论次之役，一何幸欤[3]？

以上三则史料，叙述了小松的为人，尤以徐学谟所撰墓志铭，为我们提供了有关朱小松的生卒年代及其享年，即生于正德十五年庚辰，卒于万历十五年丁亥（1520—1587 年），享年六十八岁。其代表作之一归去来辞图笔筒（彩图 50），刻于万历乙亥（1575 年），时年 56 岁。由于小松为"三朱"的第二代，故得知其确切生卒年代后，对推算其父松邻、其子三松的活跃年代也都有帮助。

例如南京博物院藏刻有朱松邻款的松鹤笔筒[4]，上面的题识是："余至武陵，客于丁氏三清轩，识竹溪兄，笃于气谊之君子也。岁之十月，为尊甫熙伯先生八秩寿，作此奉祝。辛未七月朔，松邻朱鹤。"过去对此"辛未"究竟是正德六年（1511 年）还是隆庆五年（1571 年）曾费踌躇。现知松邻于 1520 年生他的长子小松，那么他自己的生年很可能在 1500 年前后。因此如果我们把刻笔筒之年定为正德六年辛未（1511 年）就未免太早了，那时松邻可能只有十来岁。倘推迟到隆庆五年辛未（1571 年），又似乎太晚了一些，因为那时松邻当已年逾七旬了。他是否曾活到古稀之年，也还值得作进一步的考证。总之，由于查出了小松的生年，不免使我们对松邻松鹤笔筒的真实问题更增添了一分疑虑。

再来看看朱三松的活跃年代。民国褚德彝《竹刻脞语》著录辟邪纽竹根印，款识为"崇祯庚辰三松制"[5]，即崇祯十三年（1640年）。笔者为先舅父金西厓先生整理所著《刻竹小言》，曾据褚氏此条作出三松“卒年或已入清”的推论[1]。按三松为小松第三子，假设小松三十岁时生三松，是年为嘉靖二十八年（1549年），那么到1640年三松该是九十一岁了，显然太老了。褚氏所见的竹根印是否为三松真迹，姑置勿论，本人过去只凭褚氏这一条著录，便作出三松可能入清尚在的推断，说明我当时的态度很不严谨，现收回我过去的臆测。

附带提一下，从徐学谟所撰的墓志铭得知，朱松邻和朱小松都葬在嘉定的依仁乡。通过调查访问，说不定我们还能找到朱氏墓地的一些遗迹。

原载《故宫博物院院刊》1991年第4期

[1] 金西厓、王世襄：《竹刻艺术》页9，1980年4月人民美术出版社印本。

朱小松归去来辞图笔筒（拓本）

# 此君经眼录

晋王徽之寄居空宅，便令种竹，曰："何可一日无此君！"此后多称竹曰"此君"。竹种类甚繁，故此君之貌多异。斫而制器，并施雕镂，又因制者性情、意匠、技法、题材之异而异，于是此君之貌不可胜述矣。以下记竹刻五十件，皆近年所见之不可不记者，名之曰《此君经眼录》。后有所见，当续记之。

1985年7月

## 一　西汉彩漆龙纹竹勺

长64.2厘米　湖南省博物馆藏

《长沙马王堆一号汉墓》描述此勺甚详，录引如下："二件。出土于北边箱。竹胎。斗以竹节为底，成筒形；柄为长竹条制成，接榫处用竹针与斗相联结。斗内红漆无纹饰，外壁及底部黑漆地，分别绘红色几何纹和柿蒂纹。柄的花纹分三段。近斗一段为一条形透雕，上为浮雕辫索纹，髹红漆。中部一段为三条形透雕，上有浮雕辫索纹三个。柄端一段红漆地，上面浮雕龙纹；龙身绘黑漆，鳞爪描红，作奔腾状。"（见《上集》页82）

按两勺为现知时代最早且保存较好之竹雕，竟已一器而兼备浮雕、透雕两种技法。明清竹雕每用竹节横膈作底，亦已见用于此时。

## 二　西夏竹雕人物残片

残长7、宽2.7、厚0.3厘米

宁夏回族自治区博物馆藏

残片出土于银川西复八号陵。据《发掘简报》称："器表雕出庭院、松树、假山、窗、花卉和人物。左上角有一圆孔，可能是盘类边缘装饰的一段。"（见《文物》1978年第8期）惟图片所示，无松树、假山诸景，残片似未照全。刻法以卷草及方格锦纹等作地，上压浮雕花纹，凸起较多，高下已有数层。宁夏不产竹，残片制地可能在江南。

《简报》推断陵为西复第八代皇帝李遵顼葬地（卒于宋理宗宝庆二年，1226年）。由于时代亦当南宋，器形又为薄片，使人联想宋高宗时詹成所刻鸟笼"四面皆花版，于竹片上刻成宫室、人物、山水、花木，禽鸟，纤悉俱备，其细若缕"（见元陶宗仪《辍耕录》）。明以前竹刻稀有，残片何殊凤毛麟角，弥足珍重。

## 三　明朱小松刘阮入天台香筒

高 16、径 3.6 厘米　上海博物馆藏

香筒雕东汉时刘晨、阮肇入天台山遇神仙故事，1966 年于上海宝山县顾村镇朱守诚夫妇墓出土，上距明万历入葬时已有四百年。安奇撰专文载《文物》1980 年第 4 期，论述甚详，今录引其描绘图景一段：

> 在盘屈的古松、荦确的山石下面，一个男子正与一位女郎对弈，另一男子则居中观棋。对弈的男子左手托棋子钵，右手已将棋子下毕，置于枰边，眼神紧紧盯住对方右手下的一角棋枰，凝神注目。对弈女郎，面容秀美，高髻宽袖，右手以食、中二指夹持一子，安详专注，似欲投下。中间观局的男子，左手捻须，右手托颐，双目注视着女郎的右角棋枰，似欲品评。这三个人物的注意力都集中在这一角，女郎手中的这一着未下之棋，就成了全局的中心注目的焦点。然而在他们的周围，气氛却又是那样的幽静。棋局的左边，盘曲的松干之后，则是半开的洞门。门匾上刻阴文“天台”二篆字。后有阴文“朱缨”和阴刻方印篆文“小松”。洞门口 一女郎手执蕉扇，俯视着脚边的梅花鹿和仙鹤，若有所思。画面上那深邃多孔的山石，盘旋高大的松树，倒悬攀附的常春藤，松根旁的灵芝草，……栩栩如生的人物和幽邃神秘的景色交相辉映，组成了一幅动人的神话图景。

1979 年过沪，承上海博物馆出示香筒，幸获谛观，叹为竹刻无上精品，第一重器。香筒为出土文物，有确切年代，更因其绝精，故知其必真。传世小松之作，构图之美，刀法之工，无一可与比拟。人物眸子及枰上棋子用深色角质嵌成，当为犀角，竹刻中尚未见第二例。香筒不仅为小松之代表作，亦为朱氏三代，乃至嘉定早期竹雕树立典范，可作为鉴定真 伪、辨别优劣之标准。其重要性自不待言。例如故宫博物院旧藏、现在台北之小松款羲之书扇笔筒，据此香筒即可断定其为赝品无疑（见台北《故宫文物月刊》总第 19 期）。

传世香筒，底盖每多脱落，或经改装，故难知其原状。今据此器，可略言其使用情况。褚松窗《竹刻脞语》曾道及诗筒及香筒：

> 截竹为筒，圆径一寸或七八分，高三寸余，置之案头或花下，分题斋中咏物零星诗稿，置之是中，谓之诗筒，明末清初最多。圆径相同，长七八寸者，用檀木作底盖，以铜作胆，刻山水人物，地镂空，置名香于内焚之，香气喷溢，置书案间或衾枕旁，补香篝之不足，名曰香筒。国初至乾嘉极尚之，所见周芷岩刻山水者极多。迨古刺水自澳门输入，晶罂金罐，沾溉巾帨，香筒遂归淘汰矣。（见《竹人续录》，1930 年排印本）

褚氏邃于金石之学，旁及竹刻，见识甚广，所言“以铜作胆”，定有所据。有此设置，何殊藏炉于竹，香饼香末，均可焚爇。今此器久藏地下，完整无损，虽未见铜胆，但底盖内壁中心，均有小孔，安奇指出乃为插线香而设。证以高濂《遵生八笺 · 二宜床》条所云“帐中

悬一钻空葫芦，口上用木车顶盖钻眼，插香入葫芦中，俾香气四出”，正相吻合。

上述两种焚香方法，尽可并存。惟检视传世香筒，中有香烟渍痕者，百不一见。良以雕镂既精，遂不忍用以爇香，恐遭烧损煴裂。想只用以贮素馨、供把玩，必大有人在也。

## 四　明朱三松残荷洗

高6.6、宽8.2、纵13.8厘米

故宫博物院藏，现在台北

名虽曰“洗”，难以贮水，实为案头文玩。意匠镌镂，并臻佳妙，三松竹根制器，未见更胜此者（彩图51）。

洗以深秋荷叶为主体，边卷欲枯，虫蚀透漏，筋脉叶内浅镂，叶外隐起，无不逼真。旁侧凹下处，着一小蟹，仿佛郭索有声。叶底盘梗，斜出一花，红衣零落，蕊老药成。花瓣肥短，与窥简图笔筒瓶中所插者，纵有圆雕、浮雕之异，形态则十分相似。二器乃出一手，可以为证。款识“三松制”阴文行书，刻在叶底。

## 五　明朱三松寒山拾得像

高5.2厘米　故宫博物院藏

寒山、拾得皆唐贞观中台州高僧，状类颠狂，世颇传其异迹。此像雕二僧以莲瓣为舟，苕帚作桨，欣然共济，一水可航，构思甚奇，镌镂亦精。“三松”两字款刻在瓣尖一侧。

## 六　三松款明仕女笔筒

高15.7、径14.7厘米

故宫博物院藏，现在台北

笔筒正、背面分刻室内、室外两景。室内仕女四人，一倚屏风，一捧卷轴，一持如意，一理瓶花。圆窗洞开，垂松可见。瓶后横榻，簟纹宛然。左右以山石老松分隔，转为室外之景。仕女三人，一坐锦荐吹洞箫，一掐琵琶，一持扇立听。石间阴刻“三松”两字行书款。

此器迭经台北故宫出版物刊印，题为朱三松作。所据除款字外，乃因题材为仕女，又有屏风、床榻、瓶花诸事，与三松代表作窥简图笔筒颇多似处。惟经比较玩味，难免不生疑议。首因正、背两景，室内优于室外。后者山石松树，生涩疏拙，刻者胸无章法，有不知如何下刀之憾。进而对比室内景物，窥简图屏风阴刻树枝禽鸟，妥贴有致；此则垂枝冗乱无力。窥简图瓶荷花叶如生，有立体感；此则花瓣碎如秋菊，叶片平如镬盖，全元状物之能。两器相去悬殊，讵能同出一手！今为题名曰“三松款明仕女笔筒”，乃谓笔筒为明人所作，可勿置疑，但未敢遽信为三松手制。世有鉴者，或不河汉斯言。

## 七　明无款乐舞图笔筒

高16.6、径12.5厘米

屏前一女蹈足挥袖，翩翩起舞。奏乐者六人，围簇左右，或坐或立，分司三弦、檀板、簧笙、堂鼓、铴锣、横笛诸器。屏后栏干一曲，几案双横，上有瓶荷、犀杯、果盘、囊琴等。旁置兽炉熏笼，陈设华丽。刀法纯用朱氏高浮雕，精美虽不及三松，但可断言为明代嘉定竹人所制，视前例仕女笔筒，全无逊色。

## 八　明濮仲谦古松形壶

高12.3厘米　故宫博物院藏

传世竹刻，镌有大家款识者，朱氏祖孙最多，次为濮氏仲谦，惟的真者千百不得其一。此壶有仲谦款，老干为身，蟠枝成柄，断梗作流，灵巧古朴，兼而有之，其为竹雕精品，自不待言。惟究竟是否为仲谦手制，尚在疑似之间。前代论者多推崇濮氏不事雕琢为奇，略施刀凿便得自然之趣。此壶乃经精镂细琢而成，显然不相符合。倘有佳器，款识自然，而风格意匠又与前人论说吻合者，则可视为仲谦之代表作矣。

## 九　明沈大生庭园读书图笔筒

高 14.9、最大径 15.5 厘米

上海博物馆藏

竹材椭圆形，刻者就宽阔一面构图，借以广拓画境。右侧松石在前，却居陪衬地位。松后圆门洞开，主题尽摄其中，虽近若咫尺，乃是隔墙庭院。设旁景推远主题，借掩映增添层次，浅剔深刓，透凿圆削，各尽其妙，正是禹川所宗的“朱氏雕镂法”。

洞门外碧梧如洗，写出新秋景色。梧下两女子一坐一立，中横桌几，摊书对读。右有圆凳石案，上陈瓶花、书函、香炉等数事。槛外芭蕉二三茎，绿意甚浓。款识阴刻“禹川沈大生制”六字。

此器原藏沪上锡卿李氏，曾印人《嚼雪庐自玩竹刻》一书。

## 一〇　清吴鲁珍人骑图笔筒

高 15.5、径 11 厘米　叶义医生旧藏

长松下一髯翁回身仰射，弓犹在握，箭早离弦，其的高入云端，远在笔筒之外。西厓先生论竹刻打稿，拈出“画外有画”之理，观此信然。

稍左一鞍马，背搭丝缰，俯首缓蹄，意态闲适，松下草柔而丰也。款识“吴之璠制”阴文四字。

按此即 1983 年秋在伦敦沙士比所见之笔筒。不意叶义先生得之不数日竟溘然长逝。睹之有人琴之痛。

## 一一　清吴鲁珍松荫迎鸿图笔筒

高 15.1、径 8.9 厘米　上海博物馆藏

老人坐松下，解衣般礴，右手持履，左手按地，翘首仰望，须髯飘然。一鸟掠空而来，恰与目会，送之而逝。

松树刀法及远景平拖，与采梅图笔筒相似。款字阴文“搓溪吴之璠制”六字，为鲁珍真而且精之作。

## 一二　清吴鲁珍戏蟾图笔筒

高 15.3、径 7 厘米

一人散发嬉笑，解衣蜷足坐帚上，指夹铜钱，面对地上三足蟾蜍，是所谓“戏蟾图”。

《乾隆御制诗集》第五集卷二四有《咏吴之璠竹刻海蟾笔筒》一首。诗曰：“一帚扫清三界尘，戏蟾犹自不离身。《还金篇》与伊谁论？仿佛其人道姓甄。”按宋道士甄栖真有《还金篇》，与戏蟾无涉，弘历不过借以足成一诗而已。

试检史籍，戏蟾者或谓刘海，或谓刘海蟾。

刘海康熙本《凤阳府志》载为唐时蒙城县人，只言“旧传呼蟾于县治西北井中”，未及戏蟾事。

刘海蟾，宋初人，见李石《续博物志》，亦见《湖广总志》，均无只字道反戏蟾蜍。前者经《谈征》（清西厓撰，嘉庆二十年柯古堂刊本）录引，末有案语：“今俗画小儿足踏蟾蜍，可笑也。”后者经《通俗篇》（清翟灏撰，《函海》本）录引，末谓：“海蟾二字号，今俗呼刘海，更言刘海戏蟾，舛谬之甚。”

民间神话，本属子虚，演变成图，多不胜数。刘海戏蟾故事，明代已甚流行，吴伟等浙派画家每图之。至清则妇孺皆晓，且由持钱戏蟾发展成为足踏蟾背，双手挥舞钱串，乃至店铺用作牌匾招幌。因事关民间工艺，故信笔及之。

## 一三　清封义侯竹根罗汉

高 15 厘米　上海博物馆藏

罗汉坐在石上，眼合口张，叉手下按，两臂已直，其体倦则伸，呵欠忽作之一刹那，竟被刻者尽摄刀下，以至足指叩、翘之微细动作，亦攫捉无遗，传神之妙，叹为观止。款在背面左下石上，阴刻“封锡禄造像”五字。义侯之作，今可信为必真者仅此一件，弥足珍贵。

## 一四　清周芷岩松壑云泉图笔筒

高 14.9、径 11.5 厘米　上海博物馆藏

石岭峰峨，洞窟深邃，山泉涌出，竞泻争流，倏为大幅烟云所蔽，自此弥漫缭绕，尽情舒卷，谷为之盈，岩为之翳。构图奇诡，丘壑不凡，自与疏林亭子，浅水遥山大异其趣，在芷岩所刻山水中，信是精心之作。

款识“乾隆甲子长夏芷岩制”。甲子为乾隆九年（1744 年）。

## 一五　清周芷岩竹石图笔筒

高 11.7、径 5.1 厘米　叶恭绰先生旧藏

钱大昕《周山人传》称芷岩“尤好画竹，兴酣落笔，风枝雨叶，无不曲肖”。王鸣韶《嘉定三艺人传》称其“尤长于竹，风雨雪月，短长欹侧，皆入逸品”。今据芷岩画本及刻件，知所作多为竹石小景，非宋元人之墨竹或双勾竹。正因芷岩能将文人画再现于竹上，故誉之者称其“用刀如用笔”，“以画法施之刻竹”。其刀法为一般阴刻，与明及清前期之高浮雕或深刻多层者不同。竹雕风格至清中期而一变，于芷岩此等作品可知其消息。

## 一六　清无款松形竹根杯

高 11.5 厘米

叶义医生旧藏，现在香港艺术馆

杯就竹根之形雕成老松，龙鳞错落，虬枝蟠屈，俨然千岁物。选材既佳，刀法复寓巧于拙，虽无款，当出清初名家之手。类此杯、洗、罂、盒，自三朱以来，制者颇多，因天生竹材各异，故无完全相同者，而精美如此，殊不多见。杯内原镶银里，已脱失，口际尚有胶漆痕迹可寻。

## 一七　清无款松形臂搁

高 20 厘米

臂搁以上下两端齐、左右双边直为常式。此取松干扭屈之形，枝梗生发又自后转前，遂突破常规，别饶新意，耐人赏玩。其造型设计，右凸而左凹，乃为作书者着想。腕凭其上，指下空间开敞，运笔较便。

论其细部，松针团集，源出北宋山水，仍依朱（小松）、吴（鲁珍）矩矱。松鳞则大小均作双圈，自不及或单或双，或深或浅，错落参差，有变化而得生趣。与前例松形杯相比，未免逊色。

## 一八　清无款竹根佛手

长 33 厘米

叶义医生旧藏，现在香港艺术馆

就竹根底端雕枝叶，以上镂果实。佛手指列外周，竹根中虚，故无碍于造

型。物状与竹材相宜，无怪佛手为竹雕常见题材。其表面用细密横向凿痕写皱皱，不甚逼真，第其年代可能早于并蒂一例。

## 一九　清无款竹根并蒂佛手

长 17.5 厘米

叶义医生旧藏，现在香港艺术馆

佛手并蒂双生，当用两株竹根雕制，另镂果枝，插入蒂部，天衣无缝，宛若天成。尝谛观刻件而难寻其粘嵌痕迹，推以物理，似又非如此不为功。佛手表面镂出无数小起伏，益以密点，大有真实感。定曾对果追摹，始克臻此。

## 二〇　清无款竹根禾蟹

长 12、宽 5.5 厘米

叶义医生旧藏，现在香港艺术馆

此又为写生之作，仿佛曾遇之于田塍间。秋禾一穗，环匝蟹下，大有学问。试思无此衬垫，八足爪尖，一一外露，不仅有碍把玩，且纤脆易折。惟以何物衬垫，必须自然合理，始能浑然天成，融会一体。禾穗之用，看似俯拾即是，实经制者苦心思索也。

## 二一　清无款竹根刘海戏蟾像

高 6.2 厘米

刘海解衣般礴，张口憨笑，一手持钱，一手按地，蟾蜍缘膝攀登，欲上未上。除无竹帚外，景物与吴之璠笔筒相同，时代亦不能相去太远。

## 二二　清无款牧童卧牛

长 31. 8 厘米

美国乐兹藏，现在美国丹佛美术馆

牧童踞牛背，右手按绳，左手持鞭，耳大面圆，肥硕可爱。卧牛仰头伸颈，掀唇舐舌，瞳睛上翻，青少于白，饱食反刍，每作是态。余往岁放逐向阳湖为牧竖，与牛共晨夕者三载，故能知刻者审物攫神之妙。

底座略似枯槎，与童及牛计用三竹雕成。

## 二三　清无款牧童卧牛

尺寸待查　故宫博物院藏，现在台北

与前器题材全同。惟前者牧童持鞭踞牛背；此则斜坐按牛角。前者牛体硕而长，年事已高；此则头大躯短，尚有稚气。前者形象处处逼真，用写生手法；此则不受比例约束而有浪漫主义色彩。二者意匠、风格，各有不同，故情趣亦异。去一不可，只得并入吾录。

## 二四　清无款赤壁赋图笔筒

高 15.9、径 19.8 厘米　叶恭绰先生旧藏

竹材径粗肉厚，故得深雕。赵昕《竹笔尊赋序》所谓“因形造境，无美不出，洼隆浅深，可五六层”，于此可见。镌刻不甚精细，但危崖峭壁，老树虬松，汹涌江湍，舒回云霭，无不得心应手，游刃有余。引人注目尤在笔筒上口依景起伏，突破平切常规。足见器形变化，可随人意，不仅臂搁一种不受定格拘束也。

## 二五　清无款竹根卧马

尺寸待查　故宫博物院藏，现在台北

卧马高而且厚，丝纹点点，布满全身，定知其取材竹根。惟不见丝毫竹节痕迹，竟难测所用为竹根何部。尤可贵者，卧马形态自然，绝无迁就竹材之憾，可知求材难，善于用材更难。封毓秀诗

曰："取材幽篁体，搜掘同参苓。"是深知个中甘苦语。晚清以来，竹人徒知取竿筒而弃根节，圆雕佳制遂不复有矣。

## 二六　清潘老桐寿星臂搁

高 22.5、宽 4.4 厘米

叶义先生旧藏，现在香港艺术馆

寿星位在臂搁下半，款字行书"瘿瓢山人作"五字，下有"黄"、"慎"小方印二。上半李复堂题字："嘉祐八年冬十一月，京师有道人游卜于市，身首相半，不为常类。饮酒无算，未尝觉醉。好事者潜图其状，达帝引见，赐酒一石。饮及七斗时，司天台奏：'寿星临帝座。'忽失道人所在。帝嘉叹久之，命珍重是图，与民同寿。雍正强圉协洽之秋，复堂李鲜书。"下有"宗扬"长方印。右下角有"西凤"圆印。

此为三家合作，黄画李题，潘氏镌刻，时在雍正五年（1727 年）。

曾见紫檀笔筒，阴刻一老人袖手而立。据诗及题识，知为老匏（朱冕）赋诗，雪堂（蔡嘉）写生，药溪（汪宏）作书，老桐（潘西凤）镌刻，时在雍正三年。维扬当年艺苑风流，可以想见。

## 二七　清潘老桐梅花臂搁

尺寸待查

阴刻梅花两枝，得疏影横斜之致。画者未题名，只"老桐刊"三字。按当时扬州画友如金冬心（农）、汪近人（慎）、高西唐（翔）皆擅梅花，老桐倩人作画固易，而自打画稿想亦能优为之也。

臂搁为李锡卿先生竹藏楼中物，1941 年曾影印《嚼雪庐自玩竹刻》，所收不下数十器。李氏乃一耽爱竹刻鉴藏家，不可不记。

## 二八　清溪堂款水仙诗臂搁

高 31、宽 7.5 厘米　叶恭绰先生旧藏

阴文深刻行书三行。文曰："世以水仙为'金盏玉台，紫宸重器'。刘邦直称其'仙风道骨谁今有，淡扫峨眉参一枝'。"款字"溪堂"。书法潇洒自如，略似板桥而较平淡。波磔刀口快利而字底圆熟，甚见功力。据其时代风格，当作于乾隆时期。

"溪堂"何许人，为别名或室名，为臂搁书者抑刻者，或书而兼刻，均待考。

## 二九　清邓云樵春畦过雨笔筒

高 14.8、径 10.3 厘米　叶恭绰先生旧藏

正面刻园蔬两棵，菜叶翻卷向背，各尽其态，上有一飞虫。扁草匐地，类蒲公英。背面阴刻题识六行："坐怜幽境满闲庭，长见春畦过雨青。记取苏君风味美，玉营中夜酒初醒。庚子秋日制于晚香居。云樵。"时在乾隆四十五年（1780 年）云樵名渭，所刻《兰亭序》笔筒《刻竹小言》已著录。

据诗情画意，知所写乃是春景，菜心尚未生成，自与晚菘不同。故虽用陷地雕法，乃在不深不浅之间。取与陷地深刻之荷蟹笔筒及陷地浅刻之方絜臂搁相较，当谓吾言之不谬。

## 三〇　清陈曼生梅子冈诗臂搁

高 28.9、宽 6.4 厘米

阴刻五古一首。诗曰："引眺梅子冈，林端曲盘上。虽无一鹤随，已与孤云往。飞瀑畅秋源，前山开翠幌。叉手立移时，庵门揭茶榜。"款"陈鸿寿书"，下"曼生"一印。书法排偲劲峭，神采照人。按梅子冈在四川雷波县西。诗中所云是否即

此山，待考。

褚松窗《竹尊宧竹刻脞语》称："余曾见许小岩观察有一烟筒，以竹为之，半刻梅花，陈曼生所画，其下半刻铭，……款云'曼生自铭并刻'。"是曼生不仅工书画，善制壶，兼擅刻竹。此臂搁未署刻者姓氏，或曼生刻以自娱者欤？

## 三一　清青玉双美臂搁

高 14.8、宽 4.4 厘米

故宫博物院藏，现在台北

两竿相并，新篁一枝，穿插其间，使臂搁一分为二，又二合为一，其突破简板式常规，视随形老松臂搁，更见匠心。

竹枝用留青刻成，竹节及两竿边缘均留青筠一线，倍觉跳脱精神。铭文四句："韶华双美，青玉独鲜。赖尔扶持，挥毫云烟。"款字"中隐半山"，下"竹窗"、"半山"两印。作者姓氏、行实均待考。镌制年代当在乾、嘉间。

此器一向题名为"竹枝臂搁"，实则竿多于枝，且其特点在两竿并立。今从铭文中拈出四字，似较典雅贴切。

## 三二　清尚勋桐阴煮茗图笔筒

高 10.1、径 5.9 厘米　上海博物馆藏

梧桐三株，下荫石榻，席上横琴，老叟斜坐其侧。一童煮茗，忽闻呼唤，回首应诺，而手中蒲扇，尚未停挥。妙在童叟之间，呼、应相联属，刻者可谓善于绘声矣。灵石一笏，既瘦且透，小树苔藓，点缀左右。景物疏朗，而位置妥适。款识阴文篆书"尚勋"两字。

留青竹刻，希黄以后，当推尚勋。若论两家取景，颇有远近之别。希黄摄取远景，大山巨泽，高阁崇楼，气象不凡。尚勋雕琢近景，人物器用，状写入微。各有擅长，未容轩轾。

## 三三　清尚勋载鹿浮槎图笔筒

高 10.4、径 5.8 厘米

枯槎泛水，上载髯叟，薜萝为衣，芒草作履，肩荷药锄竹篮，中贮蟠桃芝草，仙菊瑶葩。旁立稚鹿，昂首仰望，所图为道家神仙故事。背面阴刻篆书"载鹿浮槎"、楷书"丁卯尚勋制"共九字。

尚氏留青笔筒今已见三器，惜款字过简，无从知其字号、里贯及确切年代。据竹雕风格，当为清中期人。此丁卯可能为乾隆十二年（1747 年），或嘉庆十二年（1807 年）。待再考。

## 三四　清无款驴背寻诗图笔筒

高 13.2 厘米　故宫博物院藏

竹根偏欹，刻者借势刻出山坳，复从山坳取得竹材，用高浮雕镂成负翁蹇卫，抱琴奚童。玉工所谓"巧做"，亦见于此。左方坡石、长松，浮雕自下而上，愈高愈浅，乃至以极薄留青刻松梢枝叶。更上云气，则用阴文浅刻。一器而博采众法，甚见巧思。其制作年代，当在清中期或稍晚。

## 三五　清王梅邻秋声赋图笔筒

高 17.8、径 14 厘米　叶恭绰先生旧藏

刻者为《秋声赋》补图，窗内欧阳子摊书夜读，窗外童子立檐下，庭院深邃，树木茂密，枝斜一向，大有风意。背面阴刻赋文七行，款识"嘉庆十六年，岁次辛未，清和既望，节录欧阳公《秋声赋》于闲云自怡之斋。梅邻王恒书并制"，计三行。后"王恒"、"仲文"二印。

按梅邻为嘉定名家王玘从子，字茂林，《竹人录》称其"工刻小楷"。今见

此器，山水亦有功力。

## 三六 清无款荷蟹笔筒

高 17.8、径 12.4 厘米

美国乐兹藏，现在丹佛美术博物馆

莲房瓣蕊，深入竹肌，老叶卷处，留出竹材，镂成雄蟹。全部花纹，均深陷笔筒表面之下。此乃欲凸先凹、阴中取阳之法。若言刀工技艺，制者尚未臻佳妙，第取以示陷地深刻之法，堪用为例。

## 三七 清张受之刻张叔未铭扇骨

最宽 2 厘米

受之名辛，海盐人，张廷济侄。廷济字叔未，藏金石文物甚富，所编《清仪阁古器物文》，有竹刻拓本数幅，其中右军《行穰帖》及集山谷《伏波神祠诗》。"新篁"两字臂搁，缩摹、镌刻，皆出受之手。此扇骨铭文，叔未手书，笔法浑厚，刀工足以副之，意足神完，信是高手。丙申为道光十六年（1836年），受之二十六岁。1848 年受之逝世于北京，事年仅三十有八。

## 三八 清方治庵仕女臂搁

高 27.2、宽 5 厘米

道光时竹人声名较著者为方治庵絜。蒋宝龄《墨林今话》称其"凡山水人物小照，皆自为粉本于扇骨、臂搁及笔筒上，阴阳坳突，钩勒皴擦，心手相得，运刀如用笔也"。顾治庵究竟采用何种刀法，蒋氏实言而未详。近年留意治庵所作，已见四五器，如渔翁图、苏武像臂搁（刻于 1830 年，上海博物馆藏）、老子骑牛图竹黄插屏（嚼雪庐李氏旧藏）及故宫所藏人物臂搁。此件刻一妇人，作于道光六年（1826 年），物象简单而刀法明显。以此印证他件，无不用同一刻法。盖以竹材表面为地，不着一刀，纯在陷入地表之凹处刻花纹，分阴阳，见坳突。剜剔不深，只在毫厘之间运锋锷，故可称其法为"陷地浅刻"。

治庵原籍浙江黄岩，为贴黄器产地。竹黄厚度有限，如施雕饰，只能用浅刻。老子图插屏为治庵曾刻贴黄之证，可知所用之陷地浅刻法与贴黄雕饰有密切关系。直至今日，黄岩竹黄名手如陈芳俊等，刀法仍与治庵一脉相承，更可以今证古矣。

## 三九 清方治庵渔翁图臂搁

高 26.7、宽 6 厘米　叶恭绰先生旧藏

渔翁持竿坐地理钓丝，神情专注，旁置一鱼篓。须髯、蓑衣均极纤细，但绝不相混。竹篓镂刻亦精。其整体仍用陷地浅刻法。上半镌诗句及题识："一场春梦佩金鱼，何是随翁学钓鱼？钓得鱼来还放去，鱼知吾乐我知鱼。果园先生句。壬午孟夏作于松台之留砚山房，奉呈石缘老夫子大人训正。黄岩方絜。"下"方"、"絜"两方印。壬午为道光二年，（1822 年），按七绝第二句"何是"应作"何似"，语意方惬，当为录写之误。

## 四〇 清无款折枝蟠桃双蝠洗

高 11.5、纵 29、横 15.5 厘米

上海博物馆藏

故使桃枝回环，留出根材，雕成蟠桃。刳桃中空，是为盂。益以卷转之叶，使枝、桃多处连属，宛若生成，构思不谓不巧。惟盂口镂双蝠，寓意吉祥，遂使案头清供，成为一般工艺品，未免有损品格。尤以将根尖削作小桃，斑痕累累，全不相似，是为用材不当之过，大

为此器减色。持朱小松残荷洗及无款禾蟹与此相较，不仅见高下之分，亦有雅俗之别也。

## 四一　清周致和摹刻古泉币扇骨

最宽 2.1 厘米　张葱玉先生旧藏

晚清周致和以善刻金石文著名。褚松窗《竹人续录》称其“残破龘缺处，均能摹刻逼肖，为向来所无”。此扇骨为葱玉兄韫辉斋中物，曩承相示，谓是“真而且精”。今取与西厓先生所刻相比，顿见逊色。锈蚀状写，未能尽其态；泉币只刻一面，亦不及两股分刻面文、幂文，更耐观赏。西厓先生，后来居上矣。

## 四二　清于子安制琴形竹剑匣

高 21.4、最宽 3.7、厚 1 厘米

子安名士俊，江苏吴县人，光绪间来京鬻竹刻，所作以行楷为多，字迹娟秀。扇骨、臂搁，不论行款疏密，笔致如一，当为自书自刻，故知书法亦有功力。惜刀痕太浅，难以致远。琴形函匣，制作朴雅，刻七绝一首。诗曰：“家住横塘东复东，门前十里晚蕖红，藕花风起吹双桨，人在清波一镜中。”“子安”款下有“士俊”阳文小印。匣内藏竹剑，镶以象齿，可供裁笺纸，文玩而有实用价值。当代工艺家何妨参酌仿制。

## 四三　金西厓枇杷臂搁

高 28.5、宽 9 厘米

此为先生早年之作，据《刻竹目录》（臂搁 3 号），镌于 1921 年，年三十有二。

北楼先生写枇杷，枝疏果稀，叶仅三五，悉凭前后交搭，向背翻卷，构成画本。西厓先生易画本为雕刻，再运匠心。叶背一律深刻，叶筋又从凹处隆起，遂与正面叶片，形异质殊。树枝原是阴刻，与叶背相交一段又改为阳文，顺理成章，自然衔接。

逊清名士成多禄，有书名，题七绝一首：“一树枇杷一树金，弟兄闲话小庭阴。偶将晚翠萧萧意，写出荆花爱惜心”，诗亦清新可诵。

## 四四　金西厓荷花臂搁

尺寸待查　上海博物馆藏

两叶夹一花。上叶尚半卷，示人以背，筋脉隆起。下叶已展舒，盖心毕露，筋脉凹下。两叶均兼用阳文及阴刻。出人意想者为居中花朵乃用陷地深刻，逐瓣坳窊，直至莲房须蕊。意使深入肌理者反跃出竹筒之上，不禁使人叫绝！款识在下一叶右侧，阴文“北楼画西厓刻”六字。据《刻竹目录》臂搁作于辛酉、壬戌间（1921—1922 年），先生年三十有三。

先生论竹刻技法演变尝谓高浮雕、透雕、圆雕、陷地深刻诸法，近代已无人问津（见《刻竹小言·简史》）。不意其本人深刻竟精能如此。前辈谦逊，使人敬仰！

## 四五　金西厓锲不舍斋臂搁

高 29.5、宽 7 厘米

西厓先生刻竹年复一年，终日不倦，故自颜其室曰“锲不舍斋”。吴待秋画师为作此图于竹筒，题曰“西厓道兄属褒娟吴澂画而自刻之，时癸未三月”。盖先生刻以自娱者，是年五十四岁。

南宗山水自周芷岩以来皆阴刻，而此简竟用留青，倍见功力。空闲处并非平地，丝镂密布，乃所谓“蓑衣地”。先生《刻竹目录》注明臂搁“钩一遍用

九日，后又刻廿四日”，计一月有余始竣工，可谓用力良苦。左下角有“季言锲简”阴文印，背面有甲申二月赵叔孺观款。

## 四六　金西厓仰俯竹扇骨

最宽 2.3 厘米

扇骨两股，一为三竿，一只垂梢；一景稍远，一近咫尺；一为仰叶，一为俯枝；一有晴姿，一饶雨意；一为阴刻，一为留青；一无只字，一有题识。种种不同，备见画者之存心变化。惟仰叶之爽利，垂枝之柔韧，能刃而出之，又端赖刻者之运刀矣。画刻两精，乃有璧合珠联之妙。

## 四七　支慈庵荷塘图蚕桑图臂搁

高 27.8、宽 6 厘米

中央工艺美术学院藏

慈庵之作曾数见，以此为第一。所刻石鼓，集十器于一扇，精工而已，不及此简刻法有新意。

臂搁正面为荷塘图，以陷地浅刻为主。但雕花朵时，剜剔加深，使与荷叶有等差，并有若干处，以深刻之花，衬浅刻之叶。即以大面积之荷叶而言，虽为浅刻，仍有柔缓之起伏，陡猝之高下。益以正、背筋脉形态之不同，使层次更为丰富，画面更多变化。故支氏之刀法已远远超出方治庵之陷地浅刻。至于尺许之地，使人有红衣浥露、绿盖如云之感，则又画师江寒汀之功也。

臂搁背面为蚕桑图，虫、叶之间又有若干层次，蠕蠕蝙蝙之态，全从写生得来，在竹黄刻件中，亦未见有运刀如此巧妙者。其上刻褚松窗题字七行。文曰：“慈庵刻竹，今之希黄、松邻也。此秘阁刻蚕叶图，适强邻来侵，郡县皆遭残毁，未遂鲸吞，先为蚕食，此画为预兆矣。怀荆堂主人属，松窗记。丁丑年九月。" 据此，知 1937 年时臂搁已刻成，爱国之忱，溢于言表，弥足珍贵！

## 四八　盛丙云鸳鸯芙蓉臂搁

高 24.5、宽 7 厘米

丙云号秉筠，苏州人，久客上海，与支慈庵同时。

鸳鸯栖石上，雌者缩颈，雄者为理羽毛，备亲昵之情致。石上芙蓉盛发，寒苇萧疏，是江南初冬景象。全部用阴刻，只芙蓉叶筋是阳文，以简衬繁，使花生色。

画本出花鸟名家江寒汀手，所作尤宜刻竹。扇骨、臂搁一经点染，每多生趣。

## 四九　徐素白月季草虫笔筒

高 11 厘米

画本亦出江寒汀先生手。花如浥露，叶若迎风，尤以蜻蜓纤翼，予人闪闪生光之感。画师有功，但非刃巧指灵，不能出之。金坚斋称邓孚嘉所刻花卉“重花叠叶，薄似轻云，而映带回环，秀媚精雅，躁心人固未许问津也”，实可移赠（彩图 52）。

辛丑为 1961 年。

## 五〇　清周芷岩溪山云阁笔筒

尺寸待查　台北故宫博物院藏

迎面山壁，突兀斜撑，有横空而出之势。后露山庄，筑台基上。瓦屋两进，庭院颇深，丛林围匝，远入山坳。台前植短栏，下临涧水。沿涧石径，自远而近，两人行来，将至桥上。桥右山石块磊，长松秀茂。涧水至此开阔，浅流成濑。山村依岩傍水，跨濑构宅。轩窗敞处，人物可数，或对坐，悦亲戚之情话，或倚槛，听山水之清音。此右又有巨石崛起，与山壁如双阙对峙，展示其间者正一幅佳山水也。题字在石壁上，行书“溪云山阁，乾隆辛卯秋日仿古，芷岩”。

画家有“三远”之说。此作平远难言，高远、深远则随处可见。且刀痕繁密，不留隙地，盖芷岩着意游刃，写胸中之丘壑烟云，故以景胜，不仅可供卧游，并使人生卜居此间之想。其能臻此，实与画宗石谷有关。不妨设想，倘芷岩师法麓台，即使刀刀如金刚，有笔而无景，恐亦无足观也。

## 五一　清潘老桐竹石菊花笔筒

尺寸待查　上海博物馆藏

湖石一峰，瘦透多骨。左竹右菊，相映成趣。款识阴文“雍正四年春二月，天台萸姥山樵潘西凤制”，篆文“西凤”方印。按“萸”为古“天”字，姥山者，天姥山也。

观其留青刻法，湖石与张希黄楼阁山水差似。菊花花瓣及叶背，竹肌甚少外露；叶正面则露肌多而留青少。晕褪变化，生动自然，如水墨之具五彩。据此得知老桐不仅善随手刓削即成妙器，亦擅精雕细琢，灿若图绘也。

## 五二　清无款老人骑驴像

尺寸待查　故宫博物院藏

此像原题张果老骑驴，但老人既未倒骑，又未怀抱渔鼓，何以知为张果老。绘画雕刻乃至一般工艺品，题名每喜附会历史人物或神话传说，实对创作者之大不敬，未见其可也。驴探头似将就饮，老人双手勒缰，意欲止之。造型准确，神态佳妙。

## 五三　徐秉方刻启元白画山水臂搁

高 38.3 厘米　王世襄藏

元白兄诗画册云瀑一页自题曰：“变幻无如岭上云，从来执笔画难真。如今不复抛心力，且画源头洗眼人。”命和诗，愧不能工：“一掬清泉涤眼新，白衣苍狗看氤氲。倦来且向山中住，更作源头洗耳人！”一夕持竹筒求元白画，问：“愿有何景？”对曰：“如画册意境如何？”遂欣然命笔，移时而成。竹筒寄秉方先生，匝月刻就（彩图 53）。此臂搁之由来也。

秉方先生幼承家学，专攻留青。四十以后艺大进，不独于见刀处现神采，更求在模糊朦胧不见刀处生变化。不然，对此弥漫滃郁，满幅烟云，将不知如何措手矣。臂搁又蒙大卣先生墨拓，纤悉不爽，多摄影所不能传。一纸而三绝具，自当什袭藏之。

## 五四　徐秉方草虫葡萄横件

长 33.5、阔 7.5 厘米

葡萄累累，珠圆有光，枝蔓劲挺有力。蝉及螳螂，神态亦佳。惟题字“世间善恶何时了”似可商榷。刘向《说苑·正谏》：“园中有树，其上有蝉。蝉高居悲鸣饮露，不知螳螂在其后也。螳螂委身曲跗欲取蝉，而不知黄雀在其旁也。”寓言广为人知，故愚以为此景不如题“黄雀在旁”四字。图中无黄雀，反更觉贴切隽永。未知秉方先生以为然否？

## 五五　徐秉方荷花横件

长 33.5、阔 7 厘米

古人截竹材多制成臂搁，书画均为直幅。近代竹人或易直为横，承以木架，可作案头清供，而平置仍不妨用以搁腕。其可取尤在书画皆为横幅，为布局构图广开蹊径，使竹刻面貌时见新意。

此简刻荷叶两柄，其高度与观赏者视线平齐，一片横出，所见不多，却自然感觉到其纵向之幅度。此画稿者因横幅而生巧思，决非臂搁所能有，故弥觉清新可喜。对叶面、叶背之不同处理，秉方先生尤为擅长。克绍箕裘而有出蓝之誉。

1985年夏写成。

原载《竹刻》，1992年6月

人民美术出版社

# 续　录

## 一　明张希黄山水楼阁笔筒

高10.3、径5.9厘米

上海博物馆藏

山坡夹径，形势陡斜，一侧垂柳欹石，一侧夹叶树三五株。迎面石台高筑，屋舍三楹。循廊右转，层楼旁通，凡甍瓦、榱桷、栏干、窗棂等，镂刻皆精。远景崇冈如屏障，气象不凡。刻者悉用留青法，借竹筠、竹肌质色之异，使笔划分明，工细如画。

## 二　明无款竹雕卧狮洗

高4、长7.5厘米

广东民间工艺馆藏

卧狮丰颅阔鼻，瞋目而视。长尾歧分两股，一股盘旋于胯侧，一股横贯狮口而回转于腮颊。造型古拙而意匠新奇。竹色深紫，棱角泯灭，自是数百年前物。

## 三　清无款钟馗挑耳图笔筒

高15、口径10、足径9.9厘米

故宫博物院藏

老人席地而坐，阔颧丰髯，戴幞头，着袍服，持牙笏，与图绘中之钟馗颇相似。一手挑耳，眉眼攒聚，似不胜其痒者。四周景物有虬松山石，用高浮雕兼透雕法，不失嘉定三朱矩矱。竹色深紫，传世有年，镌制时代当在清初。

## 四　清吴之璠二乔图笔筒

高15.4、径12.4厘米　上海博物馆藏

两妇高髻，一持扇坐榻上，一坐杌子，手指几上书卷，似在对语。榻上陈置古尊，插牡丹一枝，旁有笼、箧、罏、砚、水盂、印盒等文房用具。刀法用高浮雕，与东山报捷黄杨笔筒均可视为吴氏继承三朱刻法的作品，而与其自创的“薄地阳文”浅浮雕面目不同。

背刻阳文七绝一首：“雀台赋好重江东，车载才人拜下风。更有全闺双俊眼，齐称子建是英雄。”款识“吴之璠”，下有“鲁珍”方印。

## 五　清吴之璠东山报捷图黄杨笔筒

高17.8、径13.5厘米　故宫博物院藏

吴之璠虽是竹刻名家，但偶亦采用其他物料，雕制成器。此黄杨老干，莹润如玉，且因中实多肉，可恣意深刻，

人物高起处已接近圆雕，惟其用刀实与刻竹无异。

二老就松下磐石对弈，观棋者一人，女侍三人。背面两骑驰来，一手执小旗，所刻为“东山报捷”故事。史籍载前秦苻坚犯晋，京师震惊。谢安为征讨大都督，指挥将帅谢玄等大破坚军于淝水。驿书报捷，谢安在东山方对客弈棋，了无喜色，弈如故。款识“槎溪吴之璠”，下有“鲁珍”方印。

石壁光洁处有乾隆丙申（1776年）弘历题七绝两首。末两句为：“对弈人间若无事，传神是谓善形容。”对鲁珍描绘谢安镇定自若之妙，推崇备至。

## 六　清吴之璠款松溪浴马图笔筒

高17、径14.5厘米　故宫博物院藏

山溪水清松茂，刻人马三组。其一两马已浴毕，憩息坡草间，一马圉人方牵之出水。其左圉人于松下饲马。复左三人倚松观滚马。布局之妥贴，刀法之娴熟，非鲁珍不能措手。惟款识“吴之璠制”阴刻四字，失在矜持，经与前两例相较，未敢遽断其为原款抑后刻。

## 七　清吴之璠款荷杖僧笔筒

高17.3、口径9.4、足径9.2厘米

故宫博物院藏

僧貌如满月，笑容可掬。指掐念珠，肩荷禅杖，挂草编圆荐，似一路行来，到处皆可随喜趺坐，念佛加持。雕法亦为“薄地阳文”。

背刻六言诗一首：“和尚肚皮如瓮，眼儿笑得没缝。布袋朝暮提携，手中不知轻重。问渠袋者何物？一气阴阳妙用。”款“吴之璠制”四字。布袋与草荐悖谬，书法刀工均不佳，故知诗乃妄人后刻。

## 八　清封锡爵竹雕晚菘形笔筒

高16.3、口径13.4厘米　底径7.8厘米

笔筒取形晚菘，叶片重叠皱卷，根须溢出土面，宛如秋圃畦中所见。底有阳文篆书圆印。

## 九　清无款松下饲马图笔筒

高15.2、径9.2、底径9厘米

故宫博物院藏

马立松阴，鞍鞯已卸，丝缰搭背上，是出行方归情景。圉人捧盆盎，匐匍地上，貌、温而谨，颇能写出爱马之意。景物乃取松溪浴马图笔筒之片段而稍有损益。康熙中吴之璠独步艺坛，每有新制，竞相摹刻或节临。此器殆其入室弟子所作。

## 一〇　清西仙款醉仙图笔筒

高11.6、口径6、底径6.1厘米

故宫博物院藏

仙翁岸帻持扇，袒腹倚瓮上。瓮可盛酒数斗，横倒于地，故不须杯盏在握，已写出仙翁醺醺醉意。人物占地无多，以大幅之空闲，衬托出精练之主题，吴之璠最善用此法。背面阴刻七绝一首：“昨夜群仙宴蓬岛，霞浆潋滟春光好。寻常一醉三千年，洞口桃花犹未老。”下有“西仙”二字款。西仙行实待考，当为清前期吴氏一派传人。

## 一一　清无款竹雕渔家婴戏

高5.9厘米　上海博物馆藏

竹编鱼篓，侈口大腹。两婴攀登，相对嬉笑。娇憨之态，状写得神。虽未见款识，亦知作者为嘉定高手。

## 一二　清仲谦款竹枝笔筒

高 14.6、径 6.9 厘米　故宫博物院藏

笔筒刻垂竹一梢，颇有雨意。枝则由粗而细，逐节歧分，直至梢尖雀爪。叶则或向或背，或疏或密，组合分明。枝叶之间，生长连属，谨严有法，俨然李息斋双钩竹画本，生动自然，颇耐观赏。竿侧惜为妄人加“仲谦”款，字迹矜持太甚，一望可知为后刻。伪款虽玷累美器，但无伤刻工之艺术水平。

## 一三　清周颢竹石图笔筒

高 14.8、径 8.9 厘米　上海博物馆藏

钱大昕《周山人传》称芷岩“尤好画竹，兴酣落笔，风枝雨叶，无不曲肖”。王鸣韶《嘉定三艺人传》也称其“尤长于竹，风雨雪月，短长欹侧，皆入逸品”。今据芷岩刻件，知所作多为竹石小景，与谨严有法度之墨竹或双钩竹不同。正因芷岩能以刀代笔，将文人画再现于竹上，故誉之者称其“用刀如用笔”，“以画法施之刻竹”。其刀法为一般阴刻，笔墨之意趣渐多，雕刻之意趣转少。竹雕风格至清中期而一变，于芷岩此等作品中可知其消息。

笔筒题诗一首：“莫讶疏狂不合时，清泉白石是心知。闲来爱倚卍窗伴，笑听秋风搅竹枝。乾隆八年癸亥仲春过就兰山房写此。芷道人。”按诗中第三句之“伴”字，似应作“畔”，当为笔误。

## 一四　清潘西凤铭笔筒

高 11.5、径 4.5 厘米

广东民间工艺馆藏

潘西凤喜用废弃竹材，削制成器。人谓濮仲谦治竹，“略刮磨之即巧夺天工”，亦可移赠老桐。此件取材竹根数节，稍经裁剪揩磨，竟朴雅可爱。铭文刻在两处虫啮瘢痕间：“虚其心，坚其节，供我文房，与共朝夕。”款“老桐”二字。

## 一五　清潘西凤刻蔡嘉绘人物紫檀笔筒

高 12.3、径 10.9 厘米

笔筒浅刻一叟，戴巾帽，衣宽袍，袖手而立，若不胜其寒者。紫檀致密莹滑，故运刀与刻竹无异。

背面有题诗及款识：“路入寒梅江树斜，十分浓雪一分花。野人能奈三更冷，明月空山问酒家。雍正岁次乙巳小春月，诸君同集卧秋草堂，老匏赋诗，雪堂写意，药溪作书，老桐法镌。”按老匏名朱冕，雪堂为蔡嘉，药溪名汪宏，皆扬州名士。当年艺苑风流，可以想见。乙巳为雍正五年（1727 年）。

## 一六　清无款园蔬图笔筒

高 14、径 9.2 厘米　故宫博物院藏

春菜秋菘，为竹刻常见题材，所用刀法，多为陷地深刻。其法以竹材表面作地，纹饰则全部陷入地中，可下剔五六层，始达其最深处。正因其陷刻甚深，故又得留出竹材，刻立体或高浮雕之物象，所谓“阴中之阳”也。此件雕春菜两株，陷刻最深处在菜心，玲珑剔透，颇见工力。

## 一七　清无款竹雕东方朔像

高 8.3、底宽 5.7 厘米　故宫博物院藏

故宫所藏竹雕东方朔像，不下四五件，今选其一。褚德彝《竹刻脞录》记周颢所制一件“高一寸六分，眉目高古，长髯披拂，宽袍广袖，右手握桃，左手

按膝。滑稽神态，现于眉目”。此像则容貌凝重，似讷于言者。按史籍称曼倩每观察颜色，直言切谏。故刻者尽可依一己之体会，刻写其仪容。倘一味诙谐，难免落套而近俗。

## 一八　清无款竹雕李铁拐像

高 10.5 厘米　广东民间工艺馆藏

八仙成堂竹雕，盛行于清晚期，多用以祝寿，庸俗无足观。此李铁拐像，瘦骨嶙峋，盘膝而坐，一手按足，一手抚葫芦，铁拐则刻在脚底，乃独尊造像，尚有朱氏祖孙、封家昆仲遗意，非成堂者可比。其雕制年代约在清中期。

## 一九　清无款竹雕蟾蜍

高 5.2、长 8 厘米　广东民间工艺馆藏

蟾蜍鼓腹蹲坐，似怒不可遏。刻者削去根须，借点点斑痕以状背股之癞疣，不必多施刀凿已形象逼真，嘘翕欲动。雕竹贵善用材，妙手得之，遂生佳趣。

## 二〇　清邓孚嘉竹雕渊明采菊

高 14.4 厘米　上海博物馆藏

老松一株，枝干纷挐，挺然独秀。五柳先生立于松下，手持菊花一枝，注视着坡上的灵芝草。刻件并无篱菊，更无南山，却自然使人念及“悠然”诗句。不论绘画雕刻，倘能物简意赅，容人联想遐思，较纤屑俱备者，转觉隽永有味。款在底部，阴刻篆书“用吉”二字。

## 二一　清张燕昌刻梁同书铭紫檀笔筒

高 13、径 11.7 厘米

紫檀笔筒，梁山舟铭并记曰：“诗有筒，酒有筒，尖头公，居此中。床以翡翠易毁，架以珊珊太工，檀心坚栗而圆通，紫气郁郁腾虚空。立而不倚，和而不同。君子鉴之，以束吾躬。嘉庆十八年岁在癸酉八月之朔，山舟梁同书铭并书于频螺庵，时年九十有一。张芑堂镌。”芑堂为张燕昌字，海盐人，善画兰竹花卉，工篆隶，精铁笔，《飞鸿堂印人传》、《国朝书人辑略》均有传。其子张开福、侄张辛皆以刻竹闻名。

## 二二　清尚勋竹林七贤图八骏图笔筒

高 14.1、口径 8.9×6.5、足径 8.4×6.5 厘米　故宫博物院藏

笔筒扁圆形，两面分刻竹林七贤图及八骏图。无款识，只篆书“尚勋”小长方印。

七贤题壁者一人，对弈者二人，观棋倦而欠伸者一人，扶肩同行者二人，袒腹举杯者一人。五六童子分司捧砚、汲泉、烹茶、斟酒诸事。八骏形态各异，但构图运刀不及七贤图。

尚勋精于留青，惜其年代、行实均不详。此器用浮雕法，依时代风格推断，当为嘉、道时人。笔筒分刻两景，大家如吴之璠、周颢均不屑为。艺术品与工艺品之畛域，往往以此为分野，尚氏似未思虑及此。或因鬻艺餬口，为悦俗子不得已而为之，亦未可知。

## 二三　清无款环珮纹臂阁

高 24.1、宽 6.6 厘米　故宫博物院

臂阁刻古玉环珮三组，每组两件或三件不等，交叠隐现，错落有致。其用留青刻成者，仿佛鸡骨白，浮雕刻成者，又润滑澄透。故不仅文饰美好，且予人以质感。边缘镌凤纹，亦典雅可喜。

## 二四　清无款鱼跃图臂搁

高 25.9、宽 6.8 厘米　故宫博物院藏

远景海水滔滔，旭日初升。近景惊涛骇浪，巨鲤腾跃，间以落花，随流回旋。按落花游鱼为明代工艺常见图案，此则与鲤跃龙门，糅合为一，故不多见。

留青最宜表现闪灿有光物体，作者取以刻画海水金鳞，可谓知法善用。

## 二五　清无款春郊牧马图笔筒

高 13.9、径最宽 9 厘米　故宫博物院藏

用畸形竹材制成，状如卷书，比圆形笔筒却能展现较宽之画面。垂杨浅草，放牧其间，络头尽去，写出无羁之态。以背抵树一匹，尤为得神。

## 二六　清无款牧牛图笔筒

高 14、口径 7.6×9.9、
底径 9.3× 12.1 厘米　故宫博物院藏

竹根偏欹，刻者借势刻成山坳，复从山坳取得竹材，用高浮雕法镂成牧童放牛图景。牛后一树，树本亦为高浮雕，但枝叶凸起甚微，因至此只能用竹材表层，不得再深雕入肉。玉工借材取景，名曰“巧做”。竹人治竹，理复相通。故宫别有驴背寻诗笔筒，雕法与此相同，疑出一手。

## 二七　清无款竹雕二竖牧牛

高 10.5 厘米　广东民间工艺馆藏

牧牛两竖子，一登牛背捉鼻绳，一双手握牛角，并举足抵牛颊。每当竖子嬉戏失职，水牛乘隙潜入菜园禾田，得见此景。雕件田园情趣浓郁，刻画牧竖天真无邪，犟牛不服驾驭神态，惟妙惟肖。据其风格，刻者当为民间艺人，而非学人兼竹刻家。

## 二八　清方治庵苏武像臂搁

高 27、宽 6 厘米　上海博物馆藏

苏武持旄节端坐地上，仪容严肃，衣纹简练。刻法以竹表为地，下刀不深，故可称之为“陷地浅刻”。题诗及款识亦用阴刻：“朔雪满天山，飞鸿入汉关。麒麟高阁在，何幸得生还。庚寅仲春，作奉大卿仁兄清玩。治庵弟方絜。”庚寅为道光十年，公元 1830 年。

## 二九　清贴黄蕉石纹长方盒

高 9.2、长 33.5、宽 8.6 厘米
故宫博物院藏

盒、盖通景。左侧下半，嵌灵石一笏，既瘦且透，乃用瀏鹈木雕成。此外周身贴竹黄，镂刻芭蕉，密不露地。尺许之间，绿意甚浓。蕉叶或翩然直上，或低垂半折，或心卷未舒，或受风吹裂。正反向背，高低起伏，重叠隐现，无不尽其态而备其妙，虽细至筋脉虫蚀，亦状写入微。此盒与一般贴黄器有显著的不同。不用图案花纹作装饰，而慧心独运，甚饶画意，不愧为艺术家之杰作。在故宫数量众多之贴黄器中仅见此一件，堪称无上珍品。惜无款识，制者姓氏不详。

《续录》取自《中国美术全集·工艺美术编 11·竹木牙角器》的器物说明。
图版见该书

# 记小孤山馆藏竹刻五件

小孤山馆主人耽爱案头文物，清供中多笔筒、臂搁，晨夕把玩，闲雅可羡。予尤喜其中五器，均精妙难得一见者。承惠赠照片，随手记之，补入《此君经眼录》。

## 一　清吴之璠寒山拾得笔筒

一面雕岩窟，窟口立两僧。膝际以上，周遭皆凿透。空灵窈冥，人物遂更突出。寒山持蒲扇，拾得右手握竹帚，左手搭寒山肩头，极憨笑出世之态。一面刻七绝一首："无着无亲与弟兄，拍肩狂笑了无生。相看忽忆枫桥寺，霜月满船钟一声。"按苏州城西枫桥镇妙利晋明塔院，始建于南朝梁天监年间，又名枫桥寺。自张继《枫桥夜泊》诗出，寒山寺遂名满天下。枫桥寺实即寒山寺也。

七绝为行书阳文，运笔圆婉流动，甚见功力。之璠有换鹅诗臂搁，亦为阳文，刀法与此相似。西厓先生《刻竹小言》选入《述例》，附有拓片。《小言》曾指出之璠刻竹之特点："为萃集精力，刻划只占全器某一局部之一事一物，此外则刮及竹理，任其光素。或有雕刻，不过略加勾勒而已。如此则宾主分，虚实明，朴质可见竹丝之素地，与肌肤润泽、有精镂细琢之文图，形成对比，相映生色。"此笔筒虽一面刻阳文绝句，仍可用以印证西厓先生之论也。

## 二　清顾珏放鹤图臂搁

刻髯翁右臂倚石仰望，右手有履在握。身后峭壁直立，老松悬生，枝干夭矫，如虬龙下探，苍古而滋茂。松外远空，一鹤飘然欲下。臂搁右侧邻边，阴刻"宗玉"二字。刀法初视颇似吴之璠而较精到。款作宗玉，但与其传世之作"刻露精深，细入毫发"（金元钰语）不相侔。意古人刻竹，本可简可繁。宗玉既嬗纤细，自不难偶从疏简。不问为顾为吴，其为清初名家之作，自无可疑。

竹刻画本，凡老人握履，上有飞鸟者，名为"王乔凫舄图"或"王乔凫履图"。故事本《风俗通》：汉孝明帝时，县令王乔有神术，常朝帝而无车骑。太史谓乔至时，常有双凫飞来。帝命举罗张之，乃舄一双耳。视之即所赐履也。上海博物馆藏吴之璠笔筒，景物如上，收入图册，题名"松荫迎鸿图"，殆编者不知

图 1.1　清吴之璠寒山拾得笔筒，高 15.7 厘米，径 11.2 厘米

图 1.2—1.3　清吴之璠寒山拾得笔筒

图 2　清顾珏放鹤图臂搁，25.5×7.4 厘米

乃王乔故事。

此件所刻，亦为“王乔凫履图”。惟飞鸟远在高空，体形竟如此修长，远大于凫鸭。且喙长而锐，更非凫鸭所能有。谓之曰鹤，孰曰不宜？故予易其名曰“放鹤图”。问者或曰，飞鸟固似鹤，但髯翁握履，将作何解？答曰：髯翁放鹤山林，伫其归来，此际何妨濯足清溪。濯毕自须持履移时，少干始能穿着也。

臂搁易名“放鹤图”自知强作解人。只为藏者设想，案头朝夕与共者，宁是林和靖而非王乔。古神仙虚无缥缈，邈而不可慕也。

## 三 清马国珍翠竹络纬刻件

竹竿两截，左长右短，均劈存其半。左截生一枝带叶，贴右截上。络纬伏叶端，翅足历历可见。右截背面刻“虫声新透绿窗纱，珂亭”九字。刻件不能搁臂而可供把玩，构思清新可喜。

西厓先生曾见无款翠竹络纬笔筒，刀法与此相似，见《刻竹小言·述例》，说明如下：

> 此以高浮雕作花卉草虫之例，据其刀法，当是清代早期之制。笔筒镌成巨竹一段，枝叶自节间生发。枝则由粗而细，逐节歧分，直至梢尖雀爪。叶则或向或背，或疏或密，组合分明。枝叶之间，生长连属，谨严有法；俨然李息斋双钩竹画本。而前后之重叠隐现，层次浅深，又非写生无从着刀。叶间雕一络纬，趯趯欲活。仿佛夜露方滋，月光如水，传来络丝声也。

今据此刻件，可知笔筒亦出马国珍手。国珍字鸣玉，号珂亭。清中期人，与金元钰谂识，名载《竹人录》，可为西厓先生《刻竹小言》增一注脚。

## 四 清尚勋采梅老人留青臂搁

老人戴风帽，御重袍厚靴，防寒装束咸备。抱梅花一枝，高出肩上约三尺。

图 3 清马国珍翠竹络纬刻件，27.8×5.2 厘米

身侧剑鞘露襟外，斫偌大梅枝似不能无利刃。此外青筠削尽，净洁无一物。老人年近古稀，须髯满腮颊，目光炯炯，而容貌淳厚，此留青聚精会神处。衣褶亦流畅有致。款阴刻“尚勋”二字。

尚勋为留青高手，计此已见四器，无一不精。故宫博物院藏笔筒，正背分别刻竹林七贤及八骏图，刀法非留青而用浮雕，工细有余神韵不逮。两面题材不同，尤似俗工所为。篆书“尚勋”二字款是赝款。

## 五　清桐阴卉石图贴黄臂搁

梧桐一株，下荫立石，前后分植萱草、万寿菊。两坡之间，浅水涓涓，景物刊刻精到，画境幽雅宜人。无款。

臂搁制作工艺，谛观可知其大略。造器者、绘图者、刊刻者可能为三人或两人。倘出一人之手则不愧为匠师兼画家矣。

造贴黄器自制胎骨始，一般竹黄器为木胎，臂搁以竹筒为胎。为使黄片粘贴牢固，历久不鼓翘，竹筒六面（正背面、两侧边及上下端）均须裁切正直，打磨平整。黄片取自竹筒内壁，蒸煮压平，光洁如藏经纸为佳。粘贴六面，等于包镶全器，要求天衣无缝，浑然一体，技术要求颇高，画家未必胜任。

竹黄厚度甚薄，只能在表面勾划纹理。欲作浅浮雕，必须在臂搁正面再加贴一层黄片，方能刻出略有高低之画面。制作程序当为加贴后绘图并刊刻。景物刻成后剔去景物轮廓以外之竹黄，露出下层黄片，亦即图画之地子。地子上亦可加勾划，如流水水纹即是。

以上程序得自观察与推测，未必正确，只有求教于贴黄匠师始能知其究竟，不知黄岩、邵阳等地尚有专业艺人否？

图 4　清尚勋采梅老人留青臂搁，19.5×4.8 厘米

图 5　清桐阴卉石图贴黄臂搁，23.5× 5 厘米

# 扑朔迷离的清溪松溪款竹刻

近年不断看见刻山水的笔筒和臂搁，它们款识不一，但风格刀工，画意字迹，尤其是某些景物的刻法非常相似。刻者倘非一手，师承当出同门。因有疑问不解，渐渐引起我的注意。

上述山水竹刻，传世不少。除往日获见因未传拓，亦未拍照，故无法用作实例者外，现在尚可举出实物八件。

## 一　清溪款赤壁泛舟图笔筒（图1）

近岸芦荻丛生。水中一舟，竹篷前高后低，下坐东坡、佛印及客三人。舟首童子挥葵扇煮茶，篷后舟子摇橹。两侧山石高柳，柳条垂直向下，颇具特色。远景山石嵯峨，古松、杂树探悬而生。山石刻法，中部多不着一刀，而在近外廓处剔凿皴纹，此乃又一特色。款字在大石上，阴文行楷“赤壁泛舟，丁卯秋八月，清溪制”十二字。画景虽无大江峭壁气势，而境地清幽使人生置身其间之想。七件之中以此件为最精。

## 二　清溪山人款栖霞仙馆图笔筒（图2）

长松并立，下荫水阁。面左数楹，牖窗开敞，四人外眺，观赏山瀑流泉。居中一室，老人袖手而坐。右室门内童子似在操作。山径自此斜迂而上，两叟甫下蹇卫，曳杖向水阁行来，童子抱琴相随。远景山间云气回绕，中露竹林。其刻法密叶丛簇，上虚下实，近似画家写雪竹法，是其又一特色。题字在左方大石上，行楷“栖霞仙馆，乙丑夏四月望日制于奇怀室，清溪山人”二十字。此件构图镂刻亦精，人物蹇驴皆生动有致。

## 三　清溪山人款兰亭雅集图笔筒（图3）

器为香港叶义先生旧藏，在所编《中国竹刻艺术》上册页292（第79图）刊出。一面刻竹林山泉，傍水亭子。亭中及临流而坐者不下二十人。一面刻《兰亭序》文，自“群贤毕至”至“亦足以畅叙幽情”，共六行。款署“丁卯秋七月既望，清溪山人作”。景物中虽无垂柳，但山石、松、竹刻法皆与本文所举各件十分相似。可能受景繁而器小的限制，不能像前此两件那样引人入胜。

图 1　清溪款赤壁泛舟图笔筒（傅大卣先生手拓）

清溪款赤壁泛舟图笔筒拓本局部

图 3　清溪山人款兰亭雅集图笔筒　香港艺术馆藏

图 2　清溪山人款栖霞仙馆图笔筒（傅大卣先生手拓）

图 4　松溪款放鹤图臂搁（许麟庐先生藏　傅万里手拓）

图 5　松溪款修琴夜归图臂搁（黄振海手拓）

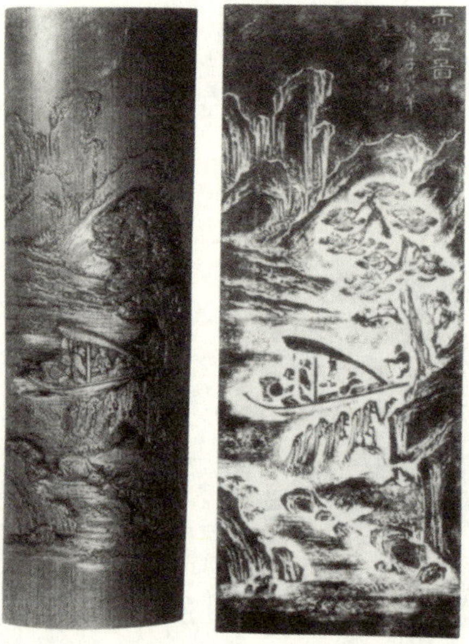

图 6　少谷款赤壁图臂搁（黄振海手拓）

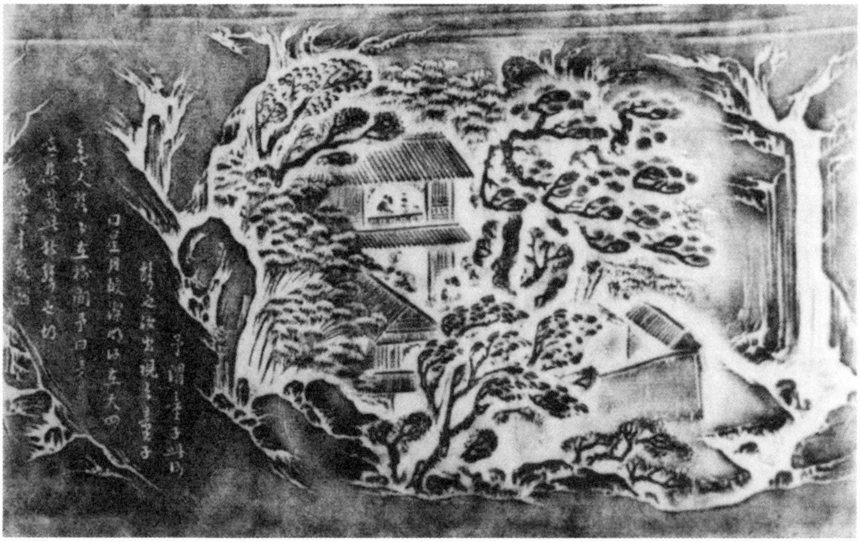

图 7　伪老桐款秋声赋图笔筒（傅大卣先生手拓）

## 四　松溪款放鹤图臂搁（图 4）

船载老叟及童子。船尾舟子摇橹，船头立一鹤。天半尚有一羽斜飞欲下。近景坡石、松树、杨柳，柳条皆下垂。远景山外数峰耸立。题字在臂搁上端：“云渺渺，水依依，人家春树暗，僧舍夕阳微。扁舟一棹来何处，定有诗人放鹤归。松溪。”行楷阴刻。

## 五　松溪款修琴夜归图臂搁（图 5）

茅屋内一叟倚案而坐，荆篱围成院落，杨柳垂出篱外，屋后皆竹林。右侧山坡杂树丛生，上接崖石远峰。院门前老叟携杖行桥上，童子抱琴相随。题诗两句“修琴偶出归来晚，一路溪桥有月光”，款“松溪制”三字。凡垂柳、竹林、山石及题字，无不具备与前数件相同之特色。

## 六　少谷款赤壁图臂搁（图 6）

臂搁中各种景物不仅垂柳、长松、山石、芦荻等与前数件刻法一致，舟及舟中人物尤为相似，显然是同一画稿。题字“赤壁图”隶书；“仿唐子畏笔意，少谷”行楷书。

以上两件拓本因墨色较重，显得缺少层次。实际上刻工与放鹤图等并无多少差距。

## 七　伪老桐款秋声赋图笔筒（图 7）

楼上欧阳子挑灯夜读，院内外树木、竹林、枝干皆向一方斜偃，甚见风势。刻法与前数件显然相同的有屋瓦、丛竹、山石等。左侧大石上刻《秋声赋》，自“予谓童子，此何声也”至“胡为乎来哉”共六行。字体为行草，与前数件迥别。末尾阳文一小印，审为“老桐”两字。按“老桐”为郑板桥之友，名竹刻家潘

图 8　伪唐英款赤壁夜游图笔筒

西凤别号。他文学修养深湛，艺术造诣高超，允称大家，据所见作品，老桐擅长多种刻法，但风格与此笔筒大异，字迹更不相同。故笔者认为题字及印章乃后人为伪托名家而妄刻。我们只要取秋声赋笔筒和前六件对比一下，便能看出它们之间有密切关系而与潘老桐无涉。

## 八　伪唐英款赤壁夜游图笔筒（图 8）

香港艺术馆藏，《中国竹刻艺术》上册页 289（第 77 图）刊出。舟船人物，松石垂柳与前举两器同。题识："何限清风与明月，扁舟终古属苏仙，甲午春三月，唐英。"唐英不以刻竹名，显系后人加伪款在清溪、松溪或少谷的作品之上。

以上列举的几件山水竹刻，署名不一，清溪、松溪、少谷都像是别号而非姓名。《竹人录》、《中国艺术家征略》等书均不载。纪年只有干支而无朝代，亦无籍贯。因而刻者的真实姓名、具体年代和行实都待考。甚至不同署名究为一人还是两人或三人，亦难遽断。倘确非一人，也不知是父子、兄弟、师徒或其他关系。

清溪的时代，叶义先生据兰亭序图笔筒定为 19 世纪。查八件刻法基本相同，凡山石、树木多在竹材表面着刀，屋宇、舟船、人物等则凿去其四周竹材，而将物体刻成浅浮雕。如所周知，清前期以降，高浮雕日趋低而薄。浅浮雕正是清中期的流行刻法。这批山水竹刻符合清中期的时代风格。再言题识，行楷笔不连属，颇为工整，和嘉庆时期的邓渭（云樵）、王恒（梅邻）等所刻近似，也是清中期的面貌。故叶氏的断代，自属可信。

下面拟对这批山水竹刻的艺术水平试作评诠。由于传世作品颇多，刻者当为专业竹人。刻浮雕必须兼能绘事，自己打稿，不仰仗画师，仅此已优于清晚期的某些竹刻家。清溪的作品如"赤壁泛舟"、"栖霞仙馆"两器，超过松溪之作。但还不能据此断言清溪、松溪为两人，因为署名清溪的《兰亭序》笔筒，就不见得优于署名松溪的作品。竹人和画家一样，都会有好差精粗，相去颇远的作品。不过即使是最精彩的两器“赤壁泛舟”、“栖霞仙馆”，我们仍难将其作者推为竹刻大家。而只能承认他是一位有相当成就的竹人。在清中期他应当占有一席之地，默默无闻则欠公允，理当表而彰之。如与清晚期的竹刻家相比，他更是全无愧色。道光到清末的近百年中根本没有涌现出真正的竹刻大家。

如上所述，对清溪、松溪、少谷我们所知甚少，为了澄清疑问，只有将希望寄托在更多实物的发现和文献记载的巧遇。博雅君子如已有所知，更盼不吝赐教，开我茅塞。

最后，谨对惠借实物的许麟庐先生、提供彩色照片的香港艺术馆，提供并传拓刻件的傅万里、黄振海同志，拍摄照片的孙克让、林京先生致衷心的感谢。由于诸位大力支援，使我得以草此小文。尤其是傅大卣先生的妙拓，为竹刻增色，更引起我对这位老友的深深怀念。

原载《收藏家》总第19期

# 对“三松制”款竹雕老僧的再认识

二十余年前，舅父金西厓先生命为整理旧稿《刻竹小言》，所收古人之作有“三松制”款竹雕老僧（见《自珍集》图5.2），描述如下：

> 老僧席地而坐，年事已高。额顶眼坳，皱纹累累，齿脱唇瘪，而笑容可掬。胸前肋骨隐起，状写入微。身着禅衣，两肩略耸，袈裟一袭，挽左臂上，更以两手对持，有所操作。足御草履，编痕经纬，历历分明。使人念时当初冬或早春，日已卓午，老衲罢斋，偎倚寺廊一角，或山门阶砌，负暄之余，正补缀其袈裟破损处。故其作业若甚繁迫，而意致又至闲适也。
>
> 像以竹根雕成，造形设势，绰裕自如，绝无受竹材约限之憾。袈裟草履，纹理密布，与光素之禅衣，形成对比，甚见匠心。而神情之摄取，欢喜憨朴，全无挂碍，不徒见于形表，且有内心之刻画，故在圆雕人像中，允称佳制。像底有“三松制”阴文款识（图1），字迹疲弱，疑是后人妄刻。鉴家亦有持见不同者，以为款真可信，特传拓附印，以俟识者审定。愚以为作者虽难遽定，但论其艺术造诣，即封、施等家至精之作，亦未必能到也。

襄素以为老僧镌镂精绝，在所见明、清圆雕人物中当推第一，故以为乃三松真迹。惟西厓先生鉴定甚严，尝有“真而疑伪事小，伪而作真事大”之论。“三松制”三字以为不及朱小松归去来辞笔筒行书款潇洒自如，故未免可疑。襄不敢拂舅父意，只得置老僧于吴鲁珍诸作后，而附一语曰：“鉴者亦有持见不同者，以为款真可信。”所谓鉴者，襄实与焉。

近年来久藏清宫之明代名家竹刻陆续经研究者撰文介绍，在《故宫文物月刊》发表，款字亦放大印出。老僧款识遂有可供对比之实例。

最理想之对比实例为刻在三松荷叶式水盛（彩图51）底部之款字（图2）。此器流传有绪，真而且精，款识又恰好是“三松制”三字。经对比，可以断定老僧亦为三松真迹。

观察实物，得知两件竹雕款识，均系写后再刻，笔致及笔势尽在，故可以采用鉴定书画款识的方法来判断二者是否为一人所作。

经对比，发现两款有惊人的相同之处，又有合情合理的不相同处。以下试分别言之。

惊人的相同在“松”字。首笔一横，先微下凹，提毫斜上后始向右运行。右半“公”字，第一笔以点代撇，点后向上挑。第二笔点与第三笔钩连成一笔，向左斜下的角度两款全同。末笔一点，顿后成撇，笔势下接“制”字亦相同。又如两款的“制”（製）字，“衣”的一横与撇连成一笔，末笔以长点代捺，也完全一致。从这里可以看到朱三松写“松”、“制”两字的习惯写法。

明显的不同在荷叶式水盛的“三”为三点，而老僧为两点一横。“䞏”的首笔一撇和第三笔一横，水盛款落笔较重而老僧款落笔较轻。“䞏”的末笔一钩，水盛意到笔不到，故“衣”的一点自宜点清楚。老僧款此钩不仅笔画重而且占据了“衣”字一点的部位，故此点便被挤到一旁若有若无了。艺术家落款，信手写来，出现上述的不同是很自然的，理应会有的。倘一家两次署名，完全一样，不失黍累，竟如同一印章钤成那样，反倒不符合艺术家落款规律。何况上述的不同，只是笔画形迹的不同，其笔致、笔势却无二致。故不妨称之为合情合理的不同。此种不同却有助于证明两款乃出一手。

图1　明朱三松圆雕老僧款识

图2　明朱三松竹根残荷洗款识

西厓先生当年对老僧的艺术水平曾推崇备至，而只是对款字有些怀疑。现在用荷叶式水盛的款识可以证明老僧“三松制”款识不伪，相信他如健在也会同意对这件竹雕的再认识。那就是：老僧不仅是朱三松的真迹，而且是三松圆雕人物的精品。

原载台北《故宫文物月刊》总第155期

# 父子竹刻家徐素白、徐秉方

古代竹刻家不少是父子相传，并称名手。明代朱松邻，传了三代，小松（子）、三松（孙）越刻越精，早已成为艺林佳话。此后如沈汉川、沈两之，杨古林、杨吉人，王渭韶、王存素，邓用吉、邓云樵等，都是子承父业，在竹刻史籍《竹人录》上留下了姓名。刻竹比起其他造型艺术来，家学似乎更为重要。因为它费目力，必须很早就操刀学习，到壮年才能有成就。对一个年幼儿童来说，自然是家庭影响最为重要了。

常州徐素白（1909—1975 年），字根泉，号晓钟，幼年即喜刻竹，后以此为专业。他能多种刻法而以“留青”最为擅长。所谓“留青”就是留用竹子表面的一层青皮雕刻花纹，铲去花纹以外的青皮，露出皮下的竹肌作为地子。青皮干后由白转为嫩黄，虽年久而色仍淡雅；竹肌则同浅黄经深黄而转为红紫。留青就是利用竹皮、竹肌色泽的不同而雕镂出浓淡晕退，绚烂多姿，有如水墨或设色的画面来。这一技法唐代已有，至晚明而大备，清代晚期又有所发展。徐素白就是近代刻留青的几位名家之一。

这里选印了一件月季蜻蜓笔筒（彩图 52），是徐素白 1957 年的作品，盛开的一朵，仿佛含露欲滴，几组叶片，比附有情，虽重花叠叶，却薄似轻云。高高落在花苞上的蜻蜓，纤纤轻翼，予人透明而闪光的感觉。这些质感的变化，都只不过是借薄如片纸的一层竹皮表现

图 1 徐素白梧桐寒蝉横件

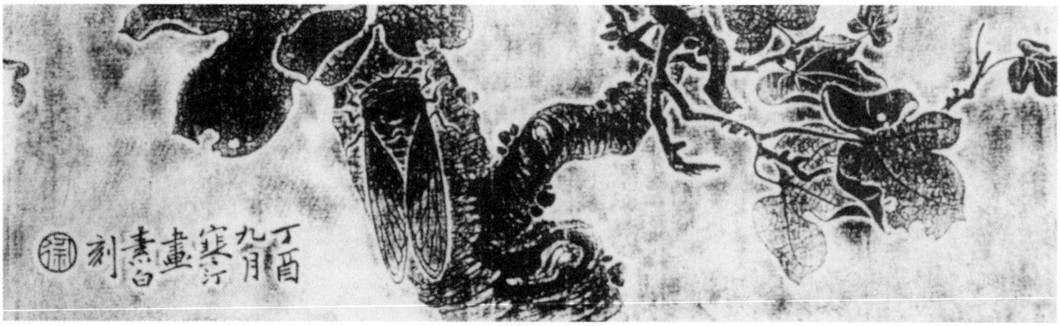

出来的。

另一幅是同年刻的梧桐寒蝉横件拓片（图1），老枝霜重，叶飐西风，似乎在斜日余晖中听到几声残咽。素白一变华滋而润泽的刀法，竟使苍老萧瑟的意趣，流露于锋锷之端，成功地刻画出深秋的庭园景色。还有唐云画素白刻的鹰击长空臂搁（图2）也是他的一件力作。

徐素白有子五人，得其传授的是第三子秉方。他酷爱这门艺术，二十多年来一直利用业余时间，锲而不舍，虽在疲劳的工作之后，还操刀达旦。然而，工夫不负有心人，他的浅画留青已经熟练地继承了父亲的刀法，大有可观了。本期刊出的一件莲塘鸣禽臂搁（彩图53），还是他前年的作品。柳枝斜下，上栖鸣禽，幽境无人，百啭不穷，羽毛细入微芒，神态尤为自若。柳下荷叶三柄，正面的两张，蚀孔斑斑，已是残盖；一张只见背面，尚饶生意。他对正背两面筋络，老嫩两般叶片，尽心刻画，连粗糙欲干和着指微涩的不同手感都表达了出来。藏在叶下的荷花又饱满轻盈，红衣欲坠。整幅画面，活泼清新，在比较年轻一代竹刻家中有此作品，是难能可贵的。

最近，徐秉方已欣幸地走上专业刻竹岗位，使他更加勤奋精进，信心百倍。他并不以能继承父亲的刻法而满足，正在潜心研究古人的高浮雕、透雕、圆雕等刀法，来丰富表现能力，提高创作水平，以期博采众长，形成自己的艺术风格。

原载《中国轻工》总第3期

图2　徐素白鹰击长空臂搁

# 琅玕镂罢耕春雨

## ——记农民竹刻家范尧卿

元陶宗仪《辍耕录》中讲到南宋竹刻家詹成，说他："雕刻精妙无比，尝见所造鸟笼，四面花板，皆于竹片上刻成，宫室、人物、山水、花木、禽鸟，纤悉俱备，其细若缕，而且玲珑活动。"千百年来，无独有偶，当代常州竹刻家范尧卿所刻鸟笼，也曾使人叫绝。不过若论艺术造诣，我相信范君后来居上。因为鸟笼毕竟只是一种工艺品，雕刻琐碎而分散，很难刻出画意，要表现雕刻家的个性，更会受到限制。因此，尧卿久已不雕鸟笼而致力于臂搁、笔筒等器的制作。另外，竹刻真正成为一门艺术是在明中期以后，四五百年来经多少名家探索、创造出来的精湛技艺，宋人无法梦见，而今人则可恣意观摩和借鉴。

范尧卿不同于我所知道的任何一位竹刻家，他是一个中年农民，一位贫农出身，现在承包着八亩半水田的真正农民。他只上过半农半读学校，由于刻苦自学，文史知识竟相当丰富，艺术修养也有较高水平。他性格内向，重于听而讷于言，结结巴巴，半天说不出一句整话来。年复一年，什么也不想，只想种田和刻竹。种田是为了餬口，刻竹是为了精神上的安慰，因此真正用心的还是在刻竹。他就是这样乃凝于神，一心一意、一刀一凿地想把竹子刻好，通过自己的劳动，得到艺术上的享受。

待我们来欣赏他近两年的几件作品吧。先看用留青刻法为两竿竹子写照的"双竿比玉"，其特点是把一块竹筒镂成并生的两截，这样就破除了臂搁形如长瓦的常规，予人清新的感觉。此一构思虽得自前人的启发，因清宫原有类似一件现藏台北故宫博物院，不过可喜的是尧卿比古人刻得好。好在竹叶不尽向上，显得更加纷披有致。尤其是把细枝内含着的那种柔韧而又劲挺的力量都刻了出来，对比之下，原件倒感到臃肿而少生趣。

另一件留青臂搁刻的是《红楼梦》人物"鸳鸯"，亭亭玉立，呼之欲出。眉目有情，轻倩到似乎落笔便嫌太著，故更不知刻者是从何处下刀。衫襟上的两道花边，只有迎光照映才能看清楚，而长裾缟素无文，却利用青筠的多留少留，隐隐约约，把轻罗的贴身与脱空，单层与重叠都表现了出来，使人一看就感觉到那柔软透明的质地。为了介绍给读者，我只能怪尧卿把这件刻得太细了，因为不论用照片或拓片都无法再现原作的神采（图1）。

“丛竹雉鸡”是名画家田世光画的巨幅中堂，而尧卿居然能毫发不爽地把它缩刻到一尺来高的竹筒上（彩图54）。画景由近到远，有草坡、竹根、竹鞭、竹笋、近枝、近竿、远枝、远竿、雉鸡等十来个层次，高处还有一只小小的鸣蝉。刻留青与作画不同，水墨、颜色都用不上，只能凭借纸那样薄的一层青筠把众多的物象表现出来，而且要表现得层次分明，形态如生。因而缩刻画本，必须深思熟虑，惨淡经营，决不是单纯的临摹，而是艰苦的再创造。明代大家朱三松镌刻笔筒就曾取材于陈老莲版画，为世所珍。尧卿的精能，方诸前贤，实无愧色。

“荷塘翠鸟”是一件用阴刻雕成的作品（彩图55），荷花莲叶，都有正有反，有隐有现，有浅有深，用不同的刀法来刻画不同的部位。蜻蜓一翼，飞到花心，飘然欲止，极为传神。这说明他不仅擅长留青，深浅阴刻也是得心应手，游刃自如的。

尧卿还刻了一块题名为“嬉秋”的草虫小景，写信告诉我他的创作思想：一是螳螂奋臂向上攀登，攀登的只是不受人重视的野菊花。他把自己比作不知量力的螳螂，而野菊花则是学无止境的竹刻艺术。右上角一章，印文是“四十思立”。这是说已经四十岁了，尚不能自立于艺术之林，只有锲而不舍，加倍努力。不过即使攀登上去，还只能和野菊花一样清苦。但清苦也不反悔，因为艺术攀登，苦中有乐，“嬉秋”两字就是这样来的（图2）。我认为尧卿酷爱竹刻，

图1　范尧卿仕女臂搁

甘心清苦，愿为艺术作出牺牲的个性和气质，在这件作品中有充分的表现。

是艺术就有感染力，难道尧卿的竹刻只能供他孤芳自赏而得不到别人的欣赏吗？当然不是的。

香港著名收藏家叶义医生（对振兴祖国竹刻艺术不遗余力，不幸于去年病

图 2　范尧卿嬉秋臂搁

逝）编印了《中国竹刻艺术》两巨册，尧卿很想得到一部。由于素昧平生，他只得辗转托人送去一件仕女臂搁，并提出求书之意。叶义收到臂搁后又惊又喜，马上写信告诉我有了新发现，惟因仕女刻得太娟秀，竟误以为出自女刻竹家之手。经我写信到常州，才把事情弄清楚，从此我便与尧卿订交。

1983 年春纽约华美协进社社长翁万戈先生在美举办中国竹刻展览，叶医生送去藏品多件参加展出，其中便有尧卿送给他的臂搁，照片刊登在展览图册上。美国艺术评论家说，从这件作品上看到了真正的东方美，给予了很高的评价。

伦敦的维多利亚·艾尔伯特博物馆对征集当代的美术品十分关心。去年春该馆东方部的负责人柯露茜来到北京，向我了解新工艺品的情况。她巡视了许多城市的美术服务公司，最后只选购了三件范尧卿的竹刻。我告诉她此人是个农民，不仅在北京不出名，在他的家乡也很少有人知道，你们值得征集吗？柯女士笑了，她说：“我们征集的是艺术，不是名气。”后来她还写信告诉我，竹刻已经全部展出，英国朋友高兴地看到中国竹刻后继有人，同时还有其他的博物馆也想收藏范尧卿的作品，希望我把他的小传寄去，以便编写说明。

“墙内开花墙外香”，事情往往如此。尧卿自称草民，因而我想起韩昌黎的一句诗来——“草色遥看近却无”。我把此句凑成一首绝句，写了寄给尧卿：

妙手轻镌到竹肤，西瀛珍重等隋珠。
赠君好摘昌黎句，“草色遥看近却无”！

范君尧卿，毗陵农家子，自称草民，而刻竹精绝，当在南宋詹成上。顷已蜚声海外，第吴中鲜有知者，可谓“草色遥看近却无”矣！设以“遥青”为字，讵不音义两谐？戏作小诗，以博一粲。甲子春日，鬯安王世襄书于芳嘉园。

自此以后，尧卿果真以“遥青”为字，并时常用作竹刻的署名。

尧卿的作品被启元白、黄苗子两兄看见了，都十分赞赏，各欣然步韵和诗一首。元白兄写道：

青筠新粉女儿肤，游刃镌雕润胜珠。

天水詹成吾欲问，后来居上识将无？！

苗子兄的诗是：

绝技沉沦感切肤，眼明忽见草中珠。

琅玕镂罢耕春雨，人是羲皇以上无？

苗兄的诗句“琅玕镂罢耕春雨”，写得非常贴切，因而我借它作为这篇小文的标题。不过我要补充一句，只有初春的雨才符合事实。因为经过冬闲，刚刚开始劳动，尧卿在灯下还可以勉强地刻几刀。如果是晚春或夏秋之季，他手上已磨出了老茧，便无法再操刀。只有等到冬闲，老茧退去才能再刻了。

原载《文化与生活》1985年第5期

# 老树绽新花
## ——谈白士风先生的竹刻



近一二十年来，常州已形成一个竹刻中心，涌现出几位有成就的竹刻家。这对一个中型的工业城市来说应该是一种骄傲。白士风先生是常州竹人中年岁最长、成熟最早的一位，对当地的后起之秀颇有影响，起着启迪、示范的作用，因而格外值得尊重。

白老擅长多种刻法，而以留青为最精。题材则真草篆隶、山水人物、花鸟鱼虫无所不能。他的造诣早已有口皆碑，故这篇短文不准备对其竹刻作全面的介绍，而只谈几件采用新题材、反映新生活的作品。

第一件是“试银针”。一位傣族赤脚医生坐在芭蕉下的磐石上，身旁放着药箱。她左手按膝，挽袖露臂。右手三指拈针，在自己身上作试验，正聚精会神地向穴位扎下。几方寸大的画面，将兄弟民族的好女儿，一心为人民服务、富有忘我献身的精神很好地刻画了出来。

第二件以“斗风雪保春羔”作标题。一个蒙古族小姑娘，怀抱两只羔羊，牵着马向前奔跑，左右都是羊群。飘动的围巾、纷披的马鬣和斜偃的原草，都见风势，预告着一场暴风雪的到来。她为了集体的财产，即使牺牲生命也要把羊群带到安全的地方。刻件虽只见一个小姑娘，都不由得使人想到草原英雄小姊妹——龙梅和玉荣（图1）。

第三件横题“雏鹰展翅”四字。绿杨天，芳草地，绝好的习武场上，一个不满十岁系着红领巾的小学生在舞剑，她两腿一弓一曳，左手上指，右手握剑，回身一挥，动作迅疾，把剑穗甩成一条直线，寒光闪处，仿佛听到“嗖”的一声。刚强婀娜，兼而有之。飒爽英姿，使人神往（图2）。

这三件作品都写出了新中国人民的精神面貌，在竹刻中极为罕见，也是十分可贵的。竹刻采用新题材、新内容，说明刻者对社会主义新中国的热爱。不过仅仅有这样的思想感情是不够的，还必须把人物形象完美地表现出来，作品才有感染力。白老运用留青这一传统技法似乎毫不费力地做到了这一点（实际上是费了很大的力气）。从这里我们看到他的卓越艺术才能和深厚的技法功底。老竹人刻新题材，好像是一株老树绽发出绚丽的新花，这正是白老竹刻的一个主要的特点。

图 1　白士风人物插屏

图 2　白士风人物插屏

白老已年近七旬，目力和手劲不可能不受年事日高的影响。今后他自己操刀将少于往昔，但却越来越肩负着培养后学、辅导新秀的重任。在这方面他将为人民做出比过去更大的贡献。我衷心祝愿白老健康长寿。祝愿他把多年积累起来的经验传授给学竹刻而恨无指导的人。使我国这门特有的雕刻艺术，日益繁荣昌盛！

原载《竹刻》，1992 年 6 月
人民美术出版社

# 贵在突破

## ——谈雕塑家刘万琪的竹刻

任何物质用来作雕刻材料都有它的局限性，竹子更是如此。竹竿体圆中空而有节，只宜裁截成筒，或破圆劈成长筒。两节之间竹材不过尺余，器物高度往往受它的限制。节密而中实的只有竹根的下端。正因如此，传统竹刻以笔筒、香筒、臂搁、扇骨为多，而立体圆雕只能利用竹根的底部。

刘万琪同志的竹刻当我在书刊上看到照片时便给我一种卓越脱俗的新鲜感，和传统的作品迥然不同，超出了我意想所有。待我有机会见到实物，它们的魅力进一步感染了我，新鲜感更是有增无减。我认为从广义的雕刻来说，它们是成功之作，从传统的竹刻来说，则是可贵的突破。

牧童水牛是明清竹刻常见的题材，多在臂搁或笔筒表面上作阴文或阳文雕刻，或用竹根作圆雕。至于用竹筒来作立体圆雕，前代恐怕很少有人这样想过，更不要说去实践了。因为按照比例，水牛比牧童大好几倍。竹筒中空，要在牛背上刻出一个比水牛小得多的牧童是无从措手的。万琪同志却没有被竹筒难倒，硬是大胆地把牧童刻得比水牛还大些。牧童趴在牛背上，面向前方，牛头支承着他的双肘，他又以两掌支颐。这种富有浪漫色彩的造型设计，一点也没有使人感到比例大小失调，而是更好地突出了主题。传统竹刻偏重写实的形象雕琢这里自然使不上了，作者采用了简练、粗犷的刀法来写意传神。有力的铲凿，寥寥可数，竟把娇憨无邪的幼童和俯首温顺的老牛塑造得十分完美。这分明是一件立体竹雕，但是一件从立意到奏刀都突破了传统的立体竹雕。

利用竹身不同部位色泽纹理之异来表现刻件的内容，前人积累了丰富的经验。竹根疤节，镂成山石的洞穴；根须断面的圆斑，留作青蛙背上的花纹；妙手得之，宛如天成，可以说是点铁成金的例子。但我从未见过连丛簇如猬棘的根须也被用作雕刻的一部分。一件被作者命名为“冬冬”的女童头像（彩图56），帽子上一圈圈突出的绒线，用的是切短了的根须，帽顶上的一扎绒穗，乃是根端的长须。毛茸茸包着头的绒帽和就竹根开出来的莹润如玉的脸庞，形成鲜明的对比。水亮的眼睛，仿佛在喃喃自语的嘴唇，真是呼之欲应，天真纯洁，可

刘万琪水牛牧童

刘万琪竹雕老人

爱之至。“冬冬”的刻法和前一件显然有别，但有异曲同工之妙。创新之功，也是各具匠心，未容轩轾的。

为什么万琪同志能突破传统竹刻，使人感到面目一新呢？主要是因为他首先是一位雕塑家，游刃之余，又成了一位竹刻家，因而他没有被传统竹刻所束缚，其作品也就能脱离案头文玩的格调而颇具大型雕塑的气概。我这样说丝毫也没有贬低案头文玩的意思。传统竹刻是几百年来千锤百炼的结晶，有很高的艺术价值，本人对它尤有偏嗜。但当看到竹刻出现新面貌，突破旧传统，我又怎能不欢喜赞叹！我希望受过科学训练的雕塑家和熟悉传统技法的竹刻家都能从万琪同志的作品中得到启发，广事探索，多方创作，使竹刻面貌更加丰富多彩，大放光辉。

万琪同志四川人，毕业于中央美术学院雕塑系，多年来一直在贵州省群众艺术馆工作。

原载《竹刻》，1992 年 6 月

人民美术出版社

# 兼善继承与创新
## ——介绍周汉生竹刻

两三年来几次看到周汉生先生的竹刻照片，最近又邮寄实物来京，使我撰文介绍的念头越来越殷切。在说明缘由之前，似应先讲一讲历史上最杰出的几位竹刻家，并对四百年来竹刻技艺的盛衰消长作简略的回顾。

竹刻古已有之，而形成专门艺术则在明中期以后。这是因为有多家开始以此为业，其中不乏修养颇高之士，且不断创造出艺术精品的缘故。

最早驰名艺苑的是嘉定朱松邻。其子小松、孙三松精益求精，声望也越来越大。此后乡人效之者众，名登金元钰《竹人录》的就不下百人，是谓“嘉定派”。小松的代表作有高浮雕归去来辞图笔筒和明墓出土的透雕刘阮入天台香筒（现藏上海博物馆）。三松的代表作有圆雕残荷洗及高浮雕窥柬图笔筒（均藏台北故宫博物院）。

清前期嘉定派大家为吴鲁珍、封锡禄、周芝岩。鲁珍继承了朱氏的高浮雕法，代表作有现藏北京故宫博物院的东山报捷笔筒。同时他又创造出一种隆起稍低、以大面积光素来突出主题的刻法。金元钰称之为“薄地阳文”，实际上仍属高浮雕范畴。代表作如滚马图笔筒（藏台北故宫博物院）。封锡禄继承朱氏圆雕而业精于专，人物造象，独步当时。代表作有罗汉坐像（现藏上海博物馆）。周芷岩乃画家兼竹刻家，曾师事石谷，故能将南宗山水再现于琅玕之上，一时轰动艺坛，叹为得未曾有。钱大昕称他“用刀如用笔”誉为绝品。代表作如松壑云泉图笔筒（现藏上海博物馆）。不过他的特殊成就竟产生消极影响，导致清中期以后竹刻艺术的衰退。原因是效法者竞相用刀刻摹拟书画，趋易避难，从此对构思设计、运刀功力要求甚高的圆雕、透雕、高浮雕极少有人问津，平面阴刻成为最普遍的技法。于是精雕细刻之制日少，平浅单一之作日多，形状各异的器物，千姿百态的刻件消失殆尽，只剩下臂搁、扇骨少数品种，竹刻遂沦为书画之附庸，丧失其可以自立于雕刻之林的地位。

与朱三松同时的还有两位杰出的竹刻家濮仲谦和张希黄。《太平府志》称“一切犀玉髹竹皿器，经其手即古雅可爱，一簪一盂，视为至宝”。张岱《陶庵梦忆》谓仲谦“貌若无能，而巧夺天工。其竹器一帚一刷，竹寸耳，勾勒数刀，价以两计。然其所以自喜者，又必用竹之盘根错节，以不事刀斧为奇，经其手略刮磨之而遂得重价”。遗憾的是刻有濮氏伪款的赝品甚多，竟难举出与古人描述相符的代表作。不过其风格不难想象，一定是浑朴自然，充分利用竹材的天生形象，略施刀凿而呈奇观。所谓“文章本天成，妙手偶得之”，可以移赠。这一风格亦无继者，只偶见于潘西凤的作品中。张希黄专刻留青，代表作有楼阁山水笔筒（现藏波士顿美术馆）。这一借青筠之多留少留来表现阴阳浓淡的刻法代有高手。20世纪初金西厓、支慈庵、徐素白等家均为发展此法作出过贡献。直至今日常州竹刻家仍在锲而不舍。古人擅长的多种竹刻技法均已衰落，今日之无愧于古人者仅留青而已。

为了继往开来，不难看到有志于竹刻者，如能一方面恢复继承绝响已久的圆雕、透雕、高浮雕，或研究参酌濮氏之法，不假精雕琢而能妙趣天成。另一方面又善于创新，采用新题材，注入新内容，反映新生活，制成新器物，则其作品必然异彩纷呈，使人觉得可贵难能。

下面介绍周汉生的圆雕鲁智深像（彩图57）：偌大个花和尚，一足直立，一足踏石。身着禅衣，袒露肚皮。头束铁箍，胸垂数珠。左手持双环大铲，右手两指，狠狠地指向石下。睁目怒视，双眉紧蹙，似正在咒骂那帮祸国殃民的贪官污吏，成功地刻画出倔强直率、疾恶如仇的性格。此像是将竹根倒转过来雕凿的，利用根须圆斑作为满腮打卷的胡须，有些夸张，却增添了几分威武。背后雕松树枝叶，护簇着这位梁山好汉。使人觉得他高踞山头，不在平地，而青松苍劲，正是高傲不屈的象征。

如果说鲁智深像使人想到封锡禄的圆雕，那么莲塘牧牛笔筒（彩图58）则会引导我们溯源到朱氏的高浮雕。高浮雕必须铲去部分竹质，在保留未铲的竹质上刻花纹。口上周匝雕塘莲，一花一叶都经过精心的设计和耐性的揩磨。尤其是莲盖的斜直欹立，向背卷翻，凹凸起伏，重叠遮露，感到习习风来，摇曳不停。塘中牛背上牧童一笛横吹，为了让他赏玩莲花，只好以背向人。转过来塘水开阔处，两牛凫水，一伸颈前行，一转头回顾，各得其态。如此刻件，可能经年累月始能完成。但能把好一派莲塘清夏风光描绘得如此优美，我相信作者和观赏者都会认为是值得的。

斗豹（彩图114）是又一件竹根雕，乃从战国、西汉虎座豹镇获得素材。经过惨淡经营，百般思索才能把嬉戏打斗的两兽妥帖而舒适地放进竹材。至于其皮毛，由于巧妙地用根斑来表现金钱纹理，故不须再刻一刀。这样虽省工不少，却不知刻者和竹根曾相对多少时间，才触动灵机，一声拍案，定下题材。汉生先生以“伴此君斋”名室，他自己的解释是：“一件作品有一半是‘此君’自己决定的，刻者要倾听‘此君’的诉说，所以往往和他相对数旬乃至数月，和他对语。直到听他说清楚，方可着手制作。这是尊重‘此君’，而相对之时，正是和他相伴也。”这几句话完全说出了汉生的创作选题过程，并使我认识到和濮氏刻法有相通处。我们不能简单地相信古人，以为仲谦信手拿起一块竹材，勾勒数刀便成妙器。在他下刀之前，也正不知曾和竹材相对几多时呢！

襁褓用两节竹竿雕成（彩图59）。圆

雕人物取材竹筒是古所未有的。婴儿包在花布袱内，她两眼闭合，嘴唇却嚅嚅欲动，睡得那样甜，真是可爱极了。竹筒的横隔，正是婴儿的头顶，细嫩光润，不禁想去抚摸一下。她造型新，题材更新，使人感到新中国的儿童是幸福的。新题材的竹刻还有梳发藏女、银妆苗家女、穿老虎鞋的娃娃等，限于篇幅只好从略了。

我和周汉生先生只有书信来往，未尝晤面。近特意函询才略知他的经历。我不称他“竹刻家”，这三字似乎容不下他。“工艺美术学家”或许更合适一些。他毕业于广州美术学院，三十年来，采访调查，创作设计，撰写编辑，经营管理，有古有今，或土或洋，什么都干过，而且干的都是工艺美术工作，竹刻只是业余爱好而已。现职是武汉江汉大学艺术系副主任。

汉生先生重视理论研究和艺术实践，于竹刻有执著的追求，故能创造出好作品来。好就好在兼善继承与创新，这就是我愿撰文介绍的原因。

1994年11月18日本文为《人民画报》作，删节后刊载在该报1995年第7期

周汉生刻王世襄小照

# 圆雕竹刻家王新明

去年徐秉方先生来访，我问起近年有无刻竹新人涌现。他说江南刻留青的大有人在，有的已达到一定水平。又讲到在工艺美术博览会上看到有刻圆雕的，很工细，颇具特色，据闻来自福建，名曰王新明。

我对圆雕极感兴趣，在各种刻法中也以它为最难。明末清初，朱氏祖孙、金陵濮澄，都擅圆雕。雍乾之际，当推封氏兄弟，此后二百年几乎提不出以圆雕著称者。当代只有武汉周汉生先生，妙手偶得之，如斗豹、襁褓诸作（见彩图114、59）。今闻又有圆雕竹人，自然引起我的兴趣。

通过福州的朋友才知道王新明先生家在莆田仙游。莆田人杰地灵，仙游更是工艺之乡，距德化不远，白釉瓷塑，明代有何朝宗、张寿山、林朝景等名家。所制观音、达摩、如来、弥陀等，庄严奇古，均臻佳妙。仙游竹木雕刻，自然早就受其沾溉、滋养。

经过几个月的书信往来、电话通讯，和王新明虽未晤面，已有所了解。近又蒙寄来简历资料、参展获奖证书、作品照片及竹雕作品，使我对他有了进一步的认识。他生于工艺世家，三代都从事竹木雕刻及家具制作。年十四开始学木雕，后又转攻竹刻。从“自在观音”、“小家碧玉”两件木雕中可见在刻竹之前已打下坚实的圆雕基础。现年方逾三十，正是技艺精进的年纪。

王新明所用竹材，名曰“竻竹”，产于闽粤。《肇庆府志》：“竻竹，俗称刺竹，有刺而坚。”《广东新语》：“竻竹，一名涩勒，勒刺也。长芒密距，其材可为桁桷。”特点是根大多实心，故雕刻造型，不太受竹材的限制。明清传统圆雕多用毛竹竹根，小而多中空，雕刻造

王新明在工作

自在观音木雕

木雕小家碧玉

型必须多方迁就竹根的天然形状，故大大增加了创作难度。前人圆雕少而难得，此为主要原因之一。筇竹比黄杨、紫檀等珍贵木材价廉而易得。王新明又掌握了防霉、防蛀、表面处理等方法，筇竹便成为用之不竭的圆雕材料。

王新明圆雕题材广泛，佛祖菩萨，神仙罗汉，道士高僧，世俗人物，山川树木，走兽飞禽，虫鱼花卉，楼宇屋舍，无一不备。试作评比，还是以前四项即不脱离人物形象的作品为佳。下面所选的一些实例，大体可以分为三类。

王新明深知“文似看山喜不平”的道理，即作品以不寻常、不落套、有变化为好。此为第一类。再进一步别生奇想，以人世不可能有的事和物作题材，神奇怪谲，完全出乎人们的意想，却使人觉得新奇，认为好就好在远离现实，完全是作者幻想出来的，此为第二类。当然这一类作品古已有之，可供后人借鉴。但王新明善于从前人那里得到启发、进行尝试；并相信在他的圆雕中，也有他自己的构思遐想、推陈出新，当代的工艺家似乎都有所不及。至于第三类，就是用日常生活中可以见到的人和物或历史人物作题材，在新明的作品中反而不多，完美的更少。因为要把这一类题材雕刻得神采奕奕，比起上两类似乎更难。《韩非子》“客有为齐王画者”一节讲到“犬马最难”、“鬼魅最易”，就是这个道理。如果主题是历史名人，如诗人李白、杜甫，抗金英雄岳飞，《正气歌》作者文天祥，和番的王昭君，词人李清照等等，每人都有鲜明的个性和历史背景。要用雕刻把不同人物的内心和气质表现出来就更难。如想成为一位杰出的雕刻家，就必须在这一方面更加努力，包括修养、学识的提高，刀工技法的精练。

## 第一类举四例

### 1 诵经僧

老僧无须，颧骨突起，相貌高古。坐高背禅床上。床方形高束腰，四足下有托泥。它不是一般坐具，而是道高位尊的专座。僧两手持经卷，张口露齿，仿佛琅琅有声，面前有不少聆听的僧众。从人物形象到坐具造型，作者都力求不寻常、不落套以期有脱俗的效果。

诵经僧

### 2 蒲团僧

盘足静坐，眯目闭唇，髭髯遍腮颊，戴头巾，躬背缩身，深揣两袖，若不胜其寒者。作者在暗示：此为得道高僧，已入定，故耐寒而能久坐。衣褶圆宛流畅，颇见功力。

蒲团僧

### 3 踞椅罗汉

髯叟踞椅上，一足踏座边，一足蹬椅枨。倘观者认为僧人必须安详肃静，不得放浪形骸，那么此叟当是得道者，可以随心所欲如顽童。实际上这件作品仍可视为写实，又有谁可以断言僧人绝对不会有此动作。使人猜测，使人生疑，正是这件竹雕不寻常、不落套处。能有此构思，说明作者有丰富的想象力。

踞椅罗汉

### 4 寿星

寿星是人们喜闻乐见的神仙，闭上眼睛都能想见其形象，因为用他作题材的祝寿礼品，太普遍了。不仅绘画、丝绣、瓷塑等，竹刻更多。近代嘉定专售竹刻店中，寿星是常备的礼物。不过其形象早已程式化，庸俗不值一顾。新明此作，又力求不寻常、不落套，除丰颅高额乃

寿星

叶上达摩

狮笠罗汉

其特征，不得不保留外，身躯则尽量缩短，桃实格外加大，尽改旧观，予人憨稚可喜的感觉。

## 第二类举五例

### 1 叶上达摩

传说及绘画都有“一苇可航”之说。站在一根芦苇上漂洋过海的就是达摩。新明此作将芦苇换成一片树叶，叶筋脉络及虫蚀孔穴，镂刻极精。达摩屈膝坐叶上，头倾仄贴肩，似已入睡，尽管叶下波涛汹涌，他仍可平安地到达彼岸。这件竹雕，不仅主题翻新，细部刻画亦见功力。叶柄的弯度和叶尖的上翘均为写实，是件一丝不苟的精心之作。

### 2 狮笠罗汉

竹笠置地面，罗汉坐其上，所据仅笠之一侧。两臂倚笠顶端，笠竟能承重而不陷。是刻者对笠之大、之坚已作极大之夸张。笠上又雕狮子。狮乃巨兽，而所刻仅寸许，昂首与罗汉相对，娇稚可爱。是刻者对狮之小、之驯又作极大之夸张。刻者之状物写态，处处有违情理，惟因主题原为虚构，故觉其处处合情合理，此艺术之魅力也。

### 3 蚌壳刘海戏蟾

刘海戏蟾为竹刻常见题材，拙编《竹刻鉴赏》收有吴之璠浮雕笔筒及无款立体圆雕两件，此外过目者尚多，景物大同小异。刘海或手中持钱，或挥舞钱串。蟾蜍或在刘海身旁，或匍匐身上，或踏在足下。但从未见刘海藏身蚌壳者。这样毫不相干的搭配，可视为突破传统的一次大胆而主观的拼凑。惟正因是神话题材，不相干的结合也可以被人接受，而且觉得比老老实实模仿一个常见的刘海饶有新意一些。

4　螺壳达摩

创意和前一件近似。壳大如屋，壳口又仿佛是山崖洞窟。达摩坐在入口处，前置一钵，似已在此面对多年。得此畸形竹材，想曾经过深思熟虑，经营位置才能如此妥帖自然。

5　屐居达摩

又一件与前同一思路的作品。新明名此作曰“歇”，取与“鞋”谐音，及达摩酒后休歇之意。我以为不如名之曰“屐居达摩”。盖屐大如船，竟成达摩居室，一“歇”字不能突出其特点。此件曾在艺展中获银奖，由中国工艺美术学会颁发证书，印有彩图，其为新明之作，自无可疑。惟在此件寄到舍间之前，我已在北京购得一件，几乎全同，只局部及表面处理略为逊色。新明在“创作简历”中言及所刻每被人抄袭复制，其或然欤？

## 第三类举两例

1　拄帚僧

僧年事已高，鼻准隆而阔。两眉在印堂相连。口唇两侧深陷，齿已尽脱。身略前倾，两手重叠拄竹帚把顶。似清晨扫禅院已毕，立殿前少憩。形象虽佳，仍不免有可着力刻画处。如帚把既已承重，帚端细梢应向外略呈弯度，所谓当于不经意处见匠心也。

2　侧顾老人

这是我见到的新明所刻宛若真人的最好的一件。可能刻老人的正面太一般

蚌壳刘海戏蟾

螺壳达摩

屐居达摩

拄帚僧

侧顾老人

了，所以雕成侧首斜顾，左手还有撚须的动作。老人面貌醇厚稳重，当为饱学之士。衣褶繁简得宜，下襟的卷转也很自然。

新明也有刻历史人物的作品，如获银奖的“醉写番表”，但并不成功。不知他是怎样想的，把李白、杨国忠、高力士等人放进一座木雕的古建戏台内，以致建筑喧宾夺主，人物无法看清，真是吃力不讨好。再说李、杨等三人已是戏台上的演员形象，戏台又怎能当得了唐代的宫殿。真不如老老实实只刻三个主要人物为好。

我还想不通当代现实人物为什么新明刻得并不好。木雕“小家碧玉”是我选出的较好一件。有几件儿童嬉戏的作品就刻得做作不自然，缺少天真烂漫的情趣。

新明所刻人物之外其他题材，尽管有人喝彩，我却举不出一件值得称赞的作品。如获金奖之“春晓”，奖状上说明是“刻画了春晓时节，竹茂草盛，牡丹盛开。曾经枯萎的菩提树长出簇簇新叶。树上孔雀回栖，枝头小鸟飞跃，树下群鸡欢聚……”众多景物的凑聚，在我看来只是饾饤式的堆砌。

又一件得奖作品“三重唱”，原有说明称：“两片被虫啃得残破的菜叶卷曲着躯壳，残叶上下有三只蛙似在三重唱……”叶上蚀孔外，布满小而圆的颗粒，不仅使人眼花缭乱，甚至皮肤都不舒服，联想到起鸡皮疙瘩的感觉。我想如在菜叶上只刻蚀孔及叶筋，或改雕成荷叶，吸取朱三松的一些刻法，肯定效果会好些。再如“树下双鹅”，把全身片片羽毛，不管生在哪一部位都刻得十分工细而且形状一致，费力不小，却显

春晓

树下双鹅

得十分呆滞。我们应当理解并牢记《淮南子》的名言："画者谨毛而失貌。"高诱注解释得明白："谨悉微毛，留意于小，则失其大貌。""叶上达摩"的树叶也刻画得很精细，但无繁琐的感觉，是因为有达摩和它对比。不像"三重唱"的三只蛙，小得都看不清了。所以还须懂得有对比的道理。

主张作品上出现的景物越多越好，雕工越精细纤巧越好，我看是买主，尤其是做工艺品生意的买主的要求，也是组织工艺展览和评奖者的要求。新明为了容易出售和获奖，难免要迎合、顺从他们的要求。请恕我直言，他们的艺术修养、审美水平往往不高，有的甚至十分庸俗。

打开新明寄来竹刻的包装，发现一个问题不可解，即各件都不刻款署名。经过询问才知道，台湾、新加坡等地经营古美术品的店主都言明有款的竹刻一律不要。新明家境不富裕，又因正在成家立业，修建房屋，为应急需，不得不屈从买主的规定。

显然这个规定目的在永远不让刻者成名成家，永远可以用低价买到刻者的作品，转手当作古董高价出售。艺术杂志广告页上就出现过在新明圆雕彩图下，把年代标为"清"。显然，商人们的规定是损人利己、侵犯刻者知识产权、卖假古董的违法行为。我甚为新明不平！

为了鼓励这位年轻有为的竹刻家，我主动为新明写了一个斋额"镂笏居"，并建议他在作品上刻款可以用"笏人"二字。前人称竹刻家曰"竹人"，如清金元钰有《竹人录》一书。今新明用笏

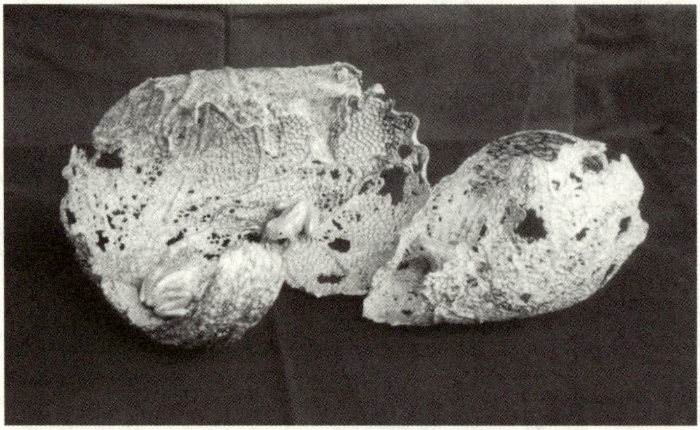

三重唱

竹圆雕，何妨署名“笏人”。当然，现在是否全部作品都刻款，或只部分刻款，新明应该根据自己的经济情况来决定。但今后必须刻款，至少在得意之作上刻款，宁可不卖也要刻。否则很难成名成家，将长期受不法古董商的欺凌摆布。

我写此文介绍王新明圆雕，不是完全肯定而是有褒有贬。这是因为看到他年轻而饶天赋，大有发展潜力。故不顾老眼昏花，连篇累牍，絮絮叨叨。当然我的观点也不一定正确，有的未免保守，不合时宜，甚至是错误的。但动机是善意的、诚恳的，故至少可以供新明参考。我相信有丰富想象力和灵巧双手的王新明，今后努力提高文化水平和艺术修养，定能崛起闽南，为传统圆雕竹刻开创一个新的流派。

原载《收藏家》2004年1期
同年10月增加竹雕实例并改写

# 农夫偏爱竹　茧指剔青筠

## ——记朱小华的陷地浅刻和留青

1997年7月2日，一位署名朱小华者，写信给我，寄到白塔寺东夹道乙二十一号。过了两年，信才转到我家。我和朱小华素昧平生，也想不起有知我者住在白塔寺。长期浮沉而信竟未丢失，可称是奇迹，也算是有缘了。

朱小华自称是河北雄县张岗乡张二村的一个普通农民，学刻竹已七年，因读过我有关竹刻的著作，希望和我相识。我约他来京，并盼示我所作。一年以来，他已来京四五次，使我惊异的是所刻人物和道光时期竹刻家方絜（号治庵）的刀法颇相似，并脱口而出，说"我在学方絜的'陷地浅刻'法"。

"陷地浅刻"是十几年前经我杜撰的一个名称。盖因1948年舅父金西厓先生撰《刻竹小言》，曾为竹雕技法创"陷地深刻"一称。所指如晚菘（即秋菜）笔筒，菜叶深刻几层，直到菜心，每于叶上雕螳螂或瓢虫作点缀。又如荷花笔筒，深见莲房，卷叶中凹，内藏小蟹等。后来我看到方絜之作，虽亦为陷地而下刻甚浅，似也应有以名之，遂称之曰"陷地浅刻"，并在叙述治庵的一件仕女臂搁（图1）时首次提出这个名称。文如下：

道光时竹人声名较著者为方治庵絜。蒋宝龄《墨林今话》称其"凡山水人物小照，皆自为粉本于扇骨、臂搁及笔筒上，阴阳坳突，勾勒皴擦，心手相得，运刀如用笔也"。顾治庵究竟用何种刀法，蒋氏实言而未详。近年留意治庵所作，已见四五器，如渔翁图、苏武像臂搁（刻于1830年，上海博物馆藏）、老子骑牛图竹黄插屏（嚼雪庐李氏旧藏）及故宫所藏人物臂搁等。此件仕女臂搁，作于道光六年（1826年），物象简单而刀法明显。以此印证他件，无不用同一刻法。盖以竹材表面为地，不着一刀，纯在陷入地表之凹处刻花纹，分阴阳，见坳突。剜剔不深，只在毫厘之间运锋锷，故可称其法为"陷地浅刻"。

治庵原籍浙江黄岩，为贴黄产地。竹黄厚度有限，如施雕饰，只能用浅刻。老子图插屏为治庵曾刻贴黄之证，可知所用之陷地浅刻法与贴黄雕饰有密切关系。直至近年，黄岩竹黄名手如陈芳俊等，刀法仍与治庵一脉相承，更可以今证古矣。

图 1

图 2

上文收入 1992 年 6 月出版的拙著《竹刻》一书中（见页 136）。朱小华同志，一位文化水平并不高、古代竹刻实物所见不多的农民，居然能从模糊不清的图版中，观察辨认方絜的刀法并有所会心，更进而用到自己的作品中，还能说出这是“陷地浅刻”法，真是太不简单了。不能不使我感到惊异。

在我见到的小华的作品中，有一件臂搁刻人物颇似吕纯阳（图 2）。手持麈尾，腰系葫芦。束髻岸帻，眉目疏朗。长须拂胸，神态翛然。迎风而立，宽衣阔袖，翻卷飘动而层次分明。谛观细部，额际下刻浅而颊侧下刻稍深。衣裾显露部分下刻浅而隔断在后部分下刻稍深。纤细之处，如飘带两股之交搭，草履绳索之编结，无不刻画入微。这不同的前后远近，深浅高低，实际上都只在竹表之下，薄薄一层的竹肌上游刃运刀，也正是方絜得心应手，备见神彩的“陷地浅刻”法。

另一件所刻人物当为东方朔（图3），采用留青法。老叟须髯满腮，一手拄藤杖，一手提衣襟，中兜仙桃，硕大无比，外露过半，几将坠落。虽踉跄曳步，却面有喜色。两件臂搁的画稿自各有所本。但能从纸上移到竹上，把平面的图绘变成浅刻及浅浮雕，在一定程度上已是再创造，不付出精神和体力劳动，曷克臻此。故不可等闲视之，而应予以肯定和赞许。

对比两件，前者刻得较为自如，后者略显拘谨。这是因为小华刻“陷地浅刻”比留青更为熟练的缘故。因而在刻留青时会自觉或不自觉地又拾起“陷地浅刻”的刀法。不过留青是浅浮雕，“陷地浅刻”是浅阴刻，一阳一阴，实难糅合到一起。但这不等于不可兼施并用。也就是说镌刻物象，不妨某一部分用留青，而另一部分用“陷地浅刻”。假设刻人物，披肩或外氅用留青，衣裙则用“陷地浅刻”。刻园林小景，湖石用留青，而石边的花木用“陷地浅刻”。这样可以加强表现力，丰富画面变化，出现新的面貌。

小华的其他作品有拟张希黄一派的殿阁楼台，已初具规模。又用留青刻高山远水，叠嶂重峦，曲涧回溪，不免浑沌不清，理路紊乱，层次虽多，实为简单的重复，自须另外寻求表现方法，方能有成。

小华正在有为之年。以他对竹刻的热爱，能时时处处细心观察，努力钻研，从提高文化修养、书画技能等方面要求自己，定能具有较高的造诣，跻身于竹刻家之林。我们将拭目以待。

图3

2000年8月

# 工藝

# 雕刻集影

## 前言

本集所收是近年见到的古代雕刻的一部分，有汉族地区的（1—33），藏族地区的（34—52）和邻近国家的（53—60）。如与举世闻名的云冈龙门石雕、莫高窟麦积山泥塑相比，显得不足一道，因为大都是时代较晚的小型造像。

论者或以为我国雕刻自中唐进入衰退时期。此后各朝，每况愈下。倘从宏观着眼，凿窟建寺，规模后不如前，故此论可以成立。惟宋元直至明清，范金削木，琢石抟泥，造像之风，始终不替。至今尚有较多实物传世，可以为证。

尝以为古代雕刻不论其年代早晚、身躯大小，只要有它自己的精神风采，予人美的感受，就是有艺术价值的作品。有的以真实人物为题材，如曾相识，呼之欲出。有的道释造像，突破典型仪轨，摆脱固定程式，而从现实生活获得灵感和生命。这些都耐人欣赏，值得研究，应予重视。

藏族艺术，千百年来有高度的成就，雕刻造像占很大的比重。由于种种原因，我国研究落后于海外，近年才出版了一些介绍藏传佛教艺术的图籍，是一个可喜的开端。本集所收西藏佛像不多，但却是有代表性的作品。

邻近国家如尼泊尔、缅甸的佛教艺术都受印度的影响，和中国也有交光互影的关系。观摩、欣赏会启发我们对文化交流、艺术借鉴、风格比较等问题的思考，从而引起兴趣展开进一步的研究。

动物飞走，雕刻所不废，而佳者绝少，仅得四件（61—64），附于篇末。

总之，本集取舍主要看它的艺术价值。

由于本人对雕刻只有爱好，没有研究，小型造像又多数没有铭文题记，长期流散，无法知其确切来源。故所定名称、年代、制地都难免有误，只有今后随时改正。名曰《雕刻集影》，是因为将照片贴在散页上，后附几页油印说明，根本尚未成书。只不过想有一本雕刻照片册，可供翻阅自娱而已。

王畅安　1959 年 5 月

1995 年夏修改补充

## 说明

1　唐铜鎏金佛像（彩图 60）

高 21.7 厘米　中国历史博物馆藏

佛半跏趺坐莲座上，形象古拙。其下又承以四足高座。右臂下垂至膝。左手擎一器，状似博山炉。背光高而尖，围绕佛头部位隐起莲花如轮，其上阴刻火焰纹。高座背面刻题记七行五十二字：

贞观二年有疫不
雨七十余日苗硕凋
苦上筑坛祈祷七日
夜疫弭雨大至下民欣喜
上使僧法纯造金铜佛
像七躯天下安详
祯无极

2　唐石雕佛头（彩图 61）

高 8 厘米

这是一尊胁像（可能是迦叶）的头。刀法简练有力，许多重要的部位，如眉毛、额上皱褶、口唇等都刻得快利遒劲，似一凿而成；看得出作者有高度的自信心和极为准确的双手。他的概括能力很强，通过这个年老佛弟子的形象，能毫不费力地将一种悲天悯人的内心表达出来。

3　唐铜鎏金佛坐像（彩图 62）

高 8.5 厘米

衣裾手势，如常见坐佛，容貌却似中年信士，肃穆虔诚，又冲和怡悦。造像者或有意或无意融人相于佛相，堪称天人合一。

4　唐铜思惟菩萨坐像（图 1）

高 11 厘米　上海博物馆藏

这完全是攫捉人间日常生活的一刹那，用作素材来塑造思惟菩萨的一件精美动人的雕刻。名曰“思惟菩萨”，是因为佛像中一手支颐，仿佛进入沉思是常见的题材。而此像以膝承肘，手指去面颊尚有一段距离，俯首含胸，两足随意交搭，全身松弛，大有倦意。因此与其称之为思惟菩萨，倒不如说她是一个工作劳累，睡眼惺忪，不由得想再打个盹儿的少女。

图 1　唐铜思惟菩萨坐像

5　唐木雕佛坐像（图 2.1、2.2）

高 93 厘米

古代木雕保存得这样完整的并不多见。除垂下来的衣裾飘带可能为移动的便利而遭到断截外，大体上尚完好。佛像面貌丰腴秀朗，是标准的唐代作风。左臂支撑，右臂搭在膝际，手腕听其自垂，体态极为闲适自然。全身的彩色并不暗晦，剥落的地方也不多。颜色积层

图 2.1　唐木雕佛坐像（正面）

图 2.2　唐木雕佛坐像（侧面）

很薄，肉色之外，以红、蓝、绿为主。设色浓艳，但只觉其庄严厚重而不觉其喧炽。有些地方，表面色层脱落，露出下面的底色，说明此像还是曾经重装过的，但并不像某些古代雕塑那样，由于经俗手重装而遭到了严重的破坏。观察它的设色过程是木胎上先敷一层白色的粉质，上面糊麻纸，纸上又打粉地，然后上面染着颜色。

眉间白毫原镶嵌已脱落，现存蓝宝石珠是后配的。

6　五代铜鎏金观音菩萨坐像（彩图 63）

高 49.8 厘米　中国历史博物馆藏

1957 年浙江金华万佛塔塔基中发现铜造像多尊，以此最为精美。观音踞坐石上，一足下垂。头戴宝冠，身着长裙。璎珞至腹间歧分为二，环绕两膝。背光中空，圆如满月。火焰三组，势欲摇动。据共出器物年款，坐像制于五代时期，面相体态，已由唐代之丰腴渐趋秀丽，足觇时代风格的变化。

7　五代青铜佛坐像（彩图 64）

高 17.5 厘米

像身躯健硕，面目开朗庄严。着右袒僧衣，作转法轮印，跏趺坐大莲座上。造型、尺寸与美国纽约大都会美术馆所藏，尊为像中瑰宝之唐鎏金铜佛（插图 1，见台北故宫博物院编印《海外遗珍·佛像》续 105）颇多似处。对比所见，此像手指及两耳均有伤损，未免逊色。面容则各有千秋，实难轩轾。至于衣褶，随身起伏，流畅生动却此胜于彼，且具有十分浓郁的犍陀罗风格，发纹亦然。论其艺术价值，自不能以是否装金而分高下也。

莲座下残，像背有隆起处，当有背光，已散失。

8　宋铜佛坐像（彩图 65）

高 11.8 厘米

与唐铜鎏金佛坐像（彩图 62）姿态相似而差异显著。头颅丰硕，螺髻密布，闭目沉思，法相庄严。见像即见佛，绝无世人相，是和前者的主要不同。

9　宋铜大日如来坐像（彩图 66）

高 20.2 厘米

像身披袈裟，头挽高髻，式样与敦煌 384 窟的唐代供养菩萨像的发髻很相似。面部及手、足的铜色深黄，此外全呈绿色，可能是用了不同的合金所以才会出现不同的颜色。衣褶的处理，在同一尊像上似乎运用了不同的手法。股膝之间，线条圆婉。继承了唐代的规矱；肘臂部分，又采用了平面与凹面的表现方法。但二者却非常调和，同样予人自然简练的感觉。佛的面部相当丰满，也有唐代雕塑遗风。高高斜起，挑入鬓角的长眉，睁着的眼睛，使人觉得他不是冥心内敛的，而是在冷静地、积极地观察外界事物。闭拢的嘴唇和口角的低凹，又显示了有坚定的信心去完成宏大的志愿。

从佛像的手印来看，为大日如来像。据《一切时处念诵成佛仪轨》所讲的大日如来的手印是："智拳印者，所谓中、小、名之三指握拇指。柱头指大背，金刚拳乃成。右拳握左头指一节，面当于心，是名智拳印。"大日如来，又名毗卢遮那。《造像度量经》称毗卢大智印："以左手作拳，巨指尖平入右拳内握之，起立当心。"此像手印与上述两种经典所规定的相同，只是以左手握右手大指，而不是以右手握左手大指。智印拳两手是否可以掉换握指，有待高明指教。

插图 1　唐鎏金铜佛

10　辽铜观音坐像（彩图 67）

高 12.3 厘米

跏趺坐莲座上。两臂与身躯分铸，惜已脱落。头上冠饰亦散失。眉目婉好，衣裾璎珞均精美。伤损不足以贬低其艺术价值。

11　辽铜鎏金佛坐像（彩图 68）

高 12.5 厘米

此像因锈蚀，眉目已不太清晰。衣褶由于双臂高举，都贴在身上；虽只有几条直线，却流畅有致。

以双重的花瓣组成莲台，下有带壸门的台基，在辽代的小型铜像中不时能见到。但姿态及手印如此像的，还没有遇到第二例。他的手印是两拳相抵，小指勾环起来，食指伸直，指着头顶。手印的名称、意义及象征何佛，均待考。

12　辽铜八臂观音坐像（彩图 69）

高 9.5 厘米

八臂除当胸两手结印外，各有所持。

插图 2　辽青铜观音菩萨坐像

图 3　辽铁佛头

因多伤损，已难辨为何物。眉目竖起，形成并行的直线，故有怒悍之相而无祥和之容，似为密教观音所仅有。

13　辽铁佛头（图 3）

高 54 厘米

佛头面相丰腴，眉目婉好。头顶发髻高挽，以卷草纹的佛冠围束发际。两侧鬓间各有垂发一绺，从耳畔绕过，又束入冠内，结成环状。不论面容和装束，都保持着浓厚的唐代风格。推其时代，非宋即辽，后者的可能性较大，似可从大同华严寺薄迦教藏殿诸像求消息。

现在佛冠局部还残存垩土的痕迹，在薄薄的白色粉层上，涂着红色，说明当时曾经装銮彩绘。佛头的高度在半米以上，依比例来算，如是立像，身高应在一丈以上。

14　辽青铜观音菩萨坐像（彩图 70）

高 15 厘米

观音半跏趺坐大莲座上，右足下垂，承以朵莲。此像造型、尺寸、制作年代，与荷兰阿姆斯特丹国立博物馆所藏一件（见台北故宫博物院编印《海外遗珍·佛像》146）相似（插图 2）。惟面容美好，手势自然，衣褶活动，均远胜之。

15　南宋木雕干漆罗汉坐像（图 4）

高 85.5 厘米

罗汉袖手趺坐，头微偏侧，向右下方凝视。看他的面貌尚不到中年，气度却冲和深厚，是一位有修养的佛弟子形象。衣纹简省，褶痕寥寥，而意趣已足。倘与绘画相拟，近似兰叶描——运笔流快而有轻重起伏的一种。袍服全部褐黑，是漆的本色，无文饰，只在衣襟边缘用漆灰堆挤出近似流云卷草的阳线花纹。

此像高 80 多厘米，接近真人，不过重量仅 16 公斤。乃用木块拼斗成形，中间刳空，外糊织物，复经垸漆、糙漆诸工序制成的。虽与脱胎像做法不同，也还保留了夹纻、搏换的遗意。

16 南宋铜鎏金观音菩萨立像（彩图71）

高23厘米

面庞丰满，眉目修长，神情恬静。头微前俯，似在聆听众生的祈祷和倾诉。指若柔荑，手势婉美。胸露项环，缀以璎珞。长裾束带，挽结下垂。外御佛衣，襞积明快。服装乃至足底莲座与新田彭氏所藏定为元铜鎏金阿弥陀佛立像（见台北故宫博物院印行《金铜佛造像特展图录》图版109）颇为相似。像原有背光与底座，已散失。

17 元铜童子立像（彩图72）

高24.5厘米

童子着圆领袍，束带穿靴。从装束来看，与四川华阳保和乡元墓出土的仆俑（见《考古通讯》1957年第5期）有相似之处，故定为元制。

他身躯微微向前欠仄，拱手立在一个长方形平座上。袍上本来涂有金漆，座上有朱漆，现已脱落殆尽，铜面呈深黑色。

童子年约十五六，头发自头顶正中分开，挽成两髻，分垂左右肩上。使人耐看的是他的一副开朗而朴质的面貌，憨笑还带几分稚气的神情，作者成功地将他塑造成一个不知忧虑，天真无邪的童子。从站立的姿态来看，他原来可能是一组铜像中的侍像。

18 明铜真武坐像（彩图73）

高23厘米

明代信奉道教，成祖朱棣（永乐帝）封真武为“北极镇天真武玄天上帝”，建庙全国，故多真武像传世。惟容貌壮伟而内含英武之气，造像精美如此者绝少。甲胄鲜明犀利，袍服衣褶自然，边缘錾凿细致。龙纹怒鬣长喙，更具备明代早期风格。

图4 南宋木雕干漆罗汉坐像

19 明铜鎏金观音坐像（彩图74）

高33.5厘米

观音坐石上，一足跏趺，一足下垂，腰肢纤细，面相华妍，左右衣带，绕臂几经转折，又从身下翻出，飘然欲动；尤其是如兰吐蕊的手指，引人注目。显然作者是想通过观音来表达他所认为美好的女性。

这尊像会使人想到唐末及宋代大如真人的木雕菩萨像。那些作品，时代早而体积大，风神气度，是晚期小型造像所难企及的。但是我们不难看出此像确实继承了前代的传统，并较多地保存了那时的优美特点。

观音本身以外铜质露本色，对比之下，更加突出了鎏金效果。像左侧原有佛经一帙，右下角有合掌童子，均已散失。

20　明木雕金髹雪山大士像（彩图 75）

高 34 厘米

佛典称释尊在过去世修菩萨道时，于雪山苦行，绝形深涧，不涉人间，谓之雪山大士。古代造像，多用瘦骨嶙峋老人，蜷一足，两手扶膝，支承下颏，来状写他深山独处，思惟坐禅的情景。这尊木雕金髹像，运刀爽利奔放，大胆而不逾越规度。无论是骨骼筋脉或衣裳褶纹的剔凿，都仿佛是运斤成风而不是精镂细琢的。面部的雕造，有高妙的手法。隆高的鼻准，向前探出的下颏，卷结堆积的眉髯，都相对地使眼睛陷得更深邃，两颐瘦得更枯癯，让人自然联想到他在太古沉寂的雪山，度过了无量的岁月。全身通饰金髹，只有眉髯在木地上略施本色漆灰，加强了毛发毵毵的感觉。这种技法也是值得提出的。

21　明铜鎏金雪山大士像（彩图 76）

高 20.5 厘米

铜像方面长耳，头很大，超过了和身体的比例。眉毛高出，在眉心与鼻准连在一起。颧骨隆突，偏下偏后，离开了一般的位置。唇上无髭，在口角之外却又蟠结成卷。相貌奇古，却含蓄浑成，所以趣味隽永，耐人晤对。

此像面相不以传统的形式为依据，更不是传真写照，而是作者发挥了他的想象力，用一种夸张而近乎浪漫的手法来塑造的。它与前面木雕金髹一尊，姿态无大差别，可是风格情致，迥不相侔。说明同一题材，不同的雕刻家对它有不同的体会，因而有不同的创造。

22　明木雕金髹布袋和尚像（彩图 77）

高 15.5 厘米

布袋和尚，通称大肚子弥勒佛。佛典称五代梁时定应大师布袋和尚，见于明州奉化县，形裁腲脮，蹙额皤腹，出语无定。常荷一布袋入廛，见物则乞。且有十八小儿追随，然亦不知小儿何从来也。从这几句描写中，我们已不难想象这个大腹便便、笑容可掬的头陀。举止言语，都会逗人发笑，尤其是受到儿童的欢迎。他这种形象是人们所喜闻乐见的，所以在民间才会广泛流传，并成为绘画雕塑中习见的题材。大家对它熟悉到用它来形容身体肥胖的人。尽管是佛像，已被吸收到人民的生活语言中去，其重要性实在超过了它在宗教方面的意义。

这尊木胎金髹像，在姿态上是最常见的一种；但衣纹流畅，显出纯熟的运刀技法；尤其是面部的雕琢，用儿童的脸形来状写布袋和尚天真开朗的性格，在这一点上作者是能突破成规的。

23　明铜鎏金布袋和尚像（彩图 78）

高 19.4 厘米　中国历史博物馆藏

与前像题材相同，风格竟大异。制作精湛，浓金灿耀，行乞僧而有富贵气象。相传布袋和尚常纳信徒布施于袋中，入市则倾之于地，任人围观以为乐。此像袋口露出杂宝，计有犀角、银锭、钱币、法轮等，纷然杂陈。诸般珍异岂行乞所能得！看来铸造者已改变了布袋和尚的传统形象而赋予招财进宝、富贵吉祥、更为世人所喜爱的特征。

24　明木雕紫漆阿弥陀佛坐像（彩图 79）

高 20.5 厘米

像跏趺坐，两手结弥陀如来禅定印。全身紫漆，衣服上罩金髹，已多剥落，只在衣褶低洼处尚余金色。面、胸及手足的紫漆，颜色较浅，格外细润，这是当初在髹饰时有意使它与衣服有所区别。

此像衣纹刻制，似嫌板刻，但面部雕琢却是成功的。眉眼之间柔和的微凹，垂直的鼻准，似闭而未闭的双眸，充满了静谧的气氛；再加上头部微微向前倾俯，使人感到佛已入定，进入明心见性的境界。

25　明木雕金髹阿弥陀佛坐像（彩图 80）

高 31 厘米

与前一像雕刻手法恰恰相反，眉、目、口唇等部，线条锐利，轮廓分明，凿刃刀痕，一一尽在；但爽朗之中有含蓄，生动之中见静穆，功力之深，于此可见。

此像的另一特点是面相修长，身躯瘦窄。莲座刻法简省，高度却超出常规。看来作者是有意识地采用了这样的权衡使观者视觉有清新脱俗的感受。

26　明木雕金髹僧人像（彩图 81）

高 15.8 厘米

僧像披袈裟。右肩衣服未被遮没，露出圆光和绣在中间的一个“月”字。袈裟当胸部分绣凤纹，两膝及左肩都绣团花。

这是一尊写真像，面貌很有特征。颊骨高，但并不宽，腮部内敛，眼睛与其他部位比较起来显然是小的；两耳长大，但中间向里凹。最突出的是前额和下颏格外硕大。细看面部的雕琢并不工细，但神情是充沛的。有人认为它与南薰殿历代帝王像中的朱元璋像（见《故宫周刊》第 139 期）有相似之处，当然我们没有找到根据能说明此像与朱元璋有任何关系。

这尊像在制作方法上有值得提到的地方。它是在木胎上面糊纤维很长而柔韧的绵纸，纸上面敷一层白色的腻子，上面再用沥粉法堆出花纹，最后才罩漆贴金。面部及手部完全涂成黑色，只口唇染红，眼睛内略点白粉。肌肤涂黑，意义何在，尚待研究。

27　明青铜张仙像（图 5）

高 49 厘米

少年面貌丰腴，气度轩昂，俨然是

图 5　明青铜张仙像

一个浊世佳公子。他头戴如意纹的帽子，旁垂巾角，左边的一角已残缺，两条扁头的飘带搭在肩上。从敞露胸口的两道斜襟和底襟的双重衣褶，可以清楚地看出他穿的是一件内衣和一件长袍。右臂曳动着宽大的袍袖，左臂则将袍袖挽起，露出内衣的窄袖；内衣的斜襟比较贴身，长袍的斜襟则垂下一个大褶；这些变化都破除了构图上的单调和呆滞。腰部已跌损，但系腰的绦带和飘下的长穗，尚大部完好，它与袍袖和底襟的气势及动向是一致的，造成潇洒流动的效果。少年右手用三指捻着一颗弹丸，左侧腰间佩鱼篓形物，应当是贮放弹丸的囊袋。左臂斜垂，手腕向内勾着，手中空无一物。根据此像右手捻丸左臂挽袖的姿势，和头巾与腰部伤损的情形，可能他左手中原来握着一张弹弓，也因跌损而失落了。如果以上的猜测不误，他当是张仙像。

相传后蜀降宋，赵匡胤召孟昶妃花蕊夫人入宫。夫人思念故主，画孟昶挟弓射猎像悬于内室。赵匡胤询及，诡称此我蜀中张仙神，祀之令人有子。此后求子者多祀奉之。传世张仙像有五绺长髯，此像无之。可能原用丝状纤维或马尾作胡须，年久脱落，遂成翩翩少年矣。

### 28　明铜太监立像（彩图 82）

高 31 厘米

据服饰这是一件有权有势的太监像。冠两侧原上翘如双翼，断折后磨成今状。像之得神在抚带右手食指微翘，左袖飘然回曳，显得潇洒悠闲。看容貌更是一个养尊处优、四体不勤的人物。明代宦官之祸甚烈，见此像不由得使人对当时宫廷的腐败黑暗产生许多联想。

### 29　明铜错银观音菩萨像（彩图 83）

高 20.2 厘米

像紫铜质，表面积累了薄薄一层深绿色铜锈。衣服领襟边缘及袖口、佛经函帙，都用银丝错嵌缠枝花纹，制作极为精美。衣纹圆转，面目慈祥。处处表现了作者熟练的技法。

前曾数见嵌“石叟”款观音像，制作及神情与此相同。此像虽未发现款识，可能亦出石叟之手。

石叟观音像与同一时代的德化窑观音颇相似。虽是宗教题材，实塑造了温和慈良的女性，富有世人情趣。

### 30　清木雕无量寿佛坐像（彩图 84）

高 13.8 厘米

像头戴佛冠，胸垂珠络，臂饰宝钏，端坐在仰俯莲纹的座子上。手中原有宝瓶，已失去。上身裸体，下着短裙，两条长带从腿上搭下。围着膝际，绕向座后。面部镌刻精工，两眼及嘴唇曲线圆婉，作者为力求完美，付出了精力和时间。面相与某些带有永乐、宣德年款的鎏金铜像有近似处。

此像用一种褐色木材雕成，质地接近沉香而较坚密。周身曾用薄漆敷揩，并在佛冠、珠络、臂钏、腕钏、衣带边缘以及佛座的莲瓣和珠纹上贴金后罩透明漆。历时久远，像正面漆已摩残，且局部木质有朽蚀痕迹，金漆色泽也已黯淡。惟其初完工时之绚丽庄严可以想象。它是中原地区甚至是清宫廷制品，并受西藏佛像的影响。

图 6.1　清汪木斋镌石雕唐英像（正面）

图 6.2　清汪木斋镌石雕唐英像（局部）

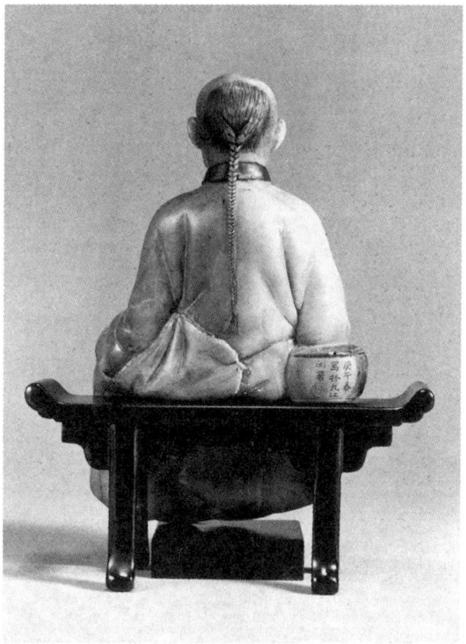

图 6.3　清汪木斋镌石雕唐英像（背面）

31　清汪木斋镌石雕唐英像（图 6.1—6.3）

高 24 厘米　关祖章藏

这是一尊为生人写照的像，用近似青田的叶蜡石雕成。他清人装束，脑后垂辫，长袍素无纹饰，只领子及衣褶间留有石青染色。前额颇舒展，略有麻瘢，是用无数细小不平的刀痕，益以赭墨渲染才取得呼之欲出的效果。所得印象是：此翁年约六旬，精明干练，阅世甚深。他左手扶膝，右手一书在握，侧身斜坐，倚靠着一具鼓式垫子。垫子背面有款识"庚午春写于九江关署"九字。下有"汪木斋"阴文篆书圆印。

"九江关署"四字，使人意为唐英像。设所意不误，像当制于乾隆十五年庚午春（1750 年）。不过仅凭上述四字，所据不足，须更多求证。首索之于《陶人心语》。因所见均非足本，无所获。继取石雕像与唐英《陶成图》（彩绘横卷，郭觯斋旧藏，抗日战争中毁于火。1946 年冬赴日本交涉追还被劫夺文物，于神田书肆见此图照片，购归入藏故宫博物院古物馆资料室）中画像（插图 3）对比。画像年迈清癯，须亦较长，两者相去颇远。年岁不同，容貌固异。但既不相似，难以为证。四十年来，石雕是否为唐英像，仍是悬案。

近蒙宋伯胤先生来函，询及石像来

插图3 《陶成图》中唐英肖像

源；过去刊出照片中像下坐具是否为原有；并抄示唐英《题石镌小照小序》；终得证实像主人确为唐英，不禁为之狂喜。《小序》文如下：

> 友人汪南桥讳本，徽人，侨居湖北武昌，善镌雕之技。庚午仲春，诣余浔榷官舍，携得京山石为余作一小照，长七八寸许，形神逼肖，坐泉石古柏下，右作稚子长春保暨凌云、二达两雏孙嬉于侧，或坐或立，或背负或蹲踞，有天然意致。旁立阿连、阿节二小童，各执茶具，跃跃欲动，神手技也。余顾而乐之，因镌识三十三字于座后石壁上。官耶？民耶？陶耶？榷耶？山林耶？城市耶？痴耶？慧耶？贵耶？贱耶？或曰蜗寄耶？余曰：否否，石也！

据《小序》可知所谓"小照"，实一组群像，且有泉石、古柏、石壁景物，不妨称之为石雕立体行乐图，其体积非专设几案或特制台座不能供观赏。而一旦失修，群像、景物散佚失位，行乐图只能凭人想象矣。

1955年前后，石雕像初见于关祖章先生家，仅此一躯，无坐具。后求借摄影，承蒙慨允，以家藏紫檀小翘头案承之，宛若天成。《小序》称像"长七八寸许"，与24厘米正合。时为庚午春，雕者汪氏，无不与石雕像吻合。至此，像主人为唐英，已无可疑。

石雕像摄影后璧还，十余年中在关家曾数见。十年浩劫，祖章先生惨遭红卫兵殴打致死，所藏文物不下数千件，以古铜镜为多，全部被抄，石像亦不可踪迹矣。

### 32 清石雕人像（彩图85）

高26厘米

老人长面有须，坐磐石上，身穿酱色四爪金龙团花长袍，左臂肘下倚着一套书，函上书签题"百寿图"三字，当为纪念寿辰而请人雕刻的肖像。

头部雕制，用了很大功力，垂直而下端丰满的鼻准，比例显得细小的眼睛，都具有特征，颐部的下垂和眼皮下凸起部分，状写出已经松弛了的皮肉。眉毛用阴文划出，而眉下高起的骨骼，似可扪摸。脑后也有发辫，项间两道凹褶，肥厚有肉，能予人质的感觉。镌者虽未署名，但证以雕刻的手法、石质的取材，乃至题字笔迹，都可以说明也是汪木斋的作品。

从上述的两件实例来看，我们可以肯定汪氏所刻的肖像是非常逼真的。当时的真实人物今日虽无从得见，但一看石像，便使人相信确有其人，并且觉得亲切面熟，有似曾相识之感。他的雕琢技巧——运刀如皴擦并与颜色渲染相结合的方法，可能是受了明清传真画法的影响，在晚期雕刻中是别具一格的。

讲到这两尊石像，尤其是本件，身体比例、衣纹处理，都不能令人满意。这可能是由于当时社会的要求，使以雕刻肖像为生的艺人必须集中力量刻画面部。正因如此，故有自然主义的倾向。但古来出于民间艺人之手并且知道作者姓名的雕刻品，实在屈指可数；因而还是值得我们重视的。

33　清卢葵生木雕紫漆观音像（彩图 86）

高 21 厘米

卢葵生，名栋，嘉庆、道光间人，以善制各种漆器著名。

观音像木胎紫漆贴金。金色已脱落，只衣纹间隙及像底尚有痕迹。发髻曾涂石青，也大部不存。胸间璎珞，正中嵌绿松石一枚。像背腰际有“葵生”篆文长方印，用朱漆写成。按卢氏钤记一般用图章蘸漆印打。造像可能因其表面不平，才用笔书写。

此像衣纹潇洒流动，面貌也慈祥凝静。其神趣是以妍秀见长，不以浑厚取胜。卢葵生和石叟一样，都不免受明清德化瓷雕刻的影响。

34　宋藏西古格铜释迦牟尼佛坐像（彩图 87）

高 12.5 厘米　11 世纪

天庭甚高，容貌古拙。肉身外露处及衣裾蔽体处，分别用黄铜和紫铜制成。坐垫正中雕兽面，左右叶片卷叠，花纹繁缛。座底中坐男女供养人，左右分列大象、狮子，雕刻甚精。与此像风

插图 4　宋铜释迦像

格、制作十分相似，可以肯定为同一地区、年代所造的有刊载在美国《洛克菲勒三世所藏亚洲美术图集》（*Asian Art from the Collection of Mr. and Mrs. John D. Rockefeller 3rd.*）图 12 释迦像（插图 4）。该图集编者谢门李（Sherman E.Lee）定为 11 世纪缅甸制，但未能提出令人信服的依据。求教于帕尔博士（Dr. Pal Pratapa ditya），承告类此造像之产地尚无定论。葛婉章女士以其深具喀什米尔风格，认为乃 11 世纪后期藏西古格所造。因古格王朝曾遣僧众赴喀什米尔求法，并携回喀籍造像工匠多人（见台北故宫博物院印行新田集藏《金铜造像特展图录》第三章）。今依葛女士之说为释迦坐像定年代及制地。

35　元铜不空如来坐像（彩图 88）

高 32.4 厘米　12—13 世纪

不空如来乃佛典中所谓金刚界王智

如来中之北方竭磨部主，左手作正定印，如释迦之左手。右手五指当胸，向外略扬，施无畏印。

像以浅黄色铜铸成，头戴高冠，正中以衔花兽面组成缛丽的图案。耳御大环。左右绦带下垂后又向上返折，与高冠相连。面相塑造精湛圆润，全泯刀凿痕迹。表情含蓄，耐人晤对。两眼用白银镶填，口唇则以紫铜嵌错。从整体风格到用料装饰均受喀什米尔影响，为藏西地区所制佛像精品。

36　元金刚萨埵银铜双身像（彩图 89）

高 15.4 厘米　12—13 世纪

男像金刚萨埵，银制，手持铃杵。女像铜制，手持斧钺及颅钵。银因氧化，呈灰黑色，故从图片不易分辨双身为一银一铜。银铜双身像已属罕见，况塑造精美若此。

此像曾定为尼泊尔制。帕尔博士认为乃 12、13 世纪间藏南所造，并名之曰 Vajrasttva and vajrasattvatmika。殆“金刚萨埵及其配偶”之意。造型风格受尼泊尔影响则可以断言。

37　元铜度母半跏趺像（彩图 90）

高 12.5 厘米　约 13 世纪

度母面容塑造耐人寻味，不露丝毫笑意竟能表现出她欢畅欣喜的内在心情。隆胸纤腰，垂足坐亦婀娜多姿。右手拇中两指扣抵成环，置膝上。左手持花枝，錾刻甚工。座为大朵莲花，一茎冒出水池。从茎底又长出叶梗花苞，向两侧旋卷，形成玲珑透空的高座。在藏传佛像中并不多见。

铜质呈紫色。身躯遍涂金粉，发髻染蓝色。膝间金粉剥落处，露出精细线雕图案，当为衣裙上的花纹。非剔除涂层，无从见其庐山面目矣。

38　元铜鎏金忿怒明王像（彩图 91）

高 7.1 厘米

藏传密教男、女双身像，立牛背上，手持骷髅棒及钺斧等物，后有背光，下有单层莲座。或以为乃忿怒明王像，或以为乃地狱主像，似以前说为是。

像以紫铜作胎，鎏赤金。积层很厚，光泽饱满。鎏金摩残的地方，露出铜胎，呈紫黑色，微闪蓝光，与金色对比，显得格外灿烂夺目。就雕工来说，其制作并不精工，好像是漫不经意，草草而成；但造型圆浑雄厚，饶古拙趣。造像时代可能为元初或更早。

39　明铜鎏金文殊师利像（彩图 92）

高 4 厘米

文殊像仅高寸许，却有寻丈之势。身躯圆润丰腴，与唐代雕刻一脉相通，使人联想到天龙山的石雕。

像右臂举剑，飘带自臂垂下；左臂因姿势向下，飘带又转而向上。飘带的处理，不仅加强了装饰趣味，同时也增添了流动效果。这足以说明虽在这样小的藏传造像中，布局的开合呼应也都是经过意匠经营的。

40　明铜鎏金金翅鸟王背光（彩图 93）

通高 26.6、鸟高 14 厘米

金翅鸟王，梵名迦楼罗。《华严经·智度论》等佛典称其往往飞行虚空，以清净眼观察大海龙宫，有诸龙命应尽者，以翅搏开海水，取而食之。佛亦如是，以佛眼观察十方世界，若有善根已成熟者，为除障碍而出生死海。原来是以辟海取龙来象征接引众生。

据《造像度量经》，金翅鸟王的形象是:“人面，鸟嘴，生角，腰以上人身，以下鸟体……两角间严以牟尼宝珠，及具耳环项圈，璎珞臂钏，双翅展而欲举之状。”与这件铜像相合。至于鸟下的龙身飞天，当然是由于搏海取龙的传说而有的。

金翅鸟王和龙身飞天，在密教雕刻中是时常见到的。建于元代的居庸关云台，券门正中的石刻浮雕是一个大家熟悉的例子。又如拉萨色拉寺的明代文殊菩萨像（见刘艺斯编《西藏佛教艺术》图74），在佛后的背光上也有类似的雕刻。

这里的金翅鸟王，原来也是佛像背光上的饰件。飞天回身向外，一臂弯曲，一臂擎举，指似柔荑，眉目秀朗，于夭矫之中见妩媚。头后有蛇首昂然，是印度的遗风。自腰际以下，龙身蟠蜿，随势生出形似火焰的花叶。鸟王位居正中（龙身有榫，鸟尾有穿，可以安卸），臂展翼张，作搏风扶摇之势。头上花叶攒簇，形成饰件的顶巅。不难想象，当初它和佛像连属时，这个整体该有多么富丽庄严。现在虽已分离，但自己也还能成为一个组合，由精美的雕刻和高度的装饰艺术结合成的。我们可以看出这个题材是经过长期的、多次的艺术实践才能发展到这样的成熟程度。

### 41　明石雕喜金刚像（彩图94）

高20.3厘米

这是藏传萨迦教最崇敬的神，喜金刚。男相八面十六臂，手托颅器，器内有趺坐小佛及象、马、羊等兽。跨下垂骷髅一匝。女相冠饰华鬘，身披璎珞，一手持杵，一手托颅器。像下有仰俯莲座，座上卧四神，仰面承金刚之足。像后背光，正面浅雕阴文火焰，反面中部凿空，突然如门户洞开，露出金刚的背面。故此像虽有背光，却是一件面面可见的圆雕。背光正中刻藏文题字，识者谓即“唵嘛呢叭咴吽”真言。

此类藏传佛像，多为铜雕；刻石者极少。尤为可贵的是雕琢细入微芒，神工鬼斧，不为过誉。石色深黑，质地细润，据称藏名“洛均”（译音），乃当地特产。

### 42　明铜米拉日巴尊者像（彩图95）

高15.2厘米

锦垫上承坐几，几上覆羊皮，藏传铜像时有之。惟此像几下两锦垫，花纹格外精工。同为六角形图案，上者阳纹较细密，下者阴文较疏朗；对比显著而又十分谐调。羊头带旋纹的双角，闭成一线的眼睛，凹陷的嘴叉，下垂的前蹄，都是经心刻画的。像座如此，便与一般常见的大不相同。

雕像身躯稍稍欹侧，可以感觉出身体重心偏在蹦跌着的左股和按着几面的左手，右腿蜷曲，臂肘支靠着膝盖。头向右微倾，用手掩着右耳和鬓角。头发披散，分成五绺，搭在肩背。眉目清朗，鼻准高，嘴唇薄，面貌清秀而气度恬静，象征着他有纯洁的内心和不平凡的智慧。

他身穿一袭单衣，右臂和前胸露在外面。两腿为衣服缠裹，绷得很紧，显示出质地柔软而细薄的织物和富有弹性的肌肉。

雕刻者没有放松各个细小部分。如左脚脚心朝上，拇趾前拗，趾分如掌。

踏着几面的右脚，拇趾上翘，似有拨动之声。两手虽静止而姿态优美，每一个轻微的弯曲和起伏都是精心设计的。

总的说来，此像的身材比例是那样的匀称合度，姿态是那样的生动逼真，情致又是那样的安详闲适，使我们感到有血有肉，可爱可亲，觉得它具备人的性灵。感谢雕刻者把生命和情感注入了这堆冷冰冰无知无觉的顽铜。

据其用手掩耳的仪容，可以肯定是米拉日巴尊者像。他是西藏有名的圣哲，生于宋太宗淳化三年（992 年），卒于宋神宗熙宁八年（1075 年）。其传记为藏族文学家乳毕坚金所著，是一部有名的著作，有汉文（《西藏圣者米拉日巴的一生》，王沂暖译，1942 年 12 月商务印书馆）、英文（*Tibet's Great Yogi Milarepa*，Edited by W.Y.Erens-Wentz，1928 Oxford University Press）等不同文字的译本。相传他善于歌唱，一手掩耳，是表示他在曼声长歌。千百年来米拉日巴在西藏受到人们的崇仰。这尊像对内心和仪容的完美塑造，正反映了人们对他的爱戴。

### 43 明铜鎏金费卢波像（彩图 96）

高 16 厘米

西方学者称此为费卢波（Virupa）像。费卢波乃佛教、印度教共同供奉之大成就者，生于东印度，而一生弘法多在南印度。传说他有超自然的法力，手指天空，能将太阳定住不动。

像右手托颅器，左臂斜举，食指伸出而末节钩屈，半跏趺、半蹲踞地置身莲座兽皮上，并以“贡他”修法带固定身躯。西方图集中的费卢波像均符合上述仪轨。此像身体尤为壮硕，两目大睁，眼球努突。双眉紧蹙，胡须旋卷，勇猛威武，使人想到唐宋雕刻的天王力士，是 15 世纪藏中地区制造的一尊上佳的金铜像。

### 44 明青铜释迦牟尼佛坐像（彩图 97）

高 25.4 厘米

左手掌心向上，置两足相交处，右臂下垂，手搭膝间。释迦牟尼此式为最常见。而此像却能于平易中见神采，耐人远观近瞻。像上雕饰可谓简练至极，而制作亦精工至极。面相着重内心的刻画，超出了一般佛像的慈悲与尊严，显示出一位圣哲的明慧圆通，超然无碍。袈裟虽无纹饰，而贴着身体的轻轻起伏，传写入微。手、足的塑造，也使人感到生命的存在。

### 45 明铜鎏金金刚萨埵像（图 7）

高 20.5 厘米

据《理趣释》：“金刚萨埵菩萨，背月轮戴五佛冠，右手持金刚杵，左手持铃。”这尊鎏金铜佛就是金刚萨埵像，但手中的铃杵，已经散失。所以只见一双空手在胸前相交。他额部非常高阔，而口鼻的位置又十分紧凑，比例权衡，极为大胆。两目视线下注，凝睇在一双手上，这正是作者想突出手中所持的铃杵的缘故。

佛像制作精工异常，除嵌松石外，璎珞绦带还有镶错白银的地方，与金色相映，更觉其灿烂生辉。

### 46 明铜鎏金宝藏王、雨宝佛母像（彩图 98）

高 4.3 厘米

男像身躯肥硕，张口大笑，似咯咯

有声。右手托牟尼珠，左手握一鼠。女像腰部纤细，眯着眼睛，笑而未纵。右手低垂，左手擎穗状物，象征谷实。这是藏传密教中所谓宝藏王和雨宝佛母，俗称财神像。他们在莲座上并排趺坐的姿态，很有风趣，不使人觉得宗教的尊严，而仿佛是家庭合影。

47　**明铜鎏金度母坐像**（图8）

高 10.2 厘米

度母像传世甚多，此件是将她作为十四五岁的西藏少女像而收入本篇的。面部塑造十分简练而有天真纯洁之美。制作亦精工，珠络原嵌有红蓝宝石，多已脱落。手指跌伤，五失其二。肩花也已断失。

48　**明铜度母半跏趺像**（彩图99）

高 18 厘米　13—14 世纪

度母坐高莲座上，一足下垂，花托承之。身躯略向左倾，两肩右低于左，取势又微向右仄，塑造出人体的曲线美。腰下薄裙蔽身，有精美的金银错花纹。腿股间为回旋的蔓条，上生花朵。正面裙褶以圆点图案为饰。据其风格，当为明早期西藏地区所造。

像右手原持花枝，斜上固定在右肩一侧，已断失。卯眼尚存，可以为证。

49　**明铜鎏金宗喀巴坐像**（彩图100）

高 13 厘米

据转法轮手印及僧帽似为宗喀巴像。惟帽顶不尖，且非光素，有编织纹理，与习见的宗喀巴像不同。座底上下层有镌刻文字两匝，译读后或能对上述问题作出解答。若就像的工艺水平及艺术价值而言，在藏传金铜佛像中均属上乘。

50　**明铜鎏金金刚橛**（彩图101）

通高 13.8 厘米

凝眉努目，口大张，齿牙如列刃，髭须如屈铁，使人一见联想到唐代的力士天王。如远溯，可一直到上古的玉器花纹。不同时期的惊人相似，出于各时期艺术家的各自创造，还是前后早迟有继承传衍、师法仿效的关系，似乎值得作一番探索研究。

图7　明铜鎏金金刚萨埵像

图8　明铜鎏金度母坐像

51　清铜鎏金喇嘛像（彩图 102）

高 11 厘米

像紫铜胎，鎏金，有些棱角高起的地方，金已摩残，露出铜地。他头戴高冠，身穿用锦条缀成的袍服。衣服的雕造，层次分明，衣纹也很自然。锦条上的花纹虽十分繁缛，但并没有破坏整个形象的统一完整。从装束服制来看，是一尊地位相当高的西藏喇嘛像。

藏族人的面貌轮廓是有特征的。一般地说来，额角和两颊的骨骼较高，两眼之间的距离较大。此外还有藏族人所具有的一种神态而又难于用语言或文字来形容的。这尊像不仅写出了上述的特征，同时还抓住了神态，因而使人一望而感到他是一位藏族人。能收到这种效果，一方面固然由于这尊像是为真人雕造的，所以尽管在姿势上依照了释迦的仪轨，而在容貌上可以自由地突破佛像形式的限制。但更主要的还当归功于雕刻者的观察和传神能力。因为在西藏的铜像中，喇嘛像是不难遇见的，不过能如这尊像那样传神惟妙的却极为少见。

52　清铜鎏金喇嘛像（彩图 103）

高 17.8 厘米

面如满月，微含笑意。两颧颇高，具蒙古民族容貌特征。手指或弯或屈，柔婉自如，无不透露真实人物的生活气息。据尖顶高帽，可名之为宗喀巴像，但年代较晚，故当为蒙古喇嘛写真像。

喀尔喀高僧扎纳巴扎尔（1635—1723 年）幼年即入西藏学习佛法和铜像铸造，后被授哲布尊丹巴呼图克图尊号。他的一生对喀尔喀的藏传宗教和佛教艺术有极大的贡献。我们缺少证据，故不得臆测此为扎纳巴扎尔像。但在一定的程度上，它受扎纳巴扎尔造像艺术的影响似有较大的可能。

53　印度青铜菩萨半跏趺像（彩图 104）

高 14.5 厘米　约 11 世纪

阔额高鼻，目陷深而相距远，藏传佛像中未见有此容貌，意必来自远域。曾寄照片求教于佛教艺术权威帕尔博士，定为 11 世纪印度制造。

雕刻家定是高手，比例适度，形态自然，凝重而灵巧，庄严而秀丽，兼人所难兼，能不为之叹服！工料装饰，尤为考究。冠髻、项环、臂钏、腰带，均嵌紫色琉璃珠。裹身轻纱，平列菱纹，相间镶白银、紫铜，亦为像增色。左手四、五两指惜已断折，所持花枝亦散失。

54　印度青铜佛立像（彩图 105）

高 18.4 厘米　约 12 世纪

眉目细部不甚清晰，但美而含蓄。身躯略偏，左足踏而不实，膝部微屈向前，重心落在右腿上，姿态闲逸自若。衣带在股间围绕后，又下垂到莲座上，婉转流利，与身体曲线配合得很成功。青铜锈层坚而薄，绿色斑驳，成为天然装饰。从造型、制作来看，当是 12 世纪前后东印度地区的制品。

55　印度石雕十一面观音像（彩图 106）

高 12 厘米

像用淡黄色石雕成。最上一面已跌损，完好的各面都作女相，惟有顶端第二面，目努牙伸，狰狞可怖。八臂，手中持珠串、花朵等物。正中应有两臂合掌，惜跌断遗失。莲座右侧刻一猿猴，口吻佛手，似为祈求接引之意。石色也较浅。佛座雕仰俯莲和卷草纹，花叶肥满，接近印度风格。欧美图录有类似石雕，定为印度制造。

56　尼泊尔铜菩萨坐像（彩图107）

高14.7厘米　14世纪

莲座巨大逾恒。菩萨半跏趺坐，似年未及冠，严肃而挺秀，富有青春活力感，佛像中极罕见。头戴三瓣花冠，顶耸高髻，发辫由髻旁下垂至肩。上身大部外露，只斜披袈裟一袭。凡此以及项环、臂钏等无不与俄罗斯列宁格勒冬宫博物馆（Hermitage Museum）所藏一件尼泊尔无量寿佛像（插图5，见《西藏神圣艺术》，*Wisdom and Campassion-The Sacred Art of Tibet*，M.M.Rlio等著，1992年，图144）相似。今据此定坐像的制地及年代。

57　尼泊尔铜鎏金度母立像（彩图108）

高23厘米　14世纪

海外称与此相似者曰Tara像。Tara即度母。右臂下垂舒掌，左手原有莲萼在握，已散失。身躯微仄，重心在左足，婀娜多姿，充分显示了人体美。服饰镶珍珠松石，绚丽夺目。

尼泊尔的雕刻建筑艺术，历史悠久，成就极高。元代应忽必烈之请为造像建寺的阿尼哥，就是尼泊尔的巧匠。从传世的金铜佛像可以看到尼泊尔的光辉传统，使人欢喜赞叹。

58　尼泊尔铜鎏金财天像（彩图109）

高12厘米　15世纪

西方学者称此为Vasudhara像，女性，六臂，手持宝瓶、谷实、经卷、珠宝等物，乃财富之神。尼泊尔人民常在

插图5　尼泊尔无量寿佛像

家中供养，故传世较多。

此像制作极精，仪容娟秀，服饰华丽，镌镂之外且以绯色琉璃作镶嵌。金光照人，熠熠夺目，完美如此者却甚罕见。

59　缅甸青铜佛立像（彩图110）

高17厘米　12世纪

身披衣氅，右手作无畏印。左手执衣角，垂出掌心如鹿耳，作授记印。此类立佛像，起源于印度，5世纪已流行。襞积或紧贴肢体，如初出水；或薄纱平蔽，不见襞纹，似未御衣。惟其予人脱尘出世、翼然飘举之感则一。

此像受印度影响且具备其优美特点。惟经比较，与缅甸蒲甘出土之11世纪青铜立像（见日本出版修订本《世界美术全集》第11卷插图249）更为相似，故定为缅甸所造。

图 9.1　明沈大生竹雕蟾蜍( 正面 )

图 9.2　明沈大生竹雕蟾蜍（背面）

图 9.3　明沈大生竹雕蟾蜍（底面）

60　日本铜鎏金转法轮佛坐像（彩图 111）

高 15 厘米

佛像披袈裟，下露袍服，分别浅雕六瓣团形花纹和缠枝花纹。两手当心，一俯一仰，是转法轮手印。眼部隆起颇高，眼缝凿成一条直线，不见弯曲起伏。眼睛与眉毛挨得很近，眉毛又上迫发际，因而显得前额短促，两颊修长。口微张，合乎说法的情景。这种面相的雕造，呈现古拙的趣味，另一方面却又使人感到有日本的风格。

跏趺式的坐佛，在身体比例上，上身长而膝部扁薄，在日本造像中颇为常见。像亦具此特点。从上述情况看，铜像当为日本造，时代在十一二世纪间。

像背上及下部边缘有穿孔小鼻，说明原来有背光和台座。

61　宋青铜卧狮（彩图 112）

高约 4 厘米

狮颅额不丰，而怒睛隆眉，阔吻高鼻，无不硕大异常。耳却短小，竖不垂覆。发鬣稀疏，全不夸张。尾毛回拂，亦甚简略。凡此均与元明以来狮子迥别，朴质无华转增其威武雄伟。铸造年代不能晚于北宋，或竟谓早在唐前。

62　明沉香鸳鸯暖手（彩图 113）

高 5 厘米、长 8 厘米

沉香木一丸，大可盈握，雕鸳鸯相偎，状至亲昵。背上莲叶承花，并蒂而开，亦寓匹偶成双之意。立意造型，大见匠心。类此圆雕小品，最宜把玩，故有“暖手”之称。沉香微煴，散发芬馥，故视他木尤胜。

63　明沈大生竹雕蟾蜍（图 9.1—9.3）

高 6.7 厘米、长 7.6 厘米　香港麦雅理先生藏

蟾蜍张口吐舌，得“其怒如虎”之势。舌另安，两旁有钉横出，插入口腔暗孔，以此为轴，触之即动，上下翘跌，良久始止。背负小蟾蜍二，匍匐相向，腰拱腹鼓，形妙神全。其一口衔枝叶，似为野果。底面竹膈上刻行书款“天启三年仲冬，禹川沈大生制”，旁有“元之”阴文印。刀法自然潇洒，必真无疑。

《竹人录》称：“大生字仲旭，又字禹川，两之之叔，业医。工朱氏雕镂法，诗画俱洒脱不凡。”

64　当代周汉生竹雕斗豹（彩图114）

高9厘米　1993年

此从汉铜镇豹得到启示，更易其匍匐蜷卧之静止，攫捉其嬉斗翻滚之一刹那。将两只张牙噬咬、挥爪抓挠的可爱幼兽，刻画得淋漓尽致。说它简，简到豹身皮毛不着一刀，只假竹根的丝纹须迹见其斑斓。说它繁，繁到皮下肌肉隐现，仿佛见其移动起伏。自晚明朱、濮以来，已四百年无此圆雕矣！

汉生先生以“伴此君斋”颜其室。自言得一竹材，每与为伴，相对兼旬或数月，直可对语。待其自行道出可雕制某题材，方施刀凿。故雕刻虽由我，而选题实应归功于此君。室名之取义在此。以上数语，已将先生之创作过程阐发无遗，宜其所作不同凡响也。

# 有关清代福建工艺三五事

福建工艺，深愧所知甚少，偶或接触到一些文献材料，一鳞片爪，不成体系；更因对现况缺乏调查研究，无法进行今昔对比。兹姑随手写出，以就教于究心八闽艺事者。

## 一　杨兆鲁《髹器铭》

清初在福建做官多年，吏治颇有令名的杨兆鲁，号青岩，常州人，有《遂初堂集》。此书只见《四库全书·存目》，传本很少。常州博物馆的陈晶同志，因研究地方文献，查阅了青岩的集子。承抄示载卷六的《髹器铭》，使我得知有这样一篇专讲漆器而又颇饶趣味的文章。原文是：

> 髹器莫良于汀。余制壶樽一，内外纯髹之，光可鉴物。项纳小杯十，胸、腹藏两圆盒。上盒各受二升，中贮茗瓯十，小碟五，十舟环之，上覆色盆。盆与舟皆纯髹，色微紫。下盒各受三升，中贮中碗十，中碟十，又小碟五，套杯六，果盆一。凡为器大小七十有二，用白金镶其里者六十有一。铭曰：结根于天，蔓不下施。匪五石之枵然，纳世界于其际。刳日星以为觞，缩湖海而成器。饰非云雷，制实新异。洁若玉，皎若月，人而不贪，乃识其气。我有嘉宾，山陬水滏。数不必盈，会亦可二。吾岂瓠瓜，不食而系！

青岩一开头就说汀州的漆器最好，哪里也比不过。于此得知闽西髹漆，传统悠久。他定制了一件壶樽，说明当时有专业漆工，而且水平相当高。

所谓壶樽，就是外盒如葫芦的樽。打开之后，葫芦顶端（项）部分容纳小杯十个。胸，也就是细腰以上的球形体内，容纳一具盒子。盒底、盒盖，各有容纳两升酒的空间，里面放茶杯（茗瓯）十个，小碟五个，窄长如船的杯托（舟）十个则围放在四周，上面还盖一个盆。盆与杯托都纯髹紫色漆，无其他镶饰。腹，也就是细腰以下的球形体内，也容纳一具盒子。盒底、盒盖，各有容纳三升酒的空间，里面放中碗十个，中碟十个，小碟五个，套杯六个，果盆一个。

项、胸、腹三部分分别统计，内藏漆器的件数是：①项部小杯十，计十件。②胸部盒二（底、盖以2件计），茗瓯十，小碟五，舟十，色盆一，计廿八件。③腹部盒二（底、盖以2件计），中碗十，中碟十，小碟五，套杯六，果盆一，计三十四件。加起来恰好是七十二件。其中除杯托十件、色盆一件为纯髹外，其余都用白银镶里，正合六十一件之数。这十一件不镶里是有道理的，因为不用它们来饮茶、盛酒，所以没有必要镶银里。

从铭文我们知道壶樽的制作是非常精美的，它坚实规矩，体质极轻，否则外盒和内件，不可能精巧而准确地组合到一起。青岩虽未说明它以何作胎骨，但可肯定只有夹纻胎（即脱胎）或皮革胎才能做到。而且它又是和精美的金工相结合，因为要把器里镶得服帖精致，也需要高超的技艺。壶樽的用途很明显，是一种出游宴饮的用具，携带一件，就可供十来人之需，真是既美观又实用。

青岩的铭文也隽永有味，中寓哲理。他既说壶樽朴质无文，但如美玉、皎月之生光。又喻以日星、湖海，可以小中见大，为人必须戒贪节欲，才能透过现象，洞察事物的本质。而“吾岂匏瓜，不食而系！”事抒发出他积极精进，要有所作为的抱负。

紫江朱桂辛（启钤）先生前辈，辑《漆书》九卷，并将传世唯一的古代漆工专著《髹饰录》从日本访得，刊刻行世。他对我国髹漆工艺的贡献，十分重大。二十多年前承桂老见告，民国初年，为了对热河行宫的文物妥善保护，曾把它运到北京，创办古物陈列所保管陈列。所运文物中就有皮胎朱漆大葫芦，内装成堂的饮馔之具。古物陈列所的文物后来归并到故宫博物院，我在故宫看到了这样的大葫芦，并摄影作为参考资料。葫芦形外盒高约二尺，对开分成两半，朱漆描金龙凤纹，黑漆里。内装大、中、小碗、盘，小碟及茶碗、酒盏、羹匙等不下百数十件。各件均皮胎纯髹，不镶银里。整体很轻，腰间又有绳绦，可以缠束，携带甚便。遗憾的是当时盒内各件有些凌乱，未能像杨青岩那样，把各件的存放位置和数量作一番整理和统计。此外，故宫也有黑漆描金的龙纹大葫芦，内装各件则髹红漆（图1）。但有这两件，至少可以看到有实物能与《髹器铭》相印证。铭文也为我们提供了可资理解实物的材料，清宫旧藏的大葫芦很可能就是闽西的制品。

图1　清黑漆描金龙纹大葫芦（内装餐具）

可与壶樽媲美的还有柴萼《梵天庐丛录》所记的《千层漆匣》：“香山黄仲苏出示一漆匣，大二寸，其盖其底，层叠八十，合之止一匣，分之实八十匣也。仲苏谓得自闽之建宁，诚鬼工矣！”[1]可见不仅闽西，闽北也有技艺很高的漆工。

值得指出的是漆器精制外盒，把若干小件重叠拼合在一起，精巧而准确地放到外盒之内，这种巧妙的设计自古就有，出土文物可以为证。例如湖北随县曾侯乙墓中发现的酒具箱，内装漆耳杯

[1] 柴萼：《梵天庐丛录》卷三十五，民国石印本。

十六件，圆木盒一件，小方盒四件，木勺、竹箕各二件[1]。江陵凤凰山168号汉墓中发现的漆耳杯盒，内装漆耳杯十件[2]。长沙马王堆一号汉墓也发现内装耳杯七具的杯盒[3]。因此我们不妨说壶樽之制，可以直溯到战国、西汉。不过千百年后，胎质更轻,容器更多,工艺进化,后来居上而已。

## 二　福州清初名漆工魏兰如、王孟明

福建漆器，源远流长，能工巧匠，代有其人。不过封建社会，轻视工匠，所以技虽精湛而名多不彰。

康熙时艺术家兼剧作家李渔著《笠翁一家言全集》，其中《偶集》卷四《箱笼箧笥》条，讲到他游三山，“见所制器皿，无非雕漆[4]，工则细巧绝伦，色则陆离可爱”。但对漆器上的铜制饰件、合页等，感到不够简洁自然，有赘疣之嫌。经过笠翁独出心裁，惨淡经营，自以为“纯用天工，未施人巧”而达到完善无缺的程度。原文不下千言，都用以描述铜饰件的形态和设计。笠翁在十分得意的时候，记载了髹漆工师的一段话：“八闽之为雕漆，数百年于兹矣。四方之来购此者，亦百千万亿其人矣。从未见创法立规，有如今日之奇巧者！”可能正是由于漆工的颂扬得体，笠翁也顺手记下了他们的姓名。“工师为谁？魏姓，字兰如；王姓，字孟明。闽省雕漆之佳，当推二人第一。自不操斤，但善于指使，轻财尚友，雅人也。”今读《一家言》，可以说魏、王两位漆工，得附李书以传了。

## 三　竹黄器可能发源于闽西

竹黄器又有“贴黄”、“翻黄”、“反黄”、“文竹”诸称，是将竹筒里层的“黄”翻转过来，经过煮压粘贴而制成的竹器，上面可任其光素，或施加浅刻。这种工艺的行世，最晚也在清中叶以前，因为故宫藏品中就有不少件肯定是乾隆时期的制品。

据个人所知，在全国范围内，可将竹黄器列为传统工艺的有江苏嘉定、浙江黄岩、湖南邵阳、四川江安、福建汀州等地。这几个地区究以哪一处为最早呢？是一个值得探讨的问题。

嘉定是竹刻的发源地，自明中叶以后，名家辈出，延续数百年之久。因此过去曾认为嘉定也是竹黄的发源地。不过后来看到嘉定人的著述，讲到“道咸以后，渐尚贴黄”[5]；而吕舜祥的《嘉定的竹刻》，更明确指出“贴黄是从邵阳引进的”[6]。邵阳是不是竹黄的发源地呢？也不像。翻了一下《邵阳县志》和《宝庆府志》，都未查到生产竹黄的材料。同样在《黄岩县志》和《台山府志》中也未发现竹黄工艺的消息。至于江安，有人做过调查，“据说已有一百多年的历史”[7]，时间也不够长。总之，我们至少要找到乾隆前期生产竹黄器的记载，才有可能和故宫所藏的实物发生联系。

我们在《上杭县志》和《纪文达遗集》中找到两条材料。前者是：

> 三吴制竹器悉汗青，取滑腻而已。杭独衷其黄而桥合之，柔之以药，和之以胶，制为文具玩具诸小品。质似象牙而素过之，素似黄杨而坚泽又过之。乾隆十六年翠华南幸，采备方物入贡。是乾隆时尚精此技，今已不可得矣。[8]

后者是纪晓岚的两首诗并题：

> 上杭人以竹黄制器颇工洁。癸未冬按试汀州，偶得此箧，戏题小

[1] 随县擂鼓墩一号墓考古发掘队：《湖北随县曾侯乙墓发掘简报》，《文物》1979年第7期页10。

[2] 凤凰山168号汉墓发掘整理组：《湖北江陵凤凰山168号汉墓发掘简报》，《文物》1975年第1期图版6图2。

[3] 考古研究所、湖南省博物馆：《长沙马王堆一号汉墓》下集图版一六四，1973年文物出版社印本。

[4] 襄按，所谓雕漆，应当是《髹饰录》所谓的识文或隐起的描金漆器或彩绘漆器。

[5] 见张鸣年：《竹人录》跋，民国嘉定光明印刷社排印本。

[6] 吕舜祥：《嘉定的竹刻》第七节《贴黄》，1958年12月云庐丛刊之四，著者自刊油印本。

[7] 张德育：《江安竹簧器》，载《四川省工艺美术资料汇编》页67，1957年四川省文化局编印本。

[8]《上杭县志·实业志》卷十页6下，民国二十七年排印本。

[9] 纪昀：《纪文达遗集》，清刊本。

[10]《宁化县志》卷二页146上，康熙刊本。

[11]《长汀县志·物产》，卷三十一页72，光绪五年重刊本。

诗二首。

瘦骨碧檀栾，颇识此君面。谁信空洞中，自藏心一片。凭君熨贴平，展出分明看。

本自汗青材，裁为几上器，周旋翰墨间，犹得近文字。若欲贮黄金，籝乃陈留制。[9]

按乾隆十六年为公元1751年，癸未为乾隆二十八年，公元1763年。前者指出竹黄在乾隆南巡之后，成为进贡的珍品。后者则写得十分形象，是很好的咏物诗。据此我们可以得到如下的推论：汀州制竹黄肯定还有更早的历史，否则不可能在18世纪中叶达到很高的水平。现在故宫所藏的竹黄器中，肯定有汀州的制品。

说闽西是竹黄的发源地，现在还不能这样断定，有可能发现别的地区比它更早的材料，希望治工艺史的同志多予指教。不过福建汀州的生产历史比较悠久，则可以肯定无疑了。

## 四　汀州竹丝器、铜丝器、棕丝器、马尾器

早在康熙二十二年（1683年）祝文郁序本的《宁化县志》中就有关于竹丝器的记载：

以筀竹破为细丝，织作诸器，凡杯碗、帖匣、装奁、盥盆、文格、扶手、帽盒，无不为之。顷来征取既多，工不能给，几为灾矣！[10]

我们可以相信，竹丝器至迟在明代已是宁化的一种有名的工艺品。

竹丝器往往是和髹漆相结合的。有的表面通体上漆，成了纯篾胎漆器；有的部分篾胎外露，编纹齐整的竹丝和光洁或有彩绘的漆面相映成趣。往年曾在北京店肆遇到上述做法的小碟，径13厘米，用极细竹丝编织成胎，碟中心及背面上黑漆，碟边一圈露竹丝。中心用褐色漆绘水仙一株，黑漆画纹理，再用金笔勾描，旁佐灵石一拳。碟边镶嵌铜质镀银的口。从图画风格及漆工来看，是清代中、晚期的制品（图2）。至其产地，当时未敢臆测。现在看来，应当就是汀州的产品，不仅有文献可以印证，水仙为闽南名卉，当地工艺品用它作纹饰，是理所当然的事。

《长汀县志》还记载了铜丝器，又是一种漆工与金工等相结合的工艺品。

铜丝器，木其质干也，漆其文饰也，丝竹其经纬也。或佐之以革，或镶之以铜，一器而工聚焉。邑人制为箱、盒、盘、盂等器，用盛朝珠、衣帽、首饰等，甚觉华美。[11]

类此的铜丝漆器，也可以找到实物，是一具素黑漆小箱（图3），高13.5厘米、宽45厘米、纵23.5厘米。它用铜条做成边框，以木质做胎骨，底、面及箱里都髹黑漆，色泽沉穆，断纹斑驳，古意盎然。立墙四面则尽露铜丝编织，直经

图2　清水仙纹篾胎碟

图3　清初黑漆铜丝胎小箱

横纬，细密成文，历岁久远，已有薄薄一层天然锈蚀，严格说来，它是一件木胎又兼铜丝胎的漆器。箱口锁鼻及两侧铜环，形制尤为古朴。论其年代，不能晚于清前期。

县志还提到棕丝器和马尾器。用棕“造为衣箱、帽盒、床褥、拜垫等物，质而不俗，购之者众，尚存敦朴之风焉”[1]。马尾则可“织成纹理，施之于锡水器上，最可玩。昔人制造精妙，与铜丝器并称，今则罕有为者”[2]。

这两种工艺是否可与漆工结合，因未见实物，未敢妄论。以常理来说，棕丝、马尾和竹丝、铜丝一样，也可以做编织，附着在他器之上，故自当早有与髹漆相表里的做法。还有使人关心的是据几部县志，有的工艺在清晚期已经衰替，不知近年恢复得如何了？这些都有待熟悉福建工艺现状的同志见告了。

原载《福建工艺美术》1980年第2期

[1]《长汀县志·物产》，卷三十一页72，光绪五年重刊本。

[2] 同上。

# 文人趣味与工艺美术

十六七世纪是研究文人趣味的重要时期，又是我国工艺美术异彩纷呈、千文万华的时期。这篇短文试图通过文人的言论来看他们的艺术思想和审美观点，以期进而了解文人趣味和工艺美术的关系及对工艺美术的影响。

明、清之际，文人众多，最有代表性的人物是董其昌和李日华。本文所引文字以这两位的言论为限。

> “……东坡诗论书法云：‘天真烂漫是吾师’，此一句丹髓也。”（董其昌:《画禅室随笔》卷一，叶二下。清掞藻堂刊本。）
>
> “‘诗不求工字不奇，天真烂漫是吾师’，是吾师东海先生语也，宜其名高一世。”（同上卷四，叶四下。）

董其昌的一个主要审美观点是以“平淡天真”为艺术造诣的最高境界。他十分服膺苏东坡论书诗句：“天真烂漫是吾师”。烂漫可以理解为性情率真，纯出自然，平淡而全泯求奇好胜之心，更无矫揉造作之态。故曰“平淡天真”。

> “……唐时欧、虞、褚、薛诸家，虽刻画二王，不无拘于法度。惟鲁公天真烂漫，姿态横出，深得右军灵和之致。……”（董其昌:《题争坐位帖后》，叶二十九上。）

在书家中董其昌认为王羲之后称得上天真烂漫、平淡天真的是颜真卿。唐代欧、虞、褚、薛诸家都学二王，因拘于法度，难免有刻画之憾。只有颜真卿才是天真烂漫，姿态横出，深得羲之灵和之致。董其昌说他自已也学颜真卿，虽不至于入俗，但自恨未免“神采璀璨”。这“神采璀璨”正是他自以为不及古人处。

> “余近来临颜书，因悟所谓折钗股、屋漏痕者，惟二王有之。鲁公直入山阴之室，绝去欧、褚轻媚习气。东坡谓诗至于子美，书至于鲁公，非虚语也。……灯下为此，都不对帖，虽不至入俗，第神采璀璨，即是不及古人处。渐老渐熟，乃造平淡，米老犹隔尘，敢自许逼真乎！题以志吾愧。”（董其昌:《容台别集》卷二，叶三十八下至叶三十九上。崇祯刊本。）

按“神采璀璨”是说像珠玉那样光彩照人，本是褒词。对一般书家来说，虽求之终生也未必能达到。但董其昌在这里竟将它作为贬词。他认为自己学颜书，正是由于神采照人所以才有失于天真烂漫，达不到平淡天真的境界。

“惠崇、巨然，皆高僧逃画禅者。惠以艳冶，巨然平淡，各有所入，而巨然超矣。……”（董其昌：《仿惠崇题》,《画禅室随笔》卷二，叶二十六上。清掞藻堂刊本。）

董其昌认为古代画家称得上平淡天真的是董源、巨然和倪瓒。

董其昌取惠崇和巨然相比，认为惠崇也是一位善画的高僧。惟其风格以艳冶取悦于人，比起以平淡天真见长的巨然，就显得不够超脱了。

“……倪迂书绝工致，晚年乃失之，而聚精于画，一变古法，以天真幽淡为宗，要亦所谓渐老渐熟者。若不从北苑筑基,不容易到耳。纵横习气，即子久未能断，幽淡两言，则赵吴兴犹逊，迂翁其胸次自别也。”（董其昌 :《画禅室随笔》卷二，叶二十下。清掞藻堂刊本。）

董其昌还认为倪云林的画以天真幽淡为宗，这是经过“渐老渐熟”才达到的平淡。此种平淡，也可以理解为“实非平淡”，而是“绚丽之极”。画家之作称得上“幽淡”两字的可真不容易，就是大画家赵孟頫也还逊一筹。所以倪云林的胸襟确实是他人所不能及的。

下面谈董其昌的另一个审美观点，那就是他认为精工之极，但雅而有士气的艺术品十分难得，故给予了很高的评价。

“李昭道一派为赵伯驹、伯骕，精工之极,又有士气。后人仿之者，得其工不能得其雅,若元之丁野夫、钱舜举是已。盖五百年而有仇实父，在昔文太史亟相推服。……”（董其昌:《容台集》卷四,叶四十八上。崇祯刊本。）

李昭道一派绘画，精工之极，又有士气。画家有赵伯驹、赵伯骕，直到明代的仇实父。仇实父是经历了五百年才出现的一位杰出的大画家。后人仿此派的，精工还行，雅而有士气则难达到，例如元代的丁野夫和钱舜举。

使我们十分感兴趣但不免有些意外的是董其昌在董源、巨然、倪云林之外所推崇的竟是一个极为精细、刻意求工、专心致志从事创作的画派。尤其是后来居上的仇实父，其作品可谓精工绚丽至极，和天真烂漫、平淡天真恰好相反。董其昌简直是把他的审美观点从一个极端转到了另一个极端。若不是他在著述中用文字明确地记录下来，后人是无法想象的。

我们再来看看李日华的言论，发现他的艺术思想、审美观点和董其昌非常相似，也可以说是完全一致的。

“颜鲁公刘中使帖，行草，大径寸，青笺，极豪纵天成之趣。”（李日华 :《六研斋三笔》卷三，叶三十三上。明刊《李君实杂著》本。）

“陆放翁词稿，行草烂漫，如黄如米，细玩之则颜鲁公、杨少师精髓皆在。”（李日华 :《六研斋笔记》卷一，叶三十六上。明刊《李君实杂著》本。）

李日华和董其昌一样，也十分推崇颜真卿，认为有“豪纵天成”之趣。他还称赞陆放翁的手书词稿，正因为放翁得颜真卿的神髓，故有天真烂漫之趣。

“东坡先生……在黄州，偶途路间见民家有丛竹老木，即鸡栖豕牢之侧，亦必就而图之，所以逸笔草草，动有生气。彼固一时天真发溢，非有求肖之念也。”（李日华：《六研斋笔记》卷二，叶三十三下。）

“高房山为仇仁近先生作山村图，纯用米法，云气磅礴，草树信手点染，有天真烂漫之趣，非规规摹拟者比。”（李日华：《六研斋笔记》卷一，叶三十一下。）

画家中，李日华推崇苏东坡高房山。他认为东坡的逸笔草草，动有生气，乃由天真发溢而成，全无求肖求工之意。高房山草树，信手点染，有天真烂漫之趣。

在李日华的著作中尚未发现和董其昌相似的称赞李昭道画派及仇实父的言论。但他有一大段文字详细描述镂刻极精的桃核舟，并予以甚高的评价。从审美的观点来看，可以说和董其昌一样，只不过是董赞赏精工而雅的绘画，李赞赏精工而雅的工艺品而已。

“虞山王叔远有绝巧，能于桃核上雕镌种种，细如毫发，无不明了者。一日同陈良卿、屠用明顾余春波新第，贻余核舟一，长仅八分，中作篷栊两面，共窗四扇，各有枢可开合。开则内有栏楯。船首一老皤腹匡坐，左右各一方几，一书卷。右几一炉，手中仍挟一册。船尾一人侧坐。一橹置篷上。其一旁有茶炉，下仍一孔炉，上安茶壶一，仍有咮有柄。所作人眉目衣折皆具。四窗上每扇二字，曰：‘天高月小，水落石出。’船底有款‘王叔远’三字，仍具小印章如半粟，文云‘王毅印’。奇哉！余闻古人有棘端沐猴之技，意谓托言。……今见叔远此技，则又游戏出没，恣取万象于一毫而无不如意者，奇哉！奇哉！”（李日华：《六研斋笔记》卷一，叶十一下至叶十二下。）

李日华所记核舟，是以苏东坡《赤壁赋》作微雕题材，窗上八字，可以为证，显得雅而有士气。这件实物我们虽不得见，但台北故宫博物院藏有和它类似的橄榄核舟（图1）。

图1　清陈祖章制橄榄核舟

据蔡玫芬女士记述，故宫核舟为乾隆二年（1737 年）陈祖章所制。长仅 3.4 厘米，宽 1.4 厘米，高 1.6 厘米。中有东坡居士、客、童子、舟子等共八人。船底刻《后赤壁赋》三百余字（蔡玫芬：《核舟记》，台北《故宫文物月刊》总第 23 期页 75，1985 年 2 月）。

如上所述，我们有足够的根据作出以下的结语：董其昌、李日华都高度推崇平淡天真，纯出自然，无意求工而自工的艺术品。同时他们也称赞全神贯注，精工之极，雅而有士气的艺术品。如果我们再看一看同一时期的文人著述，如陈继儒的《陈眉公先生集》、李流芳的《檀园集》、文震亨的《长物志》等，会发现他们的艺术思想，审美观点和董、李两人基本相似。十六七世纪的文人思想和趣味，具有一致性和普遍性。

具有一致性和普遍性的文人思想和趣味，必然会在当时的工艺品上反映出来。环顾一下明、清之际的各类工艺品，几乎都同时存在着纯朴率真，天然去雕饰的作品和细琢精雕，穷工殚巧，雅而有士气的作品。例如漆器，适宜施加高度装饰，但纯素无文，被《髹饰录》列入“质色门”的一色漆器，却大量存在，黑色者尤为朴雅。年久生有断纹（天然的裂纹）者更为文人所钟爱。并非只在古琴上出现才备受珍视。又如竹刻，张岱、宋琬推崇濮仲谦，因他不事精雕细琢，只略施刀凿便见自然之趣。而嘉定三朱祖孙，镂刻至精，风格迥异，得到更多人的赞誉，尊为大家。再说明式家具，简练朴质，固然是它的特色，而浮雕透刻，斗簇成文的制品，亦非罕见。两种不同意趣、不同风格作品并存的缘由，不难作出解释，因为有的工艺美术家本身就是文人。有的虽非文人而是工匠，但作品是做来供文人使用、观赏的，乃至经文人定制才去制作的。其作品适合文人趣味，是它必须首先具备的条件。文人手制，艺术价值固高，工匠所作，能适合文人趣味，其艺术价值也必然高于一般的工艺品。从这里我们看到文人趣味和工艺美术的关系及对工艺美术的影响。

下面从和文人生活有关的几类器物中，选纯朴自然、精工殚巧者各一例，以资对照（见彩图 115—122），为本文作结束。

原载《故宫博物院院刊》
建院 70 周年纪念特刊

# 范匏绝艺庆重生

范匏，又名匏器、葫芦器，俗称“模子葫芦”。当葫芦幼小时，纳入有阴文花纹的模具，秋老取出，不仅形状悉如人意，花纹亦隆起宛若浮雕，真可谓巧夺天工，是我国独有的传统工艺。

范匏历史悠久，传世最早实物流往日本，原藏法隆寺。明治间奉献宫中成为御物的“唐八臣瓢”，其上孔子、荣启期、鬼谷先生等人物形象，纯属唐风，颇似孙位《高逸图》。据其时代风格及收藏经过，定为唐物，自无可疑。惟范制的具体年代、地点及如何流往日本均待考。

万历间，谢肇淛撰的《五杂俎》载：“余于市场戏剧中见葫芦多有方者，又有突起成字为一首诗者，盖生时板夹使然，不足异也。”是明代民间范匏并非罕见之证。

入清以后，这一民间工艺传入禁中，成为宫廷艺术，康熙、乾隆两朝是它的鼎盛时期。据记载，玄烨在西苑丰泽园“命奉宸苑架匏而规模之”。丰泽园在南海太液池瀛台西北隅。传世匏器有不少模有“康熙赏玩”款识，所见有：弦纹小碟，云纹六瓣碗，圆寿字碗，方形笔筒，四兽尊，葫芦形瓶，缠莲寿字纹盒等。弘历更加喜爱范匏，御制诗咏葫芦器者有十首之多，誉为“形制浑朴”，“转胜金玉”，而传世实物亦多于前朝。曾见多种盘碗，云蝠纹笔筒，纸槌形、蒜头形、六棱形、葫芦形瓶，龙纹扁壶，九桃纹桃形捧盒，云纹如意、砚盒、自鸣钟钟楼，卷草纹盖罐，嵌匏背铜镜等不下数十器，均有“乾隆赏玩”款识。今藏故宫博物院的康、乾两朝匏器可谓蔚为大观，有数十种，一二百件。它们都造型典雅，花纹工整，范制精美，色泽莹润，难怪为弘历所欣赏。倘据意匠巧拙、制作难易、传世多少来评定价值高下，宫廷匏器自当远在同一时期的官窑瓷器之上。

乾隆以后，宫中范匏，规模大降，传闻只有慈宁宫花园范制小型器物，曾见有“道光年制”款的鼻烟壶和案头文玩。但宫廷以外，王公府第，转多培植。其著名产地为地安门内慈慧殿宗室永良的宅邸，所范以冬日畜养鸣虫葫芦为主。因出于王府，与宫廷匏器一并被人称为“官模子”。

道咸之际，范匏又盛于民间。产

图1　王世襄范制“又筠制”款月季纹蝈蝈葫芦（正面及背面）

图2　王世襄、张金通在葫芦架下

于安肃县（今徐水）农村的人称“安肃模”，三河县刘某所范的名曰“三河刘”。前者多有花纹，但模具粗劣，花纹俚俗，比官模子大为逊色。后者质松有利发音，为养虫家所重，但多光素无文。

20世纪初叶，全国范制葫芦只有徐水、天津两地，所制仅限于畜虫用具。天津以宣某为较早，后有史、陈、李等家。绝大多数不施纹饰。

以上为三百年来范匏盛衰嬗变的概况。1938年我就学燕京大学，在校园东门外菜圃试种葫芦，手削六瓣木模，摹张和庵《百花诗笺谱》中之月季一枝于上，左下加小印“又筠制”三字。镌成浮雕花纹后，送东郊六里屯盆窑翻制成内有阴文花纹的瓦范。印文“又筠”，乃因唐冯贽《记事珠》称梁王筠“好弄葫芦，每吟咏则注水于葫芦，倾已复注。若掷之于地，则诗成矣”，故忝以为号。是年蚜虫为虐，仅得两三器，且胎薄欠坚实（图1）。此范后为虫贩赵子臣借去，交天津陈某范种，成器流往香港，1983年出版古玩展览图录，所标年代竟为18世纪。我不禁哑然失笑，若然，区区岂不是乾隆以上人！

约从50年代起，由于社会的变革，农村政策的制约，徐水、天津都无人再种模子葫芦，范匏工艺从此断绝湮灭。

1960年我有鉴于这一传统工艺的消亡，写了一篇《谈匏器》试投《文物》杂志。主编认为有玩物丧志之嫌，不予刊载。直到1979年中共十一届三中全会之后才在《故宫博物院院刊》刊出。

拙文刊出后引起反响，《故宫博物院院刊》编辑部转来读者信函不下五六封，亦有问明地址直接家访者。他们都有志恢复这一传统工艺，故来进一步了解种植及范制方法。惟种葫芦必须具备一定条件，水浇园畦之外，制模从拼瓣、车旋、画稿、雕刻、翻脱、烧模有多道工序，并非咄嗟可办；而种植自秧苗、分栽、扎架、引条、选实、纳范、系吊直至长成收获，也须经过摸索实践始能逐渐掌握。故来访者大都去后便杳无消息。

可喜的是近几年已有人范制成功。

图 3　张金通范制鹤鹿同春蝈蝈葫芦

图 4　张金通范制寿比南山蝈蝈葫芦

图 5　王强范制麒麟送子蝈蝈葫芦

一位是北京南郊的张金通先生。我曾去参观他的园地，百余架垂实累累，数以千计（图2）。他因常生产范有“喜”字的葫芦，赢得“喜字张”的美名。所制鹤鹿同春蝈蝈葫芦（图3），上有南极老人手捧寿桃及天官手执如意，其间立鹤、鹿各一。花纹颇清晰。“寿比南山”四字葫芦（图4），亦为其手植。二者皆经煮染仿旧，故色已深黄。

天津王强经过几年试种，也已获得成功。所范麒麟送子，花纹、造型颇似官模子（图5）。麻姑献寿，仙女捧桃控鹤，衣带飘卷，面目姣好（图6）。金玉满堂漱口盂式油壶鲁葫芦，金鱼生动活泼（图7）。近闻他已移居文安，开园扩大生产。赵庆昆在吴桥种植葫芦，范成缠枝莲纹及双狮纹葫芦（图8、9），花纹清晰，皮色洁白，技艺也渐趋成熟。此外通县、廊坊也有人开始范匏，多为光素无文的虫具。

如上所述，至少可以说一度绝迹的范匏工艺已得到初步恢复，不会再有失传之虞。不过在喜庆重生的同时可以明显看到决不能满足于已有的成绩。它距离再现往日光辉相去尚远，更不要说赋予新的生命，发扬光大，成为闻名于世的中国传统工艺。我们应当认识到它本当在世界著名工艺之林占有一席之地，只是由于对它不重视，以致几乎断绝湮灭。

在初步恢复之后，我们应当从以下各方面努力改进提高：

1. 范匏绝不能只限于养虫葫芦，而应当制成各种观赏器物乃至日用器物。康、乾两朝匏器品种繁多，而我们今后自应比清代更加丰富多彩，美观适用，为中国人民及世界人民所喜爱。

2. 清代官模子花纹清晰工整，但为吉祥图案所限，封建意识浓厚。现在恢复生产的虫具，图案题材难免陈腐，有的还低级庸俗，因此必须提高文化修养水平，在内容题材，图案设计上大加改进，使它既斯文典雅，又活泼清新，呈现出新中国的时代面貌和气息。在这方

图 6　王强范制麻姑献寿蝈蝈葫芦

图 7　王强范制漱口盂式金玉满堂油壶鲁葫芦

图 8　赵庆昆范制缠枝莲纹蝈蝈葫芦

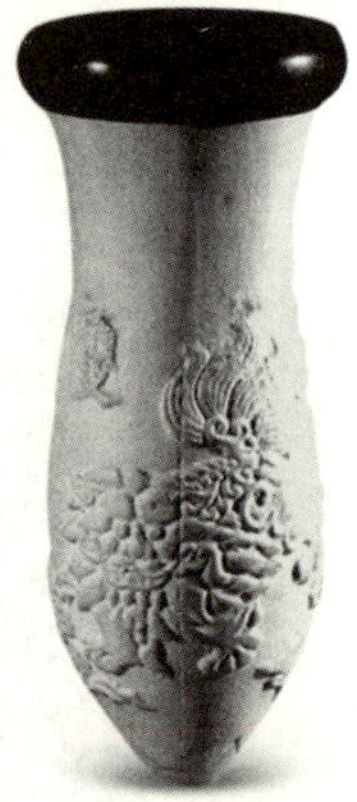

图 9　赵庆昆范制双狮纹蝈蝈葫芦

面希望得到美术工作者的指导和援助。

3. 范匏成品率很低，往往十不得一。制范雕木翻瓦，费工费时，这是阻挡范匏发展的两大障碍。当今园艺及材料学方面的成就，相信一定能突破上述障碍，为范匏生产开拓出宽阔的发展道路。在这方面，希望得到科学家们的帮助。

4. 范匏或葫芦器这一特殊工艺，现在尚未广为人知，因此需要做大量的宣传工作，包括向海外宣传。

5. 希望工艺美术界，尤其是主管工艺美术的各层领导今后重视并关心我国独有的这一传统工艺。

原载《燕都》1992 年第 5 期，
1994 年 3 月略作增补

# 试谈葫芦文化的调查研究

1996年6月东方文化研究会发起主办以葫芦文化为专题的“96’民俗文化国际研讨会”是一个非常有意义、举办得又很及时的学术会议。会期为时一周，几十位专家学者宣读了论文，参观了葫芦展览及故宫博物院的珍藏，还去山东调查访问。不仅使一般葫芦爱好者大开眼界，惊讶地承认这是一门大学问；就是对致力于此多年的研究者也提高了认识，感到应该做的工作很多、很重要，有迫切感。

大体说来，对葫芦文化应该做的调查研究有以下三方面。

## 一　民俗学方面的调查研究

与会者宣读的论文有不少篇是从民俗学的角度研究葫芦文化的。出乎本人意料的是竟有如此众多的民族其始祖起源、图腾崇拜、神话传说都和葫芦有关。它们有的十分相似，有的颇有差异，但都有力地说明了葫芦和我们的先民的密切关系。如果进而对全国各民族进行广泛的调查，作必要的记录，一定会收获到丰硕的成果。将为我们研究各民族的人文历史、地理气候、起源分布、迁徙交流等，提供有价值的参考资料。

## 二　实用价值方面的调查研究

葫芦可以佐餐，历史悠久。南方叫“夜开花”，北方曰“瓠子”，既是家常蔬菜，亦可登筵席。其他食用的方法尚多，如腌渍、蜜饯等。古代食谱有的今已罕为人知，亟待发掘，我们也可以创造出适宜现代生活的新的食用方法。葫芦有很高的药用价值，《本草纲目》就说它主治消渴、恶疮、利水道、消热、除烦、消心热、利小肠、润心肺等等。总之，葫芦的用途甚广，由于本人在这方面缺少研究，而与会者又有好几篇论文详述其实用价值，故兹从略。

## 三　工艺品制作方面的调查研究

用葫芦作原料，可以制成多种多样的工艺美术品。其造型大小不同，形态各异。只有找到符合要求、适宜使用的原料，才能得心应手创造出完美的工艺品来。因此通过采访调查，广泛地搜集葫芦品种，不仅是全国的，还应包括世界各地的，经过培育，了解并稳定其特性，有选择地保存它、发展它，是一项

图 1　成对葫芦

十分重要的工作。试举例以明之：我到冯其镛先生家，看到其案头陈设，才知道新疆喀什有高逾二尺的大亚腰葫芦。用它制作大件工艺品是适合的。打结的葫芦多为长柄，现在许多地方已不种植。寻找培育长柄葫芦，已是当务之急。迟兴蔼女士用一种细而长的葫芦范制佛像人形，成品受其限制，显得有些单调。为此，曾建议不妨范制鱼或船等长形器物，但这仍等于削足适履。要范制出不同体形的器物，只有使用体形和它相近的葫芦才能获得自由。乌拉圭的朋友送我一个用天然葫芦截成的饮料杯，其特点是壁厚质坚。我意识到这一特点一定也可以为我所用。用它做乐器音箱或许比用胎骨松软的葫芦更合适。总之，只有搜集到大量的不同葫芦品种，才可供我们选用，制造出千姿百态的工艺美术品来。

拙作《说葫芦》1993 年出版，上卷天然葫芦居首，以下依勒扎、范制、火画、押花、针划、刀刻等不同装饰方法分章节。当然上面只限于本人所知，主要是京津地区的工艺技法。广泛地调查、搜集不同装饰技法，并加以研究改进，又是一项十分重要的工作。

针对当前葫芦工艺品的生产情况，下面提出一些改进提高的建议。

1. 天然葫芦

保留葫芦的天生形态，或裁截成器，但不施雕饰，均被称为天然葫芦。它在葫芦器中是品格最高的。可惜现在尚未发现有人从事这一类器物的制作。天然葫芦的造型以端正匀称见胜。更要求其肌肤光洁润滑、色泽优雅静穆，这正是葫芦的本质美。它和珠、玉、象牙、紫檀、竹材一样，质色美乃自然赋予，可谓得天独厚。或两枚成对如孪生（图 1），或一本两枚（图 2），或一本三枚（图 3）相互纠结，皆有妙趣（以上三种，均为天津张国新种植并提供照片）。但亦必须肌肤无瑕，始堪把玩。我们只要看古代文人墨客对葫芦的赞美，无不从质色着笔，便可知保留并突出其天然美是最最重要的。治匏名家如明代巢鸣盛，清代王应芳、周廉夫等，所制都以形态美、质色美为人所珍。对比之下，山东及其他地区的商贩，在葫芦上涂刷清漆，或胡乱画上几笔，有的甚至被色漆全部涂没，实在是庸俗不堪，难以入目。必须说明的是我并不反对将大量长得一般的葫芦，制成低档的旅游纪念品出售，但决不可只生产低档货而不去精心制作品格不凡、艺术价值极高的天然葫芦。到旅游商品生产地去宣讲引导，提高制作

图 2　一本两枚葫芦

图 3　一本三枚葫芦

者的艺术欣赏水平，是十分必要的。应当让制作者知道一件高水平的天然葫芦，其经济价值要高出旅游商品百倍甚至千倍。他们又何乐而不为呢？

2. 勒扎葫芦

勒扎葫芦现在也很少有人生产。最简单的是用两片木板勒夹取得扁形的葫芦。周正的可以制成扁壶，不周正的也能裁取平面的片材，可用它来镶嵌器物或首饰，如箱盒、别针等。复杂一些的则改变葫芦天然形态，随人的意志勒扎成器。现在除用网结法勒制花瓣葫芦外，很少有人致力于此。使人困惑的是绾结葫芦，打单结的乃至打双结将两个葫芦连在一起的都有实物传世，但尚未听说现在有谁能种出来。难道这一奥秘真已和岁月一同消逝了么？！《群芳谱》载有埋巴豆使葫芦蔫后打结的方法，有人试种失败，可能未得其法，有待更多的试验才能成功。以中国之大，真希望有一天发现有人还在种。即使果真失传，相信经过刻苦的研究和实践，也一定能庆重生。葫芦打结与国计民生无关宏旨，却也体现中国人的聪明才智。

3. 范制葫芦

范制葫芦在全国解放后，由于大家都知道的原因濒于灭亡。1960 年我写了《谈匏器》一文，而《文物》杂志恐受玩物丧志之责，不敢刊登。直到 1979 年《故宫博物院院刊》复刊，始得发表。此后又经十多年的准备探索，到 1985 年前后才有人试种成功。目前则已相当普遍，北京、天津、廊坊、德州、济南等地，均有人范制葫芦，再无失传之虞了。不过有待提高改进之处尚多。一是只知生产虫具，认识不到文玩陈设及兼有实用功能的器物远比虫具重要。经过多次呼吁，近两年才开始有人范制笔筒、盘碗、鼻烟壶等，但距离清代康、乾时期瓶壶尊罐、炉洗匣盒等一应俱全还很遥远。二是花纹图案欠佳，有的还很庸俗。范制者的艺术修养亟待提高。三是器物成品率低。辛勤一年，收获不大。只有努力钻研科学种植，改进制模、套模技术，才可望降低成本，增加效益。

4. 火画葫芦

5. 押花葫芦

北京天津都有人学火画和押花。火画还远远达不到当年管平湖、溥毅斋的水平。押花主要学陈锦堂，临摹之作有几分相似，自行构图便瑕疵立见。其根本原因都在缺乏绘画基础。提高艺术修养和绘画水平，是求进步不可逾越的先决条件。

6. 针划葫芦

针划葫芦的流行地区仍为西北兰州一带，作品多为小件，技法接近微雕。因习惯就地取材，在无柄的鸡蛋大小的葫芦上刻划纹理，未免受其限制。为求变化和发展，应采用多种葫芦为原料，借以增加器物品种，更应改进花纹的题材内容。技法上可借鉴髹漆的戗金，金银器的毛雕来丰富自己。

7. 刀刻葫芦

刀刻葫芦或浅刻阴文花纹，或镂刻透雕图案，亦有一器兼施者。由于本人所见不广，尚未看到耐人观赏值得收藏的佳品。倘有人下工夫精心设计，认真操刀，也肯定能创造出美好的工艺品来。

上述几种装饰方法，过去在器物上只各自分别存在。即范制葫芦不再烫花、押花，烫花葫芦也不再刻花等等。现在设想两种或三种方法，何妨施之于一器。（常见范制葫芦因花纹欠清晰，而用火笔再勾描一遍，或用押刀再研压一遍。殊不知妄图补救，反增其丑。和上面的设想不是一回事。）例如一具范制的方形笔筒，只四面边缘有高起的花纹，中部光洁的平面，用烫花、押花、针划、刀刻四种方法来装饰，其效果可能因繁琐而并不理想。那么，简化一些，两种方法的结合是否会好一些呢？我们应该有前所未有就不妨试一试的创新精神。

上面拉拉杂杂说了许多，都离不开采访、调查、研究、试验。不难看到成立一个葫芦文化研究会，把志同道合的同志组织起来，交流信息、经验，并与海外的学会联系是十分必要的。能成立一个全国性的学会固然好，如时机不成熟，某省、某市能先办地方学会，也同样值得庆贺。这次东方文化研究会举办的葫芦研讨会之所以重要，是因为与会者来自全国，可以说已经初步建立起一个联络网。我们要珍惜这个良好的开端，把与会同志凝聚在一起。因此，出版一本研讨会论文集，末附与会者的姓名地址借以加强联系，是值得举双手赞成的。

我期望着葫芦文化研讨会的再次召开和某地成立葫芦文化学会的喜讯到来！

1996 年 8 月

# 江南范匏家秦贯卿

范匏之地，自清初以来，有宫中禁苑，河北徐水（所产曰“安肃模”，徐水县原名安肃县），京东三河县（晚清刘显庭制，曰“三河刘”），东北沈阳（宗室绵宜任盛京户部侍郎，曾开园范匏）及天津地区，均在我国北方，故容易误以为范匏为北方所独有。

按万历间谢肇淛《五杂俎》称：“余于市场戏剧中见葫芦多有方者，又有突起成字为一首诗者，盖生时板夹使然，不足奇也。”谢氏福建长乐人，曾在湖州、广西为官多年，所见用作戏台道具之范匏，南方制者恐不在少数。惟即使实物流传至今，因未必具有制地特征，而无从辨认。且前人著述言及南方范匏之事者甚罕见，故吾人所知者甚少。

1999年蒙上海秦大固先生来函，告知其祖辈居陈行乡（陈行原属上海市，后划为上海市闵行区），于19世纪末从事范匏工艺，并抄寄有关文献两则。特录之如下：

## 一　秦锡田（1861—1940）著《享帚录》卷五《周浦塘櫂歌》

莫言依样画葫芦，
一样葫芦几样模。
幻出四方兼六角，
法书名画迹工摹。

葫芦初结果时，范以模，使成各种形式，刻虫鱼花鸟及隶篆等书。果老去模，纹皆透现，名“套板葫芦”。贯卿族叔最擅其技。一枚可售银十余元。

## 二　《陈行乡土志·特产二》（民国十年出版）

套板葫芦。当葫芦初结时，套之以板。霜降实坚，摘下去皮，色如象牙。式则四方长方，六角八角。纹则篆隶花鸟，细若刻镂。贵游子弟，购置书斋，珍逾拱璧。陈行秦贯卿独擅其长。

以上记载虽时代较晚，但为罕有人知之江南范匏文献，且记述制者姓氏，证明此艺非北方所独有，故弥足珍贵。

# 葫芦鼻烟壶

在我国种类繁多的工艺品中，取材最广的当推鼻烟壶，金银铜铁、玉石翠晶、竹木牙角、髹漆陶瓷、玻璃珐琅等等，几乎无所不用，连植物果实葫芦也是制作材料。

葫芦鼻烟壶据其形制，可再作区分。曾有人问究竟应该怎样分？大约可以分为多少种？今参照鸣虫葫芦的种类，试列表来回答这个问题。

列在表左侧的是葫芦的本身，称之曰“体”，计五种。列在表右侧的是装饰葫芦的技法，称之曰“文”，计四种。左右结合，品种大增，将达二十种。兹分列于下，并附简略的说明。

1. 天然葫芦鼻烟壶　用天然生长、不施装饰的葫芦制成的鼻烟壶。必要的加工，只是裁截开口，去籽净膛，配盖安匙而已。

2. 夹扁葫芦鼻烟壶　葫芦幼嫩时，夹入两块板片之间，迫使圆形成为扁形。

3. 勒扎葫芦鼻烟壶　葫芦幼嫩时，用绳索勒扎，改变其天然形态。较常见的周身勒出棱瓣，通称花瓣葫芦。

4. 素模子葫芦鼻烟壶　葫芦幼小时纳入模具，使它依人的意志生长成形。模具不刻花纹，故葫芦长成后光素无纹。

5. 花模子葫芦鼻烟壶　葫芦幼小时纳入刻有花纹的模具，使它依人的意志生长成形，并有阳文花纹或文字。

6. 火画天然葫芦鼻烟壶　用火画作装饰的天然葫芦鼻烟壶。火画亦称火绘、火笔或烫花，传统方法用针插入粗香，燃香爇针，用以代笔。近代多用电笔。火画可施之于纸、竹、木、葵叶等。葫芦质地松软，更易烧熨出花纹，借阴阳浓淡，呈现图文。

7. 押花天然葫芦鼻烟壶　用押花作装饰的天然葫芦鼻烟壶。押花亦称研花或压花，用润而坚的物体，如玉、牙、玛瑙、牛角等磨出钝刃，在葫芦表面研压出浮雕图文。

8. 针划天然葫芦鼻烟壶　用针划作装饰的天然葫芦鼻烟壶。针尖划纹理，细密的近似微雕，染墨使图文清晰。兰州地区所产小葫芦多以此法作装饰。

9. 刀刻天然葫芦鼻烟壶　用刀刻作装饰的天然葫芦鼻烟壶。刀刻要剔除一些葫芦的表皮及胎骨，故和押花的技法不同。

10. 火画夹扁葫芦鼻烟壶

11. 押花夹扁葫芦鼻烟壶

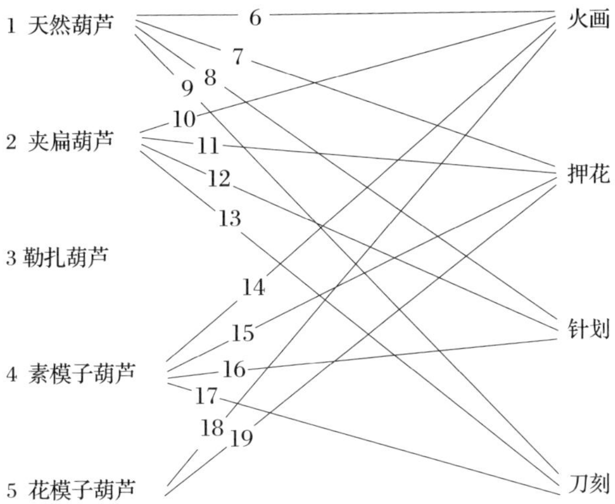


12. 针划夹扁葫芦鼻烟壶

13. 刀刻夹扁葫芦鼻烟壶

14. 火画素模子葫芦鼻烟壶

15. 押花素模子葫芦鼻烟壶

16. 针划素模子葫芦鼻烟壶

17. 刀刻素模子葫芦鼻烟壶

18. 火画花模子葫芦鼻烟壶　花模子有时嫌其图文不够清晰，故用火笔再勾描一遍。在养虫用的花模子葫芦中不难见到，鼻烟壶尚未见到实例，但不敢断言其没有。

19. 押花花模子葫芦鼻烟壶　花模子有时嫌其图文不够清晰，故用押刀再研压一遍，在养虫葫芦中可以找到实例。

下面用图片和说明来介绍上述各种葫芦鼻烟壶实例。不可避免将感到非常不平衡。有的实例很多，多到可按时代先后排列。有的实例很少，偶见一二，因未留影，只好暂缺。有的从工艺来讲，肯定可以制造出来，但尚未见到实例。而世界之大，谁也不敢说它“前所未有”。凡未留影及未见实例者，只好用其他葫芦器拍成图片，通过图片示意、阅者联想，知其大貌。

综上所列，可知在葫芦鼻烟壶中，花模子数量最多，占主要地位。它不仅巧夺天工，造型、花纹，十分丰富，堪称中国独有的工艺品，且多宫廷精制之品，自以它最为重要。

故宫博物院夏更起先生曾查阅清宫造办处《活计档》，摘录了一些乾、嘉时期有关葫芦鼻烟壶的条款。承蒙允许笔者引用（字句有删节），谨于此深表谢忱。

乾隆十七年三月十一日，总管刘沧州所交葫芦器中有鼻烟壶五件。传旨、镶口。

乾隆二十一年，刘□□所交葫芦器中有葫芦鼻烟壶十二件，漆口里。

乾隆三十六年九月二十二日、十月十六日，太监刘世杰两次所交葫芦器中有鼻烟壶八件。

嘉庆十一年九月十九日，太监得意所交葫芦器中有鼻烟壶一件。

嘉庆十四年，所交葫芦器中有鼻烟

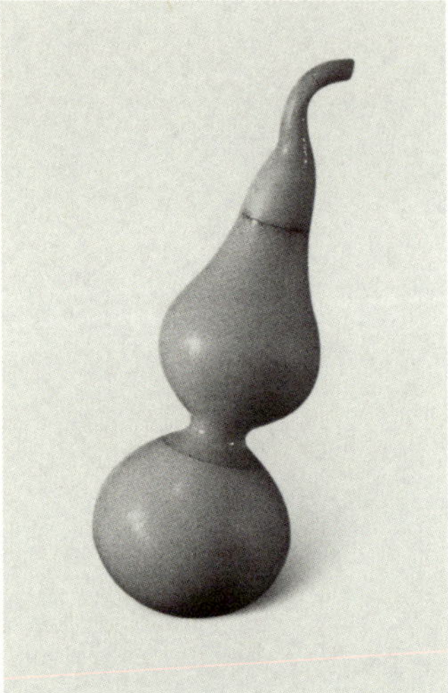

图 1　象牙葫芦形鼻烟壶　故宫博物院藏。因未找到理想的天然葫芦鼻烟壶，以此代替。其原料为象牙，而完全摹仿葫芦形，连柄蒂都很逼真。不难想象，天然葫芦鼻烟壶与此很相似。

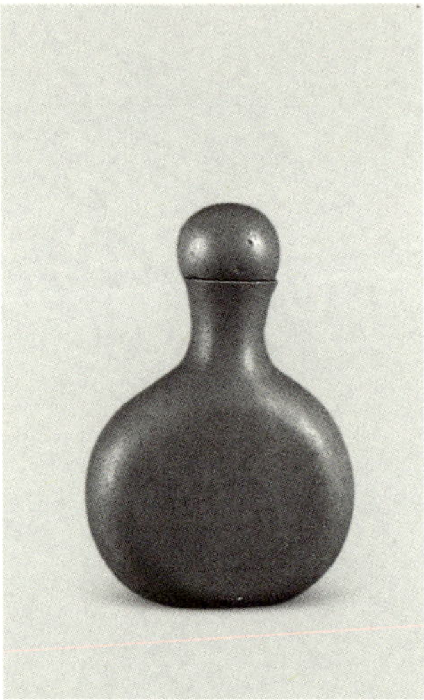

图 2　夹扁葫芦鼻烟壶　夹成扁壶状，相当完美，只左肩稍低，未能完全对称。盖用小葫芦肚制成，堪称一绝。葫芦越小越难长成。此盖直径仅 1.2 厘米。

图 3　勒扎葫芦鼻烟壶　六瓣，高仅 4 厘米，而坚实无瑕。上下肚几同大，更为罕见。同类鼻烟壶，未见胜于此者。

图 4　勒扎葫芦鼻烟壶　故宫博物院藏。上下肚大小悬殊，且上肚向一侧倾斜。与上例对比，优劣自见。

图 5　素模子鼻烟壶　范成扁壶形，表面光滑如天然葫芦，虽无纹饰，火画、押花、针划、刀刻，可随意而施。

图 6　康熙画珐琅镶花模子人物纹葫芦扁鼻烟壶　故宫博物院藏。其主体虽为铜胎画珐琅，仍为现知用花模子葫芦作鼻烟壶的最早实例。花纹为老人肩荷桃枝，有献寿之意。

图 7　乾隆赏玩花模子南极老人鼻烟壶　台北故宫博物院藏。老人荷杖，左右有仙鹤灵芝。四字款分列两侧兽面铺首的上下。盖也用葫芦范成。

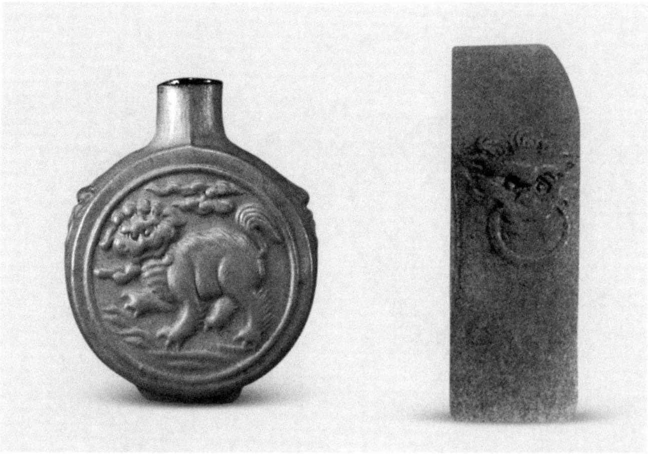

图 8　花模子狮纹葫芦鼻烟壶　故宫博物院藏。年代当为乾隆年间。两面花纹相同。

图 9　花模子狮纹葫芦鼻烟壶　故宫博物院藏。与上器同出一模，而色泽浅黄。范制年代可能为道光或更晚。说明模具可一再使用。

图 10　花模子螭寿纹葫芦鼻烟壶 故宫博物院藏。年代当为乾隆年间。两面花纹相同。

图 11　花模子莲纹葫芦鼻烟壶　年代约为乾隆年间。镶象牙口及底座。葫芦质轻，无座容易倾仄。

图 12　花模子花卉山石纹葫芦鼻烟壶　年代在嘉庆道光间。两面开光，花纹分别为牡丹山石及菊花山石。

图 13　道光年制花模子杜诗葫芦鼻烟壶　北京文物商店藏。范杜工部《夜宴左氏庄》五律一首，八面，每面一句。四字款在壶底。诗曰："风林纤月落，衣露净琴张。暗水流花径，春星带草堂。检书烧烛短，看剑引杯长。诗罢闻吴咏，扁舟意不忘。"

图 14　花模子杜诗葫芦鼻烟壶　与前器似出一模，但无年款，时代当较晚。诗句错乱，次序为 1、6、7、8、5、2、3、4。可知木模由八片拼成，范者不知诗，致有此误。

图 15　花模子芝兰纹葫芦鼻烟壶　道光，无款。台北故宫博物院藏。芝兰左右峙山石，有空谷幽兰之意。

图 16　花模子万寿纹葫芦鼻烟壶　道光，无款。台北故宫博物院藏。立方抹去八角，俗称“八不正”形。斜方及三角形面分别范团寿字及卍字纹。

图 17　花模子博古纹葫芦鼻烟壶　道光，两面范蝙蝠、樱桃、扇、磬等纹，谐音可写作“福因善庆”。

图 18　花模子管箩纹葫芦鼻烟壶　道光，管箩纹可能始于民间，道光以后，宫廷、民间（指“安肃模”，徐水地区所产）饰匏均用此图案。

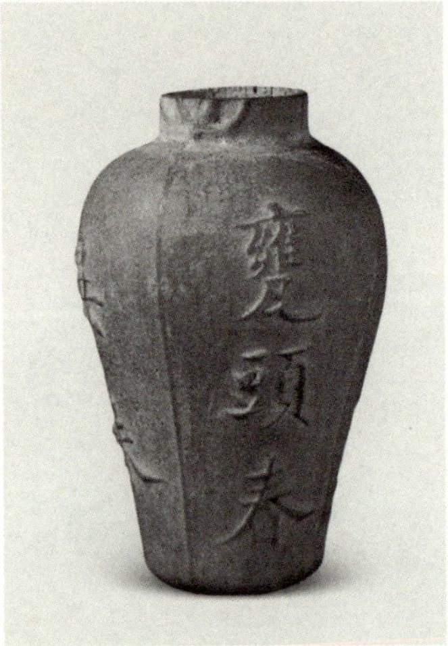

图 19　花模子酒坛式葫芦鼻烟壶　光绪，清宗室绵宜范制。范“异味、翁头春、清香、快活林”十字。

图 20　花模子马猴纹葫芦鼻烟壶　光绪，清宗室绵宜范制。两面花纹为柳阴系马及猿猴摘桃，谐音吉祥语“马上封侯”。

图 21　花模子山水纹葫芦鼻烟壶　光绪，一面山中亭子，一面“风景依稀似去年”七字。体形大于以上各壶，当为安肃民间制品。

图 23　押花紫红天然葫芦鼻烟壶　乾隆，壶形圆中带方。花纹作球形果实，上覆叶片，当为瓜果。盖用红、白两色铜锤成，顶踞蟾蜍，颇生动。

图 22　火画菊花纹葫芦鸽哨　1934 年周春泉（祥字）制，王世襄火画。因火画葫芦鼻烟壶待访，以此示意。

图 24　押花夹扁葫芦鼻烟壶　光绪，两面押团寿字，上伏一蝠，寓“福寿双全”之意。

图 25　押花素模子鼻烟壶　当代，两面开光，分别押秋崖霜菊，山石老梅。

图 26　针划山水人物纹小葫芦　现代兰州制品。因针划葫芦鼻烟壶待访，以此示意。

图 27　刀刻梅花纹葫芦　清，叶义先生旧藏。因刀刻葫芦鼻烟壶待访，以此示意。

图 29　押花花模子八仙纹安肃蝈蝈葫芦　晚清，在高起的图案上又砑押出花纹细部。因工艺相同的鼻烟壶待访，以此示意。

图 28　火画花模子水浒故事蝈蝈葫芦　道光，采用《水浒传》第三十回《武行者夜走蜈蚣岭》武松持刀杀妖道的情景。模出花纹又经火笔勾描，人面、树枝、草叶尤为明显。因工艺相同的葫芦鼻烟壶待访，以此示意。

壶四件。

更起先生据造办处档案统计，道光以后，葫芦器生产逐渐减少。

据档案得知宫中范匏由太监任其事，每年收获后，送交造办处，经过镶口、配盖、漆口里等道工序，始加工成器。

据笔者所知，道光以后，宗室在宫廷以外，继续范匏，如府邸在地安门慈慧殿之永良；永良之子任职沈阳之绵宜，都开园种植，俱一定的规模。器物以鸣虫葫芦为主，旁及鼻烟壶。

鼻烟壶在文物中只是小小一类。葫芦鼻烟壶在鼻烟壶中又是小之又小的一种。尽管本文讲得不够全面，遗缺尚多，也已占了不少篇幅。难道这不能从某一个角度说明我国传统文化的博大浩繁么！

本文为在国际中国鼻烟壶学会 1996 年 10 月 23 日北京年会上用英语作的报告。

12 月写成中文稿，略有增补

# 漫话铜炉

这里讲的铜炉，常被人称“宣德炉”或“宣炉”，是流行于明清的文玩，在文物中自成不大不小的一类。现用铜炉一称，是因为明清不少朝代均有制造，不只是宣德。还有尽管传世文献记载宣德朝不惜工料，大量造炉，如《宣德鼎彝图谱》，但现在竟难举出一件制作精美，和记载完全符合的标准器。据我所知，不仅北京、台北两地博物院尚未发现，著名藏炉家也没有。相反的倒是刻或铸有明清其他朝代年款的私家炉却有炉形铜质并臻佳妙的。这不能不使我们对传世文献产生疑问，认识到宣德炉研究还有许多待解决的问题。

研究、欣赏铜炉和青铜器不同，它的形制花纹比较简单，只有款识，没有铭文，与古代史、文字学关系不大，更没有悦目的翠绿锈斑。历来藏炉家欣赏的就是其简练造型和幽雅铜色，尤以不着纤尘，润泽如处女肌肤，精光内含，静而不嚣为贵。这是经过长年炭墼烧爇，徐徐火养而成的。铜色也会在火养的过程中出现变化，越变越耐看，直到完美的程度。烧炉者正是在长期的添炭培灰，巾围帕裹，把玩摩挲中得到享受和满足。这是明清文人生活的一部分，其情趣和欣赏黄花梨家具并无二致。这种生活情趣已离我们很远，以致有人难以想象，但历史上确实有过。我曾在古玩店乃至博物馆，见到色泽包浆还不错的铜炉，被用化学糨糊把号签贴在表面上。这号签不论揭不揭，肌肤上已落下一个大疤瘌。如徐徐火养，一二十年也难复旧观。这也可算是煮鹤焚琴的一例吧。

烧炉者有一个共同心愿，亟望能快速烧成，十年八载实在太慢了。不过藏家谁也不敢轻举妄动，怕把炉烧坏。敢用烈火猛攻的只有一位，我父亲的老友赵李卿先生。赵老住家去我处不远，上学时我就经常去看望他。收藏小古董是赵老的平生爱好，专买一些人舍我取，别饶趣味的小玩意儿，对铜炉更是情有独钟。炉一到手，便被浸入杏干水煮一昼夜，取出时污垢尽去，锃光瓦亮。随后硬是把烧红的炭或煤块夹入炉中，或把炉放在炉子顶面上烧。他指给我看：哪一件一夜便大功告成；哪一件烧了几天才见成效；哪一件烧后失败，放入杏干水中几次再煮再烧，始渐入佳境。也有怎样烧也烧不出来，每况愈下，终归

"琴友"款蚰耳炉

淘汰。不过鉴别力正在逐年提高，得而又弃的已越来越少了。我受前辈的感染熏陶，也开始仿效。最成功的是50年代在海王村买到的一具蚰耳炉，款识"琴友"两字，一夜烧成棠梨色，润泽无瑕，不禁为之狂喜。

直到60年代初，我从北京图书馆的简编图籍中发现一本奇书《烧炉新语》，才知道古人早已发明快速烧炉法，并写成专著，刊刻行世（见本书第四卷）。我晒蓝后恨不得立刻送给赵老看，可惜他已归道山了。

《烧炉新语》作者吴融，别号峰子，又号雪峰，黄山人，侨居海陵（江苏泰州）。卷首有陈德荣、王廷诤、袁枚、许惟枚、张辅、郑世兴、方鲁、刘瓒、凌洪仁、罗世斌、魏允迪、国秋亭十二家序，多作于乾隆十二年，成书当前此不久。此书罕见，邵茗生先生下了多年工夫写成《宣炉汇释》两册；似未见此书。我曾查《中国古籍善本书目》，记得仅一馆有之，为传钞本。

吴融博学多能，凌洪仁称其"于古文词无不能"。方鲁称其"雅善鼓琴，……继擅指画，人物鸟兽，花卉草木，天然生动，机趣飞舞"。

对吴融烧炉，各家推崇备至："人有毕生烧一炉而不成者，先生则不论炉之大小，一月之内即变态万状，灿烂陆离。"（方鲁序）"每见人穷年敝日，迄无一成。即善做假色，适足为识者所嗤。吴子……不假造作，只就本来面目，不匝旬而火候已足，约得色之异者，十有其二。"（刘瓒序）"屏去古今成法，炉无新旧，一经先生手，不日可成。成则自现各种天然异色，有若神助。"（凌洪仁序）为人作序，一般都言过其实。烧炉因目见，且曾手自为之，故不认为上引诸说过分夸张。

《烧炉新语》共三十二篇，长者数百言，短者不足百字，篇名如下：炉说，论铜色不可制，急火烧炉法，制造烧炉具法，打磨香炉法，烧炼方砖法，制造宝砂法，洗油头发法，急火烧炉分上中下三法，论红藏金结雾法，论水乍白结雾法，论黑漆古结雾法，论水查白结雾法，论秋葵结雾法，论黄藏金结雾法，论落霞红结雾法，论蟹壳青结雾法，论苹果绿结雾法，论藏锦色结雾法，论铜质老嫩难结法，做橘皮炉法，打磨橘皮糙熟法，退炉法，煮花纹炉法，论各炉款式结法，揩抹香炉法，论炉清水做色之辨，论北铸假色难成，下炉色免磨法，制造养火罩式法，打炭墼法，洗除斑点法。

《新语》晒蓝不久，“四清”、“文革”接踵而至，随藏书捆扎而去。拨乱反正后发还，为补偿蹉跎所失而日夜工作，《新语》早已忘怀。直到草此文，始拣出匆匆过目，似以居首数篇较为重要。《炉说》强调炉色必须出自本质，切忌人为敷染。《铜色不可制》列举不中用即烧亦无功之铜八种，实为辨别铜质，指导收炉取舍之要诀。《急火烧炉法》与赵老所用基本相同，惟烧时须扣纸罩，罩用纸数十层裱成，外用棉花棉布包裹，所用火力稍缓，需时或较长。限于篇幅，诸法不克详述。

烧炉不仅好古者或愿一试，可能还会引起金相学科学家的兴趣，通过实验来解释不同合金在受热后出现色泽上的变化，说不定会成为一个科研课题呢。

原载《人民日报》海外版

# 记明鱼龙海兽紫檀笔筒



紫檀黝黑如墨，高浮雕龙二，鱼、狮、马、虎、象、犀、螺各一，出没波涛中。水势汹涌。激荡砰訇，盘涡深旋，浪花飞溅，愈助海怪夭矫腾跃之势。按鱼龙海水，间以异兽，唐宋时期已用作装饰题材，至元明更为流行。北京团城之元大玉瓮，乃广为人知之实例。此器二龙丰颀长喙，鬐鬣奋张，气势雄伟，与永、宣青花所绘，颇多似处，非明晚期所能有。其他动物貌亦奇古，故雕制年月可能不出15世纪，在紫檀笔筒中应为时代较早者。

50年代于荣宝斋后堂玻璃柜中见之，两次询价，均谓“不对外”。第三次遇店员有一面之雅，始许购之而归。

“文革”后发还被抄文物，不见踪影者何止百数十件，一时未能想起者尚不在此例，其中有三件紫檀笔筒，皆予铭心之物。其一明晚期制，螭龙一躯蟠笔筒上，高浮雕几成图雕，脊线如刃，犀利无比，此外全器光素无纹。50年代购自东安市场西门内回民古玩商，人称“小门张”者。其二清早期制，随形镂雕成古树桩，错节盘根，自然古拙，仿佛千百岁。有阳文浮雕“能盘山穴，得近墨池”八字隶书，铲刻精绝。50年代购自地安门宝聚宝曹书田。购时恰值天津韩慎先生来京，知予得之，特通电致贺，可见鉴赏家对此器之重视。其三即此鱼龙海兽笔筒（彩图119.2）。为此三件及其他未发还文物曾多次去府学胡同北京市文物管理处查询，均毫无结果。

1983年，故宫博物院邀我至北五所库房鉴定竹刻并为定级，启一柜，鱼龙海兽笔筒竟赫然在屉板上。取视，内贴纸条书一“毛”字。询其故，始知为“毛家湾林彪住宅送来”之标记。予上书国家文物局，说明笔筒乃我被抄未还之物。经国家文物局与北京市文物管理处查核抄家底册及“四人帮”从文管处取走文物之登记账，发现此笔筒确实抄自我家，后被黄永胜拿走，故记在黄之账上。今有下落，自应发还给我。数月后，笔筒由文管处送还至我家。

事后我有一事不明：笔筒既被黄永胜拿走，记在黄之账上，何以会由毛家湾林彪住宅送交故宫？不得不求教于文管处工作人员之“文革”前即相识者。渠谓当时“四人帮”及其爪牙，往往三五辆汽车蜂拥而至。进门各选所需，然后彼此评比，争论优劣，间以嬉笑打骂，丑态百出。在离去前，手中所选文物，已经经过交换。故由姓黄转为姓林，实不足为奇云。是真所谓“国之将亡，必出妖孽”也！

1987年，襄参加《中国美术全集》编撰工作，得将笔筒收入《竹木牙角》卷，为明代木雕增添重要实例。其艺术价值实远远超过上海博物馆所藏明墓出土之紫檀螭纹扁壶。个人收藏，亦能为国家出版物作贡献，识者当无疑义也。

又一题外事，不妨顺便述及。予被抄图书中，使用最多，故盼早日归还者为商务影印、后附四角号码索引之七卷本《佩文韵府》。当时无法买到，不得不求助于文管处之工作人员。其中有书行转业相识已数十年者。一年后，通知我前往领取。告知我书前不久方从吴法宪家中取回。曾于报端见吴之尊容，脑满肠肥，似胸无点墨者，真不知其要《佩文韵府》作何用也。

# 记清尚均雕螭纹红寿山印泥盒



盒盖以方格锦纹为地，中雕一螭，鬃鬣高扬，角竖口张。右灵芝一枝，似从螭口吐出。左“尚均”两字，篆文，小而隐蔽，非仔细寻觅不易发现。外有三螭盘绕，形态各异，爪尾相接，极圆婉流畅之美。立墙雕朵云，沿口有宽边，镂卷草纹。盖内中部圆光，细划双凤。

盒底锦地上雕双螭，间以流云，有助构图之回旋生动。立墙三螭环行，沿口花纹与盖同。底内中部圆光细划凤及朵云。

以上螭纹均为高浮雕，圆浑莹润如明早期剔红。凤纹划痕极细，而运刀仍见轻重浅深。各边缘子口，无一处无纹理，雕饰已达到极限，竟无繁赘之嫌，而不禁对其典雅精绝欢喜赞叹。盖因其图案主题螭纹乃经精心设计，形态有高度之变化。其效果与乾隆时期不少制品，雕饰虽同等精工，惟只由形式化之纹饰作无休止之重复，堆砌填塞，不满不止，自然美丑悬殊，绝不相侔也。

按尚均名周彬，清初福建漳州人，乃制寿山印纽及圆雕人物高手，论者以为在杨玉璇（名玑）上。徐康《前尘梦影录》卷下记其所藏印盒：“余在申江得一红寿山石椭圆印合，长三寸，高二寸，上下相等。两面阳文六龙，皆五爪。中刻凤形，阴文。侧首空处，署款‘尚均’二字，八分书。”盒形非圆，主题为龙而非螭，虽与此盒有异，其工艺及风格则完全一致。类此极精之作，自须穷年累月始能完成。但尚均一生，所制决不止三五件也。

螭纹寿石印泥盒，原为舅父墨茶阁中物，幼年曾于画案上见之，备受北楼先生钟爱。“文革”前散出，为估人所有。予知其为重要文玩，几经辗转始以厚酬易得。

“文革”中，印泥盒与其他长物全部被抄。发还时又随我家被抄文物运入故宫。目的在给予国家博物馆一次从容挑选、再次没收的机会。故宫为此成立专家挑选组，其中积极性最高的为魏松卿同志。“三反”运动后，故宫开展“大换班”，从部队调入大量工农兵干部，其中有魏同志。抗日时期，他担任地下工作，以卖酒隐其身份。文化水平虽不高，但来故宫后竟对文物感兴趣，肯用心研究，并为此而不辞辛劳，专程访问被开除已多年之下走，研讨有关髹饰及

清尚均雕螭纹红寿山印泥盒　径 8 厘米，通高 4.4 厘米

其他工艺问题，在转业干部中实属难得。我也因此和他有交往。渠曾面告："你的尚均雕印泥盒，是上上精品，故宫都没有。这次我们挑上了，不还给你了。"我点头称"是"。

此次发还而又被故宫扣留之文物有四五十件之多，除印泥盒外有铜炉二十余座。一年后，此事被故宫博物院院长吴仲超发现，认为不符合国家落实政策规定，又全部送还我家。

# 清吴之璠三顾茅庐图黄杨笔筒

约三周前，黄玄龙先生惠临舍间，面有喜色，从手提百宝囊中掏出一件包袱裹好的物件，心知定是有缘得宝。打开一看，乃赫然吴之璠（鲁珍）刻三顾茅庐图黄杨笔筒。我也兴奋起来，向黄先生拱手祝贺。

笔筒（高 17.8 厘米，径 11.1×6.6 厘米），椭圆形，扁而阔，出现两个宽面和两个窄面。尚未上手，已感到刻此笔筒，构图甚难。倘以历史故事为题材则更难，因人、物众多，位置得宜，惟有惨淡经营方可。

不言而喻，三顾故事，定须有结义三兄弟及骑乘马匹。诸葛先生茅庐和应门童子亦不可缺。两组人物只有分别刻在两个宽面方可容纳。一般刻手恐只能如此安排。但画面一经分割，情景气势便遭割裂，必致各不相涉，索然无味。鲁珍妙在把上有丛树之石壁刻在宽窄两面相交处。前为三兄弟，马匹则半隐在石壁后。笔筒在握，面对此景，不须转腕，荆篱屋舍及袖手倚几之诸葛先生、开窗外望之童子便呈现于左侧。浑然一体，不即不离，完整画面自然形成。屋后长松三五株，随笔筒弧度延伸，与石壁三兄弟泯然相接。不禁为鲁珍之巧妙构图拍案叫绝。

人物状写乃另一难题。三国故事经小说、戏曲长期广泛传播，人物形象已深入人心。容貌特征倘笔筒毫无显示，观者将谓："安得称为三顾茅庐图？！"若着意刻画，转觉夸张庸俗，非格调高雅之竹木雕刻所能容。艺术形式不同，表现手法各异，此理易明。但如何将世人喜闻乐见之形象，恰到好处假借移植到所从事之艺术形式中来，却是大学问。且看鲁珍如何突破难题：图中刘玄德先行，即将踏上板桥，又回顾似有嘱咐。关云长居中，伸臂手指茅庐。只凭须拂胸前，长眉插向鬓角，已使观者知为何人。张翼德容貌刚猛、气质暴躁，最难描绘，故使以背向人，只藉仰面，露出颏下须髯。刻者似毫不费力便刻出适合在文房器物上出现之桃园结义三兄弟。笔筒其他景物如磐石陂陀，长松杂树，鲁珍皆优为之，竹刻已屡见不鲜。引人注目者为山泉自石壁间涌出，流至桥下，水纹婉转回旋，尤为生动。款识在屋角垣边，阴文行书"吴之璠制"四字。

鲁珍竹刻真迹，过目不下二三十件。

清吴之璠三顾茅庐图黄杨笔筒（四面）

清吴之璠三顾茅庐图黄杨笔筒（展开图）

黄杨笔筒，愧我孤陋，此外仅见一款，即现藏故宫博物院、有乾隆四十一年丙申（1776年）弘历题诗之东山报捷图笔筒。此器当为康雍间呈进之物，款识隶书“槎溪吴之璠”，甚工整，下有“鲁珍”方印。笔筒因材制器呈不规则圆形，捷报自远方驰来，自不妨与对弈者各占一面，无虑隔断之虞。谢安因后人无从知其容颜，更可随意创造。两图对比，刻报捷既省却构图之惨淡经营，又免去人物之提炼简化。两器均为鲁珍铭心之作，自不待言。但呈进定须维恭维谨，难免稍见矜持。不若三顾图定稿后，便可放手运刀，更饶潇洒自然之趣。

两器同出鲁珍之手，木质同为黄杨，故或疑三顾图笔筒亦曾入内府。愚以为据其风格，可能性不大。惟玄龙先生称原藏者家在东北。缘此，又宜对其流传再作查询。溥仪曾以赏溥杰为名，将大量书画手卷潜运出宫。日寇投降后，始在东北散出。文房珍秘，当年曾罹同等遭遇，亦未可知也。

王世襄作于2004年12月中旬

# 望气与直觉

50年代和葱玉兄（张珩）闲聊，他说起书画鉴定有一个名词曰“望气”，有时还在两字之后加一个“派”字，是一个贬义词。“望气”指书画卷轴打开之后先观望一下整幅的气势，也可以说是体会一下整幅作品所予人的印象或感觉。有的人过分重视这第一印象，是真是假，似乎已可定它个七八成，不再仔细观察、研究作品的其他方面，于是就成了“望气派”了。如此鉴定书画当然是错误的，因为书画的真伪必须从许多方面来判断，如笔墨、章法、流派、纸绢、题跋、款字、印章、装裱、著录等等，不胜备举。怎么能只凭匆匆的一次观望呢？不过话又说回来，像葱玉这样少年时期已是鉴定名家，藏有多件宋元名迹，他看书画时又何尝不先从“望气”开始呢？只是望气之后，对书画的各个方面又进行仔细的观察研究，最后才下真伪或存疑的结论。

我记得有一次荣宝斋举办藏品展览，中有一轴标名元人无款绢地花卉，并未觉得如何重要。葱玉兄却搬了一个凳子坐下，对着那幅画凝神观看，看了又看，一言不发，也不知道他在想什么，我在旁都等得有些不耐烦了。经过这一次参观，我才知道他对一件不甚重要的作品也用心琢磨，对重要的书画自更不待言了。我曾问他为什么对那幅画看了许久，他说我想判断它究竟是元人之作，还是明人仿宋元的工笔花卉。不用说他坐在那里，许多幅存在脑海中的工笔花卉又一一显影来帮助他做出认为比较正确的结论。当然如果他遇见一件开门见山、千真万确的名家之作，虽可立即定为真迹，但还是会仔细观看并牢记它的各个方面，即入脑海，作为标准。待再见到其他作品时，可供比较印证。鉴定知识就自然逐渐积累起来。

我从来不承认自己是收藏家。限于学识和购买能力，对价值高的文物如书画、陶瓷、玉器、青铜器等，连看都不看。我只买些破烂家具和门类小而多、被人称为“杂项”的故旧物品。它们一般不值多少钱，却同样可供研究、欣赏。但其中较为完整、精美的，我还是买不起。

我选购杂项常用“直觉”的方法，也就是凭看见物品的第一印象，凡直觉感到好的，只要力所能及，就会把它买下。它和“望气”似乎颇为相似。不过

王世襄旧藏雕填花鸟纹黑漆盘

鉴定杂项比鉴定书画既有难处也有易处。难处在杂项之中包括许多小门类。古玩行一般把“竹、木、牙、角”器称为杂项，其实佛像（不包括大型雕刻）、砚盒、石章、墨、漆器、铜镜、铜炉、丝织小品等也都被归入杂项。而当任何一个门类收集到一定的数量时，又可以自成一类。鉴定以上各类时都必须有一定的专门知识，也各有需要注意的方面。其易处则在鉴定杂项中任何一类都远不及鉴定书画那样复杂，需要审查研究的方面那样繁多，记忆中也需要有更丰富的知识积累。

我选购杂项往往仅凭直觉，只要觉得顺眼，合乎个人趣味又力所能及就买下来，当时也不可能做任何审查研究。事后绝大多数都觉没有买错。例如当年购得有朱小松款的归去来辞图笔筒，有朱三松款的圆雕老僧，都觉得绝精，惟因伪作太多太多，不敢相信是真迹。直到后来见到上海博物馆藏明墓出土的朱小松刘阮入天台香筒，台北故宫博物院的清宫旧藏朱三松荷叶式水盛两件标准器，才证实笔筒和圆雕都是真迹。在本书壹卷和《自珍集》中都有详细的文字介绍和图片对比，这里就不再重复了。

又如有一年承蒙天津文物商店许可观看他们的库房。四间房屋，顺墙排满分隔成五层的架子，摆满汉藏佛像，一行行大的在后，小的在前，共约三万件。我用了一整天，高爬梯、低趴地，从中选出了八件，除一件鎏金雪山大士像他们认为比较珍贵不出售外，我得到了七件。选时实在比直觉更为潦草、匆忙。七件都收入《自珍集》，似乎比过去用直觉买到的并不太差。

凭直觉买到手又觉得不好的也可以举两例。其一是雕填花鸟纹黑漆盘。皮胎，底面有磨露胎质处，确实相当旧。但正面的花纹疑是近人后刻，有如瓷器的“后挂彩”。花纹制作采用十分简单的钩划后上色漆的做法，不是钩后填色漆的真正雕填。它虽可作为旧器后加工的实物，但并无欣赏价值。我也将上述看法写入说明，见《自珍集》页102。

另一件是腹内有吴邦佐戳记的铜炉。凭直觉觉得不错，后感到两耳造型与全器不协调。经老友傅大卣先生过目，认为是清代或更晚的仿制品。傅老曾手拓古器物超过十万件，资深且经验丰富，所言值得重视。我也把上述的认识写入《自珍集》说明中，见页43。

直觉和英文的Taste有近似之处，中文往往译为“趣味”、“鉴赏力”、“审美力”。也有人认为Taste的好坏，即审美力、鉴赏力的高下是天生的。我并不以为然，但不可否认和自幼的家庭环境、耳濡目染、师友熏陶有密切关系。直觉的正确性和灵敏性是可以培养的，是跟着个人学识的增长而提高的。举例来说，我在本书中（叁卷）讲到看见惠孝同兄的画桌，情不自禁地向他求让。当时的直觉受乾隆风格的支配。约一年后买宋牧仲的紫檀大案，明式家具的神韵已在直觉中占主要地位。只因这段时间内经常去鲁班馆，从匠师们那里学到不少知识。反言之，如果不用心学习，提高自己的欣赏水平，就会停滞不前。倘交往、接触均为庸俗、低下的人和物，自己也会受到沾染而丧失高雅的情趣和鉴赏力。

以上对望气、直觉说了一通，都极为肤浅，未能脱离老生常谈。我实在说不出什么具体有效的方法可以提高鉴定力，供对收藏、鉴赏初感兴趣的朋友参考，惟有惭愧而已。

# 记《揽胜图》三种

50年代，已不记得确切年月和地点，在一家挂货铺墙上挂着一个硬木边镜框，玻璃后面装着仿佛是棋局的图案，排满小方格，径约一寸，中有彩绘，上书地名，字小如蝇头。正中横题《六逸览胜图》，下有文字说明游戏方法、赏罚规章等。草草一看，知为《升官图》一类的博戏之具。喜其书画精细工整，用十来元买下，归来置之柜顶，一放就是几十年。其间发现清初编的丛书还收有两种《揽胜图》，连此已有三种了。

“揽胜”取意尽览大地名胜之意，每一方格，等于一个名胜，有的确有其地；有的出自典故，有名而无实。三种的编制先后虽难考，其规模当由简而繁。相比之下，以收入《檀几丛书》余集下、清吴陈琰的《揽胜图》为最早，图局列地名一百多处，规章较简，均与饮酒有关，故实为酒令。吴氏号宝崖，钱塘人，著有《春秋三传异同考》、《五经今文古文考》、《放生会约》、《旷园杂志》等传世。

第二种名《揽胜图谱》，清高兆著，收入《昭代丛书》别集。图局也列地名一百多处，说明规定参与者各出彩筹交公所，前行时有赏有罚，先到终点者多分彩筹，后到者少分或不分，故是赌博图局。高氏字固斋，号云客，康熙时侯官人，画籍称其工行书及小楷，著有《启祯宫词》、《续高士传》、《荔社记事》、《端溪砚石考》、《砚石录》等传世。

第三种《六逸览胜图》也是赌博用具，无编者姓名。绘制年代当在清中晚期。图局之上原有题记，谓彩绘者为仇英。图局左侧界外有“端方珍藏”四字，均妄人所为，不可信。最近因图局破裂付重装，已将题记等移至图局背面。

三种博戏方法基本相同，均由六人参加，先投掷一个骰子，幺为词客，二为羽士，三为剑侠，四为美人，五为渔父，六为缁衣。从劳劳亭开始，到长安市终止。惟第三种之进退赏罚，以及最后分公所彩筹等规定，均比第二种更加复杂。所列地名超过二百，比前两种增加一倍有余。显然是某位好事先生为增加博戏兴趣，延长行进时间，不辞费心设计，精工绘制，在第二种基础上踵饰增华而成。

第三种之详细情况，此文本当作

更多的描述。无奈字体细小，彩图亦有褪色模糊处，老眼昏花，实难胜任。幸有中国社会科学院文学研究所扬之水女士，多年来究心名物考证之学。自《诗经》时代下逮唐宋，已完成专著多种。顷有意查考明清以来民间使用器物，包括博戏之属，拟将《六逸览胜图》作为证例之一。一旦写成专著或论文，对彩绘内容及名胜之历史背景将有详细之论述。近又有出版界人士见到《览胜图》，认为不妨交付彩色影印，倘以糖果为彩筹，便是游戏而非赌博，却可一尝古人生活情趣，似有益而无害。更有爱好美术者，认为方格中彩绘，虽非名家之作，亦不失为高手。当代画人可能不屑为，亦未必定能为。值得一一放大，每页印两幅，其旁则注明名胜之历史背景，对词客等六人到某地为何有人受赏、有人受罚，亦自然明了。合订后将厚达百数十页。一册在手，欣赏之余，兼得增长

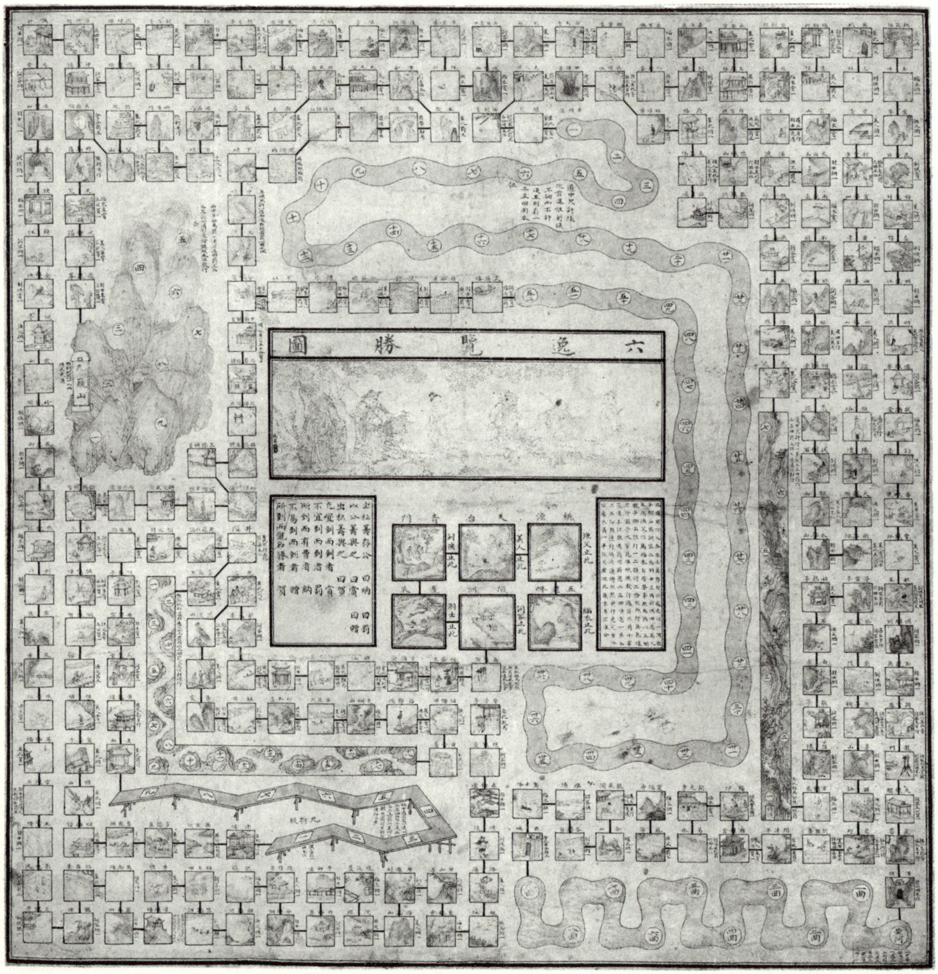


《六逸览胜图》王世襄藏

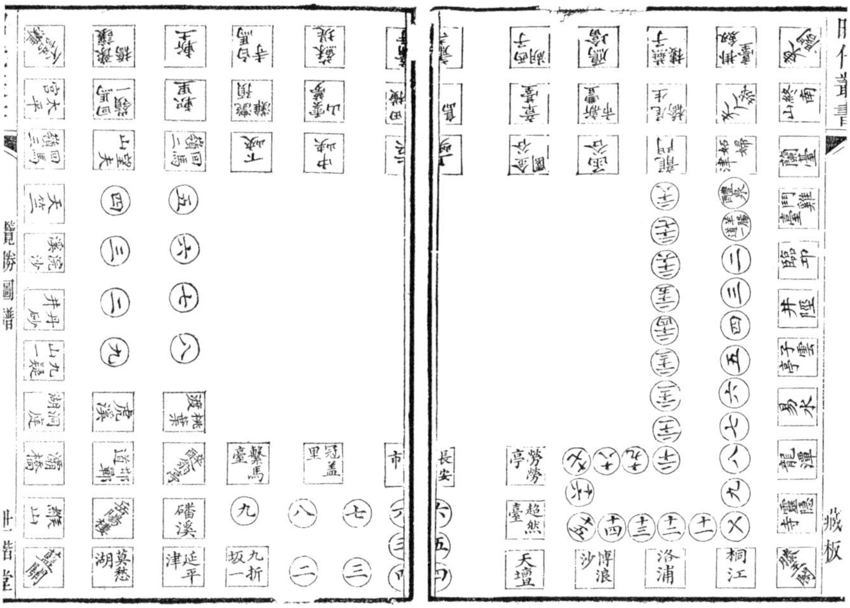

《揽胜图谱》，清高兆著，《昭代丛书》别集

历史、地理知识，诚可读之书也。上述两项工作，一旦有成，再看此记，对第三种图局实无絮絮描述之必要。只要能抛砖引玉，便感欣慰，没有辜负我购藏半个世纪之久。

最后，吾有感焉。当今社会讲求时尚。不少游戏，看似热闹豪华，实甚空虚庸俗。哪及古人玩得文雅，玩得有学问。或许有人将嗤我以鼻，但亦定有人点头称是。姑记之以俟后验。

附录

## 揽胜图谱

**侯官高兆固斋著**

此图须六人。先各出彩筹十枝，存贮公所，然后用一骰子各定马。幺为词客，二为羽士，三为剑侠，四为美人，五为渔父，六为缁衣。分马既定，齐集劳劳亭，挨次递掷，照点前行。两人同到为会，先完者分去公所彩筹一半，后完者仿此，惟最末者不准分。所余彩筹同下四筹共存公所再掷。其赏罚行止事宜，凡各处位下另有注释，细玩之可也。

凡宜到而到者赏，不宜到而到者罚，所到而有费者纳，不易到而到者贺，所到而关名胜者赠。

劳劳亭起马。　超然台　天坛羽士纳一。　博浪沙剑侠纳一。　洛浦美人纳一。　桐江渔父纳一。　滕王阁到者遇六方行，不遇罚一，仍不行。惟词客竟行。　灵隐寺缁衣纳一。　龙潭渔父至此罚三，回本位，只许竟过。　易水剑侠至此赏三，众贺一。　子云亭词客纳一。　井陉不许并，犯者罚一，回本位。　临邛词客与美人会此，众赠二，两人公得。　斗鸡台会此者各出筹六，余四人各认一人，博赢者得。 兰台词客至此赏一。 终南山羽士纳一。 东阁到者遇五方行，不遇罚一，仍不行。 挂剑台剑侠纳一。 燕子楼美人至此赏一，缁衣至此，美人罚一。 雁塔点到遇本色方行，不遇罚一，仍不行。惟缁衣、羽士不点名。 西子湖渔父纳一。 萧寺缁衣纳一。 苏堤词客纳一。 云梦山羽士纳一。 田横岛剑侠纳一。 章台美人纳一。 新丰市缁衣至此罚五，回本位，只许竟过。 尾生桥词客至此必候美人至方行，如美人在前不论。 夫人城词客至此罚三，回本位，只许竟过。 妒妇津美人至此罚五，回本位，只许竟过。 醴泉至此赏一，会此赏二。 羊肠道一 二 三 四 五 六 七 八 九 十 十一 十二 十三 十四 十五 十六 十七 十八 十九 二十 二十一 二十二 二十三 二十四 二十五 二十六 二十七 二十八羊肠道中只许鱼贯而入，不许并越。 犯者罚一，回本位。 惟羽士不拘，剑侠亦许越不许并。 龙门词客至此赏三，众贺一。 函谷羽士至此罚三，回本位，只许竟过。若道中有阻，罚加倍。 金谷园美人至此赏三，众贺一。 上峡 中峡 下峡三峡要一跃而过，点到者罚一，回本位。 滟滪滩点到再掷一色，照色点罚。 白马寺缁衣至此赏一，美人至此，缁衣罚一。 堑落堑者遇二方行，不遇罚一，仍不行。 惟美人不落堑。 豫让桥剑侠纳一。 不语滩点到不许开口，犯者罚三，回本位。 太平宫羽士至此赏一，与缁衣会此赏二。 回马岭一点到，再掷，照点数回马逆行。 轵里剑侠至此赏一，词客至此，剑侠罚一。 回马岭二同前。 望夫山美人至此，必候词客至方行，如词客在前不论。 回马岭三同前〇（据原书。——编注）。凡回马所至，有罚无赏。 天竺缁衣至此赏三，众贺一。 浣纱溪美人至此赏一，与剑侠会此各赏一。 丹沙井羽士至此赏三，众贺一。 九嶷山一点到罚入山，惟渔父免行。 二 三 四 五 六 七 八 九九嶷山每驻马罚一，若复点到九嶷山，仍入山，行过方出。 洞庭湖渔父至此赏三,众贺一。 灞桥词客至此赏一，渔父至此，词客罚一。 缑山羽士至此赏三，缁衣至此，羽士罚一。蓝关过者遇四方行，到者遇幺方行，惟羽士免。 莫愁湖美人纳一。 延平津剑侠至此罚三，回本位，只许竟过。 九折坂一到九折坂者掷幺，退一步。 二 三 四 五 六 七 八 九 磻溪渔父纳一。 岳阳楼至此纳一，会此纳二。 邯郸道走马过此,点到者罚一,回本位。 虎溪羽士、缁衣、词客纳一。三人会此,余各贺一。 桃叶渡渔父至此赏一，与词客会此各赏二。 醉翁亭至此纳一,会此纳二。 系马台词客、美人会此，各贺一。缁衣、羽士点到罚一。 冠盖里后到者赠先到者一。 长安市驰马后遇本色许算完分筹。

此图宜于清晨良会，宜于静馆闲房，宜于风人韵士，若涉浮躁刚卤之辈与仓卒忙杂之时，宜藏。

# 附例

# 佛作概述

画塑自古相通。远溯晋代，戴逵及其子戴勃、戴颙，皆善丹青，而范金赋采，动有楷模[1]。唐吴道子、杨惠之的事更为脍炙人口。初二人同师张僧繇笔迹，但道子声名特著。惠之后专攻塑作，遂与道子齐名，并推当代第一。时人有“道子画，惠之塑，夺得僧繇神笔路”之语[2]。宋刘道醇《五代名画补遗》有“塑作”（包括装銮）、“木雕”两门，与人物等画科并列，可见这位画史作者，对画和塑是等视齐观，并不严分畛域的。刘体仁《七颂堂识小录》所谓“塑列画苑”，当即指此。李诫《营造法式》称：“今以施之于缣素之类者谓之画；布采于梁栋枓拱或素（塑）像什物之类者俗谓之装銮。……”[3]在他看来，似乎装銮不过是画在塑像、器物上的画而已。直到今天，民间塑工还流传着“画匠改塑，黄酒改醋”的说法[4]。意思是画工改为塑工，就像黄酒改酿为醋那样方便。西洋传习雕塑、素描是最基本的课程之一。画与塑这两种造型艺术有密切的联系，而且理应兼通，可以说古今中外，原无二致。

从杨衒之的《洛阳伽蓝记》，我们知道北魏洛阳已有作坊工业存在[5]，以当时佛寺之盛，很可能从事画塑的人也已形成了专门行业。唐代的作坊工业更遍于长安及其他都会。《历代名画记》、《唐朝名画录》、《益州名画录》等书著录的壁画，数不胜计，虽多出名家之手，但如果没有许多工徒参加布色、补景，壁画是不可能完成的。在敦煌保存到今天的大量壁画和彩塑，更有力地说明当时不仅有画塑的专门行业，而且人数是众多的。据《唐六典》，属于少府监的左尚署，兼掌“画素刻镂”之事[6]，可见官手工业中也有画塑的专门工匠。宋时少府监附设文思院，中有捏塑、装銮两作[7]；吴自牧《梦粱录》记市肆“团行”，亦有装銮作[8]，是为宋代官私工业均有塑工之证。南宋明州有专为人画佛像卷轴的职业画家，如金大受、陆信忠等，聚居在车桥一带[9]，实际上是民间开设的画店。他们是否兼营壁画和塑像，现在虽无确据，但从画派来看却直接继承了壁画的传统。按《元典章·吏部》匠职中有“塑局”、“唐梵像两局”等称。《元史·百官志》载，至元十二年始置梵像局，延祐三年升为梵像提举司，是一个

❶ 唐张彦远《历代名画记》卷五。

❷ 宋刘道醇《五代名画补遗·塑作门第六》。

❸ 宋李诫《营造法式》卷二《总释下》。

❹ 此语塑工曹鸿儒师傅见告。

❺ 魏杨衒之《洛阳伽蓝记》卷四：“市东有通商、达货二里，里内之人尽皆工巧屠贩为生，资财巨万。……市西有延酤、治觞二里，里内之人多酝酒为业。……市北有慈孝、奉终二里，里内之人以卖棺椁为业，赁輀车为事。……别有阜财、金肆二里，富人在焉。凡此十里，多诸工商货殖之民。……”

❻ 唐李林甫《唐六典》卷二十二。

❼ 清徐松编《宋会要稿·职官》三六。

❽ 宋吴自牧《梦粱录》卷十三。

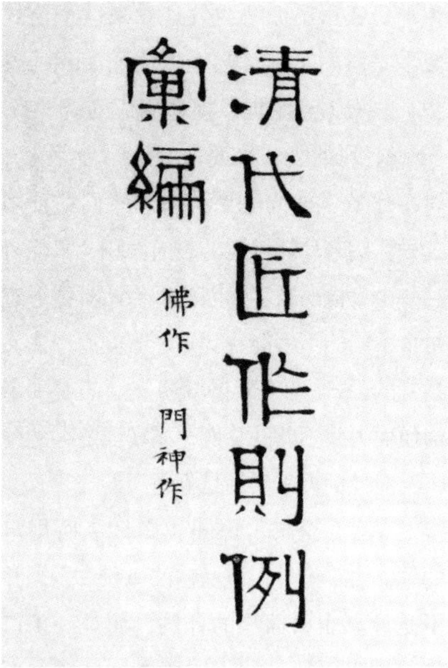


图 1　1963 年油印本《佛作・门神作》封面

专“董绘画佛像及土木刻削之工”的机构[10]。元《经世大典・工典》中有画塑门[11]。赖《永乐大典》辑录而获传的《元代画塑记》，在这方面更为我们留下了珍贵的史料[12]。据目前查到的材料，“佛作”之称始见于明代，属御用监[13]。但其由来已久，上列材料足以说明它是和前代的画塑行业一脉相承的。清代佛作，沿袭明代的名称，属于内工范围，由内务府掌管。宫廷园苑中的寺观画塑，多由它承造。不过佛作与其他内工一样，和民间工匠始终有着不可分割的关系。清代盛时，内工的专职工匠，来自民间。清代季世，内工等于虚设，遇有营造，直接由市肆的佛像铺来承办。一直到民国，北京还有四宝斋、文翰斋（均赵姓开设，在鼓楼东大街）、翰墨斋（刘姓开设，在隆福寺街）等若干家佛像铺，铺中的画塑匠有不少来自近郊的东坝[14]。以上只是北京一地的概况，他如苏州、宁波、温州等地的画塑都比较有名。实际上，民间画塑工匠，所在皆有，郑州老塑工曹鸿儒据称就曾从河北的四位塑画匠学艺[15]。关于近代的画塑工匠在各地的活动情况，这里就不多赘及了。

以上是对佛作的渊源及流行的一个简略的叙述，并说明为什么佛作中主要包括画和塑两个内容。

此次汇编佛作，共得 976 条，是从十种抄本则例中录出的（见辑录书目）（图 1）。十种之中佛作材料较多而且时代较早的是《圆明园内工则例》（十六册，袖珍本，其中第十三册为《圆明园内工佛作现行则例》）和《圆明园则例》（二十册，其中第十三册为《圆明园佛像背光宝座龛案执事现行则例》）。前者的佛作至迟在乾隆时已经编成，李斗《扬州画舫录》（约 1793 年成书）卷四，叙天宁寺佛作多取材于此，可为明证。后者的佛作，编成年代估计也不会太晚。其他《内庭圆明园》、《热河》[16]、《三处汇同》等三部则例所收的佛作，脱离不了上述两个传本的范围，只有少数条款是续增的。

清代算房、样房或工匠自辑的则例如《营津全书》等，也有佛作，内容偏重算例，似属另一个系统。这些则例的编订年代比前几部可能要晚一些。

当然佛作的编订年代，并不等于其中条款的出现年代。有些口诀，可能是经过匠师的长期口头授受才收入则例的。

佛作汇辑后，依其内容分为总论、木刻、石刻、塑像、佛像装金、背光宝座漆饰、佛像装銮及壁画绢画、其他等八部分。试就所知，并近年采访所得，择要概述如下。

[9] 金大受十六罗汉像题名：“大宋明州车桥西金大受笔”（日本印本《唐宋元明名画大观》册二）。陆信忠画题名：“庆元府车桥石板巷陆信忠笔”（日本印本《东洋美术大观》册九）。

[10]《元史》卷八十五。梵像提举司之名亦见《元代画塑记》。

[11] 见元苏天爵编《国朝文类》卷四十二《经世大典叙录》。

[12]《元代画塑记》，《永乐大典》卷一万八千二百八十七。经文廷式录，收入仓圣明智大学排印《广仓学窘丛书》。

[13] 见明刘若愚撰《酌中志》卷十六。

[14] 清末、民初北京的佛像铺情况，承多宝臣先生（漆工老师傅，曾在翰墨斋工作）及金荣先生（彩画老师傅）见告。

[15] 塑工曹鸿儒师傅，1963 年 82 岁。曾从固安田巢阁（人称“飞笔田”）学佛画、肃宁于顺堂学塑像，又从于顺堂师兄刘生祥学塑像，最后从望都杨老姚学泥塑。杨为河北名塑工，五台山寺院有不少他的作品。

[16] 从《热河工程则例》全书看，似以圆明园则例为依据，成书当在圆明园则例后。

## 一　总论

几种则例都讲到“行七、坐五、涅盘三”（佛 1、65、105、106）。它实际上是一条口诀，用来概括根据佛像高度来推求其表面面积的一项公式。表面面积求得后，按照单位面积的规定（即每平方尺用工、料各若干），再进而核计工料便十分简便了。

按“行”为立像，或称站像；“坐”为垂足坐像，或称挂脚像；“捏盘”为跏趺坐像，或称盘膝像[1]。公式规定：“站像七归（即除）自乘三因（即乘）十九因，挂脚坐像五归自乘三因十三因，盘膝像三归自乘三因七因。”（佛 115）可分别列式如下：

1. 立像

$(\frac{h}{7})^2\times3\times19=$表面面积（平方尺）

例：立像如高 8.4 尺，其表面面积为 82 平方尺（佛 3）。

$(\frac{8.4}{7})^2\times3\times19=82$ 平方尺

2. 坐像

$(\frac{h}{5})^2\times3\times13=$表面面积（平方尺）

例：坐像高 7 尺，其表面面积为 76.44 平方尺（佛 4）。

$(\frac{5}{7})^2\times3\times13=76.44$ 平方尺

3. 盘膝像

$(\frac{h}{3})^2\times3\times7=$表面面积（平方尺）

例：盘膝像高 8.1 尺，其表面面积为 153 平方尺（佛 5）。

$(\frac{8.1}{7})^2\times3\times7=153$ 平方尺

公式中只有一个 3 是固定不变的，它当为 π（3.1416）的约数。看来这个公式似乎是参酌了计算圆柱体表面面积的方法，并根据经验加以损益而成的。

上列的公式究竟准确到什么程度，要待懂数学的同志来检核。我们估计用这种算例来计算佛像的表面面积，只能得到一个大概的数字。因为佛像的具体形态每个不同，不可能找到一个既能通用而又精确的公式。工匠们所需要的，正是一个简便而大致不差的算例。精密而复杂的公式，对他们说来反倒是不适用的。

《营津全书·垛塑作则例》所规定的“站九、坐七、涅盘五”（佛 72），并不是计算表面面积的算例，而是一条口诀，用来概括三种不同姿态的佛像各部位所占的大小比例。“站九”即将站像的高度分成九等分，“坐七”将坐像的高度分成七等分，“涅盘五”将盘膝像的高度分成五等分，三种像的各部位各占若干等分，均有规定，见佛 73、81、88 各条。

将佛像的部位尺寸规定得更为细致、具体的是《成做佛相讲说》中的几条（佛 38—52），不仅标明面相、五官、臂手等部位的长短尺寸，连横度、进深若干也都列出。它似受《造像量度经》用“指”、“搩”等为计算单位的影响。

## 二　木刻

木刻部分包括有关镌造佛像、佛像执事及佛像附属物体等三方面的条款。

佛 121、122 两条极相似，规定了木刻像的几种基本工限，原分别列在两种圆明园佛作则例的卷首，可视为雕像的通例。“镌胎”为雕像的同义语，是与塑像的同义语“增胎”相对而言的。三样楼大佛（佛 125—157）为高达数丈，直贯

[1] 或认为“捏盘”即“涅槃”，故应为卧像，实误。

[2]《元代画塑记》：“大德三年十一月十六日，法师张松坚言，北斗殿前三清殿左右廊已盖毕，其中神像未塑，奉旨可与阿你哥言，其三清殿左右神像，凡所用物皆预为储备，俟天□塑之。三清殿左右廊房真像一百九十一尊　（以下言梵像画局用料，略去）　木局造胎座等用柏木二十六条，朽木五百八十三条，槐木一十七条，椴木四十九条，明胶二百二十斤。出蜡局塑造用黄土一千二百六石，西安祖红土三百六十三石六斗，白绵纸五千一百六十八张，好麻八千七百二十斤，净砂三百石，稻穰一千五百六十一束，方铁条八百九斤，莞豆铁条六百一十七斤，绿豆铁条三百斤，黄米铁条三百四十一斤，针条一百六十一斤，黑木炭一千七百五十八个（斤？），睛目一百九十一对。镔铁局打造钉、钩子、铁手枝条等用东铁一万二千一百九十九斤，南铁四千五百五十九斤，水和炭五万二百七十六斤。”

三层楼阁，如蓟县独乐寺观音阁那样的大佛，所以璎珞珠子，每颗直径达二寸之巨。

佛像执事记汉像（天王、大悲菩萨、罗汉）、梵像（番像）所持执器物的名称及需用工料甚详，占木刻部分相当大的比重。

佛座背光龛案等均为佛像的附属物件，本属雕銮、陈设等作，可能由于它多与佛像相连，难于分割，所以也被收入佛作之内。

## 三　石刻

石雕在清代佛作中不及木刻或泥塑那样普遍，有关则例，仅此数条（佛595—601），而且只见于《热河工程则例》一书。观其所用术语如打荒做坯、占斧、扁光、捧请入座等完全与石作相同。清代造石佛可能由石匠担任，不像木雕、泥塑、装銮那样有比较专业的佛作工匠。

## 四　塑像

佛602—616是有关塑像和悬山胎骨的则例。塑像中心须有木制骨架支撑。敷泥始能有所附着。悬山是用木材砍凿拼斗，做成峭峰怪石上面再施泥塑彩绘，或用道路桥梁穿插，或用云气树木掩映，为佛像构成瑰丽奇诡的背景，增添宗教的神秘气氛。北京西郊碧云寺有保存得比较完好的明代实例。

塑像经层层敷着积累而成，故又称“增胎”。泥塑亦称“垛塑”，因而塑工俗称“垛泥匠”。按《通俗文》“积土为垛”，可见其名称由来也是有根据的。佛617是一条塑工的通例，涉及操作程序，值得重视。其中第四道工序是“长面像衣纹”，“长”乃生长之长，即堆塑出面相衣纹之意。

泥塑用料，视像大小而有所增减，见佛619—624等条，如果我们取与《元代画塑记》[2]所开用料相比，会发现二者是极为相似的。兹列对照表（见下表）。

佛作泥塑用料中没有明胶，是因为做胎骨木另有条款，所以不在此处开列的缘故。没有目睛，是因为塑像不安装琉璃眼珠的缘故。没有黑木炭，其故待考。因黑木炭不论“斤”而论“个”（《画塑记》中几处均如此，或非讹误），物料不详，用途亦难臆测。《画塑记》所载泥塑用料，没有银朱、光油，是因为佛像不做脏膛的缘故。此外，二者用料可以说基本上相同，这也就证明了明清佛作中的泥塑直接继承了元代的技法。

泥塑之外，塑工中还有脱纱、包纱等做法，尤以前者和泥塑有直接的关系。按脱纱即古代所谓的“夹纻”，元代所谓的“抟换”或“脱活”[3]。其法先塑泥胎，则例称为“塑泥子”（佛631—

| 《圆明园内工佛作现行则例》塑像（高一丈二尺以外至一丈八尺）用料（佛622） | 《元代画塑记》塑三清殿左右廊房真像用料⑱ |
|---|---|
| 黄土 | 黄土　西安祖红土 |
| 西纸 | 白绵纸 |
| 砂子 | 净砂 |
| 麦糠 | 稻穰 |
| 麻茎 | 好麻 |
| 檄木　柏木 | 柏木　朽木<br>槐木　椴木 |
| 四寸钉 | 钉　锔子　铁手枝条 |
| 银朱 | |
| 光油 | |
| 黄米条铁丝 | 方铁条　莞豆铁条<br>绿豆铁条　黄米铁条　针条 |
| | 明胶 |
| | 黑木炭 |
| | 睛目 |

[3] 唐法琳《辨正论》卷三：“晋戴安道手自制五夹纻像，并相好无比。”元虞集《道园学古录》卷七《刘正奉塑记》：“抟换者，漫帛土偶上而髹之，已而去其土，髹帛俨然其像。昔人尝为之，至正奉尤极好。抟丸又曰‘脱活’，京师人语如此。”

634，佛 641），用来作为脱纱像的内范。塑成后，如漆灰脱纱，则像上用生漆糊夏布若干层，油灰脱纱则用油浆糊夏布若干层。灰布干透后，再将泥胎去掉，使佛像成为空心体。所以塑泥子像的胎骨木用秫秸来代替松、柏、椴等种种木材，取其完工后容易抽脱。黄土、西纸、麦糠等物料也比一般的泥塑减去四成。漆灰脱纱，灰料用生漆、土子调成，干后色黑而坚，质地紧密；油灰脱纱，注浆用桐油、砖灰调成，干后色泽灰白，质地松脆，不及漆灰那样能经久不变。从则例所开工料来看，清代的脱纱像用布层次太多，线条轮廓，不易做到生动利落，传世实物，也同样证明这一点。工艺技法，比起唐代的夹纻来已大为逊色。

包纱是在木、泥、铜或铁的像胎上敷灰糊布，塑造出面相衣纹，其中尤以木胎者最为常见。碧云寺五百罗汉，是清制木胎包纱的实例。

包纱亦可用漆灰或油灰制造，现在南方工匠分别称之曰“生漆灰布”或“油浆灰布”，以宁波帮塑工较为擅长。据苏州画塑工薛仁生称，“生漆灰布”的做法是：第一步在像胎上刷生漆或柿漆，名曰“糙浆”，相当于北方匠师所谓的“钻生”。次用生漆调瓦灰（南方漆灰常用瓦灰调制，北方多用土子）填塞缝隙，名曰“填布底”，相当于北方的“捎当”。次用石磨一道。次用生漆糊旧夏布。次上粗漆灰。次用沙棒（木棒或篾片上粘有细沙颗粒）打磨。次糊面巾纸（湖州产者）。次上细漆灰。次磨光。次再上细漆灰。次再磨光。次用漆刷上细而稀的漆灰。次水磨。次上糙广漆（用熟漆及生漆调成）。次水磨。次上垫光漆（用熟漆加少许生漆调成）。次水磨。佛像漆地至此已完成，此后可“蟠线”（用稠厚的漆灰堆起花纹）并装金，视要求而定。“油浆灰布”做法与此同，只是用料上有区别。

## 五　佛像装金

这里所说的装金是在佛像的表面做朱漆地，然后筛扫或戳扫金箔。上金后不再罩漆，北京术语又称“明金”，即《髹饰录》所谓“金髹”的做法。有关技法将在《漆作概述》中涉及，亦可参阅拙稿《髹饰录解说》第 82 条。

装金有所谓“周身使漆”及“单见肉”之别。前者是通身装金，后者是只有露肉的部分装金，所以二者在用金量上，往往相差一半。

## 六　背光宝座漆饰

各条除涉及做背光、宝座的漆地或油地外，多半是关于朱漆或扫金的做法。漆灰荫粘饰物（佛 777—785）是用极为稠厚的漆灰做成饰物，再粘着到佛像上去。这些条款虽经列入佛作，但纯属漆工范围。《漆作概述》今后将有论及，此处从略。

## 七　佛像装銮及壁画绢画

在这些条款中有几个地方可以证明装銮匠和画匠并无严格分工，而是同一批工匠。同时在佛像装銮的条款中也夹杂着壁画的条款[1]，为此没有将装銮及壁画分列为两个部分。

佛像装銮有上五彩、中五彩、下五彩之分，如细加区别，这可以分成更多的等级，如上中五彩、下下五彩等。则

[1] 佛 843—846 佛像装銮各条，所用工匠均标明为画匠，而不曰装銮匠。佛 843—886，装銮与壁画的条款多夹杂在一起，不宜细分。否则分出各条，必致与尾末的总例（佛 887）割裂。

[2] “琗金”用蛋黄调色之法，亦见苏州市建筑工程局编的《装饰工程施工操作及验收技术规范・彩画工程草案》，1961 年 12 月油印本。秦岭云同志著《民间画工史料》页 53 称拨金用蛋清调色，恐误。

例规定主尊装銮所用的等级一定要比从神高（佛 53），这是符合突出重点，装饰设色应分主次的原则的。上、中、下五彩的一个主要区别在施金的做法上，从则例可以看出一个大概：

上五彩　周身浑放水金，沥粉贴金，天衣风带描泥金。每平方尺用装銮匠一工一分至九分工。（佛797—799）

中五彩　挑放水金，沥粉贴金，天衣风带贴金边。每平方尺用装銮匠七分工至四分工。（佛800—805）

下五彩　沥粉，局部贴金。每平方尺用装銮匠四分工至三分工。（佛 806—808）

上五彩的做法，据曹鸿儒老师傅称，在泥像表面糊纸上粉后，砑成光滑的地子。除面部及两手见肉之处外，浑身贴金，然后再砑光。次取鸡蛋黄调各种颜色，按需要在周身涂着。这时像上的金色已完全罩没在颜色之下，不复外露。再次在像上描绘花纹图案。最后用签子将描有花纹之处的颜色拨去，露出底金，自然形成金色的纹样，不见笔痕，宛如生成，所以这种金色花纹的做法又叫“拨金”。同样的技法在南方也流行，经向薛仁生访问，所述与上同，但不曰拨金而称“琗金”（或写作“锥金”），拨时主张用杉木作签。鸡蛋黄调色，取其性黏而脆，胶着力虽强，历久不变，但剔拨时却容易落下，可以随心所欲地做出花纹来。因此，它适宜做拨金之用，是任何其他粘着剂所不能替代的[2]。

佛殿画廊即壁画，做法是墙面落矾胶，刷青粉三遍，糊西纸二层，砂纸打磨后再落墨着色，沥粉贴金。最后还有开描泥金或不开描泥金的不同画法（佛902）。用工自最精细复杂的画五彩三退晕，沥粉贴金，满开描泥金的每二尺一工起（佛 917），到画苍龙乌云，不做地仗，每十尺一工止（佛 918）。

壁画条款中值得注意的是画“北极五祖天师，出巡神将仙人马匹”（佛906）和“青龙白虎，朱雀玄武，出入巡万神朝礼，祖师从神等”（佛 908），极似道教题材而不像是佛画。据现在的推测，清代的“佛作”，应当是和古来的画塑工匠一样，道佛题材，兼能并擅，而并不为“佛作”这个名称所局限。道释画在唐宋时早成专科，《宣和画谱》位之于诸门之首。《元代画塑记》虽一再提到梵像提举司及梵像画局之名，而三清殿的画塑却也由它们承造。以北京近代的佛画铺来说，也都是兼画道教像出售的。

印子佛是用泥范制的小型密教像，近似唐代的“善业泥”。泥像正面多施彩色装銮，背面刷朱红胶（佛 920—921）。

摆锡是佛教执事的一种装饰做法。据则例，用锡及水银两种材料（佛943）。按明李昭祥《龙江船厂志》也讲到摆锡，用料为等量的花锡及猪油。二者操作方法的异同尚待进一步查考。

## 八　其他

编入其他一部分的条款包括三种内容。

烫胎花木例（佛 951—956）。关于制造花果树木地景及烫胎佛树花草等的工料例。这种工艺属于纸札匠的范围，过去北京的冥衣铺多精此业。

梅洗例。用酸梅煎水，洗刷鎏金佛

像的工料例。梅汤酸性强，使佛像上由于多年香烟熏染的油垢易于洗净，重现金身。

颜料价值例。佛作常用颜料的价格清单。画作、漆作、物料价值等则例中有与此相似的条款。可互相比较。

宋元以降，雕塑壁画，江河日下，逮及清季，已鲜足道，治美术史者，均持此见。加以匠作则例，详于工料，略于技法，对于学者，更少裨益。不过尽管如此，佛作则例仍不失为有参考价值的资料。下面提出一些个人的看法来就正于读者。

（一）自古画塑之书，绝少流传。杨惠之《塑诀》、刘乙《画样》，固早已散佚[1]。元、明以来，传世之作，只有《元代画塑记》、《造像量度经》等两三种[2]。不过《画塑记》纯属料例，《量度经》专论梵式，不若清代佛作则例篇幅既多，内容较备。我们不能不承认它是关于古代画塑的最后的一批原始文献资料。

（二）清代的画塑，艺术价值不高，但其技法，却在一定的程度上继承了前代的传统。现在不仅可拿它来印证前代的文献，也可取与传世的实物相参校。因此，佛作则例将对今后的某些工作有参考价值。它们是：

1. 画塑的创作工作　吸取传统彩塑及壁画的技法，用来表达新的生活、新的内容，为社会主义建设服务。

2. 传统画塑的摹拟工作　杭州灵隐寺大殿毁于火，现在该寺的殿堂及佛像就是在解放后重新营建的。

3. 古代画塑的保护修复工作　文物保护必须从了解艺术品的物质和制法入手，所以则例的工料例可提供这方面的资料。

4. 古代画塑的鉴定工作　通过佛作则例可以对清代的画塑有较多的了解，而有了这种知识，对鉴定更早的作品也是有帮助的。

（三）则例中道及诸佛名称、种种执事等条，为佛教美术的仪轨研究提供了材料。

（四）则例中有不少与木工、漆工等有关的材料。

原载 1963 年 6 月自刊油印本

[1] 杨惠之《塑诀》见宋刘道醇《五代名画补遗·塑作门第六》。刘乙《画样》见宋郭若虚《图画见闻志》卷五《先天菩萨像》。

[2] 明邹德中《绘事指蒙》有数则言及壁画。

# 门神作概述

汉郑玄注《礼记·丧服大记》“君释菜”一句称：“释菜，礼门神也。”可见有神司门的观念很早已经形成。梁宗懔《荆楚岁时记》：“正月一日，绘二神贴户左右，右神荼，左郁垒，俗谓之门神。”[1]具体说出了门神的名字和在春节间张贴门神的习俗。至于有关神荼、郁垒的神话传说，为时更早，可上溯到先秦古籍《山海经》[2]。

随着时代的进展，门神出现了多种形式，大约自唐以后就有人以秦叔保、胡敬德为门神[3]。此后题材更多，将军、朝官，并加种种器物，谐音取义，祈福迎祥，表达出人民对生活的良好愿望[4]。曲阜孔府原有的四扇门神挂屏，后经揭裱成七十几件单幅，它们是历年粘贴上去的，为清代不同时期的作品提供了实例[5]。民国的门神，据近年公私藏家搜集所得，各省皆有，题材多样，技法不同，风格亦异。但大都形象淳朴，颜色鲜明，确是一项丰富多彩的民间艺术。

春节间悬贴门神，不仅是民间流行的习俗，清代宫廷也成为定例[6]，并设有绘制门神的匠作。本编所收33条就是从几种工匠则例中辑录出来的。关于清代门神，我们从这些条款可以知道一个概况：

1. 门神题材至少有将军、福神、仙子、娃娃等四种[7]。福神亦称“福判”，娃娃亦称“童娃”，而将军又有“满云”和“空地仗”之分，也就是背景画云和

[1] 此条梁宗懔《荆楚岁时记》中未能查到，兹据《辞海》“神荼郁垒”条引文引。

[2] 神荼郁垒事今本《山海经》不载，但经王充《论衡》卷二十二引用：“《山海经》又曰：‘沧海之中，有度朔之山，上有大桃木，其屈蟠三千里，其枝间东北曰鬼门，万鬼所出入也，上有二神人，一曰神荼，一曰郁垒，主阅领万鬼。恶害之鬼，执以苇索而以食虎。’”

[3] 明唐富春校梓《新刻出像增补搜神记》卷六《门神》：“神即唐之秦叔保、胡敬德二将军也。按传唐太宗不豫，寝门外抛砖弄瓦，鬼魅号呼，六院三宫，夜无宁刻。太宗惧以告群臣。叔保奏曰：‘臣平生杀人如摧枯、积尸如聚蚁，何惧小鬼乎？愿同敬德戎装以伺。’太宗可其奏，夜果无惊。太宗嘉之，谓二人守夜无眠，因命画工图二人之像，全装怒发，一如平时，悬于宫掖之左右门，邪祟以息。后世沿袭，遂永为门神云。《西游记》小词有‘本是英雄豪杰旧勋臣，只落得千年称户尉，万古作门神’之句。”

[4] 明冯应京《月令广义》：“近画门神为将军朝官诸式，复加爵、鹿、蝠、喜、宝、马、瓶、鞍等状，皆取美名，以迎祥祉，世俗沿传，莫考其何昉也。”

[5] 见张耀选、李文光《曲阜孔府的门神》，《文物参考资料》1958年第8期。

[6] 据光绪修《大清会典》事例卷956。门神对联原定“于十二月二十四日委官安挂，二月初二日撤出储库”。康熙二十五年规定：“门神对联于十二月二十六日委官安挂，二月初三日撤出储库。”嘉庆七年奏准：“于十二月二十三日起至二十六日，宫内所有门神门对全行挂齐。宁寿宫门神门对，于二十日安挂，均于次年二月初三日摘收储库。”

[7] 见门1、21、23等条。

不画云的区别。

2. 门神的画法是“细描彩画湿沥贴金描画泥金”。门13讲到“上五彩五色妆颜”，采用了佛作的术语，说明门神作与佛作有密切的关系。则例还开列了画门神所用的纸绢、颜料和工限，以及装裱的工料。

3. 门神都装裱在木框架上，然后再挂到门上去，所以则例也提到框架的木工和染色，以及铜饰件等等。抬运及安挂门神需用的工具亦有涉及。

为了与则例相印证，承故宫博物院出示所藏的一部分门神，以下列举数例。

1. 将军（46×22.3厘米）编号太七八4，背面原纸签有“将军一对，高一尺八寸，宽一尺，西围房台阶下墙门”字样。右幅白面五绺髯，甲胄戎装，戴盔着靴，手执长柄瓜锤，朱色外衣，黄袍。左幅紫面满髯，朱色外衣，蓝袍，其余服饰与右幅同。所绘显系秦叔保（右）与胡敬德（左）。

2. 将军（84×53.2厘米）编6·59，只存右幅，已残，无题签。将军白面执瓜锤，服饰与前件秦叔保同，但腰际佩弓箭袋，背景满勾蓝灰色卷云，当即所谓“满云将军”。

3. 福神（89.7×61.5厘米）编号然八八4，背面原纸签有“福神一对，高三尺三寸，宽二尺三寸，乾清西路往南西围廊朝东奏事处槅扇”字样。右幅白面五绺髯，戴展脚幞头，红袍，粉底靴缀朱色云头，为文官装束。双手捧蓝色盘，涌出云气，上现朱色蝙蝠，碧色如意。左幅面貌装束与右幅同，但御绿袍，盘上涌现出东瓜一枚，海棠一枝，取“福如东海”之意。

4. 仙姑（79.8×42.2厘米）编号觉九九4，背面原纸签有“仙姑一对，高二尺八寸，宽一尺六寸，建福宫前路后殿正槅扇，细”字样。右幅仙姑翠蓝色上衣，白裙描竹叶纹，一手执拂尘，一手扶锄柄，以锄荷篮，内置蟠桃。左幅仙姑服饰姿态与右幅全同，只御紫色上衣，白裙描折枝花而已。签题称仙姑，疑即则例所谓的“仙子”。

5. 童娃（89.7×61.5厘米）编号觉—004，背面原纸签有“童（下缺），乾清宫西路南围（下缺）”字样。右幅童子蓝巾总角，颈扣环锁，朱袄绿裤，红鞋缀蓝色云头，双手捧盘，上涌云气，现出海水山石，取“寿山福海”之意。左幅童子与右幅相同，而绿袄紫裤，盘上云气涌现卍字及腰带，取“子孙万代”之意。

以上各件一律用粗绢画成，局部画面如盔、甲、锤、锁等处则沥粉贴金，与民间门神常见的板印填色的方法不同。它们虽只占故宫所藏门神的一小部分，并且时代可能都是晚期的，不足以代表整个清代的作品，但给人的印象是设色强烈大胆，用笔粗犷自然，完全是民间人物画的风格，绝无院画繁琐拘谨的意趣。就是纸签上注有“细”字的仙姑，也并不是工笔仕女。可以肯定它们出于工匠之手，而不是如意馆画师们的作品。宫廷艺术多来自民间，门神画应当说是民间气息保存得较浓厚的一种。

门神除了有它的艺术价值外，还能为我们提供民俗学方面的材料。各地博物馆、美术馆搜集门神并有时公开展览，说明大家对它的重视。经过对清代宫廷门神及其文献资料的初步探索，不难看出，它和民间的门神一样，也是值得我们注意的。

原载1963年6月自刊油印本

# 梵华楼珐琅塔和珐琅塔则例

20世纪20年代，朱桂辛先生（启钤）创办中国营造学社，为了研究我国古代建筑及有关艺术，广事搜罗各种营造专书，其中有一本成造珐琅塔的则例，编号为“营182”。1960年前后因笔者编纂《清代匠作则例汇编》，获见此书，手录一过，庋箧备考。

此书毛装一大册，封面题名：《照金塔式样成造珐琅塔一座销算底册》（以下简称《底册》）。此外还写有“三十九年磨字八十号”、“宁寿宫”、“第一号”等字样。“宁”字不避讳，知为道光以前写本。经查对，知《底册》为乾隆三十九年甲午（1774年）制造紫禁城宁寿宫后梵华楼内五座珐琅塔中左起第一座的工料则例。今塔尚在原处，保存完好。塔上有“大清乾隆甲午年敬造”款识，与封面题字正合。惟因楼内地狭而光暗，不易拍摄照片，近始蒙故宫博物院提供胡锤同志所摄照片（图1），使笔者有可能草写此文。

《底册》段落不分明，行款无定式，每页行数及每行字数多少不一，字迹亦不工，且时有错别字，知为工匠手写。今试按塔层分条款，并加标点。错别字依旧，而将改正的字用[ ]括出，标注其后。为了引用的方便，逐条编号，共得97条。这97条又可归纳组合如下：

| | |
|---|---|
| 条1 | 总开做法 |
| 条2—21 | 铜胎 |
| 条22—39 | 素活镀金 |
| 条40—46 | 连珠 |
| 条47—50 | 花活镀金 |
| 条51—89 | 掐丝填蓝 |
| 条90—95 | 总计 |

图1　梵华楼乾隆甲午年制珐琅塔

条96—97　装脏

以上的组合，有的原书已冠以标题，有的为笔者所加。凡后加的标题，以及条款中的夺文，经笔者补入者，一律外加〔 〕，以资区别。

以下是《底册》的全文：

## 照金塔式样成造法［珐］琅塔一座销算底册

〔总开做法〕

1　照金圆塔式样成造掐［掐］丝珐琅塔一座，通高七尺四寸六分。内下座见方二尺八寸八分，高一尺八寸八分。塔肚下喇嘛字托高九寸五分，塔肚高一尺四寸，塔上身高二尺，塔顶连伞高一尺二寸三分，随佛窝一座。俱系红铜贴［胎］大器锉刮，收搂［镘镂？］凿錾，起刨地仗，并周身攒焊掐丝，填蓝磨蓝出亮，花素活镀金。所有实用过物料、匠工数目开后。计开：

〔铜胎〕

2　第一层下托泥

内下边墙四道，各长二尺八寸，宽二寸九分，厚二分五厘。内起刨各长二尺八寸四分，宽一寸八分。下托泥线四道，各长二尺九寸，宽二分五厘，厚二分。凿錾上下连珠八道，各长二尺九寸，宽四分，厚三分。面板四块，各折长二尺七寸三分，宽一寸七分，厚一分五厘。内起刨各折长二尺七寸三分，宽一寸。用过红铜见方寸一百三十五寸八分，红铜见方寸二十七寸八分，平面见方寸六百四十一寸五分。凿錾见方寸九十二寸八分。起刨见方寸三百十三寸六分。攒焊凑长三丈六尺八寸四分。

3　第二层回文连巴达马[1]

内下回文边墙四块，各长二尺五寸九分，宽一寸五分，厚二分五厘。内起刨各长二尺五寸七分，宽一寸二分。面板四块，各长二尺五寸九分，宽一寸八分，厚二分五厘。内起刨各折长二尺四寸九分，宽六分。中层巴达马四块，各长二尺三寸五分，宽二寸，厚二分五厘。内起刨各折长二尺三寸三分，宽一寸三分。上回文边墙四块，各长二尺二寸一分，宽一寸三分，厚二分五厘。内起刨各长二尺一寸九分，宽一寸。面板四块，各长二尺二寸一分，宽一寸三分，厚二分五厘。内起刨各长二尺一寸九分，宽七分。仔口四块，各长二尺三寸，均宽一寸四分，厚一分五厘。拐角拉扯二十四块，内十二块各均长一寸四分，均宽一寸二分。十二块各均长一寸，均宽七分。俱厚一分五厘。用过红铜见方寸二百十三寸五分，平面见方寸九百十七寸，起刨见方寸四百五十三寸二分。攒焊凑长三丈四尺六寸。

4　第三层束腰

内束腰四块，各长二尺，宽六寸一分，厚二分九厘。内起刨各长一尺九寸七分，宽五寸八分。上下仔口八道，各长一尺七寸八分，宽一寸二分，厚一分五厘。合角拉扯四块，各长九寸，宽二寸七分，厚一分二厘。用过红铜叶见方寸一百七十八寸八分，平面见方寸七百五十六寸，起刨见方寸四百五十七寸，攒焊凑长二尺四寸四分。

5　第四层回文连巴达马

内下回文边墙四道，各长二尺二寸一分，宽一寸四分，厚二分五厘。内起刨各长二尺一寸七分，宽一寸。底板四块，各折长二尺一寸，宽一寸二

❶ 巴达马由平列的莲瓣纹组成，乃由建筑纹饰仰俯莲演变而来。

❷ 欢门疑即壶门。“欢”为“壶”一音之转。

分，厚二分五厘。内起刨各折长二尺一寸，宽七分。上巴达马四块，各长二尺三寸七分，宽二寸，厚二分五厘。内起刨各长二尺三寸五分，宽一寸五分，仔口四块，各长二尺一寸，宽一寸，厚一分二厘。拐角拉扯十六块，内八块各均长一寸二分，宽一寸一分。八块各均长一寸，均宽六分，俱厚一分五厘。用过红铜叶见方寸一百十五寸九分，平面见方寸五百十三寸五分，起刨见方寸二百四十六寸六分，攒焊凑长二丈一尺四寸四分。

6　第五层面板

内边墙四块，各长二尺五寸八分，宽二寸七分，厚二分五厘。内起刨各长二尺五寸四分，宽一寸九分。凿錾连珠八道，各长二尺六寸，宽三分，厚三分。面板一块，见方二尺五寸八分，厚三分，内除空当径二尺三寸五分，起刨见方二尺五寸四分，内除空当径二尺四寸三分。底板四块，各折长二尺四寸七分，宽一寸一分，厚二分五厘。内起刨各折长二尺四寸八分，宽四分。拐角拉扯四块，各长二寸，均宽一寸，厚一分五厘。用过红铜见方寸九十八寸，红铜见方寸九十四寸一分，平面见方寸七百九寸一分，凿錾见方寸六十二寸四分。起刨见方寸四百三十五寸，攒焊凑长二丈二尺。

7　第六层盘膝喇嘛字束腰连巴达马

内收搂［锼镂?］下巴达马一道，均围长七尺二寸四分，宽二寸六分，厚二分五厘。内起刨长七尺二寸四分，凑宽二寸。面板一道，围长六尺四寸，宽一寸六分，厚二分。内起刨凑长六尺六寸，宽三分。喇嘛字束腰一道，围长六尺四寸，宽二寸，厚二分五厘。内起刨长六尺四寸，宽一寸七分。面板一块，围长六尺二寸，宽一寸一分，厚二分五厘。内起刨长六尺二寸，宽六分。仔口一道，围长七尺，宽一寸，厚一分五厘。用过红铜见方寸一百二十七寸，平面见方寸五百五十六寸八分，收搂［锼镂?］见方寸一百八十八寸二分，起刨见方寸三百一十寸六分，攒焊凑长二丈六尺九寸。

8　第七层盘膝

内下层喇嘛字围长五尺七寸六分，宽一寸八分五厘，厚二分五厘。内起刨长五尺七寸六分，宽一寸五分五厘。面板围长五尺七寸六分，宽一寸一分，厚二分五厘。内起刨长五尺五寸，宽三分。中层喇嘛字边墙，围长五尺三寸四分，宽一寸八分，厚二分五厘。内起刨长五尺三寸四分，宽一寸四分五厘。面板一道，围长五尺三寸四分，宽八分，厚二分五厘。内起刨长五尺二寸，宽三分五厘。收搂［锼镂?］上巴达马一道，长四尺六寸八分，宽一寸九分，厚二分五厘。内起刨长四尺六寸八分，凑宽一寸四分。面板一块，围长四尺三寸，宽九分，厚二分。内起刨长四尺三分，宽三分五厘。仔口一道，围长五尺六寸，宽一寸，厚一分五厘。用过红铜叶见方寸一百十五寸，平面见方寸四百八十九寸九分，收搂［锼镂?］见方寸八十八寸九分，起刨见方寸二百八十一寸，攒焊凑长三丈一尺七寸。

9　第八层塔肚下截

内塔肚围长四尺七寸七分，宽一尺三寸，厚二分。内除欢门[2]分位，折高七寸，宽五寸。起刨凑长四尺七寸七分，宽一尺。内除欢门分外［位］，折高七寸五分，宽五寸二分。上仔口二道，内一道围长五尺三寸，宽五分，厚二分。

一道长五尺二寸，宽八分，厚一分五厘。下仔口围长三尺五寸，宽一寸一分，厚一分五厘。用过红铜叶见方寸一百八寸五分，平面见方寸五百六十二寸九分，起刨见方寸四百三十八寸，攒焊凑长一丈。

10　第九层塔肚上截

内收搂［锼镂?］巴达马一道，均围长四尺九寸六分，宽二寸五分，厚二分五厘。内起刨长四尺九寸六分，凑宽二寸三分。凿錾下口连珠一道，凑长五尺七寸三分，宽一寸，厚四分。衬条一道，围长五尺五寸，宽一寸一分，厚一分。面板一块,径一尺五寸五分,厚四分。内除空见方七寸五分。起刨径一尺五寸，内除空见方八寸。欢门一件，内前面折高一尺，宽八寸，厚一分。内除欢门折高六寸，宽四寸三分。内起刨凑长二尺七寸三分，均宽一寸四分。凿錾连珠一道，凑长二尺二寸，宽三分，厚二分五厘。墙子凑长三尺五寸，均宽九分，厚二分。内起刨凑长二尺七寸，均宽七分。背后仔口凑长二尺七寸，宽九分，厚一分。玻璃仔口四块，各长一寸，宽八分，厚一分。用过红铜叶见方寸五十三寸二分。红铜见方寸七十二寸四分，平面见方寸四百八十五寸八分，凿錾见方寸五十七寸三分，收搂［锼镂?］见方寸一百二十四寸，起刨见方寸二百七十五寸九分，攒焊凑长二丈三尺。

11　第十层塔脖束腰

内四帮各长七寸六分，宽六寸三分，厚一分五厘。内起刨各长七寸四分，宽二寸。仔口四块，各长六寸，宽一寸三分，厚一分。合角拉扯二块，各长三寸五分，宽一寸，厚一分。用过红铜叶见方寸三十二寸五分，平面见方寸二百二十九寸七分，起刨见方寸五十九寸二分，攒焊凑长三尺九寸二分。

12　第十一层塔脖方匣一件

内四面帮板各长九寸八分，宽三寸四分，厚二分。内起刨各长九寸五分，宽三寸一分。面板一块，见方九寸八分，厚二分。起刨见方九寸五分，内除空见方一寸六分。底板四块，各折长八寸七分，宽一寸一分，厚二分。内起刨各长八寸七分，宽七分五厘。合角拉扯四块，各长二寸八分，宽八分，厚一分。用过红铜叶见方寸五十三寸九分，平面见方寸二百七十四寸，起刨见方寸二百寸零四分，攒焊凑长一丈零六寸八分。

13　第十二层塔脖上巴达马

〔内〕收搂［锼镂?］巴达马一件，围长二尺四寸二分，宽二寸，厚二分。内起刨长二尺四寸二分，宽一寸五分。凿錾连珠一道，围长二尺，宽三分，厚三分。底板一块，径六寸，厚一分五厘。面板一道，围长二尺五寸四分，宽六分，厚一分五厘。仔口一道，围长二尺四寸，宽七分，厚八厘。方桶墙子，凑长六寸，宽一寸五分，厚一分五厘。面板见方三寸一分，厚一分五厘。用过红铜叶见方寸二十寸一分，红铜见方寸一寸八分，平面见方寸一百三十一寸，凿錾见方寸六寸，收搂［锼镂?］见方寸四十八寸四分，起刨见方寸三十六寸三分，攒焊凑长七尺二寸五分。

14　塔尖十三层

内喇嘛字边墙十三道，各均围长二尺二寸五分，宽六分五厘，厚二分五厘。内起刨各长二尺二寸五分，宽五分五厘。下折面十三道，各围长二尺二寸六分，宽三分，厚一分。上折面十三道，各围长二尺二寸三分，宽二分，厚一分。束腰十三道，各围长二尺五分，宽五分，厚一分五厘。内起刨长二尺五分，宽二分。仔口十三道，各围长一尺九寸五分，宽五分，厚一分。用过红铜叶见方寸八十八寸一分，平面见方寸五百九十六寸二分，起刨见方寸二百十四寸一分，攒焊凑长八丈六尺八寸。

15　塔顶地盘一件

内帮均围长二尺五寸五分，宽二寸七分，厚二分。内起刨长二尺五寸五分，宽二寸一分。凿錾连珠一道，围长二尺二寸，宽三分，厚三分。顶板一块，径六寸八分，厚二分，内起刨径六寸。面板仔口一道，围长二尺九寸七分，宽五分，厚一分。内里仔口二道，内一道长一尺六寸七分，宽六分。一道长一尺五寸八分，宽一寸五分，俱厚一分五厘。顶板一块，径四寸九分，厚一分五厘。方管一件，长二寸二分，围宽二寸，厚一分。用过红铜叶见方寸三十寸三分，红铜见方寸一寸九分，平面见方寸一百八十一寸一分，凿錾见方寸六寸六分，起刨见方寸八十寸零五分，攒焊凑长九尺二寸八分。

16　天盘巴达马一件

内收搂［锼镂?］巴达马一道，围长二尺一寸，宽二寸四分，厚二分。内起刨围长二尺三寸五分，宽一寸四分。凿錾连珠二道，内一道围长一尺八寸五分，宽三分五厘，厚三分五厘。一道围长二尺五寸四分，宽二分五厘，厚三分。面板一块，径八寸，厚二分，内起刨径七寸六分。内除空长一寸一分，宽九分。用过红铜叶见方寸十九寸六分，红铜见方寸四寸一分，平面见方寸一百十一寸二分，凿錾见方寸十二寸八分，收搂［锼镂?］见方寸五十寸四分，起刨见方寸七十五寸二分，攒焊凑长七尺。

17　月牙一件

内两帮各长一尺，宽一寸二分，厚一分五厘。内錾花二面，凑长一尺九寸，宽五分。起刨二面，凑长一尺四寸，宽五分。面板一块，长八寸八分，宽一寸四分，厚一分五厘。底板一块，长一尺一寸三分，宽一寸四分，厚一分五厘。方管一件，长九寸八分，围宽一寸一分，厚一分。用过红铜叶见方寸八寸八分，錾花见方寸十九寸，平面见方寸六十二寸九分，起刨见方寸十四寸，攒焊凑长五尺四寸八分。

18　日月二件

内一件二面各径三寸，厚一分五厘，錾花各长七寸七分，宽五分，起刨径二寸。墙子围长九寸三分，宽一寸三分，厚一分五厘。一件二面各径二寸四分，厚二分五厘，内錾花二面，各凑长六寸，宽四分，起刨径一寸五分。墙子围长七寸五分，宽一寸三分，厚一分五厘。用过红铜叶见方寸六寸五分，平面见方寸四十三寸九分，錾花见方寸十二寸五分，起刨见方寸九寸三分，攒焊凑长三尺五寸六分。

19　塔顶

内收搂［锼镂?］下巴达马一道，径一寸五分，厚一分。内錾花凑长二寸五分，宽五分。收搂［锼镂?］上巴达马一道，径一寸，厚一分。内錾花凑长二寸二分，宽三分。束腰一道，围长一寸五分，宽三分，厚一分。收搂［锼镂?］顶珠一个，径三分，厚一分。捎子一根，长一尺，宽四分，厚二分。用过红铜叶见方寸一寸一分，平面见方寸七寸，錾花见方寸一寸九分，收搂［锼镂?］见方寸二寸六分，攒焊凑长六寸。

20　佛窝一件

内两帮凑长一尺九寸，均宽四寸五分。底板长四寸，均宽四寸。背板长七寸五分，均宽四寸五分，俱厚一分五厘。用过红铜叶见方寸二十寸二分八厘，平面见方寸一百三十五寸二分五厘，攒焊凑长三尺六寸。

21　以上共用：红铜叶见方寸一千三百三十八寸七分，每寸重七两五钱，计重六百二十七斤八两二钱。红铜见方寸二百九十寸零二分，每寸重七两五钱，计重一百三十六斤五钱。平面见方寸七千四百零五寸七分，每三十二寸用大器匠一工，计二百三十一工。每二十六寸五分用锉刮匠一工，计二百七十九工。每三十三寸三分用合对匠一工，计二百二十二工。收搂［锼镂?］见方寸五百二寸五分，每三十二寸用收搂［锼镂?］匠一工，计十五工五分。凿錾见方寸二百三十七寸九分，每二寸三分用凿錾匠一工，计十五工五分。錾花见方寸三十三寸四分，每二寸用錾花匠一工，计十六工五分。起刨见方寸三千八百九十九寸九分，每六寸六分用凿匠一工，计五百九十工五分。攒焊凑长三十四丈七尺，每三尺一寸用攒焊匠一工，计一百十一工五分。

素活度［镀］金　内：

22　第一层

托泥线四道，各长二尺九寸，二面凑宽四分。边墙上下线八道，各长二尺八寸八分，宽八厘。合角线四道，各长一寸七分，宽四分。面板外口线四道，各长二尺八寸六分，宽二分五厘。里口线四道，各长二尺五寸八分，宽四分。计折见方寸一百二十七寸四分三厘。

23　第二层

下回文边墙四道，各凑长五尺四寸二分，均宽一分五厘。面板外口线四道，各长二尺五寸九分，均宽二分。里口线四道，各长二尺四寸，俱宽二分。巴达马上下线八道，各均长二尺三寸，宽一分五厘。合角线四道，各长一寸六分，宽一分五厘。上回文边墙线四道，各凑长四尺六寸二分，均宽一分五厘。面板外口线四道，各长二尺一寸九分，宽二分。里口线四道，各长二尺，宽四分。计折见方寸一百七十八寸二分四厘。

24　第三层

束腰线四道，各凑长五尺一寸六分，均宽一分五厘。计折见方寸三十寸九分六厘。

25　第四层

内下回文边墙线四道，各凑长四尺六寸二分，均宽二分。底板外口线四道，各长二尺一寸九分，宽二分。里口线四道，各长二尺，宽三分。巴达马上下线八道，各均长二尺三寸，均宽一分五厘。合角线四道，各长一寸六分，均宽一分三厘。计折见方寸一百七寸四厘。

26　第五层

边墙线八道，各长二尺五寸八分，均宽六厘。合角线四道，各长一寸九分，宽四分。面板外口线四道，各长二尺五寸六分，宽二分五厘。里口线一道，围长七尺二寸，宽四分。底板外口线四道，各长二尺五寸五分，宽二分五厘。里口线四道，各长二尺四寸，宽四分。计折见方寸一百三十三寸七分二厘。

27　第六层

内巴达马上下线二道，各均围长七尺二寸，均宽二分。面板线二道，各围长六尺六寸，宽一分五厘。束腰线二道，各围长六尺四寸，宽一分五厘。外口线一道，围长六尺四寸，宽一分五厘。里口线一道，围长五尺九寸，宽三分。计折见方寸九十五寸一分。

28 第七层

内下边墙线二道，各围长五尺七寸六分，均宽一分五厘。面板线二道，各围长五寸五分，均宽一分八厘。二层边墙线二道，各围长五尺三寸四分，均宽一分五厘。面板线二道，各围长五尺一寸五分，均宽一分五厘。巴达〔马〕线二道，各围长四尺六寸八分，均宽一分五厘。面板边墙线二道，各围长四尺二寸，均宽一分。外口线一道，凑长四尺二寸，宽一分五厘。里口线一道，凑长三尺八寸，宽三分五厘。计折见方寸一百十寸七分七厘。

29 第八层

内塔肚下截上下线二道，各围长四尺七寸七分，宽一分五厘。欢门里口，折面凑长二尺一寸，宽二分。欢门线一道，凑长二尺三寸五分，均宽一分五厘。背面凑长二尺六寸，均折宽一寸。计折见方寸四十八寸三厘。

30 第九层

内巴达马线三道，各围长四尺九寸六分，均宽一分六厘。面板外口线一道，围长四尺八寸，宽一分五厘。里口线四道，凑长三尺一寸二分，宽三分。欢门边线，凑长一丈三尺八寸，均宽一分二厘。计折见方寸五十六寸九分二厘。

31 第十层

内束腰线四道，各凑长一尺九寸，均宽一分五厘。计折见方寸十一寸四分。

32 第十一层

四帮线四道，各凑长二尺五寸八分，均宽一分五厘。底板外口线四道，各长九寸六分，宽一分五厘。里口线四道，各长七寸六分，宽二分。面板外口线四道，各长九寸六分，宽一分五厘。里口线一道，凑长一尺九寸八分，宽四分。计折见方寸四十一寸。

33 第十二层

巴达马上口线一道，围长二尺五寸，宽四分。下口线一道，围长一尺九寸五分，宽一分五厘。计折见方寸十二寸九分二厘。

34 塔尖十三层

喇嘛字边墙线二十六道，各围长二尺二寸四分，宽五厘。下折面十三道，各围长二尺二寸六分，宽三分。上折面十三道，各围长二尺二寸三分，宽二分。束腰线二十六道，各围长二尺五分，均宽一分二厘。计折见方寸二百三十九寸二分。

35 塔顶地盘

帮边线二道，各围长二尺五寸五分。顶板线二道，各围长一尺九寸五分，俱均宽一分五厘。计折见方寸十三寸五分。

36 天盘

巴达马边墙线二道，各围长二尺三寸五分，宽一分。面板外口线一道，围长二尺四寸，宽二分。里口线一道，长三寸一分，宽一分五厘。计折见方寸九寸九分六厘。

37 月牙

面板长八寸八分，宽一寸四分。里板长一尺一寸三分，宽一寸四分。内除空二块，各长五分，宽三分。计折见方寸二十七寸八分四厘。

38 日月一件

内一件墙子长九寸三分，宽一寸四分。一件墙子围长七寸五分，宽一寸三分。内除空四块，各长五分，宽三分。计折见方寸二十二寸一分七厘。

39　顶珠一件

围长四寸，宽七分，顶径一寸，束腰长一寸五分，宽三分。计折见方寸四寸。

〔连珠〕

40　第一层

上下连珠八道，凑长二丈三尺四分，宽三分五厘，内除珠七百五十六个，各径三分净，计折见方寸二十九寸六分一厘。珠儿七百五十六个，各均围长七分五厘，宽一分五厘，顶径二分，计折见方寸一百七十寸七分三厘。

41　第五层

面板边墙上连珠八道，凑长二丈六寸四分，宽三分五厘，内除珠儿六百八十个，各径三分净，计折见方寸二十六寸三分四厘。珠儿六百八十个，各均围长七分五厘，宽一分五厘，顶径二分，计折见方寸九十六寸九分。

42　塔肚上连珠三道，内中一道长五尺六寸，宽五分，内除珠〔儿〕一百十七个，各径五分净，计折见方寸六寸六厘。珠儿一百十七个，各均围长一寸，宽三分，顶径五分，计折见方寸五十七寸三厘。上下二道凑长一丈一尺二寸，宽二分，内除珠〔儿〕四百九十四个，各径二分净，折见方寸七寸五分八厘。珠儿四百九十四个，各均围长四分，宽一分，顶径一分五厘，计折见方寸二十八寸九厘。欢门连珠一道，凑长二尺四寸，宽二分五厘，内除珠〔儿〕一百七个，各径二分净，计折见方寸二寸七分九厘。珠儿一百七个，各均围长四分，宽一分，顶径一分五厘，计折见方寸六寸八厘。

43　第十二层

塔脖上连珠一道，围长一尺九寸五分，宽三分，内除珠〔儿〕八十五个，各径三分，计折见方寸一分二厘。珠儿八十五个，各均围长七分五厘，均宽一分五厘，顶径二分，计折见方寸十二寸一分一厘。

44　塔顶地盘上连珠一道，围长二尺四分，宽二分，内除珠〔儿〕九十六个，各径二分净，计折见方寸一寸二分。珠儿九十六，各均围长四分，宽一分，顶径一分五厘，计折见方寸五寸四分六厘。

45　天盘上连珠二道，内一道长一尺八寸五分，宽四分，内除珠〔儿〕五十二个，各折见方三分净，计折见方寸二寸七分二厘。珠儿五十二个，各折长五分，宽四分，计折见方寸十寸四分。一道围长二尺四寸，宽三分，内除珠儿一百八个，各见方二分五厘净，计折见方寸二分五厘。珠儿一百八个，各折长三分五厘，宽三分，计折见方寸十一寸三分四厘。

46　共折见方寸一千六百九十一寸九分。每寸用镀金叶四厘，计六两七钱六分七厘六毫。

花活镀金　内：

47　月牙一件　二面边墙凑长一尺九寸，宽五分，计折见方寸九寸五分。

48　日月两件　内一件二面边墙线凑长一尺五寸五分，宽五分。一件边墙线凑长一尺二寸，宽四分。计折见方寸十二寸五分五厘。

49　顶珠下巴达马一道，围长二寸五分，宽五分。上巴达马一道，围长二寸二分，宽三分，计折见方寸一寸九分一厘。

50 共折见方寸二十三寸九分六厘，每寸用镀金叶五厘。计一钱一分九厘八毫。

[掐]丝填蓝 内：

51 第一层 下托泥。内边墙四道，各长二尺八寸四分，宽一寸八分。面板四道，各长二尺七寸三分，宽一寸。折宽一寸，长三丈一尺三寸六分。

52 第二层 回文边墙四道，各长二尺五寸七分，宽一寸二分。面板四道，各长二尺四寸九分，宽六分。中层巴达马四道，各折长二尺三寸三分，宽一寸三分。上回文边墙四道，各长二尺一寸九分，宽一寸。面板四道，各长二尺一寸九分，宽七分。折宽一寸，长四丈五尺三寸二分。

53 第三层 束腰四道，各长一尺九寸七分，宽五寸八分，折宽一寸，长四丈五尺七寸。

54 第四层 回文边墙四道，各长二尺一寸七分，宽一寸。底板四道，各长二尺一寸，宽七分。上巴达马四道，各长二尺三寸五分，宽一寸五分。折宽一寸，长二丈八尺六寸。

55 第五层 面板边墙四道，各长二尺五寸四分，宽一寸九分。面板见方二尺五寸四分，内除空径二尺四寸三分。底板四道，各折长二尺四寸八分，宽四分。折宽一寸，长四丈三尺五寸。

56 第六层 盘膝内巴达马 凑长七尺二寸四分，凑宽二寸。面板一道，围长六尺六寸，宽三分。喇嘛字束腰，长六尺四寸，宽一寸七分。面板一道，长六尺二寸，宽六分。折宽一寸，长三丈一尺六分。

57 第七层 盘膝 下层喇嘛字，边墙凑长五尺七寸六分，宽一寸五分五厘。面板凑长五尺五寸，宽三分。中层喇嘛字边墙，凑长五尺三寸四分，宽一寸四分五厘。面板一道，围长五尺二寸，宽三分五厘。上巴达马凑长四尺六寸八分，凑宽一寸四分。面板一道，长四尺三分，宽三分五厘。折宽一寸，长二丈八尺一寸。

58 第八层 塔肚下截 塔肚长四尺七寸七分，宽一尺。内除欢门折高七寸五分，宽五寸二分，折宽一寸，长四丈三尺八寸。

59 第九层 塔肚上截巴达马 凑长四尺九寸六分，凑宽二寸三分。面板径一尺五寸，内除空见方八寸。欢门前面凑长二尺七寸三分，均宽一寸四分。墙子凑长二尺七寸，均宽七分。折宽一寸，长二丈七尺五寸九分。

60 第十层 塔脖束腰 凑长二尺九寸六分，宽二寸，折宽一寸，长五尺九寸二分。

61 第十一层 塔脖方匣 四帮各长九寸五分，宽三寸一分。面板见方九寸五分，内除空径六寸八分。底板四道，各长八寸七分，宽七分五厘。折宽一寸，长一丈九尺九寸二分。

62 第十二层 塔脖上巴达马 凑长二尺四寸二分，宽一寸五分。折宽一寸，长三尺六寸三分。

63 塔尖十三层 边墙十三道，各长二尺二寸五分，宽五分五厘。束腰十三道，各长二尺五分，宽二分。折宽一寸，长二丈一尺四寸一分。

64 塔顶地盘 帮凑长二尺五寸五分，宽二寸五分。顶板一块，径六寸，搯[掐]丝围长一尺九寸，宽三分五厘。折宽一寸，长六尺二分。

65 天盘巴达马 凑长二尺三寸五分，

宽一寸四分。面板一块，径七寸六分，除空长一寸一分，宽九分。折宽一寸，长七尺五寸二分。

66　月牙　两帮两面各凑长一尺四寸，宽五分。折宽一寸，长一尺四寸。

67　日月两件　内一件两面各径二寸。一件两面各径一寸五分。折宽一寸，长九寸二分。

68　共折宽一寸，长三十九丈一尺八寸四分。每长一尺用镀金叶一分六厘，计六两二钱六分九厘四毫。

69　掐［掐］丝折宽一寸，长三十九丈一尺八寸四分。每长一尺用法［珐］蓝［琅］料三两，计七十三斤七两。内月白色七斤八两，红色四斤，粉红色七斤八两，青色七斤八两，绿色七斤八两，紫色四斤，黄色三十五斤七两。

70　每斤〔珐琅料〕用马牙石面十两，计四十五斤十四两。定粉八两五钱，计三十九斤。盆硝八两五钱，计三十九斤。砒霜一两二钱，计五斤八两。硼砂三两六钱，计十六斤八两。紫石一两五钱，计六斤十四两。

71　配黄色三十五斤七两，每斤用轿顶锡四两，计八斤十三两。黑铅四两，计八斤十三两。

72　配青色七斤八两，每斤用顶元子二两，计十五两。洋青二两，计十五两。

73　配月白色七斤八两，每斤用石录［绿］一两，计七两五钱。洋青二两，计十五两。

74　配大红色四斤，每斤用红铜末六两，计一斤八两。

75　配绿色七斤八两，每斤用红铜末一两，计七两五钱。石录［绿］三两，计一斤六两五钱。

76　配紫色四斤，每斤用青紫石二两，计八两。

77　配粉红色七斤八两，每斤用金叶五分，计三钱七分五厘。嗞［镃］水二两，计十五两。硇砂二两，计十五两。

78　掐［掐］丝折宽一寸，长三十九丈一尺八寸四分。

79　素活镀金　折宽一寸，长十七丈零六寸五分，内除不连掐［掐］丝，折宽一寸，长四寸净，折宽一寸，长十七丈零二寸四分。

80　二共折宽一寸，长五十六丈一尺三分。俱系磨蓝二次，磨细出亮一次，共三次。每宽一寸、长一尺用磨夫一名，计五百六十一名。

81　掐［掐］丝并花素活镀金，共用金叶十三两一钱四分六厘。每两用水银六两，计四斤十四两九钱。白炭六十斤，计七百八十九斤。镀金匠六工，计七十八工半。

82　掐［掐］丝并花素活镀金折见方尺五十六尺三寸四分。每尺用酸梅一斤，计五十六斤五两。

83　掐［掐］丝折宽一寸，长三十九丈一尺八寸四分。每尺用红铜油丝一两三钱，计三十一斤十三两。

84　捆焊活计共折见方尺七十四尺五寸，每尺用铁油丝四两，计十八斤十两。

85　凿錾并起刨共折见方尺四十一尺七寸一分。每尺用松香一斤，计四十一斤十一两三钱。土粉一斤，让四十一斤十一两三钱。灯油四两，计十斤六两八钱。

86　磨掐［掐］丝活折见方尺三十九尺一寸八分。每尺用磨炭八两，计十九斤九两。黄浆石一斤，计三十九斤二两。

87　焊掐［掐］丝活折宽一寸，长三十九丈一尺八寸四分，每尺用铜条四钱，计九斤十二两七钱。轿顶锡四钱，计九斤十二两七钱。硼砂四钱，计九斤十二两七钱。

88 法［珐］琅料七十三斤七两，每一百二十斤用三号罐一个，计一个。每二十斤用果木柴八十斤，计二百九十三斤。夹石煤四百斤，计一千四百六十八斤。

89 掐［掐］丝烧蓝折宽一寸，长三十九丈一尺八寸四分。烧坯并烧蓝每尺用煤十五斤，计五千八百七十七斤。白炭三十斤,计一万一千七百五十五斤。

总计

90 库贮：红铜叶六百二十七斤八两。红铜一百三十六斤。头等镀金叶十三两五钱二分一厘。红铜条九斤十二两。黑铅八斤十三两。

91 本作库存：硇砂十五两。

92 买办：马牙石面四十五斤十四两，计银一两八钱三分五厘。定粉三十九斤，计银五两八钱五分。盆硝三十九斤，计银一两九钱五分。砒霜五斤八两，计银二两七钱五分。硼砂二十六斤四两，计银七两三钱五分。紫石六斤十四两，计银三钱四分三厘。石录［绿］一斤十四两，计银九钱。洋青一斤十四两，计银一两一钱二分五厘。顶元子十五两，计银三两一钱八分七厘。青紫石八两，计银一钱五分。轿顶锡十八斤九两，计银四两八分三厘。磨炭十九斤九两，计银九钱七分八厘。黄浆石三十九斤二两，计银二钱三分四厘。水银四斤十四两，计银二两九钱二分五厘。酸梅五十六斤五两，计银三两七钱一分六厘。松香四十一斤十一两，计银一两二钱五分。土粉四十一斤十一两，计银二钱零八厘。灯油十斤六两，计银五钱一分八厘。红铜油丝三十一斤十三两，计银十一两四钱五分二厘。铁油丝十八斤十两，计银二两六钱七厘。三号罐一个，计银六钱。果木柴二百九十三斤，计银八钱二分。夹石煤一千四百六十八斤，计银四两一钱一分。共用买办银五十八两九钱四分一厘。

93 外雇：大器匠二百三十一工。挫［锉］括［刮］匠二百七十九工。合对匠二百二十二工。收搂［镘镂?］匠十五工半。凿錾匠六百九十三工半。錾花匠十六工半。攒焊匠一百十一工半。掐［掐］丝匠一千三百七十一工。填蓝匠七百八十三工半。镀金匠七十八工半。共外雇匠三千八百零二工。计工银五百八十五两五钱零八厘。磨夫五百六十一名，计银四十四两八钱八分。匠夫共银六百三十两三钱八分八厘。

94 通共买办物料匠夫共银六百八十九两三钱二分九厘。

95 本作存贮：［镪］水十五两，红铜末一斤十五两五钱。营造司：渣煤五千八百七十七斤，白炭一万二千五百四十四斤。

〔装脏〕

96 再为装脏用库贮：高丽纸一百六十张，黄杭细［绸］四丈，丝线四两五钱，白檀香一两，紫降香十两，沉速香十两，泡速香十两，银珠［朱］二两，棉花三斤。

97 买办：吉祥草一根，计银一钱。芸香十两，计银二钱五分。肉豆蔻十两，计银一钱二分五厘。丁香十两，计银一两三钱。益智仁十两,计银二钱。桅［栀］

子三斤，计银二钱四分。双料红花水三斤，计银一两二钱。干红花十两，计银三钱。白干面一斤四两，计银二分八厘。高香面一斤四两，计银一钱二分五厘。共用买办银三两八钱六分八厘。

笔者认为《底册》是一本既重要而又难得的工匠则例。因为它不仅是现知唯一的古代有关铜胎掐丝嵌珐琅（通称"景泰蓝"）工艺的文献材料；更由于原塔完好，实物可与《底册》相互对照印证，可从中得到较多的而且比较具体的有关清代嵌珐琅及佛塔的知识。大多数的清代则例，只有文字，找不到原来实物和条款对照。相形之下，《底册》自然就显得十分难能可贵了。

从《底册》的题名及条1首句，得知珐琅塔是依照金圆塔的式样成造的。承周绍良同志见告，塔属覆钵式，是密教佛塔中常见的一种，塔尖十三层，每层用铜丝掐出经咒一句。据其句数，当为《尊胜陀罗尼咒》，故可称之为"尊胜塔"。

覆钵式塔一般为铜胎鎏金，亦有纯金者，大小不一，宫廷及喇嘛寺庙多有收藏。西藏布达拉宫藏乾隆时绘制的善逝八佛塔[1]，有七座均属此式，其中的聚莲塔、神变塔、胜利塔和此塔尤为相似。再证以乾隆四十七年壬寅（1782年）制造的慈宁宫佛堂中的珐琅塔，则不仅造型相同，连花纹图案也几无二致。梵华楼中其他四座珐琅塔便与此不同，有的设计者把明清建筑的亭廊等掺糅了进去，因而只能算是佛塔的变体，属于特殊的例子。正因为此塔乃是佛塔中常见的一种，故对此塔的了解要比了解佛塔的变体更有意义。

[1] 西藏自治区文物管理委员会编：《西藏唐卡》，文物出版社1985年1月版。

据初步探索，梵华楼珐琅塔和《底册》在以下几个方面为我们提供了知识。

## 一　从而得知珐琅塔的制造方法和各部位的名称。

条1中的数语"俱系红铜胎大器锉刮，镂錽凿錾，起刨地仗，并周身攒焊掐丝，填蓝磨蓝出亮，花素活镀金"，可谓概括了此塔的全部做法。又从21、93等条中得知造珐琅塔所需用的工种及各工种所承担的活计：

1. 大器匠　裁切制胎用的铜板、铜叶
2. 锉刮匠　锉刮平整铜板、铜叶
3. 合对匠　将铜板、铜叶合对成器
4. 镂錽匠　镂錽巴达马纹饰
5. 凿錾匠　凿錾连珠纹
6. 錾花匠　凿錾月牙、日月、塔顶花纹
7. 攒焊匠　将塔的各个构件攒焊到一起
8. 掐丝匠　按照花纹在塔上掐铜丝
9. 填蓝匠　将珐琅料填入掐丝
10. 磨夫　珐琅料填嵌过火后打磨抛光
11. 镀金匠　将金镀在外露的铜的表面

笔者认为每一工种并非都有专职的工匠，大器匠可能兼司锉刮、合对及攒焊；镂錽匠可能兼司凿錾及錾花；掐丝匠可能兼司填蓝。但《底册》至少使我们认识到当时嵌珐琅的分工还是相当细的。据了解现在北京珐琅厂仍需将全部制作工序分别由七个车间来完成。

各种工匠做一天活都以"工"计，惟独磨夫以"名"计（条79、93）。可

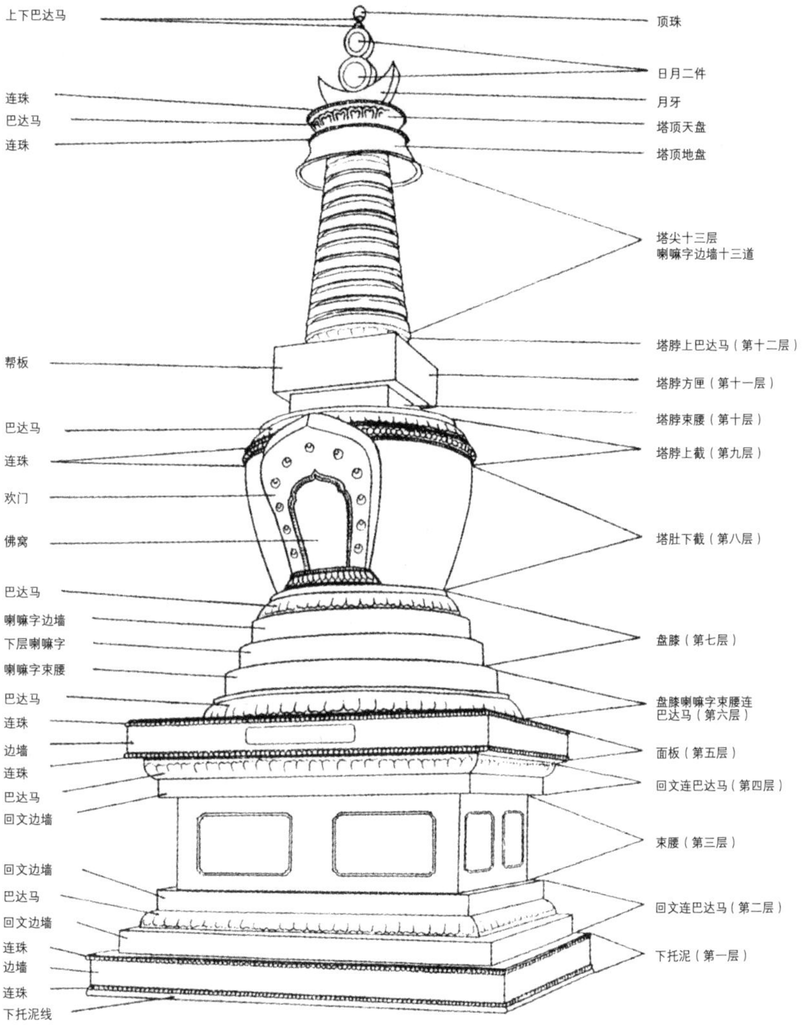


图 2　梵华楼乾隆甲午年制珐琅塔示意图

能当时认为磨夫干的是力气活，算不上技术工的缘故。它反映了工匠和壮工之间的等级差别。从这个角度来看，也是值得注意的。

珐琅塔的某些做法只有从《底册》才能知道，观察实物并不一定能发现。例如，为了构件焊接牢固，在构件上做“仔口”，在拐角处安“拉扯”。它们都隐藏在构件的背面，在塔的表面是看不到的。

珐琅塔由下到上，每一部位都可从《底册》中得知其名称。为了便于辨认，绘制示意图（图 2），把名称标在两侧，用线相连。这些名称有的是工匠术语，未必见于典籍。不过即使在典籍中能找到它的正规名称，工匠术语还是值得重视的。

## 二　使我们得知成造珐琅塔的用料、用工及造价开支。

《底册》中最有价值的条款，笔者认为是有关珐琅料及各色珐琅料的配方各条（条70—77）。

配每斤珐琅料所用的原料是：马牙石十两，定粉八两五钱，盆硝八两五钱，砒霜一两二钱，硼砂三两六钱，紫石一两五钱。六样加在一起是三十三两三钱，也就是说两斤多原料才能配成一斤珐琅料。经向北京珐琅厂了解，这是因为在配制珐琅料的过程中需要加温，一部分原料加温后变成了气体而损耗掉了的缘故。

为了配各色珐琅料，还需加入不同的色料，列表如下：

| 色　别 | 每斤用色料 |
|---|---|
| 黄　色 | 轿顶锡四两　黑铅四两 |
| 青　色 | 顶元子二两　洋青一两 |
| 月白色 | 石绿一两　洋青二两 |
| 大红色 | 红铜末六两 |
| 绿　色 | 红铜末一两　石绿三两 |
| 紫　色 | 青紫石二两 |
| 粉红色 | 金叶五分　镪水二两　硇砂二两 |

据了解，如今制造景泰蓝的配料和乾隆时期并无多大的差异。只是过去用的石绿、青紫石等为原矿石，而现在则用提纯的“着色剂”。《底册》为我们提供了配方及其原始名称，故有值得我们研究参考之处。

为承造珐琅塔支付的费用，见《总计》（条90—95）各条。计工匠用银六百三十两三钱八分八厘，物料用银五十八两九钱四分一厘，共计六百八十九两三钱二分九厘。而实际造价远远超过此数，因为从库中提用的红铜叶六百二十七斤八两，红铜一百三十六斤，金叶十三两五钱二分一厘，红铜条九斤十二两，黑铅八斤十三两都未计算在内。计算进去的物料费用只是为造此塔而买办的各项，用银五十八两九钱四分一厘而已。如加上从库中提取的物料，此塔的造价恐将超过白银一千两。仅此一项亦可知所谓的“乾隆盛世”是如何耗费国库资财的。

## 三　使我们得知当时若干生活必需品的价格。

条92开列灯油十斤六两，计银五钱一分八厘；果木柴二百九十三斤，计银八钱二分；夹石煤一千四百六十八斤，计银四两一钱一分。条97开列白干面一斤四两，计银二分八厘。这些都是人民生活必需品，从它们的价格可以了解乾隆时期的经济情况。

## 四　使我们得知佛塔的装脏物品。

古代佛像躯内多贮放经卷、钱币、五谷、香料、色线、丝绸等，通称“佛脏”。条96、97开列佛塔装脏物品十九种之多，得知佛塔和佛像一样，也要装脏，不失为一条有关佛教仪轨的材料。

由于笔者对景泰蓝工艺所知甚少，又未很好地进行调查研究，故对《底册》的理解难免有误。对其中存在的问题既难发现，需要解释的问题也未能作出解答。这都有待熟悉这一工艺的同志来弥补、纠正了。草写本文的主要目的，只在为故宫文物提供有关文献，为景泰蓝行业提供历史材料而已。

原载《故宫博物院院刊》
1986年第4期

# 《清代匠作则例汇编》编纂计划

1963年秋我拟过一个编纂《清代匠作则例汇编》计划，呈送文物博物馆研究所领导，请求将这一研究专题列入我的工作项目，因为在此之前都是用业余时间进行的。今录计划如下：

清代匠作则例已搜集到70多种(目录附计划后)，约有50种向无刊本。其中包括有关建筑和工艺美术的“作”(即工种)40多个。拟按不同的“作”分别汇编。去掉重复，估计有200万—300万字。两年来已经把漆作、油作、泥金作、佛作、门神作、石作、小木作、铁作、画作、铜作、镀作等十多个“作”的条款从70多种则例中辑录出来,并将佛作、门神作汇编完成，油印出版。

今后拟将《汇编》全书编成10册：

第一册：①序例 ②总说明（说明则例沿革，概况，汇编及研究则例的意义等） ③清代匠作则例目录 ④则例提要（经《汇编》辑录者） ⑤则例提要（因重复或其他原因，未经《汇编》辑录者。相当于存目）

第二册：土作 搭材作 大木作

第三册：石作 瓦作 琉璃作

第四册：小木作（包括雕銮作、旋作及装修作等。装修作内包括家具、店铺招牌、灯盏等多项）

第五册：漆作 泥金作 油作 画作 裱作

第六册：佛作 门神作（作为试验，已将此两作汇编成册，油印出版[1]。《佛作》计976条,《门神作》计33条。每条编号，分别冠以“佛”字和“门”字，以便检索。卷首有《序例》、《校例》。《佛作》前有《佛作概述》、《辑录书目》。《门神作》前有《门神作概述》、《辑录书目》）

第七册：金作 银作 镀金作 铜作 锭铰作 铁作 镀作 锡作 玉作 珐琅作

第八册：竹作 帘子作 藤作 棕作 箭作 缠筋作 绣作 裁缝作 毛袄作 绦作 缨作 皮作 毡作 墨作 香作 刻书作

第九册：综合（乘舆、仪仗等由多个“作”合作制造，无法纳入某一作者）

第十册：索引（将以上各作的名词、术语编入索引，总数当以万计。注明所出现的条号，撰写简略说明。编成后将为建筑、工艺美术辞书提供大量条目，要比任何一部建筑辞典和工艺美术辞典

[1]《佛作》、《门神作》于1969年2月经香港中美图书公司铅印出版，与余绍宋《书画书录解题》等全装三册。

丰富得多）

汇编只是整理、研究则例的初步工作。此后可对每一个"作"结合实物及做法详加注释并附插图。

汇编工作请求列入我的工作项目得到文物博物馆研究所领导的同意。但此后"四清"、"文革"接踵而至，落在我头上的是大字报和大批判。后况如何，不言而喻。

尽管汇编则例我仅仅开了个头，只发表过一两篇文章，油印出版了两个"作"，拨乱反正后还是有人记得我做过的工作，并认为值得组织人力用几年时间把《汇编》编成。先后向我谈及此事并希望我参加工作或接受咨询的有：自然科学史研究所华觉明所长，清华大学建筑系郭黛姮教授，前故宫博物院副院长单士元先生。由于不同原因，上述三位的设想均未见提到日程上来。

今年我年届八旬，精力日减，记忆衰退，今后已难参加汇编工作。现在把当年的计划重抄一遍收入集中，只是希望为今后整理研究则例的同志贡献一点参考资料，而开列则例目录，详注其藏所和编号，也只是想为同志们提供一些便利而已。

1994 年 6 月

原载《燕京学报》1995 年第 1 期，收入本书时略作修改

王世襄校辑

清代匠作则例汇编

蠑江朱启钤题

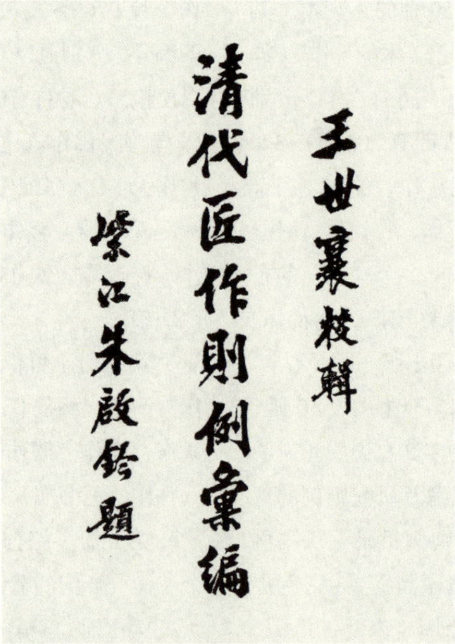

朱启钤先生题扉页

# 清代匠作则例目录

| 编号 | 简 称 | 名 称 | 册数 | 编 者 | 年 代 | 公历 | 版 本 | 藏 所 | 备 注 |
|---|---|---|---|---|---|---|---|---|---|
| 1 | 工雍12 | 工程做法七十四卷 | 35 | 允礼等 | 雍正十二年 | 1734 | 官刊本 | 北图 | 应710／836.5 |
| 2 | 内庭 | 内庭工程做法八卷 | 7 | 允礼等 | | | 官刊本 | 北图 | 应710／836.5 |
| 3 | 物价 | 物料价值四卷 | 4 | | | | 官刊本 | 北图 | 应710／836.5 |
| 4 | 工简 | 工部简明做法册 | 2 | | | | 官刊本 | 北图 | 应710／836.5 |
| 5 | 九卿 | 九卿议定物料价值四卷 | 4 | 迈柱等 | 乾隆元年编成 | 1736 | 官刊本 | 北图 | 应710／836.5 |
| 6 | 城垣 | 城垣做法册 | 1 | | | | 官刊本 | 营社 | 营193 |
| 7 | 工乾14 | 钦定工部则例五十卷 | 6 | 史贻直等 | 乾隆十四年 | 1750 | 官刊本 | 北图 | 社138.16 1314 社138.16 1314 两书合成一套另有嘉庆十四年重刊本 |
| 8 | 乘仪 | 乘舆仪仗做法 | 2 | 史贻直等 | 乾隆十四年 | 1750 | 官刊本 | 北图 | |
| 9 | 工乾24 | 钦定工部则例九十五卷 | 43 | 史贻直、德成等 | 乾隆二十四年编 | 1759 | 官刊本 | 江苏师范 | |
| 10 | 圆明1 | 圆明园内工则例 | 16 | 清人编 | | | 抄本 | 北图 | 应700／89 |
| 11 | 圆明2 | 圆明园则例 | 20 | 清人编 | | | 抄本 | 北图 | 应710／899.95 |
| 12 | 圆明3 | 内庭圆明园内工诸作现行则例 | 34 | 清人编 | | | 内务府抄本 | 营社 | 营160 |
| 13 | | 圆明园工程则例 | 4 | 清人编 | | | 抄本 | 建研院 | 3／221／1 |
| 14 | | 圆明园工程则例 | 2 | 清人编 | | | 抄本 | 北图 | 善10903 |
| 15 | | 圆明园转轮藏开花献佛木作则例 | 1 | 清人编 | | | 抄本 | 北图 | 应710／89 |
| 16 | 万寿 | 万寿山工程则例 | 19 | 清人编 | | | 抄本 | 北图 | 善10904 |
| 17 | 热河 | 热河工程则例 | 17 | 清人编 | | | 抄本 | 北图 | 善10905 |
| 18 | 珐琅 | 照金塔式样成造珐琅塔销算底册 | 1 | 清人编 | 乾隆三十九年 | 1774 | 抄本 | 营社 | 营182 |
| 19 | 武英殿 | 武英殿造办处写刻刷印工价定例 | 1 | 清人编 | | | 排印本 | 北图 | 武进陶氏丛刊之一 |
| 20 | 工乾58 | 钦定工部则例九十八卷 | 6 | 福长安等编 | 乾隆五十八年编 | 1798 | 官刊本 | 北图 | 48474 |
| 21 | 军器 | 钦定工部军器则例六十卷 | 40 | 刘权之等编 | 嘉庆十六年编 | 1811 | 官刊本 | 营社 | |
| 22 | 工嘉19 | 钦定工部则例一百四十二卷 | 20 | 曹振镛编 | 嘉庆二十年刊本 | 1815 | 官刊本 | 北图 | 50761 |
| 23 | 工嘉22 | 工部续增做法则例一百五十三卷 | 32 | 保亮等编 | 嘉庆二十二年编 | 1817 | 北图 | 北图 | 赵应700／857 |
| 24 | 嘉会典 | 大清会典 | 441 | 托津等编 | 嘉庆二十三年编 | 1818 | 官刊本 | 北图 | 社 122.8 82.5 |
| 25 | 奉先 | 奉先殿宝座供案陈设等项则例 | 2 | 清人编 | | | 抄本 | 王世襄藏 | |
| 26 | 内船 | 钦定江苏省内河战船则例 | 10 | 清人编 | | | 官刊本 | 科图 | |
| 27 | 外船 | 钦定江苏省外海战船则例 | 34 | 清人编 | | | 官刊本 | 科图 | |
| 28 | 内务府 | 总管内务府现行则例五十七卷 | 57 | 裕诚等编 | 咸丰二年 | 1852 | 内务府抄本 | 故宫 | |
| 29 | 御书处 | 总管内务府御书处现行则例 | 1 | 清人编 | | | 抄本 | 北图 | 社138.11／724 |
| 30 | | 内庭物料斤两尺寸价值则例 | 1 | 清人编 | | | 抄本 | 北图 | 善995 |
| 31 | | 内工圆明园物料斤两价值 | 1 | 清人编 | | | 抄本 | 北图 | 善996 |
| 32 | | 圆明园工程现行则例 | 13 | 清人编 | | | 抄本 | 古建所 | 古395 |
| 33 | | 宫庭装修则例 | 11 | 清人编 | | | 抄本 | 北大 | 口717.81／3022 实为圆明园则例 |
| 34 | | 圆明园内工程作法则例 | 7 | 清人编 | | | 抄本 | 建研院 | 3／29／1 |

**（续上表）**

| | | | | | | | | | |
|---|---|---|---|---|---|---|---|---|---|
| 35 | | 圆明园内工工料则例 | 4 | 清人编 | | | 抄本 | 北图 | 68132 |
| 36 | | 内庭宫殿画工则例 | 1 | 清人编 | | | 抄本 | 北大 | □717.81／4137a |
| 37 | | 圆明园内工画作则例 | 4 | 清人编 | | | 抄本 | 北图 | 10756 |
| 38 | | 圆明园内工汇成工程则例 | 8 | 清人编 | | | 抄本 | 北大 | □717.81／6664 |
| 39 | 汇例1 | 圆明园万寿山内庭汇同则例 | 35 | 清人编 | | | 抄本 | 北图 | 善1080 |
| 40 | 汇例2 | 内庭万寿山圆明园三处汇同则例 | 37 | 清人编 | | | 抄本 | 北大 | □717.81／4044 |
| 41 | | 营建津梁 | 8 | 清人编 | | | 抄本 | 营社 | 营881 |
| 42 | | 营津全书 | 8 | 清人编 | | | 抄本 | 营社 | 营199 |
| 43 | | 营津要录 | 1 | 清人编 | | | 抄本 | 北大 | □651.1／9318 |
| 44 | 建法 | 建筑工程做法 | 2 | 清人编 | | | 抄本 | 营社 | 营186 |
| 45 | 旧工 | 旧工程做法 | 11 | 清人编 | | | 抄本 | 古建所 | 古1566／1505 |
| 46 | 小式五作 | 小式木石瓦搭土分法 | 1 | 清人编 | | | 抄本 | 营社 | 营184<br>四宜堂抄本 |
| 47 | 杂样款式 | 杂样款式算法则例 | 5 | 清人编 | | | 抄本 | 古建所 | 古393 |
| 48 | 小杂工 | 小杂工分法 | 1 | 清人编 | | | 抄本 | 营社 | 营192 |
| 49 | | 工程摘要 | 1 | 清人编 | | | 抄本 | 营社 | 营198 |
| 50 | | 各作做法册 | 1 | 清人编 | | | 抄本 | 营社 | 营183<br>原题石作做法 |
| 51 | 各作做法 | 各作做法 | 1 | 清人编 | | | 抄本 | 营社 | 营192<br>又名大木录记匠工抄本 |
| 52 | 杂要 | 杂要 | 1 | 清人编 | | | 抄本 | 营社 | 营192 |
| 53 | 各项工程 | 各项工程做法 | 1 | 清人编 | | | 抄本 | 营社 | 营192<br>内有成做佛相讲说 |
| 54 | 大木做法 | 大木做法 | 17 | 清人编 | | | 抄本 | 营社 | 营191 |
| 55 | | 内庭宫殿大式做法 | 1 | 清人编 | | | 抄本 | 北大 | □717.81／4137 |
| 56 | | 木工做法 | 1 | 清人编 | | | 抄本 | 营社 | 营187 |
| 57 | 外帘装修 | 外帘装修做法 | 1 | 清人编 | | | 抄本 | 营社 | 营192 |
| 58 | | 垂花门游廊方亭做法 | 1 | 清人编 | | | 抄本 | 营社 | 营194 |
| 59 | 内务装修 | 内务装修做法细册 | 1 | 清人编 | | | 抄本 | 营社 | 营185 |
| 60 | | 杂记 | 1 | 清人编 | | | 抄本 | 营社 | 营192 |
| 61 | 火焰牌楼 | 火焰牌楼分法 | 1 | 清人编 | | | 抄本 | 营社 | 营192 |
| 62 | | 瓦作做法 | 1 | 清人编 | | | 抄本 | 营社 | 营190 |
| 63 | | 石桥分法 | 1 | 清人编 | | | 抄本 | 营社 | 营188 |
| 64 | | 琉璃瓦料目录 | 1 | 清人编 | | | 抄本 | 营社 | 营693 |
| 65 | | 工程做法摘要 | 1 | 常文宽编 | | | 抄本 | 营社 | 营196 |
| 66 | | 佛像做法 | 1 | 清人编 | | | 抄本 | 营社 | 营461 |
| 67 | | 圆明园万寿山景山各工物料轻重则例 | 1 | 清人编 | 同治十三年抄 | 1874 | 抄本 | 北大 | □717.29／6664 |
| 68 | | 石作分法 | 1 | 清人编 | | 1877? | 抄本 | 营社 | 营189 |
| 69 | 铁作 | 铁作用工料现行则例 | 1 | 清人编 | | | 抄本 | 北图 | 97425 |
| 70 | 工光9 | 钦定工部则例一百二十卷 | 40 | 文煜等编 | 光绪九年编 | 1883 | 官刊本 | 王世襄藏 | “文革”中抄去未归还 |
| 71 | 工程备要 | 工程备要随录 | 1 | 文煜等编 | | | 抄本 | 营社 | 营197 |
| 72 | 罗筱云 | 罗筱云摘记 | 2 | 罗筱云编 | 光绪二十年 | 1894 | 抄本 | 营社 | 营200 |
| 73 | | 营造算例 | 1 | 梁思成编 | 民国廿三年增改 | 1934 | 排印本 | 王世襄藏 | |

北图＝北京图书馆　营社＝中国营造学社（今归文物研究所）　建研院＝建筑科学研究院古建筑研究室（线装书已归文物研究所）　北大＝北京大学图书馆　故宫＝故宫博物院图书馆　科图＝科学院图书馆（北京中关村）　江苏师范＝江苏师范学院（在苏州）

# 彩色图版

| 图 1　黄花梨交椅上的铁镀银饰件 | 图 2　万历缠莲八宝纹彩金象描金紫漆大箱 |
| --- | --- |

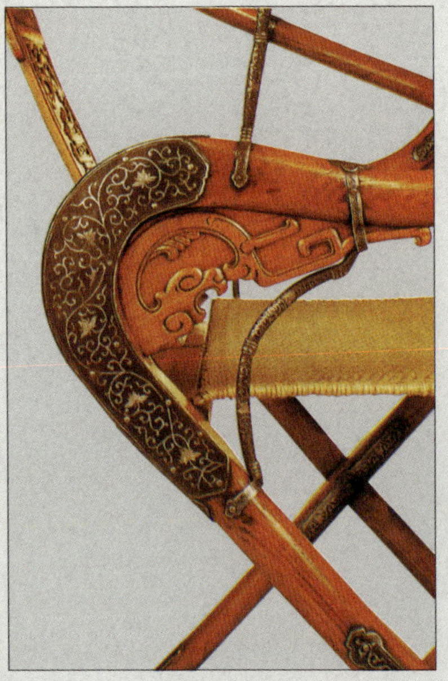

图3　当代漆画程向君西藏寺庙（上）　　图4　当代漆画陶世智山花（下）

图 5　战国彩绘描漆楚瑟残片

| 图6　南宋黑漆碗（一色） | 图7　明罩金髹雪山大士像（罩漆） |
| --- | --- |

图 8　乾隆描金花卉纹黑漆盘（描金）

图 9　明缠枝莲纹填漆盒（填漆）

图10　嘉靖双龙纹雕填箱（雕填）

图11　宣德芙蓉菊石纹戗金细钩填漆攒犀盘（雕填）

图 12　明缠枝莲纹嵌螺钿长方盘（螺钿）

图 13　明红面犀皮圆盒（犀皮）

图 14　元张成造剔犀盒（剔犀）

图 15　明剔红花卉人物纹长方盒（剔红）

## 图 16　康熙松鹤图款彩屏风（款彩）

图 17 成化人物花卉纹戗金莲瓣式黑漆盒（戗金）

图 18 清卢葵生制菊石雄鸡图百宝嵌砚盒（百宝嵌）

图 19　黑漆平头案

图 20　黑漆炕几

图 21　朱漆夹头榫罗锅枨半桌

图 22　朱漆六足香几

图 23　朱漆描金罩漆龙纹箱（局部）

图 24　罩金髹太和殿云龙纹宝座、屏风

图 25　罩金髹山水人物纹小箱

图 26　漆画双凤缠枝花纹长方盒

图 27　彩绘玉兰月季纹小几

图 28　彩绘海屋添筹图炕桌面

图 29　描金云龙花卉纹黑漆药柜

图 30　描金山水花卉纹紫漆罗汉床

图 31　识文描金明皇试马图挂屏

图 32　堆起描金罩漆云龙纹黑漆大柜柜门

图 33　填漆锦纹提匣

图 34　雕填龙纹一封书式柜

图35 雕填龙纹箱

雕填龙纹箱盖面

图 36　雕填龙纹五足梅花式香几

图 37　嵌螺钿黑漆小画案

# 图 38　嵌螺钿园林仕女纹黑漆圈椅

嵌螺钿园林仕女纹黑漆圈椅（局部）

图 39　嵌螺钿婴戏图黑漆匣

图 40　剔红龙凤纹三屉供案

图 41　剔红龙纹宝座

图 42　剔彩双凤纹小箱

图 43　剔犀八方几

# 图 44　款彩汉宫春晓图屏风

款彩汉宫春晓图屏风（局部）

图 45　戗金云龙纹朱漆衣箱

图 46　戗金云龙纹黑漆宴桌

图 47　百宝嵌黑漆上箱下柜

图 48　百宝嵌花鸟纹黑漆圆角柜

## 图 49　明犀皮漆箱

明犀皮漆箱顶部纹饰

图 50　明朱小松归去来辞笔筒

图 51　明朱三松竹根残荷洗

图 52　徐素白刻江寒汀画月季草虫笔筒

图 53　徐秉方刻启元白画山水臂搁和莲塘鸣禽图臂搁

图 54　范遥青丛竹雉鸡图臂搁

图 55　范遥青荷塘翠鸟图臂搁

图 56　刘万琪竹根圆雕冬冬像

图 57　周汉生竹根圆雕鲁智深像

图 58　周汉生莲塘牧牛图笔筒

| 图 59　周汉生圆雕襁褓 | 图 60　唐铜鎏金佛像 |
| --- | --- |

图 61　唐石雕佛头

图 62　唐铜鎏金佛坐像

图 63　五代铜鎏金观音菩萨坐像

图 64　五代青铜佛坐像

图 65　宋铜佛坐像

图 66　宋铜大日如来坐像

| 图 67　辽铜观音坐像 | 图 68　辽铜鎏金佛坐像 |
| --- | --- |

图 69　辽铜八臂观音坐像

图 70　辽青铜观音菩萨坐像

图 71　南宋铜鎏金观音菩萨立像

图 72　元铜童子立像

| 图 73　明铜真武坐像 | 图 74　明铜鎏金观音坐像 |
|---|---|

| 图 75　明木雕金鬃雪山大士像 | 图 76　明铜鎏金雪山大士像 |
| --- | --- |

图 77　明木雕金髹布袋和尚像

图 78　明铜鎏金布袋和尚像

明铜鎏金布袋和尚像（局部）

图 79　明木雕紫漆阿弥陀佛坐像

图 80　明木雕金髹阿弥陀佛坐像

| 图 81　明木雕金髹僧人像 | 图 82　明铜太监立像 |
| --- | --- |

图 83　明铜错银观音菩萨像

图 84　清木雕无量寿佛坐像

图 85　清石雕人像

图 86　清卢葵生木雕紫漆观音像

图 87　宋藏西古格铜释迦牟尼佛坐像

图 88　元铜不空如来坐像

图 89　元金刚萨埵银铜双身像

图 90　元铜度母半跏趺像

| 图 91　元铜鎏金忿怒明王像 | 图 92　明铜鎏金文殊师利像 |
| --- | --- |

## 图 93　明铜鎏金金翅鸟王背光

明铜鎏金金翅鸟王背光（局部）

明铜鎏金金翅鸟王

| 图 94.1　明石雕喜金刚像（正面） | 图 94.2　明石雕喜金刚像（背面） |
| --- | --- |

| 图 95　明铜米拉日巴尊者像 | 图 96　明铜鎏金费卢波像 |
| --- | --- |

图 97　明青铜释迦牟尼佛坐像

图 98　明铜鎏金宝藏王、雨宝佛母像

图 99　明铜度母半跏趺像

图 100　明铜鎏金宗喀巴坐像

图 101　明铜鎏金金刚橛

图 102　清铜鎏金喇嘛像

图 103　清铜鎏金喇嘛像

图 104　印度青铜菩萨半跏趺像

图 105　印度青铜佛立像

图 106　印度石雕十一面观音像

图 107　尼泊尔铜菩萨坐像

图 108　尼泊尔铜鎏金度母立像

图 109　尼泊尔铜鎏金财天像

图 110　缅甸青铜佛立像

图 111　日本铜鎏金转法轮佛坐像

图 112　宋青铜卧狮

图 113　明沉香鸳鸯暖手

图 114　当代周汉生竹雕斗豹

图 115.1　清初素黑漆几

图 115.2　明黑漆嵌薄螺钿楼阁人物纹小座屏风

彩色图版

图 116.1　明紫檀画桌

图 116.2　明紫檀浮雕灵芝纹画桌

图 117.1　清潘西凤刻笔筒

图 117.2　明朱小松刘阮入天台香筒

图 118.1　清初半雕半璞砚

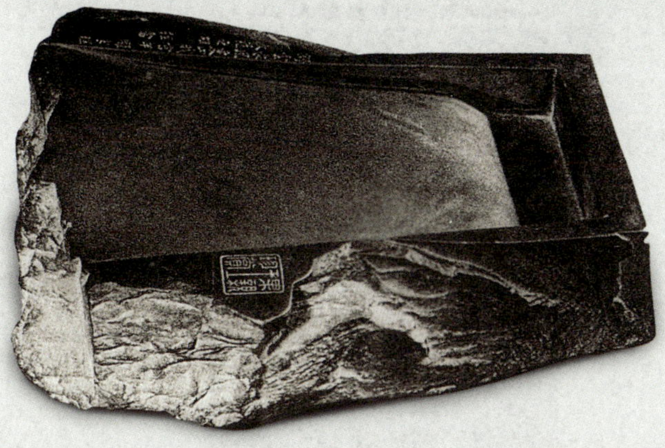

图 118.2　明浅雕十八罗汉洮河砚

图 119.1　明紫檀笔筒

图 119.2　明紫檀鱼龙海兽笔筒

彩色图版

图 120.1 素石章

图 120.2 清初周彬制红寿山螭纹印泥盒

图 121.1　明琴友款铜炉

图 121.2　明胡文明制錾花鎏金铜炉

图 122.1　明时大彬制紫砂壶

图 122.2　明项圣思制折枝桃实紫砂杯

Copyright © 2013 by SDX Joint Publishing Company
All Rights Reserved.
本作品版权由生活·读书·新知三联书店所有。
未经许可，不得翻印。

**图书在版编目（CIP）数据**

王世襄集 / 王世襄著 . -- 北京 : 生活 · 读书 · 新知三联书店 , 2013.7 （2024.4 重印）
ISBN 978-7-108-04560-7

Ⅰ . ①王… Ⅱ . ①王… Ⅲ . ①王世襄（1914 ~ 2009）—文集 Ⅳ . ① C53

中国版本图书馆 CIP 数据核字 (2013) 第 142067 号